JOURNAL

D'UN

BOURGEOIS DE PARIS

1405-1449

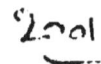

IMPRIMERIE G. DAUPELEY-GOUVERNEUR

A NOGENT-LE-ROTROU.

JOURNAL

D'UN

BOURGEOIS DE PARIS

1405-1449

PUBLIÉ

D'APRÈS LES MANUSCRITS DE ROME ET DE PARIS

PAR

ALEXANDRE TUETEY

A PARIS
Chez H. CHAMPION
Libraire de la Société de l'Histoire de Paris
Quai Malaquais, 15
1881

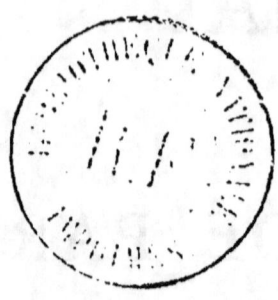

INTRODUCTION.

La chronique anonyme des règnes de Charles VI et de Charles VII, que les érudits désignent traditionnellement sous le nom de *Journal d'un bourgeois de Paris*, est depuis longtemps connue et appréciée. On sait, grâce aux curieuses investigations de M. Longnon[1], que dès l'année 1596 Étienne Pasquier, dans ses *Recherches de la France*, mit en œuvre cet important document, mais ce fut en 1653 seulement que Denis Godefroy inséra, dans son recueil des historiens de Charles VI[2], une suite d'extraits empruntés au Journal parisien; les passages dont Godefroy a publié le texte sont généralement tronqués, souvent même arrangés à la fantaisie de l'éditeur et la langue en est rajeunie. La première édition complète du *Journal* parut en 1729, par les soins de l'académicien La Barre, et remplit les 208 premières pages du volume intitulé : *Mémoires pour servir à l'histoire de France et de Bourgogne*; c'est la seule qui ait reproduit le texte intégral de la chronique parisienne, mais de nombreuses incorrections déparent ce texte. Les auteurs des grandes collections historiques publiées de nos jours,

---

1. *Mém. de la Société de l'Histoire de Paris*, t. II, p. 310 et ss.
2. *Histoire de Charles VI, roy de France*, p. 497-528.

comme Buchon, Michaud et Poujoulat, n'ont fait que copier l'édition de La Barre, en lui donnant une physionomie plus moderne.

Notre introduction sera divisée en deux parties : l'une sera consacrée à une étude des manuscrits du *Journal* qui sont parvenus jusqu'à nous et à la recherche de ceux qu'ont connus les anciens éditeurs ; l'autre aura pour but d'établir la personnalité de l'auteur anonyme de cette précieuse chronique parisienne.

I.

LES MANUSCRITS.

§ 1. — *Manuscrits de Paris.*

1) Bibliothèque nationale, collection Dupuy, n° 275. *Mémoires pour l'histoire du roi Charles VI.*

Ce titre ajouté par Pierre Dupuy est celui d'un extrait entièrement écrit de la main de Claude Dupuy, et communiqué par son fils, Jacques Dupuy, prieur de Saint-Sauveur, à Denis Godefroy, qui le publia mot pour mot, en 1653, à la suite de son édition de Juvénal des Ursins[1], en y comprenant même les listes des évêques, prévôts de Paris, prévôts des marchands, jointes en appendice par Claude Dupuy. La seule indication chronologique que porte cet extrait est celle placée au-dessous du titre par Pierre Dupuy, indication se rapportant à l'année 1630.

Indépendamment de l'extrait de Claude Dupuy, on possède la transcription exécutée sous les auspices de Pierre de l'Étoile, reproduisant fidèlement la copie partielle de Dupuy; cette transcription se trouve aux folios 23 à 61 du manuscrit 10,303 du fonds français[2].

Quant à l'exemplaire complet dû aux soins de Claude Dupuy, dont parle Godefroy[3], nous n'avons pu en découvrir aucune trace.

2) Bibliothèque nationale, fonds français, n° 10,145 (ancien supplément 1984 bis); petit in-folio sur papier, reliure moderne.

Il y a tout lieu de croire que la copie du Journal parisien, conservée sous le n° 10,145 du fonds français, a servi de base à l'édition

---

1. *Histoire de Charles VI, roy de France*, p. 497-528.
2. Cf. *Mémoires-Journaux de Pierre de L'Estoile*, t. VIII, p. 321.
3. *Histoire de Charles VI.* — Cf. *Mémoires de la Soc. de l'Histoire de Paris*, t. II, p. 312, note 3.

de La Barre; en effet, plusieurs des leçons défectueuses données par le premier éditeur du Journal appartiennent à ce manuscrit et ne se retrouvent ni dans le manuscrit de Paris dont nous parlerons plus loin, ni dans le manuscrit de Rome.

Voici quelques exemples qui permettront de se rendre compte de l'analogie existant entre l'édition de La Barre et le manuscrit en question :

La Barre, p. 91 : *et d'une celle aspre gelée*, leçon fautive du manuscrit 10,145, tandis que la bonne leçon est : *et dura celle aspre gelée*.

P. 92 : *grant contencion*, leçon du manuscrit 10,145, lisez *grant tençon*.

P. 94 : *Or bien quel dommage*, leçon du manuscrit 10,145, la vraie leçon est : *Or voyez quel dommage*.

P. 105 : *ces larrons reposoient*, leçon du manuscrit 10,145, au lieu de *reperoient*.

P. 125 : *plus ne jetassent*, version du manuscrit 10,145, lisez *ne gastassent*.

P. 130 : *et ne trouvoient ne femme ne enfant qu'ils ne prinssent*, leçon du manuscrit 10,145, la bonne leçon est *n'esparnoient*.

P. 174 : *tumberel à voire la journée*, suivant le manuscrit 10,145, tandis qu'il faut lire *tumberel à boue*.

P. 181 : Apres eux *ne venoit* rien ne que après feu, version du manuscrit 10,145, vraie leçon : *ne demouroit*.

P. 186 : le roy de France estoit le *droit ourine* aux larrons, d'après le manuscrit 10,145, lisez *droit ourme*.

Comme le montre cet examen comparatif, une certaine conformité paraît exister entre le texte de La Barre et celui du manuscrit 10,145, et elle est assez grande pour que l'on puisse rattacher l'édition de La Barre à ce manuscrit.

Afin de déterminer la date de la transcription représentée par le n° 10,145, nous remarquons que la même main qui a copié ce manuscrit du Journal a également pris soin de reproduire, très vraisemblablement à la même époque, les vers qui figurent en tête du manuscrit de Rome sous le titre de *Bataille du Liège*; cette copie forme une plaquette conservée sous le n° 10,154 du fonds français. A la fin de ce petit volume on lit la note suivante :

Ces vers sont tirés d'un manuscript qui a pour titre : *Bataille du Liège*, cotté 813, 769, ce manuscript a appartenu à Jehan Maciot, ensuite à la reine de Suède, et enfin est dans la bibliothèque Vaticane.

Cette note ne peut s'appliquer qu'au Journal parisien précédé, ainsi que nous le verrons, de poésies qui répondent bien au titre en question, et terminé par la signature de ce Maciot, visé dans la note ci-dessus.

Il semblerait résulter de cet ensemble de faits que la copie du Journal et celle des pièces de vers initiales, constituant les n° 10,145 et 10,154, ont dû être exécutées, vers la fin du xvii⁰ siècle, d'après le volume actuellement conservé dans les collections du Vatican.

3) Bibliothèque nationale, fonds français, n⁰ 3480. In-folio sur papier, reliure moderne. *Mémoires de Paris soubz Charles VI et VII⁰ du nom.*

Ce manuscrit s'ouvre par un recueil de dépêches diplomatiques relatives aux négociations de la paix de Vervins, en 1598; ces correspondances comprennent les 259 premiers folios du volume; les folios 260 à 262 sont occupés par deux harangues, la première adressée en 1639 à M. de Gassion par un député de la ville de Caen, la seconde sous forme de lettre de l'archevêque de Rouen au Cardinal, en date du 29 décembre 1639.

Au folio 264, sous ce titre : *Mémoires de Paris*, etc. commence une copie intégrale du Journal parisien, exécutée selon toute apparence dans la première moitié du xvii⁰ siècle. Le texte fourni par le manuscrit 3480 est incontestablement celui qui se rapproche le plus de la version primitive. Quoique le manuscrit débute, comme celui de Rome, par une pièce de vers relative à la bataille de Liège, quoiqu'il se termine de la même façon, et qu'il contienne identiquement les mêmes lacunes que le manuscrit de Rome, il n'en est point la reproduction pure et simple, on peut même affirmer qu'il nous offre une transcription, sinon de l'original lui-même, au moins d'un exemplaire du Journal plus complet que celui qui est représenté par le volume du fonds de la Reine.

Une collation attentive de ce nouveau manuscrit avec le texte contenu dans le manuscrit de Rome nous a permis de rétablir un passage assez étendu se référant aux événements de l'année 1438; pour faire juger de l'importance de cette restitution, il suffira de dire que le passage en question comprend six folios du volume du fonds français. Bien que le manuscrit 3480 soit à certains égards plus complet que celui du Vatican, il nous fournit cependant un texte beaucoup moins correct, par suite de l'inintelligence des scribes qui ont dénaturé le sens de nombreux passages, nous disons des scribes, parce que l'on remarque deux écritures distinctes, l'une qui va du folio 264 au folio 351 inclus, l'autre du folio 352 à 464.

§ 2. — *Manuscrit de Rome.*

Le volume catalogué sous le n⁰ 1923 du fonds de la reine de Suède est un petit in-folio sur papier, revêtu d'une reliure rouge assez commune, il comprend 187 folios et non 250 comme l'a imprimé M. Paul Lacroix dans sa notice[1]. Les onze premiers folios du manuscrit con-

---

1. Champollion-Figeac, *Documents historiques*, t. III, p. 275.

tiennent une assez longue pièce de vers en deux parties intitulées : la *Bataille du Liège* et les *Sentences du Liège*. Cette insipide poésie, relative à la prise d'armes des Liégeois contre leur évêque en 1408, n'est guère qu'une fastidieuse énumération des seigneurs bourguignons envoyés par Jean Sans-Peur pour réprimer cette rébellion ; elle commence ainsi : *A l'onneur de toute noblesse et en exaussant gentillesse.*

La pièce en question sert pour ainsi dire de prologue au Journal et paraît n'avoir été mise en tête du volume que pour accompagner le récit tronqué par lequel débute l'extrait de Godefroy. Ce fragment de Journal, qui se trouve au folio 12 de notre manuscrit, se rapporte à la fin de l'année 1408 et au commencement de l'année 1409 ; il a précisément trait à la révolte des Liégeois contre leur évêque, en septembre 1408, et à l'entrée solennelle de Charles VI à Paris, le 17 mars suivant. C'est seulement au folio 13 que commence le Journal parisien proprement dit, tel que nous le lisons dans La Barre et tel que l'ont reproduit tous les éditeurs subséquents. A partir de là le Journal se continue sans interruption dans l'ordre chronologique et finit bien à l'année 1449, par le passage qu'avait déjà indiqué M. Paul Lacroix.

L'écriture du manuscrit de Rome est sans conteste du xve siècle, néanmoins nous ne saurions considérer ce texte comme l'original de la Chronique parisienne si intéressante pour l'histoire des règnes de Charles VI et Charles VII. Voici l'ensemble des déductions sur lesquelles repose notre opinion. En premier lieu, la présence de ces poésies qui n'ont qu'un rapport bien indirect avec le Journal parisien, ensuite une interversion dans la suite des événements qui font l'objet du Journal. Comme nous l'avons déjà remarqué, la *Bataille* et les *Sentences du Liège* sont suivies d'un fragment incomplet du commencement, se rattachant aux faits des années 1408 et 1409 mentionnés plus haut, ce fragment se termine par un lambeau de journal relatif à un orage épouvantable survenu à Paris le 30 juin 1411. Telle est la matière d'un folio, le douzième du manuscrit ; au folio suivant, nous tombons sur un passage que tous les éditeurs sans exception ont rapporté à l'année 1408, tandis qu'en réalité les événements racontés par le chroniqueur appartiennent à l'année 1405. L'auteur du Journal parisien relate, entre autres faits, l'arrivée de l'évêque de Liège à Paris ; or ce voyage, au dire de chroniqueurs bien informés[1], eut lieu

---

1. Voici un passage de la *Chronique de Jean Stavelot* (p. 95) qui détermine nettement l'époque du voyage de Jean de Bavière : « Comment monsangneur de Liege s'en alat noblement a Paris. — L'an м cccc et v, le « secon jour de septembre, soy partit monsangneur Johans de Bealwiers « de Liege et chevalchat vers monsangneur le duc de Bourgongne à Paris, « son seroige. »

au mois de septembre 1405 et nullement en septembre 1408, époque à laquelle le prélat aux prises avec une situation extrêmement critique ne pouvait songer à un aussi lointain voyage.

Il n'est point possible d'admettre, pour le manuscrit original d'une œuvre historique, une semblable confusion dans le récit des événements. On nous objectera peut-être que ce défaut de suite peut provenir de lacunes causées par des mutilations dont le manuscrit aurait eu à souffrir; mais ce n'est pas le cas en ce qui concerne ces folios 12 et 13, aucune trace de lacération n'est visible. A ce point de vue spécial, le manuscrit de Rome a été de notre part l'objet d'un examen attentif; comme les éditeurs s'accordaient à signaler des feuillets déchirés et que généralement ces lacunes coïncident avec des fins de pages, nous avons vérifié avec le plus grand soin les endroits incomplets et nous avons pu constater qu'aucun feuillet n'avait été arraché. Ce qui a levé tous nos doutes à cet égard, c'est que l'une des lacunes, relative à la publication de la paix faite à Paris le 1er avril 1412, existe dans le manuscrit en haut du folio 22 v°, et ne peut par conséquent provenir que d'un exemplaire du journal déjà incomplet, dont notre volume ne serait que la reproduction. Une nouvelle particularité viendrait non seulement à l'appui de cette thèse, mais tendrait encore à faire admettre un original aujourd'hui perdu. La main d'un annotateur du XVIe siècle signale entre les folios 60 et 61 l'absence de *trois* feuillets, et cependant l'œil le plus exercé ne peut apercevoir la moindre trace de lacération; il faudrait donc supposer, ou que ce chiffre est donné au hasard et d'une façon purement approximative, ou que l'auteur de la note avait connaissance d'un manuscrit plus complet. La lacune dont il s'agit est d'autant plus regrettable qu'elle porte sur un passage contenant le récit de la mort de Jean Sans-Peur; peut-être ce passage a-t-il été supprimé dans le texte primitif, en raison des attaques violentes à l'adresse des Armagnacs, dont l'auteur du Journal, bourguignon passionné, avait dû entremêler sa narration.

Un dernier argument à faire valoir en faveur de l'existence d'un manuscrit original se tire du fait suivant que personne n'a relevé jusqu'ici.

Le chroniqueur parisien raconte, à la date du 6 juin 1429, la naissance d'un enfant phénoménal à Aubervilliers, et joint à la description de ce monstrueux produit un dessin qu'il mentionne à deux reprises en ces termes : *Ainsi comme cette figure est, comme vous voyez*. Le manuscrit de Rome ne contient à cet endroit aucun genre d'illustration; le copiste, ne se sentant probablement aucun goût artistique, s'est contenté de ménager dans la marge la place nécessaire pour l'exécution du croquis, place qui est restée en blanc [1].

---

1. Le manuscrit d'Aix décrit plus loin contient un croquis très grossièrement exécuté et dénué de toute valeur artistique.

Dans ses ingénieuses conjectures sur l'auteur du Journal parisien, M. Longnon a montré tout l'attrait que ce précieux document avait pour les érudits dès la seconde moitié du xvi⁰ siècle; on voit à ce moment ce vieux livre, lu et relu, passer de main en main[1]. La couche épaisse de crasse qui recouvre les bords du manuscrit de Rome témoigne en effet d'un fréquent usage. De nombreuses annotations remplissent les marges de ce volume; elles sont dues à deux mains différentes. L'une des écritures, assez grosse et assez nettement tracée, offre beaucoup d'analogie avec les premières pages d'un manuscrit du fonds français (n° 24,726) intitulé : *Veilles et observations sur la lecture de plusieurs autheurs françois* par Claude Fauchet. Aussi nous n'hésitons pas à lui attribuer la paternité de ces notes, et surtout de la remarque suivante, si souvent reproduite, qui se trouve au folio 181 v° dans la marge de droite : « Il semble que l'autheur ait esté homme d'église « ou docteur en quelque faculté, pour le moins de robe longue. »

Elle est certainement du président Fauchet et permet d'établir avec certitude la provenance du Journal, qui des mains de Fauchet passa en celles de Petau pour entrer ensuite dans la bibliothèque de la reine Christine.

Une autre écriture, avons-nous dit, se remarque encore sur les marges, celle-ci est beaucoup plus ténue et présente tous les déliés des écritures courantes du xvi⁰ siècle. Elle doit être en effet de la seconde moitié de ce siècle, et postérieure en tous cas à l'année 1567, car l'une des observations du commentateur, consignée en marge du manuscrit, à propos d'un vent violent qui s'éleva à Paris le 7 octobre 1434, porte ce qui suit :

Vent pareil à celuy qui fut l'an 1567, le lundi, mardi et mercredi, 14, 15 et 16 de juillet et le dimenche 7 septembre.

Quelle est au point de vue historique la valeur du manuscrit qui renferme la version la plus ancienne du Journal parisien. Le texte contenu dans ce manuscrit est-il, comme le présume M. Paul Lacroix, beaucoup plus ample que celui de l'édition donnée par La Barre? Il est hors de doute que plus d'une rectification pourra, grâce à cet exemplaire, être apportée au texte du Journal parisien, et que des omissions assez importantes seront réparées; mais il serait illusoire de chercher à combler des lacunes qui se remarquent dans toutes les éditions. Ces lacunes regrettables existent également dans le manuscrit de Rome; elles ne sont point le résultat de lacérations opérées sur ce volume, mais proviennent, nous l'avons dit, d'une cause toute différente.

---

1. *Mémoires de la Société de l'Histoire de Paris*, t. II, p. 311 à 313.

§ 3. — *Manuscrit d'Aix.*

Le manuscrit 316 de la bibliothèque d'Aix, que M. Quicherat nous a signalé d'après le catalogue récemment publié par M. U. Robert [1], fait partie de la collection Méjanes et provient de la bibliothèque d'un amateur également célèbre, Charles de Baschi, marquis d'Aubais, comme le montre une étiquette à ses armes, collée à l'intérieur de la couverture. C'est un volume in-folio de 364 pages, mesurant 30 cent. de haut sur 21 cent. de large, relié en maroquin rouge, avec armoiries dorées sur les plats et sur le dos, assez difficiles à déterminer, mais qui sembleraient avoir quelque analogie avec celles de la maison d'Aumont [2]. Au premier folio se lisent les mots : *Ch. Charost.* 1721. Le titre inscrit au dos du volume est : *La bataille du Liège.*

Le manuscrit d'Aix appartient à deux époques différentes, ou plutôt il se compose de deux transcriptions distinctes qui ont été juxtaposées. L'écriture des 28 premières pages et des pages 197 à 364 se rapporte au milieu du xviie siècle; quant à celle des folios 29 à 196, suivant l'opinion d'un érudit distingué, M. Tamizey de Larroque, elle serait de la fin du xvie siècle. La portion du Journal transcrite au xviie siècle se réfère aux années 1411 à 1427, tout le reste de la chronique est du xvie siècle.

Ce volume comprend absolument les mêmes matières que les autres manuscrits du Journal parisien, c'est-à-dire : 1° un poème sur la *bataille du Liège*, fol. 1 à 16; 2° les *Sentences du Liège*, fol. 17 à 22; 3° le Journal du prétendu bourgeois de Paris, sous cet intitulé : *Charles VI, roi de France, IIII^c VIII,* fol. 28 à 364.

La chronique débute par cette phrase tronquée concernant la défaite des Liégeois : « Dont il leur print mal, car il en mourut là « plus de xxvi mil. » Il se termine au fol. 364 par le paragraphe relatif « au moult bel eschaffaut fait en la grant rue Saint-Martin devant la « fontaine Maubué. »

Le texte du Journal parisien contenu dans le manuscrit d'Aix n'est pas sans valeur, parce qu'il nous donne ce curieux passage de l'année 1438, en déficit dans le ms. de Rome, que nous publions pour la première fois d'après le volume 3480 du fonds français; il doit par conséquent dériver soit de ce manuscrit, soit plutôt d'un original

---

1. U. Robert. *Inventaire sommaire des manuscrits des bibliothèques de France,* t. I, p. 9, n° 319.

2. Suivant la description que nous devons à l'obligeance de M. Gaut, bibliothécaire de la ville d'Aix, l'écusson porte sept merlettes placées 2, 3, 2 ; il a pour supports des griffons, et pour cimier un casque avec une merlette.

qui ne nous est point parvenu. Une collation attentive de ce fragment, faite par les soins de M. Ch. Joret, professeur à la faculté des lettres d'Aix, ne nous a fourni que des variantes de peu d'importance; grâce à l'obligeance du même érudit, nous avons pu constater que les lacunes si regrettables du manuscrit de Rome ne seront point comblées par celui de la Méjanes.

Tels sont à notre connaissance les manuscrits du Journal parisien qui subsistent aujourd'hui. Il nous semble nécessaire de donner une classification de ces manuscrits et d'indiquer ceux qui nous ont servi pour l'établissement de notre texte. En première ligne, se place un original inconnu dont la trace est perdue. De cet original plus ou moins mutilé dérivent trois manuscrits : le premier, copié au xv° siècle, c'est celui du Vatican ; le second, transcrit au xvii°, aujourd'hui le manuscrit 3480 du fonds français; le troisième, en deux parties à peu près d'égale étendue, écrites, l'une au xvi°, l'autre au xvii° siècle, constitue le manuscrit d'Aix. C'est du manuscrit de Rome que semblent dériver la copie du fonds français n° 10,145, ainsi que les divers extraits conservés sous les n°° 275 de Dupuy et 10,303 du fonds français.

Le manuscrit de Rome, qui a conservé l'orthographe du xv° siècle se rapprochant le plus de la version originale, a servi de base à notre texte ; mais nous avons relevé avec le plus grand soin, dans le n° 3480 du fonds français, les variantes de nature à compléter ou rectifier le texte fourni par le manuscrit du fonds de la Reine. Tous les passages que nous avons mis entre crochets indiquent les lacunes fort nombreuses du manuscrit de Paris.

Nous manquerions à tous nos devoirs, si avant de terminer cette partie de notre introduction nous ne reconnaissions le zèle et le dévouement avec lequel MM. Robert de Lasteyrie et Aug. Longnon nous ont aidé de leurs conseils, le premier pour l'établissement du texte, le second pour la révision des épreuves. Qu'ils veuillent recevoir ici l'expression de notre vive et profonde gratitude.

II.

L'AUTEUR DU JOURNAL PARISIEN.

§ 1. — *Opinions émises jusqu'à ce jour.*

Dès la fin du xvi° siècle, les érudits ont cherché à soulever le voile sous lequel se cache l'auteur de l'intéressante chronique, depuis longtemps connue sous le nom de *Journal d'un bourgeois de Paris*. Étienne Pasquier et le président Fauchet appelèrent les premiers l'attention sur ce précieux document qu'ils attribuèrent à un personnage ecclésiastique, homme d'église ou théologien ; c'est notamment Fauchet qui inscrivit en marge du plus ancien manuscrit de notre Journal la note suivante : « Il semble que l'autheur ait esté homme « d'eglise ou docteur en quelque faculté, tout au mains de robe « longue. » Cette mention se trouve précisément en regard du passage tant de fois cité où le narrateur se met en scène au milieu des clercs qui argumentèrent contre Fernand de Cordoue, ce jeune Espagnol, dont le savoir prodigieux émerveilla l'Université.

Au milieu du xviie siècle, Denis Godefroy inséra dans son recueil consacré au règne de Charles VI, des extraits de notre chronique et la donna comme l'œuvre d'un bourgeois de Paris.

Au xviiie, l'académicien de La Barre, à qui nous sommes redevable de la première édition complète du Journal parisien, fort embarrassé de concilier l'attribution de ce texte à un bourgeois de Paris avec le passage signalé plus haut, trouva commode d'imaginer deux auteurs successifs, l'un bourgeois de Paris pour la première partie, l'autre suppôt de l'Université pour la seconde, à partir de l'année 1431. Bien que cette opinion ait été adoptée sans conteste par les éditeurs des collections historiques, tels que Buchon et Michaud, elle ne saurait soutenir la discussion : comme l'a très justement observé M. Jules Quicherat[1], le Journal parisien n'a qu'un style, qu'un esprit et qu'un auteur.

De nos jours de nouvelles hypothèses se sont produites et pour la première fois l'on a essayé de dénommer l'auteur présumé du Journal. MM. Vallet de Viriville et de Beaucourt[2], se fondant sur le chapitre de la chronique de Mathieu d'Escouchy, relatif au *josne clerc natif des Espaingnes*, ont cru pouvoir considérer comme l'auteur de la chronique des règnes de Charles VI et Charles VII un théologien bien connu, Jean de l'Olive, l'un des docteurs de l'Université qui assistèrent à la dispute du collège de Navarre ; mais la seule présence de Jean de l'Olive à l'examen du clerc espagnol dans une assemblée comptant, au dire de l'auteur du Journal, plus de cinquante des plus parfaits clercs de l'Université suffit-elle pour justifier des conclusions aussi affirmatives? Nous ne le pensons pas.

Récemment, l'un de nos chercheurs les plus ingénieux et les plus heureux a repris la question, et dans un intéressant mémoire[3] a émis de nouvelles conjectures qui méritent un plus sérieux examen.

---

1. *Procès de Jeanne d'Arc*, t. IV, p. 461.
2. Vallet de Viriville, *Histoire de Charles VII*, t. III, p. 97. — De Beaucourt, *Chronique de Mathieu d'Escouchy*, t. I, p. 72.
3. *Conjectures sur l'auteur du Journal parisien de 1409 à 1449*, dans les *Mémoires de la Société de l'Histoire de Paris*, t. II, p. 310 à 329.

En effet, grâce au rapprochement fort habile de certaines particularités recueillies çà et là dans l'œuvre qui nous occupe, grâce surtout à une coïncidence remarquable entre un passage du Journal qui nous montre le chroniqueur animé de sentiments peu bienveillants à l'égard de l'évêque Denis du Moulin et un procès intenté par ce prélat au curé de Saint-Nicolas-des-Champs, M. Longnon n'est pas éloigné de penser que l'auteur du Journal parisien serait Jean Beaurigout, qui exerçait en 1440 les fonctions curiales à Saint-Nicolas-des-Champs.

Cette attribution nouvelle qui repose sur un ensemble de faits rigoureusement déduits, n'a soulevé jusqu'ici aucune objection. Est-ce à dire que l'on doive accepter sans discussion les conjectures de M. Longnon et considérer desormais le curé Beaurigout comme ce conteur plein de verve, auquel nous devons l'une des plus curieuses chroniques du xvᵉ siècle ? ce n'est point notre sentiment. Notre tâche d'éditeur nous impose l'obligation de soumettre à une impartiale critique les résultats obtenus par M. Longnon et de voir s'ils concordent en tous points avec les données de notre Journal.

M. Longnon s'appuie tout d'abord sur le récit d'événements qui se passèrent à Paris, au mois d'août 1413 et au mois de février 1414, pour placer la demeure du prétendu bourgeois de Paris dans le quartier de la ville situé sur la rive droite de la Seine, son jugement est fondé ; mais, après avoir conclu d'une mention, spécieuse à la vérité, de Saint-Nicolas-des-Champs, que l'auteur du Journal demeurait en 1413 à proximité de cette église, notre confrère trouvant, sous l'année 1435, le récit d'un événement particulier au cimetière de Saint-Nicolas[1], en arrive à considérer que le personnage ecclésiastique auquel on doit le Journal était vraisemblablement le curé de cette paroisse. N'est-ce pas là un peu s'aventurer, et, avant de tirer parti d'incidents se rattachant au séjour du chroniqueur à Paris, pendant les années 1413 et 1414, avant de les faire entrer dans l'argumentation qui permet d'attribuer le *Journal parisien* à Jean Beaurigout, curé de Saint-Nicolas-des-Champs en 1440, ne fallait-il pas démontrer que, dès 1413, ce personnage se trouvait investi de fonctions pastorales dans cette église ; là est le côté faible de la thèse de M. Longnon, côté que ce critique n'a pas au reste cherché à dissimuler lorsqu'il dit lui-même n'avoir pas rencontré de mention

---

1. Il s'agit du récit d'un mouvement populaire dirigé le 4 août 1413 contre la faction cabochienne, où nous voyons l'auteur du Journal nous dire que l'hôtel de Jean de Troyes fut pillé en moins de temps « que on ne seroit allé de Saint-Nicolas-des-Champs à Saint-Laurent. » M. Longnon estime qu'en prenant ainsi Saint-Nicolas pour point de départ, l'anonyme désigne l'édifice le plus rapproché de sa demeure.

nominative de Beaurigout comme curé de Saint-Nicolas antérieure à l'année 1440.

Aussi notre premier soin a-t-il été de fixer autant que possible le temps pendant lequel ce curé de Saint-Nicolas-des-Champs a conservé le gouvernement de sa paroisse et de rechercher en même temps le nom de son prédécesseur. La tâche était ardue, les archives du xve siècle ne fournissant que des renseignements très vagues et très clairsemés sur la personnalité des curés de Saint-Nicolas-des-Champs. On savait jusqu'ici que, le 18 mai 1399[1], les paroissiens de Saint-Nicolas-des-Champs, voulant agrandir leur église et construire trois chapelles, entrèrent en arrangement avec leur curé, Guillaume de Kaer, chanoine de Notre-Dame, docteur en décret, qui venait de succéder à Pierre Mignot.

Au commencement du xve siècle, le curé de Saint-Nicolas-des-Champs était donc Guillaume de Kaer; durant quel laps de temps exerça-t-il les fonctions curiales? Les registres capitulaires de Notre-Dame ne nous renseignent que sur l'existence du chanoine, mais ne nous apprennent rien sur le curé de Saint-Nicolas-des-Champs, aussi serait-on en droit de supposer une résignation de sa cure au profit de Jean Beaurigout, si de longues et minutieuses investigations dans les archives du chapitre de Notre-Dame ne nous avaient fait découvrir un document décisif qui lève tous les doutes à cet égard. En 1416, Guillaume de Kaer se trouvait engagé dans un procès contre un épicier de Paris, Philippe Boussac, procès qui fut porté devant l'officialité de Sens; comme Guillaume de Kaer, en sa qualité de chanoine de Notre-Dame était exempt de la juridiction épiscopale, l'oficial de Sens adressa, le 12 octobre 1416, une requête au chapitre de Notre-Dame, à l'effet de faire citer devant son tribunal Guillaume de Kaer, lequel dans ce document est qualifié de curé de Saint-Nicolas-des-Champs[2]; aussi sommes-nous en droit de penser qu'il conserva le gouvernement de sa cure jusqu'à sa mort, arrivée le 29 septembre 1418. En présence d'un texte aussi formel, que deviennent toutes ces déductions basées sur les différents passages où l'auteur du Journal indique en quelque sorte le lieu de sa demeure? elles tombent forcément et ne peuvent d'aucune façon s'appliquer à Jean Beaurigout, puisqu'à cette époque il n'avait rien de commun avec Saint-Nicolas-des-Champs et que rien n'autorise à croire qu'il aurait fixé son domicile à proximité de cette église.

---

1. Arch. nat., S 3453.
2. Voici les termes mêmes de la requête en question : « Venerabilem « virum et discretum, magistrum Guillelmun de Kaer, presbyterum, decre- « torum doctorem, ecclesie Parisiensis canonicum, curatumque ecclesie « parrochialis Sancti Nicholai de Campis Parisiensis. » (Arch. nat., L 408, n° 129.)

Si jusqu'en 1418 Jean Beaurigout semble absolument étranger à Saint-Nicolas-des-Champs, l'on ne saurait mettre en doute qu'il fut le successeur immédiat de Guillaume de Kaer et qu'il resta curé de Saint-Nicolas-des-Champs pour toute la durée de la domination anglaise; c'est ce qui ressort d'un acte de désaisine du mois de juillet 1421, pour une maison sise rue Saint-Martin et vendue à Anceau Langlois, prêtre, acte où nous voyons intervenir « venerable et discrete personne, messire Jehan Beaurigot, curé de S. Nicolas des Champs[1]. » On peut donc affirmer avec certitude que c'est le même personnage qui, en 1429, se déclara publiquement l'un des adhérents de la politique anglaise, en jurant devant le Parlement l'exécution du traité de Troyes. Ce fait vient à l'appui de la thèse soutenue par M. Longnon, et il semblera tout naturel d'établir un rapprochement entre les actes de ce curé parisien, partisan non déguisé de la domination étrangère, et le Journal de ce prétendu bourgeois de Paris où percent à chaque page les sentiments de haine acharnée que nourrit l'auteur contre la faction des Armagnacs.

Gardons-nous toutefois de céder à cet entraînement, reprenons le texte du Journal parisien et poursuivons l'examen des particularités qui semblent aux yeux de M. Longnon justifier l'attribution du Journal au curé Beaurigout.

Le seul fait que l'on puisse signaler pour la période comprise entre les années 1418 et 1436 est celui qui est relaté à la date de septembre 1435, et encore concerne-t-il non l'église de Saint-Nicolas-des-Champs, mais son cimetière. Il s'agit d'un seigneur anglais, le neveu du sire de Falstaff, tué à l'assaut tenté contre la ville de Saint-Denis, et dont les restes furent enterrés dans le cimetière de Saint-Nicolas, après avoir subi une sorte de cuisson dans une chaudière pour séparer les os de la chair. Il est certain que l'auteur du Journal entre dans des détails minutieux sur cette opération; mais, parce que le cimetière de Saint-Nicolas-des-Champs est désigné comme lieu de sépulture de ce chevalier anglais, est-ce suffisant pour en conclure que le curé de Saint-Nicolas était vraisemblablement l'auteur du Journal? Notre anonyme ne rapporte-t-il pas un trait absolument analogue en 1429, lorsqu'il raconte la mort de Glasdale, dont le corps fut également ramené à Paris, « despecé par quartiers, boullu, embasmé » et mis dans une chapelle à Saint-Merry? L'auteur ne compte-t-il pas le nombre des cierges qui brûlaient nuit et jour devant le corps de ce capitaine? Il faut convenir que ces détails recueillis par le narrateur et qui ne pouvaient guère intéresser que le clergé de Saint-Merry n'ont pas plus d'importance que ceux dont notre chroniqueur nous entretient à propos de la mort du neveu de Falstaff.

---

1. Arch. nat., S 1448[1], fol. 186 v°.

Voilà donc en quoi se résume, pour la période postérieure à 1418, le seul et unique fait relatif, non à l'église, mais au cimetière de Saint-Nicolas. En continuant à raisonner dans l'hypothèse qui permettrait de rattacher à Jean Beaurigout le Journal parisien, l'on est involontairement frappé du profond silence que garde ce curé dans le cours de son existence sur tout ce qui peut toucher son église. Comment s'expliquer, par exemple, que dans un laps de temps qui comprend plus de vingt années, il n'ait pas trouvé une particularité digne de fixer son attention et de prendre place dans un memento composé de notes journalières, lorsqu'une grande partie de la chronique n'est remplie que de ces incidents de la vie quotidienne, de ces menus détails auxquels se complaît l'auteur? Il est vraiment surprenant que l'anonyme auquel nous devons le Journal parisien, s'il doit s'identifier avec le curé de Saint-Nicolas-des-Champs, ne souffle mot de la réédification de son église, qui eut lieu en 1420, et qu'il ne parle point d'une transaction conclue le 25 janvier 1421, entre le curé joint aux marguilliers de Saint-Nicolas d'une part, et les religieux de Saint-Martin-des-Champs d'autre part, au sujet de la construction d'un nouveau presbytère attenant à l'église[1]. Si Jean Beaurigout, curé de Saint-Nicolas-des-Champs de 1419 à 1440 (au moins), est bien l'auteur de notre Journal, comment se fait-il que sa chronique ne renferme aucune allusion à un fait assez curieux qui se passa au mois de janvier 1439, et qui dut fortement émouvoir la personne du curé de Saint-Nicolas, à raison du scandale causé dans son église? Voici de quoi il est question. Vers le milieu de janvier 1439, un libelle diffamatoire visant le prieur de Saint-Martin-des-Champs et plusieurs autres personnages fut placardé dans l'église de Saint-Nicolas; l'officialité, saisie de l'affaire, lança un monitoire contre les auteurs inconnus de ce méfait.

Le dimanche 8 février, un sermon fut prêché à Saint-Nicolas-des-Champs, par un religieux jacobin, qui exposa « en quel inconvenient de conscience s'estoient mis ceulx qui avoient fait ung libelle diffamatoire. » Suivant le compte du receveur de Saint-Martin-des-Champs[2], auquel nous empruntons ces détails, après le sermon le prieur de Saint-Martin fit offrir une collation au prédicateur « en attendant le disner, en l'ostel du Gros Tournois, devant l'eglise de Sainct Nicolas. » Toutes ces particularités, qui ne présentent à nos yeux qu'un intérêt très restreint, avaient une tout autre importance dans le milieu où vivait un homme d'église du xv° siècle. Pour le curé de Saint-Nicolas-des-Champs, l'apposition d'un libelle diffamatoire dans son église, le sermon prêché par ce jacobin, étaient autant d'événements de nature

---

1. Arch. nat., S 3453.
2. Arch. nat., LL 1383, fol. 130 r°, 159 v°.

à produire impression sur son esprit et qu'il n'eût pas manqué de rappeler dans sa chronique.

Or, comme il est facile de s'en convaincre, l'auteur du Journal parisien, pour toute l'année 1439, ne mentionne même pas l'église de Saint-Nicolas-des-Champs, pas plus qu'il ne s'en occupe en 1440 et 1441, au moment où le curé Beaurigout était en procès avec son évêque. Nous touchons ici au principal argument, dont s'est servi M. Longnon, pour justifier l'attribution du Journal parisien à Jean Beaurigout; à première vue, il paraît décisif, tellement le jugement sévère porté par notre chroniqueur sur l'évêque de Paris cadre bien avec l'animosité que Beaurigout devait nourrir à cette époque contre Denis du Moulin, son adversaire en cour du Parlement. Mais, en relisant le passage sur lequel s'appuie M. Longnon et que ce critique reproduit en entier dans ses *Conjectures,* on constate facilement qu'il comprend plusieurs détails sans lien aucun avec le procès soutenu par Jean Beaurigout au Parlement de Paris; ce n'est que très incidemment, en effet, que l'auteur du Journal arrive à dire que Denis du Moulin « avoit plus de cinquante procès au Parlement et que de lui n'avoit on rien sans procès. » Par quel enchaînement d'idées cette réflexion est-elle amenée, s'agit-il dans ce qui précède de l'église de Saint-Nicolas-des-Champs et de son curé? Nullement, le chroniqueur commence par nous apprendre qu'en 1440, le cimetière des Innocents fut mis en interdit pendant quatre mois, et ce par suite des prétentions exagérées de l'évêque de Paris, qui réclamait une somme d'argent dépassant les ressources de l'église des Innocents; c'est donc l'église des Innocents et non celle de Saint-Nicolas-des-Champs qui est en question. Comprendrait-on dans la bouche du curé de cette dernière église une diatribe à propos du cimetière et de l'église des Innocents qui lui sont absolument étrangers, tandis que lui-même, en procès pour sa propre paroisse, garderait le silence sur ce qui l'intéresse personnellement; ce n'est pas admissible, à moins de prétendre que l'auteur de notre Journal ait voulu cacher avec un soin jaloux sa personnalité. Plus loin, après avoir montré l'esprit processif et cupide de l'évêque Denis du Moulin, le chroniqueur insiste longuement sur certains procédés vexatoires imaginés par ce prélat et ses officiers pour extorquer de l'argent, en faisant rendre compte d'exécutions testamentaires, dont la trace s'était perdue. Quel rapport cela a-t-il avec le procès du curé Beaurigout et l'administration de la paroisse de Saint-Nicolas-des-Champs? Les préoccupations du chroniqueur sont de tout autre nature. S'il nous parle du cimetière des Innocents, s'il juge à propos de nous entretenir des testaments et de leur exécution, c'est que ses intérêts personnels étaient en jeu, tandis que la cure de Saint-Nicolas-des-Champs, comme le prouve surabondamment l'ensemble de son Journal, devait lui être complètement étrangère.

Un point qui n'est pas sans importance et que M. Longnon a laissé dans l'ombre est celui qui touche à la personne de l'auteur du Journal, considéré comme membre de l'Université de Paris. Jean Beaurigout ne nous apparaît dans la dissertation de M. Longnon que comme un homme d'église assez obscur d'ailleurs; nulle part on n'entrevoit le suppôt de l'Université, et cependant, à moins de tenir l'auteur du Journal parisien pour l'un de ces « clercs enflés de science », qu'il tourne en ridicule dans quelque endroit de ses mémoires, nous devons croire qu'il occupa un rang assez élevé dans le corps universitaire, puisqu'il se met au nombre « des parfaits clercs » qui prirent part à la dispute du collège de Navarre. Beaurigout était-il un théologien, ou appartenait-il à quelque autre faculté, comme beaucoup de gens d'église de son temps qui n'étaient que simples maîtres ès-arts ou bacheliers en décret? rien ne nous renseigne à cet égard; en tout cas, il faut bien que son rôle ait été singulièrement effacé pour que pendant plus de quarante ans il soit resté en dehors de tout ce qui s'est passé au sein de l'Université.

§ 2. — *Opinion personnelle du présent éditeur.*

On le voit, l'opinion émise par M. Longnon soulève certaines objections auxquelles il nous paraît difficile de répondre, et nous ne saurions considérer comme irréfutable l'attribution du Journal au curé Beaurigout. Reprenons l'examen de notre chronique et voyons si le texte conforme aux manuscrits ne peut nous apporter aucune donnée nouvelle. Dans plusieurs passages déjà signalés par la critique, l'auteur du Journal parle de sa personne, mais en termes si ambigus qu'il ne laisse point pénétrer son individualité. Ainsi l'on savait bien jusqu'à présent qu'en mai 1427, il se trouva parmi les personnages ecclésiastiques qui accompagnèrent une procession jusqu'à Montmartre; mais quel parti peut-on tirer d'un renseignement aussi vague? Ici le manuscrit de Rome devient d'un précieux secours, et nous permet de restituer ce passage de façon à introduire un élément nouveau dans la discussion[1]. En effet il n'est pas indifférent de savoir qu'au lieu d'*eschevins enfondrez*, il faut lire *chemins effondrés*, qu'il s'agit d'une cérémonie exclusivement religieuse et que, le lundi qui précéda l'Ascension (26 mai 1427), ce fut *la procession de Nostre-Dame* qui se

---

[1]. Nous reproduisons le texte de notre chroniqueur, tel qu'il se trouve dans La Barre et dans toutes les éditions : « Le lundy devant l'*Ascension de Nostre Dame et sa compaignie* furent à Montmartre, et ce jour ne cessa de plouvoir depuis environ neuf heures au matin jusques à trois heures après disner, non pas qu'ils se musassent pour la pluie, mais pour certain les *eschevins* furent si très fort *enfondrez* entre Montmartre et Paris que nous mismes une heure largement à venir de Montmartre à Saint-Ladre. »

rendit à Montmartre. En présence de déclarations aussi explicites, n'est-il pas permis de supposer avec quelque vraisemblance que l'auteur du Journal parisien, qui est, ne l'oublions pas, un homme d'église, pouvait bien faire partie du clergé de Notre-Dame, soit à titre de chanoine, soit à titre de chapelain? On nous objectera sans doute que cette procession, comme la plupart de celles qui avaient lieu à cette époque, pouvait comprendre non seulement les prêtres de Notre-Dame, mais encore ceux d'autres églises.

Nous répondrons que notre chroniqueur n'entend point parler d'une de ces processions *générales* qui mettaient en mouvement toute la population parisienne, et où l'on voyait cheminer côte à côte prêtres, suppôts de l'Université, magistrats et bourgeois, celles-là sont toujours bien clairement désignées dans notre Journal; l'auteur n'a en vue qu'une procession *ordinaire* du clergé de Notre-Dame, qui se rendait chaque année à Montmartre, le jour de la fête des Rogations, cérémonie particulière à l'église cathédrale, à laquelle ne devaient participer que les prêtres appartenant au corps de Notre-Dame [1].

Le passage du Journal relatif à la procession du 26 mai 1427 avait déjà frappé l'attention du plus ancien possesseur connu du manuscrit de Rome, le président Fauchet, qui inscrivit en marge de son volume la réflexion suivante : « Il semble que l'autheur fut du corps de Nostre Dame. » Du moment que notre chroniqueur, auquel on ne peut refuser la qualité d'homme d'église, se met en scène parmi les prêtres qui prirent part à une procession spéciale au clergé de Notre-Dame, n'est-il pas rationnel de croire qu'il appartenait lui-même à ce clergé? Bien que Beaurigout ait été l'un des chapelains de l'autel Saint-Léonard en l'église cathédrale, sa personne semble *a priori* devoir être écartée; en effet, les registres

---

1. Les registres capitulaires de Notre-Dame établissent constamment une distinction entre les processions propres à Notre-Dame et les processions générales; dans la première catégorie peuvent être rangées les processions qui se faisaient traditionnellement chaque année à Saint-Martin-des-Champs et à Montmartre. Il suffit de parcourir les registres capitulaires du XVe siècle pour rencontrer, pour ainsi dire chaque année, mention des processions de la fête des Rogations particulières à Notre-Dame.

En voici quelques exemples :

1434. — « Veneris xx et ultima aprilis. Fiant processiones Rogationum, ut in anno precedenti. » (Arch. nat., LL 217, fol. 94.)

1435. — « Veneris xi maii. Fiant processiones in ebdomada proxime venienti . . . . prout in anno preterito, propter guerras et pericula, et fiat statio ante Sanctum Nicolaum. » (Arch. nat., LL 217, fol. 147.)

1443. — « Veneris xxiv maii. Fiat die lune proxima processio Ecclesie apud Sanctum Montem martyrum. » (Arch. nat., LL 218, fol. 437.)

synodaux de Notre-Dame[1] qui à partir de 1428 donnent les noms de tous les chapelains année par année, ne nous montrent Jean Beaurigout comme titulaire de cette chapellenie qu'à une époque qui ne saurait être antérieure à l'année 1435[2]. Eu égard au rang important que l'auteur du Journal devait occuper dans l'Université, c'est plutôt dans le corps des chanoines que dans celui des chapelains que ce personnage doit être recherché.

Nos investigations ont donc forcément dû prendre une autre direction; à force de compulser les registres capitulaires de Notre-Dame et de comparer les données que nous y avons recueillies avec le texte de notre chronique, nous croyons pouvoir établir que l'homme d'église, à qui nous sommes redevables du Journal parisien, est précisément un chanoine de Notre-Dame, Jean Chuffart, successeur de l'illustre Gerson dans le poste de chancelier de l'église de Paris.

Cette nouvelle hypothèse surprendra peut-être au premier abord, mais elle est basée sur de longues et patientes recherches, et peut se défendre par des arguments non moins sérieux et non moins probants que ceux dont on s'est servi jusqu'à ce jour. A l'appui de nos conjectures nous avons relevé à divers points de vue de nombreux indices qui permettront de se former une opinion sur l'individualité de notre chroniqueur; pour plus de clarté nous grouperons ces témoignages de nature différente sous un certain nombre de propositions ou de théorèmes que nous essayerons de démontrer.

a. L'AUTEUR DU JOURNAL PARISIEN APPARTIENT AU CLERGÉ DE NOTRE-DAME.

Nous attribuons, avons-nous dit, le Journal parisien à Jean Chuffart, chanoine de Notre-Dame de Paris; examinons d'abord si l'époque de son existence peut concorder avec les années extrêmes de notre Journal. Jean Chuffart, originaire de Tournai, maître ès arts et licencié en droit canon, succéda le 8 mai 1420 à Jean de Saint-Verain, décédé, et mourut le 8 mai 1451, chancelier de l'église cathédrale[3]; ces dates cadrent parfaitement avec la période qu'embrasse la chronique anonyme des règnes de Charles VI et Charles VII. Reste maintenant à examiner si le texte même de ce document ne contrarie point notre hypothèse. De 1420 à 1449, il n'est pour ainsi dire pas une année du Journal qui ne contienne quelques particularités rela-

---

1. Arch. nat., LL 446.
2. Jean Beaurigout figure parmi les chapelains de Saint-Léonard à la date du 23 février 1436 dans le registre des chapellenies de Notre-Dame (Arch. nat., LL 192, fol. 1).
3. Arch. nat., LL 215, fol. 268; LL 220, fol. 40.

tives à Notre-Dame ou au corps capitulaire. L'auteur trahit involontairement sa qualité, soit qu'il décrive avec un véritable luxe de détails la cérémonie des obsèques de Charles VI, la réception du régent à Notre-Dame en 1424, le sacre du jeune roi d'Angleterre en 1431, soit qu'il parle des processions de 1426, 1427, 1429, 1431, soit qu'il mentionne les élections des différents prélats qui se succédèrent sur le trône épiscopal de Paris, élections auxquelles il dut prendre part comme chanoine de Notre-Dame. S'il consacre un paragraphe à l'élection de Nicolas Fraillon demeurée sans résultat, c'est que Nicolas Fraillon fut choisi et recommandé par le chapitre, qui par ce choix se mit en opposition avec le gouvernement anglais[1].

Dans diverses occasions, l'auteur du Journal parisien nous entretient de cérémonies religieuses qui se passaient à Notre-Dame et qui n'intéressaient que le clergé de la cathédrale; nous voulons parler des ordinations faites par l'évêque de Paris à la fin de la semaine sainte. A deux reprises différentes, en 1433 et 1439, il mentionne la venue à Paris d'un prélat étranger pour la célébration des offices de la semaine sainte et la collation des ordres; il observe même à l'année 1433 que cet évêque « les fit si matin que grande partie de toutes ordres à ce jour faillirent. » Ces détails dans la bouche de notre chroniqueur ne peuvent s'expliquer qu'en admettant sa présence habituelle au sein du clergé de Notre-Dame, seul au courant de toutes ces particularités.

Lorsque l'auteur du Journal nous apprend qu'au mois de juillet 1427 l'évêque de Paris interdit à toute femme l'entrée du chœur du « moustier » pendant la durée des offices, de quel « moustier » veut-il parler, si ce n'est de l'église cathédrale, et qui pouvait connaître ce règlement transitoire en dehors des chanoines et chapelains? Une réflexion analogue vient à l'esprit en lisant ce paragraphe où le chroniqueur prend soin de noter que le dimanche 26 janvier 1428 (v. st.) on commença à dire les heures canoniales à Saint-Jacques de la Boucherie comme à Notre-Dame, et il est permis de se demander pour qui un détail aussi insignifiant pouvait présenter quelqu'intérêt, si ce n'est pour un prêtre de Notre-Dame? On pourrait en dire autant de l'article du Journal relatif à la refonte de la grosse cloche de Notre-Dame, connue sous le nom de *Jacqueline* : l'exactitude des renseignements donnés par notre auteur n'indique-t-elle pas jusqu'à un certain point la source officielle à laquelle ils sont puisés? D'après les délibérations capitulaires de cette époque, Jean Chuffart fut précisément

---

1. D'après un recueil d'actes capitulaires conservé à la Bibliothèque nationale, Jean Chuffart fut l'un des trois chanoines délégués, le 11 novembre 1426, auprès du roi d'Angleterre, pour lui notifier le choix du chapitre et demander son agrément (Mss. latin 17740, fol. 262).

l'un des commissaires désignés par le chapitre pour présider à divers travaux préliminaires, veiller notamment à ce qu'il ne fût distrait aucune portion de métal provenant de la cloche brisée [1]; ce fut le même personnage qui fit marché avec un charpentier pour la descente de la cloche Jacqueline.

Lors de l'entrée du régent à Paris le 18 décembre 1434, notre chroniqueur met dans son récit qu'à la bastide Saint-Denis se tenaient « les enfans de cuer de Nostre Dame qui moult chantoient melodieusement ». Cette mention qui, en elle-même, n'offre pas grand intérêt, mérite cependant d'être remarquée, parce que les registres capitulaires témoignent de la sollicitude avec laquelle le chancelier de l'église de Paris s'occupait des enfants de chœur de Notre-Dame et de leurs intérêts [2], sollicitude qui ne se démentit pas un instant; par son testament, Jean Chuffart laissa aux enfants de chœur de Notre-Dame une maison sise rue Saint-Denis, en même temps qu'il légua son hôtel du Bourget à ceux de Saint-Germain l'Auxerrois [3].

La main d'un prêtre de Notre-Dame mêlé aux incidents de la vie capitulaire se retrouve à tout instant dans la rédaction du Journal parisien, il est facile de s'en rendre compte en parcourant un recueil d'actes dressé pendant la domination anglaise par le notaire du chapitre de Notre-Dame, Nicolas Sellier; ce recueil nous permet de compléter le récit de quelques menus faits rappelés sommairement dans notre Journal. Ainsi en 1426, le chroniqueur parle en termes assez vagues d'une procession à Saint-Magloire au sujet de certains hérétiques plus amplement mentionnés dans une portion de son Journal aujourd'hui perdue. Le protocole de Nicolas Sellier contient les principales pièces de la procédure instruite contre ces hérétiques et rend intelligible une suite de faits dont l'ensemble est difficile à saisir. D'après ce registre, un clerc du nom de Guillaume Vignier, et ses associés, maître Ange Jouen, Jean l'Amy, Ambroise Maloisel de Gênes et Philippe de Roques se laissèrent circonvenir par un prêtre nommé Rodigue, qui, pensant leur extorquer de l'argent, leur fit espérer la découverte de trésors au moyen de sortilèges; ces malheureux furent l'objet de poursuites dirigées par Jean Graveran, inquisiteur de la foi, et tinrent prison une année durant. Par suite d'un conflit de juridiction que souleva l'évêque de Paris, le pape Martin V dut intervenir et désigner des commissaires chargés de juger le procès; savoir, les

---

1. Arch. nat., LL 216, fol. 191.
2. On voit notamment que le 27 avril 1433, pendant la maladie de Raoul le Fourbeur, maître des enfants de chœur, Jean Chuffart et Pierre d'Orgemont furent chargés par le chapitre de pourvoir à la subsistance de ces enfants (Arch. nat., LL 217, fol. 42).
3. Testament de Jean Chuffart, Arch. nat., S 851.

évêques de Noyon et de Thérouanne ; lors de la vacance du siège épiscopal de Paris, le chapitre se vit obligé de suivre cette affaire et de prendre en main la défense des droits de l'évêque. Cette intervention du corps capitulaire explique jusqu'à un certain point la mention spéciale consacrée par l'un de ses membres à d'obscurs hérétiques [1].

Sous la date du 25 mai 1431, l'auteur du Journal donne tout au long le texte des indulgences accordées par le pape Martin V en l'honneur de la fête du Saint-Sacrement ; nous n'avons pas été peu surpris de retrouver ces mêmes indulgences reproduites mot pour mot à la fin du protocole de Nicolas Sellier [2].

Dans sa relation des obsèques d'Isabeau de Bavière, notre chroniqueur constate que l'abbé de Sainte-Geneviève célébra l'office des morts à Notre-Dame ; si ce détail a pris place dans son récit, c'est qu'il s'agit d'un fait exceptionnel, en dehors des traditions de l'église de Paris. En effet, le même protocole nous a conservé la teneur d'une déclaration de l'abbé de Sainte-Geneviève portant que la célébration du service funèbre par lui faite en vertu d'une autorisation du chapitre de Notre-Dame ne préjudiciera en rien aux immunités du même chapitre [3].

Nous arrivons maintenant à ce curieux passage du Journal qui est un des arguments les plus importants de la thèse de M. Longnon. On ne saurait se dissimuler la coïncidence remarquable qui existe entre la sortie véhémente du chroniqueur parisien dirigée contre Denis du Moulin et le procès soutenu à la même date par Jean Beaurigout, curé de Saint-Nicolas-des-Champs, contre son évêque ; mais loin de contrarier notre système, ce rapprochement tendrait plutôt à le fortifier et nous confirme dans l'opinion que notre anonyme doit être un membre du clergé de Notre-Dame, et non Beaurigout. Si l'auteur du Journal a inséré dans son récit quelques lignes visant particulièrement l'évêque et ses procès au Parlement, c'est que le chapitre de Notre-Dame, dont il était membre, se trouvait personnellement engagé dans le procès de Beaurigout, qu'il avait pris fait et cause pour ce curé de Saint-Nicolas-des-Champs, l'un des chapelains de l'église cathédrale ; il y avait là une affaire d'exemption intéressant le corps capitulaire tout entier. Il suffit de parcourir les délibérations des chanoines pour juger de l'importance que le chapitre attachait à ce débat ; de mars à mai 1441, c'est presque à chaque séance que l'on s'occupe de cette fastidieuse question, soit de la procédure au Parlement entre l'évêque et le chapitre « sur le fait de l'exemption de Notre-Dame », à propos du curé de Saint-

---

1. Bibl. nat., ms. lat. 17740, fol. 261.
2. *Ibid.*, fol. 398.
3. *Ibid.*, fol. 24.

Nicolas-des-Champs. Tantôt, le corps capitulaire propose de s'entendre avec l'évêque pour la nomination d'arbitres, tantôt il désigne des chanoines chargés de conseiller le curé de Saint-Nicolas-des-Champs et de recueillir les ressources nécessaires pour la poursuite du procès, ou bien encore il délègue quelques-uns de ses membres auprès du premier président du Parlement[1]. Bref, il est incontestable qu'au début de l'année 1441, cette affaire préoccupa vivement, passionna même les chanoines, surtout le chancelier Jean Chuffart, que nous voyons figurer en 1438, 1439 et 1440 parmi les chanoines munis de pleins pouvoirs à l'effet de suivre les causes du chapitre au Parlement, et aux requêtes du palais[2]. Ce point établi, doit-on éprouver quelque surprise de rencontrer dans le Journal parisien une allusion à l'esprit processif de Denis du Moulin ? Quant aux développements que consacre notre chroniqueur « à la pratique bien estrange » imaginée par l'évêque de Paris « ou ses tres deloyaulx complices » peut-être paraîtront-ils moins extraordinaires dans la bouche du chanoine Jean Chuffart qui remplit les fonctions de commissaire délégué par l'évêque de Paris pour les causes testamentaires dans la ville et le diocèse de Paris et qui, par conséquent, eut dans ses attributions le règlement des diverses questions que pouvait soulever l'exécution des testaments[3], nul doute que le caractère inquisitoire de la mesure prise par l'évêque de Paris dans un but purement fiscal n'ait fortement indisposé Jean Chuffart. En voyant l'auteur présumé du Journal parisien nous mettre dans la confidence de ses griefs contre l'évêque Denis du Moulin et manifester son mécontentement, l'on a moins de peine à s'expliquer le décousu de cette partie de notre chronique.

Il n'est pas indifférent de déterminer le quartier de Paris habité par le chanoine Jean Chuffart. Rien ne nous empêche d'admettre, conformément aux conclusions de M. Longnon, que, pour la période de sa vie antérieure à 1420, il ait élu domicile sur la rive droite de la Seine, un peu plus tard nous constatons son établissement définitif dans la Cité. En effet, peu de temps après sa réception comme chanoine de Notre-Dame, il acquit moyennant 200 écus d'or la maison du cloître qu'occupait son prédécesseur Jean de Saint-Verain[4] ; c'est là que s'écoula toute son existence. La maison claustrale de Jean Chuffart, située non loin du port Saint-Landry, était

---

1. Arch. nat., LL 218, fol. 82, 84, 85, 86, 93, 104, 105, 166.
2. Bibl. nat., ms. lat. 17740, fol. 82, 124.
3. C'est ce qui ressort de deux actes insérés dans le censier de Saint-Nicolas-des-Champs en date du 2 juillet 1435 ; ces actes sont : le premier une décharge donnée à un exécuteur testamentaire, le second la fixation d'une pension alimentaire. Arch. nat., LL 861, fol. 18, 19, 126.
4. Arch. nat., LL 215, fol. 424 ; LL 216, fol. 3.

attenante à la maison du chanoine Pasquier de Vaulx, derrière laquelle se trouvait un jardin aboutissant à la rivière ; cette proximité du fleuve explique les détails circonstanciés que donne l'auteur du journal à partir de 1420 sur les débordements de la Seine du côté de l'île Notre-Dame, des Ormeteaux et de la Grève, dont plus que personne il était à même de suivre les progrès.

Dans l'hypothèse qui place l'habitation de notre chroniqueur près de Notre-Dame, on conçoit qu'il s'attache à relater tout ce qui concerne l'église cathédrale, le Palais, la Sainte-Chapelle, l'Hôtel-Dieu sur lequel il est bien informé, puisqu'il se fait l'écho des doléances des malades au sujet des maigres reliefs du sacre de Henri VI et qu'il nous fait connaître le chiffre des malades enlevés par l'épidémie de 1439. On comprend également que l'ouverture d'un marché devant l'église de la Madeleine en 1436 ait frappé son attention, de même que le baptême de l'enfant phénoménal né à Aubervilliers, baptême qui eut lieu dans l'église de Saint-Christophe en la Cité. Le curé de cette église étant à la nomination du chapitre et faisant partie du clergé de Notre-Dame, il ne serait point extraordinaire que notre chanoine eût été curieux d'assister à cette cérémonie, pour examiner à son aise et tenir entre ses mains le phénomène en question, comme on le voit par le récit du journal parisien. Un passage inédit de notre chronique (année 1438) signale dans le voisinage immédiat de la maison habitée par notre anonyme la chambre de maître Hugues ; ne s'agirait-il point ici d'une de ces chambres dépendant des maisons canoniales et qui servaient de logement au clergé inférieur de Notre-Dame[1] ? Il est difficile de vérifier jusqu'à quel point cette assertion pourrait se trouver fondée.

Tels sont les principaux arguments qui nous permettent de rattacher l'œuvre du prétendu bourgeois de Paris à un membre du clergé de Notre-Dame, le chanoine et chancelier Jean Chuffart.

b. L'AUTEUR DU JOURNAL PARISIEN, ANGLO-BOURGUIGNON D'ABORD, SE RALLIE EN 1436 AU PARTI NATIONAL.

De tous les chroniqueurs des règnes de Charles VI et Charles VII dont les écrits ont été conservés, aucun ne se distingue par une couleur aussi accentuée que l'auteur de notre journal. Fervent bourguignon dès l'origine et partisan déclaré de la faction des bouchers, il embrasse la cause anglaise et ne prend pas la peine de déguiser son

---

1. Nous citerons comme exemple la *chambre* de la maison claustrale de Jean Gerson, habitée par un chapelain de Notre-Dame qui fut exclu pour indignité, et transmise le 9 septembre 1422 à Jean Ansel, chanoine de Saint-Jean-le-Rond (Arch. nat., LL 215, fol. 381).

aversion profonde pour les Armagnacs qu'il rend responsables de toutes les calamités qui désolèrent Paris sous la domination étrangère. Ce caractère si nettement accusé de la chronique anonyme de 1405 à 1449 doit selon nous se retrouver chez son auteur et dans les principales phases de son existence; la persistance de ses sentiments hostiles à l'égard des Français ou Armagnacs permet de le compter au nombre de ces représentants du clergé parisien qui, dans maintes occasions solennelles, affirmèrent hautement leurs sympathies pour le gouvernement anglais. Cette pensée était venue à M. Longnon lorsqu'à l'appui de sa thèse il nous montrait le curé de Saint-Nicolas-des-Champs (c'est-à-dire Jean Beaurigout) jurant le 26 août 1429 l'exécution du traité de Troyes; nous suivrons son exemple et nous chercherons le chanoine de Notre-Dame auquel nous attribuons le journal parisien dans les rangs des prêtres anglo-bourguignons. Bien que la plupart des personnages ecclésiastiques qui prêtèrent serment entre les mains du Parlement ne soient désignés que par leurs titres de curés ou de prieurs, nous avons cependant remarqué deux noms inscrits en tête de la liste donnée par le greffier Fauquembergue, ceux de Pasquier de Vaulx et de Jean Chuffart, tous deux chanoines de Notre-Dame. Jean Chuffart, que M. Quicherat, dans la table des Procès de Jeanne d'Arc, appelle un notable de Paris, est bien le dignitaire du chapitre que nous connaissons ; il peut donc prendre place parmi ces membres du clergé qui n'attendirent point qu'on vînt leur demander le serment de fidélité, mais qui s'empressèrent de consacrer par une adhésion spontanée le fameux traité de Troyes. A cette même époque, le chanoine Jean Chuffart était, paraît-il, fort bien vu du gouvernement anglais, si l'on en juge par un mandement du roi Henri VI, à l'adresse du Parlement de Paris, portant évocation d'une cause pendante entre le chapitre de Saint-Marcel et le même personnage, mandement dans lequel le roi le qualifie de « nostre amé »[1]. Néanmoins, il ne faut pas se dissimuler que Jean Chuffart, tout en acceptant comme beaucoup d'autres la domination anglaise, ne devint point anglais de cœur et d'âme; bourguignon il était, bourguignon il resta, et lorsque le traité d'Arras rétablit la paix depuis si longtemps rompue entre le roi de France et le duc de Bourgogne, il suivit sans hésitation le parti du souverain légitime ; nous en donnerons plus loin une preuve non équivoque.

Les mêmes fluctuations se remarquent chez l'auteur du journal parisien, à partir de la reddition de Paris à Charles VII ; autant le chroniqueur se montre précédemment adversaire intraitable des Armagnacs, autant il se radoucit et change de ton. Les Armagnacs

---

1. Ce mandement, en date du 11 décembre 1430, est annexé à un accord homologué au Parlement de Paris le 11 avril 1431 (Arch. nat, X1c 141).

disparaissent complètement de la scène politique et deviennent les Français ; quant à Charles de Valois, il n'est plus nommé que le roi de France. Pour expliquer une aussi rapide évolution, est-il nécessaire de recourir au système de l'académicien La Barre qui concluait à l'existence de deux auteurs distincts, ou bien doit-on admettre un remaniement de l'œuvre primitive? Nous ne le pensons pas. Rien de plus simple, de plus facile à concevoir avec l'hypothèse que nous émettons plus haut. Après la soumission de Paris aux Français, l'homme d'église, quel qu'il soit, auquel nous devons le journal parisien, au lieu de quitter la capitale à la suite des Anglais, se rallie à la cause nationale, ainsi que le dénote l'apaisement de son esprit ; s'il conserve encore quelqu'animosité, ce n'est point contre la personne de Charles VII, mais contre celle du Dauphin et des « faulx gouverneurs » dont les exactions répétées ruinaient les Parisiens, gens d'église et autres ; c'est contre les gens de guerre et leurs chefs, dont le brigandage s'exerçait en toute liberté aux portes mêmes de Paris. Il a compassion de la situation misérable faite à Paris, à cette ville qu'il aimait par-dessus tout ; il déplore toutes ces oppressions, toutes ces tailles, toutes ces *males gaignes*, toute cette cherté dont personne n'avait souci, le roi moins que personne.

Loin de perdre au départ de l'étranger, le chanoine Jean Chuffart, quoique compromis par une profession de foi anglaise faite publiquement, y gagna un siège de conseiller-clerc au Parlement de Paris, qu'il obtint le 12 novembre 1437 [1]. On observera que cette réception de Jean Chuffart en qualité de conseiller suivit de très près le retour du Parlement de Poitiers à Paris, que mentionne l'auteur du journal, en l'accompagnant de réflexions en faveur du régime nouveau qui rappela « aucuns bourgoys par doulceur, leur pardonnant tout tres doulcement, sans reproche et sans mal mettre eulx ne leurs biens. » Au début de l'année 1442 le chroniqueur constate que le Parlement interrompit ses plaidoiries et ne les reprit que le 21 février ; le motif de la suspension des séances touche tellement à la vie intime du Parlement et offre si peu d'intérêt pour tout autre qu'un parlementaire que celui qui en a pris note devait tenir par un lien quelconque à cette cour souveraine. Voici en effet ce que nous apprend le registre des plaidoiries à la date du 19 février 1442 : « Ce jour est recommencié le Parlement à tenir, lequel avoit et a cessé par faulte de paiement de gaiges depuis le vendredi avant Noel derrainement passé jusques à huy [2]. »

Un fait caractéristique, sur lequel personne n'a insisté jusqu'ici, est l'esprit d'opposition qui anime l'auteur du journal parisien sous tous

---

1. Arch. nat., X:a 1482, fol. 40 r°.
2. *Ibid.*, X1a 4799, fol. 30 r°.

les régimes qui se sont succédé à Paris de 1409 à 1449. Durant la domination anglaise, bien qu'il se montre l'ennemi acharné des Armagnacs, il ne cesse d'attaquer les personnages du parti anglo-bourguignon chargés de la direction des affaires, notamment l'évêque de Thérouanne, chancelier de France pour les Anglais, qu'il qualifie « d'homme tres cruel, moult hay du peuple ». Après la réduction de Paris sous l'autorité de Charles VII, il s'en prend aux « faulx gouverneurs » et surtout au connétable de Richemont qu'il ne craint pas d'accuser de trahison. Quelle est la cause de cette hostilité systématique? D'où vient que notre chroniqueur parle toujours avec une certaine aigreur de ceux qui sont au pouvoir, tout en respectant la personne du souverain? A nos yeux, le chroniqueur resta toute sa vie homme d'opposition, parce que dévoré d'une ambition démesurée qu'il ne put jamais satisfaire, il brigua constamment les charges officielles sans arriver au but de ses désirs; son rêve, on le voit bien, était d'entrer dans le conseil du roi, et son langage trahit plus d'une fois cette secrète envie. Ouvrez notamment le journal à l'année 1439, vous y verrez notre anonyme se plaindre de l'absence prolongée du roi de France « qui se tenoit tousjours en Berry par les mauvais conseils qu'il avoit »; en 1441, déplorant les excès commis par les gens de guerre, excès encouragés par leurs chefs, il s'écrie: « Ainsi estoit
« ce roy Charles le VII° gouverné, voire py que je ne le dy, car ilz
« le tenoient comme on fait ung enfent en tutelle. »

Le chancelier Jean Chuffart nous paraît, mieux que tout autre, répondre à ces données du Journal; la haute situation qu'il occupait dans le monde ecclésiastique et universitaire lui permettait de prétendre aux faveurs du souverain dont il avait embrassé la cause après l'expulsion des Anglais. Avec une habileté remarquable, Jean Chuffart avait longtemps d'avance préparé les voies; dans un mémoire politique adressé à la reine Isabeau de Bavière, mémoire qui semble devoir lui être attribué, nous le voyons tracer tout un programme de gouvernement à l'adresse du roi de France[1]. Ce fut peine perdue, jamais Charles VII ne daigna jeter les yeux sur lui et ne songea à l'appeler dans ses conseils; ce prince avait trop conscience du rôle

---

1. L'auteur de ce factum dévoile ses visées secrètes dans deux paragraphes consacrés à l'éloge des *clercs* que le souverain devrait appeler dans ses conseils : « Un roy, dit-il, doit savoir qui sont les meilleurs clercs de son royaume et universités et autrement, et les promouvoir ..... et doit le roy souverainement amer un clerc preudomme et est tres grant tresor d'un tel homme. » Il ajoute plus loin « que le roy devroit avoir avec luy des meilleurs aagés clers, preudommes, saiges et expers et bien renommés qu'il pourroit finer» (Advis à Isabelle de Bavière, *Bibliothèque de l'École des chartes*, 6° série, t. II, p. 145, 150).

néfaste joué par sa mère pour introduire dans son entourage l'un des conseillers les plus intimes de cette reine ; on comprend que mis à l'écart et méconnu, notre anonyme n'ait jamais manqué l'occasion de battre en brèche tous ceux que Charles VII honorait de sa confiance.

C. L'AUTEUR DU JOURNAL PARISIEN FAIT UN VOYAGE AU SIÈGE DE MEAUX.

Entre toutes les chroniques du xve siècle, le Journal parisien des règnes de Charles VI et de Charles VII est celle qui nous fournit les informations les plus précises et les plus détaillées sur le siège de Meaux par les Anglais. Dans le récit palpitant d'intérêt que nous a laissé notre anonyme, il y a une variété et une abondance de renseignements vraiment surprenante, et l'on se demande comment un Parisien, un homme d'église surtout, pouvait connaître avec cette exactitude minutieuse les moindres incidents de ce siège, notamment les exploits sinistres du bâtard de Vauru, racontés dans ce style coloré qui rend si attachante la lecture de notre journal. Ne serait-on pas tenté de croire que notre chroniqueur était témoin oculaire des faits qu'il rapporte ? Tout lecteur attentif du journal parisien remarquera l'insistance que met l'auteur à rappeler la présence du roi d'Angleterre au siège de Meaux ; à deux reprises différentes il répète que Henri V y passa les fêtes de Noël et des Rois ; or nous voyons par les registres capitulaires de Notre-Dame que Jean Chuffart, à qui nous attribuons le journal parisien, fut précisément l'un des chanoines qui, vers le milieu de janvier 1422, eurent mission de se rendre auprès du roi d'Angleterre afin de lui présenter des lettres du chapitre concernant l'élection de Jean Courtecuisse comme évêque de Paris, élection qui n'avait point l'agrément du souverain anglais. N'est-il pas curieux de constater que dans la partie du journal parisien qui coïncide avec l'époque de ce voyage, l'auteur, après avoir dépeint la situation désespérée des laboureurs de la Brie ruinés par les déprédations des Anglais, nous entretient précisément de Jean Courtecuisse, cet évêque de Paris élu par l'Université, le clergé et le Parlement, qui ne pouvait prendre possession de son siège, parce qu'il n'était pas dans les bonnes grâces du roi d'Angleterre ? N'est-ce point là une allusion transparente à la mission que venait de remplir le prêtre à qui nous serions redevable du Journal parisien ? Si d'une part il est difficile d'admettre que le chroniqueur qui s'étend si longuement sur le siège de Meaux n'ait pas été à même de vérifier personnellement bien des faits, comment supposer d'autre part qu'un homme d'église de Paris se soit hasardé à entreprendre un voyage aussi périlleux en plein pays ennemi, sans être protégé par une délégation d'un caractère officiel analogue à celle dont les chanoines Perrière et Chuffart eurent la charge et l'honneur peu enviables dans ces temps troublés[1]?

d. L'AUTEUR DU JOURNAL EST UN HAUT PERSONNAGE DE L'UNIVERSITÉ DE PARIS.

L'une des conditions essentielles que doit remplir l'auteur du Journal parisien est d'appartenir au corps universitaire, non à un titre infime, mais dans un rang éminent; c'est du reste ce que laisse entrevoir le passage bien connu où le narrateur se compte lui-même parmi les membres les plus considérables de l'Université. D'après le sentiment du président Fauchet, exprimé dans une note mise à la marge du manuscrit de Rome, l'auteur de notre journal devait être un homme d'église ou docteur de quelque faculté. Si tout chez notre chroniqueur annonce l'homme d'église, il ne s'ensuit pas nécessairement, comme l'ont supposé Étienne Pasquier et Denis Godefroy[2], qu'il doive être un théologien; on pourrait citer plus d'un chanoine de Notre-Dame n'ayant aucun grade en la faculté de théologie. Ceci posé, voyons si le chanoine-chancelier de Notre-Dame se trouve dans les conditions requises.

Lors de sa réception comme chanoine en 1420, Jean Chuffart prend le titre de maître ès-arts et licencié en décret. Dès cette époque il occupait dans le corps universitaire une situation considérable, car l'année suivante il était appelé au poste de recteur pour le quartier d'octobre à décembre (1421). A cette occasion, Jean Chuffart fit demander aux chanoines ses confrères la continuation des distributions capitulaires qu'il devait perdre en prenant possession de sa dignité, Jean Voignon et Nicolas Fraillon furent chargés le 15 octobre 1421 de conférer avec le nouveau recteur qui obtint gain de cause et vint le 30 octobre remercier le chapitre de la faveur qu'on voulait bien lui accorder[3]. Ce n'est que le 30 juillet 1437 que Jean Chuffart,

---

1. « Mercurii quarta mensis februarii (1421), capitulantibus dominis, provisio medii mensis januarii novissime preteriti de gratia concessa est magistris G. Perriere et Jo. Chuffart qui nuper fuerunt in acie coram Meldis et regi Anglie presentaverunt litteras capituli super excusacione quod capitulum non promovit dominum electum Parisiensem venire et stare Parisius, sicut credebat ipse dominus rex. » (Arch. nat., LL 215, 356.)

2. Cf. A. Longnon, *Conjectures sur l'auteur du Journal parisien*, p. 311, 313.

3. « Mercurii xv mensis octobris. — Magistri Johannes Voygnon et N. Fraillon loquentur cum magistro Chuffart qui huc accedens ex eo quod est rector Universitatis et non poterit accedere ad ecclesiam pro lucrando, ut solitus est, requisivit quod sibi darentur sue distribuciones, ac si veniret ad ecclesiam, offerens se facturum pro ecclesia et singularibus. — Jovis,

depuis longtemps déjà chancelier de l'église de Paris[1] et jouissant en cette qualité du privilège de faire passer les examens de la maîtrise ès-arts[2] et de la licence en théologie[3], se fit recevoir docteur en décret. La veille du jour fixé pour la cérémonie, il pria ses confrères d'assister à la dispute scolastique ainsi qu'au dîner qui devait couronner la fête, le chapitre répondit évasivement que tous feraient de leur mieux pour se rendre à son invitation[4].

Une fois en possession du titre de docteur, Jean Chuffart ne borna point là son ambition et voulut entrer dans le corps enseignant. Après la mort de Jean Hubert, il devint régent en la faculté de décret; le 20 octobre 1437 il acquit des exécuteurs testamentaires de ce même Jean Hubert une maison située dans le haut de la rue du Clos Bruneau à l'enseigne de Saint-Eustache, et servant d'école de décret. C'est là qu'il ouvrit ses cours et qu'il professa jusqu'à sa mort, en 1451; par son testament il légua cette maison avec ses bancs et pupitres « à la venerable faculté de Decret en l'université de Paris » qui lui avait procuré « plusieurs prouffiz » et fait « grant courtoisie » lors de sa réception comme docteur.

Jean Chuffart appartenait à la nation de Picardie, qui l'aida dans sa carrière, et que notre chanoine, en fils reconnaissant, obligea plus d'une fois de ses deniers; dans l'expression de ses dernières volontés, il ne l'oublia pas et l'inscrivit pour un legs de 20 écus d'or[5].

---

penultima mensis octobris. — Magister J. Chuffart, rector universitatis, regraciatus est dominos de gratia sibi facta et concessione provisionis IIII^{or} solidorum pro die. » (Arch. nat., LL 215, p. 342, 344, 345.)

1. Jean Chuffart fut reçu chancelier de Notre-Dame le 7 septembre 1426 (Ibid., LL 216, p. 173).

2. En 1436 et 1442 le chancelier Chuffart obtint du chapitre l'autorisation de faire passer les examens de maître ès-arts dans la maison claustrale d'Albert le Rogneur (Ibid., LL 217, p. 197; LL 218, p. 225).

3. D'après le compte du bedeau de la faculté de théologie, Jean Chuffart conféra la licence le 1er avril 1434; l'année suivante, à la date du 23 décembre, ce fut son délégué qui examina les licenciés (Bibl. nat., ms. lat. 5494, fol. 160, 177).

4. « Lune xxix julii 1437. — Hodie, magister J. Chuffart, cancellarius et canonicus ecclesie Parisiensis, qui die crastina intendit facere festum suum doctoris cum aliis doctoribus, supplicavit dominis capitulantibus ut vellent sibi et suis sociis facere honorem in scolis et in prandio, cui responsum est ut domini facient ut melius poterunt. » (Arch. nat., LL 217, p. 321.)

5. Voici l'article du testament relatif à la nation de Picardie : « Item, je donne à ma mere, la nacion de Picardie en l'université de Paris, par le moyen de laquelle j'ay eu plusieurs promocions, vint escus d'or pour aider à avoir ung calice ou aucuns aournemens pour faire le service en lad.

On le voit, le chancelier Jean Chuffart répond à toutes les exigences de notre journal. Non seulement il occupait dans l'université un rang élevé, mais encore il faisait partie du corps enseignant; aussi pouvait-il, sans orgueil exagéré, se compter au nombre de ces *parfaits clercs* qui soutinrent au collège de Navarre une discussion publique contre Fernand de Cordoue. En rehaussant ainsi la valeur de sa personne, Jean Chuffart obéit probablement à un sentiment d'irritation motivé par les attaques dont il fut l'objet au sein de l'université. La faculté de théologie ne put jamais lui pardonner son élévation au poste de chancelier de l'église de Paris et ne cessa de demander que le chancelier de Notre-Dame fût choisi à l'avenir parmi les maîtres en théologie à l'exclusion de tous autres; elle finit par triompher et, le 4 mai 1444, fit présenter au chapitre les bulles d'Eugène IV faisant droit à cette réclamation [1].

e. L'AUTEUR DU JOURNAL EST L'UN DES CLERCS ATTACHÉS A LA MAISON D'ISABEAU DE BAVIÈRE.

Le Journal parisien renferme çà et là quelques mentions relatives à Isabeau de Bavière dans la dernière période de son existence, à un moment où, reléguée dans l'hôtel de Saint-Paul, cette reine était en quelque sorte oubliée de tous; il nous paraît difficile de croire que certaines de ces mentions soient un pur effet du hasard. A la rigueur on comprend qu'un chroniqueur, un chroniqueur parisien surtout, ait inséré dans son récit ce qui a trait aux funérailles de la reine déchue, qu'il se soit trouvé à même de remarquer les larmes versées par Isabeau de Bavière lors du passage de son petit-fils devant l'hôtel de Saint-Paul; mais il n'est guère admissible qu'une personne étrangère à son entourage ait pu écrire ce que rapporte l'auteur du Journal à l'année 1424, alors qu'Isabeau de Bavière se consumait dans la pauvreté et dans l'abandon.

Voici au reste en quels termes s'exprime notre chroniqueur :

En icellui temps, estoit la royne de France demourante à Paris, mais elle estoit si pouvrement gouvernée qu'elle n'avoit tous les jours que VIII sextiers de vin tout au plus pour elle et son tinel, ne le plus de Paris qui leur eust demandé : « Ou est la royne ? » ilz n'en eussent sceu parler.

Tant en tenoit on pou de compte, que à paine en challoit il au peuple, pour ce que on disoit qu'elle estoit cause des grans maulx et douleurs qui pour lors estoient sur terre.

Item, la royne de France ne se mouvoit de Paris, ne tant ne quant, et

---

nacion, ou pour aidier à parfaire leurs escolles en la rue au Feurre. » (Arch. nat., S. 851.)

1. Arch. nat., LL 218, p. 575.

estoit aussi comme se ce feust une femme d'estrange païs enfermée tout temps en l'ostel de Sainct-Paul ..... et bien gardoit son lieu comme femme vefve doit faire.

Ce langage n'est pas celui d'un indifférent, c'est le langage que pouvait tenir l'un de ces clercs qui vivaient autour de la reine et qui formaient son conseil ; quel autre pouvait savoir que la veuve de Charles VI était rationnée au point qu'on lui mesurait la quantité de vin nécessaire à la consommation de sa maison? Ces clercs honorés de la confiance d'Isabeau de Bavière, pendant cette domination anglaise qui pesait si lourdement sur elle, étaient Jean Chuffart, son chancelier, et Anselme Happart, son conf' seur. Tous deux sont nommés dans le testament que fit la reine le 2 septembre 1431 et figurent au nombre de ses exécuteurs testamentaires [1]. De ces deux personnages, le premier seul se trouve en harmonie avec les données essentielles de notre Journal, car Anselme Happart, connu comme maître en théologie de l'université de Paris et gouverneur de l'hôpital Saint-Gervais, ne semble pas avoir rempli de fonctions curiales à Paris et surtout ne fit point partie du clergé de Notre-Dame. Reste donc la personne de Jean Chuffart, chancelier et principal conseiller d'Isabeau de Bavière, qu'il convient de soumettre à un examen sérieux.

Le chancelier de la reine Isabeau n'est pas un inconnu ; sa personnalité a déjà été mise en lumière par notre regretté maître, feu Vallet de Viriville, qui, dans une notice servant d'éclaircissement à un mémoire politique intitulé : *Advis à la reine Isabelle* [2], s'est attaché à démontrer que cet intéressant document ne pouvait être attribué qu'à l'un des deux conseillers désignés plus haut. Le savant historien de Charles VII, basant son appréciation sur divers indices, notamment sur la connaissance familière des coutumes et pratiques de la chancellerie que dénote ce mémoire, n'est pas éloigné de croire que ce « traicté pour le gouvernement de la maison du roy et du royaulme de France » fut rédigé sous les auspices du chancelier d'Isabeau de Bavière. Cette attribution nous semble parfaitement justifiée; il est en effet naturel de supposer que celui qui vaquait tous les jours aux affaires de la reine et jouissait de toute sa confiance était mieux que

---

1. Arch. nat., Mémoriaux de la chambre des comptes, P 2298.
2. Les renseignements donnés par M. Vallet de Viriville dans sa note-appendice sont généralement exacts. Le savant érudit est cependant tombé dans l'erreur en comptant parmi les dignités obtenues par Jean Chuffart celle d'abbé de Saint-Maur-des-Fossés, au moins pour les années postérieures à 1436 ; c'est à tort qu'il lui applique le passage satirique du Journal parisien concernant l'abbé de Saint-Maur, considéré comme général des aides ; à cette époque (en 1440) l'abbé de Saint-Maur était Jean le Maunier.

personne en situation d'énoncer un ensemble de vues politiques et de faire goûter ses conseils. Sans nous arrêter davantage sur ce point difficile à éclaircir, voyons si l'époque de l'entrée en fonctions du chancelier d'Isabeau coïncide avec les détails que fournit l'auteur du Journal parisien sur l'aïeule du roi d'Angleterre et sur son genre de vie. Lors de l'élection de Nicolas Fraillon à l'évêché de Paris, c'est-à-dire vers la fin de 1426, Jean Chuffart est mentionné dans les registres capitulaires de Notre-Dame, avec le titre de chancelier de la reine[1]; mais il n'est pas douteux qu'il occupait déjà ce poste en 1425; à la date du 9 novembre, le chanoine Jean Chuffart présenta au chapitre un vase précieux au nom d'une personne qui voulut garder l'anonyme, mais qui très vraisemblablement était la reine Isabeau[2]. Il y a donc de fortes présomptions pour que notre chanoine fût en rapport avec Isabeau de Bavière dès l'année 1424, ce qui permettrait d'expliquer le profond respect et la déférence toute particulière que manifeste l'auteur de la chronique parisienne lorsqu'il est amené à parler de la reine déchue. Ajoutons que Jean Chuffart est désigné dans le testament d'Isabeau de Bavière parmi ses exécuteurs testamentaires, non à titre purement honorifique, comme les évêques de Thérouanne, de Paris, de Noyon et de Meaux, mais comme l'un de ceux dont le concours fut jugé indispensable. Aussi, plus de onze ans après la mort de la reine (le 28 février 1447), nous le voyons à titre d'exécuteur testamentaire demander au chapitre de Notre-Dame l'inscription de l'obit d'Isabeau de Bavière[3]. Constatons enfin que suivant le témoignage de Jean Chartier, l'historiographe officiel de Charles VII, lorsque la dépouille mortelle de la pauvre reine fut transportée à Saint-Denis sur un petit bateau, quatre personnes seulement l'accompagnèrent à sa dernière demeure, « comme se c'eust esté la plus petite bourgoise de Paris[4] » et que l'un de ceux qui conduisaient le deuil était précisément le chancelier Chuffart; aussi n'est-il pas sans intérêt de rappeler que dans le récit des obsèques d'Isabeau de Bavière inséré par notre anonyme dans sa chronique, cette circonstance du voyage funéraire à Saint-Denis par la Seine n'est pas oubliée. En présence de tous ces indices, il nous semble impossible que le prêtre de Notre-Dame, à qui nous attribuons le Journal parisien, ne soit pas en même temps sinon le chancelier, au moins l'un des conseillers les plus intimes de la reine Isabeau.

---

1. Arch. nat., LL 216, p. 77.
2. *Ibid.*, LL 216, p. 28.
3. *Ibid.*, LL 219, p. 265.
4. *Chronique de Charles VII*, édit. Vallet de Viriville, t. I, p. 211.

f. L'AUTEUR DU JOURNAL SE RATTACHE AU CLERGÉ DE SAINTE-OPPORTUNE, DE SAINT-GERMAIN-L'AUXERROIS, DE SAINT-LAURENT ET DE SAINT-EUSTACHE.

Peu de clercs parisiens au xv° siècle eurent le talent de réunir autant de prébendes et de bénéfices que vénérable et *discrète* personne, M° Jean Chuffart. Quoiqu'il fût chanoine et chancelier de Notre-Dame, son ambition ne se trouva point satisfaite, et pour ainsi dire jusqu'à la fin de sa carrière, il ne cessa d'aspirer à de nouvelles dignités. Le 3 février 1433, Jean Chuffart fit exprimer par son protecteur, le cardinal de Sainte-Croix (mentionné à cette époque dans le Journal parisien), ses réserves au sujet d'un canonicat vacant dans l'église de Sainte-Opportune; sept jours après, il fut reçu chanoine en remplacement de Jean des Prés qui échangea sa prébende contre la chapellenie de Saint-Éloi à Sainte-Geneviève, chapellenie dont Jean Chuffart était titulaire[1]. Jean Chuffart resta jusqu'à sa mort chanoine de Sainte-Opportune, et légua à cette collégiale la nue propriété de la maison qu'il possédait dans le cloître de Sainte-Opportune, avec 32 sous de rente sur un autre immeuble lui appartenant, sis rue Saint-Denis, à l'enseigne des Rats et de la Corne de Cerf[2].

Le canonicat de Sainte-Opportune, qui était des plus modestes, ne fut pour Jean Chuffart qu'un acheminement à de plus importants bénéfices. Un siège canonial s'étant trouvé vacant à Saint-Germain-l'Auxerrois par suite de la résignation d'Hervé Fresnoy, il l'obtint le 8 octobre 1438. Seulement ses visées étaient plus ambitieuses, il désirait non une simple prébende, mais la dignité de doyen que laissait libre la mort de Jean Vivien; ses efforts furent couronnés de succès. L'élection de Jean Chuffart comme doyen suivit de très près sa réception comme chanoine; nommé le 24 octobre 1438, il fut installé le 7 novembre suivant[3]. Ne s'estimant point satisfait, le même personnage, sur la fin de sa carrière, ajouta à ces nombreux bénéfices des fonctions pastorales à Saint-Laurent, où il remplaça Louis le Mercier le 3 janvier 1442[4], et à Saint-Eustache, où nous le voyons prêter serment comme curé le 27 décembre 1448[5].

Mais, nous objectera-t-on, l'accession de Jean Chuffart à toutes ces dignités n'a aucun rapport avec le Journal parisien ni son auteur; nous répondrons que l'ensemble de ces particularités nous paraît

---

1. Arch. nat., LL 498, fol. 4 v°.
2. Testament de Jean Chuffart, Arch. nat., S 851.
3. Arch. nat., LL 498, fol. 45, 60.
4. *Ibid.*, L 417, n° 57.
5. *Ibid.*, LL 498, fol. 175 v°.

fournir un nouvel argument en faveur de l'attribution de cette chronique au chancelier de Notre-Dame. Une lecture attentive de la portion du Journal comprise entre les années 1437 et 1449 met en évidence ce fait curieux, que pour cette seule période de douze années les mentions relatives à l'église et au cimetière des Innocents sont en nombre infiniment plus considérable que dans tout le reste du récit. Comment s'expliquer le soin minutieux avec lequel notre anonyme a noté tout ce qui intéresse l'église des Innocents, et pourquoi à cette époque plutôt qu'à une autre ? Pour quelle raison a-t-il inséré dans le journal de ces douze dernières années des détails d'un intérêt aussi restreint que l'inauguration d'une simple chapelle le 15 août 1437, tandis que pour une période bien plus étendue, il ne s'arrête qu'aux faits de nature à frapper l'attention de tout le monde, tels que la représentation picturale de la danse macabre, et le sermon prêché par le cordelier Richard? Pour qu'à un certain moment de son existence, le chroniqueur parisien ait pris intérêt à fixer le souvenir de tout ce qui pouvait concerner l'église et le cimetière des Innocents, il faut que le cercle quotidien de ses occupations l'y ait en quelque sorte amené. Or, Jean Chuffart, chanoine de Sainte-Opportune depuis 1433, se trouvait par ce fait mêlé à l'administration intérieure de la paroisse des Innocents, puisque le chapitre de Sainte-Opportune avait non seulement le droit de présentation à cette cure, mais encore droit de collation des différentes chapellenies. Les délibérations capitulaires conservées depuis l'année 1451 nous montrent le chapitre nommant les chapelains des autels de Notre-Dame, de Saint-Denis et Saint-Antoine, de Saint-Michel, de Saint-Louis, faisant réparer la maison presbytérale, recevant un nouveau vicaire perpétuel ou curé des Innocents, réglant en un mot toutes questions ayant trait au spirituel et au temporel de l'église [1]. De plus, le vicaire perpétuel n'exerçait aucun acte de son ministère sans le soumettre au contrôle du chapitre [2]. Ces points établis, devrons-nous nous étonner de rencontrer dans le Journal parisien à la date de juin 1437 un long paragraphe relatif à la profanation de l'église des Innocents par des mendiants et à l'interruption du service divin, paragraphe rédigé avec une précision de détails qu'on aurait droit de trouver extraordinaire dans la plume de tout autre qu'un habitué de la paroisse ou d'un chanoine de Sainte-Opportune?

Qu'on lise le récit de la « belle prédication » faite en 1449 aux Innocents par l'évêque Guillaume Chartier, et de la *procession bien piteuse* des

---

1. Arch. nat., LL 96, fol. 6, 11 v°, 33 v°.
2. Exemple, la déclaration faite par Simon de Bergères le 28 octobre 1451 pour l'inhumation dans l'église du maître de l'hôpital Sainte-Catherine. Ibid., fol. 14 v°.

enfants de toutes les écoles qui partirent des Innocents pour se rendre à Notre-Dame, et l'on nous dira si la personnalité du chanoine de Sainte-Opportune et de Notre-Dame ne semble pas s'y révéler à tous les yeux. Celle du chanoine et doyen de Saint-Germain-l'Auxerrois apparaît avec non moins de certitude dans d'autres circonstances dignes de remarque. Le chapitre de Saint-Germain-l'Auxerrois possédait d'ancienneté sur le cimetière des Innocents un droit de propriété foncière qui, souvent contesté, donna naissance à d'interminables procès; c'est en vertu de ce droit qu'il se prétendait fondé à instituer les fossoyeurs, à accorder ou refuser les permissions de sépulture, à octroyer les autorisations nécessaires pour l'érection de croix, tombes et épitaphes dans le cimetière, sous les charniers et entre les piliers des charniers.

En nous rappelant que Jean Chuffart était chanoine et doyen de Saint-Germain-l'Auxerrois dès 1438, n'y a-t-il point quelque chose de caractéristique dans l'intérêt particulier que manifeste l'auteur du Journal parisien pour certains faits d'une importance secondaire relatifs au cimetière des Innocents, notamment en 1441, lorsqu'il nous apprend que quatre mois durant les inhumations y furent suspendues par suite des prétentions exagérées de l'évêque de Paris qui réclamait une somme d'argent excédant les ressources de l'église? Si notre anonyme semble prendre à cœur cette affaire au point d'exprimer en termes amers tout le mécontentement qu'il en ressent, c'est qu'il est lui-même victime de la cupidité de l'évêque Denis du Moulin; au lieu de voir dans ce passage, comme le fait M. Longnon, le langage d'un des adversaires de l'évêque en cour de Parlement, nous avons une explication plus naturelle à proposer.

Jean Chuffart, en sa qualité de chanoine de Saint-Germain-l'Auxerrois, se trouvait, ainsi que ses confrères, directement intéressé au débat soulevé par l'évêque, et surtout ne devait être que médiocrement satisfait d'avoir à s'imposer un sacrifice pécuniaire. L'extrait suivant des délibérations capitulaires de Saint-Germain-l'Auxerrois prouve que les chanoines de cette collégiale durent payer une certaine somme d'argent pour obtenir la « réconciliation » ou bénédiction nouvelle des lieux profanés :

Anno 1440, penultima die decembris, capitulantibus dominis, concluserunt quod magister Nicasius predictus (Nicaise Joye, l'un des chanoines) tradat pro prosequcione reconciliacionis cimisterii Sanctorum Innocentium, prout ceteri ad quos pertinet, vi solidos Parisiensium [1].

Poursuivant l'analyse de notre Journal, nous arrivons à ce passage bien connu où le chroniqueur parisien raconte sous la date du 11 octobre 1442 l'installation d'une recluse dans sa logette du cime-

---

[1]. Arch. nat., LL 498, f° 87 v°.

tière des Innocents. Ici encore se dévoile l'individualité du chanoine de Saint-Germain-l'Auxerrois. Il semble que l'auteur du Journal, lorsqu'il nous parle de *la* recluse, soit parfaitement au courant de ce qui la concerne.

Effectivement, la nouvelle recluse des Innocents n'était pas une étrangère pour le doyen de Saint-Germain-l'Auxerrois, puisque dans la séance capitulaire tenue le 2 août 1442, Jeannette la Verrière fit demander par Jean Boileau, curé de l'église de Sainte-Croix en la Cité, la permission de construire dans le cimetière des Innocents, près de l'église, un réduit où elle se proposait de finir ses jours dans la prière. Les chanoines appelés à délibérer sur cette requête prirent en considération le pieux dessein de Jeanne la Verrière et accordèrent l'autorisation nécessaire [1]. Il n'est donc pas étonnant que, dans son Journal, notre chanoine ait mentionné la cérémonie imposante par laquelle la recluse était retranchée du nombre des vivants.

Jean Chuffart, si l'on se place à un point de vue personnel, voyait d'un œil sympathique ces pauvres cloîtrées ; il en donna un témoignage l'année même de sa mort. Dans l'expression de ses dernières volontés, il n'eut garde d'oublier les recluses de Paris qui étaient alors au nombre de trois, deux aux Innocents et une à Sainte-Marie l'Égyptienne, et laissa à chacune d'elles trois aunes de drap noir pour s'en faire une robe ou un manteau [2].

Le dépouillement attentif des registres capitulaires de Saint-Germain-l'Auxerrois nous révèle une particularité intéressante qui tendrait une fois de plus à confirmer l'attribution du Journal parisien au chanoine Jean Chuffart. Voici ce dont il s'agit. Le chroniqueur racontant l'entrée du connétable de Richemont à Paris en 1436 nous donne des détails d'une précision extraordinaire et que l'on ne rencontre nulle part ailleurs ; ainsi aucun texte contemporain ne men-

---

1. « *Licentia edificandi reclusagium in cimeterio Innocentium Johannete la Verriere.* Anno Domini MCCCCXLII, die secunda mensis augusti. In eodem capitulo, pro parte Johannete la Veriere extitit dominis humiliter supplicatum per dominum Johannem Boyleau, curatum S^e Crucis in Civitate, quod cum ipsa mota devocione intenderet vitam suam finire in reclusagio seu loco clauso, et locus valde aptus ad hoc apparuerat sibi fiendus in cimiterio Innocentium prope ecclesiam ejusdem loci, in quodam loco ubi est jardinum, quod placeret ipsis dominis dare licentiam edificandi ibidem aliquam parvum domum ubi ipsa posset habitare et in reclusagio vivere, et ipsa oraret Deum pro ipsis. Quiquidem domini, habita prius deliberacione super requesta hujusmodi, nolentes impedire devocionem dicte Johannete, ymo pocius eam ad meliorem vitam dirigere, sibi de gratia speciali hoc concesserunt licentiam faciendi habitacionem ad hoc aptam sive opportunam dederunt. » (Arch. nat., LL 498, fol. 108 v°.)

2. Testament de Jean Chuffart, Arch. nat., S 851.

tionne le passage de Jean l'Archer par la rue Saint-Martin, ni le meurtre de ces deux bourgeois inoffensifs, *tres bons mesnagers et hommes d'honneur*, qui furent massacrés devant Saint-Merry. Ne semble-t-il pas que le narrateur ait eu connaissance de ces menus faits par quelque témoin oculaire, car il tombe sous le sens que dans un moment aussi critique un homme d'église ne pouvait prendre plaisir à courir les rues sous les flèches des Anglais? Or, voici ce que nous apprennent les registres capitulaires cités plus haut. Trois ans après l'expulsion des Anglais, le 30 avril 1440, une pauvre femme, sœur Gillette, veuve de Jean le Prêtre, appartenant à la communauté de la Chapelle Haudry, se présente devant le chapitre de Saint-Germain-l'Auxerrois, et, ce qui ne laisse aucun doute sur son identité, elle vient pour solliciter des chanoines le dégrèvement de quatre livres de rente qu'elle devait au corps capitulaire pour sa maison sise devant Saint-Merry, maison qui tombait en ruine[1]. Ne peut-on admettre que notre chanoine, avide de se renseigner sur les incidents peu connus du départ des Anglais, ait profité de cette occasion pour recueillir de la bouche de cette malheureuse veuve la relation de la fin tragique de son mari et des circonstances au milieu desquelles cette fin s'était produite? Sans insister outre mesure sur une coïncidence qui n'est peut-être due qu'au hasard, nous ne croyons pas inutile de la signaler à l'attention des érudits.

§ 1. L'AUTEUR DU JOURNAL APPARTIENT AU CLERGÉ DE LA COLLÉGIALE DE SAINT-MARCEL.

De toutes les prébendes que recueillit Jean Chuffart dans le cours de sa longue existence, celle de Saint-Marcel fut la première dans l'ordre chronologique. Reçu chanoine de cette collégiale le 26 janvier 1432 au lieu et place de Jean Perrin[2], il obtint en 1437 le premier rang dans le chapitre. La date de sa réception comme doyen de Saint-

---

1. « Anno Domini MCCCCXL, die penultima mensis aprilis, capitulantibus dominis. Venit ibidem soror Gileta, vidua deffuncti Johannis le Prestre, ad presens de Cappella Haudry, dixit et exposuit quod quedam domus que est sita ante Sanctum Medericum, quam ipsa possidet, ad presens est valde ruynosa, et ipsi domini consueverunt recipere supra ipsam domum quatuor libras redditus, quem redditum non posset solvere de presenti, nisi per ipsos dominos fuerit de dicto redditu facta remissio; quiquidem domini commiserunt magistrum Nicasium Joye et dominum Eustachium de Fonte ad conveniendum cum magistro dicte Cappelle Haudry super hoc et super XL solidos redditus quos ipsa Cappella recepit supra quamdam domum que pertinet ad communitatem ecclesie, et quicquid fecerunt habebunt repportare. » (Arch. nat., LL 498, fol. 79 v°.)

2. Arch. nat., LL 34, fol. 95.

Marcel peut se préciser par un acte du 7 septembre 1437, où nous voyons Jean Chuffart résigner la chapellenie de Sainte-Catherine en l'église paroissiale de Boulogne pour le doyenné de Saint-Marcel[1].

Le Journal parisien ne renferme que peu d'indications qui puissent se référer au chanoine de Saint-Marcel. Cependant nous citerons le paragraphe relatant une course des Armagnacs à Saint-Marcel dans la nuit du 7 mai 1433, c'est-à-dire à une époque où Jean Chuffart était déjà membre de la collégiale; cette incursion, peu importante en elle-même, dut causer au chanoine des préoccupations d'autant plus vives qu'il possédait dans ce bourg une maison devant l'Hôtel-Dieu, au coin de la rue de Bièvre, avec terres labourables, jardin et vignes.

C'est en nous mettant au même point de vue que nous relèverons dans le Journal parisien une double mention concernant Vitry-sur-Seine; la première, de l'année 1432, est relative à l'effondrement de l'église, qui fut foudroyée le jour de la Saint-Jean-Baptiste, au moment des vêpres; la seconde, du commencement de l'année 1434, nous renseigne sur le pillage et l'incendie du village par les Armagnacs. Pour qu'un chroniqueur ait cru devoir conserver le souvenir d'accidents locaux relativement aussi peu importants, il faut que ses intérêts personnels ou ceux de la communauté à laquelle il appartenait se soient trouvés engagés. Or le chapitre de Saint-Marcel avait des possessions à Vitry, et lors de la répartition des gros revenus faite entre les chanoines le 22 février 1437[2], Vitry et les grands cens de Saint-Marcel furent attribués à Jean Chuffart qui, aux termes d'un bail passé le 24 août 1431, exploitait déjà sur le territoire de l'Hay et de Chevilly des biens d'une certaine importance[3].

h. L'AUTEUR DU JOURNAL PARISIEN EXPLOITE DES VIGNES A SAINT-MARCEL.

Un fait que l'on ne saurait mettre en doute, c'est que l'homme d'église à qui doit être attribué le Journal parisien se livrait à la culture de la vigne dans de vastes proportions et que la majeure partie de ses vignobles se trouvaient situés du côté de Saint-Marcel; notre texte va nous permettre d'établir ces divers points.

Les nombreux lecteurs du Journal parisien savent avec quel soin minutieux l'auteur note les accidents climatériques, les variations

---

1. Arch. nat., L 422, n° 36.
2. *Ibid.*, LL 35, fol. 18 v°.
3. Ce bail, sur parchemin, est revêtu du sceau de Jean Chuffart (Arch. nat., S 3111, n° 57). Nous saisissons cette occasion pour signaler à nos lecteurs la signature du même personnage qui se trouve plusieurs fois répétée dans le registre constatant les prêts de titres faits par le notaire du chapitre de Notre-Dame (Arch. nat., LL 460).

de la valeur des denrées, l'abondance ou la rareté des plantes potagères et des fruits, le prix du vin et du blé; mais personne n'a remarqué jusqu'ici l'importance extrême que notre chroniqueur semble attacher à la culture des vignes, ainsi qu'à tous ces détails qui ne peuvent guère intéresser qu'un vigneron, tels que l'époque de la floraison des vignes (en 1421), les gelées désastreuses qui, par parenthèse, le désolent au-delà de toute expression, la quantité de vin produite par un arpent, l'époque et le prix des vendanges, les dévastations systématiques des gens de guerre dans les vignobles. Si l'auteur du Journal enregistre maintes et maintes fois dans ses éphémérides la « grant foison » des hannetons, ce n'est pas, comme on pourrait le croire, dans un but futile, mais parce que ces insectes dévastaient les arbres plantés dans les vignes et jardins, tels que les amandiers et noyers. Il n'est pas d'année où l'on ne rencontre quelques lignes relatives aux vignes et vendanges, et plusieurs pages ne suffiraient pas pour relever tout ce qui a trait à ce sujet; nous nous bornerons à citer en note les passages les plus caractéristiques[1].

De telles particularités, l'on est forcé d'en convenir, n'auraient point pris place dans le Journal parisien, si son auteur n'eût été directement intéressé dans la question; un propriétaire de vignes pouvait seul se préoccuper du prix de la journée des vendangeurs et vendangeuses, et de l'octroi payé aux portes de Paris pour l'entrée des cuves des vendanges. Nous dirons plus, les vignes en question étaient sur le territoire de Saint-Marcel; ce fait ressort d'une façon évidente d'un passage du journal où l'auteur parle des vendanges de l'année 1424, « les plus belles que oncques on eust veu d'aage de homme »; après s'être étendu sur l'abondance exceptionnelle de la récolte et le renchérissement des futailles, il ajoute: « Tout homme de quelque
« estat, senon les gouverneurs, » de tant de queues de vin qu'ilz cuil-
« lirent chascun paia très grant rançon, car tous ceulx qui avoient
« vin devers la porte Sainct-Jaques et celle de Bordelles, paoient de
« chascune queue III solz parisis, forte monnoye, et de poinsons, de
« caques, de barilz, au feur des queues. »

Il est clair que si le chroniqueur note le prix que devaient payer

---

1. « Item, en cellui an (1430) fut tres bel aost et tres belles vendenges et furent les vertjus hastifs, car aussitost qu'ilz estoient entonnez, ilz commençoient à boullir ou à gieter pour mieulx dire, et furent les vins tres bons..... Item ..... (en septembre 1436) on commença à vendenger, mais oncques mais les vendenges ne cousterent autant comme ilz firent celle année et si ne furent oncques mais vendangeurs et vendangeresses à si grant marché..... En toutes les portes de Paris avoit II ou III sergens de par les gouverneurs de Paris, qui, sans loy et sans droit et par force, faisoient paier à chascun hotteur II doubles, a chascune charrette qui amenoit cuves où il eust vendenge VIII blans..... »

« tous ceulx qui avoient vin devers la porte Sainct-Jaques et de Bordelles », c'est que ses vignes à lui se trouvaient dans les parages de ces deux portes.

Il convient maintenant d'examiner si le chanoine Chuffart répond à ces données de la chronique parisienne.

Par décision du 26 mai 1427, le chapitre de Notre-Dame lui avait concédé à titre viager une maison dans le bourg de Saint-Marcel, moyennant une rente annuelle de six livres, et sous la réserve que toutes les terres que Jean Chuffart pourrait acquérir sur le territoire de Saint-Marcel seraient hypothéquées en garantie du revenu[1]; le domaine en question se composant de maison, cour et jardin, était situé dans la grande rue du bourg, vis-à-vis l'Hôtel-Dieu, et comprenait des vignes d'une étendue assez considérable pour nécessiter l'établissement d'un pressoir dans l'immeuble appartenant au chapitre de Notre-Dame ; ce fait qui se produisit au début de l'année 1430 constituait une grave atteinte aux droits du chapitre de Saint-Marcel, lequel se réservait le pressurage de toutes les vignes comprises dans l'étendue de sa juridiction. Le 30 février 1430, Jean Chuffart annonça au chapitre de Notre-Dame son intention de tenir tête aux chanoines de Saint-Marcel qui exigeaient la démolition du pressoir nouvellement édifié[2], ajoutant qu'il n'avait agi de la sorte qu'en vue des intérêts de l'église de Paris, assertion qui s'écartait un peu de la vérité ; en effet, Jean Chuffart, en parlant ainsi, ne se proposait d'autre but que de se ménager l'appui de ses confrères. Le chanoine de Notre-Dame opposa une résistance d'autant plus vive qu'en l'année 1430 il y eut une récolte des plus abondantes et que les vins furent d'excellente qualité. Le procès s'engagea au Châtelet; les chanoines de Saint-Marcel, dans leur séance du 21 septembre 1430, décidèrent qu'ils interjetteraient appel de tout jugement rendu au profit de Jean Chuffart qui l'autoriserait à faire usage pour sa vendange du pressoir litigieux[3]. Deux jours après, une sentence de la prévôté de Paris déclarait qu'il n'y avait pas lieu de tenir compte du délai de produire requis par le chapitre de Saint-Marcel[4]. Jean Chuffart eut donc gain de cause en première instance, mais les chanoines de Saint-Marcel ayant interjeté appel au Parlement, leur adversaire voulut absolument utiliser son pressoir pour les vendanges de l'année et fit rendre par provision un arrêt en date du 30 septembre 1430, par lequel il obtint de faire pressurer la vendange de ses vignes pour l'année courante, le droit de chacune des parties étant pleinement réservé[5].

---

1. Arch. nat., LL 216, p. 94.
2. *Ibid.*, LL 216, p. 189.
3. *Ibid.*, LL 34, p. 90.
4. *Ibid.*, Y 5230, fol. 75.
5. *Ibid.*, X1a 1481, fol. 35 r°.

L'affaire suivit son cours, et un mandement d'Henri VI, roi d'Angleterre, rendu le 11 décembre 1430 à la requête du chapitre de Saint-Marcel, ordonna au Parlement de procéder au principal dans la cause pendante entre Jean Chuffart et les chanoines. Dès la fin de janvier 1431, les chanoines de Saint-Marcel proposèrent d'entrer en arrangement, ce qui fut accepté, et le procès se termina par un accord homologué au Parlement le 11 avril 1431[1]. Les registres capitulaires de Saint-Marcel nous montrent comment intervint une transaction entre le chapitre et son adversaire; Jean Chuffart vint en personne à la séance du 20 mars 1431 et, en présence de l'évêque de Paris appelé pour la circonstance, sollicita à titre gracieux l'autorisation de construire dans sa maison du bourg Saint-Marcel un petit pressoir sans arbre, et d'en faire usage, sa vie durant, pour la vendange de ses vignes. Le chapitre accéda à cette demande le 4 mai suivant, à charge d'une redevance annuelle de 12 deniers parisis, et, pour couper court à toute contestation, s'empressa l'année suivante d'admettre Jean Chuffart parmi ses membres[2]. Voilà donc un ensemble de faits qui établit catégoriquement la possession de vignes par notre auteur du côté de la porte Bordelles.

Indépendamment de ses vignobles de Saint-Marcel, le chanoine Jean Chuffart exploitait encore à Fontenay, depuis le 22 novembre 1426, quatre arpents de vignes qu'il s'était fait concéder par le chapitre de Notre-Dame, avec un pressoir refait à neuf et deux masures adjacentes, moyennant 8 livres parisis de rente annuelle[3]; il possédait également des vignes sur le territoire de Villejuif. En 1430 le même chanoine récolta une partie des vins de Mons[4]. Au commencement d'octobre 1436, lors de la perception d'une taxe de quatre sols sur chaque queue de vin entrée à Paris, Jean Chuffart, qui remplissait alors les fonctions de chambrier clerc, saisit le chapitre de la question en ce qui concernait les vignes de Mons[5] et s'occupa avec ses confrères des voies et moyens à mettre en œuvre pour échapper à cet impôt. Ne peut-on rapprocher ce fait de ce passage du Journal relatif aux vendanges de 1436, où l'auteur se plaint longuement, et avec une certaine amertume, de la cherté de ces vendanges et des droits élevés que les gouverneurs de Paris faisaient percevoir aux portes de Paris sur chaque « hotteur » et sur chaque charrette amenant des cuves de vendange?

Jean Chuffart, avons-nous dit plus haut, fut investi par le chapitre

---

1. Arch. nat., XIc 141; LL 216, p. 233.
2. *Ibid.*, LL 34, fol. 91 v°, 95.
3. *Ibid.*, LL 216, p. 72.
4. *Ibid.*, LL 216, p. 220.
5. *Ibid.*, LL 217, p. 252.

de l'office de chambrier clerc, et pendant plus de vingt années ne cessa de veiller sur le temporel de Notre-Dame. Lorsqu'au mois d'octobre 1433 les chanoines jugèrent à propos de centraliser entre les mains de quelques-uns d'eux l'administration de leurs biens qui ne faisait que péricliter, ils choisirent Jean Chuffart avec deux de ses confrères. On voit par le règlement rédigé à cette époque que les trois chanoines délégués avaient pour mission de recevoir tout ce qui appartenait à Notre-Dame, tant des offices de la chambre, des anniversaires, des matines, des stations, que des rentes et revenus afférents aux enfants de chœur et aux prévôtés; ils devaient également faire déposer dans les greniers et celliers du chapitre les grains et vins amenés à Paris. Le 13 juillet 1444, Jean Chuffart, tant en son nom qu'au nom de ses collègues d'Orgemont et Moustardier, rendit compte de sa gestion et se fit délivrer quittance en règle.

La multiplicité et variété extrême des détails dans lesquels devaient entrer celui ou ceux des chanoines qui s'occupaient du temporel de Notre-Dame explique aisément pourquoi l'auteur du Journal, qui était, ne l'oublions pas, du corps de Notre-Dame, attache une si grande importance à toutes ces particularités relatives au prix du vin et du blé, à l'abondance ou à la rareté des biens de la terre, céréales, fruits et légumes; on comprend mieux le soin avec lequel le chroniqueur note les accidents de la température, tels que les gelées de mai, les pluies excessives, les chaleurs prolongées, les dégâts des hannetons, tout ce qui en un mot pouvait compromettre les récoltes. L'auteur du Journal, quoique s'intéressant d'une façon toute spéciale aux vignes, ne néglige point les autres cultures ; aussi le voit-on s'apitoyer sur les malheurs des habitants des campagnes ruinés par les incursions des gens de guerre qui prenaient tout ce qui pouvait s'emporter et détruisaient le reste. Cette sollicitude n'est point une simple question d'humanité : Jean Chuffart faisait valoir des terres de labour aux environs de Paris, notamment à l'Hay et à Chevilly, au Bourget et à Blanc-Mesnil, il est tout naturel qu'il s'inquiète du sort des laboureurs.

i. L'AUTEUR DU JOURNAL APPARTIENT A PLUSIEURS CONFRÉRIES PARISIENNES.

Dans maintes occasions, l'auteur du Journal témoigne d'un certain intérêt pour les confréries parisiennes, il connaît leur situation morale et pécuniaire; il éprouve un réel chagrin lorsqu'il nous montre les confréries épuisant leurs ressources pour acquitter leur part des lourdes contributions imposées aux Parisiens. Ainsi, au mois de septembre 1437, notre chroniqueur ne manque pas de nous dire que les conseillers de Charles VII firent main basse sur l'argent monnayé

« qui estoit ou tresor des confreries ». En 1441, lors du siège de Pontoise et de la venue du roi à Saint-Denis, notre Journal nous apprend que les confréries parisiennes furent menacées dans leur existence. « Les faulx conseilliers » du roi projetèrent non seulement de s'emparer de tout l'argent possédé par les confréries, mais encore d'en réduire le nombre ; ils réussirent à les diminuer de moitié et portèrent un coup funeste au service religieux. Notre chroniqueur ne se borne pas à nous entretenir des confréries à un point de vue général, il laisse parfois deviner ses préférences personnelles pour telle ou telle confrérie dont il devait être membre, on remarque notamment que dans la relation fort succincte des obsèques de la duchesse de Bedford, il consacre une mention spéciale à la Grande Confrérie aux Bourgeois. Or nous savons par le testament de Jean Chuffart que ce chanoine était membre de la Grande Confrérie aux Bourgeois et de la confrérie de Saint-Augustin qui avaient leur siège à Notre-Dame, et qu'il faisait également partie de celle des merciers en l'église des Innocents. En pensant à cette dernière confrérie, il est difficile de ne point se reporter au long paragraphe de notre journal relatif à la mise en interdit de l'église des Innocents en 1437 ; pendant vingt-deux jours, dit le chroniqueur, le service divin fut interrompu, et les confréries qui avaient leurs services assignés dans cette église se transportèrent en la chapelle Saint-Josse.

Voici, pour nous résumer, les résultats que nous avons obtenus par l'étude attentive du Journal parisien.

En premier lieu, l'auteur du Journal se désigne au nombre des prêtres qui participèrent à une procession du clergé de Notre-Dame, circonstance qui permet au président Fauchet d'émettre cette opinion que notre chroniqueur devait appartenir « au corps de Notre-Dame »; or, Jean Chuffart nous apparaît dès 1420 comme chanoine de cette église.

2° L'auteur du Journal, sympathique d'abord à la cause anglo-bourguignonne, abandonne cette cause et embrasse le parti de Charles VII après 1436; or nous voyons Jean Chuffart prêter serment aux Anglais en 1429, et se rallier ensuite au gouvernement français en acceptant dès 1437 un poste de conseiller au Parlement de Paris.

3° L'auteur du Journal s'occupe des moindres incidents du siège de Meaux et rapporte des particularités inconnues de tout autre chroniqueur ; or Jean Chuffart se rendit, en janvier 1422, auprès du roi d'Angleterre, avec une mission officielle du chapitre de Notre-Dame.

4° L'auteur du Journal se met en scène parmi les plus parfaits clercs de l'Université et montre par là qu'il devait occuper dans le monde universitaire une situation importante ; or nous constatons que Jean Chuffart fut recteur de l'Université en 1422 et qu'il fit partie du corps enseignant en qualité de docteur régent de la faculté de décret.

5° L'auteur du Journal se révèle dans plusieurs passages de sa chronique comme l'un des clercs attachés à la maison d'Isabeau de Bavière; or, Jean Chuffart remplit pendant nombre d'années les fonctions de chancelier de cette reine.

6° L'auteur du Journal témoigne à une certaine époque d'un intérêt particulier pour l'église et le cimetière des Innocents ; or, à cette même époque, Jean Chuffart, soit comme chanoine de Sainte-Opportune, soit comme chanoine et doyen de Saint-Germain-l'Auxerrois, eut journellement à s'occuper de l'église et du cimetière des Innocents.

7°, 8° L'auteur du Journal parle souvent de Saint-Marcel et de la récolte des vins faite sur le territoire de Saint-Marcel; or, Jean Chuffart, chanoine et doyen de la collégiale de ce nom, possédait et exploitait dans ce bourg des vignes d'une certaine importance.

Enfin l'auteur note dans son Journal le prix des denrées, les variations atmosphériques de toute nature, les dégâts causés aux récoltes; or, Jean Chuffart, comme chambrier clerc de Notre-Dame, fut constamment chargé de veiller au temporel du chapitre et dut se préoccuper de tous ces accidents, de tous ces détails relatifs aux biens de la terre auxquels s'intéresse tout particulièrement l'auteur du Journal.

On voit que l'attribution du Journal parisien au chanoine Jean Chuffart peut se défendre par de nombreux et sérieux arguments.

Nous espérons donc que le public voudra bien accueillir nos conjectures sans défaveur, et que M. Longnon lui-même, si nous ne réussissons pas à le convaincre, reconnaîtra que ces conjectures s'appuient sur un ensemble de faits à tout le moins digne d'attention.

JOURNAL D'UN BOURGEOIS

DE PARIS

DE 1405 A 1449.

[1405[1].]

1. ..... Et environ dix ou doze jours après, furent changées les serreures et clefs des portes de Paris, et furent faiz monseigneur de Berry et monseigneur de Bourbon cappitaines de la ville de Paris, et vint si grant foueson de gens d'armes à Paris que aux villaiges d'entour ne demeurerent aussi comme nulles gens ; toutesvoies les gens du dessusdit duc de Bourgongne ne prenoient riens sans paier, et comptoient tous les soirs à leurs hostes et poioient tout sec en la ville de Paris[2]. Et estoient, ce temps durant,

---

1. C'est à tort que tous les éditeurs du Journal parisien, depuis La Barre, ont rapporté à l'année 1408 ce fragment initial de notre chronique ; en effet, les mesures relatives à la clôture des portes et le voyage de l'évêque de Liège à Paris eurent lieu en 1405, ainsi qu'il résulte de la chronique du Religieux de Saint-Denis, de Juvénal des Ursins et de la chronique liégeoise de Jean de Stavelot.

2. Nous ne savons jusqu'à quel point cette allégation de notre auteur est fondée ; en effet, les déprédations multipliées des gens de guerre obligèrent Charles VI à rendre, le 6 novembre 1405, une ordonnance enjoignant aux bandes armées de retourner dans leur pays. La mise à exécution de cette ordonnance, publiée à Paris le mercredi 11 novembre 1405, fut confiée au prévôt de Paris qui devait, s'il trouvait en sa prévôté « aucunes d'icelles gens d'armes pillans et prenans aucunes choses sur les subgiez sans paier raisonnablement », en tirer punition exemplaire. (Arch. nat., Y 2, fol. 227 r°.) Ces mesures de rigueur suivirent les lettres données au Bois de Vincennes le 12 octobre précédent et publiées à Paris le 15 octobre, lettres par lesquelles le Roi avait interdit aux ducs de

les portes de Paris fermées, ce non iiii, c'est assavoir la porte Sainct-Denis, Sainct-Anthoine, Sainct-Jacque et Sainct-Honoré. Et le dixiesme jour de septembre ensuivant furent murées de plastre la porte du Temple, la porte Sainct-Martin et celle de Montmartre [1].

2. Et le vendredi ensuivant, xiie jour dudit moy, aryva à Paris l'evesque du Liege [2], et lui fist faire serement le prevost de Paris et autres, à l'entrée de la porte Sainct-Denis, que il ne seroit contre le roy, n'encontre la ville, ne lui, ne les siens, mais leur seroit garant de trestout son povair, et ainsi le promist-il par la foy de son corps et par son signeur, et après entra à Paris et fut logé en l'ostel de la Trimoullie [3]. Et icellui jour après sa venue.

Bourgogne et d'Orléans de procéder l'un contre l'autre par voie de fait ou d'injure. (*Ibid.*, fol. 226 v°.)

1. Entre autres dispositions prises à Paris dans la crainte d'une entrée à main armée du duc d'Orléans, Monstrelet rapporte que l'on fit abattre « plusieurs apentis d'aucunes maisons, afin que par les rues on peust plus facilement traire, lancier et gecter pierres sans empeschement. » Une procédure engagée au Parlement, en juillet 1407, contre la prévôté de Paris et la prévôté des marchands, permet de compléter les notions un peu vagues fournies par le chroniqueur bourguignon. Voici, d'après le registre du Parlement (Arch. nat., X1a 4787, fol. 577 v°), l'exposé présenté au nom du procureur du roi : « Le procureur du roy dit que n'a que ii ans ou environ que à Paris avoit molt de gens d'armes, pour quoy fu ordonné de pourveoir à pluseurs maisons notables et châteaux de Paris, comme au Louvre, St-Antoinne, le Palaiz et les Chastellès, entre lesquelx fu ordonné que les maisons qui estoient devant le Petit Chastellet au Petit Pont seroient demolies et abbatues, pour faire front audit Chastellet. » La démolition s'opéra de nuit, « à falos, à grant foison de gens. »

2. Jean de Bavière. — La Chronique de Jean de Stavelot fait connaître quelques particularités intéressantes sur son séjour à Paris : les grands seigneurs français ayant eu l'idée de faire le soir quelques parties de dés en l'hôtel habité par l'évêque de Liége, le sort favorisa tellement ce prélat qu'il leur gagna tout leur argent. « Adonc, raconte le chroniqueur, uns des prinches mult yreis deist : « Queil dyable de priestre a-t-y chi? Comment, nos gangnerat ilh tout nostre argent? » Adonc monsangneur de Liege soy levat del tauble et dist en chourchant : « Je ne suy pas preistre, et de vostre argent je n'ay que faire. » Et le prist et le jetta et l'espandit partout, dont y pluseur orent grant mervelle de sa grant liberaliteit. » (P. 96.)

3. L'hôtel de la Trémoille, logis seigneurial de la famille de ce nom, bien connu au xv° siècle sous la dénomination de « maison des Carneaux », à cause des créneaux qui couronnaient ses murs de clôture, était situé dans la rue des Bourdonnais et s'étendait le long de la rue de Béthisy

fut crié ce, que on mist des lanternes à bas les rues et de l'eaue aux huis, et aussi le fist-on. Et le xixe jour dudit moys de septembre, fut crié et commandé que on estoupast les pertuys qui donnoient clarté dedens les celiers. Et le xxiiiie jour ensuivant, fut commandé par trestous les [fevres[1]] et marechaux[2] de Paris et chauderonniers que on feist des chaisnes[3] comme autresfoiz avoient esté, et lesdiz ouvriers de fer commancerent le lendemain et ouvrerent festes et dimenches et par nuit et jour. Et le xxvie jour dudit moys de septembre, fut crié[4] parmy Paris que, qui auroit puissance d'avoir armeure, si en achetast pour garder la bonne ville de Paris.

3. Et le xe jour d'octobre ensuivant, jour de sabmedi, vint telle esmeute en la ville de Paris, comme on pouroit gueres veoir sans savoir pourquoy ; mais on disoit que le duc d'Orleans estoit à la porte de Sainct-Anthoine à toute sa puissance, dont il n'estoit riens ; et les gens du duc de Bourgongne s'armerent, car les gens de Paris furent si esmeuz, comme ce tout le monde feust contre eulx et les voulsist destruire, et si ne sceut on oncques pourquoy ce feust.

[1408.]

4. ..... dont il leur print mal, car il en mourut là plus de xxvi mil, et fut le xxiiie jour de septembre cccc et huit, et en tant que la guerre dura, par feu, par faim, par froit, à l'espée plus de xiiii^m ; or sont bien quarante mil[5].

---

jusqu'à la rue Tirechape. (Legrand, *Paris en 1380*, fol. 62.) Après l'entrée des Bourguignons à Paris, il fut occupé par Jean de la Trémoille, seigneur de Jonvelle (Sauval, t. III, p. 312). Lorsque Charles VII rentra en possession de sa capitale, les détenteurs de cet hôtel, en vertu d'un appointement en date du 28 mars 1437, furent obligés « de s'en departir et d'en laisser joir maistres Adam de Cambray, premier président au Parlement, et Gilet de Vitry. » (Arch. nat., X^{1a} 1482, fol. 15 v°.)

1. Ce mot manque dans le manuscrit de Paris.
2. Ms. de Paris : marchands.
3. Plus de six cents chaînes de fer furent forgées en huit jours, les ouvriers serruriers ayant reçu ordre de laisser toute autre besogne, afin d'expédier ce travail dans le plus bref délai. (Religieux de Saint-Denis, édit. Bellaguet, t. III, p. 309.)
4. Ms. de Paris : commandé.
5. Aucune des éditions du Journal ne contient ce passage mutilé et peu

5. Le xvie jour de novembre ensuivant, à ung sabmedi, les davantdiz signeurs, c'est assavoir Navarre, Loys, etc., enmenerent le roy à Tours, dont le peuple fut moult troublé; et disoient bien que, ce le duc de Bourgogne eust (esté) icy, qu'ilz ne l'eussent pas fait, ainsi le firent; et là fut, que là que à Chartres, xvii sepmaines, et par plusieurs foys y fut le prevost des marchans [1] et des bourgois de Paris, qui y furent mandez, et si n'y arresterent oncques preu pour eulx ne pour le peuple.

[1409.]

6. Le neufviesme jour de mars ensuivant revint le duc de Bourgongne à tout noble gent, et le xviie jour dudit moys de mars à

---

intelligible, qui s'applique à la révolte des Liégeois contre leur évêque, révolte comprimée par le duc de Bourgogne. Monstrelet (édit. Douët d'Arcq, t. I, p. 355) rapporte « que le xxiiie jour de septembre (1408) yssirent de la cité de Liege bien 50,000 hommes ou environ »; le même chroniqueur (t. I, p. 365), ainsi que Le Fèvre de Saint-Remy, évalue à 28,000 le nombre des combattants de cette ville qui périrent dans cette rencontre. Juvénal des Ursins (édit. Michaud, p. 448) indique un chiffre un peu moins élevé, 20 à 24,000, mais atténue dans des proportions exagérées les pertes des Bourguignons.

1. Charles Cul-d'Oe, qui occupa avec honneur la prévôté des marchands dans des temps difficiles, fut envoyé à Tours pour obtenir le retour du roi à Paris; en 1411, il se rendit à Melun avec mission de négocier un rapprochement entre les ducs d'Orléans et de Bourgogne (Juv. des Ursins). Devenu complètement impopulaire lors de la sédition cabochienne, il prit la fuite avec plus de trois cents bourgeois, fut destitué et remplacé par Pierre Gencien. On le retrouve à Paris quelques années plus tard, au milieu de circonstances non moins critiques. Le lundi 22 août 1418, une troupe armée envahit le Louvre pour en arracher trois ou quatre prisonniers, « entre lesquelz estoit maistre Charles Cul-d'Oe qui fu amené ou Chastellet et baillié au lieutenant du prevost de Paris, qui vix pro tunc vivus evasit. » (Arch. nat., X1a 1480, fol. 143.) S'il faut en croire le Religieux de Saint-Denis (t. VI, p. 267), Cul-d'Oe, tiré de la bastille Saint-Antoine, aurait été sauvé du massacre des prisonniers par Capeluche. Quoi qu'il en soit, il est certain qu'il parvint à s'échapper et à quitter Paris une seconde fois; en 1421, sa maison rue de la Tournelle était occupée par Louis de Robersac, chevalier (Sauval, t. III, p. 289). Charles Cul-d'Oe mourut très vraisemblablement de 1435 à 1436, car sa veuve, Jacqueline Quipie, était alors en procès avec Jean de Villiers, seigneur de l'Isle-Adam, au sujet de la propriété d'un immeuble non désigné, mais qui doit être un grand hôtel avec jardin, sis rue de la Tonnellerie et donnant sur la rue des Prouvaires (Arch. nat., X1a 1482, fol. 3 v°; cf. Sauval, t. III, p. 310).

ung dymenche amenerent le roy à Paris, qui fut receu le tres plus honnorablement qu'on vit passé a deux cens ans, car tous les sergens, comme du guet, ceulx de la marchandise, ceulx à cheval, ceulx à verge, ceulx de la xii^{ne} avoient diverses livrées toutes especialment de chapperons, et tous les bourgois allerent à l'encontre de lui. Devant lui avoit xii trompettes et grant foueson menestrées, et, partout où il passoit, on crioit [tres joieusement]: « Nouel! » et gectoit on viollettes et fleurs sur lui, et au soir soupoient les gens emmy les rues par tres joyeuse chere, et firent feus tout partout Paris, et bassynoient de bassins tout parmy Paris[1]. Et le lendemain vint la royne et le daulphin, si refust la joie si tres grande comme le jour de devant ou plus, car la royne vint le plus honnorablement qu'on l'avoit oncques veue entrer à Paris depuis qu'elle vint la premiere foys.

7. Le xxvie jour de juing ensuivant, fut fait le Saint Pere, c'est assavoir Pierre de Candye[2], et le lundi viiie jour de juillet ensuivant fut sceu à Paris. On en fist moult noble feste, comme quant le roy vint de Tours, comme devant est dit, et par tous les moustiers de Paris on sonnoit moult fort et toute nuyt aassi.

8. L'an mil iiii^c et ix, le jour de la my aoust, fist tel tonnoyre, environ entre cinq ou six heures au matin, que une ymaige de Nostre Dame, qui estoit sur le moustier de Sainct-Ladre, de sorte

---

1. Ce récit de la rentrée de Charles VI à Paris a été reproduit ou plutôt analysé par Godefroy dans ses extraits de notre journal; il n'est peut-être pas sans intérêt d'en rapprocher la version inédite que donne le greffier Nicolas de Baye : « Ce jour, le roy nostre sire est retourné et rentré à Paris environ v heures après midi à moult grant compagnie........ et a l'en crié : « Noé », par toutes les rues où a passé, et aussy au soyr l'en a fait par les rues publiquement feus en signe de joye et de leesse pour la revenue dudit seigneur. » (Arch. nat., X1^a 4788, fol. 252 v°.)

2. Pierre de Candia, de l'ordre des Frères Mineurs, maître en théologie à Paris, fut élu pape par le concile de Pise le 26 juin 1409, et prit le nom d'Alexandre V, ses compétiteurs Grégoire XII et Benoît XIII ayant été condamnés par sentence du 5 juin précédent. Selon Nicolas de Baye, la nouvelle de son élection parvint au roi le dimanche soir 7 juillet, et dès le lundi matin, entre six et sept heures, le Parlement en fut avisé, « dont cedit jour fut faicte moult grant et joyeuse feste à Paris, par toute la ville, tant en feux que en mengiers publiques. » (Arch. nat., X1^a 1479, fol. 82.) Alexandre V occupa peu de temps le trône pontifical ; il mourut le 4 mai 1410, laissant la réputation d'un excellent théologien, « sed parum peritus in tanto regimine », ainsi que le remarque le greffier du Parlement (Arch. nat., X1^a 1479, fol. 114).

pierre et toute neufve, fut de tonnoyrre tempestée et rompue parmi le mylieu, et portée bien loing de là ; et à l'entrée de la Villette Sainct-Ladre[1], au bout de devers Paris, furent deux hommes tempestez, dont l'un fut tué tout mort, et ses soulliers et ses chausses, son gippon furent touz dessirez, et si n'avoit point le corps entamé ; et l'autre homme fut tout afollé.

9. Item, le lundi viie jour d'octobre ensuivant, assavoir iiii^c et ix, fut prins ung nommé Jehan de Montagu, grant maistre d'ostel du roy de France, emprès Sainct-Victor, et fut mis en Petit Chastellet ; dont il avint telle esmeute à Paris à l'eure qu'on le print, comme ce tout Paris fust plain de Sarazins, et si ne savoit nul pourquoy ils s'esmouvoient[2]. Et le print ung nommé Pierre des Essars, qui pour lors estoit prevost de Paris ; et furent les lanternes commandées à alumer, comme autresfois, et de l'eaue à l'uis, et toutes les nuys le plus bel guet à pié et à cheval qu'on vit gueres oncques à Paris, et le faisoient les mestiers l'un après l'autre.

10. Et le xviie jour dudit moys d'octobre, jeudy, fut le dessusdit grant maistre d'ostel mis en une charrette, vestu de sa livrée, d'une houppelande de blanc et de rouge, et chapperon de mesmes, une chauce rouge et l'autre blanche, ungs esperons dorez, les mains liées devant, une croix de boys entre ses mains, hault assis en la charrette, deux trompettes devant lui, et en cel estat mené es halles. Là lui on coupa la teste, et après fut porté le corps au gibet de Paris, et pendu au plus hault, en chemise, à toutes ses chausses et esperons dorés, dont la rumeur dura à aucun des signeurs de France, comme Berry, Bourbon, Alençon et plusieurs autres[3].

---

1. La Villette Saint-Ladre, dépendance de l'hôpital Saint-Lazare, connue dès le xiie siècle, n'était au xve qu'un lieu assez désert et mal famé ; c'est là que les deux prétendus clercs pendus par ordre du prévôt Guillaume de Tignonville, rôdant et « espiant les chemins » dans ces parages, avaient assommé un compagnon qui portait à Bruges une lettre de change (Arch. nat., X^{2a} 14, fol. 299 r°).

2. Ms. de Rome : s'enfuyoient.

3. La fin tragique de Jean de Montaigu, victime du ressentiment de Jean Sans-Peur, souleva la réprobation générale : ce n'est pas seulement à Paris qu'il fut, comme le dit Juvénal des Ursins (p. 452), « moult plaint de tout le peuple », mais le revers de fortune si subit éprouvé par le grand-maître et l'iniquité de sa condamnation excitèrent partout une profonde commisération ; on en trouve un témoignage bien curieux dans

[1410.]

11. Dont il advint l'année ensuivant mil IIII^c et x, environ la fin d'aoust, que chascun en droit soy admena tant de gens d'armes autour de Paris, que à xx lieues environ estoit tout degasté; car le duc de Bourgongne et ses freres admenerent leur puissance de devers Flandres et Bourgongne, mais ilz ne prenoient que vivres ceulx au duc de Bourgongne ne à ses aidans, mais trop largement en prenoient. Et les gens de Berry et de ses aidans pilloient, roboient, tuoient en eglise et dehors eglise, especialment ceulx au conte d'Armignac et les Bretons [1], dont si grant charté s'ensuivy [de pain] [2], que plus d'un moys, le sextier de bonne farine

---

un procès plaidé en la Cour des aides le 17 juin 1412, relativement à l'office d'élu d'Avranches. Voici les propos imputés à celui que l'on voulait déposséder de cet office : « Henry de Creux, esleu d'Avranches, contre Guillaume Biote, dit que quant le grant maistre d'ostel fu executé et que les nouvelles lui vinrent, il lui en despleust moult et dist publiquement que c'estoit mal fait, et maudist ceulx qui avoient ce fait, disant qu'ilz avoient mieulx gaigné à avoir la teste copée que lui. » (Arch. nat., Z^{ia} 5, fol. 304 r°.) Après l'exécution de Jean de Montaigu, ses biens furent confisqués, mais sa veuve et ses enfants ne se trouvèrent pas aussi dénués de ressources que le donne à penser M. Merlet dans sa biographie du grand-maître (*Bibl. de l'École des chartes*, 3e série, t. III, p. 248), car on voit, peu de temps après (de mars à juillet 1410), Jacqueline de la Grange, sa veuve, plaider contre le duc Louis de Bavière, qui avait été gratifié de la terre de Marcoussis, pour obtenir la jouissance du château de Marcoussis et de mille livres de rente à titre de douaire; le duc de Bavière se défendit en alléguant qu'au moment de son mariage Jean de Montaigu ne possédait rien à Marcoussis et que, d'ailleurs, Jacqueline était bien pourvue de joyaux, linge, vaisselle et autres biens que la reine lui avait rendus. (Arch. nat., X^{ia} 4788, fol. 447, 527.)

1. Toutes les chroniques contemporaines, notamment celles de Juvénal des Ursins et de Monstrelet, entrent dans certains détails sur les désordres commis par les gens de guerre autour de Paris; cependant on nous saura gré de signaler l'exposé impartial de la situation, dû à la plume de Nicolas de Baye : « Armignagues, Bretons, Brebançons, Lorrains et Bourgoignons, conclut le digne greffier du Parlement, ont tout pillé et emmené ce que ont peu emmener et rançonné, en grant deshonneur du roy et du royaume. » (Arch. nat., X^{ia} 4789, fol. 2.)

2. Les courses des gens de guerre ne furent pas l'unique cause de cette grande cherté; l'année 1410 fut une année de disette générale, ainsi que semble le témoigner le passage suivant extrait d'une plaidoirie du 23 juillet 1411 : « Combien que l'an passé aient esté longuement (dans le pays de Cotentin) sans manger de pain pour la sterilité. » (*Ibid.*, fol. 163.)

valloit LIII frans [ou LX], dont les pauvres gens de ville comme au desespoir, fuoient ; et leur firent plusieurs escarmouches et en tuerent moult.

12. Et tout ce n'estoit que pour l'envie qu'ilz avoient, pour ce que les gens de Paris amoient tant le duc de Bourgongne et le prevost de Paris nommé Pierre des Essars, pour ce qu'il gardoit si bien la ville de Paris. Car toute nuyt et toute jour il alloit tout parmy la ville de Paris, tout armé, lui et grant foison de gens d'armes, et faisoit faire aux gens de Paris toutes les nuys le plus bel guet qu'ilz povoient, et ceux qui n'y povoient aller faisoient veiller davant leur maison, et faire grans feuz par toutes les rues jusques au jour, et y avoit quarteniers, cinquanteniers, diseniers qui ce ordonnoient. Dont ceulx de devers Berry tindrent si court ceulx de Paris par devers la porte Sainct-Jacques, Sainct-Marceau[1], Sainct-Michel, que les vignes demourerent à vendenger et les semailles, et plus, à quatre lieues entour de Paris devers lesdictes portes, jusques à la sainct Climent encore vendengeoit-on, et par la grace de Dieu il y avoit tres pou de pouris, car il fist tres bel temps, mays ilz ne se povoient eschaufer es cuves. Et si ne venoit pain à Paris qu'i ne couvenist aller querre à force de gens d'armes par eaue et par terre. Et y avoit ung chevalier logé à la Chappelle-St-Denis, nommé messire Morelet de Betencourt[2],

---

1. C'est par erreur que le ms. de Rome ajoute la porte Bordelle; la porte Bordelle et la porte Saint-Marceau ne sont qu'une seule et même porte conduisant au bourg Saint-Marcel; appelée d'abord porte Bordelle, elle prit plus tard le nom de porte Saint-Marcel.

2. Regnaud de Béthencourt, dit Morelet, chevalier bourguignon, chambellan des ducs Philippe le Hardi et Jean Sans-Peur, apparaît fréquemment dans les documents du temps de Charles VI et Charles VII. Nous le voyons en 1406, sous prétexte de deniers à lui dus par le roi, saisir au passage une somme d'argent que l'on apportait à Paris pour la reine (Arch. nat., X1a 1478, fol. 279 v°). L'année suivante, Morelet de Béthencourt se trouva compromis dans un procès fait par le bailli de Rouen à son serviteur Gilet Harenc, procès qui révéla l'existence de « certaine dampnable entreprise » et l'envoi de fausses lettres closes à un bourgeois de Rouen au nom du vidame d'Amiens; le fait parut assez grave pour motiver un ordre d'arrestation de la personne de Morelet, ordre adressé le 7 août 1407 par le prévôt de Paris à Mathieu d'Arly, chambellan du roi (Arch. nat., X2a 15, fol. 158 v°). Toutefois, l'affaire ne paraît pas avoir eu de suite. Au mois d'août de l'année 1410, Morelet de Béthencourt, obligé de quitter Chartres où le duc de Bourgogne l'avait envoyé (Cousinot, Geste des nobles, p. 131), revint aux environs de Paris et fut chargé par Charles VI

qui alloit querre le pain à Sainct-Brice [1] et ailleurs, lui et ses gens, tant que ce contens dura, qui dura jusques à la Toussains.

13. Et ung pou devant, avoit presché devant le roy le ministre des Mathurins [2], tres bonne personne, et monstra la cruaulté que ilz faisoient par deffaulte de bon conseil, disant qu'il failloit qu'il y eust des traistres en ce royaulme ; dont ung prelat, nommé le cardinal de Bar, qui estoit audit sermon, le desmenty et nomma « villain chien », dont il fut moult hay de l'Université et du commun, mais à pou lui en fu, car il praticoit grandement avecques les autres qui portoient chascun une bende, dont il estoit embassadeur par le duc de Berry, et portoit celle bende [3], et tous iceulx de par luy. Et ce tindrent tellement en celle bende qu'il couvint que ledit prevost fust desposé [4] pour l'envie qu'ilz avoient sur le com-

---

de veiller à l'approvisionnement de la capitale ; il résulte d'un procès engagé en 1413 au Parlement que le roi, lui devant « xiie escuz pour le service qu'il avoit fait de faire venir les vivres à Paris, » lui abandonna la propriété d'une maison en cette ville (Arch. nat., X1a 4790, fol. 19 v°). En 1412, le même chevalier favorisait le vol à main armée d'un chariot chargé d'objets précieux appartenant au duc de Bavière (Monstrelet, t. II, p. 245). Morelet de Béthencourt rentra dans Paris à la suite des Bourguignons et obtint pour sa part des biens confisqués la maison de Jean Haudry, sise rue Geoffroy-Lasnier (Sauval, t. III, p. 321). Pendant l'occupation anglaise, il exerça les fonctions de chevalier du guet et fut chargé à ce titre d'arrêter Sauvage de Fromonville. En 1428, une action lui fut intentée au Parlement par la veuve d'un sergent tué dans cette expédition (Arch. nat., X1a 4795, fol. 231 v°). Partisan dévoué de la domination étrangère, il assista, le 21 décembre 1431, à la tenue du Parlement par le roi d'Angleterre et, le 12 janvier 1436, siégea dans le conseil réuni pour aviser aux moyens d'assurer la défense de Paris (Arch. nat., X1a 1481, fol. 48, 112 v°). Messire Morelet suivit probablement les Anglais après leur expulsion en 1436. Il avait épousé l'une des filles de Jean de Troyes, comme le montre le procès engagé en 1424 entre les enfants de ce personnage (Arch. nat., X1a 4793, fol. 396).

1. Saint-Brice-sous-Forêt (Seine-et-Oise, arr. de Pontoise, cant. d'Écouen).

2. Renaud de la Marche, docteur en théologie, l'un des plus célèbres orateurs de cette époque, se fit remarquer par la virulence de son langage dans le sermon qu'il prononça, au mois de mai 1408, contre l'antipape Benoît XIII et les porteurs de sa bulle, « preschez » publiquement au parvis Notre-Dame. Le discours auquel notre chroniqueur fait allusion termina la carrière de Renaud de la Marche, dont le successeur, frère Etienne, est mentionné dès l'année 1411.

3. Ms. de Rome : dont il estoit embassadeur, car le duc de Berry portoit celle bande.

4. Pierre des Essarts, nommé prévôt de Paris le 30 avril 1408 au lieu

mun de Paris qu'il gardoit si bien, car aucuns et le plus de la bende¹ cuidoient de certain que on deust piller Paris. Et tout le mal qui ce faisoit de delà, chascun disoit que ce faisoit le conte d'Armignac, tant estoit de malle voulenté plain, et pour certain on avoit autant de pitié de tuer ces gens comme de chiens; et quelconques estoit tué de delà, on disoit : « C'est un Armignac² », car ledit conte estoit tenu pour tres cruel homme et tirant et sans pitié. Et certain, ceulx de ladite bende eussent fait du mal plus largement, ce ne fust le froit et la famine qui les fist traictier comme une chose non achevée, comme pour en charger arbitres. Et fut fait environ le vi⁰ jour de novembre mil iiiiᶜ et x³, et s'en alla chascun à sa terre jusques à ce que on les mandast, et qui a perdu si a perdu; mais le royaulme de France ne recouvra la perte et le dommaige qu'ilz firent en vingt ans ensuivant, tant viengne bien.

14. Et en ce temps fut la riviere de Saine si petite, car oncques on ne la vit à la sainct Jehan d'esté plus petite qu'elle estoit à la sainct Thomas devant Noel; et neantmoins, par la grace de Dieu, on avoit à Paris en ce temps, environ cinq sepmaines après l'aliée

---

et place de Guillaume de Tignonville, fut reçu le 5 mai suivant et prêta serment en séance du Parlement (Arch. nat., X¹ª 1479, fol. 26); ses lettres d'institution, insérées au Livre rouge vieil du Châtelet (Arch. nat., Y 2, fol. 255), le qualifient maître de l'hôtel du roi et capitaine de la ville de Paris. A la suite du traité de Bicêtre conclu entre les princes le 2 novembre 1410, Des Essarts dut se démettre de sa charge et fut remplacé le 8 novembre par Bruneau de Saint-Clair qui remplit les fonctions de prévôt jusqu'au 12 septembre 1411; après sa disgrâce, il se retira avec le duc de Bourgogne en Flandre. (Chronique des Cordeliers, édit. Douët d'Arcq, p. 205.)

1. Les mss. portent ici un « qui » inutile au sens.
2. Si à cette époque les partisans du duc d'Orléans recevaient la qualification méprisante d' « Armagnac », associée souvent aux mots de « traître, larron, coupaut » (Arch. nat., JJ 171, fol. 231, et Z¹ª 5, fol. 248 r°), ils appliquaient à leur tour aux Bourguignons l'appellation injurieuse de « maillet » que l'on considérait comme flétrissante: c'est ainsi qu'un notaire du roi, traité de « mailletus, mastinus, proditor, latro », fit infliger à l'auteur de ces propos une condamnation à 30 livres d'amende et 30 livres de dommages-intérêts avec réparation honorable (Arch. nat., X¹ª 56, fol. 369 v°). En 1412, les habitants de Soissons tenant le parti du duc de Bourgogne se virent qualifiés de « faulx vuillains maallés » (Arch. nat., X²ª 17, 30 juin).
3. Il faut voir dans le récit assez obscur de notre chroniqueur une allusion au départ des princes stipulé par le traité de Bicêtre.

des gens d'armes, tres bon blé pour xviii ou pour vingt solz parisis le sextier.

[1411.]

15. *Nota* que le mardi darrain jour de juing iiii^c et xi, jour de sainct Paul, environ huit heures après disner, gresla, venta, tonna, espartit le plus fort que homme qui adonq fust eust oncques veu[1].

L'an mil cccc et xi ensuivant, recommancerent ceulx de la bende à faire[2] leur mauvaise vie, car en aoust, vers la fin, vindrent devant Paris, du costé de devers Sainct-Denis, et deffierent le duc de Bourgongne, et fist chascun son assemblée vers Montdidyer. Mais que les bandez sceurent la belle compaignie que Bourgongne avoit, ilz ne l'oserent oncques assaillir, et si les attendit-il par cinq sepmaines. Quant le duc vit la chose, il dist que ilz n'avoient guerre que au roy et à la bonne ville de Paris, lors renvoya ses communes et les convoya[3] grant païs[4].

16. Et les faulx bendez Armignaz commencerent à faire tout le pis que ilz povoient, et vindrent au plus pres de Paris, en plaines vendenges, c'est assavoir, environ mynuit entre sabmedy et dimenche, iiie jour d'octobre mil iiii^c et xi, furent à Pantin, à Sainct-Ouin, à la Chappelle-Sainct-Denis, à Monmartre, à Glinencourt et par tous les villaiges d'entour Paris dudit costé, et assegerent Sainct-Denis. Et firent tant de maulx, comme eussent fait Sarazins, car ilz pendoient les gens, [les uns] par les poulces, autres par les piez, les autres tuoient et rançonnoient, et efforçoient femmes, et boutoient feuz, et quiconcques ce feist, on disoit : « Ce sont les Armignaz[5] », et ne demeuroit personne esdiz villaiges que eulx mesmes. Cependent vint Pierre des Essars à

---

1. Cette note, relative au terrible orage dont parle Juvénal des Ursins (p. 464), se trouve dans les manuscrits de Rome et de Paris, à la suite des extraits se rapportant à la fin de l'année 1408 et au commencement de l'année 1409 ; nous la rétablissons en tête de l'année 1411.
2. Les mots « à faire » manquent dans le ms. de Rome.
3. Ms. de Rome : renvoia.
4. Les faits ne sont pas présentés sous leur vrai jour ; on sait que les communes de Flandre abandonnèrent le duc de Bourgogne malgré ses instances et en dépit des humbles supplications que leur adressa le duc de Brabant (cf. le récit de Monstrelet, t. II, p. 182).
5. Ms. de Paris : Ce sont les Armagnacs qui eux mesmes se pendent.

Paris, et fut prevost comme devant[1], et fist tant que on cria parmy Parys que on abandonnoit les Armignaz, et qui pouroit les tuer si les tuast et prinst leurs biens[2]. Si [y alla moult de gens qui plusieurs foys leur] firent dommaige et, par especial, compaignons de villaige, que on nommoit brigans[3], qui s'assemblerent et firent du mal assez soubz l'ombre de tuer les Armignaz.

17. En ce temps prindrent ceulx de Paris chapperons de drap pers et la croix Saint Andrieu, ou millieu ung escu à la fleur de lis[4]; et en maint de quinze jours avoit à Paris cent milliers, que hommes que enfens, signez devant et derriere de ladicte croix, car nul n'yssoit de Paris qui ne l'avoit.

18. Item, le xiiie jour d'octobre, prindrent les Arminaz le pont de Sainct-Cloud par ung faulx traistre qui en estoit cappitaine, que on nommoit Colinet de Pisex[5], qui leur vendy et livra, et

---

1. Pierre des Essarts fut remis en possession de la prévôté de Paris le 11 septembre 1411, Bruneau de Saint-Clair ayant résigné son office entre les mains du roi ou de son grand conseil (Arch. nat., X1a 1479, fol. 172 v°).

2. En vertu de lettres du 3 octobre 1411, par lesquelles Charles VI déclarait rebelles et désobéissants les princes et seigneurs d'Orléans, Bourbon, Alençon, Armagnac, Albret, et les abandonnait corps et biens; ces lettres, suivies le 14 octobre d'un mandement au prévôt de Paris pour la convocation de l'arrière-ban, sont insérées dans le 1er volume des Ordonnances du Parlement (Arch. nat., X1a 8602, fol. 286, 288). Une commission spéciale fut instituée le 7 mai 1412 pour la vente des biens confisqués après la forfaiture des princes du sang : elle se composait du sire de Blaru, d'Eustache de l'Aître, de Nicole d'Orgemont et de Guillaume le Clerc (Arch. nat., JJ 166, fol. 112 v°). Une ordonnance de novembre 1412 confirma les ventes et cessions de biens faites par ces commissaires royaux (Ibid., JJ 167, fol. 57. Ordonnances des rois de France, t. X, p. 34).

3. Voy. dans le Religieux de Saint-Denis (t. IV, p. 455) le chapitre consacré au soulèvement des paysans qui, désignés sous le nom de « brigands », exploitèrent les grands chemins et rançonnèrent indistinctement tous les partis.

4. On voit par un compte de la recette de Paris pour 1412, publié en extrait par Sauval (t. III, p. 266), qu'en suite d'une commission du 9 octobre 1411, le prévôt de Paris donna ordre aux baillis, prévôts et capitaines royaux de faire prendre pour enseignes, à tous vassaux et sujets du roi portans armes, « le signe du sautoir blanc et de la fleur de lis d'or sur l'écu d'azur ».

5. La trahison de Colinet de Puiseux, que taisent plusieurs chroniqueurs, tels que Juvénal des Ursins et l'auteur de la Chronique des Cordeliers, est attestée par des textes quasi officiels. Voici en quels termes le greffier du Parlement, N. de Baye, en parle dans son journal : « lequel pont de St-Cloud avoit livré un appellé Colinet de Puiseux qui en avoit

furent tuez moult de bonnes gens qui estoient dedens, et tous les biens perduz, dont il y avoit grant foison, car tous les villaiges d'entour y avoient leurs biens, qui furent tous perduz par le faulx traistre.

19. Item, le xxiiii[1] jour d'octobre, prindrent Sainct-Denis, comme Sainct-Cloud par traïson d'aucuns qui estoient dedens, si comme on disoit que le signeur de Chaalons[2] en estoit consentent, lequel estoit au duc de Bourgongne.

20. Quant les bendez furent maistres des deux, de Sainct-Cloud et Sainct-Denis, ilz s'enorgueillirent tellement qu'ilz venoient jusques aux portes de Paris, car leurs signeurs estoient logez à Monmartre[3] et veoient[4] jusques dedens Paris, et qui y entroit et yssoit, dont ceulx de Paris avoient grant doubte. En ce temps avoit à Paris ung escuier nommé Enguerren de Bournonville[5] et ung nommé Amé de Vrey[6] qui moult leur firent d'escarmou-

---

la garde, et qui pour ce et aucuns de ses complices ont esté decapitez, et ledit Colinet esquartelé. » (Arch. nat., X1a 1479, fol. 179 v°.) Un arrêt extrait des Jugés du Parlement (Arch. nat., X1a 59, fol. 22 v°) mentionne également la prise du pont de Saint-Cloud « par la mauvaistié et traïson de Colinet de Puiseux ».

1. Ms. de Paris : xiii.

2. Jean de Châlon, sire d'Arlay, prince d'Orange, avait été préposé à la garde de la ville et de l'abbaye de Saint-Denis le 3 octobre 1411, mais, après plusieurs attaques vigoureusement repoussées, il ne voulut pas, faute de munitions, exposer la ville au péril d'un assaut et, le lundi 11 octobre, il la rendit aux ducs de Berry et d'Orléans par un traité que reproduit le Religieux de Saint-Denis (t. IV, p. 501).

3. Montmartre était occupé par le sire de Gaule qui, de ce point, surveillait toutes les allées et venues des gens de guerre dans Paris. (Juvénal des Ursins, p. 469.)

4. Ms. de Paris : venoient.

5. Enguerran de Bournonville, écuyer picard, attaché à la personne du duc de Guyenne après le traité de Bicêtre, reçut avec Amé de Viry et le sire de Heilly le commandement de l'un des trois corps avec lesquels le duc de Bourgogne reprit Saint-Cloud ; l'année suivante, lors de l'expédition de Bourges, il figure au nombre des chefs qui conduisirent l'avant-garde de l'armée royale et finit misérablement ses jours en suite de la prise de Soissons en mai 1414 (Cf. Monstrelet).

6. Les mss. portent « Brey ». — Amé de Viry, chevalier savoisien, qui, en 1409, osa s'attaquer au duc de Bourbon et lui fit guerre ouverte, fut nommé bailli de Mâcon le 4 novembre 1411, peu de jours avant l'attaque de Saint-Cloud où il paya de sa personne ; après s'être signalé par de nouveaux actes d'hostilité envers le duc de Bourbon, il prit une part active

ches et de jour et de nuit, car les Arminaz doubtoient plus ces deux hommes que le conte de Sainct-Paul et toute sa puissance, qui lors estoit comme cappitaine de Paris, et portoit en sa baniere fleur de bourache.

21. Item, le xviᵉ jour d'octobre, estoient les Arminaz emprés le moullin à vent au-dessus de Sainct-Ladre. Adong yssirent ceulx de Paris sans gouverneur [1] et allerent sur eulx tous nuds d'armes, fors que de trait et de picques de Flandres, et les autres estoient bien armez et vindrent sur la chaussée à eulx, et tantost en tuerent bien de LX à IIIIˣˣ, et leur osterent quant qu'ilz avoient jusques aux brayes, et plus en eussent tué largement, ce ne fust le chemin qui estoit estroit et la nuyt qui venoit, car non pourtant moult de ceulx de Paris furent navrez, ainsi advint [2]. . . . . . .
. . . .
22. Adong estoient ceulx de Paris moult esbahiz, car on ne savoit nulle nouvelle du duc de Bourgongne, et cuidoit-on qu'il fust mort, et il estoit allé traicter aux Englois en Engleterre, et revint à Paris le plus tost qu'il pot, et y entra le xxiiiᵉ jour d'octobre oudit an [3], et amena en sa compaignie bien de VII à VIIIᵐ

à l'expédition de Bourges pendant laquelle il mourut (Monstrelet, t. II, passim; Arch. nat., X¹ᵃ 1479, fol. 174, 210).

1. Le récit de cette sortie désordonnée se trouve tout au long dans Juvénal des Ursins (p. 469); on voit que les Armagnacs s'étaient mis en embuscade derrière Montmartre, non loin du gibet, et fondirent sur les gens du comte de Saint-Pol qui parvinrent à rentrer dans Paris par la porte Saint-Honoré; deux à trois cents malheureux Parisiens payèrent de leur vie leur imprudente équipée. La note gaie de cette piteuse aventure est l'histoire de cet « homme de pratique » qui sortit armé de toutes pièces et qui, bon gré mal gré, fut entraîné à Saint-Denis par la mule qu'il montait.

2. Il y a ici une lacune qui correspond au bas du folio 16 du ms. de Rome, mais elle ne résulte point d'une lacération qu'aucun indice matériel ne permet de supposer; en marge, on lit la note suivante dont l'écriture appartient à la seconde moitié du xviᵉ siècle : « Desunt ... fueillez », note où le nombre des feuillets reste en blanc. L'absence de ces feuillets est d'autant plus regrettable qu'ils contenaient probablement le récit d'un événement essentiellement parisien, le pillage et l'incendie du château de Bicêtre où disparurent tant de trésors artistiques.

3. Cette date du 23 octobre, assignée à l'entrée du duc de Bourgogne à Paris, est aussi celle donnée par Monstrelet, mieux renseigné que Juvénal des Ursins qui indique le 30 octobre; elle est adoptée du reste par M. Gachard dans son Itinéraire de Jean Sans-Peur (*Rapport sur les archives de Dijon*, p. 218).

Englois avec ses gens[1]. Et le xxv⁰ jour dudit moys allerent les Angloys escarmoucher au moulin à vent, et tuerent moult des Arminaz et de leurs chevaulx par force de traict.

23. Item, le vIII⁰ jour de novembre ensuivant oudit an, fist chascune disenne selon sa puissance de compaignons vestus de jacques et armez, et firent leur monstre cedit jour, et furent bien xvI ou xvII cens, tretous fors hommes. Et ce jour, environ dix heures de nuit, party de Paris le duc de Bourgongne, avec lui les compaignons dessusdiz et les Anglois, et alla toute nuyt à Sainct-Cloud, et party par la porte Sainct-Jacques et, quant il fut devant le pont de Sainct-Cloud, il fut le point du jour[2]. Adong il fist assaillir ledit pont et la ville qui estoit toute plaine de tres puissans gens d'armes Arminaz qui moult se deffendirent, mais pou leur valut, car tantost furent desconfiz et tous mis à l'espée, et furent bien vI⁰ tués. Et le faulx traistre qui avoit vendu ledit pont fut prins en l'eglise de Sainct-Cloud, au plus hault du clocher, vestu en habit d'un prestre. Il fut admené à Paris en prinson, et le duc de Bourgongne fist mettre le feu dedens le pont leveys, dont il s'en noya bien III⁰ [de paour et] de haste d'entrer en la tour. Et dit on que ce fut ung des beaux assaulx que on eust point veu passé a long temps[3], car une partie de la plus grant force des Arminaz estoient en la tour, si que on ne la peust avoir si legierement, et aussi tous les Arminaz de Sainct-

---

1. Ce contingent anglais, que commandait le comte d'Arundel, paraît avoir été accueilli avec défiance par la population parisienne dont le mécontentement s'accentua encore lorsqu'il fallut contribuer au payement de ses services. La corporation des bouchers surtout, quoique fort affectionnée au duc de Bourgogne, les vit de très mauvais œil; ainsi, en novembre 1411, un des Anglais qui venaient d'abattre une maison à Saint-Germain-des-Prés fut tué, près des murs, par un valet boucher, convaincu, sur la foi de certains bruits, « que les Anglois avoient prins complot de tuer tous les bouchers de Paris. » (Rémission de mars 1412. Arch. nat., JJ 166, fol. 76 v°.)

2. Ms. de Paris : il y fust au poinct du jour.

3. Voici, d'après une lettre de rémission du mois de janvier 1412 (Arch. nat., JJ 165, fol. 249 v°), les nouvelles de « la besongne » de Saint-Cloud qui circulaient à Hesdin au mois de novembre 1411. On racontait « que les Armaignacs avoient esté tous desconfis, et y avoient les Picquars tres bien fait leur devoir, et que nous et nostre tres cher et amé cousin le duc de Bourgongne et nos gens y avions acquis grant honneur, et aussy.... que les Anglois y avoient bien fait et avoient prins Manssart du Bos, chevalier, et autres qui s'estoient mis contre nostredit cousin le duc de Bourgogne. »

Denis y vindrent de l'autre costé de l'eaue, si ne porent riens faire l'un à l'autre que gaster leur traict. Lors fist le duc de Bourgongne retraire ses gens, et s'en revint à Paris pour aller assaillir ceulx de Sainct-Denis. [Et le lendemain allerent à Sainct-Denis] le prevost, et Enguerren et ceulx de Paris, mais ilz n'y en trouverent nulz: tous s'en estoient fuiz la nuyt de devant, et passé la rivyere par ung pont de boys qu'ilz avoient fait en ladicte ville de Sainct-Denys.

24. Et ce jour que noz gens furent à Sainct-Denys estoit la vigille sainct Martin d'yver, et fut ce jour faicte procession generalle à Nostre-Dame de Paris, et là, devant tout le peuple, fut maudicte et excommuniée toute la compaignie des Arminaz, et tous leurs aidans[1] et confortans[2], et furent nommez par nom tous les grans signeurs de la maldicte bande, c'est assavoir : le duc de Berry, le duc de Bourbon, le conte d'Alençon, le faulx conte d'Arminac, le connestable[3], l'archevesque de Sens[4] frere du devantdit Montaigu, Robert de Tuillieres lieutenant du prevost de Paris, frere Jacques le Grant[5] augustin, qui le pis con-

---

1. Ms. de Paris : amis.
2. C'est au parvis Notre-Dame que, le 13 novembre 1411, en présence du duc de Bourgogne et au milieu d'une affluence considérable de peuple, un frère mineur, dont Monstrelet ne cite pas le nom (voy. t. II, p. 210), déclara excommuniés le duc d'Orléans et ses complices. Les bulles d'Urbain V, sur lesquelles fut basée l'excommunication, étaient celles que ce pape fulmina contre les Grandes Compagnies de 1364 à 1369; on trouve inséré dans le premier registre des Ordonnances du Parlement (Arch. nat., X1a 8602, fol. 241) le texte de la principale de ces bulles qui commence par ces mots : *Quam sit plena periculis.*
3. Charles, sire d'Albret, connétable de France depuis la mort de Louis de Sancerre.
4. Jean de Montaigu, prélat guerrier, constamment armé de toutes pièces, portant une hache en guise de crosse (Monstrelet, t. II, p. 192), avait été banni une première fois en 1409, après la mort de son frère; il trouva sur le champ de bataille d'Azincourt une fin qui couronna dignement une carrière toute militaire.
5. Jacques le Grand, moine augustin, hardi prédicateur, s'éleva dans un sermon prononcé en présence de la reine contre le luxe excessif et les désordres des dames de la cour. Admis à prêcher devant le roi, il attaqua avec une égale violence les exactions de ceux qui étaient à la tête des affaires. Fidèle adhérent des Armagnacs, il fit partie de la députation envoyée, au commencement de l'année 1412, par les princes confédérés auprès du roi d'Angleterre afin de négocier une alliance, députation qui, dans son passage à travers le Maine, fut poursuivie et arrêtée par le

seilloit de tous ; et furent excommuniez de la bouche du Sainct Pere, tellement qu'ilz ne povoient estre absoulz par prestre nul, ne prelat, que du Sainct Pere et en article de mort. Et II ou III foys devant avoit [esté] faicte à Paris telle procession et tel excommuniement sur la faulce bande.

25. Item, le jeudi XII° jour de novembre, oudit an, fut mené le faulx traistre Colinet de Pisex, lui VII°, es halles de Paris, lui estant en la charrette sur ung aiz plus hault que les autres, une croix de fust en ses mains, vestu comme il fut prins, comme ung prestre. En telle maniere fut mis en l'eschauffaust et despoullié tout nu, et lui coppa on la teste à lui VI°, et le VII° fut pendu, car il n'estoit pas de leur faulce bande. Et ledit Colinet, faulx traistre, fut despecé les quatre membres, et à chascune des maistres portes de Paris l'un de ses menbres pandu, et son corps en ung sac au gibet, et leurs testes es halles sur six lances, comme faulx traistres qu'ilz estoient ; car on disoit tout certainement[1] que ledit Colinet, par sa faulce et desloyaute traïson, fist dommaige de plus de II^m lyons[2] en France, sans plusieurs bonnes gens qui estoient avec lui, qu'il fist tuer les uns, les autres rançonner, les autres emmener en tel lieu que en ouy puis nouvelles, puis fist-on maintes justices.

26. Ce pendent, alla monseigneur de Guienne et de Bourgongne devant Estampes[3] qui estoit de la bande, et y furent par

---

bailli de Caen, lequel s'assura de leurs personnes et envoya à Paris leurs lettres et instructions. La gravité du fait motiva une réunion extraordinaire du conseil à Saint-Pol, sous la présidence de Charles VI : il y fut procédé à l'examen des papiers saisis, et le chancelier de Guyenne donna lecture d'un « petit advisement » sur le gouvernement, de la composition de frère Le Grant, trouvé au milieu de ces documents. (Cf. Monstrelet, Juvénal des Ursins et le Religieux de Saint-Denis.)

1. Ms. de Paris : mesmement.
2. Ici, un mot est resté en blanc dans le manuscrit de Paris.
3. Au témoignage de Monstrelet (t. II, p. 222), les ducs de Guyenne et de Bourgogne partirent de Paris le 23 novembre, tandis que suivant l'Itinéraire de Jean Sans-Peur dressé par M. Gachard, le duc de Bourgogne aurait quitté Paris vers le 20 novembre et aurait séjourné du 20 au 27 à Corbeil où se trouvait le duc de Guyenne ; d'après une lettre de rémission d'avril 1412 (Arch. nat., JJ 166, fol. 118), ce ne fut que le 5 ou 6 décembre « qu'ils entreprindrent le voyage d'aler à Estampes. » Louis de Bosredon, sénéchal de Berry, chargé de défendre cette place, opposa une vigoureuse résistance et ne se rendit qu'à la dernière extrémité ; quoique Juvénal des Ursins prétende qu'il ne fut point considéré comme prison-

plusieurs jours, tant que par miner, que par assault, ilz se rendirent au roy à sa voulenté. Et fut prins le cappitaine nommé Bourdon, lequel fut mené en prinson en Flandres, et depuis ot sa paix. Puis refut prins ung autre chevalier de la bande, nommé messire Manssart du Bois¹, ung des beaux chevaliers que on peust veoir, lequel ot la teste couppée es halles de Paris, et de sa force de ses espaulles, depuis qu'il ot la teste couppée, bouta le tronchet si fort qu'à pou tint qu'il ne l'abaty, dont le bourreau ot telle freour, car il en mouru tantost après six jours, et estoit nommé maistre Guieffroy. Après fut bourrel Cappeluche, son varlet.

[1412.]

27. Et en cedit an fut fait connestable de France le conte de Sainct-Paul, nommé messire Galleren², et alla en la conté d'Alençon ; et là estoit messire Anthoine de Craon, lequel devoit avoir journée au conte d'Alençon, lequel n'osa oncques venir, si s'en revint ledit connestable. Et en revenant le cuida ruyner et³

---

nier et qu'il n'eut aucune rançon à payer, il est constant que le duc de Bourgogne le fit mener au château de Lille en compagnie d'autres seigneurs et ne le relâcha que moyennant bonne finance. (Chronique des Cordeliers, p. 214.)

1. Mansart du Bois est compté au nombre des chevaliers de renom faits prisonniers à Saint-Cloud par le duc de Bourgogne, qu'il avait imprudemment défié peu de mois auparavant ; enfermé au Châtelet, il n'en sortit que pour aller au dernier supplice. A la sollicitation de ses amis, on lui avait promis sa grâce s'il consentait à prêter serment au duc de Bourgogne ; mais il refusa en disant « qu'il n'avoit fait chose pour laquelle il deust avoir remission. » (Juvénal des Ursins.) Onze ans auparavant, plus heureux que dans cette circonstance, il avait obtenu des lettres de rémission pour le meurtre involontaire d'un berger qui lui avait répondu arrogamment un jour où il était sorti dans la campagne préoccupé par l'indisposition « d'une sienne fille malade de la boce. » (Arch. nat., JJ 155, fol. 42 v°.) Mansart du Bois fut décapité et son corps pendu à Montfaucon, ce qui a fait dire au Religieux de Saint-Denis que ce seigneur fut pendu (t. IV, p. 593).

2. Waleran de Luxembourg, comte de Ligny et de Saint-Pol, nommé grand-maître des eaux et forêts en 1402 et grand bouteiller de France le 29 octobre 1410, reçut en 1411 le gouvernement de Paris et l'épée de connétable de France au lieu de Charles d'Albret, déchu de ses fonctions comme rebelle.

3. Les mots « ruyner et » manquent dans le ms. de Rome.

destruire le signeur de Gaucourt qui avoit bien en sa compaignie
mil hommes d'armes, mais par la grace de Dieu ledit Gaucourt
et ses gens furent desconffys honteusement ; et en furent tuez bien
vi^c, et bien cent noyez, et bien cinquante des plus gros prins,
mais Gaucourt eschappa par bon cheval [1]. En icellui temps se
firent plusieurs escarmouches, dont on ne fait nulle mencion,
car on ne faisoit rien à droit, pour les traistres dont le roy estoit
tout adivronné [2].

28. En l'an iiii^c et xii, vi^e jour de may, ce mist le roy sur les
champs, avecques lui son aisné filx le duc de Guienne, le duc
de Bourgongne et plusieurs autres, et allerent droit en Ausserre,
là furent aucuns jours. De là se departirent et allerent assegier la
cité de Bourges en Berry, où estoit le duc de Berry, anxien de
bien pres de iiii^{xx} ans, oncle dudit roy de France, maistre et

---

1. L'événement militaire auquel le chroniqueur fait allusion dans ce
paragraphe est la bataille de Saint-Remy-du-Plain, gagnée le 10 mai 1412
par le connétable de Saint-Pol sur les Orléanais commandés par le sire de
Gaucourt (Cf. Monstrelet, t. II, p. 249).

2. Rien ne sauroit mieux refléter l'état des esprits à cette époque profondément troublée que le curieux langage tenu contre le roi par un
certain Jacques Mestreau, roi d'armes de Champagne, langage qui fut
considéré comme séditieux et qui valut à son auteur un emprisonnement
au Châtelet de Paris. Mestreau « estant surprins de vin ou autrement mal
conseillié, » s'écriait : « Où sont les proudommes chevaliers de ce
royaume ? Ne pevent ilz trouver bon accord entre nosseigneurs ? » Et, ajou-
tent les lettres royaux auxquelles nous empruntons ces détails, « aussi
a peu dire que les seigneurs de nostre sang estoient mal conseilliez de ce
qu'ilz mettoient les Angloiz en ce royaume, pour ce qu'ilz pourroient
destruire le pays, et que s'eust esté prouffitable chose que Jehan nostre
oncle de Berry, feust venu à Paris pour trouver et mettre aucun bon
remede en ce royaume et mettre bon accord entre les seigneurs dessusdiz.
Et avec ce semblablement a peu dire que nous estions en adventure de
faire ainsi en France comme on avoit fait en Angleterre, se Dieu n'y pour-
veoit et que on y mist remede, laquelle chose il entendoit estre que les
seigneurs de ce royaume se rebelleroient à l'encontre de nous et nostre
couronne ; et que on avoit osté de nostre Conseil les bons proudommes
qui desja s'en estoient alez, comme le sire de Blarru, le sire de Torcy et
autres, et que nous estions mal conseilliez, et qu'il n'avoit nuiz proudommes entour nous, et que ceulx qui se sont armez à l'encontre de nous
feroient de nous ainsi que l'en avoit fait en Angleterre. » (Rémission de
février 1412 ; Arch. nat., JJ 166, fol. 11 v°.) Vers le même temps, un
habitant de Senlis fit entendre ces « maugracieuses parolles » : « On savoit
bien que ce s'estoit du roy, et qu'il ne faisoit raison ne justice et qu'il
se gouvernoit par ce faulx traiste. » (Arch. nat., Z1a 5, fol. 336 r°.)

menistre de toute traïson de ladite bande, cruel contre le menu peuple autant que fut oncques tirant sarasin, et aux siens comme aux autres; pourquoy il estoit assiégé.

29. Et sitost que ceulx de Paris sceurent que le roy estoit en la terre de ses ennemis, par commun conseil ilz ordonnerent les plus piteuses processions qui oncques eussent esté veues de aage de homme : c'est assavoir, le penultime jour de may oudit an, jour de lundi, firent procession ceulx du Palais de Paris, les ordres mendians et autres[1], tous nudz piez, portans plusieurs sainctu(ai)res moult dignes, portant la saincte vraye croix du Pallays, ceulx de Parlement, de quelque estat qu'ilz fussent; tous deux et deux, quelques xxx^m personnes après avecques, tous nudz piez.

30. Le mardy derrenier jour de may, oudit an, partie des parroisses de Paris firent procession, et leurs parroissiens autour de leurs parroisses : tous les prestres revestuz de chappe ou de sourpeliz, chascun portant ung sierge en sa main et reliques, tous piez nudz; la chasse sainct Blanchart, de sainct Magloire, avecques [bien] II^c petiz enfens devant, tous piez nudz, chascun cierge ou chandelle en sa main; tous les parroissiens qui avoient puissance, une torche en leur main, tous piez nudz, femmes et hommes.

31. Le mercredi ensuivant, premier jour de juing, oudit an, en la forme et maniere du mardi, fut faite la procession

32. Le jeudy ensuivant fut le jour du Sainct Sacrement; la procession fut faicte comme on a accoustumé.

33. Le vendredi ensuivant, IIIe jour de juing, oudit an, fut faicte la plus belle procession[2] qui oncques fut gueres veue; car toutes les parroisses et ordres, de quelque estat qu'ilz fussent, allerent tous nudz piez, portant, comme devant est dit, saintu(ai)re

---

1. Voici l'itinéraire de cette procession : les Jacobins, les Carmes et les Bernardins, tous nu-pieds et portant la vraie croix, allèrent à Saint-Martin-des-Champs par la rue Saint-Denis et revinrent par la rue Saint-Martin à la Sainte-Chapelle. (Arch. nat., X1a 4789, fol. 278 v°.)

2. Il s'agit d'une procession générale du clergé de Notre-Dame à Sainte-Geneviève, ainsi décrite par le greffier Nicolas de Baye : Le clergé, accompagné de nombre de bourgeois et bourgeoises, tous nu-pieds, est alé querir *corpus Domini* à Saint-Jean en Greve, ouquel fu fait le miracle des Billettes, et puiz fu porté à Nostre-Dame, et l'atendi la court à la porte du Palaiz et de là à Nostre-Dame et de Nostre-Dame à Saincte-Genevieve. » (Arch. nat., X1a 1479, fol. 203 v°.)

ou cierge en habit de devocion, du commun plus de xL^m personnes avecques, tous nudz piez et à jeun, sans autres secrettes abstinances, bien plus de IIII^m torches allumées. En ce point allerent portant les sainctes reliques à Sainct-Jehan en Greve ; là prindrent le precieulx corps Nostre Seigneur, que les faulx juifs boullirent[1], en grant pleur, en grans lermes, en grant devocion, et fut livré à IIII evesques, lesquelx le porterent dudit moustier à Saincte-Geneviefve, à telle compaignie du peuple commun, car on affirmoit que ilz estoient plus de LII mil; là chanterent la grant messe moult devottement, puis rapporterent les sainctes reliques où ilz les avoient prinses, à jeun.

34. Le sabmedi ensuivant IIIIe jour dudit moys, oudit an, toute l'Université, de quelque estat qu'il fust, sur peine de privacion, furent à la procession, et les petiz enffens des escolles, tous nudz piez, chascun ung cierge allumé en sa main, aussi bien le plus grant que le plus petit, et assemblerent en celle humilité aux Mathurins[2], de là s'en vindrent à Saincte-Katherine-du-Val-des-Escolliers, portant tant de sainctes reliques que sans nombre ; là chanterent la grant messe, puis revindrent à cueur jeun.

35. Le dimenche ensuivant, v^e jour dudit moys, oudit an, vindrent ceulx de Sainct-Denis en France à Paris, tous piez nudz, et apporterent sept corps saints, la saincte oriflambe, celle qui fut portée en Flandres, le sainct clou, la saincte couronne que deux abbez portoient, acompaignez de XIII banieres de procession ; et à l'encontre d'eulx alla la parroisse Sainct-Huitace pour le corps sainct Huitace, qui estoit en l'une desdictes chasses, et s'en allerent droit au Palays de Paris (tous) ; là dirent la grant messe en grant devocion, puis s'en allerent.

36. La sepmaine ensuivant, tous les jours (firent) moult piteuses processions chascun à son tour, et les villaiges d'entour Paris semblablement venoient moult devottement, tous nudz piez, priant Dieu que par sa saincte grace paix fust reformée entre le roy et les signeurs de France, car par la guerre tout France estoit moult empirée d'amis et de chevance, car on ne trouvoit rien au plain païs qui ne lui portoit.

---

1. Ms. de Paris : *voulurent*, avec une demi-ligne laissée en blanc.
2. Ms. de Paris : Augustins.

37. Item, le lundy ensuivant, vie jour dudit moys de juing¹, oudit an, allerent ceulx de Sainct-Martin-des-Champs, avecques eulx plusieurs parroisses² de Paris et du villaige (sic), tous nudz piez, acompaignez comme devant de luminaire et de reliques, à Sainct-Germain-des-Prez. Là dirent la grant messe en grant devocion, et les autres parroisses allerent aux Martirs et là chanterent la grant messe, et ceulx de Saincte-Katherine-du-Val-des-Escolliers vindrent chanter la grant messe à Sainct-Martin-des-Champs.

38. Item, les mardi et mercredi, viie et viiie jours dudit moys, oudit an, fist on procession, les parroissiens autour de leurs parroisses.

39. Item, le jeudi ixe jour dudit moys, oudit an, furent plusieurs parroisses, acompaignées de tres grant peuple d'eglise et de commun, tous nudz piez, à grant reliquiaire et luminaire, et en ce point allerent à Boullongne-la-Petite; là firent leur devocion et dirent la grant messe, puis s'en revindrent.

40. Item, le vendredi ensuivant, xe jour dudit moys, oudit an, fut faicte une procession generalle, une des plus honnourables que on eust onques veue : car toutes les eglises, colleges et parroisses y furent tous, nudz piez, et tant de peuple que sans nombre, car le jour de devant avoit esté commandé que de chascun hostel y fust une personne. Et pour celle devote procession plusieurs parroisses des villaiges d'entour Paris y vindrent en grant devocion et de moult loing, comme de plus de quatre grosses lieues, comme de par delà Villeneufve-Sainct-George, de Mongisson³ et d'autres villes voisines, et vindrent à toutes les reliques dont ilz porent finer, tous nudz piez, tres anxiens hommes, femmes grosses et petiz enfens, chascun cierge ou chandelle en sa main.

41. Les sabmedi et dimenche, xie et xiie jours dudit moys, oudit an, on fist procession commune autour des parroisses.

42. Le lundi, xiiie jour dudit moys, oudit an, vindrent ceulx

---

1. Ce jour, un coup de tonnerre d'une violence extreme retentit soudainement à Paris; le greffier du Parlement est le seul qui ait pris soin de noter cette perturbation atmosphérique : « Hic subito et nullis aut paucis indiciis previis, insonuit tonitru horridius quam unquam auditum fuerit hominum memoria. » (Arch. nat., X¹ᵃ 4789, fol. 281 r°.)

2. Ms. de Paris : processions.

3. Montgeron, cant. de Villeneuve-Saint-Georges (Seine-et-Oise).

de Sainct-Mor-des-Fossez acompaignez de xviii banieres, des reliques tres grant foison, vingt croix, tous piez nudz, à Nostre-Dame de Paris chanterent la grant messe.

43. Le mardi ensuivant, le xiiie jour dudit moys, oudit an, allerent ceulx de Paris en procession à Sainct-Anthoine-des-Champs, là dirent la grant messe.

44. Le mercredi ensuivant, xve jour dudit moys, oudit an, fut faicte (une) procession autour des parroisses.

45. Le jeudi ensuivant, xvie jour dudit moys, oudit an, firent les parroisses de Paris les processions aux Martirs et à Montmartre; là chanterent la grant messe.

46. Le vendredi ensuivant, allerent à Sainct-Denis en France, c'est assavoir Sainct-Paul et Sainct-Huytasse, les gens tous nudz piez; là dirent la grant messe [1].

47. Et tant comme on fist ces processions, ne fist jour qu'il ne pleust tres fort [2], que les trois premiers jours. Pour vray ceulx de Meaulx vindrent à Sainct-Denis, et de Pontoise et de Gonnesse, et de par delà vindrent à Paris en procession.

48. Le sabmedi ensuivant firent ceulx de Chastellet, tous grans et petiz, procession.

49. Le dimenche ensuivant, procession aux parroisses.

50. Le lundi ensuivant, Sainct-Nicolas, Sainct-Saulveur, Sainct-Laurens allerent à Nostre-Dame de Boulongne-la-Petite, en la maniere que dit est devant, le jeudi ixe jour de moys.

51. Tretout le temps que le roy fut hors de Paris, firent ceulx

---

1. Ces processions parisiennes, qui mettaient en mouvement des milliers de personnes, ne se faisaient pas toujours avec le recueillement désirable et donnaient parfois lieu à des scènes de désordre. Nous trouvons, en ce qui concerne la procession de Saint-Denis, un exemple d'autant plus curieux qu'il fait entrer en scène la famille le Goix : « La femme J. des Oches, fille Thomas le Goix, et la femme Guillaume le Goix, qui estoient alées avec autres à la procession à Saint-Denis, » furent battues et injuriées par un individu que l'abbaye de Saint-Denis réclama comme son justiciable, malgré l'opposition des offensés, lesquels se fondant sur la qualité d'officiers du roi qui leur appartenait, prétendaient que le cas était privilégié (Arch. nat., X1a 4789, fol. 294 r°).

2. Le greffier du Parlement, plus explicite que notre auteur, parle ainsi de la température de ces diverses journées : « Mercredi xv juin, a fait moult grant froit, et a tombé pluies qui ont succédé à grant chaleur hative qui estoit cheue par horribles tonnerres. — « Vendredi xviie jour de juin, cedit jour et toute la nuit a aussy fort venté que fist passé a x ans. » (Arch. nat., X1a 1479, fol. 304, 305.)

de Paris et ceulx des villaiges d'entour procession[1], comme devant est dit, et alloient chascun jour par ordre en procession aux pellerinaiges de Nostre-Dame entour Paris, comme au Blanc-Mesnil[2], comme au Mesche[3] et aux lieux plus renommez de devocion.

52. Et fut vray que le sabmedi, xi° jour dudit moys de juing[4], ariva le roy de France, avec son oust devant la cité de Bourges en Berry, et quant ilz furent devant, ilz assaillirent la ville moult asprement, et les Arminaz se deffendirent moult fort, mais moult furent agrevez; si demanderent triefves[5], si furent données deux heures non plus. Ung pou avant que les treves furent faillies, yssirent hors les faulx traistres à grant compaignie, cuidant trayr et sourprendre noz gens qui point ne s'en gardoient; mais l'avangarde les reculla moult asprement, et si ferirent en eulx si cruelment que tous les firent flatir jusques aux portes, et là furent de si pres hastez les traistres que le sire de Gaucourt conduisoit, que en la place en demoura plus de vii^{xx} hommes de nom, tous mors,

---

1. Pendant tout ce mois et le mois suivant, le clergé de Paris, avec un zèle infatigable, fit procession sur procession : ainsi, il y eut le 22 juin procession à Saint-Marcel; le 4 juillet, procession de la Sainte-Chapelle à Saint-Denis; le 13 juillet, ce fut à Sainte-Catherine-du-Val-des-Écoliers, où l'on porta la vraie croix et le chef de saint Louis (Arch. nat., X1a 1479, fol. 205, X1a 4789, fol. 298, 300).

2. La chapelle du Blanc-Mesnil (Seine-et-Oise, canton de Gonesse) est mentionnée dans le compte des menus plaisirs d'Isabeau de Bavière pour les années 1416-1417 (Arch. nat., KK 49, fol. 29). Cette reine, « pour faire faire une quinzaine de Nostre-Dame, » y envoya un pèlerin avec un cierge de cire pesant quinze livres.

3. Sur la requête du curé et des paroissiens de Creteil, une confrérie fut instituée en la chapelle de Notre-Dame du Mesche, par lettres patentes de Charles VI, rendues aux n ois d'août 1394, accompagnées d'une bulle pontificale et d'une lettre pastorale de l'évêque de Paris (Arch. nat., Y², fol. 203 v°). Pendant tout le xv° siècle, la chapelle en question resta en faveur auprès des fidèles. On voit même le Parlement, par un arrêt du 23 décembre 1486, infliger comme pénitence un pèlerinage, nu-pieds, jusqu'en l'église et chapelle de N.-D. du Mesche (Arch. nat., X2a 51).

4. Les manuscrits portent « iii° jour », ce qui ne concorde ni avec la chronique ni avec les événements.

5. Les trèves auxquelles le chroniqueur fait allusion furent conclues le mercredi 14 juin; dans la sortie que tentèrent les assiégés ce jour-là, ils perdirent environ 120 des leurs, entre autres Guillaume Bouteiller, qui avait été fait prisonnier à l'assaut de Saint-Cloud avec Mansart du Bois et relâché peu après (Monstrelet, t. II, p. 275).

et foison prins [1], lesquelx recognurent qu'ilz cuidoient emmener le roy par force et tuer le duc de Bourgongne, mais Dieu les en garda celle foys; puis passerent plusieurs jours sans aucun assault.

53. Ce pendent eulx rendirent ceulx du chastel de Sanssserre, lesquelx avoient fait moult de grief en l'ost, car au commencement du siege, par ceulx là et par autres, pain y estoit si cher que ung homme n'eust pas esté saoul de pain à ung repas pour III solz p., mais tantost après, [par] la grace de Dieu, il vint assez de vivres; et si estoient bien en l'ost plus de L mil hommes à cheval, sans ceulx de pié qui estoient grant foison.

54. Item, vers la fin de juillet, quant tout le pauvre commun, et de bonnes villes et de plat païs furent tous mengez, les ungs par tailles, les autres par pillaige, ilz firent tant que ilz firent traicter au jeune duc de Guienne, qui aisné filx du roy estoit et qui avoit espousée la fille au duc de Bourgongne, tant qu'il leur accorda par faulx traistres privez [2] qui estoient entour le roy, qu'ilz les feroit [tous] estre en la bonne paix du roy, et ainsi le fist il, qui [que] le voulsist veoir; car chascun estoit moult agrevé de la guerre pour le grant chault qu'il faisoit; [car on disoit que de aage de homme qui fust, n'avoit on veu faire si grant chault [3] comme il faisoit], et si ne plut point [depuis la sainct Jehan Baptiste], qu'il ne fust deux jours en septembre. Si furent les Arminaz si grevez qu'ilz estoient comme tous desconfiz par tout le royaulme de France [4], quant ce faulx conseil traicté fut ainsi machiné, et fut ordonné qu'ilz vendroient tous en la cité d'Aussoirre.

55. En ce temps furent plusieurs communes, comme de Paris, de Rouen et de plusieurs autres bonnes villes [5] . . . .
. . . .

---

1. Ms. de Paris : Tous mors et frissons.
2. Ms. de Paris : princes.
3. Le lundi 15 août 1412, la chaleur fut si forte qu'au dire d'un contemporain « en issant des églises ou maisons et à venir en rue sembloit que l'on venist à la bouche d'un four chault, tant estoit l'air eschauffé » (Arch. nat., X1a 4789, fol. 321 r°).
4. Les mots « de France » manquent dans le ms. de Rome.
5. Cette phrase tronquée termine le folio 21 v° du ms. de Rome. Bien que la main d'un annotateur du XVIe siècle ait signalé l'absence d'un nombre indéterminé de feuillets, nous ne pensons pas que cette lacune puisse être considérable. Il y est évidemment question de la participation

devant eulx et gaingnerent tantost la ville, et moult tuerent de gens du plain païs, que tous se rebellerent en tout le païs de Beausse, car ilz avoient tant de paine et de charge de gens d'armes, qu'ilz ne savoient ausquelz obeir. Si se tindrent [aux] Arminaz qui là estoient les plus fors, pour le temps que la malle guerre commença. Et quant lesdictes communes vindrent à Dreux, ilz les trouverent si rebelles qu'ilz les tuerent tous, et les faulx traistres Arminaz gens d'armes[1], qui les devoient secourir, s'enfouirent au chastel de ladicte ville et laisserent tuer les pauvres gens. Et puis furent assegez de noz gens de commun si asprement qu'ilz ne se poaient plus tenir, quant ung chevalier, qui estoit [maistre] gouverneur desdictes communes, comme faulx traistre, fist laisser l'assault, et print grant argent des Arminaz, et fut du tout de la bande. Et si disoit on que c'estoit ung des bons de France, et ne se savoit on en qui fier, car il mist noz gens en tel estat qu'i leur convint partir à mynuyt pour eulx en venir à Paris, ou autrement eussent esté touz tuez par les faulx traistres et autres gentilzhommes, qui tant les hayoient qui ne les povoient souffrir, pour ce qu'ilz besongnoient si bien; car qui les eust creuz, ilz eussent nettoié le royaulme de France des faulx traistres en mains d'ung an, mais aultrement ne pot estre, car nul proudomme ne fust escouté en ce temps. Et pour ce fust faicte paix du tout à leur gré, qui que le voulsist voir, car le roy estoit touzjours malade, et son aisné filz ouvroit à sa voulenté plus que de raison, et creoit les jeunes et les folz; si en faisoient lesdiz bandez tout à leur guise. Et fist on par[2] la joie d'icelle paix les feuz avau Paris. Le premier sabmedi d'aoust mil iiii^c et xii et le premier mardi de septembre, fut criée parmi Paris à trompettes[3]. . . . .

56. Mais il fut autrement, car il fut mis es carrieres de Nostre-

---

au siège de Dreux des bourgeois de Paris, sous la conduite du capitaine des arbalétriers André Roussel et de l'échevin Jean de l'Olive (Voy. Juvénal des Ursins, p. 477). La même lacune existe dans le ms. de Paris.

1. Les mots : « gens d'armes » manquent dans le ms. de Rome.
2. Le ms. de Rome donne une leçon fautive « et fist on que la joie. »
3. D'après le Religieux de Saint-Denis (t. IV, p. 723), le traité d'Auxerre fut publié, dans les carrefours de Paris, le 12 septembre; mais, dès le 27 août, le Parlement en avait été officiellement avisé par le premier président Henri de Marle à son retour d'Auxerre, et des processions générales furent faites à l'occasion de la paix le lundi 29, de Notre-Dame à Sainte-Geneviève (Arch. nat., X1a 1479, fol. 202, 212).

Dame-des-Champs[1]..... Et le penultieme jour dudit moys, oudit an, vint le roy au Boys de Vincennes[2], et le duc de Bourgongne à Paris[3], et allerent les bourgoys au devant par commandement.

57. Item, le mardi xxviie jour de septembre, jour sainct Cosme et sainct Damien, fut despendu par nuyt du gibet [de Paris Jehan] de Montaigu, jadis grant maistre d'ostel du roy, lequel avoit eu la teste couppée pour ses demerites, et fut porté à Marcoussis[4], aux Celestins, lesquelz il avoit fondez en sa vie.

58. Item, le dimenche xxiiie jour d'octobre ensuivant, entra le roy à Paris, et fut faicte à sa venue la plus grant feste et joye du commun, qu'on avoit veue passé avoit xii ans, [car petiz et grans] bassinoient; et vint avecques le roy le duc de Bourbon, et le conte de Vertus, nepveu, et plusieurs autres, et furent avec le roy à Paris, moult amez du roy et du commun qui avoit grant joie de la paix que on cuidoit qu'ilz tenissent bonnement, et ilz ne tendoient que à la destrucion du roy et especialment de la bonne ville de Paris et des bons habitans.

[1413.]

59. Et firent tant par leur maulvais malice, pour mieulx venir à leur maleureuse intencion, que plusieurs qui bonnement amoient et avoient amé le roy et le prouffit commun, furent du tout de leur malvaise et faulce intencion, comme le frere de la royne de France, Pierre des Essars prevost de Paris, et plusieurs autres, et par especial ledit prevost qui ce povoit venter que prevost de Paris, puis cent ans devant, n'avoit eu aussi grant grace

---

1. Ce passage incomplet, dont le sens est fort obscur, se trouve dans le ms. de Rome, en tête du fol. 32 v°.

2. Les mots « de Vincennes » manquent dans le ms. de Rome.

3. Jean Sans-Peur accompagnait le duc de Guyenne, qui fit son entrée à Paris ayant le comte de Vertus à ses côtés et derrière lui les ducs de Bourgogne et de Bourbon (Cf. le Religieux de Saint-Denis et Juvénal des Ursins).

4. Les château et seigneurie de Marcoussis, échus par confiscation à Louis, duc de Guyenne, puis au duc de Bavière, constituèrent le douaire de Catherine d'Alençon lors de son mariage avec le frère de la reine Isabeau (Arch. nat., JJ 167, fol. 164). Quant aux fondations faites par le grand maître en faveur du monastère qu'il avait construit, elles furent confirmées par lettres royaux d'août 1410 et de mai 1414 (*Ibid.*, JJ 165, fol. 223 r°, JJ 168, fol. 49).

que ledit prevost avoit et du roy et du commun. Mais si mal se porta qu'il convint qu'il s'en fouist [1], lui et plusieurs des autres des plus grans, comme le frere de la royne, duc de Baviere, le duc de Bar Edouart, Jaques de la Riviere, et plusieurs autres chevaliers et escuiers ; et fut en la fin de fevrier mil IIII^c et XII, et demoura la chose plusieurs jours, aussi comme se on les eust oubliez.

60. Et ce pendant l'Université, qui moult amoit le roy et le commun, fist tant par grant diligence et grant sens qu'ilz orent tous ceulx, par escript, de la maldicte et faulce traïson, et la greigneur partie de tous les grans en estoient, tant gentilz comme villains. Et quant l'Université, par grant cure, orent mis en escript especialment tous ceulx qui povoient nuire, ce pendent revindrent les dessusdiz qui fuiz s'en estoient, et firent les bons varletz, et brasserent ung mariaige de la femme au conte de Mortaing [2], qui mort estoit, au frere de la royne, duc de Baviere, et estoit leur maleureuse intencion de faire leurs nopces loing et de emmener le roy, pour estre maistres de Paris et en faire toute leur voulenté qui moult estoit malvaise. Et l'Université qui tout savoit ce, le fist savoir au duc de Bourgongne et au prevost des marchans [3] qui avoit nom Andriet d'Espernon [4], né de Quinquen-

---

1. Pierre des Essarts quitta précipitamment Paris au mois de mars 1413, après la découverte du complot tramé par un de ses serviteurs qui devait s'emparer du pont et de la tour de Charenton, mais il fut assez mal avisé pour y revenir vers le milieu du mois suivant.

2. Catherine d'Alençon, veuve de Pierre de Navarre, mort dans l'expédition de Bourges, se maria en secondes noces avec le duc Louis de Bavière qui, le 4 mars 1413, en considération de ce mariage, reçut le comté de Mortain (Arch. nat., JJ 167, fol. 163). Le 29 septembre 1413, la reine Isabeau donna en outre à son frère la valeur de 2000 écus en vaisselle d'or qui devait lui être offerte le jour de ses noces (*Ibid.*, KK 48). Le roi de Navarre s'était engagé, de son côté, à remettre aux futurs époux une somme de 50,000 francs, mais il ne tint pas sa promesse, car le duc de Bavière et sa femme lui intentèrent, à ce sujet, une action au Parlement (avril 1414, Arch. nat., X1a 4790, fol. 62 v°).

3. « Prevost des marechaulx, » d'après les mss. de Rome et de Paris.

4. André d'Épernon, et non d'Éperneuil, comme l'appelle le Religieux de Saint-Denis, changeur à Paris, était fils de Jacques d'Épernon, bourgeois de Paris, établi dans le quartier Saint-Germain-des-Prés, où il occupait la maison des Trois Corbillons, dans la censive de l'abbaye (Arch. nat., LL 1037, fol. 57, 74). Après le décès de Jacques d'Épernon, sa veuve, Jeanne, vint demeurer chez son fils. André d'Épernon succéda, le mercredi 16 mars 1413, à Pierre Gencien « qui lors estoit absent » et prêta serment

poit, et aux eschevins[1]. Si firent tantost armer la bonne ville et clercs devantdiz, comme parurent[2], et ceux s'enfuirent ou chastel de Sainct-Anthoine et là se bouterent par force. Et le frere de la royne fist le bon varlet, et servoit le roy aussi comme s'il n'en sceust rien, et ne se mut oncques d'avec le roy.

61. Tantost après fut la ville armée, et assegerent [ledit chastel] et jurerent que jamais ne s'en partiroient tant que les eussent prins par force; et quant ceulx qui dedens le chastel estoient virent tant de gens et si esmeus, si se rendirent vers le soir au duc de Guienne et de Bourgongne, qui en respondirent, ou les gens de Paris les eussent tous despeciez, car ilz estoient bien xxiiii mil. Lors furent prins bien et estroictement et menez au Louvre, et fut le ve jour de may mil iiii^c et xiii, jour de vendredi. Et ledit prevost demoura dedens Sainct-Anthoine encore iiii ou vi jours après, et fut allé querre et admené au Louvre environ l'eure de mynuit, et là fut emprisonné.

62. Et la sepmaine de devant l'Ascencion fut la ville de rechief

---

le même jour entre les mains du duc de Guyenne (Arch. nat., KK 1009, f° 1); il prit une part active à l'émeute cabochienne qui força la Bastille pour s'emparer de la personne de Pierre des Essarts. En sa qualité de changeur, André avait été chargé, en 1411, de la levée d'un subside consenti en faveur de la ville de Paris, pour laquelle il donna quittance d'une somme de 1,000 liv. t. reçue du Parlement (Arch. nat., X1a 1479, fol. 182 v°). Après l'échec du parti populaire à Paris, il fut dépossédé, le 9 septembre 1413, de la prévôté des marchands au profit de Pierre Gencien, et disparut un moment de la scène politique. On le retrouve le 11 avril 1418, à la séance solennelle du Parlement où le président de Vailly exposa, à son retour de Montereau, le résultat des négociations ouvertes avec le duc de Bourgogne (Arch. nat., X1a 1480, fol. 133). Le 10 août suivant, il fit partie de la députation parisienne envoyée auprès du Dauphin pour le prier d'adhérer au traité de paix (Religieux de Saint-Denis) et figure, le 26 août, parmi ceux qui prêtèrent serment au duc de Bourgogne. Il reparaît comme changeur du trésor en 1421 et 1422 (Arch. nat., KK 33), et comme trésorier des guerres en 1428 (*Ibid.*, X1a 1480, fol. 400 v°); mais il n'existait plus au mois de juin 1431 (*Ibid.*, Y 5231, fol. 40).

1. Les échevins alors en fonctions étaient Jean de Troyes, Jean de l'Olive, Robert de Belloy et Garnier de Saint-Yon, les trois premiers élus le 20 février 1412, le dernier nommé le 23 octobre suivant au lieu de Denis de Saint-Yon, décédé en septembre (Arch. nat., KK 1009, fol. 1).

2. Passage inintelligible dans le ms. de Paris; le scribe, n'ayant pu lire le texte qu'il avait sous les yeux, s'est borné à reproduire les mots avec leurs abréviations.

armée, et allerent en l'ostel de Sainct-Paul, où le frere de la royne estoit, et là le prindrent, voulsist ou non, et rompirent l'uys de la chambre où il estoit, et prindrent avecques lui XIII ou XIIII, que dames, que damoiselles, qui bien savoient la malvaistié [1], et furent tous menez au Louvre [2] pelle melle. Et si cuidoit ledit frere de la royne le lendemain espouser sa femme, mais sa chance tourna contre sa voulenté.

63. Le mercredi, vigille de l'Ascencion, derrain jour de may, oudit an IIII^c et XIII, fut amené ledit prevost, du Louvre au Palais, en prinson.

64. Et cedit jour, fut nommé le pont de la Planche de Mibray le pont de Nostre-Dame [3], et le nomma le roy de France Charles,

---

1. Ce fut non le 12 mai, comme le dit Juvénal des Ursins, mais le mardi 22 mai qu'Hélion de Jacqueville, à la tête des cabochiens armés, envahit l'hôtel Saint-Pol et s'assura de la personne du duc de Bavière. Pendant que ce prince se voyait emprisonné en la « tour delez le Louvre » (Arch. nat. X^{1a} 1479, fol. 256), Catherine de Villiers, Bonne Visconti, Isabeau Maréchal, Marguerite Aubin, Isabeau des Barres, dames d'honneur de la reine, étaient emmenées à la conciergerie du palais. Le même jour on arrêta pour les conduire à la conciergerie : Renaud d'Angennes, chambellan du dauphin et autrefois son gouverneur, Jean de Nielle, chancelier du dauphin et de la reine depuis le 14 mars, Charles de Villiers, Raoul Cassinel et Conrad Bayer, maîtres de l'hôtel de la reine, Jean Picard, son secrétaire, Jean de Nantouillet, Enguerran de Marcognet et plusieurs autres seigneurs attachés à la maison du roi et à celle du duc de Guyenne.

2. Le château du Louvre avait alors pour capitaine Renaud d'Angennes, qui touchait 1200 livres de gages; mais le prévôt des marchands et les échevins, auxquels le roi avait « baillié la garde de toute la forteresse de Paris, » détenaient non-seulement les clefs des portes Saint-Honoré et de Montmartre, mais encore celle de la « grosse tour qui est devant le Louvre, » où fut enfermé le duc de Bavière. Un certain Guillaume de Cologne, investi du soin de garder cette tour, fut l'objet de soupçons et dépossédé de son office (Arch. nat., X^{1a} 4789, fol. 272, 430 r°, 435 v°).

3. La construction du pont Notre-Dame, commencée au mois de mai de l'année 1413, était décidée dès la fin de l'année précédente. La propriété de la rivière de Seine, depuis le vieux pont jusqu'à l'Ile Notre-Dame, appartenant à l'abbaye de Saint-Magloire (Arch. nat., X^{1a} 4793, fol. 172), la ville de Paris dut préalablement transiger avec cette maison; aux termes d'un acte du 23 décembre 1412, un accensement des travers et largeur de la Seine fut fait au prévôt des marchands et aux échevins pour la construction d'un pont de douze toises de large avec l'espace de cinq toises au-dessus du pont et de trois toises au-dessous (*Ibid.*, K 950, n° 11). En juillet 1414, c'est-à-dire un peu plus d'une année après la pose du premier pieu, Charles VI permit au prévôt des marchands de parfaire le pont commencé au-dessus du grand pont « en venant du lieu de la Planche

et frappa de la hie sur le premier pieu, et le duc de Guienne, son aisné filz aprés, et le duc de Berry et de Bourgongne, et le sire de la Trimoullie[1], et estoit heure de dix heures de jour au matin.

65. Et en cedit moys de may print la ville chapperons blancs, et en firent bien faire de III à IIII mil, et en print le roy ung, et Guyenne et Berry et Bourgongne, et avant que la fin du moys fust, tant en avoit à Paris, que tout partout vous ne veissez gueres autres chapperons, et en prindrent hommes d'eglise et femmes d'onneur marchandes qui atout vendoient les denrées.

66. Item, le x⁰ jour du moys de juing mil IIII⁰ et XIII, jour sainct Landry, vigille de la Penthecoste, fut mené messire Jaques de la Riviere[2], chevalier, et Symonnet Petit-Meny[3], escuier;

---

de Mibray à la place Saint-Denis-la-Chartre » et conséda les revenus à provenir des maisons, moulins et habitations qui seraient édifiées sur ce pont (Arch. nat., K 950, n° 12). Vers la fin de 1414, l'œuvre était en bonne voie, comme en témoigne une délibération capitulaire, qui autorisa le prévôt des marchands et les échevins, représentés par Robert Louvet, clerc de la ville, à disposer de l'île Notre-Dame pour y descendre et y faire travailler plusieurs grosses pièces de bois destinées au nouveau pont (Ibid., LL 215, fol. 13). A la même époque, on s'occupait aussi de dégager les abords du pont ; le 10 octobre fut achetée, de Pierre Auberée, tanneur, une maison sise en la rue de la Tannerie, au coin de la ruelle des Planches de Mibray, et qu'on devait démolir pour « faire l'entrée et le chemin » du pont Notre-Dame (Ibid., K 495³, fol. 35). L'œuvre nouvelle touchait alors à son achèvement, car, le 16 janvier 1415, le prévôt des marchands demanda au chapitre la concession, pour une année, de la pointe de l'Île Notre-Dame, afin d'y construire les maisons que la ville se proposait d'édifier sur le nouveau pont (Ibid., LL 215, fol. 29, 30). Le pont Notre-Dame n'était pas établi dans des conditions de solidité et de durée désirables, car dès l'année 1440, des réparations étaient devenues nécessaires « pour obvier à la démolicion et destruccion dudit pont » et par arrêt du 13 février 1440, à l'occasion d'un procès entre le chapitre et la Ville, le Parlement affecta à ces réparations une somme de 600 l. prise sur les deniers « yssans des moulins. » (Ibid., X1a 1482, f° 134.)

1. Probablement Georges de la Trémoille, grand chambellan de France, que le duc de Bourgogne sauva de la fureur populaire en 1413.

2. Seigneur d'Auneau, fils de Bureau de la Rivière et de Marguerite, dame d'Auneau et de Rochefort. Ses biens furent saisis, mais sa mère en obtint mainlevée le 6 septembre 1413. Il courut plusieurs versions sur sa mort, les uns admettant l'hypothèse d'un suicide, les autres penchant pour un assassinat dans la prison (Cf. Monstrelet, édit. Douët d'Arcq, t. II, p. 370).

3. Simon du Mesnil, dit le Jeune, écuyer tranchant du duc de Guyenne ;

eulx deux furent prins au Palais du roy, et de là trainez [jusques] es halles de Parys, c'est assavoir Jaques de la Riviere, car il estoit mort et ce estoit tué d'une pinte plaine de vin, dont il s'estoit feru sur la teste si grant cop qu'il ce cassa le test et la cervelle. Et ledit Symonnet fut trainé jusques à la Heaumerie[1] et là mis en la charrette sur ung ais assis, une croix en sa main, le mort trainé jusques es halles, et là orent les testes couppées. Et dirent à la mort que de eulx deux ce avoit esté la plus belle prinse qui eust esté faicte pour le royaulme, passé avoit xx ans, et iceulx avoient esté prins au chastel de Sainct-Anthoine, comme devant est dit.

67. Item, le jeudi ensuivant, ung autre nommé Colin de Brie[2], escuier, fut prins oudit lieu comme devant est dit, et prins au Palays, trayné comme Symonnet devant dit, et couppé sa teste es halles, de ladicte bande, tres plain de tyrannie, tres laide et cruelle personne, et recognut plusieurs traïsons, car il avoit eu pencée de faire [de par] le prevost de Paris[3]; car il cuida trahir ceulx du pont de Charenton, et là fut prins, à tout finance qu'il cuidoit faire passer pour ledit prevost, qui cuidoit passer par ledit pont celle nuyt.

68. Item, le premier jour de juillet mil IIII^c et XIII, fut ledit prevost prins dedens le Palays, trayné sur une claye jusques à la Heaumerie ou environ[4], et puis assis sur ung ais en la charrette, tenant[5] une croix de boys en sa main, vestu d'une houppelande noire dechicquetée[6] fourrée de martres, unes chausses blanches, ungs escafinons noirs en ses piez, en ce point mené es halles de Paris, et là on lui couppa la teste, et fut mise plus hault que les

---

sa veuve obtint, le 17 août 1413, restitution de ses biens qui avaient été confisqués (Arch. nat., JJ 167, fol. 249).

1. La rue de la Heaumerie conduisait de la rue de la Vieille-Monnaie à la rue Saint-Denis.

2. Colin de Brie, ancien page du roi, que Monstrelet et Saint-Remy appellent plus exactement Thomelin de Brie.

3. Un blanc après ce mot dans le ms. de Paris.

4. Le prévôt fut traîné sur une claie attachée à la queue d'une charrette depuis le palais « jusques devant l'ostel de la Coquille en la grant rue Saint-Denis, » et de là mis sur cette charrette, conduit aux halles sous bonne escorte et décapité en vertu d'un jugement rendu par commissaires (Arch. nat., X1a 1479, fol. 247 v°).

5. Ms. de Rome : « ies tout jus » au lieu de « tenant. »

6. Ms. de Paris : d'échiquier.

autres [plus] de trois piez. Et si est vray que, depuis qu'il fut mis sur la claie jusques à sa mort, il ne faisoit touzjours que rire, comme il faisoit en sa grant majesté, dont le plus des gens le tenoient pour vray foul; car tous ceulx qui le veoient plouroient si piteusement que vous ne ouyssiez oncques parler de plus grans pleurs pour mort de homme, et lui tout seul rioit, et estoit sa pencée que le commun le gardast de mourir. Mais il avoit en sa voulenté, s'il eust plus vesqu, de trahir la ville et de la livrer es mains de ses ennemis, et de faire lui mesmes tres grans et cruelles occisions, et piller et rober les bons habitans de la bonne ville de Paris, qui tant l'aymoient loyaulment; car il ne commandoit rien qu'ilz ne feissent à leur povoir, comme il apparoit qu'il avoit prins si grant orgueil en soy, car il avoit assez offices pour six ou pour huit[1] filx de contes ou de bannerez. Premierement, il estoit prevost de Paris, il estoit grant bouteillier[2], maistre des eaues et des forestz; grant general cappitaine de Paris, de Cherebourgs, de Montargis; grant fauconnier, et plusieurs autres offices, dont il cuillyt si grant orgueil et laissa raison, et tantost fortune le fist mener à celle honteuse fin. Et saichez que, quant il vit qu'il convenoit qu'il mourust, il s'agenoulla devant le bourel, et baisa ung petit ymaige d'argent que

---

1. Ms. de Paris : cinc.
2. Pierre des Essarts, pourvu le 21 juillet 1410 de la charge de grand bouteiller de France, en remplacement du comte de Tancarville, fut institué souverain maître et réformateur des eaux et forêts le 5 mars 1411. En ce qui concerne l'office de grand fauconnier du roi, s'il faut s'en rapporter au P. Anselme (*Hist. généal. de la maison de France*, t. VIII, p. 750), Des Essarts ne semble pas en avoir été titulaire, même temporairement, Eustache de Gaucourt ayant rempli les fonctions de grand fauconnier depuis l'année 1406 jusqu'à sa mort, survenue en 1415. On voit dans les remontrances présentées par l'Université, en février 1412, que Pierre des Essarts recevait 6000 francs par an pour la capitainerie de Cherbourg, 2000 francs pour celle de la ville et du château de Montargis et pareille somme pour celle d'Évreux (Religieux de Saint-Denis, t. IV, p. 755). Suivant Monstrelet (t. II, p. 318), il aurait été capitaine de Nevers et non pas d'Évreux. Après la fin tragique du prévôt de Paris, ses biens furent naturellement confisqués, mais Marie de Ruilly, sa veuve, en obtint la restitution le 5 août 1413 (Arch. nat., JJ 167, fol. 269); toutefois, le château et la seigneurie de la Motte-Tilly, dont il prenait le titre, restèrent entre les mains du roi qui les donna, en décembre 1420, à Jean de Puligny, garde de ses joyaux (*Ibid.*, JJ 172, fol. 22 v°). Lorsque les circonstances le permirent, la veuve de Pierre et ses héritiers demandèrent la révision de son procès (*Ibid.*, X1a 1480, fol. 50).

le bourel avoit en sa poictrine, et lui pardonna sa mort moult doulcement, et pria à tous les signeurs que son fait ne fust point crié tant qu'il fust decollé, [et on lui octroya.

69. Ainsi fut decollé] Pierre des Essars, et son corps mené au gibet et pendu au plus hault. Et devant environ deux ans, le duc de Breban, frere du duc de Bourgongne, qui veoit bien son oultraigeux gouvernement, lui dist en l'ostel du roy : « Prevost de Paris, Jehan de Montagu a mis xxii ans à soy faire coupper la teste, mais vrayement vous n'y en mettrez pas trois »; et non fist il, car il n'y mist que deux et demy despuis le mot, et disoit on par esbatement parmy Paris que ledit duc estoit prophete vray disant.

70. Item, vers la fin dudit moys, recommencerent ceulx de la maldicte bande à venir pres de Paris, comme autresfois avoient esté, et vuyderent ceulx des villaiges d'entour Paris tout ce qu'ilz avoient et l'amenerent à Paris. Et lors fut fait ung traité pour faire la paix ¹ et devoit estre fait à Pontoise, et y alla le duc de Berry le xx° jour dudit moys, jour saincte Marguerite, et le duc de Bourgongne le lendemain vigile de la Magdeleine. Et là furent

---

1. Voici, d'après des sources authentiques, la marche suivie pour les négociations : Les ambassadeurs du roi se rencontrèrent d'abord à Ivry-la-Chaussée avec ceux des princes du sang et s'entretinrent à Verneuil avec les princes en personne. Le rapport qu'ils adressèrent à la suite de ces entrevues fut l'objet d'une communication faite au Parlement par le chancelier, le jeudi 13 juillet. L'un des points stipulés dans les premiers pourparlers portait que les seigneurs « estans à Verneuil se trairoient à Vernon qui seroit mis sous la main du roi de Sicile », que les ducs de Berry et de Bourgogne se rendraient à Mantes et qu'il serait fait choix d'une place intermédiaire pour entrer en conférences. Les princes du sang envoyèrent leurs députés à Pontoise où se trouvaient les ducs de Berry et de Bourgogne, et le vendredi 28 juillet, ces députés, que nomme le Religieux de Saint-Denis (t. V, p. 96), présentèrent leurs propositions dont le texte, sous forme de cédule développée par Guillaume Seignet et accompagnée d'un projet de traité (tractatus Pontisare), fut communiqué au Parlement le 2 août. La cour, appelée à donner son avis, déclara que la cédule était « bonne, juste et nécessaire » et qu'il fallait conseiller au roi de la recevoir (Arch. nat., X¹ª 1479, fol. 249 et seq.). Le même jour, le chapitre de Paris tint une séance solennelle où siégèrent l'évêque de Paris, les abbés de Saint-Victor et de Saint-Magloire ainsi qu'un grand nombre de personnages ecclésiastiques, et donna son adhésion pleine et entière au traité, ratifiant en quelque sorte la décision prise dans sa séance du 12 juillet, où il s'était déjà prononcé en faveur de la conclusion de la paix (Ibid., LL. 215, fol. 179, 187).

environ dix jours pour cuider faire la paix, et firent tant qu'elle fut oncques faicte, ne eust esté aucunes demandes que lesdiz bandez demanderent, qui estoient inraisonnables, car ilz demandoient aucuns de ceulx de Paris pour en faire leur plaine voulenté, et autres choses touchans vengence tres cruelle, laquelle chose ne leur fut point accordée. Mais à celle fin que la paix ne teinst, ceulx qui de par le roy y estoient allez firent tant que lesdiz bandez envoyerent à sauf-conduit leurs embassadeurs avecques la compaignie de Berry et Bourgongne, et ceulx de Paris, pour parler au roy à bouche, et entrerent le jour sainct Pierre, premier jour [du moys] d'aoust ensuivant, qui [fut] au mardi, et parlerent au roy à bouche tout à leur volenté, qui leur fist faire tres bonne chere [1]. Quant est des demandes et des responces, je me tays, car trop longue chose seroit, mais bien scay que ilz demandoient touzjours à leur povoir la destrucion de la bonne ville de Paris et des habitans.

71. Item, le jeudi IIIe jour dudit moys d'aoust, fut l'Université de Paris à Sainct-Paul demander congié au roy de proposer le lendemain certaines choses qui moult estoient proufitables pour la paix du royaulme; laquelle chose leur fut octroiée [2]. Et le lendemain, jour de vendredi, quatriesme jour d'aoust, comme se le dyable les eust conseillez, proposerent tout au contraire de ce qu'ilz avoient devant conseillé par plusieurs foys, car leur premiere demande fut que on meist hors tous les prisonniers qui de la traïson, dont Pierre des Essars et messire Jaques de la Riviere

---

1. L'exactitude de cette assertion ne nous semble pas démontrée, au moins en ce qui touche la date indiquée par l'auteur du journal; car, s'il faut en croire le Religieux de Saint-Denis (t. V, p. 120), le duc de Berry ayant manifesté l'intention de conduire auprès du roi les ambassadeurs des princes, sur le refus opposé par le duc de Bourgogne, il fut décidé qu'ils resteraient à Beaumont-sur-Oise. Ce témoignage est corroboré par celui du greffier du Parlement qui, rendant compte de la séance du 3 août, rapporte que les ambassadeurs attendaient à Beaumont la réponse à leurs propositions (Arch. nat., X1a 1479, f° 251 et s.).

2. Pareille démarche fut faite le même jour par le premier président du Parlement. Le lendemain le Parlement, la Chambre des comptes et le chapitre de Notre-Dame se joignirent à l'Université et furent reçus à dix heures du matin, dans la grande cour de l'hôtel Saint-Paul, où un maître en théologie, Ursin de Tarevande, porta la parole au nom de l'Université et conclut en faveur de la paix.

et Petit-Menil avoient eu les testes coppées[1], estoient droit maistres et menistres, — et estoient le duc de Baviere, frere de la royne de France, messire Edouart, duc[2] de Bar, le sire de Boyssay et deux de ses filz[3], Anthoine des Essars[4] frere dudit Pierre des Essars, et plusieurs autres, lesquelx estoient emprinsonnez au Louvre, au Palays et au Petit-Chastellet, — en après, que [tous ceulx] qui contrediroient leurs demandes touchant la paix, fussent tous habandonnez, leurs corps et leurs biens. Après, assés autres demandes firent ilz, et ne proposerent point [pour] la paix de ceulx qui avoient gardé à leur povoir la ville de Paris et qui avoient esté consentans d'emprinsonner les devantdiz prinsonniers pour leurs demerites. Et si savoient ilz bien que tous les bandez les hayoient jusques à la mort. Iceulx hayz estoient maistre Jehan de Troyes[5], mire juré de la ville de Paris, concierge du Palays,

---

1. Ms. de Paris : tranchées.
2. Le mot « duc » manque dans le ms. de Rome.
3. Robert de Boissay, chambellan du roi ; l'un de ses fils, Jean de Boissay, maître des requêtes de l'hôtel (Religieux de Saint-Denis, t. V, 21, 45), était aussi, depuis 1408, chanoine de Notre-Dame (Arch. nat., LL 213, fol. 88). Un fils de Robert de Boissay est indiqué comme chambellan du dauphin, le 22 fév. 1413 (Ibid., X¹ª 1479, fol. 49).
4. Antoine des Essarts, écuyer, valet tranchant, garde de l'épargne et de la librairie du roi, est du nombre des officiers visés dans les remontrances que l'Université adressa au roi, en 1412, au sujet de la dilapidation des deniers royaux, et sa gestion fut qualifiée de « povre gouvernement » (Monstrelet, t. II, p. 315). Il fut véhémentement soupçonné par le duc d'Orléans d'avoir trempé dans la mort de son père (Arch. nat., X¹ª 1479, fol. 161 v°). Le 20 novembre 1411, Antoine des Essarts remplaça Thibaud du Méseray en qualité de concierge du Palais et conserva ce poste un peu plus d'une année. Arrêté en même temps que son frère le prévôt, il échappa à la mort grâce à ses amis ; c'est alors qu'il fit ériger dans l'église Notre-Dame de Paris la statue de saint Christophe (Chronique des Cordeliers, p. 216). Il avait épousé la fille de Jean Noble, « espicier et varlet de chambre du roi » (Arch. nat., KK 31-32, fol. 59).
5. Jean de Troyes, chirurgien juré du roi dès l'année 1397, fut alors mêlé à une affaire criminelle où il était partie plaignante pour « bateures et navreures » que lui avait faites sur le grand pont un individu armé (Arch. nat., X¹ª 12, fol. 20); il figure en 1412 parmi les juges établis contre les Armagnacs (Ibid., X¹ª 1479, fol. 212 v°) et devint ensuite échevin. On sait le rôle actif qu'il joua dans les événements de l'année 1413, principalement comme orateur des factieux. Frappé, après l'échec de son parti, par une sentence de bannissement (Douët d'Arcq, Choix de pièces inédites, t. I, p. 367), il se réfugia en Flandre, auprès du duc de Bourgogne, et ne

deux de ses filx, ung nommé Jehan le Gouayz et ses deux filx[1],

---

revint à Paris qu'en 1418, à la suite des Bourguignons; réintégré dans l'échevinage, il prêta serment à Jean Sans-Peur, le 25 août 1418, et fut nommé, avec Jacques de Rouen, « commissaire sur le fait de la réformacion. » (Arch. nat., X1a 1480, fol. 156.) Il mourut avant la fin de 1424, comme le montre un procès relatif à la succession de sa femme Jeanne, morte en 1421 (*Ibid.*, X1a 1480, f° 302 v°; X1a 4793, f° 393; X1a 4794, f° 15 v°). Le fougueux chirurgien laissa sept fils et sept filles. L'un de ses fils, Digne, devint notaire au Châtelet; le plus connu est Henri de Troyes, qui exerça la même profession que son père. Il paraît en 1425 comme chirurgien juré du Châtelet dans un procès intenté par les chirurgiens de Paris à la corporation des barbiers (Arch. nat., X1a 64, fol. 164). Quant aux filles de Jean de Troyes, Jeanne épousa successivement Guillaume Lommoy, procureur du roi au Châtelet, et Nicolas Chaon; Jacquette fut mariée à Nicolas l'Estoffé, qui prêta serment au duc de Bourgogne, le 26 août 1418; Jeannette fut femme de Colinet de Neuville, qui, bien que banni en 1413, devint plus tard receveur des aides et échevin, enfin, Philippote convola avec un chevalier de renom, Morelet de Bethencourt (Arch. nat., X1a 64, fol. 65 v°).

1. Thomas le Gouays, ou plutôt le Gois, boucher de la boucherie Sainte-Geneviève, avait trois fils : Guillemin ou Guiot, Guillaume et Jean. GUILLEMIN ou GUIOT le Gois participa à l'incendie du château de Bicêtre et fut tué à la fin de l'année 1411 en combattant avec le comte de la Marche les garnisons orléanaises du Puiset et de Janville; son corps fut enterré à Sainte-Geneviève de Paris (Juvénal des Ursins, p. 473). GUILLAUME le Gois, dit le Jeune, eut l'entreprise de la « boucherie et poullaillerie de madame de Brabant, » comme on le voit par le procès qu'il intenta à son associé, en 1411 (Arch. nat., X1a 4789, f° 88 r°); la même année le roi lui fit don de tous les biens de Guillaume de Calleville, son chambellan rebelle (Arch. nat., JJ 168, fol. 71 v°). Banni le 12 décembre 1413, il se retira en Artois, auprès du duc de Bourgogne (Chronique des Cordeliers, p. 219). A partir de ce moment, Guillaume mena une existence assez accidentée : en 1419, il fut fait prisonnier au château de Chilly et conduit à Montlhéry par les Armagnacs (*Ibid.*, JJ 171, fol. 61 v°; X1a 4792, fol. 168). Sa détention ne fut pas de longue durée; en août 1420, il plaidait avec la dame de Chevreuse au sujet de l'administration de la terre de Montrouge (*Ibid.*, X1a 4792, fol. 239 v°). Il mourut de 1421 à 1423 et sa veuve se remaria avec Pierre l'Escuier. La maison à trois pignons qu'il possédait dans la rue de la Boucherie, au mont Sainte-Geneviève, resta entre les mains de sa femme (Arch. nat., X1a 1480, f° 377 v°; X1a 4796, f° 86, 102 v°, 294; X1a 4797, f° 120). JEAN le Gois, qui attacha son nom au néfaste traité de Troyes (Cousinot, p. 178), passa par les mêmes vicissitudes que son frère; un instant concierge du château du bois de Vincennes, il sut réparer les disgrâces du sort par son dévouement à la cause anglaise qui récompensa largement ses services et lui confia, dès l'année 1419, les importantes fonctions de gouverneur général des finances. (Cf. Longnon, *Paris pendant la domination anglaise*, p. 39 et 70.)

bouchers, Denisot Caboche [1], Denisot de Saint-Yon [2], tous deux bouchers, ledit Caboche cappitaine du pont de Charenton, ledit de Saint-Yon cappitaine de Sainct-Cloud. Iceulx estoient en la presence, quant le propos fut octroié, qui leur sembla moult dure chose, et s'en vindrent tantost en l'ostel de la ville, et là assemblerent gens, et leur monstrerent comment la paix qui estoit traictée n'estoit point à l'onneur du roy, ne du duc de Bourgongne, ne au prouffit de la bonne ville ne des habitans, mais à l'onneur desdiz bandez, qui tant de foys avoient menty leur foy. Mais, jà pour ce, le menu commun qui ja estoit assemblé en la place de Greve, armez touz à leur povoir, qui moult desiroient la paix, ne vouldrent oncques recevoir leurs parolles, mais ilz commencerent touz à une voix à crier : « La paix ! la paix ! et qui ne la vieult, si se traie au lieu senestre, et qui la vieult se traie au costé dextre. » Lors se trairent tous au costé dextre, car nul n'osa contredire à tel peuple.

72. Cependent le duc de Guienne et le duc de Berry ce misdrent au chemin pour venir en Greve ; mais, quant ilz furent devant l'ostel d'Anjou [3], on ne les osa oncques laisser entrer en Greve pour paour que aucune mocion de peuple ne se feist, et s'en alle-

---

1. Simonnet le Coutellier, dit Caboche, écorcheur de la grande boucherie, le même, selon toute apparence, que Simon Caboche, dont l'oncle Jean Caboche, religieux de Cîteaux, avait ouvert en 1412, sans l'autorisation du chapitre de N.-D., une école dans la paroisse de Saint-Germain-l'Auxerrois (Arch. nat., LL 214, fol. 41, 43). Il se réfugia en Flandre et son expulsion fut promise par le duc de Bourgogne au roi de France (Religieux de Saint-Denis, t. V, p. 385). On le revit à Paris lors des sanglantes journées d'août 1418 (Juvénal des Ursins, p. 543).

2. Il faut lire ici « Chaumont, » car il s'agit non de Denis de Saint-Yon, mort en 1412, mais de Denisot de Chaumont, écorcheur en la grande boucherie, et non pelletier, comme le veut Saint-Remy (t. I, p. 75). Investi de la garde du pont de Saint-Cloud, Denisot eut aussi mission de lever, avec plusieurs de ses pareils, un emprunt forcé sur la bourgeoisie de Paris (Religieux de Saint-Denis, t. V, 63) ; il fut banni le 12 décembre 1413 (Douët d'Arcq, *Choix de pièces inédites*, t. I, p. 367), quitta la capitale en même temps que Caboche, les Gois et les Saint-Yon (Arch. nat., X1a 1479, fol. 257) et revint en 1418, témoin le serment qu'il prêta le 25 août à Jean Sans-Peur.

3. L'hôtel d'Anjou, situé dans la rue de la Tixeranderie, occupait tout l'espace compris entre cette rue, la rue du Coq, la rue de la Verrerie et celle des Coquilles ; en 1421, il fut délivré à Laurent des Bordes par les commissaires des confiscations (Sauval, t. III, p. 289).

rent au Louvre, et en osterent le duc de Bar et le duc de Bavière
à trompettes, et à aussi grant honneur furent admenez, comme
s'ilz venissent de faire le plus bel fait c'om puist faire en ce
monde de sarazinesmie ou d'autre part. Et en venant querre les
prinsonniers dessusdiz, c'est assavoir, le duc de Bavière, le duc
de Bar et autres qui estoient au Louvre, ilz encontrerent le duc
de Bourgongne qui s'en alloit à Sainct-Paoul et de ce ne savoit
riens. Si fut moult esbahy quant on lui dist la chose; toutesvoyes
il dissimula celle foys, et alla avecques eulx au Louvre, regar-
dant faire l'exploit devantdit. Après ce fait ilz revindrent au
Palays et crioit-on : « Nouel! » partout où ilz passoient. Audit
Palays estoit le sire de Boyssay, deux de ses enfans (et) Anthoine
des Essars, qui furent tous delivrez plainement, qui que le voulsist veoir, fust tort ou droit. Et tantost le duc de Guienne, qui
ouvroit à voulenté, habandonna le corps et les biens de tous ceulx
qui savoit bien qui avoient causé de les emprinsonner. Pour lors
estoit concierge du Palays[1] maistre Jehan de Troyes devant
nommé, et là demouroit; mais après l'abandonnement, en mains
de heure que on ne seroit allé de Sainct-Nicolas à Sainct-Laurens,
l'ostel dudit de Troyes fut tout pillié et desnué de tous biens, ses
serviteurs prins, menez en diverses prinsons. Le bonhomme soy
sauva le mieulx qu'il pot, et tous les autres par tel party, c'est

---

1. L'office de concierge du Palais était fort ambitionné à cause des avan-
tages considérables qui y étaient attachés : indépendamment du logement, des profits des étaux, des jardins et de 400 livres de gages, le
concierge du Palais prélevait chaque année sur les merciers, sous forme
d'étrennes, la somme de 25 écus d'or et une bourse brodée (Sauval, t. III,
p. 275). Les prédécesseurs de Jean de Troyes furent Thibaud du Méseray,
qui occupa le poste en question de 1402 à 1411 (Arch. nat., X1a 1478,
fol. 55 r°); Antoine des Essarts, reçu le 20 novembre 1411 à l'emploi
vacant par suite de la résignation de Thibaud du Méseray (Ibid. X1a 1479,
fol. 150). Ce fut vers le mois de mars de l'année 1413 que Jean de Troyes
remplaça A. des Essarts (Ibid., X1a 4789, f° 410 r°), qui rentra en fonctions cinq mois plus tard ; en 1416, deux prétendants à ce poste,
Jean Jouvenel et David de Brimeu, plaidaient devant le Parlement, Jouvenel
affirmant que ledit office lui avait été donné le 4 août 1413, tandis que
la reine Isabeau réclamait de son côté la conciergerie que le roi lui avait
cédée le 25 février 1413 (Ibid., X1a 4791, f° 22, 25). Un arrêt du
22 janvier 1417 fit rentrer la conciergerie du Palais dans le domaine
royal et décida qu'à l'avenir elle serait confiée à « aucune bonne personne » aux gages anciens de 3 sous par jour et d'un muid de blé par an
(Ibid., X1a 1480, fol. 79).

assavoir, les Gouais, les enffens dudit de Troyes, les enfans Sainct-Yon[1] et Caboche, et plusieurs autres, qui la bonne ville s'estoient avancez de garder à leur povoir; mais fortune leur fut si perverse à celle heure que, se ilz eussent esté trouvez, fut des gentilz ou du commun[2], ilz eussent esté tous despeciez, et si ne savoit on pourquoy, fors que on disoit qu'ilz estoient trop couvoiteux. Or voy on com peu de fiance partout, car le jour de devant ilz eussent peu, s'ilz eussent voulu, faire assembler la ville de Paris en une place. Ainsi leur advint par fureur de prince, par murmure de peuple, et furent tous leurs biens mis en la main du roy; ainsi fust.

73. Advint après, que le duc de Guienne et les autres vindrent à Sainct-Paoul, et changerent, ce propre jour de vendredi, le prevost de Paris, qui estoit allé en Picardie pour le roy, [et] estoit

---

1. Jean, Garnier et Robert de Saint-Yon, bouchers de la grande boucherie de Paris. On trouvera plus loin, sous l'année 1436, une note spéciale à Jean de Saint-Yon. Quant à Garnier (ou Garnot) de Saint-Yon, l'un des meneurs les plus actifs de la conspiration de 1413, on le voit déjà, en décembre 1408, emprisonné à la Conciergerie, se faire réclamer comme clerc non marié par l'évêque de Paris (Arch. nat., X1a 4788, fol. 283, 288). Ce fut lui, et non Jean, comme tendrait à le faire croire Juvénal des Ursins, qui devint échevin après la mort de Denis de Saint-Yon. Adjoint aux commissaires chargés d'instruire le procès des prisonniers armagnacs, il fut banni le 12 décembre 1413 et se retira avec son frère Jean auprès du duc de Bourgogne (Chronique des Cordeliers, p. 219). Il rentra après le triomphe des Bourguignons et prêta serment à Jean Sans-Peur, le 24 août 1418; en 1419 il devint garde de la librairie royale du Louvre. Pendant les dernières années de l'occupation anglaise, Garnier, alors l'un des élus sur le fait des aides (Ibid., Z1a 10, fol. 8 v°), assista, avec son frère Jean, aux assemblées où furent concertées les mesures que réclamait la sécurité de la capitale (Ibid., X1a 1481, fol. 112 v°). Après la reddition de Paris à Charles VII, il fut expulsé par le connétable de Richemont; mais, bientôt rappelé, il fut admis, avec Jacques de Saint-Yon, à prêter serment de fidélité au roi, sans être tenu à fournir caution ni à se renfermer en son hôtel (Ibid., X1a 1482, fol. 4 v°). — Robert ou Robin de Saint-Yon, marchand boucher et monnoyer du serment de France, paraît s'être adonné exclusivement aux affaires de son commerce, fort étendu d'ailleurs, et c'est à ce seul point de vue qu'il se trouve mentionné à diverses reprises : en 1414, dans le registre de la prévôté de Paris, pour contestation relative à l'achat de bœufs; en 1420, plaidant avec les fermiers du poisson, aux Halles (Ibid., X1a 4792, fol. 252 r°); il s'occupait aussi du commerce des vins (Ibid., X1a 64, fol. 70) et reçut sa part des biens confisqués (Longnon, Paris pendant la domination anglaise, p. 68).

2. Ms. de Paris : « trouvez par des gens du commun. »

nommé le Borgne de la Heuse, et la baillerent à ung des serviteurs au duc d'Orleans mort, qui estoit breton, et estoit nommé
Tanneguy du Chastel[1]. Ilz changerent deux des eschevins[2] et
misdrent deux autres, c'est assavoir, Perrin Oger[3], changeur,
Guillaume Cirasse[4], charpentier, qui avoient renommée d'estre

---

1. D'après Juvénal des Ursins (p. 489), le gouvernement de la prévôté de
Paris fut alors confié à messire Tanneguy du Chatel et à messire Bertrand
de Montauban, « deux vaillans chevaliers. »
2. Trois des échevins appartenant à la faction cabochienne, Jean de
Troyes, Garnier de Saint-Yon et Robert du Belloy furent remplacés le
17 août 1413 (Arch. nat., KK 1009, fol. 1 v°) par Pierre Auger, Guillaume
Cirasse et Jean Marcel ; un seul membre de l'ancien échevinage conserva
ses fonctions jusqu'au mois d'octobre 1415 (Ibid., X^{1a} 4792, fol. 233;
KK 495^3, fol. 48).
3. Pierre Oger ou Auger, notable bourgeois de Paris, chargé, en 1411,
par le prévôt de Paris, de garder l'abbaye de Saint-Denis, que Robinet
Fretel, chevalier picard, n'avait pu préserver du pillage, s'acquitta de cette
mission avec succès et garantit le monastère de tout dommage pendant
trois semaines (Religieux de Saint Denis, t. V, p. 567). Le poste d'échevin,
auquel il fut appelé lors de la réaction de 1413, fut la juste récompense
des services signalés qu'il rendit à la tête des habitants du quartier de
Saint-Germain-l'Auxerrois (Cf. Juvénal des Ursins, p. 488, Cousinot, *Geste
des nobles*, p. 149). Le 28 janvier 1415, il fut mis en possession, par la
prévôté de Paris, d'une rente de 40 s. avec les arrérages sur une
maison de la rue des Arcis (Arch. nat., Y 5228, fol. 32 r°). Il mourut avant
l'année 1430, laissant une veuve, Catherine la Remonde (Ibid., X^{1a} 4796,
fol. 293 ; X^{1a} 68, fol. 51 v°).
4. Guillaume Cirasse était un charpentier huchier de Paris, fort habile
en son métier, si l'on en juge par les travaux dont l'exécution lui fut confiée. En 1404, il fit les armoires du greffe en la Tournelle du Parlement
(Arch. nat., X^{1a} 1478, fol. 299 r°). En 1413, il travailla pour le duc de
Berry et lui fournit entre autres « parties de son mestier » une couchette
garnie de marches destinée à la chambre qu'occupait ce prince à l'hôtel
de Giac (Ibid., KK 250, fol. 75 v°). On connaît par Juvénal des Ursins
(p. 487, 488) le rôle considérable joué par Cirasse, alors quartenier
de la porte Baudoyer et du cimetière Saint-Jean, lors des troubles de
l'année 1413, et la réponse énergique qu'il fit aux bouchers dans l'assemblée tumultueuse du 2 août. Appelé au poste d'échevin, il se rendit, le
lundi 7 août, au Parlement en compagnie de Jean Jouvenel, avocat du roi,
et de J. le Bugle, procureur de la ville de Paris, et invita la Cour à suspendre
ses plaidoiries « afin d'obvier à plusieurs entreprises et empeschemens
que plusieurs pertourbleurs de la paix se pourroient efforcer de faire »
(Arch. nat., X^{1a} 1479, fol. 257). Dans l'exercice de ses fonctions d'échevin,
Guillaume Cirasse fut à même de rendre service à plus d'un haut personnage, témoin la gratification de cent écus d'or que lui alloua le duc
de Berry, le 4 janvier 1414, en considération « des bons et agreables ser-

de la bande; ilz laisserent Andry d'Espernon prevost des marchans, pour sa tres bonne renommée.

74. Item, ilz firent les deux ducz devantdiz, de Baviere et de Bar, cappitaines, l'un de Sainct-Anthoine et l'autre du Louvre; et autres, de Sainct-Cloud, du pont de Charenton firent cappitaines, tous haynneux[1] du commun.

75. Item, le sabmedi ensuivant, fist cerchier autour de Paris pour trouver aucuns [des gouverneurs] devantdiz, mais nul n'en trouva; et ce jour fut [crié] que on meist[2] des lanternes par nuyt.

76. Item, le dimenche ensuivant, vi^e jour d'aoust mil iiii^c xiii, fut criée la paix par tous les carrefours de Paris[3], et que nul ne se meslast de chose que les signeurs feissent, et que nul ne feist armée, si non par le commandement des quaterniers, et cinquanteniers ou diseniers.

77. Item, le mercredi ensuivant, fut fait sire Henry de Marle[4] chancelier de France, et fut [depposé] maistre Huystace de l'Estre[5]

---

vices et plaisirs qu'il en avoit reçu » (Arch. nat, KK 250, fol. 34). Nommé prévôt des marchands le 12 septembre 1417, il assista en cette qualité à la séance tenue par le Parlement le 8 avril 1418, séance où le président Jean de Vailly exposa le résultat des négociations ouvertes avec le duc de Bourgogne (*Ibid.*, X^{1a} 1480, fol. 133 v°). Destitué par les Bourguignons, il demeura étranger aux agitations de la politique. Il possédait une « masure » rue Neuve-Saint-Merry, citée dans des lettres de mai 1427 (*Ibid.*, JJ 174, fol. 90), c'est le seul immeuble que nous lui connaissions.

1. Ms. de Paris : anciens.
2. Ms. de Paris : fut ce qu'on n'eust.
3. Suivant le Religieux de Saint-Denis (t. V, p. 136), la publication de la paix conclue entre les princes eut lieu le 8 août; vers la même époque, Tanneguy du Châtel, assisté de Remonnet de la Guerre, fit enlever et porter au Louvre, ainsi qu'à la Bastille, toutes les chaînes des rues de Paris, ordonna aux bourgeois de remettre leurs armes et défendit même le port de « bastons invasibles et deffensables » (Saint-Remy, t. I, p. 154, Monstrelet, t. II, p. 458, Chronique des Cordeliers, p. 220).
4. Henri le Corgne, dit de Marle, quatrième président du Parlement le 29 janvier 1393, premier président le 22 mai 1403 (Arch. nat., X^{1a} 1478, f° 112 v°), fut élu chancelier de France au scrutin, le 8 août 1413, par 44 voix contre 26 données à Simon de Nanterre, 6 à J. de Saulx, chancelier de Bourgogne, et 18 à Arnaud de Corbie (*Ibid.*, X^{1a} 1479, fol. 257).
5. Eustache de l'Altre, maître des requêtes de l'hôtel du roi dès 1399, président en la Chambre des comptes en novembre 1410 (Arch. nat., X^{1a} 1479, fol. 137), est cité parmi les juges institués contre les Armagnacs (*Ibid.*, fol. 212 v°); il occupa le poste de chancelier, auquel l'avait appelé la faction cabochienne, « par environ ung mois, et fut depoincté » le 3 ou 4 août 1413 (*Ibid.*, fol. 257). Banni en vertu de sentence prononcée

qui l'avoit esté environ deux moys, et l'avoit esté fait par les bouchers devant diz, et avoient depposé messire Ernault de Corbye[1], qui bien avoit maintenu l'office plus de trente ans.

78. Et fut cappitaine de Paris[2] le duc de Berry le vendredy ensuivant. Et ce jour revint le prevost, c'est assavoir le Borgne de la Heuse, et fut remis en sa prevosté, et l'autre, voulsist ou non, depposé. Et ainsi ouvroit fortune à la vollée en ce royaulme, [et] qu'il n'y avoit ne gentil, ne autre qui sceust quel [estat] estoit le meilleur : les grans s'entrehayoient[3], les moyens estoient grevés par sussides, les tres pouvres ne trouvoient où gaigner.

79. Item, le xvie jour d'aoust oudit an, furent murées la porte Saint-Martin [et celle du Temple], et fist si chault que les raisins d'entour Paris estoient presque bons à vendenger[4] en icellui temps.

---

au Châtelet le 14 mai 1414, il trouva un refuge auprès du duc de Bourgogne (Chronique des Cordeliers, p. 219). En décembre 1415, Jean Sans-Peur l'envoya en ambassade à Paris avec Jean de Toulongeon ; ces députés, logés à la Sirène, rue de la Harpe, furent gardés à vue jusqu'au retour des ambassadeurs du roi (Juvénal des Ursins, p. 527). Après la surprise de Paris et le massacre des Armagnacs, Eustache de l'Aître recueillit la succession de Henri de Marle, et, comme chancelier de France, présida la réouverture du Parlement, le 25 juillet 1418 (Arch. nat., X1a 1480, fol. 139); mais la mort surprit le nouveau chancelier, le 14 juin 1420, au moment même où il venait d'obtenir l'évêché de Beauvais. Voici en quels termes le greffier Fauquembergue relate cet événement : « Mardi, xviiie jour de juin (1420). Ce jour, vindrent nouvelles ou Palais de la mort et trespas de maistre Eustache de l'Aître, chancelier de France, esleu evesque de Beauvès, qui le venredi precedent estoit trespassé epidimié ou dyocese de Sens, ou service et en la compaignie du roy; et le jour precedent avoit esté dit et relaté communement en Paris que l'election dudit de l'Aître avoit esté confermée par le pape, qui lui a plus cousté que proufité. *Utinam proficiat ad salutem anime, cui misericorditer parcat Deus, justus judex misericors in sempiternum.* » (Arch. nat., X1a 1480, fol. 217 v°.)

1. Arnaud de Corbie, reçu premier président du Parlement le 2 janvier 1373, succéda, en 1388, à Pierre de Giac en qualité de chancelier; il exerça donc ces fonctions pendant environ vingt-cinq ans, comme en témoigne le greffier du Parlement, d'après lequel le grand âge d'Arnaud de Corbie, — il avait alors près de 88 ans, — empêcha seul sa réélection.

2. Le duc de Berry remplaça, dans la charge de capitaine de Paris, Hélion de Jacqueville, l'un des principaux meneurs de la sédition cabochienne, lequel se trouvait à Montereau dans l'attente des événements et se hâta de gagner les états du duc de Bourgogne (Monstrelet, t. II, p. 399).

3. Ms. de Paris : les grans seigneurs hayoient.

4. Ms. de Paris : presque tous à vendenge.

80. Item, le xxiiie jour dudit moys d'aoust, fut despendu le devantdit prevost et Jaques de la Riviere, et furent mis en terre benoiste par nuyt, et n'y avoit que deux torches, car on le fist tres celéement pour le commun, et furent mis aux Maturins.

81. Item, la iii[e][1] sepmaine d'aoust ou environ, furent commencez hucquez[2] par ceulx qui gouvernoient, où il avoit foison feulles d'argent, et en escript d'argent: « le droit chemin », et estoient de drap vyollet, et avant que la fin d'aoust fust, tant en avoit à Paris que sans nombre, et especialment ceulx de la bande, qui estoient revenus, à cens et à milliers la portoient. Et lors commencerent à gouverner, et misdrent en tel estat tous ceulx qui s'estoient meslez du gouvernement du roy et de la bonne ville de Paris, et qui y avoient mis tout le leur, que les ungs s'enfuyoient en Flandres, autres en l'Empire ou oultre mer, ne leur challoit où, mais se tenoient moult eureux quant ilz povoient eschapper comme truans, [ou comme] paiges, ou comme porteurs d'afeutreure[3], ou en autre maniere, quelle que ce fust, et nul si hardy d'oser parler contre eulx[4].

82. Item, celle dicte sepmaine, s'en alla le duc de Bourgongne hors de Paris[5] et fist le mariaige de une de ses filles, comme on disoit, mais de ce n'en estoit.

83. Item, le vendredi xv[e] jour de septembre mil iiii[c] et xiii, fut osté le corps du faulx traistre Colinet de Pisieux du gibet, et ses iiii menbres des portes, qui devant avoit vendu le pont de Sainct-Cloud; et neantmoins [il] estoit mieulx digne d'estre [ars ou] baillé aux chiens que d'estre mis en terre benoiste, sauf la chrestienté[6], mais ainsi faisoient à leur voulenté les faulx bandez.

---

1. Ms. de Paris : quatriesme.

2. Ces casaques violettes, en étoffe de deux tons, avec une grande croix blanche et la devise en question, richement garnie de perles, furent inaugurées, le 31 août, à l'entrée des princes, par les prévôt des marchands, échevins et bourgeois de Paris (Cousinot, *Geste des nobles*, p. 150, Juvénal des Ursins, p. 490).

3. « Porteurs d'usentienne, » leçon du ms. de Paris, ne présente aucun sens, tandis que « porteurs d'afeutrure » s'explique aisément ; il s'agit de vendeurs d'objets de harnachement.

4. Ms. de Paris : « Comme eulx. »

5. Jean Sans-Peur prolongea son séjour à Paris jusqu'au 22 août; suivant l'itinéraire publié par M. Gachard (*Archives de Dijon*), il se trouvait le 23 à Pont-Sainte-Maxence, le 27 à Douai et le 29 à Lille.

6. Ms. de Paris : parenté.

84. Item, le jour sainct Mathieu ensuivant, [fut] defermée la porte Sainct-Martin qui avoit esté murée par commandement des bandez, et par eulx fut faicte desmurer, qui ainsi gouvernoient tout, ne nul n'en osoit parler. Et environ x ou xii jours [devant] fut desposé le prevost des marchans, c'est assavoir Andriet d'Espernon, et y fut remis Pierre Gencien[1], qui moult avoit esté contraire au menu commun, et s'en estoit fouy par ses faiz avecques les bandez, qui le remirent en son office, fut tort ou droit.

85. Item, le xxve jour de septembre mil iiii^c et xiii, demisirent le Borgne de la Heuse de la prevosté de Paris, et firent[2] prevost de Paris ung de leur bande nommé Andri Marchant[3]. En con-

---

1. Pierre Gentien, l'un des fils de Jean Gentien, receveur général des aides sous Charles V, et de Jeanne la Gentienne dite la Baillete, fut deux fois prévôt des marchands, la première du 20 janvier 1412 au 16 mars 1413, la seconde du 9 septembre 1413 au 10 octobre 1415 (Arch. nat., KK 1009, fol. 1), et remplit pendant près de vingt années (1399-1418) les fonctions de général maître des monnaies. Le bruit public l'accusa d'avoir altéré le poids et le titre des espèces d'or et d'argent, de concert avec Pierre des Essarts et Michel de Lailler ; c'est ce qui ressort des remontrances adressées au roi par l'Université en février 1412. Mais cette imputation, dont la faction cabochienne se fit une arme pour lui enlever une première fois la prévôté des marchands, ne paraît point justifiée : en tout cas, le retrait de la prévôté en 1415 n'eut point le caractère d'une disgrâce, car Pierre Gentien conserva non seulement le poste de général des monnaies jusqu'au 28 mai 1418 (Arch. nat., Z1b 2), mais encore fut nommé trésorier de France (*Ibid.*, X1a 4793, fol. 99).

2. Ms. de Paris : fust.

3. André Marchand faisait partie du Parlement, non à titre d'avocat, ainsi qu'il est qualifié par Lefèvre de Saint-Remy, mais comme conseiller lay (depuis 1392 au moins). Suivant le Journal de Nicolas de Baye, il fut reçu prévôt de Paris le vendredi 22 septembre, par vertu « de l'eleccion faicte de lui au grant conseil. » (Arch. nat., X1a 1479, fol. 267.) Supplanté, malgré son opposition, par Tanneguy du Châtel le 23 octobre 1414, il se fit réintégrer le lendemain dans sa charge par lettres royaux (*Ibid.*, X1a 4790, fol. 146), mais bientôt son compétiteur parvint à l'écarter définitivement. Après son départ de la prévôté, André Marchand fut successivement nommé bailli de Chartres le 14 décembre 1415, bailli de Sens le 27 décembre suivant, et enfin bailli d'Évreux ; il resta en possession de ce dernier office jusqu'au 20 septembre 1418, date de son remplacement par Guillaume de Crannes (*Ibid.*, X1a 1480, fol. 39, 40, 148). Les Bourguignons maîtres de Paris mirent la main sur ses biens ; sa maison, sise rue de l'Arbre-Sec, échut en partage au duc de Bourgogne, en vertu de lettres de don du 8 octobre 1422, et dès 1421 cette maison était occupée au nom de Philippe le Bon par Mathieu Regnaud, maître de sa Chambre aux deniers

clusion, il ne demoura [oncques] nul officier du roy que le duc de Bourgongne eust ordonné, qui ne fust osté ne depposé, sans leur faire aucun bien ; et faisoient crier la paix aux sabmediz es halles, et tout le plat païs estoit plain de gens d'armes de par eulx. Et firent tant par *placebo* qu'ilz orent tous les greigneurs[1] bourgoiz de la ville de Paris de leur bande, qui par semblant avant avoient moult amé le duc de Bourgongne pour le temps qu'il estoit à Paris, mais ilz se tournerent[2] tellement contre lui qu'ilz eussent mis corps et chevance pour le destruire lui et les siens ; ne personne, tant fust grant, n'osoit de lui parler que on le sceust, qu'il ne fust tantost prins et mis en diverses prinsons, ou mis à grant finance ou banny. Et mesmes les petiz enfans qui chantoient aucunes foiz une chançon[3] qu'on avoit faicte de lui, où on disoit :

> Duc de Bourgongne,
> Dieu te ramaint à joye.

estoient foullez en la boue et navrez villaynement desdiz bandez ; ne nulz n'osoit les regarder ne parler ensemble en my les rues, tant les doubtoit-on pour leur cruaulté, et à chascun mot : « Faulx traistre, chien bourgoignon, je regny Deu, ce vous ne serez pilliez. »

86. Et en ce temps estoit touzjours le roy mallade et enferme, et ilz tenoient son ainsné filx, qui estoit duc de Guienne et avoit espousé la fille du duc de Bourgongne, dedens le Louvre de si pres, que homme ne pooit parler à lui, ne nuyt ne jour, que eulx ; dont le povre commun de Paris avoit moult de destrece au cuer, qu'ilz n'avoient aucun chef qui pour eulx parlast, mais autre

---

(Sauval, t. III, p. 293, 312). André Marchand obtint comme compensation le poste important de gouverneur et capitaine d'Orléans et se signala par le zèle avec lequel il servit la cause de Charles VII : en 1424, il faisait arrêter et incarcérer un individu venant de Paris, trouvé porteur d'une croix de Saint-André et d'un lion couronné en argent, insignes des partis bourguignon et anglais (Arch. nat., K*a 18, 20 janvier, 15 mars 1424).

1. Ms. de Paris : les greniers des bourgoiz.
2. Ms. de Paris : s'estonnerent.
3. Vers la même époque se colportait de ville en ville une ballade contre les Parisiens, dont mention est faite dans les lettres de rémission accordées le 2 septembre 1413 à Florent d'Encre, capitaine de Melun, qui avait mis « à la gehenne » un individu venu dans cette ville avec une harpe et la ballade en question ; ce malheureux, soupçonné d'espionnage, confessa avoir été envoyé par l'archevêque de Sens et fut expédié à Paris au Petit-Châtelet et à la Conciergerie (Arch. nat., JJ 167, fol. 267).

chose¹ n'en povoient faire. Ainsi gouvernerent lesdiz bandez tout octobre, novembre, [decembre], janvier mil IIII^c et XIII.

[1414.]

87. Item, à l'entrée de fevrier oudit an, vint le duc de Bourgongne à Sainct-Denis, et fut le IXe jour dudit moys², et le sabmedi ensuivant il cuidoit entrer à Paris pour parler au roy, mais on lui ferma les portes, et furent murées comme autres foiz avoient esté; avecques ce tres grant foison de gens d'armes les gardoient jour et nuyt, et nulle de deçà les pons n'estoit ouverte que celle de Sainct-Anthoine, et (de) delà celle de Sainct-Jaques³. Et estoit garde [de la porte] de Sainct-Denis le sire de Gaule⁴, et [de] celle de Sainct-Martin Louys Bourdon qui donna tant de peine à Estampes, et le duc de Berry gardoit le Temple, Orleans Sainct-Martin des Champs, Arminac [l'ostel] d'Arthoys qui estoit le droit chief d'eulx, Alençon Behaingne⁵; brief tous

---

1. Ce mot manque dans le ms. de Rome.
2. L'itinéraire dressé par M. Gachard fait arriver le duc de Bourgogne à Saint-Denis dès le 7 février; c'est de Saint-Denis que Jean Sans-Peur data le 11 février les lettres qui furent secrètement placardées dans Paris au portail de Notre-Dame et au Palais (Monstrelet, t. II, p. 434). Après sa tentative infructueuse, le duc de Bourgogne partit le 16 février « environ minuit ou le point du jour », suivant le témoignage de Nicolas de Baye (Arch. nat., X¹ª 1479, fol. 285 v°).
3. C'est ce que disent aussi les autres chroniqueurs, notamment Monstrelet (t. II, p. 431). Des notions précises sur la durée de la clôture des portes de Paris, en ce qui concerne la rive gauche, sont fournies par un procès plaidé au Parlement en mai 1418; au rapport de Martin Fouassier, fermier du droit des chaussées des portes Saint-Jacques et Saint-Michel, la porte Saint-Michel resta fermée à partir de l'année 1413 jusqu'en 1418; il en fut de même des portes Saint-Germain et de Nesle, et toute la circulation se faisait par la porte Saint-Jacques (Arch. nat., X¹ª 4792, fol. 46 r°).
4. Lors du déploiement de forces militaires devant Notre-Dame et devant l'hôtel de ville fait à l'approche du duc de Bourgogne, l'arrière-garde était commandée par Bernard d'Armagnac, Louis de Bosredon et Jean de Gaule, le même qui occupait Montmartre pendant les événements de l'année 1411 (Monstrelet, t. II, p. 430).
5. L'hôtel de Bohême ou de Soissons, situé à l'entrée de la rue de Nesle et tenant par derrière aux rues de Flandre et de Grenelle, appartenait au duc d'Orléans; lors de l'occupation anglaise, ce vaste hôtel et ses dépendances furent donnés le 26 mai 1425 par le roi d'Angleterre à Robert de Willoughby. (Cf. Longnon, *Paris pendant la domination anglaise*, p. 156.)

estoient deça les pons, et si n'avoient hardement d'ouvrir nulles des portes, tant fut pou.

88. Et couvint ce sabmedi devant, que ceulx qui admenoient les biens à Paris, comme le pain de Sainct-Brice, comme autres biens et vivres, plusieurs furent jusques à une heure sonnée pour attendre que on ouvrist la porte, mais oncques ne fut en leur hardement de l'ouvrir, tant ilz avoient grant paour du duc de Bourgongne; [et couvint que lesdictes bonnes gens si remenassent leurs denrées, et les menerent en l'ost du duc de Bourgongne] qui fist crier sur la hart, que on ne prinst riens sans poier, et là vendirent leurs denrées bien.

89. Et fut ainsi Paris fermé bien xiiii jours, que homme n'osoit ne ne povoit besongner aux champs, et si n'y avoit nulz gens d'armes sur les champs plus pres que Sainct-Denis[1] où estoit le duc de Bourgongne et ses gens, qui nul mal ne faisoient à creature nulle. Et disoit-on qu'il ne vouloit rien à homme nul que au roy Loys, duc d'Anjou, pour ce que ledit Loys avoit ung filx, lequel avoit espousé une des filles audit duc de Bourgongne; et sans savoir [cause] pour quoy, ledit Loys fist despartir son filx de ladicte fille dudit duc de Bourgongne, et la renvoya comme une bien povre ou simple dame à son pere ledit duc[2]. Et plus fort, avoit tant fait au duc de Bretaingne, qu'il donna en mariaige une sienne fille qui n'avoit mie encores iii ans à cedit filx du roy Loys, qui estoit mary à la fille devant dicte, fille du duc de Bourgongne.

90. Et en celle dicte sepmaine, firent crier sur la hart que nul du commun ne se armast, et que on obeist au duc de Baviere et au conte d'Arminac, qui estoient deux des hommes du monde

---

1. Le fait n'est pas entièrement exact, car, suivant l'assertion d'un témoin oculaire, le duc de Bourgogne, arrivé devant Paris, fit ranger ses troupes en bataille entre Chaillot et Montmartre, et, ajoute le narrateur, « disoit l'en que les coureux de son ost avoient couru jusques ou marchié des Pourceaulx », c'est-à-dire près de la porte Saint-Honoré (Arch. nat., X1a 1479, fol. 284, 285).

2. Louis II, roi de Sicile, après avoir agréé, en 1410, la main de Catherine de Bourgogne, fille de Jean Sans-Peur, pour son fils aîné Louis d'Anjou, comte de Guise, jugea à propos de renvoyer cette jeune princesse et la fit reconduire le 20 novembre 1413 par Louis de Loigny, maréchal de France, avec un brillant cortège. Reçue à Beauvais par les seigneurs bourguignons, elle fut ramenée à Amiens et de là à Lille (Monstrelet, t. II, p. 414).

qui plus hayoient les bonnes gens de Paris. Ainsi estoit tout gouverné, comme vous avez ouy.

91. Item, le sabmedi ensuivant, xviie jour de fevrier oudit an, fut crié ledit de Bourgongne [à trompettes] parmy les carrefours de Paris, banny comme faulx traistre, murdrier, lui et tous les siens, [et habandonnez corps et biens], sans pitié ne sans mercy[1].

92. Item, en icelluy temps, chantoient les petiz enfans au soir, en allant au vin ou à la moustarde, tous communement :

> Vostre c.n[2] a la toux, commere,
> Vostre c.n a la toux, la toux.

93. Si advint par le plaisir Dieu que ung mauvais eir corrumpu chut sur le monde, qui plus de cent mil personnes à Paris mit en tel (estat)[3] qu'ilz perdirent le boire et le menger, le repouser, et avoient tres forte fievre deux ou trois foys [le jour], et especialment toutes foys qu'ilz mengeoient, et leur sembloient toutes choses quelxconques ameres et tres maulvaises et puantes; touzjours trembloient où qu'ilz fussent. Et avecques ce, qui pis estoit, on perdoit tout le povoir de son corps, que on n'osoit toucher à soy de nulle part que ce fust, tant estoient grevez ceulx qui de ce mal estoient attains; et dura bien sans cesser trois sepmaines ou plus, et commença à bon escient à l'entrée du moys de mars oudit an, et le nommoit-on le tac ou le horion[4]. Et ceulx qui [point

---

1. Dès l'arrivée de Jean Sans-Peur sous les murs de Paris, en vertu d'une décision prise en conseil royal, le duc de Bourgogne fut réputé ennemi du roi et traité comme tel ; le chapitre de Notre-Dame de Paris, réuni le vendredi 9 février, décida que les chapelains, clercs des matines, seraient convoqués le lendemain matin et que défenses leur seraient faites de prêter aucun concours au duc de Bourgogne, lequel devait être considéré désormais comme ennemi du roi (Arch. nat., LL 214, fol. 273).

2. Le mot est en toutes lettres dans le ms. de Rome.

3. Ce mot est resté en blanc dans le ms. de Paris.

4. Cette maladie, dont Nicolas de Baye décrit les symptômes observés sur lui-même, puisqu'il déclare en avoir été atteint, fut déterminée par un vent « merveilleux, puant et tout plein de froidures », dont on subit les atteintes en février et mars (Juv. des Ursins, p. 496); elle sévit à Paris avec une telle violence que, depuis le 1er mars jusqu'au 19, les plaidoiries du Parlement furent suspendues (Arch. nat., X1a 4790, fol. 49 et 50), et causa un tel émoi au sein de la population parisienne que le chapitre de Notre-Dame crut devoir ordonner, le 20 mars 1414, des processions pour le dimanche suivant : « Fiant processiones generales die dominica proxima, tam propter infirmitatem currentem quam alias, in ecclesia Parisiensi. » (Ibid., LL 214, fol. 301.) Cependant le mal redoutable, que N. de Baye

n']en avoient ou qui [en] estoient gueriz, disoient par esbatement :
« En as tu ? Par ma foy ! tu as chanté :

> Vostre c.n a la toux, commere. »

Car avec tout le mal devant dit, on avoit la toux si fort et la rume et l'enroueure, que on ne chantoit qui rien fust de haultes messes à Paris. Mais sur tous les maulx la toux estoit si cruelle à tous, jour et nuyt, que aucuns hommes par force de toussir furent rompus par les genitoires toute leur vie ; et aucunes femmes qui estoient grosses, qui n'estoient pas à terme, orent leurs enfans sans compaignie de personne, par force de tousser, qu'il convenoit mourir à grant martire et mere et enfant. Et quant ce venoit sur la garison, [ilz] gectoient grant foison sanc [bete] par la bouche et par le nez et par dessoubz, qui moult les esbahissoit, et neantmoins personne n'en mouroit ; mais à peine en povoit personne estre guery, car depuis que l'apetiz de menger fut aux personnes revenu, si fut il plus de six sepmaines après, avant que on feust nettement guery ; ne fisissien nul ne savoit dire quel mal c'estoit.

94. Item, le derrenier jour de mars oudit an, vigille de Pasques flouries, menerent les devantdiz bandez le roy et son ainsné filx ostoier[1] contre le duc de Bourgongne et lui firent assegier Compingne. Aussi lui firent passer la sepmaine peneuse et les Pasques en celle bonne besongne.

95. Et ce pendant ceulx qui devoient garder la ville, comme le roy Loys, le prevost de Paris et leurs bandez, firent et ordonnerent une tres grosse taille, et firent crier parmy Paris que chascun portast la bande, et tantost plusieurs la prindrent tout à plain, et fut ou moys d'avril après Pasques.

96. Et en cedit moys fut ars le pont à Choisy[2] tretout ; et si ne

---

appelle *lues aut pestis aerea*, n'était qu'une épidémie de coqueluche (Monstrelet, t. II, p. 463).

1. Ms. de Paris : *escris* (probablement pour *escrier*).
2. Choisy-au-Bac, sur l'Aisne, près de son embouchure dans l'Oise (Oise, arr. et cant. de Compiègne), place importante connue à cette époque sous le nom de Pont-à-Choisy et dont les partis bourguignon et armagnac se disputèrent tour à tour la possession. L'accident dont parle le Journal parisien est également mentionné par Juvénal des Ursins qui nous apprend que l'incendie, qui consuma le village et le pont, coïncida avec l'arrivée du roi. En 1418, les Bourguignons s'emparèrent du Pont-à-Choisy que commandait en 1427 Jean d'Abbecourt, écuyer (Arch. nat., X1a 4795, fol.

pot homme savoir qui ce avoit fait, mais moult de bonnes gens y perdirent tout le leur entièrement.

97. Item, ou moys d'avril, IIII^c XIIII, la darraine sepmaine, fut prinse Compigne [1], par ainsi que ceulx qui dedens estoient ne se armeront jamais contre le roy pour quelque homme du monde, sur peine de perdre corps et biens sans mercy, et de estre reputez pour traistres à touzjours.

98. Item, de là eulx en allerent à Soissons, et assegerent la ville et y firent plusieurs assaulx où ilz gaignerent pou ; car dedens estoit Enguerren de Bournonville, ung homme moult prisié en armes, qui en estoit cappitaine. Si la gardoit si songneusement jour et nuyt que oncques n'y porent riens gaigner [en] ycellui temps, car ledit Enguerran ne laissoit reposer ceulx de l'ost ne par nuyt ne par jour, et en prenoit souvent et menu [2] de bons prinsonniers. Et advint à ung assault où il estoit, que le bastard de Bourbon [3] y sourvint et se mist en la meslée tres asprement, et Enguerran le navra à mort. Si laisserent ceulx de l'ost l'assault, et Enguerran s'en alla en la cité, lui et ses gens.

99. Item, le xxe jour de may, oudit an, [advint] [4] que fortune, qui avoit tant amé Enguerran, le fist troubler aux gens de ladicte ville, par quoy une tres grant murmure s'esmut contre luy, et

---

26). Deux années plus tard, la forteresse de Choisy se rendit à Charles VII ; reprise en 1430 par le duc de Bourgogne, elle fut démolie (Monstrelet, t. III, p. 267 ; t. IV, p. 354, 382).

1. Suivant Lefèvre de Saint-Remy (t. I, p. 161), Compiègne se rendit le 7 mai 1414 : le roi, la reine et le duc de Guyenne y dînèrent le 8 mai (P. Cochon, p. 424). Une lettre de rémission accordée à un cordonnier de cette ville en novembre 1414 (Arch. nat., JJ 168, fol. 5 r°) complète les détails que donnent les chroniqueurs, notamment Juvénal des Ursins, sur les opérations du siège ; on voit par ce document que, dans la sortie où fut encloué la grosse pièce d'artillerie nommée la *Bourgeoise*, les habitants parvinrent à s'emparer de sept canons : « Lesquelx gens, est-il dit, prindrent certains canons, qui par nostre commandement avoient esté dreciez contre icelle ville, jusques au nombre de sept qu'ilz emporterent dedens icelle. »

2. Ms. de Paris : mesme.

3. Hector, bâtard de Bourbon, issu de Louis II, duc de Bourbon, frère de Jean I de Bourbon, créé chevalier en 1409, accompagna le maréchal Boucicaut à Gênes, prit part à la défense de Dun-le-Roi et de Bourges en 1412 contre l'armée royale et fut mortellement blessé le 10 mai 1414 d'un coup de flèche qui lui traversa la gorge.

4. Nous restituons le mot *advint* qui manque aux mss. de Rome et de Paris.

machinerent que, quant il yroit à la monstre pour veoir ses gens, ilz livreroient la ville à ceulx de l'ost et sauveroient leurs vies, s'ilz povoient. Si ávint que Enguerren sceut leur voulenté, et se meslerent l'un à l'autre de parolle, et les autres de fait. Adong yssit ung homme en larrecin hors de la ville, qui dist en l'ost : « Se vous voullez assaillir la cité, vous l'aurez en present, car ceulx de la ville se sont meslez aux gens Enguerran, et ne trouverez personne qui la deffende, car tous sont couruz à la meslée. » Tantost la ville fut assaillie tres asprement[1] et fut tantost prinse et habandonnée à tous, et tous [les] biens et les corps. Là fut prins Enguerren, qui bien se deffendit, et plusieurs autres gentilz hommes de sa compaignie[2]; mais rien ne leur

---

1. Lors de la prise de Soissons, l'abbaye de Saint-Médard, convertie en forteresse et occupée par les gens du duc de Bourgogne, se rendit volontairement au roi (Rel. de Saint-Denis, t. V, p. 321). Vingt hommes de la garnison bourguignonne furent pendus la veille de la Pentecôte à un gibet dressé près du logis du roi. Quant aux serviteurs de l'abbaye et aux habitants du pays réfugiés à Saint-Médard en nombre assez considérable, ils durent composer pour leurs biens avec le connétable d'Albret, le duc de Bar et le comte d'Armagnac, dans les mains desquels ils versèrent la somme de 7,147 francs. Enfin, ils obtinrent le 5 juillet 1414 des lettres de rémission (Arch. nat., JJ 168, fol. 27 v°).
2. Voici les noms de quelques-uns de ces gentilshommes, qui furent faits prisonniers en même temps qu'Enguerran de Bournonville : PIERRE DE MENOU, chevalier, capitaine « du commun » de Soissons, tomba ainsi que son père, « le viel seigneur de Menou, remply d'aage et de richesse, » au pouvoir des assiégeants; au moment même de son exécution, il intercéda pour son père, affirmant qu'il l'avait entraîné dans le parti bourguignon (Rel. de Saint-Denis, t. V, p. 329) ; le père fut épargné, mais les biens de sa famille furent confisqués et attribués au duc de Bourbon en dédommagement des pertes que lui avait fait subir Pierre de Menou par le pillage et l'incendie de divers châteaux de Beauvaisis (Arch. nat., J¹ 167, fol. 482). RAOUL DU PLESSIS, dit Guynaye, chevalier, originaire du pays de Caux (Chron. norm. de P. Cochon), que Monstrelet (t. III, p. 11) appelle Gilles du Plessis, fut pris à Soissons dans l'abbaye de Saint-Médard et exécuté à Paris; sa tête fut placée à la porte du lieu de sa naissance. Jeanne de Villiers, sa veuve, et ses filles Charlotte et Robinette obtinrent la restitution de ses biens et la remise de son corps pour l'inhumer en terre sainte (Arch. nat., JJ 168, fol. 226). SIMON DE CRAON, chevalier, qui s'opposa à la sortie projetée par Enguerran de Bournonville, fut gracié à la requête du duc de Bar, des comtes d'Eu et d'Alençon, qui firent prendre en considération ses efforts pour déterminer la reddition de la place. La rémission qui lui fut accordée en mai 1414 invoque comme circonstance atténuante l'impossibilité où il se serait trouvé de quitter Soissons, s'étant porté caution pour 200 livres tournois (*Ibid.*,

valut, car tous furent prins, et liez et admenez par charrettées à Paris¹, et en moururent tous par le jugement des bandez qui faisoient du tout à leur vouloir.

100. Et fut la ville prinse le xxi⁰ jour de may IIII^c et xIIII, à ung lundi après digner², et Enguerran ot la teste couppée en ladicte ville le xxvi⁰ jour dudit moys, et plusieurs autres, et plusieurs en furent penduz, et les femmes de religion et autres prudes femmes et bonnes pucelles efforcées, et tous les hommes³ rançonnez, et les petiz enffans, et les eglises et reliques pillées, et livres⁴ et vestemens ; et avant qu'il fut dix jours après la prinse de la ville, elle fut si pillée au net qu'i n'y demoura chose que on peust emporter. Et dit on que on n'ouyt oncques parler que les Sarazins feissent pis que firent ceulx de l'ost en ladicte ville par le mauvais conseil qui [pour] lors estoit entour le bon roy, dont homme n'osoit parler.

101. Item, quant ilz eurent fait du pis qu'ilz porent en ladicte ville, ilz menerent le bon roy⁵ à Laon, et entra dedens sans noise et sans tançon⁶, car ilz prindrent exemple à ceulx de Soissons.

JJ 167, fol. 589). GUILLAUME DE CRANNES, écuyer au service d'Enguerran de Bournonville, pris lors de l'assaut dans l'église Notre-Dame par Henri l'Allemand, chambellan du roi, fut conduit à Laon, condamné à être décapité, livré à l'exécuteur et gracié au moment suprême, à la prière du comte d'Alençon, qui alla le chercher au lieu de l'exécution et le ramena avec lui (Ibid., JJ 167, fol. 611). — Parmi les rémissions accordées à des habitants de Soissons, nous citerons celle de Mathieu de Corcy, bourgeois de cette ville, eu égard au mariage de sa fille avec Jean Pigeon qui l'avait fait son prisonnier (Ibid., fol. 585), et une autre grâce accordée à un malheureux qui était resté deux jours suspendu aux portes de la ville (Ibid., JJ 168, fol. 259 r°).

1. Au nombre des prisonniers amenés à Paris le 28 mai, sur des chariots attelés de quatre chevaux, sous la garde du prévôt de Paris et du prévôt des marchands, on cite seulement un personnage de marque, savoir Raoul du Plessis (Rel. de Saint-Denis, t. V, p. 327; Monstrelet, t. III, p. 11).

2. La ville de Soissons fut prise d'assaut le lundi 21 mai, entre trois et quatre heures de l'après-dînée ; on en reçut la nouvelle à Paris le mardi matin, et le même jour eut lieu, en l'honneur de cet événement, une procession solennelle de Notre-Dame à Saint-Magloire (Arch. nat., X¹ᵃ 1479, fol. 296, X¹ᵃ 4790, fol. 81 v°). Le greffier du Parlement, en enregistrant ce fait d'armes, ajoute : « Et ibi infinita facta sunt crimina. »

3. Ms. de Paris : biens.
4. Ms. de Rome : livrées.
5. Le mot *bon* manque dans le ms. de Rome.
6. Ms. de Paris : sans façon.

102. Item, il est vray que ceulx de la bande, qui pour lors gouvernoient le royaulme à Paris et ailleurs, firent faire les feus comme on fait à la Sainct Jehan, aussitost que ilz sceurent la nouvelle de la destruction de la ville, comme se [ce] eussent esté Sarazins ou mescreans que on eust destruis, ne il n'estoit nul qui de ce osast parler ne [en] avoir pitié devant les bandez [et bandées], dont vous eussiez veu à cesdiz feuz et à la vigille Sainct Jehan et Sainct Pere[1] plus de IIII mil femmes, toutes d'estat, non pas d'onneur, toutes bandées, et des hommes sans nombre; et estoient si obstinez à celle faulce bande qu'il ne leur estoit pas advis qu'il fust digne de vivre qui ne la portoit. Et s'aucun homme en parlast par aventure, se on le povoit savoir, il estoit mis à grant finance ou banny, ou longue peine de prinson sans mercy.

103. Item, de Laon s'en alla le roy à Peronne[2] et là vindrent ceulx de Gant, et de Bruges[3] et du Franc, et des autres bonnes villes de Flandres parlemanter[4], et aussy y vint la dame de Houllende[5] et ne firent rien.

---

1. Ces réjouissances publiques eurent lieu le 28 juin, lors de la réception des lettres royales annonçant la déconfiture des Bourguignons dans le Hainaut; à cette occasion, de grands feux furent allumés dans les carrefours, et les danses au son des instruments se prolongèrent toute la nuit (Religieux de Saint-Denis, t. V, p. 341).

2. Si l'on suit l'itinéraire que permettent de tracer les lettres de rémission du Trésor des chartes, Charles VI se trouvait à Saint-Jean-des-Vignes, près Soissons, le 18 mai, à Laon le 30 mai, à Saint-Quentin du 13 au 24 juin. Suivant le Religieux de Saint-Denis (t. V, p. 347), le roi serait arrivé à Péronne le 29 juin et en serait reparti le 20 juillet; le 24 du même mois il était devant Bapaume (Saint-Remy, t. I, p. 167).

3. Ms. de Paris : Bourges.

4. Les députés flamands qui vinrent trouver Charles VI à Péronne représentaient les quatre *membres* ou *mestiers* du pays de Flandre, c'est-à-dire les habitants de Gand, de Bruges, d'Ypres et du Franc; suivant la chronique des Cordeliers (Monstrelet, t. VI, p. 222), ils avaient été secrètement mandés par lettres royaux que des mains invisibles transmirent dans toutes les villes de Flandre et s'en retournèrent chargés de présents; avant leur départ, le roi leur fit donner pour cent marcs d'argent en vaisselle dorée (Monstrelet, t. III, p. 16).

5. Marguerite de Bourgogne, sœur de Jean Sans-Peur et femme de Guillaume IV de Bavière, comte de Hollande et de Hainaut, avait reçu mission de négocier la paix avec le roi de France. Après une tentative infructueuse faite à Saint-Quentin, elle fit une nouvelle démarche à Péronne, en compagnie de son frère, le duc de Brabant.

104. Item, de là s'en alla le roy devant la cité d'Arras, et y fut moult longuement le siege[1].

105. Item, en cedit an IIII^c et XIIII fut commencée par lesdiz bandez une confrairie de sainct Laurent aux Blans Manteaux, le jour de l'Invencion Saint Estienne, IIIe jour d'aoust, et disoient que ce estoit la confrarie des vrays et bons catholiques envers Dieu et leur droit signeur, et fut la Sainct Laurens au vendredy. Et le dimenche ensuivant firent leur feste à Sainct Laurens, et furent plus de IIII^c tous bandez, [et n'osoit] homme ne femme estre ou moustier ne à leur feste, s'il n'avoit la bande, et aucunes personnes d'onneur qui y estoient alés veoir leurs amis pour la feste Sainct Laurens qui se faisoit au dimenche, en furent en tres grant danger de leur bien, pour ce qu'ilz n'avoient point de bande.

106. Item, en ce temps estoient guerres par toute France, et si y avoit si grant marché de vivre [à Paris], de pain et de vin ; car on avoit une pinte de bon vin sain et net pour ung denier parisis, blanc et vermoil en c lieux à Paris, et pain à la vallue, et en toute celle année ne fut trouvé du creu d'icelle vin qui devenist gras, ne bouté, ne puant.

107. Item, ceulx de l'ost en avoient grant charté[2], car ilz furent moult devant Arras sans riens faire.

108. Item, quant ilz virent que tretout encherissoit, leurs biens et tretout, et leurs chevaulx mouroient de fain partout, si firent crier la paix le xie jour de septembre[3] environ trois heures après mynuit à ung mardi, et quant ilz partirent des tentes après le cry qui avoit esté tel : que homme nul, sur peine de la hart, ne mist feu en son logeys. Mais les Gascons, qui estoient en l'aide[4] de la bande, firent le contraire, car ilz mirent le feu partout où ilz peurent, en despit [de ce] que on s'en alloit ainsi ; et fut le feu si grant que couru au pavillon du roy par darriere, et eust esté le roy ars

---

1. Le siège d'Arras commença le 28 juillet ; c'est à cette date que le duc de Bourbon et le connétable d'Albret arrivèrent avec l'avant-garde sous les murs de la place (Religieux de Saint-Denis, t. V, p. 370).

2. Les besoins étaient si grands que pendant le siège le roi fut obligé de demander au parlement de Paris un emprunt de mille livres parisis (Arch. nat., X^{ia} 1479, fol. 304).

3. Monstrelet (t. III, p. 32) indique une date différente qui nous semble plus exacte ; suivant lui, la paix conclue par l'entremise du duc de Brabant et de la comtesse de Hainaut aurait été publiée devant la tente du roi le mardi 4 septembre à huit heures.

4. Ms. de Paris : en le halde.

qui ne l'eust mis hors par devers le meilleur. Et dient ceulx qui se salverent, que ou feu demoura plus de v⁅ hommes qui furent ars, qui estoient malades dedens les tentes.

109. Item, le jeudi ensuivant, fut sceu à Paris, et ne vistes[1], ne ouistes oncques plus belle sonnerie à Paris que on y fist cellui jour, que depuis le matin jusques au soir en tous les moustiers de Paris on sonnoit, et faisoit on grant joye pour l'amour de la paix.

110. Item, ce jeudi xiii⁅ jour de septembre, ung jeune homme osta la bande à l'ymage [de] sainct Huistace[2] que on lui avoit baillée, [et la deschica en despit de ceulx qui lui avoient baillée]. Et tantost fut prins, fust tort ou droit, lui fut le poing coppé sur le pont Allaiz[3] devant Sainct Huistace, et fut banny à touzjours mais ; et si ne fust oncques homme qui osast dire le contraire, tant estoit tout mal gouverné et de maulvaises gens.

111. Et si sachez que tous ceulx qui devant Arras avoient esté, ou la plus grant partie, quant ilz venoient, estoient si descharnez, si palles, si empirez qu'il sembloit qu'ilz eussent esté en prinson vi ou viii moys au pain et à l'eaue, et n'en apporterent que pesché, et en mourut plus de xi mil quant ilz vindrent à leur aise[4].

112. Item, le xi⁅ jour d'octobre ensuivant, ung jeudi, fut fait ung champ de bataille à Sainct-Ouyn, d'un Breton[5] et d'un Portingalois, et estoit l'un au duc de Berry et l'autre au duc de

---

1. « Et ne vistes » manque dans le ms. de Rome.
2. Le Religieux de Saint-Denis (t. V, p. 447) est plus explicite ; ce fut un artisan qui, dans l'église Saint-Eustache, arracha l'écharpe ou bande blanche dont l'image de saint André était parée.
3. Le Pont Alais était une passerelle recouvrant, au bas de la rue Montmartre et de la rue Traînée, un cloaque où venaient se déverser les immondices des halles.
4. L'armée royale fut décimée pendant le siège par une « malladie de flux de ventre » qui fit de nombreuses victimes, entre autres Amé de Sarrebruck ; le duc Louis de Bavière et le connétable en furent atteints (Saint-Remy, t. I, p. 182).
5. Le champion breton était un écuyer du nom de Guillaume de la Haye qui périt dans les massacres de 1418 (*Documents relatifs à la surprise de Paris*, publiés par M. J. Garnier dans le Bulletin de la Société de l'Hist. de Paris, 1877, p. 52) ; le Religieux de Saint-Denis (t. V, p. 411) lui donne pour adversaire un chevalier portugais appelé Jean de Metz, le même sans doute que Jean du Mez, seigneur de Croy, marqué sur l'état des officiers de Philippe le Bon en qualité de chambellan et de bailli de Lille (cf. Labarre).

Bourgongne; et furent mis ou champ à oultrance, mais ilz ne firent chose dont on doye parler, car on dist tantost, : « ho ! » qu'ilz devoient faire armes. Et fist ce faire le duc de Berry pour le Breton, qui estoit de la bande, dont il avoit moult grant paour, car le Portingallois se maintenoit en son harnoys si tres ligierement, que chascun lui donnoit la victoire, mais on ne pot oncques dire lequel la deust avoir au vray.

113. Item, le sabmedi ensuivant, xiiie jour dudit moys d'octobre, oudit an, s'en vint le roy à Paris, à belle compaignie de ceulx de Paris, et plut tout le jour si tres fort[1] qu'il n'y avoit si jolis qui n'eust voulu estre à couvert. Et soudainememt, environ huit heures de nuyt, commencerent les bonnes gens de Paris sans commandement à faire feus, et à baciner le plus grandement que on eust veu passé c ans devant, et les tables en my les rues [drecées à tous venans, par toutes les rues] de Paris qui point aient de renon.

114. Item, le xxiiie jour d'octobre, depposerent le prevost, c'est assavoir, Andry Marchant, et firent lesdiz bandez prevost ung chevalier de la court du duc d'Orleans, qui estoit baron, nommé messire Tanneguy du Chastel[2], et ne le fut que deux jours et deux nuys, pour ce qu'il n'estoit pas bien de leur accort. La iiie journée ensuivant fut reffait prevost sire Andry Marchant, tres cruel et sans pitié, comme davant est dit.

115. Item, en cedit temps, entre la Sainct Remy et Noel, lesdiz bandez, qui tout gouvernoient, firent bannir toutes les femmes de ceulx que devant avoient bannyz sans mercy, qui estoit moult grant pitié à veoir, car toutes estoient femmes de honneur et

---

1. Ms. de Paris : tant.
2. Tanneguy du Châtel, chambellan du roi et du duc de Guyenne, fut institué prévôt de Paris le mardi 23 octobre, entre quatre et cinq heures après midi, en vertu de lettres du roi publiées au Châtelet par Jean de Vailly, l'un des présidents du Parlement (Arch. nat., Y, 5228, fol. 28 v°). La veille, André Marchant s'était présenté au Parlement afin de mettre opposition à la réception de Tanneguy du Châtel, disant « qu'il estoit venu à sa cognoissance que messire Tanneguy du Chastel, par le moien de monseigneur de Guienne ou autrement, avoit impetré son office de prevost. » En acceptant les fonctions de prévôt, Tanneguy déclara le mardi matin qu'il « se deporteroit dudit office toutes fois qu'il plairoit » au duc de Guyenne. Le mercredi 24 octobre, André Marchant, ayant obtenu lettres royales auxquelles le Parlement obtempéra, parvint à se faire réintégrer dans sa charge (Arch. nat., X1a 4790, fol. 146).

d'estat, et la plus grant partie de elles n'avoit oncques eslongné Paris sans honneste compaignie; et ilz estoient acompaignées de sergens tres crueulx, selon signeur, mesnié duicte. Et qui plus leur destraingnoit le cueur, c'estoit que on les envoyoit toutes ou païs du duc d'Orleans, tout au contraire du païs où leurs amys et mariz estoient; et encores autre chose qui leur venoit au devant, car toutes femmes sont vittuperées d'estre menées à Orleans[1], et là les envoyoit on le plus; mais autrement ne povoit estre pour le temps, car tout estoit gouverné par jeunes signeurs, senon le duc de Berry et le conte d'Arminac.

116. Item, les festes de Nouel ensuivant, c'est assavoir, IIII^c et XIIII, fut fait par le roy le conte d'Alençon duc d'Alençon, et fut faicte duchié qui n'estoit que conté, ne oncques mais n'avoit esté duchié jusques à celluy jour; ainsi en fut[2].

[1415.]

117. Item, à l'entrée de fevrier ensuivant, jouxterent le roy et les grans[3] signeurs en la grant rue Sainct-Anthoine, entre Sainct-Anthoine et Saincte-Katherine du Val des Escolliers, et y avoit barrieres. En ces jouctes[4] vint le duc de Breban pour traicter la paix, et jouxta et gaigna le prix.

---

1. Il est assez difficile de s'expliquer pourquoi; ne serait-ce point parce qu'on avait coutume d'y interner des femmes de mœurs légères? Voici ce qui peut jusqu'à un certain point justifier cette hypothèse. Dans une affaire criminelle jugée au Parlement en 1407, Guillemette de Gouy prétendait avoir été violentée par un laboureur d'Arcueil; mais sa vertu n'étant point à l'abri de tout soupçon, une vieille femme nommée la Renaudine l'avait engagée à ne pas donner suite à sa plainte et à se désister moyennant finance, car, disait la vieille, « autrement elle seroit menée à Orleans » (Arch. nat., X^{2a} 14, fol. 375).

2. Le comté d'Alençon fut érigé en duché en faveur de Jean, comte d'Alençon, par lettres données à Paris dans la Sainte-Chapelle du Palais le 1er janvier 1415, en présence des ducs d'Orléans et de Bourbon, des comtes de Vertus, de la Marche, de Vendôme et d'autres conseillers et chambellans du roi (Arch. nat., JJ 168, fol. 210 r°).

3. « Grans » manque dans le ms. de Rome.

4. Ces joutes faisaient partie du programme des fêtes données à Paris en l'honneur des ambassadeurs anglais, fêtes qui commencèrent le 10 février et qui durèrent trois jours; le roi y tournoya avec le duc d'Alençon, et le duc de Brabant jouta avec le duc d'Orléans (Monstrelet, t. III, p. 60).

118. Ad ce temps estoient les Anglois à Paris pour traicter d'ung mariaige à une des filles du roy de France[1].

119. Item, le mardi xix° jour, (fut) depposé de la prevosté de Paris Andry Marchant, qui autresfois avoit été depposé par ses desmerites, mais il finoit[2] touzjours par argent, fors que à celle foys en ladicte prevosté fut remis sire Tenneguy du Chastel la ii° ou la iii° foys.

120. Mais en ce temps aussi estoient chevaliers d'Espaigne et de Portingal, dont trois du Portingal[3], bien renommez de chevallerie prindrent par ne sçay quelle folle entreprinse champ de bataille encontre trois chevaliers de France, c'est assavoir, François de Gringnos, la Rocque, Morigon[4]; et fut à oul-

---

1. Ce fut le mercredi 8 août 1414 que le Parlement prit, à la requête du duc de Berry, les dispositions nécessaires pour recevoir l'ambassade anglaise conduite par le comte de Dorset et deux évêques accompagnés d'une nombreuse suite; seize membres du Parlement eurent mission de se rendre à cheval jusqu'à la Chapelle-Saint-Denis pour y attendre l'arrivée de l'ambassade; les autres conseillers restèrent dans la salle du Palais donnant sur la Seine pour faire accueil aux « messagiers » d'Angleterre (Arch. nat., X¹ª 1479, fol. 304). Les Anglais, logés « en l'ostel du Temple » (J. des Ursins), étaient encore à Paris le 12 mars 1415, jour où leur visite était annoncée au Parlement (Ibid., X¹ª 4790, fol. 219 v°).
2. Ms. de Paris : Fuioit.
3. Les trois chevaliers portugais se nommaient Alvar Continge, Pierre Gonsalve de Mallefaye et Jean Gonsalve. Au lieu de Jean Gonsalve qu'indique Monstrelet (t. III, p. 61), Saint-Remy (t. I, p. 209) mentionne un champion appelé Rumaindres, nom qui paraît totalement défiguré.
4. François de Grignols, chambellan du roi, s'était déjà fait connaître par ses goûts chevaleresques. Vers le commencement de l'année 1406, il avait conçu le dessein, avec Jean de Garancières et le sire de Boqueaux, de faire « certaines joustes ou passes d'armes à Royaumont »; le roi, craignant la surexcitation des esprits, interdit formellement ces joutes par mandement du 25 janvier 1406 au prévôt de Paris (Arch. nat., X¹ª 8602, fol. 194). François de Grignols prit part à l'expédition dirigée par Charles VI contre les Bourguignons, et fut du nombre des otages envoyés aux assiégés de Compiègne lors des pourparlers relatifs à la reddition de cette place (Rel. de Saint-Denis, t. V, p. 307). Il occupa le poste de capitaine et de gouverneur de la Rochelle jusqu'au 25 octobre 1414, date de son remplacement par Tanneguy du Châtel (Arch. nat., X¹ª 4790, fol. 146). Il s'attacha ensuite à la personne du dauphin, auprès duquel il était le jour de l'entrevue de Montereau (Chron. des Cordeliers, p. 281); selon le Religieux de Saint-Denis (t. VI, p. 372), le duc de Bourgogne y aurait été reçu par Tanneguy du Châtel, François de Grignols et le vicomte de Narbonne. Grignols suivit dès lors la fortune de Charles VII, qui lui confia en 1423 une mission importante; il fit le voyage d'Écosse en compagnie

trance ordonné au xxiᵉ jour de fevrier, vigille Sainct Pere, à Sainct-Ouyn, et fut avant soleil resconcé qu'ilz entrassent en champ, mais en bonne verité de Dieu, ilz ne mirent pas tant que on mettroit à aller de la porte Sainct-Martin à celle de Sainct-Anthoine, à cheval, que les Portingalloys ne fussent desconfiz par les trois Françoys, dont la Roque fut le meilleur.

121. Item, le sabmedi ensuivant, vigille Sainct Mathieu, fut la paix criée parmy Paris à trompettes [1] et disoit chascun que ce avoit fait le duc de Breban; et fist on à ce sabmedy plus de feuz parmy Paris que toutes les autres foys devant dictes, et si estoit les IIII temps des Brandons.

122. Item, environ sept ou huit jours en mars, fut Saine si cruelle à Paris que ung moulle de buche valloit IX ou X solz parisis, et ung cent de costeretz, qui les voulloit avoir bons, XXVIII ou XXXII solz p.; le sac de charbon, XII s. p.; bourrées, foing, semblablement [2]; tuylle, plastre, en la maniere. Et si sachez que depuis la Toussaint jusques à Pasques, ne fut oncques jour qu'il ne

---

du comte de Bucan avec une flotte considérable et dut ramener le comte de Douglas et le contingent écossais (Stevenson, *Wars of the English in France*, I, p. 6). Enfin il trouva la mort à la bataille de Verneuil (Monstrelet, t. IV, p. 196). — Les écrivains contemporains ne sont pas d'accord sur l'identité de LA ROCQUE : Archambaud de la Roque, écuyer gascon, selon Juvénal des Ursins (p. 503); François de Roque, chevalier poitevin, d'après le Religieux de Saint-Denis (t. V, p. 413). — Quant à MAURIGON (de Songnacq), écuyer gascon, ce fut l'un des capitaines chargés, en 1417, de la défense de Pontoise qu'il dut rendre aux Bourguignons. Retiré à Paris, il fut l'une des premières victimes des massacres de 1418 et reçut la sépulture dans la cour de Saint-Martin-des-Champs (Religieux de Saint-Denis, t. VI, p. 247, 351 ; Cousinot, *Geste des nobles*, 159).

1. A la suite de plusieurs conférences tenues par le grand conseil du roi avec le duc de Brabant et les gens du duc de Bourgogne, la paix pourparlée à Arras fut définitivement conclue et publiée à son de trompe le 23 février, et non le 24, comme le dit Monstrelet (t. III, p. 60); voici à cet égard ce que nous apprennent les Reg. capitulaires de N. D. : « Sabbati XXIII februarii, nichil actitum est in presenti capitulo propter solemnitatem pacis hujus regni hodie publicate, et quia dominus Aquitanie et omnes alii domini venerunt ad ecclesiam Parisiensem » (Arch. nat., LL. 215, fol. 37). La publication des lettres de la paix au Parlement eut lieu le 16 mars, et les princes du sang, ainsi que les membres de la Cour, en jurèrent l'observation (Arch. nat., X1a 1480, fol. 11 v°). Pareil serment fut exigé du prévôt des marchands et des échevins le mardi 19 mars (Arch. nat., X1a 4790, fol. 224, 225).

2. Ms. de Paris : sable.

cheist (eaue) de jour ou de nuyt, et dura la grant eaue jusques en my-avril [1], que on ne povoit aller es marez entre Sainct-Anthoine et le Temple, ne dedens la ville, ne dehors.

123. Item, le xviie jour d'avril [2] fut monseigneur de Guienne en l'ostel de la ville, et ordonna trois eschevins nouveaulx, c'est assavoir, Pierre de Grant-Rue [3], Andriet d'Esparnon et Jehan de Louviers [4], et depposa Pierre Oger, Jehan Marcel [5], Guillaume Cirasse.

124. Item, le jour Sainct Marc ensuivant, fut criée parmy Paris la paix à trompettes, sur peine de perdre corps et biens qui la contrediroit.

125. Item, le moys d'aoust ensuivant, au commencement aryva le roy d'Engleterre à toute sa puissance en Normendie, et print port emprès Harefleu, et assegea Harefleu et les bonnes villes d'entour.

126. Item, monsieur de Guienne, filz ainsné du roy, se party de Paris le premier jour de septembre, à ung dimenche au soir, à

---

1. Ms. de Paris : jusques ou moys d'avril.

2. Le 18 avril 1415, suivant le Cartulaire de la prévôté des marchands (Arch. nat., KK 1009, fol. 1 v°) ; c'est donc à tort que le ms. de Paris donne la date du xxvii avril.

3. Pierre de Grand-Rue, épicier, l'un des fournisseurs ordinaires du roi, comme on le voit par le compte de l'hôtel des années 1405 à 1409, qui mentionne l'achat chez ce marchand « de cire pour le cierge benoist de Pâques et pour le seel secret du roy, ainsi que de plusieurs espices de chambres confites » (Arch. nat., KK 31-32). Il ne fut échevin que quelques mois ; on le perd ensuite de vue complètement ; tout ce que l'on sait, c'est qu'il ne vivait plus au 27 mars, date sous laquelle le registre de la prévôté mentionne une maison de la rue Saint-Denis, attenante aux hoirs ou ayants-cause de feu Pierre de Grand-Rue (Arch. nat., Y 5231, fol. 13).

4. Jean de Louviers le jeune, bourgeois de Paris, partisan de la cause bourguignonne, fut dépossédé de ses fonctions d'échevin le 10 octobre 1415 et rétabli le 10 juin 1418 après l'entrée des Bourguignons (Arch. nat., KK 1009, fol. 3 r°). Il prêta serment à Jean Sans-Peur le 25 août suivant.

5. Jean Marcel, drapier, l'un des échevins nommés le 17 août 1413 et évincés en avril 1415, rentra dans la vie politique en 1418 par sa prestation de serment au duc de Bourgogne faite le 25 août. Le 2 janvier 1419, les bourgeois de Paris le déléguèrent avec Imbert des Champs pour siéger chaque jour à l'hôtel de ville et veiller « au bon gouvernement » de la capitale (Arch. nat., X1a 1480, fol. 163). Jean Marcel possédait alors une maison rue des Bourdonnais, provenant de Denisot Mauduit (Sauval, t. III, p. 293).

trompes, et n'avoit que jeunes gens avec lui, et party pour aller contre[1] les Angloys[2]; et le roy de France, son pere, se parti le ixe jour ensuivant pour aller après son filz, et alla à Sainct-Denis au giste. Et tantost après fut cueillie à Paris la plus grant taille qu'on eust vu cueillir d'aage de homme, qui nul bien ne fist pour le prouffit du royaulme de France[3], ains estoit tout gouverné par lesdiz bandez, car Harefleu fut prins par les Engloys oudit moys de septembre, le xiiiie jour[4], et tout le païs gasté et robbé, et faisoient autant de mal les gens d'armes de France aux pouvres gens, comme faisoient les Angloys, et nul autre bien n'y firent.

127. Et si fist[5] bien, vii ou viii sepmaines puis que les Angloys furent arivez, aussi bel temps comme on vit oncques point faire en aoust et en vendenges, jour de vie de homme, et aussi bonne année de tous les biens, mais neantmoins, pour ce, ne s'avanssa oncques nulz[6] des signeurs de France de combatre les Anglois qui là furent.

128. Item, les dessusdiz bandez, le x[e] jour d'octobre, l'an mil iiii[c] et xv, firent à leur posté ung prevost des marchans nouvel et quatre eschevyns, c'est assavoir, le prevost des marchans, Philippe de Breban[7], filx d'un impositeur; les eschevins, Jehan du

---

1. Ms. de Paris : au devant des Anglais.
2. Le duc de Guyenne se dirigea sur Rouen, où devaient se réunir tous les vassaux aptes au métier des armes, convoqués en vertu de lettres royales; d'intéressants détails sur les mesures de défense prises en Normandie lors de la descente des Anglais sont révélés par des lettres de rémission accordées en septembre 1415 à Guillaume de Lescaux, chevalier (Arch. nat., JJ 168, fol. 246 r°).
3. « De France » manque dans le ms. de Rome.
4. Monstrelet et Juvénal des Ursins s'accordent à donner la date du 22 septembre, qui n'est pas exacte; l'auteur de notre Journal est mieux renseigné. En effet, le roi d'Angleterre était en possession d'Harfleur dès le 16 septembre, ainsi qu'il résulte de lettres de ce jour, où il propose au dauphin de vider leur querelle par un duel (Rymer, t. IV, 2e partie, p. 147). C'est le dimanche 22 septembre que le bruit de la reddition d'Harfleur se répandit dans Paris : « Ipsa die dominica, dicitur quod Hariflotum fuit perditum » (Arch. nat., LL 215, fol. 72).
5. Ms. de Paris : si y furent.
6. Ms. de Paris : oncques mais.
7. Philippot de Breban ou Braban, riche changeur parisien, exerça la charge de prévôt des marchands du 10 octobre 1415 au 12 septembre 1417. A cette date, pour cause de « certaine maladie en quoy il estoit encheu », et de son âge avancé, il demanda à être relevé de ses fonctions et fut remplacé par Guillaume Cirasse (Arch. nat., KK 1009, fol. 2 v°). Le

Pré, espicier[1], Estienne de Bonpuis, pelletier[2], Regnault Pidoye, changeur[3], Guillaume d'Ausserre, drappyer. Et si estoient le roy

---

9 août 1420, il s'associa avec quinze de ses confrères pour l'exploitation des monnaies de Paris, Tournai, Châlons, Troyes, Mâcon, Nevers et Auxerre (Arch. nat., Z1b 58, fol. 159); Philippot de Braban dirigea alors la monnaie de Saint-Quentin, et, par suite de l'inexécution de ses engagements, un procès lui fut intenté en 1432 par ses co-associés (*Ibid.*, X1a 4796, fol. 303, 304). Le 3 octobre 1421, lorsque Pierre de Landes, l'un des seize changeurs réunis en association, obtint l'entreprise de la monnaie de Paris, Philippot de Braban et Germain Vivien se portèrent caution pour lui jusqu'à concurrence de 8000 livres tournois (*Ibid.*, Z1b 362). Tout en exerçant la profession de changeur, Braban avait le titre d'ouvrier et monnoyer du serment de France (*Ibid.*, X1a 4794, fol. 217).

1. Jean du Pré, épicier, valet de chambre du duc de Berry, fournit à ce prince en 1410 « des parties de plons et fondeures pour les reparacions des fontaines » de Bicêtre et Gentilly (Arch. nat., KK 250, fol. 76); quoique originaire de Rouen et ne pouvant faire partie de l'administration municipale, il fut désigné par Tanneguy du Châtel pour entrer dans l'échevinage (Arch. nat., X1a 4795, fol. 55).

2. Étienne de Bonpuits, marchand pelletier, l'un des fournisseurs du duc de Berry, auquel il fit livraison le 18 décembre 1410 de plusieurs « parties de pelleterie » destinées au comte d'Eu, son fils, comme cadeau de Noël (Arch. nat., KK 250, fol. 55 v°). A la date du 16 décembre 1413, Martin Gouge, évêque de Poitiers, en considération des « bons et agreables services » que lui avaient rendus Étienne de Bonpuits et Denisette sa femme, leur céda un hôtel sis au bourg de Saint-Germain-des-Prés, dans la censive de l'abbaye (Arch. nat., LL 1037, fol. 71 v°). Au mois d'avril 1418, Étienne de Bonpuits fut adjoint aux négociateurs chargés de traiter avec les ambassadeurs du duc de Bourgogne et se rendit à Montereau en compagnie de Jean de Vailly, président au Parlement, et de J. Tudert, doyen de Notre-Dame (Arch. nat., X1a 1480, fol. 133 v°). Dès l'entrée des Bourguignons à Paris, il prit la fuite et fut remplacé comme échevin le 10 juin 1418 (*Ibid.*, KK 1009, fol. 3 r°), tous ses biens furent confisqués et attribués d'abord à Henri Gregory, anglais, puis à Jean de Saint-Yon. (Cf. Longnon, *Paris pendant la domination anglaise*, p. 270.)

3. Renaud Pis-d'Oue, changeur-orfèvre du roi et de la cour (Arch. nat., KK 29), est cité en 1416 parmi les changeurs présents à la lecture des ordonnances faite au comptoir de la cour des Monnaies (Arch. nat., Z1b 2). Il se fit relever de ses fonctions d'échevin le 16 août 1417, mais continua à prendre part aux délibérations politiques; il assistait à la séance du Parlement tenue le 18 avril 1418, lorsque le président de Vailly exposa le résultat de ses négociations avec le duc de Bourgogne (Arch. nat., X1a 1480, fol. 134). Devenu suspect aux Bourguignons, il dut quitter Paris; on fit main basse sur ses biens et son bel hôtel de la rue des Bourdonnais fut donné le 30 mars 1424 à un chevalier anglais, Jean de Haveford (Longnon, *Paris sous la domination anglaise*, p. 125). Les rentes qu'il prenait sur les terres de Robert, duc de Bar, passèrent en 1427 aux mains de Jean de Luxem-

et monseigneur de Guienne à ce jour en Normendie, l'un à Rouen, et l'autre à Vernon[1] ; ne oncques ceulx de Paris n'en sceurent rien, tant que ce fut fait, et furent moult esbahiz le prevost des marchans et les eschevins qui devant estoient, quant on les depposa sans autre[2] mandement du roy ne du duc de Guienne, ne sans le sceu des bourgoys de Paris[3].

129. Item, le xxe jour dudit moys ensuivant, les signeurs de France ouïrent dire que les Anglois s'en alloient par la Picardie, si les tint monseigneur de Charrollays si court et de si près qu'ilz ne porent passer par où ilz cuidoyent. Adonq allerent après tous les princes de France, sinon vi ou vii, et les trouverent en ung lieu nommé Agincourt, près de Rousseauville ; et en ladicte place, le jour Sainct Crespin et Crespinien, se combatirent à eulx ; et estoient les Françoys plus la moictié que Angloys, et si furent Françoys desconfys et tuez, et prins des plus grans de France.

130. Item, tout premierement, le duc de Breban[4], le conte de Nevers[5], freres du duc de Bourgongne, le duc d'Alençon[6], le duc de Bar[7], le connestable de France Charles de Labrait[8], le conte de

---

bourg, seigneur de Beaurevoir (Arch. nat., JJ 173, fol. 326). Pis-d'Oue, chargé en 1423 de négociations relatives à la délivrance du comte d'Angoulême, se rendit en Angleterre avec un sauf-conduit que lui donna Henri VI (Rymer, t. IV, part. II, p. 94). Il mourut quelques années après ; le 26 avril 1428 sa succession était ouverte au profit de ses enfants, Jean et Colette Pis-d'Oue (Arch. nat., X^{1a} 4795, fol. 247).

1. Charles VI se trouvait à Vernon le lundi 7 octobre et rejoignit le duc de Guyenne à Rouen le samedi suivant (Juv. des Ursins, p. 507).

2. Ms. de Paris : avoir.

3. Ce fut Tanneguy du Châtel qui, le 10 octobre 1415, vint en l'hôtel de ville accompagné de Robert le Maçon et de Jean Louvet, et qui, de son propre mouvement, renouvela l'échevinage sans suivre aucune des règles usitées en pareil cas, notamment sans s'astreindre rigoureusement à choisir comme échevins des bourgeois nés à Paris. Juvénal des Ursins (p. 509) raconte que l'annonce de la prochaine arrivée du duc de Bourgogne faite par un banni du nom de Colin, propriétaire de l'hôtel du Boisseau, à la porte du Temple, inspira des craintes aux gouverneurs de Paris qui changèrent aussitôt l'échevinage et firent murer les portes.

4. Antoine de Bourgogne, duc de Brabant, deuxième fils de Philippe le Hardi, duc de Bourgogne, et de Marguerite, comtesse de Flandre.

5. Philippe de Bourgogne, comte de Nevers, troisième fils de Philippe le Hardi.

6. Jean Ier, duc d'Alençon.

7. Édouard III, duc de Bar.

8. Charles d'Albret, nommé connétable en 1402.

Marle[1], le conte de Roussy[2], le conte de Psalmes[3], le conte de Vaudesmons[4], le conte de Dampmartin[5], le marquis du Pont. Ceulx cy nommez furent tous mors en la bataille, et bien trois mil esperons dorez sur les autres ; mais de ceulx qui furent prins et menez en Angleterre, le duc d'Orleans, le duc de Bourbon, le conte d'Eu[6], le conte de Richemont[7], le conte de Vendosme[8], le mareschal Boussiquault[9], le filx du roy d'Ermenie[10], le sire de Torsy, le sire de Helly[11], le sire de Mouy, [monseigneur de Savoysi] et plusieurs autres chevaliers et escuiers dont on ne scet les noms. Oncques, puis que Dieu fut né, ne fut fait telle prinse en France par Sarazins ne par autres, car avec eulx furent mors plusieurs bailliz de France[12], qui avoient avecques eulx admenez

---

1. Robert de Bar, comte de Marle et de Soissons, grand bouteiller de France.
2. Jean VI, comte de Roucy et de Braine.
3. Jean V, comte de Salm, ne mourut pas à Azincourt ; il fut tué seize ans plus tard à la bataille de Bulgnéville.
4. Ferri de Lorraine, comte de Vaudémont.
5. Charles de la Rivière, comte de Dammartin, souverain maître des eaux et forêts, réussit à s'échapper sain et sauf, et ne mourut qu'en 1427 (Cf. Monstrelet, t. III, p. 124).
6. Charles d'Artois, comte d'Eu, resta vingt-trois ans captif en Angleterre, et mourut le 25 juillet 1472.
7. Artus de Bretagne, comte de Richemont, rentra en France en 1421, épousa le 20 octobre 1423 Marguerite de Bourgogne, veuve du duc de Guyenne. Il devint plus tard connétable de France et duc de Bretagne.
8. Louis de Bourbon, deuxième fils de Jean de Bourbon et de Catherine de Vendôme, conduit à la tour de Londres, ne sortit de prison qu'en 1426, contribua à la levée du siège d'Orléans.
9. Jean le Meingre, dit Boucicaut, maréchal de France depuis le 23 décembre 1391, mourut en captivité en 1421.
10. Le dernier roi d'Arménie, Léon III, mort en 1393 et enterré aux Célestins de Paris, ne laissa qu'un enfant naturel, Guy ou Guyot.
11. Jacques, seigneur de Heilly, maréchal de Guyenne, gouverneur de la Rochelle depuis le 14 mai 1411, déjà fait prisonnier par les Anglais en 1413.
12. Les baillis étaient si fréquemment renouvelés qu'il n'est pas facile de savoir quels étaient les baillis alors en fonctions. Nous nous bornerons à donner le nom du dernier titulaire que nous rencontrions avant la bataille, suivi de celui de son successeur ; quelquefois seulement celui de ce dernier : MACON. Philippe de Bonnay, nommé le 27 décembre 1415 (Arch. nat., X1a 1480, fol. 40). — SENS. Guy d'Aigreville, reçu le 9 octobre 1411 (Ibid., X1a 1479, fol. 173 v°). André Marchant, nommé le 27 décembre 1415. — SENLIS. Trouillart de Maucreux, reçu le 12 septembre 1411. Guillaume de Han, nommé le 27 décembre 1415 (Ibid., fol.

les communes de leurs bailliaiges, qui tous furent mis à l'espée comme le bailly de Vermendoys et ses gens, le bailly de Mascon et ses gens, celuy de Sens et ses gens, celuy de Senliz et ses gens, celuy de Caen et ses gens, le bailly de Meaulx et ses gens; et disoit on communement que ceulx qui prins estoient n'avoient pas esté bons ne loyaulx à ceulx qui moururent en bataille.

131. Environ trois sepmaines après, vint le duc de Bourgongne assez près de Paris, moult troublé de la mort de ses freres et de ses hommes, pour cuider parler au roy ou au duc de Guienne, mais on lui manda qu'il ne fust si hardy de venir à Paris. Et fist on tantost murer les portes, comme autresfois, et se logerent plusieurs cappitaines au Temple, à Sainct-(Martin)[1] et es places devant dictes, par deffaulte de signeurs; et furent toutes les ruelles d'entour les lieux devant diz prinses desdiz cappitaines ou de leurs gens, et les pouvres gens boutez hors de leurs maisons, et à grant priere et à [grant peine] avoient ilz le couvert de leur hostel, et ceste larronnaille couchoit en leurs lictz, comme ilz feissent à xi ou à xii lieues de Paris; et n'estoit homme qui en osast parler ne porter coustel, qui ne fust mis en diverses prinsons [comme au Temple, à Sainct-Martin, à Sainct-Magloire[2], en Tyron et en autres diverses prinsons].

132. Item, environ la fin de novembre, l'an mil iiii^c et xv, le duc de Guienne, ainsné filx du roy de France, moult plain de sa voulenté plus que de raison, acoucha malade et trespassa le xviiie jour de decembre oudit [an], jour mercredi des iiii Temps[3].

---

172 v°; X^{1a} 1480, fol. 40). — CAEN. Girard d'Esquay, 7 juin 1412 (Arch. nat., X^{1a} 4789, fol. 283). Olivier de Mauny, nommé le 7 décembre 1415 (*Ibid.*, X^{1a} 1480, fol. 39 v°). — MEAUX. Guillaume de Noiray, reçu le 6 octobre 1413 (*Ibid.*, X^{1a} 1479, fol. 267). — VERMANDOIS. Pierre de Beauvoir, seigneur de Bellefontaine, reçu le 15 mars 1414 (Arch. nat., X^{1a} 1479, fol. 288), tué à Azincourt, remplacé le 19 décembre 1415 par Thomas de Larzi (*Ibid.*, X^{1a} 4791, fol. 17 v°).

1. Le mot entre crochets est resté en blanc dans le ms. de Paris.

2. Le couvent de Saint-Magloire, situé entre les rues Aubry le Boucher, Saint-Denis, Quincampoix, Saint-Magloire et Salle-au-Comte, communiquait avec la rue Saint-Denis par un passage, avec la rue Quincampoix par le cul-de-sac de Venise.

3. Louis, duc de Guyenne, dont Nicolas de Baye nous a laissé un portrait peu flatté, menait une vie fort irrégulière, employant la nuit à veiller et « po faire » et le jour à dormir, dînant à trois ou quatre heures après midi et soupant à minuit. Aussi, pour nous servir des expressions du digne greffier, avec une existence aussi accidentée « estoit aventure qu'il vesquist

Et furent faictes ses vigilles le dimenche ensuivant à Nostre-Dame de Paris, et fu aporté du Louvre sur les espaulles de quatre hommes, et n'y avoit que six hommes à cheval, c'est assavoir devant; après, les quatre ordres mendians et les autres colleges [de Paris]; après sur ung grant cheval, lui et son paige; sur ung autre fut le chevalier du guet[1], après grant piece le prevost de Paris; après le corps, fut le duc de Berry, le conte d'Eu et ung autre. En ce point fut porté à Nostre-Dame de Paris, et là fut enterré le lendemain.

133. Item, en ce temps fut le pain tres cher, car le pain que on avoit devant pour viii blans valloit v solz parisis, et bon vin pour ii deniers parisis la pinte. En ce temps furent les portes murées, comme autresfoys, pour le duc de Bourgongne qui estoit pres de Paris, et grant foison de gens d'armes; par quoy fromaiges et œufz [furent si chers] que on n'avoit que trois oefz pour ung blanc, et ung fromaige commun (pour) iii ou iiii solz parisis.

134. Et Paris estoit gardé par gens estranges, et estoient leurs cappitaines ung nommé Remonnet de la Guerre[2], Barbasan[3] et

---

longuement ». Ce jeune prince, tombé malade en l'hôtel de Bourbon, succomba le 18 décembre 1415 aux atteintes d'une violente dyssenterie compliquée de fièvre pernicieuse. Des obsèques solennelles, auxquelles assistèrent le duc de Berry et le comte de Ponthieu, lui furent faites à Notre-Dame le lundi 23 décembre à dix heures du matin; son corps ne fut point transporté à Saint-Denis, comme le prétend Monstrelet (t. III, p. 131), mais enterré dans l'église même de Notre-Dame entre « le grant autel et les chaieres où se sient le prestre et diacre à la grant messe » (Arch. nrt., X¹ª 1480, fol. 40); il y reposait encore en novembre 1416, ainsi que le prouve une donation de 120 livres de rente sur les biens de N. d'Orgemont (*Ibid.*, JJ 170, fol. 57). Pour donner une idée du luxe de luminaire déployé à la cérémonie funèbre du duc de Guyenne, il suffira de dire qu'après la célébration du service, la cire fondue par ordre du chapitre produisit une masse de 2150 livres (*Ibid.*, LL 215, fol. 85).

1. Le chevalier du guet était vraisemblablement Bertrand d'Enfernet, qui exerçait cet office à la date du 13 octobre 1414 (Arch. nat., X¹ª 4790, fol. 146).

2. Raymonnet de la Guerre, brave et habile capitaine gascon, tué dans les massacres de 1418 (le 12 juin) avec le connétable d'Armagnac et le chancelier de Marle, tint presque constamment la campagne contre les Anglais et Bourguignons; on le voit en octobre 1415 passer par le comté d'Étampes à la tête d'un corps de mille hommes (Arch. nat., JJ 169, fol. 5 r°), tenir garnison à Saint-Denis en décembre, conduire une expédition au pays de Santers le 24 janvier 1416 et retourner à Paris vers la fin d'avril (Monstrelet, t. III, p. 131, 133, 141).

3. Arnaud Guilhem, seigneur de Barbazan en Bigorre, célèbre capitaine

autres, tous mauvais et sans pitié. Et pour mieulx faire leur voulenté manderent le conte d'Armignac, personne escommeniée, comme devant est dit, nommé Bernart, et de celui firent connestable de France à ung lundi en la fin de decembre[1]. Et le prevost de Paris, ou moys ensuivant, fut fait admiral de France, gouverneur de la Rochelle; et fut depposé d'estre admiral une mauvaise personne nommée Clignet de Breban[2], qui moult fist de mal en France, tant[3] comme il fut admiral.

135. Item, le duc de Bourgongne estoit touzjours en la Brie, ne ne povoit parler au roy, ne le roy à luy, pour puissance qu'ilz eussent eulx deux; car les traistres de France disoient au roy, quant il demandoit, qui moult le demandoit souvent, que plusieurs foys on l'avoit mandé, mais il ne daignoit venir; et d'autre part mandoient[4] au duc de Bourgongne, qui estoit à Laingny, que le roy lui deffendoit sa terre, sur peine d'estre repputé [pour] traistre faulx[5].

---

qui illustra le règne de Charles VII, fut accusé d'avoir trempé dans l'assassinat de Montereau et se défendit énergiquement de toute participation à cet attentat. Chargé par le dauphin de la défense de Melun, il tomba en même temps que cette place au pouvoir des Anglais qui le retinrent prisonnier et l'enfermèrent le 24 février 1430 au Château-Gaillard (Chron. de P. Cochon, p. 464). Barbazan fut tué à la bataille de Bulgnéville.

1. Bernard d'Armagnac fut élevé à la dignité de connétable de France par lettres du 30 décembre 1415.
2. Pierre de Breban, dit Clignet, seigneur de Landreville, pourvu par lettres du 1er avril 1405 de la charge d'amiral de France au lieu de Renaud de Trie, fut remplacé le 27 avril 1408 par Jacques de Châtillon; mais il continua à porter le titre d'amiral de France et défendit ses droits devant le Parlement (Arch. nat., X1a 4790, fol. 36 r°, 120 v°). Breban occupa, en 1411, le poste de gouverneur du comté de Vertus (Ibid., JJ 160, fol. 49 v°). Lors du siège de Montaimé en Champagne, il s'échappa de ce château, déguisé en valet (Ibid., JJ 165, fol 245; JJ 166, fol. 8). Il possédait alors à Paris, dans la rue Neuve-Saint-Merry, un fort bel hôtel que firent vendre des marchands de Lubeck, ses créanciers. Le principal enchérisseur de cet immeuble fut Hélion de Jacqueville (Ibid., X1a 4789, fol. 226 v°).
3. « Tant » manque dans le ms. de Rome.
4. Ms. de Paris : mandement.
5. Pendant que le duc de Bourgogne était à Lagny (du 10 décembre 1415 au 27 janvier 1416) avec « moult grant nombre de gens d'armes de pluseurs nacions qui tenoient toute la Brie et partie de la Champaigne et les rivieres de Marne et de Seinne », une députation composée de Jean de Vailly, président au Parlement, de Simon de Nanterre et de l'évêque de Chartres, vint le trouver « pour traicter et apaiser les besoignes », mais ce fut en pure perte (Arch. nat., X1a 1480, fol. 41).

[1416.]

136. Item, le xii͏͏ᵉ jour [du moys] de fevrier, fut fait par les dessusdiz bandez ledit conte d'Armignac seul¹ de tout le royaulme de France, à qui qu'il en despleust, car le roy estoit tousjours mal disposé. En celui temps, s'en alla le duc de Bourgongne en son païs.

137. Item, le premier jour de mars iiiiᶜ et xv ensuivant, jour Sainct Aulbin, entra l'empereur roy de Hongrie à Paris, à ung dimenche², et vint par la porte Sainct-Jacques et fut logé au Louvre; et le iiᵉ mardi ensuivant, furent envoiées semondre les damoiselles de Paris et des bourgoises les plus honnestes, et leur donna à disner en l'ostel de Bourbon, le xᵉ jour ensuivant après sa venue, et à chascune aucun jouel.

138. Item, il fut à Paris environ trois sepmaines, et puis s'en alla devers Engleterre³ pour avoir les prinsonniers du sang de France, qui là estoient de la prinse d'Egincourt.

---

1. Les mss. de Rome et de Paris n'indiquent pas de lacune.
2. Au moment de l'arrivée de l'empereur Sigismond, les corps constitués de Paris, tels que l'échevinage, le Parlement, la Chambre des comptes, tous à cheval, allèrent au-devant du souverain allemand, les uns jusqu'à Étampes, les autres jusqu'à Longjumeau, le duc de Berry et sa suite jusqu'au moulin à vent vers Bourg-la-Reine (Arch. nat., X¹ᵃ 4791, fol. 45 vᵒ). Le 8 mars, à huit heures du matin, l'empereur se rendit à Notre-Dame, où une réception solennelle lui avait été préparée dès le 28 février. Mais là comme ailleurs il laissa une réputation de parcimonie bien méritée; reçu à son entrée dans la nef par l'évêque de Paris entouré des chanoines, au son des grosses cloches Marie et Jacqueline, il entendit la messe dite en son honneur, mais ne donna rien à l'offrande. Après la messe, Sigismond alla visiter les reliques et le trésor de Notre-Dame qu'il admira beaucoup, mais ne fit aucune largesse pour les reliques, se bornant à gratifier les enfants de chœur d'un pauvre écu. Le dimanche suivant, l'empereur honora de sa présence le Palais où il se fit également montrer les reliques et poussa la générosité jusqu'à offrir un demi-franc (*Ibid.*, LL 215, fol. 93, 94). Lors de sa visite au Parlement, qui eut lieu le 16 mars, Sigismond prit fait et cause pour l'une des parties plaidantes, Guillaume Seignet, qui réclamait l'office de sénéchal de Beaucaire, et l'arma chevalier, ce qui ne plut que médiocrement au roi et à son conseil (*Ibid.*, X¹ᵃ 4791, fol. 54 vᵒ; Monstrelet, t. III, p. 138).

3. L'empereur Sigismond quitta Paris le mercredi avant Pâques fleuries (20 mars) pour se rendre en Angleterre, et passa par Beauvais, Saint-Riquier et Calais; il fit à Londres un séjour d'un mois à cinq semaines (Monstrelet, t. III, p. 136; Saint-Remy, t. I, p. 229).

139. Item, [commençant] la sepmaine penneuse ensuivant, qui fut [entrant] le xiii[e] [1] jour d'avril iiii[c] xv, entreprindrent aucuns des bourgois de Paris [2] de prendre ceulx qui ainsi tenoient Paris en subgection, et devoient ce faire le jour de Pasques, qui furent le xix[e] jour d'avril, mais ilz ne le firent point par sens [3], car il fut sceu par ceulx de la bande, qui les prindrent et les misdrent en prinson.

140. Et le xxiiii[e] jour dudit moys d'avril iiii[c] xvi, fut [mené] en ung tumberel à boue, le doyen de Tours, chanoyne de Paris, frere de l'evesque de Paris de devant cellui qui pour lors estoit, nommé Nicole d'Orgemont, filx de feu Pierre d'Orgemont [4]. En

---

1. Ms. de Paris: xiiii.
2. Indépendamment des principaux chefs de la conspiration nommés plus loin, Thierry de la Bée, couturier, fut banni du royaume « comme consentant et coulpable de certaine commocion et monopole que aucuns habitans de Paris cuidierent mettre à execucion le jour de Pasques ». Son hôtel à Paris rue de la Ferronnerie, ainsi qu'un autre hôtel à Chaillot (Challoyau) échurent à Mengin de Trèves, valet de chambre du dauphin (nov. 1417, Arch. nat., JJ 170, fol. 125). L'ancien échevin, Jean de l'Olive, paraît avoir été impliqué dans ce complot, car une rente que J. de l'Olive, « nagueres condempné pour crime de leze majesté », possédait sur une maison rue Aubry le Boucher, passa en mars 1417 à G. Belier, chapelain en l'église Saint-Leu et Saint-Gilles (Ibid., JJ 169, fol. 349).
3. Ms. de Paris : Ilz ne le firent pas secrets.
4. Nicolas d'Orgemont, dit le Boiteux d'Orgemont, archidiacre d'Amiens, chanoine de Notre-Dame de Paris, de Saint-Germain-l'Auxerrois et de Champeaux en Brie, maître des comptes, expia cruellement le double tort qu'il eut de faire partie en 1413 de la commission instituée contre les Armagnacs (Arch. nat., X1a 1479, fol. 212 v°) et de posséder une fortune considérable. Ses envieux et ses ennemis lui firent un crime irrémissible de n'avoir point révélé le complot qui se tramait dans Paris, complot dont il avait eu connaissance le mercredi avant Pâques. Arrêté le mardi 21 avril dans sa maison du cloître Notre-Dame, il fut aussitôt emprisonné en la Bastille, et le vendredi suivant, le chancelier H. de Marle, assisté du prévôt de Paris, de Robert le Maçon, de Pierre de l'Esclat, de Robert de Tuillières, le fit amener au Châtelet dans la chambre des fiefs, et là, en présence des chanoines assemblés, lui donna lecture des lettres qui le déclaraient déchu de tous offices royaux et lui infligeaient une amende de quatre-vingt mille écus. Pour respecter l'immunité ecclésiastique, le chapitre de Notre-Dame fut chargé pour la forme de lui faire son procès ; la sentence du chapitre, prononcée le 30 avril 1416 (Arch. nat., LL 215, fol. 498) le condamna à perdre tous ses bénéfices et à tenir prison perpétuelle « au pain de doleur et à eaue d'angoisse » (Ibid., X1a 1480, fol. 54). Ce même jour, Nicolas d'Orgemont, extrait de la Bastille et remis au chapitre, fut conduit sur le parvis Notre-Dame où il fut prêché sur « l'eschaffaut » au milieu d'une affluence

ce point, vestu d'un grant mantel [de] viollet, et chapperon de mesmes, fut mené es halles de Paris, [et] en une charrette devant estoient deux hommes de honneur sur deux aiz, chascun une croix de boys en sa main ; et avoit l'un esté eschevin de Paris, et l'autre estoit homme de honneur et estoit en ars nommé maistre Regnault[1], et l'eschevin Robert de Belloy[2]. Et à ces deux on coppa les testes, voyant ledit d'Orgemont, lequel n'avoit que ung pié, et après la justice fut ramené [sans oster dudit tumberel] en prinson ou chastel de Sainct-Anthoine, et environ quatre jours après, fut presché ou parviz Nostre-Dame et condampné en chartre perpetuelle au pain et à l'eaue.

141. Item, le premier sabmedi de may ensuivant furent decollez pour ce fait trois moult honnestes hommes, et de moult bonne renommée, c'est assavoir, le signeur de l'Ours[3], de la porte

---

énorme de populaire. Dès le 4 mai, les chanoines intercédèrent auprès du roi pour qu'une prison ecclésiastique fût assignée à leur confrère et afin qu'on lui donnât un confesseur ; néanmoins, d'Orgemont ne fut transféré à Meung-sur-Loire, dans les prisons de l'évêque d'Orléans, que le samedi 18 juillet ; à partir du mois d'août, sa captivité devint de plus en plus rigoureuse et ne tarda pas à entraîner sa mort (*Ibid.*, LL 215, fol. 99-120, *passim*). Il n'existait plus au mois de novembre 1416, comme le prouve la donation de 120 livres de rente sur ses terres de Méry-sur-Oise faite à l'église Notre-Dame (*Ibid.*, JJ 170, fol. 56 v°). Emeline de Nostemberg, dame d'honneur de la reine, obtint à titre gracieux 502 livres de rente sur ses biens confisqués, à condition de donner décharge d'une somme de dix mille livres dont le roi lui avait fait présent lors de son mariage (*Ibid.*, JJ 169, fol. 322). Jean Taranne se fit adjuger pour 1500 livres le grand hôtel que d'Orgemont possédait à Gonesse (*Ibid.*, fol. 312 v°), tandis que Hugues de Guingamp, maître des comptes, acquérait, moyennant 410 livres, une vieille tour à Fontenay et un hôtel à Montreuil (*Ibid.*, JJ 170, fol. 74).

1. « Maître Regnaut Maillet », qualifié homme d'église et curé par le greffier du Parlement (Arch. nat., X1a 1480, fol. 54).

2. Robert de Belloy, riche drapier et échevin pendant la période cabochienne ; après son exécution, Jeanne sa veuve et sa fille Gilles de Belloy obtinrent la restitution de ses biens confisqués (Arch. nat., JJ 169, fol. 155 v°). Il laissa aussi un fils, Jean de Belloy, qui arriva plus tard à l'échevinage. Robert possédait une maison rue de la Ferronnerie.

3. Le possesseur de l'hôtel de l'Ours, sis en la rue de la Porte Baudoyer, était un sergent d'armes du roi, nommé Jean Roche, qui passait pour un « grans riche homs », partisan dévoué du duc de Bourgogne à Paris. Après son exécution, les Armagnacs s'emparèrent de ses biens et réduisirent ses proches à l'indigence ; la femme de Jean Roche, sa fille Jeannette avec son mari Jacquet Guillaume, l'un des conjurés de 1430, tombèrent dans une situation extrêmement précaire, et à la suite de la vente

Baudet, ung tainturier nommé Durant de Bry[1], ung marchant de laton et espinglier nommé Jehan Perquin ; et estoit ledit tainturier maistre de la soixantaine des arbalestiers de Paris.

142. Item, le viie jour de may, fut crié parmy Paris, que nul ne fust si hardy de faire assemblée à corps, ne à nopces, ne en quelque maniere sans le congié du prevost de Paris. En ce temps avoit, quant on faisoit nopces, certains commissaires et sergens aux despens de l'espousé, pour garder que homme ne murmurast de rien.

143. Item, le viiie jour de may, vendredi, furent ostées les chaisnes de fer qui estoient à Paris et furent portées à la porte Sainct-Anthoine[2]. En ce temps estoit [touzjours] le pain si cher que petiz mesnaiges n'en povoient avoir leur saoul, car la charté dura moult longuement, et coustoit bien la xii[ne], que on avoit devant pour xviii deniers, iiii solz parisis.

144. Item, le sabmedi ensuivant, ixe jour dudit moys, furent ostées les armeures aux bouchers en leurs maisons, tant de Sainct-Germain, de Sainct-Marcel, de Saincte-Geneviefve [et] de Paris.

à Alexandre des Marais, changeur, d'une maison sise rue Saint-Antoine à l'enseigne de la Huchette, ils furent emprisonnés au Châtelet à cause de dépositions faites par témoins supposés ; mais ils firent valoir des circonstances atténuantes et obtinrent des lettres de rémission (Longnon, *Paris sous la domination anglaise*, p. 119-127). Quant à l'hôtel de l'Ours, il subit encore de singulières vicissitudes. Ensuite du complot de 1430, son propriétaire Jacquet Guillaume fut exécuté, et la femme dudit Jacquet bannie du royaume ; l'hôtel resta vide et en quelque sorte abandonné. Au mois d'août 1430, maître Jehan Carrelier, « commis à louer et recevoir les loyers de l'ostel de l'Ours, » demanda d'urgence que l'on y fît certaines réparations, faute desquelles « briefment ledit hostel devendroit en non valeur et en ruyne » ; l'autorité compétente fit droit à cette requête (Arch. nat., Y 5230, fol. 36 v°). En 1436, au moment de l'expulsion des Anglais, l'hôtel de l'Ours était occupé par Jacquet de Raye, « espicier », partisan bien connu de la cause anglaise, qui fut banni (*Ibid.*, X1a 1481, fol. 120).

1. Ce nom est orthographié « De Vry » dans le ms. de Rome, et « Debry » dans le ms. de Paris.

2. Les chaînes de fer enlevées le vendredi 8 mai « à foison de gens d'armes » (Arch. nat., X1a 1480, fol. 55) et portées « ou chastel de la bastille St-Anthoine » furent restituées deux jours après sur la demande du prévôt des marchands et des échevins, « pour icelles estre tournées et converties au prouffit, fortifficacion, emparement et decoracion de Paris, » à condition qu'il serait rendu compte de leur emploi ou des deniers qui en proviendraient. (Lettres de Charles VI du 10 mai 1416 : *ibid.*, K 950, n° 22).

145. Item, le lundi ensuivant, fut crié parmy Paris, sur peine d'estre repputé vray[1] traistre, que tout homme, prestre, clerc ou lay, portast ou envoiast toutes ses armeures, quelles qu'elles fussent, ou espées, ou badelaires, ou hachetes, ou quelque armeure qu'il eust, au chastel de Sainct-Anthoine.

146. Item, le vendredi, xve jour dudit moys, firent lesdiz commencer à abatre la grant boucherie de Paris[2], et le dimenche ensuivant vendirent les bouchers de ladicte boucherie leurs chars sur le pont Nostre-Dame, moult esbahiz pour les franchises qu'ilz avoient en la boucherie, qui leur furent toutes ostées[3]; et sembloit ce dimenche que les[diz] bouchers eussent [eu] quinze jours ou trois sepmaines [de temps] à faire leurs estaulx, tant furent bien ordonnez du vendredi jusques au dimenche.

147. Item, le vendredi ensuivant, furent commencées à murer les portes comme autresfoys.

148. Item, le lendemain de la Sainct Laurens ensuivant, firent crier lesdiz bandez parmy Paris, que nul ne fust si hardy d'avoir à sa fenestre coffre ne pot, ne hotte, ne coste en jardin, ne bouteille à vin aigre à sa fenestre qui fust sur rue, sur peine de perdre corps et biens, ne que nulz ne se baingnast en la riviere sur peine d'estre pendu par la gorge.

149. Item, le jour de Sainct Laurens ensuivant, firent chanter lesdiz bandez aux Quinze-Vingt, fust tort ou droit, et y avoit commissaires et sergens qui faisoient chanter devant eulx telz prebstres qu'ilz vouloient, malgré ceulx dudit lieu, lesquelx vouloient que

---

1. Ms. de Rome : traistre.
2. En vertu de lettres du 13 mai 1416, publiées le 15 du même mois, portant que la grande boucherie, sise devant le Châtelet, serait « du tout demolie » et abattue jusqu'au ras du sol, et que l'écorcherie derrière le Grand Pont serait supprimée (Arch. nat., K 950, n° 23; Y 3, fol. 46 r°). Cette mesure d'ordre public, qui frappait la puissante corporation des bouchers, trouvait sa justification dans la nécessité de dégager les abords du Grand Châtelet et de faire cesser l'insalubrité notoire de la grande boucherie.
3. Ce ne fut qu'une installation provisoire. Afin de remplacer les trente-deux étaux que renfermait la grande boucherie démolie, le roi, par lettres publiées le 21 août, ordonna l'établissement de quatre nouvelles boucheries, comportant quarante étaux, en la halle de Beauvais, près du Châtelet en face Saint-Leufroy, près du Petit Pont, et autour des murs du cimetière Saint-Gervais; il supprima en même temps la communauté « que avoient les bouchers tueurs et escorcheurs de la grant boucherie » et abolit leurs privilèges (Arch. nat., Y 3, fol. 47).

on leur fist droit de certains prinsonniers qui estoient à Graville[1], lesquelx furent prins en la franchise par l'oultraige du prevost de Paris; et furent prins le xxv° jour de may, vigille de l'Ascencion Nostre-Seigneur[2], et fut avant la Sainct Laurens ensuivant que on chantast ne messe ne vespres en ladicte eglise.

150. Item, la premiere sepmaine de septembre ensuivant, fist on deffense aux bouchiers que plus ne vendissent leur char sur le pont Nostre-Dame, et en celle dicte sepmaine commencerent à vendre en la halle de Beauvays[3], à Petit-Pont, à la porte Baudays, et environ xv jours après commencerent à vendre devant Sainct-Lieufray[4] au Trou-Pugnais[5].

151. Item, en celle sepmaine fut crié que nul sergent à cheval ne demourast hors de la ville de Paris, sur peine de perdre son office.

---

1. Le ms. de Rome donne, mais d'une manière peu lisible, *à grauille;* celui de Paris écrit *greuille* en toutes lettres.

2. Par suite de l'arrestation de ces malfaiteurs, opérée par les gens du roi du Châtelet au mépris de l'immunité des Quinze-Vingts, la célébration des offices avait été suspendue. L'évêque de Paris se joignit aux Quinze-Vingts pour demander réparation; l'affaire, portée devant le Parlement, reçut le 30 mai une solution : le procureur du roi et l'évêque, d'un commun accord, arrêtèrent les poursuites, et il fut convenu que dans les huit jours le service religieux serait repris par les Quinze-Vingts, sans préjudice de leurs droits et priviléges (Arch. nat., X1a 1480, fol. 58).

3. Seize étaux de bouchers furent édifiés en la halle de Beauvais « es halles de Paris »; leur revenu, estimé 2,500 livres tournois, se monta pour l'année 1418 à 2,378 livres parisis. Le 22 avril 1418, Charles VI en abandonna la propriété à l'abbaye de Saint-Denis pour l'indemniser du prêt de 20,000 francs par elle consenti, sacrifice d'autant plus lourd que les religieux durent pour se procurer cette somme vendre la châsse d'or où reposait le corps de saint Louis (Arch. nat., K 59, n° 19). Après les observations présentées par G. le Tur, faisant fonctions de procureur du roi, le Parlement, ayant égard aux nécessités pressantes du moment, se résigna le 27 avril à enregistrer ces lettres, « combien qu'elles semblassent dommageables et prejudiciables au roy » (*Ibid.*, X1a 1480, fol. 135).

4. La chapelle de Saint-Leufroy se trouvait près du Grand Châtelet entre le quai et la grande boucherie; l'emplacement de la boucherie qui fut établie sur ce point est déterminé par un article du compte des confiscations de 1421 mentionnant la démolition d'une maison au bout du Pont-aux-Meuniers « pour ce que l'on vouloit illec faire une boucherie » (Sauval, t. III, p. 283).

5. Il y avait alors à Paris plus d'un de ces cloaques, appelés *Trous punais*, où venaient se perdre les immondices et s'écouler le sang provenant des tueries d'animaux; le plus connu est celui du cul-de-sac Gloriette, où il y eut une boucherie du même nom.

152. Item, fut crié celle dicte sepmaine que lesdiz estaulx de boucherie seroient baillez au prouffit du roy au plus offrant[1], et que lesdiz bouchiers n'y auroient quelque franchise.

153. Item, le mois d'octobre ensuivant, fut commencée la boucherie du cymetiere Sainct-Jehan, et fut achevée, et [y] vindrent vendre ceulx de derriere Sainct-Gervais, le premier dimenche de febvrier oudit an.

[1417.]

154. Item, le xxe jour de febvrier[2] oudit an, fut crié que on ne prinst nulle monnoye à Paris que celle du roy[3], qui moult fist grant dommaige aux gens de Paris, car la monnoye du duc de Bretagne et du duc de Bourgongne estoient prinses comme celles du roy, dont plusieurs marchans, riches et pouvres, et autres gens qui en avoient perdirent moult, car pour la deffence homme n'en eust eu quelque neccessité senon au buillon ; mais environ ung moys après, on reprint les dessusdictes monnoyes[4], et deffendues comme davant furent.

---

1. Suivant le compte de l'ordinaire de la prévôté de Paris pour 1417 (Sauval, t. III, p. 274) les étaux des nouvelles boucheries furent mis aux enchères en l'auditoire civil du Châtelet, le vendredi 2 octobre.
2. Ms. de Paris : xxie jour de febvrier.
3. Voici la désignation des monnaies dont le cours et la valeur furent réglés par l'autorité royale : 1° deniers d'or fin, dits *écus à la couronne*, valant 22 sols 6 deniers tournois la pièce ; 2° petits deniers d'or fin, dits *petits écus à la couronne*, d'une valeur de 15 sols tournois ; 3° deniers blancs d'argent, appelés *gros*, valant 20 deniers tournois la pièce; 4° deniers blancs d'argent, nommés *demi gros* et *quarts de gros*, reçus pour 10 deniers tourn. et 5 d. t. pièce ; 5° blancs *deniers à l'écu* de 10 d. t. la pièce ; 6° petits blancs, appelés *demi blancs à l'écu*, de 5 d. t.; 7° doubles deniers tournois de 2 d. t. la pièce ; 8° petits parisis, petits tournois, valant 1 den. parisis et 1 den. tournois ; 9° petites mailles, valant une maille tournoise. Les dispositions qui prohibèrent toutes monnaies frappées dans le royaume, en ne laissant subsister que la monnaie royale, sont insérées dans un mandement du 20 janvier 1417, enjoignant au bailli de Mâcon, sénéchal de Lyon, de faire publier dans l'étendue de son ressort l'interdiction des espèces étrangères; pareilles lettres à l'adresse du prévôt de Paris furent remises le 19 février à son lieutenant par les généraux maitres des monnaies (Arch. nat., Z1b 58, fol. 142, 143).
4. Rien ne prouve que cette assertion soit exacte, tandis qu'il est hors de doute que les monnaies de Bretagne et de Bourgogne restèrent prohibées; à la date du 7 juin 1417, nous voyons rendre à Robin Charon, épicier,

155. Item, le iiie jour d'avril oudit an, trespassa monseigneur de Guienne, ainsné filx du roy de France, à Compigne[1], qui avoit esté xv moys ou environ Dalphin[2].

156. Item, ledit roy Louys, l'an mil iiii^c [xvii], trespassa environ trois jours en la fin[3].

157. Item, en icelluy temps, on avoit vin sain et net pour ung denier la pinte, mais de grosses tailles [trois ou quatre] tous les ans; et n'osoit nul parler du duc de Bourgongne, qu'il ne fust

---

demeurant sur le Petit-Pont, 18 fr. 4 s. de blancs, de dix deniers tournois la pièce, « lesquelx lui furent tous coppez, pour ce qu'ilz n'avoient point de cours » (Arch. nat., Z^{1b} 2).

1. Ms. de Paris : accompaigné.
2. Jean, duc de Touraine (et non de Guyenne), quatrième fils de Charles VI, marié le 29 juin 1406 à Jacqueline de Hainaut, mourut à Compiègne vers le 4 ou 5 avril 1417 (*Bibl. de l'École des Chartes*, 4e série, t. IV, p. 480). Bien que sa mort eût été amenée par une cause toute naturelle, les Bourguignons firent peser sur l'entourage du roi une accusation des plus graves, dont Monstrelet se fait l'écho (t. III, p. 168) et que répète l'auteur anonyme de la Chronique des Cordeliers (t. VI, p. 234). Suivant le bruit public, le duc de Touraine et même son frère le duc de Guyenne auraient été victimes d'un empoisonnement. L'accusation fut nettement formulée par le duc de Bourgogne dans certaines lettres scellées de son sceau et signées de sa main, lesquelles furent placardées sur les portes de plusieurs églises de Rouen; ces lettres qui contenaient des menaces de mort contre les conseillers de Charles VI, qu'elles traitaient de « rapineurs, dissipeurs, traistres, empoisonneurs et murtriers », furent envoyées à Paris et apportées au Parlement le 24 mai 1417 par le lieutenant du prévôt; lecture publique en fut donnée, et l'original rendu au chancelier. Le 10 juillet suivant, le procureur du roi, analysant les lettres en question, s'exprime en ces termes au sujet du prétendu empoisonnement du Dauphin : « En oultre, lesdictes lettres contiennent libelle diffamatoire, et en especial en tant qu'elles font mencion de l'empoisonnement de feu mons^r. de Guienne et de feu mons^r. le Dauphin, et sont choses controuvées et diffamatoires, et est vray que lesdiz seigneurs après leur mort furent ouvers en presence de medicins et autres, et n'y avoit quelque signe de empoisonnement » (Arch. nat., X^{1a} 4791, fol. 275). Le 21 juillet 1417, le Parlement rendit un arrêt conforme aux conclusions du procureur du roi données le 16 juillet précédent, déclara les susdites lettres « mauvaises, sedicieuses et scandaleuses, » et ordonna qu'elles seraient déchirées en la Cour, « rompues et arses publiquement en la ville de Paris » (*Ibid.*, X^{1a} 1480, fol. 92, 99).
3. Louis II, roi de Sicile, beau-père de Charles VII, mourut à Angers le 30 avril 1417, suivant des informations précises tirées du livre d'heures du roi René et des comptes de l'hôtel de la duchesse d'Anjou (Arch. nat., KK 243, fol. 47 v°); il fut enterré le 1er mai.

en peril[1] de perdre le corps ou la chevance, ou d'estre banny.

158. Item, le xxixe jour de may ensuivant, vigile de la Penthecoste, fut crié que nul ne prinst quelque monnoie que celle du coing du roy seullement, et que on ne marchandast que à solz et à livres[2]; et furent aussi criez à prendre petiz moutons d'or pour xvi solz parisis, qui n'en valloient pas plus de xi solz parisis[3].

159. Et le lundi ensuivant, premier jour des festes de Penthecoste, commencerent les gens de Paris, c'est assavoir, de quelque estat qu'ilz fussent, prebstres ou clercs, ou autres, à curer les voiries[4] ou à faire curer à leur argent; et fut celle queuellecte si

---

1. Ms. de Paris : En grand dangei.
2. « Que nul de quelque condicion ou estat qu'il soit ne face aucuns contraulx ou mar chiez à sommes de mars d'or ou d'argent, ne à pièces d'or, mais seulement à solz et à livres. » (Lettres du 20 janvier 1417: Arch. nat., Z1b 58, fol. 142.) L'application de cette mesure souleva de nombreuses difficultés, à chaque instant des contestations étaient soumises au jugement de la prévôté de Paris « pour cause des lettres de change que les marchands faisoient les uns aux autres pour avoir change en divers pays ; » aussi le 8 août 1417, le lieutenant du prévôt exposa-t-il en la Chambre des monnaies l'embarras qu'il éprouvait, demandant l'avis des généraux maîtres qui déclarèrent que, pour toutes lettres de change passées avant le 10 mai, chaque cent d'écus valant 18 sols parisis pièce se solderait par 118 moutons au cours de 20 sols tournois pièce (Ibid., Z1b 2).
3. Un mandement de Charles VI adressé le 10 mai 1417 aux généraux maîtres des monnaies prescrivit la fabrication dans tous les ateliers monétaires du royaume de deniers d'or fin, appelés moutons, à 23 carats, qui devaient avoir cours pour 20 den. tournois la pièce (Arch. nat., Z1b 58, fol. 14J v°). Le 14 juin suivant, un nouveau mandement au bailli de Meaux donna cours aux petits moutons (Ibid., fol. 148).
4. L'auteur du journal, probablement atteint par cette taxe, exhale son mécontentement. Cependant il était vraiment urgent de « curer les voiries »; divers témoignages puisés à des sources authentiques montrent jusqu'à quel point Paris laissait à désirer sous le rapport de la salubrité. Malgré des défenses maintes fois renouvelées, notamment en janvier 1404, les habitants continuaient à jeter des immondices dans la Seine; en 1414, le chapitre de Notre-Dame, voisin d'un foyer permanent d'infection, s'émut de cet état de choses et, voulant y porter remède, chargea trois de ses membres d'en conférer avec le prévôt des marchands (Arch. nat., LL 214, fol. 318). Du reste, le nettoyage des rues, mal organisé, ne se faisait que d'une façon très imparfaite; des lettres du 25 janvier 1415 accordant l'exemption du guet aux voituriers chargés de l'enlèvement des boues, laissent échapper cet aveu caractéristique : « Par default de tumbereaux, nostre ville est à present tres orde et pleine de boues, ordures, et immundices » (Ibid., Y 3, fol. 100). (Cf. le mémoire de M. Lecaron sur

aspre, qu'il falloit que chascun, de quelque estat qu'il fust, de v jours en v jours en baillast argent, et quant on poyoit pour cent on ny en mettoit mie xL, et avoient les gouverneurs le remenant[1].

160. Item, celle dicte sepmaine, fut fait le pont leveys à la porte Sainct-Anthoine, et celle année furent faictes les maisons entre les bastilles et l'escorcherie aux Tuilleries[2].

161. Item, en cellui temps, fut prins de par le prevost de Paris ung nommé Loys Bourdon, chevalier, qui tant fit de peine au chastel d'Estampes, comme devant est dit, et fut noyé pour ses demerites. Et fut la royne privée du tout, que plus ne seroit au conseil, et lui fut son estat amendry. Et demourerent les choses en ce point, sinon que tousjours prenoient lesdiz gouverneurs desquelx vouloient et les bannissoient ; et si failloit qu'ilz allassent où lesdiz gouverneurs vouloient, et en mains de trois sepmaines en bannirent plus de viii^{c}[3], sans ceulx qui demourerent en prinson.

162. Item, en ce temps, à l'issue d'aoust, s'esmeut[4] le duc de Bourgongne pour venir à Paris, et vint en conquestant villes, cités, chasteaulx, et partout faisoit crier, de par le roy et le daulphin,

---

les *travaux publics de Paris au moyen âge*, Mémoires de la Soc. de l'hist. de Paris, t. III, p. 108).

1. Ms. de Paris : revenu.

2. L'écorcherie établie aux Tuileries Saint-Honoré, sur la Seine, en vertu des lettres d'août 1416 citées plus haut. En ce qui concerne les maisons dont la construction est ici mentionnée, nous savons qu'à cette époque les échevins édifièrent avec une partie du « Pont-Neuf xxx ou xL maisons d'entre la tour de Billy et la porte Saint-Honoré, et firent provision d'artillerie, de canons et de pouldres » (Arch. nat., X^{ia} 4793, fol. 99).

3. Le Parlement lui-même fut enveloppé dans ces mesures de proscription; le 30 août 1417, on l'avisa que le roi ou plutôt son entourage avait décidé l'éloignement de Paris de treize conseillers, du procureur du roi, de deux notaires, du greffier criminel, de quatre huissiers, « soubz umbre, disait-on, de ce que on les souspeçonnoit d'estre favorisans ou affectez au duc de Bourgongne. » Malgré la démarche faite en faveur des suspects par le Parlement tout entier, la décision du grand conseil fut maintenue et les membres de la Cour frappés de bannissement durent quitter Paris; cependant, pour atténuer ce qu'un tel procédé avait d'arbitraire, chacun des bannis obtint lettres de sauf-conduit du roi et du Parlement, portant que le roi « envoyoit iceulx conseillers et officiers en certaines parties de ce royaulme pour certaines besoingnes touchant le fait du roy et de la court » (Arch. nat., X^{ia} 1480, fol. 104).

4. Ms. de Paris : se surent.

et de par luy que on n'y paiast nulles subsides ; dont les gouverneurs de Paris prinrent si grant haine contre lui qu'ilz faisoient [faire processions [1] et faisoient] prescher qu'ilz savoient bien de vray qu'il voulloit estre roy de France, et que par lui et que par son conseil estoient les Engloys en Normendie. Et par toutes les rues de Paris avoit espies, qui estoient residans et demourans à Paris, qui leurs propres voisins faisoient prendre et emprinsonner ; et nul homme, après ce qu'ilz estoient prins, n'en osoit parler aucunement, qu'il ne fust en peril de sa chevance ou de sa vie.

163. Item, à l'entrée de septembre [mil] IIIIe XVII, aproucha le duc de Bourgongne de Paris [2], et gaigna l'Isle Adam, Pons Sainte-Messent, Senliz, Beaumont. Adonq fut la porte Sainct-Denis fermée, et furent abatues les arches pour faire ung pont leveys, et fut deux moys fermée en la droicte saison de vendanges.

164. Item, environ VIII ou IX jours en septembre, fut depposé Breban devantdit de la prevosté des marchans [3], et fut fait prevost Estienne de Bonpuis, lequel ne le fut que cinq jours, et fut mis en la prevosté ung faiseur de cofres [et de bans], nommé Guillaume Syrasse, le XIIe jour de septembre oudit an.

165. En ce temps vindrent les Bourgougnons devant Sainct-Cloud, et lors fut le pont rompu, et les Bourguignons assaillirent la tour à engins [4] et l'endommaigerent moult, mais point ne fut prinse à celle foys, ains la laisserent, mais ilz tindrent si [5] le païs

---

1. Pendant les mois d'août, de septembre et d'octobre, les processions succédèrent aux processions. Indépendamment de celles que le chapitre de Notre-Dame ordonna de faire trois fois par semaine dans les églises soumises à son autorité, presque chaque dimanche eut lieu une procession générale ; le 22 août à Sainte-Geneviève avec les châsses de Saint-Merry, Saint-Benoit et Saint-Marcel ; le 2 septembre à Saint-Germain-l'Auxerrois ; le 19 septembre à Saint-Magloire ; le 3 octobre à Notre-Dame ; le 17 octobre aux Carmélites (Arch. nat., LL 215, fol. 164-170).

2. Jean Sans-Peur, parti d'Arras le 9 août 1417, prit possession le 24 août de Montdidier, le 26 de Beauvais, et dans les premiers jours de septembre de Pontoise, de Provins et de Beaumont-sur-Oise.

3. Philippe de Breban, malade et déjà avancé en âge, fut relevé de ses fonctions sur sa demande. Guillaume Cirasse, son successeur, fut remplacé dans ses fonctions d'échevin par Henri Mauloué, secrétaire du roi. Peu de temps auparavant (le 16 août), Regnaut Pis d'Oe avait cédé la place à Simon Taranne (Arch. nat., KK 1009, fol. 2 v°).

4. C'est le 16 septembre que le duc de Bourgogne fit mettre le siège devant la grosse tour de Saint-Cloud.

5. Entre les mots *tindrent si* et *le païs*, on a laissé un blanc dans le ms. de Paris.

autour de Paris, que quelque marée ne venoit à Paris de nulle part.

166. Item, la livre de beurre sallé valloit II solz parisis, et vendoit on II œufs ou III au plus IIII deniers parisis; ung petit haren caqué VI den. parisis; le freys haren vint environ les octabes Sainct-Denis III ou IIII pennyers, et vendoit on la piece III ou IIII blans tout lavé[1], et le pouldré II blans rien mains; et le vin que on avoit en aoust pour II deniers coustoit en septembre ensuivant IIII ou VI deniers parisis.

167. Item, en ce temps avoit si pesme douleur à Paris, que nul n'osoit aller vendenger hors Paris, devers la porte Sainct-Jaques, de toutes pars, comme à Chastillon, à Banuex, à Fontenay, Vanves[2], Icy, [Clamart], Montrouge[3]; car les Bourgongnons hayoient moult les bourgoys de Paris, et ilz venoient fourrer jusques aux forsbourgs de Paris, et quelque personne qu'ilz trouvoient estoit prins et emmené en leur ost. Et avecques eulx avoit moult de gens de Paris qui avoient esté banniz, qui tous les congnoissoient par enquerir ou autrement; et s'ilz estoient de quelque renon, ilz estoient cruellement traictez et mis à si grant rançon, comme on les povoit mettre, et s'ilz eschappoient par aucune aventure et venoient à Paris, et on le savoit, on leur mettoit sur[4] qu'ilz s'estoient fait prendre de leur bon gré, et estoient mis en prinson.

168. Item, en ce temps fut fait cappitaine de la porte du Temple ung nommé Symonnet du Boys[5], qui estoit clerc Jaquot l'Empereur[6] garde des coffres du roy, et de la porte Sainct-Martin ung

---

1. Ms. de Rome : tout lancé.
2. Ms. de Paris : Vavernes.
3. Jean Sans-Peur séjourna huit jours à Montrouge, où son logis est connu sous le nom de l'arbre sur lequel fut planté son étendard, l'*Arbre Sec* ou l'*Orme Haudon* (cf. Monstrelet, t. III, p. 217; Chron. des Cordeliers, t. VI, p. 240).
4. Ms. de Paris : on leur mettoit ceux.
5. Ce Simonnet du Bois ne serait-il pas le personnage de ce nom inscrit sur la liste des prisonniers annexée à la dépêche du 4 juin 1418 au duc de Bourgogne (*Documents relatifs à la surprise de Paris par les Bourguignons*, publiés par M. J. Garnier dans le Bull. de la Société de l'hist. de Paris, mars-avril 1877).
6. Jacques l'Empereur, maître et enquêteur des forêts et garennes du roi par tout le royaume en 1381, occupait en 1404 le poste d'échanson du roi, uni à celui de garde des joyaux et de l'épargne. Il remplit ces fonctions jusqu'en 1418; fait prisonnier par les Bourguignons, il parvint à échapper

nommé Jehannin Nepveu, chauderonnier, filz d'un chauderonnier nommé Colin [Nepveu].

169. Item, en cestuy mois d'octobre, fut faicte une grosse taille de sel; car [pou] fu de gens qui fussent de nulle renommée, à qui on ne envoiast II sextiers ou III, au gros[1] ung muy ou demy muy; et [si] le couvenoit paier tantost et le porteur, ou avoir sergens en garnison, ou estre mis en prinson au Palays, et coustoit le sextier IIII escus de XVIII solz parisis pour piece.

170. Item, la plus grant partie des cappitaines qui estoient dans Paris, on les paioit des advoynes que on avoit amenées à Paris pour estre bien[2] salvement[3], et avoient congié de prendre ce qu'ilz povoient [piller][4] autour de Paris, à II ou III lieues environ, et ilz ne s'en faignoient pas[5]. En ce temps firent les bouchiers de

---

aux massacres et fut remplacé le 6 août par l'un des partisans de la faction cabochienne, Jean de Puligny, dit Chapelain, premier valet de chambre du roi, banni le 31 décembre 1413, qui recueillit en même temps une bonne partie des biens délaissés par son prédécesseur (Longnon, *Paris pendant la domination anglaise*, p. 31, 79). Jacques l'Empereur avait épousé avant 1404 Eude Pis-d'Oe, veuve de Guillaume de Sens, président au Parlement (Arch. nat., X¹ª 4786, fol. 281 r°).

1. Ms. de Paris : sestiers en gros.
2. Ms. de Paris : bien seurement.
3. A l'approche des Bourguignons, on se hâta de mettre à l'abri non seulement les grains, mais encore le bétail; ainsi nous voyons le 15 septembre 1417 l'Hôtel-Dieu de Paris demander au chapitre l'autorisation de disposer de l'Ile Notre-Dame pour y placer les bœufs et moutons qu'il avait fait rentrer dans Paris par crainte des incursions ennemies (Arch. nat., LL. 215, fol. 168).
4. Ms. de Paris : Et avoient congié de piller tout ce qu'ilz povoient.
5. Ce que dit l'auteur du Journal des déprédations exercées par les gens de guerre chargés de défendre la capitale n'a rien qui doive surprendre; l'argent faisant absolument défaut aux conseillers du roi, les gens de guerre n'étaient pas payés. Dès le 18 septembre 1417 le dauphin en était réduit à solliciter du chapitre un prêt de 12 à 15 mille francs sur les joyaux de Notre-Dame; son chancelier Robert le Maçon revint à la charge le 8 octobre, en exposant l'urgence de la situation. Jean Louvet, président de Provence, voulant se rendre compte par lui-même des ressources capitulaires, se fit montrer le même jour le trésor de Notre-Dame; bref, après bien des négociations, le chapitre consentit le 9 novembre à prêter une somme de 3,000 francs augmentée le 15 novembre de 500 francs, et garantie par le dépôt d'un fleuron de la couronne comprenant dix-neuf grosses perles, dix rubis, trois saphirs et huit diamants; ce fleuron, remis le 17 novembre 1417, fut retiré le 31 janvier suivant, et remplacé par une chapelle rouge, dite aux anges (Arch. nat., LL. 215, fol. 169-171). Dans les circonstances critiques que traversa Paris en ce moment, le chapitre de

Sainct-Germain-des-Prez leur boucherie en une rue qui est entre les Cordeliers et la porte Sainct-Germain [1], en ung lieu en maniere de celier où on descendoit à degrez qui avoient dix marches.

171. Item, en ce temps valloit le caque de haren xvi livres[2] parisis. Item, que autour de Paris, de quelque part que ce feust, n'osoit homme aller qu'il ne fust desrobé, et, s'il se revenchoit ou deffendoit, il estoit tué des gens d'armes de Paris mesmes, qui yssoient toutesfois qu'ilz vouloient hors de Paris pour piller; car quant ilz revenoient, ilz estoient aussi troussez de biens que fait le heriçon de pommes; et nul n'en osoit parler, car ainsi plaisoit aux gouverneurs de Paris.

172. Item, en icellui temps, allerent les Bourguignons [devant Corbeil[3], et] fourerent le paîz[4] tout entour et firent plusieurs assaulx, mais pas ne le prindrent à celle foys, car ilz se retrairent vers Chartres, mais la nuyt Sainct Climent ariverent devant Paris si soudainement que merveilles[5], et les gens d'armes de Paris les allerent sovent escarmoucher, mais touzjours y perdoient grant

---

Notre-Dame s'imposa de réels sacrifices: il avait déjà donné le 27 août, à titre gracieux, cent francs à la ville de Paris pour subvenir à la mise en état des fossés de l'enceinte depuis la porte Saint-Jacques jusqu'à la Seine (*Ibid.*, fol. 166).

1. Les tueries et les étaux du bourg Saint-Germain se trouvaient dans ces « forsbours » dont parle Guillebert de Metz et qui correspondent à la rue des Boucheries-Saint-Germain, aujourd'hui la partie supérieure de la rue de l'École de Médecine.

2. Ms. de Paris: xv liv. parisis.

3. Après la levée du siège de Corbeil (28 octobre), Jean Sans-Peur passa par Chartres que ses gens occupaient depuis le 14, se dirigea sur Tours afin de délivrer Isabeau de Bavière de l'étroite captivité qu'elle subissait, et revint à Chartres le 8 novembre en compagnie de la reine.

4. Ms. de Paris: soyerent les païs.

5. L'auteur du Journal, qui ne dissimule point ses sympathies pour la cause bourguignonne, glisse à dessein sur la conspiration qui devait éclater à Paris dans la nuit de la Saint-Clément (23 novembre) et livrer aux troupes de Jean Sans-Peur la porte Bordelle; ce complot, qu'avait tramé un curé de Champagne, P. Jeannin, dit Michel, fut dévoilé à Tanneguy du Châtel par l'un des conjurés, un pelletier de la rue Saint-Jacques, et la tentative que firent les Bourguignons sous les ordres d'Hector de Saveuse échoua complètement. On instruisit aussitôt le procès de P. Jeannin qui avait été incarcéré au Châtelet, et un arrêt du Parlement en date du 26 novembre 1417, arrêt cité par Mlle Dupont dans son édition de Fenin, dont nous n'avons pu retrouver le texte, rendit le coupable à l'évêque de Paris (Cf. Juv. des Ursins, p. 537).

[foison de] soudayers de Paris, et ceulx qui eschappoient s'en revenoient par les villaiges d'entour Paris, et pilloient, roboient, rançonnoient, et avec ce admenoient tout le bestail qu'i povoient trouver, comme beufs, vaches, chevaux, asnes, asnesses, jumens, porcs, brebis, moutons, [chevres], chevreaulx et toute autre chose dont ilz povoient avoir argent; et en eglise prencient ilz livres et toute autre chose qu'ilz povoient happer, et en abbayes de dames autour de Parys prindrent ilz messel, brevieres et toutes autres choses qu'ilz povoient piller; et quelque personne qui s'en plaignoit à justice ou au connestable, ou aux cappitaines, tout bel luy estoit de soy tayre. Et vray est que les gens aucuns qui venoient de Normendie à Paris, qui estoient eschappez des Angloys par rançon ou autrement, après et avoient esté prins des Bourguignons, et puis à demie lieue ou environ, estoient reprins des François et traictez si cruellement et par tyrannie comme Sarazins; mais ilz par leurs seremenz[1], c'est assavoir, aucuns bons marchans, hommes de honneur, qui avoient esté prinsonniers à tous les trois devant diz, dont ilz estoient eschappez par argent, juroient et affermoient que plus amoureux leur avoient esté les Angloys que les Bourguignons, et les Bourguignons plus amoureux cent foyz que ceulx de Paris, et de pitance et de rançon, et de paine[2] de corps et de prison, qui moult leur estoit esbahissant chose, et à tout bon chrestien doit estre.

173. Item, [ung pou] après la Toussains, enchery tellement la buche que le cent de bons costeretz valloit ii frans, et xxiiii solz moyenne buche, et celle de Bondiz xx solz parisis.

174. Item, la buche de molle valloit x solz parisis le molle, et dura celle charté tout l'yver.

175. Item, en ce temps fut la char si chere, que ung petit quartier de mouton valloit vii ou viii solz parisis, et ung petit morsel de beuf de bon androit ii [solz parisis] qu'on avoit en octobre pour vi deniers parisis, une froissure de mouton ii ou iii blans, une teste de mouton vi deniers parisis, la livre de beurre sallé viii blans[3].

176. Item, ung bien petit porc coustoit lx solz ou iiii frans.

---

1. Ms. de Paris : sermons.
2. Ms. de Paris : deppence de corps.
3. L'approvisionnement de Paris ne se faisait qu'avec une extrême difficulté, aucun marchand ne voulant s'exposer aux risques que faisaient courir les allées et venues continuelles des gens de guerre; aussi la cherté

[1418.]

177. Item, ou moys de janvier oudit an, fut le prevost de Paris devant Montlehery[1], et lui rendirent ceulx [de] dedens de par traictié d'argent.

178. Item, de là s'en alla à Chevreuse[2], et gaigna la ville et fist tout piller, quant que homme povoit apporter à charroy ou autrement, comme ilz firent à Soissons, et moult y ot des bonnes gens du païs tuez sans pitié.

179. Item, la darraine sepmaine de janvier oudit an, alla le roy devant Senliz pour le prendre par force ou autrement, et fut la cité habandonnée avant qu'elle fust assaillie.

180. Item, en icellui temps[3] toutes les bonnes villes de Normendie, comme Rouen, Montivillier, Dyeppe, et plusieurs autres, quant ilz virent comment Caen, Harefleu, Falaise et plusieurs bonnes villes du païs avoient esté prinses des Angloys, sans avoir secours du roy de France pour messaige qu'ilz envoiassent, se rendirent au duc de Bourgongne[4].

181. Item, que le jour Sainct-Martin d'yver IIII^c XVII fut fait

---

des vivres alla toujours croissant, et les embarras de la situation préoccupèrent vivement le prévôt des marchands et les échevins, comme le prouve la démarche qu'ils firent auprès du Parlement le 16 novembre 1417. « Ce jour, vindrent le lieutenant du prevost de Paris, les prevost des marchans, eschevins et autres officiers du roy et habitans de la ville de Paris, pour avoir advis et deliberacion et provision à ce que on puist seurement amener vivres à Paris, et obvier à ce que aucunes roberies ou extorcions ne soient faictes indeuement aux marchans » (Arch. nat., X^{1a} 1480, fol. 110 v°.).

1. Ms. de Paris : Montierry.

2. Lors de la prise de Chevreuse que Tanneguy du Châtel enleva d'assaut (Cousinot, *Geste des nobles*, p. 168), Guillaume Maradon, curé de Chevreuse, âgé de 72 ans, fut emmené à Paris et mis à la Bastille ; le pauvre prêtre protesta contre son incarcération, disant qu'il était clerc, écolier de l'Université de Paris, que depuis vingt-deux ans il remplissait les fonctions curiales à Chevreuse et qu'il avait toujours fait son devoir « de preschier ses paroissiens et les amonester pour demourer en l'obeissance du roy » (Arch. nat., X^{1a} 4792, fol. 48 v°).

3. Le ms. de Paris ajoute ici : estoient.

4. Les Bourguignons entrèrent à Rouen par la porte Saint-Hilaire le mercredi 12 janvier 1418 ; Caen était tombée au pouvoir des Anglais le samedi 4 septembre 1417 (P. Cochon, *Chron. normande*, p. 432) et Falaise capitula le 20 novembre 1417.

pappe ung cardinal nommé Martin[1], par l'acort[2] et consentement
de tous les roys chrestiens, et en fist on feste par toute chrestienté,
senon à Paris, ne on n'en osoit parler; car le IIIIe sabmedi de
karesme oudit an, pour ce que le recteur toucha au conseil, que
ce lui sembloit bon que on feist solempnité du Sainct-Pere, qui
tant avoit cousté à faire, et si y avoit on mis plus de 11 ans et
demy, pour tant fut mis en prinson, et x ou xii maistres avecques
lui[3].

182. Item, estoit touzjours le siege devant Senliz de par le roy,
et saichez que pou de gens dedens Senliz avoit[4], mais touzjours
yssoient [ou] par nuyt ou par jour, et souvent firent si grant
dommaige à l'ost du roy que le connestable jura la destruction
de ladicte cité à feu et à sang, et fist crier à trompes, le xiie jour
d'avril, que tous les gens d'armes qui à Paris estoient, de quelque
estat qu'ilz fussent, allassent devant Senliz, sur peine de perdre
harnoys et chevaulx. Et tant en y alla et tant en y avoit sur les
champs de toutes pars, que la sepmaine peneuse Paris fut si desgarny
de buche, que, qui eust donné en Greve xx solz parisis
d'un costeret, on n'en eust peu finer. Et à Pasques ensuivant,

---

1. Martin V, de la famille Colonna, cardinal diacre, élu pape au concile de Constance le 11 novembre 1417, consacré et couronné le 21 novembre, mourut à Rome dans la nuit du 20 au 21 février 1431.

2. Ms. de Paris : par la Cour.

3. Notre chroniqueur dénature complètement les faits qui occasionnèrent l'arrestation du recteur de l'Université et de certains des maîtres venus à sa suite. Voici ce qui se passa à la séance du Parlement tenue sous la présidence du Dauphin, le samedi 26 février 1418 : Raoul de la Porte, docteur régent en la faculté de théologie, grand maître du collège de Navarre, au nom de l'Université et en présence du recteur, prit la parole et demanda que la collation des bénéfices nouvellement attribuée aux évêques demeurât entre les mains du pape ; c'est alors que le dauphin fit arrêter Pierre Forget, recteur de l'Université, et plusieurs autres membres de l'Université qui avaient donné leur adhésion aux doctrines soutenues par Raoul de la Porte. Forget tint prison en l'hôtel de Me Pierre d'Yerres, chanoine du Palais et curé de Saint-André-des-Arts, mais fut élargi le lendemain ; quant aux maîtres incarcérés en même temps que lui, ils ne furent mis en liberté que le 7 mars, après s'être rendus chez le dauphin et l'avoir supplié de les laisser partir (Arch. nat., X1a 1480, fol. 120-122).

4. Jean Sans-Peur avait confié la défense de Senlis à un capitaine d'une bravoure éprouvée, Jean bâtard de Thian, qui après le siège fut nommé bailli et reçut en récompense de ses services le domaine de Mouchy-le-Vieux, plus quatre cents livres de rente provenant de la confiscation de feu Guillaume le Bouteiller (Arch. nat., JJ 172, fol. 62).

coustoit le quarteron d'œufs viii blans, et ung tres petit fromaige blanc [vi ou vii blans, la livre de viel beurre sallé] vii ou viii blans, une petite piece de beuf ou mouton v ou vi blans, et tout par le mauvais gouvernement du prevost de Paris et des marchans.

183. Item, celle année, le jour des grans Pasques, nega toute jour, aussi fort qu'on veist oncques faire à Nouel, et si n'eust-on finé en Greve [de buche], qui eust donné ung franc d'ung quarteron.

184. Item, le xiiii⁰ jour d'avril iiii⁰ xviii, fut faicte la solempnité du pappe Martin par les eglises à Paris et environ, tres simplement [1].

185. Item, le xxiiii⁰ jour d'avril oudit an, revint le roy et son ost de devant Senliz, où il avoit esté depuis le moys de janvier [2], et ne la pot oncques prendre, et si lui cousta que en cannons que [en] autre artillerie, avec autre despence plus de ii⁰ mil frans; et si furent souvent ses gens tuez, rançonnez de ceulx de la cité, et ses tentes arses et prinse son artillerie. Et au derrenier s'en parti le roy et le connestable [à tres petit honneur, dont les gens d'armes qui avec le connestable] estoient furent si enragez de ce qu'ilz orent failly à leur intention de piller Senliz, qu'ilz se tindrent si pres de Paris de toutes pars, que homme n'osoit aller plus loing de Paris que Sainct-Laurens tout au plus qu'il ne fust desrobé ou tué.

186. Et vray fut que l'année de may [3], les gens de l'ostel du roy allerent, comme acoustumé est, au boys de Boulongne, pour apporter du may pour l'ostel du roy, les gens d'armes de Montmartre, [à] la Ville-l'Evesque, à l'entrée de Paris vindrent sur eulx à force, et les navrerent de plusieurs plaies, et puis les desroberent de tout ce qu'ilz porent, et fut bien eureux desdiz serviteurs du roy qui se pot sauver en gippon ou en chemise

---

1. La célébration du pontificat de Martin V, qui avait été ajournée par ordre du roi signifié au chapitre de Notre-Dame le 29 novembre 1417, eut lieu le 14 avril 1418 avec un pompeux appareil. L'archevêque de Tours officia à Notre-Dame, et, dans toutes les églises, un *Te Deum* fut chanté, avec les cloches sonnant à toute volée, au milieu d'une foule considérable qui se pressait à cette solennité (Arch. nat., LL 215, fol. 177, 193).

2. « Dimenche xxiiii⁰ jour d'avril, le roy retourna de Creilg, » où il s'était tenu pendant le siège de Senlis, « et entra ce jour à Paris par la porte Saint-Anthoine » (Arch. nat., X¹ᵃ 1480, fol. 174 v⁰).

3. Ms. de Paris : lendemain ; le mot *comme* a été laissé en blanc.

tout à pié. En celluy temps alloient femmes d'onneur bien acompaignées veoir leurs[1] heritaiges pres de Paris, à demie lieue, qui furent efforcées, et leur compaignie bastue, navrée et desrobbée.

187. Item, vray fut que les aucuns desdiz gens d'armes furent plains de si grant cruaulté et tyrannye qu'ilz rostirent hommes et enfans au feu quant ilz ne povoient paier leur rançon, et quant on s'en plaignoit au connestable [ou au prevost], leur responce estoit : « S'ilz n'y fussent pas allées, ce se feussent les Bourguignons, vous n'en parlissiez pas[2]. »

188. Ainsi commença tout à encherir à Paris, car deux œufs coustoient IIII deniers parisis, ung petit fromaige blanc VII ou VIII blans, la livre de beurre XI ou XII blans, ung petit haren sor de Flandres III deniers ou IIII deniers parisis, et ne venoit quelque chose de dehors à Paris, pour les gens d'armes dessusdiz.

189. Ainsi estoit[3] Paris gouverné faulcement, et tant hayoient ceulx qui gouvernoient ceulx qui n'estoient de leur bande, qu'ilz proposerent que par toutes les rues ilz les prendroient[4] et tueroient sans mercy, et les femmes ilz noieroient ; et avoient prinses par leurs forces les toilles de Paris aux marchans et à autres sans paier, disant que c'estoit pour [faire des tantes et des pavillons pour le roy, et c'estoit pour faire] les sacs pour noyer lesdictes femmes. Et encore plus, ilz proposerent que, avant les Bourguignons venissent à Paris, ne que la paix se feist, ilz rendroient Paris au roy d'Engleterre, et [touz] ceulx qui pas ne devoient mourir devoient avoir ung escu noir [à] une croix rouge, et en firent faire plus de XVI mil, qui depuis furent trouvées en leurs maisons. Mais Dieu qui scet les choses abscondées[5], regarda en pitié son peuple et esveilla Fortune, qui en soursault[6] se leva comme chose estourdie, et mist les pans à la saincture, et donna hardement à aucuns de Paris[7] de faire assavoir aux Bourguignons que ilz, tout hardiement, venissent le dimenche ensuivant, qui

---

1. *Leurs* manque dans le ms. de Rome.
2. Cette phrase est conçue en ces termes dans le ms. de Paris : « la responce estoit : S'ils n'y fussent point allez, si c'estoient les Bourguignons, vous n'en parleriez pas. »
3. Ms. de Paris : estre.
4. Ms. de Paris : entreroient.
5. Ms. de Paris : absouldées.
6. Ms. de Paris : son sault.
7. Au sujet des conjurés qui ouvrirent les portes de Paris aux Bourguignons, voy. Longnon, *Paris sous la domination anglaise*, p. 35, note 1.

estoit xxix⁰ jour de may, à heure de mynuyt, et ilz les mettroient dedens Paris par la porte Sainct-Germain, et que point n'y eust de faulte, et que pas ne leur fauldroient pour mourir, et que point ne doubtassent fortune, car bien sceussent que [toute] la plus grant partie du peuple estoit des leurs.

190. En icelle sepmaine s'esmeurent les Bourguignons de Pontoise, et vindrent au jour dit [et] à l'eure en Garnelles, et là compterent leurs gens, et ne se trouverent que environ vɪ ou vɪɪᶜ chevaulx[1], quant Fortune leur dist que avec eulx seroit [la] journée. Adonc prindrent cuer et hardement, et vindrent à la porte Sainct-Germain entre une heure et deux devant le jour, et en estoit chef le signeur de l'Isle-Adam[2] et le beau sire de Bar[3], et entrerent

---

1. Ms. de Paris : vɪɪ ou vɪɪɪᶜ chevaulx.
2. Jean de Villiers, seigneur de l'Isle-Adam, capitaine de Pontoise au moment de l'entrée des Bourguignons, fut reçu maréchal de France le 17 juin 1418, au lieu de Boucicaut, et rivalisa de « pilleries et de roberies » avec Guy de Bar et Claude de Chastellux. Juvénal des Ursins évalue à 100,000 écus les profits réalisés par chacun de ces capitaines lors de la surprise de Paris ; on sait, du reste, que Jean de Villiers vendit à Robin Clément, changeur sur le Pont, un rubis balay provenant des joyaux de la couronne, estimé dix mille francs (Arch. nat., X¹ᵃ 4795, fol. 193). Le 8 juin 1421, sur la dénonciation de Jean de Beaussault, demeurant en la rue des Vieux-Augustins, près de la chapelle de Sainte-Marie-l'Égyptienne, L'Isle-Adam, accusé d'avoir voulu livrer Paris au dauphin, fut arrêté par ordre du duc d'Exeter, capitaine de Paris, et conduit à la Bastille ; mais, comme il était très populaire, son arrestation produisit une certaine émotion dans Paris et le bruit s'y répandit que les Anglais l'avaient tué et voulaient emmener le roi hors de la capitale (*Ibid.*, X¹ᵃ 1480, fol. 234). Une commission instruisit son procès, mais les charges n'étant point suffisantes, il obtint son élargissement, le 10 septembre 1422, sous caution fournie par Regnier Pot, Jean de la Trémoille et autres chambellans du roi, et des lettres royaux du 20 novembre 1423 l'innocentèrent de toute accusation (*Ibid.* X¹ᵃ 16, fol. 424, 466). Du reste les Anglais n'épargnèrent rien pour l'attacher à leur cause, témoin les nombreuses libéralités dont il fut l'objet (cf. Longnon, *Paris pendant la domination anglaise*, p. 313, 340). Réintégré au rang de maréchal de France, il prêta serment le 3 mai 1432 (Arch. nat., X¹ᵃ 1481, fol. 55 v°). Ce fut en pure perte ; le seigneur de l'Isle-Adam, rallié à Charles VII, chassa les Anglais de Paris en 1436, comme il avait chassé les Armagnacs en 1418, et périt peu de temps après dans une émeute à Bruges.
3. Guy de Bar, seigneur de Presles, chambellan du duc de Bourgogne, bailli d'Auxois, nommé le 29 mai 1418 prévôt de Paris en remplacement de Tanneguy du Châtel et installé le 31 mai (Arch. nat., X¹ᵃ 1480, fol. 137), occupa ce poste jusqu'au 3 février 1419. Il fut reçu le 11 mai 1424 en l'office de bailli de Sens et d'Auxerre (*Ibid.*, fol. 297). Guy de

dedens Paris, le xxix⁰ jour de may, criant : « Nostre Dame ! la paix ! Vive le roy et le dalphin et la paix ! » Et tantost Fortune, qui tant avoit nourry lesdiz bandez, vit que nul gré ne lui savoient de son bien, vint avecques lesdiz Bourguignons[1] à toutes manieres d'armes et des communes[2] de Paris, et leur fist rompre leurs portes, et effondrer leurs tresors et piller, et tourna sa roe si despitement en soy vengent de leurs ingratitudes, pour ce que de paix n'avoient cure; [quar tout joyeulx estoit qui se povoit mucer en cave, ou] en celier, ou en quelque destour.

191. Et quant le prevost de Paris, nommé Tenneguy du Chastel, vit Fortune ainsi contre luy, et que les Bourguignons taschoient à emprinsonner les autres en plusieurs prinsons diverses, et le commun à piller, vint à Sainct-Paul, et print le daulphin ainsné filx du roy et s'en fouy atout dro . à Meleun, qui moult troubla la ville de Paris. Et plusieurs autres des plus gros de la bande, comme maistre Robert le Maçon[3], chancelier du dalphin, l'evesque de Clermont, le grant president de Provence[4], l'un des maulvais

---

Bar, quoiqu'ayant déjà prélevé de fortes rançons, eut sa part des confiscations (cf. Longnon, *Paris pendant la domination anglaise*, p. 192).

1. Ms. de Paris : bourgeois.
2. Ms. de Rome : de commune.
3. Robert le Maçon, légiste de naissance obscure, originaire de Château-du-Loir, et anobli en mars 1401 (Arch. nat., JJ 155, fol. 279), s'éleva par son mérite aux plus hautes dignités ; maître des requêtes de l'hôtel en 1414 (Arch. nat., X1a 1479, fol. 290 v°), il gagna la confiance de la reine Isabeau, qui le nomma son chancelier et le chargea de plusieurs missions, en récompense desquelles il reçut, le 5 novembre 1415, 500 francs, et, le 7 août 1416, 1,000 francs (*Ibid.*, KK 47, fol. 12, 13). Il entra bientôt, en qualité de chancelier, au service du dauphin, alors duc de Touraine, et prit part à l'importante délibération relative aux finances qui eut lieu en mai 1417 (*Ibid.* X1a 1480, fol. 92 v°). C'est grâce à son dévouement que le dauphin parvint à s'échapper lors de la surprise de Paris par les Bourguignons, Robert le Maçon lui ayant cédé son propre cheval au péril de sa vie ; cet acte méritoire est rappelé dans les lettres du 7 novembre 1420, par lesquelles le dauphin lui accorda un droit de péage sur le vin et le sel passant par la Loire au château de Trèves en Anjou, dont il était seigneur (*Ibid.*, X1a 8604, fol. 53). Le 31 mai 1418, au moment même où son maître voulut tenter de recouvrer Paris, Robert le Maçon adressa de Melun aux autorités du Dauphiné une missive dont le texte est joint à la chronique de Fénin (édit. Dupont, p. 267-268).
4. Jean Louvet, président des aides et des comptes en Provence, venu à Paris en 1415 à la suite du roi de Sicile, s'attacha à la personne du dauphin, sur lequel il exerça la plus funeste influence ; ce fut lui qui, le 8 octobre 1417, vint à Notre-Dame avec Jean Coignet et se fit montrer, au

chrestiens du monde, et plusieurs autres de leur bande, se bouterent [1] dedens le chasteau de la porte Sainct-Anthoine, et par ce furent sauvez et par le dalphin qu'ilz avoient, et firent moult d'assaulx à ceulx qui par là passoient, de traict dont foison avoient.

192. Le dimenche au soir, le lundi, le mardi ensuivant, convint faire grant guet et feus parmy Paris pour paour de eulx. Et en icelluy temps se fournirent de gens d'armes des fuyans de leur bande, et le mercredi ensuivant, environ VIII heures du matin, yssirent du chastel et allerent ouvrir la porte par dedens la ville, qui que le voulsist veoir, et avecques eulx entra grant foison de gens d'armes, et entrerent en la grant rue Sainct-Anthoine, criant : « A mort! à mort! Ville gaingnée! Vive le roy et le dalphin et le roy d'Engleterre! Tuez tout! tuez tout [2]! »

193. Item, vray est que dimenche XXIX° jour de may, à l'entrée des Bourguignons [3], avant qu'il fust nonne de jour, on [eust] trouvé à Paris gens de tous estatz, comme moynes, ordres mendiens, femmes, hommes, portans la croix de Sainct-Andry ou de Troye ou d'autre matiere, plus de deux cens mille, sans les enffans. Lors fut Paris moult esmeu, et se arma le peuple moult

---

nom du dauphin, le trésor et les reliques, afin de voir par lui-même ce qui pourrait en être détaché sans inconvénient dans ce momen' critique. La reine Isabeau utilisa ses services et dans sa reconnaissance lui alloua mille francs par lettres du 30 septembre 1416 (Arch. nat., KK 47, fol. 13). Lors des événements de 1418, le président de Provence s'estima heureux d'échapper aux mains des Bourguignons, en ne perdant que sa chaîne d'or (*Ibid.*, X¹ᵃ 4793, fol. 296). L'un des ennemis acharnés du duc de Bourgogne, il accompagnait le dauphin le jour de l'attentat de Montereau.

1. Ms. de Paris : « se vouloient, » avec un mot laissé en blanc.
2. Ms. de Paris : tuez, tuez, tuez tout!
3. A côté de cette relation de l'entrée des Bourguignons dans Paris, due à la plume passionnée de l'un de leurs dévoués partisans, on ne lira pas sans intérêt le récit calme et impartial inséré dans les registres capitulaires de Notre-Dame par un homme d'église, Nicolas le Sellier, qui remplissait à cette époque les fonctions de notaire du chapitre : « Veneris XXVII maii, dominica sequenti, post primam horam noctis medie, intraverunt Burgundi Parisius per portam Sancti Germani que per nonnullos custodes clavium fuit eis aperta; erant capitanei dominus de l'Isle Adam et le Veau de Bar, cum quatuor milibus hominibus, ut dicebatur, defferentibus crucem Sancti Andree, et ante horam octavam ipsius diei dominice opportuit quod omnes tenentes partem regis, qui tunc dicebantur Armeniaci, defferrent ipsam crucem ; plures fuerunt ipsa die depredati, comes Armeniaci, cancellarius Francie et plures valentes viri capti.» (Arch. nat., LL 215, fol. 197.)

plustost que les gens d'armes, et avant que les gens d'armes fussent venus, estoient [tant aprouchez lesdiz bandez par force qu'ilz estoient] à l'endroit de Tyron[1]. Adonq vint le nouveau prevost de Paris à force de gent, et tantost à l'aide de la commune respoussa fort, abatant et occiant à grans tas jusque dehors la porte Sainct-Anthoine, et tantost le peuple, moult eschauffé contre lesdiz bandez, vindrent par toutes les hostelleries de Paris querant les gens de ladicte bande, et quent[2] qu'ilz en porent trouver, de quelque estat qu'il feust, [fust] prinsonnier ou non, aux gens d'armes estoit [amené] en my la rue, et tantost tué sans pitié de grosses haches et d'autres armes; et n'estoit homme [nul], à celui jour, qui ne portast quelque armeure dont ilz feroient lesdiz bandez en passant par emprès, depuis qu'ilz estoient tous mors estanduz; [et] femmes et enfens, et gens sans puissance, qui ne leur povoient pis faire, les maudisoient en passant par emprès, disans : « Chiens traistres, vous estes mieulx que à vous n'appartient, encore en y a il, que pleust à Dieu que tous feussent en tel estat. » Et si n'eussiez trouvé à Paris rue de nom, où n'eust aucune occision, et en mains que on yroit cent pas de terre depuis que mors estoient, ne leur demouroit que leurs brayes ; et estoient en tas comme porcs ou milieu de la boe, qui moult grant pitié estoit, car pou fu celle sepmaine jour[3] qu'il ne pleust moult fort. Et furent celle journée[4] à Paris mors à l'espée ou d'aultres armes, en my les rues, sans aucuns qui furent tuez es maisons, cinq cens vingt deux hommes, et plut tant fort celle nuyt que oncques ne sentirent nulle malle odeur, mais furent lavez par force de la pluie leurs plaies, que au matin n'y avoit que sang bete, ne ordure sur leurs plaies.

---

1. L'hôtel appartenant à l'abbaye de Tiron était situé dans la rue de ce nom que l'ouverture de la rue de Rivoli a divisée en deux tronçons, l'un aboutissant à la rue François-Miron, l'autre à la rue du roi de Sicile.

2. Ms. de Paris : et ce qu'ilz.

3. « Jour » manque dans le ms. de Rome.

4. Les mots « dimanche vingt neuf may », introduits dans le texte par les éditeurs du journal, ne se trouvent point dans les mss. et doivent être supprimés, avec d'autant plus de raison qu'ils dénaturent le récit en rapportant ces 522 victimes au jour même de l'entrée des Bourguignons, où il n'y eut, de l'aveu d'un témoin digne de foi (le greffier Clément de Fauquembergue), que deux à trois personnes tuées pour avoir crié : « Vive Armagnac ! »

194. Item, en ces jours devant diz prenoit on les Arminalx par tout Paris et hors Paris. Entre lesquelx furent prins plusieurs grans de renom et tres mauvais couraige, comme Bernard d'Armignac[1], connestable de France, aussi cruel homme que fut oncques Noyron[2]; Henry de Marle[3], chancelier de France; Jehan Gaude[4], maistre de l'artillerie, le pire de tous; — quant les pouvres ouvriers lui demandoient leur salaire de leur besongne, il leur disoit : « Avez-vous point chascun ung[5] petit blanc, pour à chascun

---

1. Bernard d'Armagnac réussit à se cacher, lors de l'entrée des Bourguignons, dans l'habitation d'un maçon voisine de son hôtel, mais sa retraite ayant été découverte, il fut emmené prisonnier le 31 mai au Petit-Châtelet et transféré le 6 juin suivant dans la grosse tour du Palais (Arch. nat., X¹ᵃ 1480, fol. 138, 139). C'est là, ou plutôt dans la cour du Palais, qu'il subit le 12 juin une mort ignominieuse; son corps, exposé aux outrages de la populace pendant trois jours, traîné dans les rues avec ceux du chancelier et de Remonnet de la Guerre, reçut un semblant de sépulture dans la cour du prieuré de Saint-Martin-des-Champs, au milieu d'un fumier, s'il faut en croire la chronique de J. Raoulet (J. Chartier, éd. Vallet, t. III, p. 163). L'hôtel qu'occupait Bernard d'Armagnac, près du collège des Bons-Enfants, fut donné au comte de Charolais par lettres du 21 juillet 1418 (Arch. nat., JJ 170, fol. 168).
2. Ms. de Rome : aussi cruel homme qui fut oncques noyer.
3. Le chancelier Henri de Marle, emprisonné le 6 juin dans la grosse tour du Palais, avec son fils l'évêque de Coutances, partagea le sort du connétable. Après sa mort, Augustin Ysbarre, bourgeois de Paris, prit, le 16 octobre 1422, possession de son hôtel, situé près de la rue aux Oues (cf. Longnon, *Paris pendant la domination anglaise*, p. 58). Pierre le Clerc, valet de chambre du duc de Bourgogne, obtint au mois d'août 1418 200 livres de rente sur l'ensemble des biens du chancelier (Arch. nat., JJ 171, fol. 109). Nous ne savons en quelles mains passa son hôtel du Blanc-Mesnil (Arch. nat., JJ 170, fol. 242).
4. Jean Gaudé, simple écuyer de cuisine en 1408 (Arch. nat., X¹ᵃ 55, fol. 28 v°), devint maître et garde de l'artillerie royale; il se signala par ses rapines et profita du désarroi général pour mettre en gage quelques-uns des joyaux de la couronne; il emprunta notamment à un riche marchand lucquois établi à Paris, Gauvain Trente, huit cents francs sur un balay qui valait bien huit mille écus. Quoique son nom figure sur la liste des prisonniers qui accompagne la dépêche adressée le 4 juin 1418 au duc de Bourgogne par ses officiers, on ne saurait cependant affirmer qu'il ait été enveloppé dans le massacre; en tout cas, ses biens furent confisqués et donnés, au mois d'août 1418, à Simon de Neuville, valet de chambre du roi (Arch. nat., JJ 171, n° 189). Jean Gaudé avait deux maisons dans Paris, l'une à l'enseigne du Cygne, rue Saint-Germain-l'Auxerrois, l'autre rue Arnoul-de-Charonne, sans compter divers héritages à Chatou (Sauval, III, 310, 312, 319, 326).
5. Les mots « chacun ung » sont ajoutés dans le ms. de Paris qui rem-

ung chevestre avoir pour vous aller pandre ? Senglante chenaille, c'est pour vostre preu! »; et n'en avoient autre chose, et par ainsi espargna si tres grant tresor plus que le roy n'avoit; — maistre Robert de Tuillieres[1]; maistre Oudart Baillet[2]; l'abbé de Sainct-Denys en France[3], tres faulx papelart; Remonnet de la Guerre,

---

place « pour achater ung chevestre » par « pour à chacun ung chevestre avoir ». Le reste de la phrase est défiguré : « Sanglante chenallie, c'est pour vostre pren. »

1. Robert de Tuillières, d'abord simple sergent au Châtelet avec son frère Guillaume (Arch. nat., Y², fol. 172 v°), devint lieutenant criminel du prévôt de Paris (avant 1404); reçu trésorier de France avec Michel de Lallier, en vertu de lettres du 25 septembre 1409 (Arch. nat., Z 5187, fol. 218), il quitta Paris lors de la réaction cabochienne et resta quelque temps absent (Ibid., X¹ª 8602, fol. 285 v°). Dans un sauf-conduit que lui délivra le roi d'Angleterre le 27 novembre 1415, il est qualifié de conseiller du duc d'Orléans (Rôles français, t. II, p. 225). En sa qualité de lieutenant criminel il ne pouvait échapper aux haines féroces d'une vile multitude et dut succomber sous les coups des meurtriers dans la sinistre journée du 12 juin. Guillaume de Foletemps, l'un de ceux qui firent entrer les Bourguignons, et Étienne Morel, valet de chambre du roi et contrôleur de la dépense du duc de Bourgogne, se partagèrent ses dépouilles; le second reçut pour sa part l'hôtel de Robert de Tuillières, sis à Paris rue de l'Arbre-Sec, garni de ses meubles, jusqu'à concurrence de 400 livres de rente (Arch. nat., JJ 170, n° 256; JJ 171, n° 195). Robert de Tuillières laissa une veuve et des enfants; sa sœur, Marguerite de Tuillières, épousa Miles du Breuil, notaire du roi au Châtelet, dont la maison, rue de la Parcheminerie, fut également confisquée (Sauval, III, 314).

2. Oudart Baillet, conseiller en la grand' chambre du Parlement depuis le 22 septembre 1413, fut aussi l'une des victimes de la fureur populaire; il siégea encore le samedi 28 mai, veille de l'entrée des Bourguignons; sa maison, rue Aubry-le-Boucher, fut donnée à bail pour trois ans à Jean Seguin (Sauval, III, 291).

3. Philippe de Villette, abbé de Saint-Denis, éprouva bien des vicissitudes, témoin ce curieux épisode : Après la prise du pont de Saint-Cloud, en 1411, il fut emmené de Saint-Denis à Paris et enfermé pendant dix à douze jours dans un galetas près de Saint-Eustache; les écuyers qui s'étaient chargés de sa personne voulurent le mettre à composition et lui réclamèrent huit cents écus; le malheureux abbé ne sachant que répondre et requérant justice, ces écuyers lui demandèrent ironiquement de quelle justice il entendait parler, « s'il voloit que l'en menast copper sa teste es halles, ou que l'en le feroit pas, mais seroit mis en un sac en la riviere. » (Arch. nat., X¹ª 4789, fol. 452 v°.) Lors des massacres qui ensanglantèrent la prison de Saint-Éloi, voisine du Palais, où Philippe de Villette avait été enfermé, l'abbé, revêtu de ses ornements pontificaux, officiait au pied de l'autel, et il dut passer par de terribles angoisses en voyant suspendues au-dessus de sa tête les lames dégouttantes de sang que

cappitaine des plus fors larrons que on peust trouver en place, car ilz faisoient pis que Sarazins; maistre Pierre de l'Esclat[1]; maistre Pierre le Gaiant[2], personne sismatique, herite contre la foy, et avoit esté presché en Greve, digne d'ardoir.

195. Item, il alla après ce à court de Romme, et quant il revint, il fut plus maistre en Chastellet que devant, et les lettres dont il se mesloit, c'on avoit avant pour VIII solz parisis, il en failloit bailler XXIIII solz parisis, et si failloit il paier par sa main.

196. Item, l'evesque de Clermont[3], qui estoit tout le pire contre la paix, et plusieurs autres[4]. Et tant en avoit au Palays, au Chas-

---

brandissaient les assassins. Grâce à l'intervention de Jean de Villiers, l'abbé de Saint-Denis fut épargné, mais il succomba le 27 juin au château de l'Isle-Adam, où il avait trouvé un refuge, aux atteintes de l'épidémie régnante (Religieux de Saint-Denis, t. VI, p. 273). L'hôtel qu'il occupait à Paris, rue de Bièvre, fut confisqué (Sauval, III, 296).

1. Pierre de l'Esclat, maître des requêtes de l'hôtel depuis 1397, « que le bon temps couroit », chargé de belles « embaxades », où il sut faire de beaux profits, passait pour avoir une fortune d'au moins vingt mille écus (Arch. nat., X²ª 18, avril 1426) ; comme conseiller de la reine Isabeau, il recevait cinq cents livres par an (Ibid., KK 48, fol. 22). Constamment fidèle au parti armagnac, il fut emprisonné en 1409 avec Jean de Montaigu et se racheta à prix d'argent. Il participa ensuite à la rébellion des princes et perdit pour cette cause ses fonctions de maître des requêtes de l'hôtel (Ibid., X¹ª 4789, fol. 238 v°). Après l'échec des Cabochiens, il prit part de nouveau aux délibérations du Parlement. Lors de la révolution bourguignonne, il fut arrêté et mis à mort le 12 juin 1418. Sa veuve, Jeanne Porchière, et sa sœur, Jeanne de l'Esclat, se réfugièrent à Orléans (Ibid., X²ª 18, avril 1426, X²ª 21, juillet 1431). Cf. au sujet de ses biens confisqués, Longnon, *Paris pendant la domination anglaise*, p. 62.

2. Ms. de Paris : Pierre le Grand.

3. Martin Gouge de Charpaigne, évêque de Clermont, chancelier du duc de Guyenne, incarcéré en 1409 avec Jean de Montaigu, parvint à s'échapper de Paris à la faveur d'un déguisement, mais fut arrêté par Georges de la Trémoille, seigneur de Sully, son ennemi personnel, qui le retint dans les prisons de son château de Sully jusqu'à sa délivrance par le dauphin (Cousinot, *Geste des nobles*, p. 172). Le bel hôtel de l'évêque de Clermont fut successivement donné : en décembre 1418 à Jacques de Montberon, maréchal de France (Arch. nat., JJ. 170, n° 286), le 29 avril 1423 à Guy le Bouteiller, seigneur de la Roche-Guyon (Longnon, *Paris pendant la domination anglaise*, p. 88).

4. Une liste détaillée des principaux prisonniers faits par les Bourguignons à leur entrée dans Paris est annexée à la dépêche du 4 juin 1418, publiée par M. J. Garnier. Nous essayerons de compléter sur certains points les indications qu'elle nous fournit et de rectifier quelques noms. — MABRIGOIR est le même que Maurigon, écuyer gascon, emprisonné et

tellet, Petit et Grant, à Sainct-Martin, à Sainct-Anthoine, à Tyron, au Temple, que on ne les savoit où mettre.

197. Item, [ce pendent] estoient touzjours les Arminaz à la porte Sainct-Anthoine, pour quoy on faisoit toutes les nuys tres grans feuz, et n'estoit nuyt que on ne criast alarme, et faisoit-on cris à trompe à mynuit, après mynuit, davant mynuit, et neantmoins tout ce plaisoit au peuple, pour ce que de bon cuer le faisoient.

198. Item, le peuple s'advisa de faire en la parroisse Sainct-Huitasse la confrarie Sainct-Andry[1], et la firent à ung jeudy, ix° jour de juing, et chascun qui s'y mettoit avoit ung chappeau de roses vermeilles. Et tant s'i mist de gens de Paris, que les maistres de la confrarie disoient et affermoient qu'ilz avoient fait faire plus de LX douzaines de chappeaulx, mais avant qu'il fust doze heures, les chappeaulx furent failliz; mais le moustyer de Sainct-Huistace estoit tout plain de gens[2], mais pou y avoit homme, prebstre ne autre, qui n'eust en sa teste chappeau de roses vermeilles, et sentoit tant bon au moustier, comme s'il fust lavé d'eau rose.

199. Item, en celle sepmaine, ceulx de Rouen demanderent à ceulx de Paris aide[3], et [on] leur envoya III° lances et III° hommes de traict pour ovier[4] aux Engloys.

---

massacré avec le connétable d'Armagnac (Cousinot, *Geste des nobles*, p. 169). — GUILLAUME BATAILLE, chevalier de la suite du dauphin, l'un des acteurs du drame de Montereau. — JEAN COIGNET, ALEXANDRE LE BOURSIER, commissaires généraux sur le fait des finances. — MORELET DE MARANCOURT n'est peut-être pas différent de Morelet de Montmaur, qui, enfermé à la Bastille, échappa au massacre du 21 août. — ANDRÉ GIFFET ou GIFFART, trésorier de France, tué dans les prisons du Châtelet. — HENRI L'ALEMANT, chambellan du roi.

1. Au mois de septembre 1418, s'établit une autre confrérie en l'église Saint-Eustache, sous l'invocation de saint Sébastien, saints Jean Baptiste et l'Évangeliste (Arch. nat., JJ 170, n° 198); mais les registres du Trésor des chartes ne mentionnent point celle de saint Andry, instituée en juin.

2. Ms. de Paris : monde.

3. Deux chevaucheurs, G. Poulain et G. le Fournier, furent dépêchés de Rouen à Paris, « par l'ordonnance du bailli, devers les seigneurs de Chastellus, l'un des marechaulx de France, et le prevost de Paris » (Arch. nat., JJ 170, n° 142, 143). Des lettres du 26 juin instituèrent Claude de Chastellux lieutenant général et capitaine au duché de Normandie (*Ibid.*, n° 147), mais elles n'eurent aucun effet; le seul secours qui parvint à Rouen, à part le contingent parisien, se composa de quatre mille hommes envoyés par Jean Sans-Peur (Cf. Monstrelet, t. III, p. 281).

4. Ms. de Paris : nuire.

200. Item, le dimenche ensuivant, xii᷎ jour de juing, environ xi heures de nuyt, on cria alarme, [comme on faisoit souvent alarme] à la porte Sainct-Germain ; les autres crioient à la porte [de] Bordelles. Lors s'esmut le peuple vers la place Maubert et environ, puis après ceulx de deçà les pons, [comme] des Halles et de Greve et de tout Paris, et coururent vers les portes dessusdictes, mais nulle part ne trouverent [nulle] cause de crier alarme. Lors se leva[1] la deesse de Discorde, qui estoit en la tour de Mau-Conseil, [et esveilla] Ire la forcenée[2] et Convoitise et Enragerie et Vengence, et prindrent armes de toutes manieres et bouterent hors d'avec eulx Raison, Justice, Memoyre de Dieu et Atrempance[3], moult honteusement. Et quant Ire et Convoitise virent le commun de leur accort, si les eschauffa plus et plus, et vindrent au Palays du roy. Lors Ire la desvée leur gecta sa semence tout ardant sur leurs testes ; lors furent eschauffez oultre mesure, et rompirent portes et barres, et entrerent es prinsons dudit Pallays à mynuit, heure moult esbahissant à homme sourprins ; et Convoitise qui estoit leur cappitaine, et portoit la baniere devant, qui avec lui menoit Traïson et Vengence qui commencerent à crier haultement : « Tuez, tuez ces faulx[4] traistres Arminaz ! Je reny bieu, se ja pié en eschappe en ceste nuyt. » Lors Forcenerie la desvée, et Murtre[5] et Occision occirent, abatirent, tuerent, murtrirent tout ce qu'ilz trouverent es prinsons, sans mercy, fut de tort ou de droit, sans cause ou à cause ; et Convoitise avoit les pans à la saincture, avec Rapine sa fille et son filx Larrecin, qui, tost après qu'ilz estoient mors ou avant, leur ostoient tout ce qu'ilz avoient, et ne volut pas Convoitise que on leur laissast neis leurs brayes, pour tant qu'ilz vaulsissent iiii deniers[6], qui estoit un des plus grans cruaultés et inhumanité chrestienne [à aultre de quoy on peust parler. Quant Murtre et] Occision avoit fait ce, revenoit tout le jour Convoitise, Ire, Vengence, qui, dedens les corps humains qui mors estoient, boutoient toutes manieres d'armes, et en tous lieux et tant que, avant que prime fust de jour, orent de coupz de taille et d'estoc ou visaige, tant que en n'y povoit homme

---

1. Ms. de Paris : s'esleva.
2. Ms. de Paris : Ire la sornée.
3. Ms. de Paris : atremance.
4. Ms. de Rome : chiens.
5. Ms. de Paris : murmure.
6. Ms. de Paris : pour tant qu'ilz ne vaulsissent que iii deniers.

congnoistre quel qu'il fust, ce ne fut le connestable et le chancelier qui furent cogneuz ou lict où tuez estoient. Après, allerent cedit peuple par l'ennortement de leurs deesses qui les menoient, c'est assavoir, Ire, Convoitise et Vengence, par toutes les prinsons publicques de Paris, c'est assavoir, à Sainct-Eloy, au Petit Chastellet, au Grant Chastellet, au Four l'Evesque, à Sainct-Magloire, à Sainct-Martin-des-Champs, au Temple, et partout firent comme devant est dit du Pallays. Et n'estoit homme [nul] qui en celle nuyt ou jour, eust osé parler de Raison ou de Justice, ne demander où elle estoit enfermée, car Ire les avoit mises en si profonde fosse, que on ne les pot oncques trouver [toute] celle nuyt, ne la journée ensuivant. Si en parla le prevost de Paris au peuple, et le seigneur de l'Isle-Adam, en leur admonestant [Pitié], Justice et Raison ; mais Ire et Forcenerie respondit par la bouche du peuple : « Maulgré bieu, sire, de vostre Justice, de vostre Pitié [et] de vostre Raison ! mauldit soit de Dieu qui aura ja pitié de ces faulx traistres Arminaz Angloys ne que [de] chiens ! car par eulx est le royaulme de France tout destruit et gasté, et si l'avoient vendu aux Engloys. »

201. Item, est [vray] que devant chascune desdictes prinsons, avant qu'il fust dix heures de jour, estoient tous entassez comme se feussent chiens ou moutons, et n'en avoit nulle pitié disant : « Aussi ont ilz fait sacs pour nous noyer et noz femmes et noz enfens, et ont fait faire estandars pour le roy d'Engleterre et pour ses chevaliers, pour mettre sur les portes de Paris, quant ilz l'auront livré aux Englois. Item, ilz ont fait escussons à une rouge croix, plus de xxx milliers, dont ilz avoient proposé de seigner les huys de ceulx qui devoient estre tuez ou non. Si ne nous en parlez plus de par le diable, que pour vous n'en laisserons riens à faire par le sang Dieu ! » Quant le prevost vit qu'ilz estoient ainsi eschauffez de la faulce Ire qui les menoit, si n'osa plus parler [de Raison], de Pitié, ne de Justice, et leur dist : « Mes amys, faictes ce qu'il vous plaira. » Ainsi s'en allerent es prinsons dessusdictes, et quant ilz trouvoient trop fortes prinsons où ilz ne povoient entrer, si boutoient dedens force [de] feu, et ceulx qui dedens estoient n'avoient riens de quoy leur aider, si estraingnoient[1] et ardoient là dedens à grant martire. Et ne laisserent en prinson de Paris, sinon au Louvre, pour ce que le roy y

---

1. Ms. de Rome : estaingnoient.

estoit[1], quelque prinsonnier qu'ilz ne tuassent ou par feu ou par glayve[2]. Et tant tuerent de gens à Paris, que hommes que femmes, depuis celle heure de mynuit jusques au lendemain xii heures, qui furent nombrez à mille cinq cens dix huit; et furent le connestable, le chancelier, ung cappitaine nommé Remonnet de la Guerre, maistre Pierre de l'Esclat, maistre Pierre Gaiant, maistre Guillaume Paris[3], l'evesque de Coustances, filx du chancelier de France[4], en la court de darriere devers la Cousture, et furent deux jours entiers au pié du degré du Palays sur la pierre de marbre, et puis furent enterrez ces vii[5] à Sainct-Martin en ladicte court de derriere la Cousture, et tous les autres à la Trinité[6]; entre lesquelx mors furent trouvez tuez iiii evesques du faulx et dampnable conseil[7], et deux des presidens de Parlement[8].

---

1. Charles VI avait été conduit au Louvre le 1ᵉʳ juin « après disner »; son Conseil y tint séance le jeudi 2 juin (Arch. nat., X¹ᵃ 1480, fol. 10 J).
2. Ms. de Paris : ou par sang.
3. Pierre le Gayant et Guillaume Paris, tous deux clercs criminels de la prévôté de Paris, le premier antérieurement à l'année 1402 (Arch. nat., X¹ᵃ 1479, fol. 6 v°; Y 2, fol. 204), tombèrent probablement au Grand Châtelet sous les coups de la populace qui se précipita à l'assaut de cette prison; leurs biens confisqués furent attribués à Colette, veuve de Jean de Dammart, valet de chambre du roi (Ibid., JJ 171, n° 193). Pierre le Gayant était possesseur d'une maison sise rue des Arsis et attenante à celle de Marivaux (Sauval, III, 308); au mois de décembre 1408, il avait été poursuivi pour hérésie; entre autres énormités, on l'accusait d'avoir craché sur la croix. Dans sa défense, Le Gayant déclare « estre né près de Paris, avoir vecu bien et loyaument, estre bon notaire et avoir exercé l'office de clerc criminel du Châtelet xvii ans » (Arch. nat., X¹ᵃ 4788, fol. 183).
4. Jean de Marle, reçu le 11 décembre 1409 maître des requêtes de l'hôtel à la place de Pierre Trousseau, évêque de Poitiers, fut nommé évêque de Coutances au début de l'année 1414 et céda ses fonctions à son frère Arnaud de Marle, que le Parlement admit le 25 avril par considération pour le chancelier (Arch. nat., X¹ᵃ 1479, fol. 96 v°, 292 v°).
5. Ms. de Paris : un.
6. La Trinité, hôpital situé rue Saint-Denis, en face la rue Saint-Sauveur. C'est probablement dans son enclos, compris entre les rues Grenetat et Guérin-Boisseau, que furent enterrées les victimes.
7. Guillaume de Cantiers, évêque d'Évreux, Pierre Fresnel, évêque de Lisieux, Jean d'Achery, docteur en théologie, évêque de Senlis, tels sont, avec Jean de Marle, les quatre évêques qui périrent dans les massacres du 12 juin 1418; par raffinement de cruauté, le cadavre de Jean d'Achery fut traîné hors des portes par une corde attachée à ses pieds. Quant aux évêques de Bayeux et de Saintes, que Monstrelet (t. III, p. 270) compte au nombre des victimes, ils réussirent à s'échapper.
8. Parmi les membres du Parlement tués dans l'émeute du 12 juin, on

202. Item, celle sepmaine fut depposé de la prevosté des marchans Guillaume Cyrasse, et y fut mis sire Noel Marchant[1].

203. Item, en celui temps, on attendoit monseigneur de Bourgongne de jour en jour, et si n'estoit homme qui peust savoir au vray où il estoit, dont le peuple fut plus felon, et n'osoit le prevost de Paris faire justice.

204. Item, celle sepmaine fut fait procureur du roy ung nommé Vincent Lormoy[2].

205. Item, le xx[e3] jour de juing, fut faicte justice d'ung nommé Boutart[4], qui estoit sergent à cheval, demourant en la grant rue Sainct-Denis, l'ung des plus mauvais de tous ceulx de la bande,

---

peut citer les conseillers Jean de Vitry, dont les biens confisqués furent donnés, jusqu'à concurrence de 200 livres de rente, à Jean Caucousin (Arch. nat., JJ 170, n° 251), et Oudart Gentien, qui faisait partie du Parlement depuis 1403 et qui subit le même sort que son frère, Benoît Gentien, religieux de Saint-Denis (Cf. Longnon, *Paris pendant la domination anglaise*, p. 323). Deux procureurs au Parlement, Oudart Correl et Jean de Combes, furent également mis à mort (Sauval, III, 317. Arch. nat., X1c 124).

1. Guillaume Cirasse ayant été déchargé de la prévôté des marchands le lundi 6 juin 1418, les maréchaux de France de Chastellux et de l'Isle-Adam, assistés de Guy de Bar, le remplacèrent par Noël Marchand, bourgeois de Paris. Le vendredi suivant, 10 juin, l'échevinage fut complètement renouvelé : Étienne de Bonpuits, Jean Dupré, Henri Mauloué et Simon Taranne, qui avaient pris la fuite, firent place à Michel Thibert, boucher, place aux Veaux, Marcellet Testard, qui devint trésorier de la reine Isabeau, Jean de Louviers le jeune, ancien échevin, et Pierre le Voyer (Arch. nat., KK 1009, fol. 2 v°, 3 r°).

2. L'office de procureur du roi au Châtelet était exercé en 1413 par Guillaume Lormoy, que Guillaume Marescot déposséda le 2 octobre, en vertu de lettres de substitution qu'il produisit au Parlement (Arch. nat., X1a 1479, fol. 267 v°). Nous ignorons quels liens de parenté existaient entre ce Guillaume Lormoy et Vincent Lormoy qui, appelé en 1418 aux mêmes fonctions, ne conserva ce poste que fort peu de temps, car, le 22 septembre 1421, ses exécuteurs testamentaires demandèrent au Parlement à être déchargés « de certain tapis vermeil semé d'arbres orbatus et d'un livre en françois contenant plusieurs livres de devocion » dont l'évêque de Paris et le procureur général du roi se disputaient la propriété et que Vincent Lormoy avait reçus en dépôt (*Ibid.*, X1a 1480, fol. 241; P 1189).

3. Ms. de Paris : xxi°.

4. Pierre Boudaut, sergent à cheval au Châtelet, est mentionné dans un compte de la prévôté de Paris comme porteur de mandements notifiant la mise aux enchères, le vendredi 2 octobre 1416, en l'auditoire du Châtelet, des étaux créés dans les nouvelles boucheries de Paris (Sauval, III, 274).

et pour ce que si mauvais estoit contre le duc de Bourgongne, et [que] moult bel parleur estoit et grande faconde de homme, il recongnut à sa fin que quant il vouloit il estoit à l'estroit conseil des bandez, et avoit eu commission de par le prevost et les autres, environ devant viii ou ix jours que les Bourguignons aryvassent à Paris, de faire tuer tout le quartier des Halles, c'est assavoir, hommes, femmes et enffens, lesquelx qu'il eust voulu, et leurs biens confisquez à luy et à ceulx qui luy eussent aidé à fayre ladicte occision. La sepmaine que lesdiz Bourguignons entrerent à Paris, devoit ce estre fait, et recongnut que ung nommé Simonnet Taranne[1] avoit ung autre quartier pour faire semblablement[2], et autres de leur maldit conseil devoient ainsi faire par tout Paris. Mais Dieu qui scet les choses absconditez, qui mua le conseil d'Olofernes par main de femme, les fist cheoir en la fosse qu'ilz avoient faicte, comme devant est dit.

206. Item, le sabmedi ensuivant, fut decapité Guillaume d'Ausserre[3], drappier, esleu de Sainct-Eloi, aagé de plus de LXVI ans, qui avoit de moult belles filles à Paris, toutes femmes d'honneur et[4] d'estat, lesquelles il vilena moult, car il congnut tant de traï-

---

1. Simon Taranne, fils du changeur Jean Taranne, était échevin de Paris au moment de l'entrée des Bourguignons. Plus heureux que son père mis à mort dans l'émeute du 21 août 1418, il réussit à s'échapper. (Au sujet de ses biens confisqués, cf. Longnon, *Paris pendant la domination anglaise*, p. 173, 216).

2. Ms. de Paris : semblable.

3. Guillaume d'Auxerre, riche drapier de la Cité, originaire de Bourges, occupa l'échevinage du 10 octobre 1415 au 30 août 1416 ; il possédait deux maisons à Paris, l'une rue de la Harpe, au coin de la rue Percée, l'autre rue Vieille-Plâtrière (Sauval, III, 295, 316) ; une partie de ses biens fut la récompense des services rendus par Jean de l'Isle, l'un des complices de Perrinet le Clerc (Arch. nat., JJ 171, n° 192). Sa veuve Jeanne, retirée à Bourges, obtint des lettres de rémission le 12 juin 1427 (Longnon, *Paris pendant la domination anglaise*, p. 266). Sa fille Marguerite avait épousé Thomas du Han. En même temps que G. d'Auxerre, furent exécutés maître Pierre la Gode, avocat au Parlement (Arch. nat., X1a 1480, fol. 133 v°), et Philippe de Corbie, maître des requêtes de l'hôtel depuis 1408, suspect au duc de Bourgogne (Cf. Monstrelet, t. III, p. 201). La maison que Pierre la Gode possédait rue des Barres passa en novembre 1418 à Philippot de Juilly, valet tranchant du roi (Arch. nat., JJ 170, n° 139). Philippe de Corbie avait la seigneurie de Sèvres et Meudon, comme on le voit par le procès qu'engagèrent les tuteurs et curateurs de ses enfants pour en obtenir la restitution (*Ibid.*, X1a 4797, fol. 90 v°).

4. « D'honneur et » manque dans le ms. de Rome.

sons contre le roy et son royaulme, que lui et ceulx de ladicte bande avoient machinées et fait aliance aux Englois, que fort seroit à croire; et encusa autres, desquelx furent decapitez ung sergent d'armes, nommé Monmelian, lequel avoit fait par son pourchaz decapiter le sieur de l'Ours de la porte Baudet, [et lequel seigneur de l'Ours, environ six sepmaines] après que les Bourguignons furent entrez à Paris, fut despendu, lui et plusieurs autres, du gibet, et furent mis en terre saincte, et fait leur service honnestement.

207. Item, ou moys de juing, fut la porte Sainct-Anthoine murée, et n'avoit à Paris que deux portes ouvertes, c'est assavoir, la porte Sainct-Denis et celle de Sainct-Germain.

208. Item, en celle année ne fut nouvelle du Landit, ce ne fu à la fin que on vendy ung pou de souliers de Breban en trois estaulx en la grant rue Sainct-Denis, emprès les Filles-Dieu.

209. Item, la vigille Sainct Jehan furent remises les chesnes de fer[1] au boutz des rues de Paris, et cuida on tout trouver; mais il s'en faillit III^c que les bandez en leur vivant avoient degasté en leur prouffit, on ne scet en quel lieu, et les refist-on moult hastivement.

210. Item, le dimenche IIIe jour de juillet, fut faicte une des

---

1. Peu de temps avant l'entrée des Bourguignons, Pierre Emery, bon marchand de Paris, qui avait la confiance du connétable d'Armagnac, fut chargé d'enlever les chaînes des rues de Paris. Après sa fin tragique à la Conciergerie, on retrouva chez lui 29,356 livres de fer en verges et en petites pièces, que l'on déposa partie à la halle au blé, partie dans l'hôtel de la Trémoille. Robert le Doyen, quartenier du quartier des Halles, jugea à propos d'employer ce fer à la réfection des chaînes de son quartier. Une action judiciaire lui fut intentée par Jeanne Emery, fille de Pierre Emery, mariée à Thomas de Herlay, à la suite de laquelle Robert le Doyen se vit condamné, par arrêt du 10 juin 1430, à payer 342 livres 16 s. par., représentant la valeur de ces 29,000 livres de fer, dont la provenance fut jugée douteuse. Robert le Doyen actionna à son tour la prévôté des marchands en garantie de tous frais et dommages; un arrêt intervenu le 28 mars 1431 fit droit à sa requête et rendit la prévôté des marchands responsable de 19,885 livres et demie de fer en verges et de 862 livres en petites pièces, évaluées 243 livres parisis; en outre, un supplément d'enquête au sujet des chaînes du quartier de Saint-Germain-l'Auxerrois fut ordonné (Arch. nat., X1a 1481, fol. 43; X1a 67, fol. 104, 151). Indépendamment de cette masse considérable que nous voyons utilisée, il y eut certainement nombre de chaînes « degastées » au profit de diverses personnes, témoin celles qui furent achetées à un canonnier peu de temps après la surprise de Paris (Ibid., JJ 171, n° 214).

plus belles processions que on eust veu oncques[1]. Toutes les eglises de Paris s'assemblerent à Nostre-Dame de Paris et de là vindrent à grant luminaire [et sainctuaires] à Sainct-Marry[2], à Sainct-Jehan en Greve, et là moult bien devottement prindrent le corps Nostre Seigneur que les faulx juifz boullirent[3] et l'apporterent moult reverentement, faisans grans louanges à Dieu, à Sainct-Martin-des-Champs ; et alloient les gens de l'Université deux et deux, c'est assavoir, emprès chascun maistre alloit ung bourgois au dessoubz de lui, et tous les autres semblablement.

211. Item, le vendredy ensuivant vindrent les Arminalz de Meaux jusques devant Paris, et bouterent le feu à la Villette, à la Chappelle et ailleurs es granches plaines de blez nouveaulx. Si cria on alerme à Paris, si s'enfouirent, et en eulx en allant [allerent coupper les cordes des Arminalz qui penduz estoient au petit gibet de Paris[4] ; et en eulx en allant] prindrent grant proie de bestail, [et] prinsonniers pouvres laboureurs en leurs lis, et le commun de Paris s'arma, mais on ne leur volt ouvrir la porte sitost, pour ce que sans chief estoient. Tost[5] après vint le prevost de Paris, qui yssit à grant compaignie, et eulx le suyvirent moult asprement. Et fut vray que les Arminas povoient bien estre à plus de trois lieues loing ains que le prevost yssist, ne le commun qui moult s'en tint mal comptent, toutes voies suivirent ilz tant leurs

---

1. En présence de l'effervescence populaire qui était loin d'être calmée, le 24 juin 1418, l'Université de Paris, représentée par son recteur et un certain nombre de députés, se joignit au Chapitre de Notre-Dame pour tenter la pacification des esprits au moyen d'une procession solennelle où serait intercalée une prédication. Le 27 juin, après mûre délibération, bien qu'il semblât aux chanoines fort hasardeux de convoquer le peuple « et de lui prêcher la paix et justice », à moins de le faire avec une extrême prudence, on décida la procession solennelle, après s'être assuré le concours du conseil royal, des échevins et de l'Université. Les dernières dispositions furent prises le 30 juin : deux chanoines furent chargés de régler avec les députés de l'Université l'ordre de la procession, pour éviter tout conflit qui pourrait s'élever pendant la cérémonie entre le Chapitre et l'Université au sujet de la préséance de l'un ou l'autre de ces corps (Arch. nat., LL. 215, fol. 201).

2. « Sainct-Marry » manque dans le ms. de Rome.

3. Ms. de Paris : voulurent.

4. Le petit gibet doit s'entendre des fourches patibulaires qui furent érigées vers 1416 « outre Saint-Laurent, hors Paris, sur une petite montagne », à proximité de l'ancienne et grande justice, dont l'état de délabrement exigeait des réparations (Sauval, t. III, p. 273).

5. Ms. de Paris : item.

annemys à pié qu'ilz rescouirent[1] presque tous les prinsonniers, et furent jusques à Langny-sur-Marne, et là leur fut dit que la grosse bataille povoit [ja] bien estre à trois grosses lieues loing; lors s'en revindrent le mieulx qu'ilz porent, moult las, car moult faisoit grant chault, et on ne trouvoit rien nulle part que es bonnes villes, car pour la guerre on y mettoit tout. Quant ilz furent venus à Paris, si furent moult courroucez et vouldrent aller tuer les prinsonniers arminalx du Chastellet, se n'eust esté le cappitaine de Paris[2] qui par doulces parolles les appaisa. Et tantost après on fist faire les barrieres devant Chastellet, mais neantmoins convint il mener les gros prinsonniers à tres grant compaignie de gens d'armes à la porte Sainct-Anthoine, ou autrement eussent esté tuez du peuple.

212. Item, vray est que en icellui temps Soissons se rendit aux Bourguignons, et prindrent des gros bourgoys de la ville qui estoient Arminalx, desquelx ilz firent justice, car ilz congneurent à la mort que dedens IIII jours [ilz avoient en pencée] de tuer par nuyt ou par jour tous ceulx qui estoient de la partie au duc de Bourgongne, et femmes et enfens faire noyer en sacs qu'ilz avoient tous propres fais faire à femmes moult vouluntaires à la faulce traistre bande.

213. Item, vray est qu'ilz avoient fait faire monnoye de plon tres grant foison, et en devoient bailler aux diseniers de la ville de Paris, selon ce qu'ilz avoient de gens en leurs dizaines qui estoient de la bande, et n'en devoit avoir [nul] autre que ceulx; et devoient aller parmy les maisons lesdiz bandez par tout Paris à force de gens armez portant ladicte bande, disant partout: « Avez vous point de telle monnoye? » S'ilz disoient: « Veez en ci! » ilz passoient oultre [sans plus dire]; s'ilz disoient: « Nous n'en avons point! » ilz devoient tout estre mis à l'espée, et les femmes et enfans noyez. Et estoit la monnoye telle: ung pou plus grant que ung blanc de IIII deniers parisis, en la pille ung escu à deux lieppars l'un sur l'autre, et une estoille sur l'escu, en la croix; à ung des quingnez une estoille, à chascun bout de la croix une couronne[3].

---

1. Ms. de Paris : recouvrirent.
2. Charles de Lens, amiral de France, remplissait les fonctions de capitaine de Paris au nom du duc de Bourgogne (Cf. Monstrelet, t. III, p. 273).
3. Notre chroniqueur avait annexé à son récit un dessin représentant cette monnaie; ainsi s'explique le début de sa description : « Et estoit la

214. Item, le jeudi XIIIe jour de juillet vint la royne à Paris, et la admena le duc de Bourgongne et la presenta au roy au Louvre, laquelle avoit esté longtemps comme bannie et hors de France par les bandez, se le duc de Bourgongne ne l'eust secourue, qui tousjours en son exil l'onnoura comme sa dame, et la rendy à son signeur le roy de France, moult honnorablement le jour dessusdit. Et fut à leur venue la porte Sainct-Anthoine desmurée, et furent les Bourgois de Paris vestuz tous de pers; et furent receus avecque telle honneur et joye que onques dame ou signeur avoit esté en France, car par tout où ilz passoient, on crioit à haulte voix « Nouel! » et pou y avoit gent qui ne plourassent de joie et de pitié[1].

215. Item, la sepmaine ensuivant, avoit à Sainct-Denis en France ung [cappitaine] nommé Jehan Bertran[2], aussi bon homme d'armés et aussi proud'homme pour son signeur comme nul c'om sçeust en tout le royaulme de France, mais pas n'estoit

---

monnoie telle », c'est-à-dire « telle » qu'elle se trouvait figurée dans le texte; malheureusement ce dessin n'est que grossièrement indiqué dans le ms. de Rome et ne peut donner aucune idée d'une pièce dont il n'existe probablement aucun spécimen.

1. Voy., au sujet de la réception enthousiaste qui fut faite au duc de Bourgogne et à la reine, Monstrelet (t. III, p. 273), ainsi que la chronique des Cordeliers (t. VI, p. 260), où l'on constate que, pendant le séjour du roi au Louvre, Jean Sans-Peur habita son hôtel d'Artois, et qu'aussitôt le retour de Charles VI à Saint-Pol il alla lui-même se loger à proximité dans un grand hôtel situé devant l'hôtel des Tournelles, dit l'Hôtel-Neuf.

2. Jean Bertrand, capitaine de Saint-Denis, exerçait d'abord dans cette ville la profession de boucher. Compromis en 1413 dans la sédition cabochienne, il fut banni le 28 juillet 1414 et se retira auprès des Bourguignons. Il figure, comme « bouchier de Saint-Denis », parmi les fauteurs de troubles qu'énumère le mandement royal du 30 août 1416 (Cf. Monstrelet, t. III, p. 154). Le récit de sa mort, donné par l'auteur de notre journal, est conforme, sauf quelques détails, à celui que nous lisons dans les lettres de rémission accordées en mai 1420 à deux écuyers qui avaient participé à cet événement. D'après ces lettres, quelques-uns des gens de guerre servant sous l'étendard de Jean de Luxembourg, ayant été dépouillés par Jean Bertrand et ayant obtenu de lui, pour toute réponse à la réclamation de leurs biens, qu'il se garderait bien d'eux, « se mirent en aguet en la Chappelle Saint-Denis lez Paris » et l'attendirent au passage. Bertrand, retournant à Saint-Denis et se méfiant de quelque piège, poussa sur les compagnons embusqués et en blessa un, nommé le bastard Remi, d'un coup de lance; c'est alors que les autres fondirent sur lui et le laissèrent mort sur place (Arch. nat., JJ 171, n°s 115 et 117).

de grant lignaige. Si acroissoit sa renommée de jour en jour [1]
pour le bon sens et proesse qu'il avoit ; si en orent les Picquars
si grant envie qu'ilz l'espierent le lundi ensuivant que la royne
vint à Paris, entre Paris et Sainct-Denis endroit la Chappelle de
la ville [2], et là l'assaillirent en traïson et le navrerent de lances et
d'espées ; moult se deffendi longuement, mais riens ne lui vallu,
car il n'estoit que lui cinquiesme ; enfin le despecerent tout et murtrirent, dont le duc de Bourgongne fut si dolent quant il le sceut,
que il commença à lermer moult fort des yeulx, mais autre chose
n'en osa faire pour paour d'esmouvoir le commun, qui fut si
esmeu quant ilz le sceurent que à tres grant peine furent apaisiez [3].

216. Item, en ce temps, les Arminalz faisoient moult souvent
grans griefz autour de Paris, et prindrent celle sepmaine mesmes
Moret [4] en Gastinoys, et tuerent grant partie du peuple sans
mercy.

217. Item, le xxe jour dudit moys de juillet, les Angloys prindrent
le Pont-de-l'Arche [5] par deux cappitaines failliz et recreans, l'un
nommé Guillaume, et l'autre Robinet de Bracquemont, et le rendirent par leur mauvaistie, avant que les tryeves fussent faillies,
car ilz sçavoient bien que le secours venoit de Paris tres grant,
pour y estre à la journée.

218. Item, en icellui temps avoit à Paris ung chevalier du
guet [6], nommé messire Gaultier Rallart, qui nulles foys n'alloit

---

1. Ms. de Paris : si augmentoit sa renommée tous les jours.
2. Ms. de Paris : entre la Chappelle et la ville.
3. Ms. de Paris : rassasiez.
4. Ms. de Paris : Milly.
5. Pont-de-l'Arche se rendit aux Anglais après quelques jours de siège ; la capitulation conclue par Jean de Graville, Pierre de Rouville, Jacques de Chiffrevast, Jean d'Iffreville et Robert de Braquemont, est un peu anté- rieure au 19 juillet 1418 (Rymer, t. IV, 3e partie, 58). Les deux capitaines auxquels notre chroniqueur impute la reddition de Pont-de-l'Arche étaient Robert de Braquemont, dit Robinet (amiral de France depuis le 22 avril 1417, nommé le 2 janvier 1418 lieutenant général pour le roi dans les bailliages de Rouen, Gisors, Caux), et son frère Guillaume de Braquemont ; ce qui justifierait jusqu'à un certain point cette opinion, c'est la faveur qui s'attacha à la personne de Pierre de Rouville, gendre de Robert de Braquemont, complètement rallié à la cause anglaise (Voir la notice de M. Ch. de Beaurepaire, *Bibl. de l'École des chartes*, 1875).
6. Voici les noms des chevaliers du guet qui se succédèrent à Paris de 1408 à 1436. — 1° FLORENT D'ENCRE, chambellan de Jean Sans-Peur, est cité comme chevalier du guet le 20 avril 1409 (Arch. nat., Z 5187, fol.

au guet qui n'eust devant lui III ou IIII menestriers jouans de haulx instrumens, qui moult estoit estrange chose au peuple, car ilz disoient qu'il sembloit qu'il deist aux malfaicteurs : « Fuiez vous en, car je vien. »

219. Item, touzjours faisoient les pouvres gens le guet[1] et feux, et veillier toute nuyt. Et si estoit la buche si chiere que touzjours la buche de Bondiz coustoit XIII ou XIIII solz parisis, [celle de Griesve la plus petite estoit à XXVI solz parisis, le molle à X solz parisis], le sac de charbon XIII ou XIIII solz parisis [2], et nul temps on n'avoit que II ou III œufs pour ung blanc, la livre de beurre au meilleur marché VI blans, tres petit vin pour VI deniers parisis à la pinte.

220. Item, le dimenche XXIe jour d'aoust, fut fait en Paris une grant [esmeute][3] terrible et orrible et merveilleuse; car pour la cause que tout estoit si cher à Paris [et] que on ne gaingnoit rien pour les Arminaz qui estoient autour de Paris, s'esmut le peuple celui jour, et tuerent et abatirent ceulx qu'i porent sçavoir qui

---

144); au mois de septembre 1413 il était capitaine de Melun (*Ibid.*, JJ 167, fol. 267). 2° BERTRAND D'ENFERNET occupait le poste de chevalier du guet le 13 octobre 1414; à cette date, le Parlement lui défend de s'attaquer à Colin de la Chapelle, sergent à verge et collecteur du guet des métiers (*Ibid.*, X1a 4790, fol. 146). 3° GAUCHER RAILLART, capitaine bourguignon, qui conduisit les Parisiens au siège de Montlhéry (Monstrelet, t. III, p. 291; Cousinot, p. 173) et qui prit part à l'expédition dirigée contre la tour du Tramblay (Arch. nat., X:a 1480, fol. 208), représente cet étrange chevalier du guet mis en scène dans le Journal parisien. 4° MORELET DE BÉTHENCOURT remplit la charge de chevalier du guet pendant l'occupation anglaise, au moins durant toute la période comprise entre les années 1428 et 1436.

1. Ce n'est pas seulement sur les remparts et aux portes de l'enceinte que se faisait le guet. En effet le Chapitre de Notre-Dame décida, le 27 juillet, que toutes les nuits on veillerait à la porte du cloître, près de Saint-Jean-le-Rond, et que tous les habitants du cloître attachés à Notre-Dame seraient astreints à ce service, sous peine, pour chaque absent, de 2 sous d'amende (Arch. nat., LL 215, fol. 204).

2. Ms. de Paris : XIIII ou XV.

3. L'émeute commença le samedi 20 août, vers dix heures du soir, et dura toute la nuit ainsi que le jour suivant (Arch. nat., X1a 1480, fol. 142, 143; Conclusions de la nation d'Allemagne, reg. 7 des Arch. de l'Université). Une foule de gens armés, appartenant aux classes les plus infimes de la société, se porta d'abord au Grand Châtelet et renouvela les scènes du 12 juin; on peut citer parmi ceux qui furent « précipités es prisons » Aimeri de Vauboulon, Pierre de Campignolles, Jean Tesson, J. de Courbes (Sauval, III, 294).

estoient de ladicte bande, et comme dervez s'en furent en [1] Chastellet et l'assaillirent de droit assault ; et cilz qui dedens estoient, qui bien savoient la malle voulenté du commun, especial aux Arminalx, eulx deffendirent moult efforceement [2], et gectoient tuilles et pierres et ce qu'ilz povoient [3] pour cuider eslonguer leurs vies. Mais ce ne leur vallut rien, car le Chastellet fut eschellé de toutes pars, et descouvert [4] et prins par force, et tous ceulx de dedens mis à l'espée, et la plus grant partie fist on saillir sur les carreaulx, où la grant compaignie estoit du peuple qui les occioient sans mercy de plus de cent plaies mortelles ; car trop souffroit le peuple de griefz par eulx, car riens ne povoit venir à Paris qui ne fust rançonné deux foys plus qu'il ne valloit, et toutes nuys guet de feu, de lanternes en my les rues, aux portes [5], faire gens d'armes et riens gaigner, et tout cher plus que de raison [6] par les faulx bandez qui tenoient maintes bonnes villes d'entour Paris, comme Sens, Moret, Meleun, Meaulx en Brye, Crecy [7], Compigne, Mont-le-Hery, et plusieurs autres forteresses et chasteaulx [8], où ilz faisoient tous les maulx que on peust faire ne pencer. Car par eulx fut plus martiré de gens que ne firent les anxiens annemys de chrestienté, comme Dyoclecien et Maximien, et autres qui firent à Romme martirer plusieurs sains et saintes, mais leur tyrannie n'estoit point acomparegée [9] ausdiz bandez, comme Dieu scet ; par quoy ledit peuple estoit ainsi esmeu contre eulx, comme davant est dit.

---

1. Ms. de Paris : s'enfuirent au. — 2. Ms. de Paris : moult efforçoient.
3. Ms. de Paris : ce qu'ilz trouvoient.
4. Ms. de Paris : destruict.
5. Au commencement de septembre 1418, Paris se trouvant dégarni par suite de l'envoi de ses défenseurs au siège de Montlhéry et au secours de Rouen, les mesures les plus rigoureuses furent prises pour assurer la garde de la ville ; des lettres de Charles VI, en date du 4 septembre 1418, autorisèrent les prévôt des marchands et échevins à contraindre toutes personnes privilégiées ou non, officiers royaux, gens d'église, à faire le guet, avec faculté d'infliger aux contrevenans des amendes graduées jusqu'à 20 sols parisis (Arch. nat., K 950, n° 25).
6. Tout ce membre de phrase manque dans le ms. de Rome.
7. Après la reddition de Crécy en Brie, qui eut lieu vers le mois de janvier 1421, « les gens d'eglise, nobles, bourgois, manans et habitans de cette ville » obtinrent une rémission générale (Arch. nat., JJ 171, n° 283).
8. Entre autres Brie-Comte-Robert, alors occupé par les « desobeissans » (Arch. nat., X1a 4793, fol. 17).
9. Ms. de Paris : accompagnée.

221. Item, dudit Chastellet, quant ilz orent mis à l'espée tous ceulx qu'ilz porent trouver, s'en allerent au Petit Chastellet, où ilz orent moult fort assault; mais ce ne leur vallu riens, car tous furent tuez comme ceulx du Grant Chastellet, de là s'esmurent[1] pour venir au chasteau de Sainct-Anthoine. Lors vint le duc de Bourgongne à eulx, qui les cuida apaisier par doulces parolles, mais riens n'y valu; car ilz s'en fuirent, comme gens dervez, droit au chasteau et l'assaillirent à force, et percerent portes [et tout] à pierres qu'ilz gectoient encontre; et nul si hardy de en hault qui s'osast monstrer, car ilz leur envoyoient sajettes et cannons si tres dru que merveilles. Grant pitié en avoit le duc de Bourgongne, qui là affouy [à grant haste], acompaignié de plusieurs grans signeurs et gens d'armes, pour leur cuider faire cesser[2] l'assault pour la compaignie qu'il admenoit, mais oncques, pour puissance qu'il eust, ne lui, ne sa compaignie ne les porent apaisier, si ne leur monstroit tous les prinsonniers qui là estoient, et s'ilz n'estoient admenez ou Chastellet de Paris, que ilz disoient que ceulx que on mettoit oudit chasteau estoient touzjours delivrez par argent, et les boutoit on [hors] par les champs, et faisoient après plus de maulx que devant, et pour ce les vouloient avoir. Et quant le duc de Bourgongne vit la chace ainsi, que bien veoit qu'ilz disoient verité, si leur delivra, par ainsi que nul mal ne leur feroient, et ainsi fut accordé d'une part et d'autre, et furent admenez par les gens du duc de Bourgongne, et estoient, que ung que autre, environ vingt[3]. Quant ilz vindrent pres du Chastellet, si furent moult esbahiz, car ilz trouverent si grant nombre de peuple, que oncques, pour puissance qu'ilz eussent, ne les porent[4] sauver qu'ilz ne fussent tous martirez de plus de cent plaies; et là furent tuez cinq chevaliers, tous grans signeurs, comme Enguerran de Malcon-

---

1. Ms. de Paris : survindrent.
2. Ms. de Paris : pour leur faire cuider laisser l'assaut.
3. Sept prisonniers, suivant la chronique des Cordeliers (p. 263), huit ou neuf d'après le récit du greffier Clément de Fauquembergue, furent extraits de la Bastille et confiés aux massacreurs; parmi les victimes, indépendamment de celles mentionnées ci-après, il faut compter Étienne de Mauregard, secrétaire du roi (Religieux de Saint-Denis, t. VI, p. 265). Deux chevaliers, Jacquelin Trousseau et Jacques de Montmor, grâce « à l'ayde et intercession d'aucuns de leur cognoissance », réussirent à préserver leur existence (Arch. nat., X¹ª 1480, fol. 142, 143).
4. Ms. de Paris : sceurent sauver.

gnat[1] et son filx, premier chambellan du roy nostre sire, monseigneur Ecthor de Chartres[2] et plusieurs autres, Charlot Poupart[3], argentier du roy, le vielz Taranne[4] et ung de ses filx, dont le duc de Bourgongne fut moult troublé, mais autre chose n'en osa faire.

222. Item, après ce l'occision, droit en l'ostel de Bourbon[5] s'en

---

1. Enguerran de Marcognet, premier écuyer d'écurie du duc d'Orléans en 1393, puis chambellan de Charles VI, s'unit en premières noces avec Jeanne Sance, veuve de Jean le Breton, et lui constitua, par acte passé le 4 octobre 1393 sous le sceau de la prévôté de Paris, un douaire de trois mille francs d'or, dont les deux tiers furent donnés par le duc d'Orléans, la somme totale devant être remise entre les mains d'un ami de l'épousée, Simon de Dammartin, bourgeois de Paris (Arch. nat., Y 2, fol. 238). Enguerran de Marcognet contracta un second mariage qui, semble-t-il, ne fut pas heureux, puisque sa femme, Michelle, se vit réduite à assigner son mari devant le Châtelet, pour lui réclamer une pension alimentaire. Elle survécut nombre d'années à son mari, et son testament fut enregistré le 15 juillet 1433 par le Parlement. Enguerran de Marcognet remplit jusqu'au 31 octobre 1411 les fonctions de bailli de Melun (Arch. nat., X1a 1479, fol. 173 v°); il laissa deux enfants, Isabeau et Louis de Marcognet, probablement issus de son premier mariage. (Longnon, *Paris pendant la domination anglaise*, p. 65.)

2. Hector de Chartres, que Juvénal des Ursins qualifie de maître de l'hôtel du roi, était, en 1408, maître des eaux et forêts pour les pays de Picardie et de Normandie (Arch. nat., KK 16, fol. 159 v°).

3. Le 5 juin 1390, Charles Poupart, valet de chambre du roi, fut nommé argentier au lieu d'Arnoul Boucher (Arch. nat., KK 21, fol. 2); en 1412, l'Université le signala dans ses remontrances au roi comme coupable de dilapidations; on lui reprochait d'avoir acquis « grans rentes et possessions », ce qu'il n'avait pu faire, disait-on, avec les seuls gages de son office (Monstrelet, t. II, p. 312).

4. Jean Taranne, riche changeur sur le Pont, était dès 1416 l'un des notables de sa corporation (Arch. nat., Z1b 2). Concessionnaire, avec Michel de Lailler, des trente-deux loges édifiées sur le pont Saint-Michel (Sauval, III, 271), il exerçait en même temps la profession d'orfèvre, et fournit à la cour de grandes nefs d'argent doré entre autres pièces importantes d'orfèvrerie (Arch. nat., KK 29, fol. 115 et suiv.). Il fut l'un des prisonniers de la Bastille que Capeluche décapita au Châtelet; celui de ses fils qui périt avec lui n'est point Simonnet Taranne, lequel parvint à s'échapper. Après la mort de Jean Taranne, sa veuve se retira à Orléans, chez Étienne l'Amirant (*Ibid.*, X2a 18, avril 1426). Au sujet de ses biens, cf. Longnon, *Paris pendant la domination anglaise*, p. 173.

5. L'hôtel de Bourbon, situé près du Louvre, entre les rues des Poulies et d'Autriche, affectait la forme d'une croix irrégulière, dont trois branches aboutissaient aux voies publiques et la quatrième à l'hôtel de Marigny; reconstruit vers 1390, cet hôtel passait pour l'une des plus somptueuses demeures du vieux Paris; après l'adjudication qui en fut faite, en novembre

allerent, et misdrent à mort aucuns prinsonniers ; (qu)'ilz y trouverent en une chambre une queue plaine de chausses-trapes, et une grant baniere comme estandart, où il avoit ung dragon figuré, qui par la gueule[1] gectoit feu et sang. Si furent plus meuz en ire que davant, et la porterent tout parmy Paris, les espées [toutes] nues, criant sans raison : « Veez cy la baniere que le roy d'Angleterre avoit envoiée aux faulx Arminalz, en signifiance de la mort dont ilz nous devoient faire mourir. » Et ainsi criant, quant ilz orent partout monstré, la porterent au duc de Bourgongne, et quant il l'ot veue, sans plus dire, fut mise à terre, et marcherent dessus, et en print chascun qui en pot avoir sa piece, et en misdrent les pieces au boutz de leurs espées et de leurs haches.

223. Item, toute celle nuyt ne dormirent[2], ne ne cesserent de querir et de demander partout se on savoit nulz Arminalx ; aucuns en trouverent qui furent tuez et mis à mort sur les carreaulx tous nuds.

224. Item, le lundi ensuivant, xxiie jour d'aoust, [furent] encusées aucunes femmes, lesquelles furent tuées et mises sur les carreaulx sans robbe que de leur chemise, et ad ce faire estoit plus enclin le bourreau que nulz des autres ; entre lesquelles femmes il tua une femme grosse, qui en ce cas n'avoit aucune coulpe, dont il advint ung pou de jours après qu'il en fut prins et mis en Chastellet, lui iiie de ses complices, et au bout de trois jours après eurent les testes coppées[3]. Et ordonna le bourreau la maniere au nouveau bourreau comment il devoit copper teste, et fut deslié et

---

1425, au profit du chapitre de Saint-Germain-l'Auxerrois, il devint la propriété du duc de Bedford le 2 décembre 1426. Marie d'Anjou, la jeune épouse ou fiancée du dauphin, y trouva un refuge au moment de l'invasion des Bourguignons à Saint-Paul et fut témoin de toutes ces scènes de désordre (Voy. A. Berty, *Topographie historique du Vieux Paris*, t. I, p. 33).

1. Ms. de Paris : gorge.
2. Ms. de Paris : ne demourerent.
3. Capeluche couronna ses méfaits par l'outrageante familiarité avec laquelle il traita le duc de Bourgogne, se permettant de toucher la main de ce prince et de l'appeler son « beau-frère » ; arrêté le 23 août dans un cabaret des Halles et condamné à mort par un jugement du prévôt de Paris, il fut décapité le vendredi 26 août avec deux de ses complices, et « eurent chascun d'eulx ung poing copé es halles de Paris, et leur corps mis au gibet » (Arch. nat., X1c 1480, fol. 144). Afin d'éviter tout mouvement populaire le jour de cette triple exécution, les bourgeois de Paris en armes occupèrent les carrefours.

ordonna le tronchet pour son coul et pour sa face, et osta du boys au bout de la doloaire et à son coussel, tout ainsi comme s'il voulsist faire ladicte office à ung autre, dont tout le monde estoit esbahy ; après ce, cria mercy à Dieu et fut decollé par son varlet.

225. Item, en celui temps, vers la fin du moys d'aoust, faisoit si grant chalour de jour et de nuyt, que homme ne femme ne povoit dormir par nuyt, et avec ce estoit tres grant mortalité de boce et d'espidymie, et tout sur jeune gent et sur enfens.

226. Item, celuy an, demouroient les blez et les advoynes [aux champs] à sayer tout autour de Paris, que nul n'y osoit aller pour les Arminaz qui tuoient tous ceulx qu'ilz povoient prendre qui estoient de Paris. Pour quoy la commune de Paris s'esmut, et allerent devant Montlehery[1], et y furent [environ] x ou xii jours, et firent le mieulx qu'ilz porent, et eussent gaigné le chastel et les traistres de dedens, se n'eussent esté aucuns gentilzhommes[2] qui avec eulx estoient, qui les devoient garder et mener; mais, quant ilz virent que la commune besongnoit si bien, si parlementerent aux Arminalx qui bien veoient qu'ilz ne povoient longuement durer contre la commune, qui si asprement les assailloit de jour et de nuyt, et prindrent grant argent des Arminaz, par ainsi qu'ilz feroient lever le siege, et ainsi firent ilz quant ilz orent l'argent. Si firent entendant aux bonnes gens, que vrayement il venoit ung tres grant secours à ceulx du chastel, et qui se pouroit sauver, si se sauvast, que plus ne seroient là, et se partirent. Quant ce virent la commune, si se departirent [de là] moult courcez, et quant ilz vindrent pres de Paris, on leur ferma les portes, et demourerent à Sainct-Germain, à Sainct-Marcel, à Nostre-Dame-des-Champs, ii ou iii jours et nuys ; et les Arminalz, tantost après le departe-

---

1. Ce n'est point de leur plein gré que les Parisiens entreprirent cette expédition. Voici ce que porte l'un des registres du Parlement à la date du 30 août : « Par l'ordonnance des gens du conseil du roy, on fist vuidier de Paris les gens de menu peuple pour aler en la compaignie de certain nombre de gens d'armes au siege de Montlehery » ; l'éloignement de cette populace remuante étant le seul moyen d'éviter le retour des désordres qui avaient ensanglanté les rues de Paris. (Arch. nat., X1a 1480, fol. 144 v°.)

2. Louis de Berghes, seigneur de Cohen, et Gautier de Ruppes, capitaines bourguignons, étaient avec Gaucher Raillart, chevalier du guet de Paris, à la tête des gens de guerre qui accompagnèrent la milice parisienne au siège de Montlhéry (Cousinot, *Geste des nobles*, p. 173 ; Monstrelet, t. III, p. 291 ; Chron. des Cordeliers, p. 264).

ment du siege¹, couroient jusques au bout desdiz villaiges où estoient noz gens pour les cuider sourprendre, mais oncques pour leur puissance ne les porent grever. Et si n'avoient nul cappitaine que de ceulx de Paris, car les gentilzhommes qui les avoient laissez cuidoient que les Arminalz les deussent tous tuer, mais oncques Arminaz ne les oserent assaillir; et vray estoit que qui eust laissé faire les communes, il n'y eust demouré Arminac en France en mains de deux moys qu'ilz n'eussent mis à fin; et pour ce les hayoient les gentilzhommes qui ne vouloient que la guerre, et ilz la vouloient mettre à fin. Quant on vit qu'ilz avoient si grant voulenté d'affiner la guerre, on les laissa entrer dedens Paris, et allerent faire leur labour; et les Arminalz faisoient du pis qu'ilz povoient, car ilz tuoient femmes et enfens, et boutoient feux autour de Paris², et si n'estoit homme nul qui y meist remede aucun.

227. Et d'autre part estoient les Angloys devant Rouen de toutes pars assiegez, qui moult faisoient de grief de toutes pars à ceulx de Rouen, et³ si n'estoit homme nul qui aucun secours leur envoiast; si leur convint perdre l'abbaye de Saincte-Katherine-du-Mont de Rouen⁴, dont furent moult affoiblyz, mais à souffrir leur convint; et tout ce estoit par les faulx traistres de France qui ne

---

1. A l'approche de Tanneguy du Châtel, lieutenant du dauphin, qui entra le 10 septembre à Étampes, les Bourguignons levèrent précipitamment le siège de Montlhéry, abandonnant ou brûlant leur matériel (Cousinot, *Geste des nobles*, p. 174). Dans la nuit du mardi 13, la garnison de Montlhéry s'enhardit jusqu'à faire une incursion aux portes mêmes de Paris. « Ce jour, après mynuit, raconte le greffier Clément de Fauquembergue, vindrent courir devant Paris les gens d'armes de la garnison de Montlehery et autres favorisans du conte d'Armaignac, et bouterent le feu en pluseurs maisons du fourbourg de Saint-Germain-des-Prez, et se y tindrent jusques au plain jour, et y tuerent IIII ou V personnes » (Arch. nat., X¹ª 1480, fol. 146).

2. Après les courses faites par les partisans du dauphin dans le bourg Saint-Germain-des-Prés, où ils avaient « bouté feux, tué et meudry gens, emmené aucuns d'eulx prinsonniers » et mis les maisons au pillage, les habitants, désireux de se mettre à l'abri de pareilles tentatives, demandèrent à l'abbé de Saint-Germain-des-Prés la permission d'établir des barrières en bois; l'abbé Guillaume fit droit à leur requête et le 23 novembre 1418 accorda l'autorisation demandée (Arch. nat., K 59, n° 22).

3. Ce membre de phrase est omis dans toutes les éditions.

4. Les Anglais s'emparèrent le 30 août du fort Sainte-Catherine, qui dominait la ville et le fleuve (Vallet, *Hist. de Charles VII*, t. I, p. 117).

vouloient que la guerre ; car bien savoient tous combien de rançon ilz devoient paier, se prins estoient.

228. Alloit ainsi le [royaulme de] France de pis [en pis], et povoit on mieulx dire la Terre Deserte que la terre de France. Et tout ce estoit, ou la plus grant partie, par le duc de Bourgongne qui estoit le plus long homme en toutes ses besongnes c'om peust trouver [1], car il ne se mouvoyt d'une cité [quant il y estoit, ne que] se paix fust partout, se le peuple par force de plaintes ne l'esmouvoit, dont tout enchery en Paris [de plus en plus] [2]. Car il estoit en septembre le commencement d'yver que on se devoit garnir, et ung cent de bonne buche valloit touzjours II frans, ung sac de charbon, XVI solz parisis ; le moulle X ou XII solz parisis ; la livre de beurre sallé, VII ou VIII blans en gros [3] ; œufs, II deniers parisis la piece ; ung petit fromaige, III solz parisis ; bien petites poires ou pommes, ung denier la piece ; deux petiz oingnons, II deniers parisis ; bien petit vin pour II ou III blans, et ainsi de toutes choses.

229. Item, en cellui moys de septembre, fut mandé le duc de Bretaigne de par le roy, et y vint à Corbeil, de là à Sainct-Mor-

---

1. L'un des annotateurs du manuscrit de Rome, frappé de cette attaque dirigée contre le duc de Bourgogne par un Bourguignon, a inscrit à la marge la remarque suivante : « Contre le duc de Bourgongne, combien que l'autheur soit pour lui » (fol. 54 v°). Dans le ms. de Paris, le mot *long*, qui donne un sens défavorable à la phrase, est remplacé par *grant*, mais cette leçon nous paraît mauvaise.

2. Le renchérissement prodigieux des denrées fit cruellement souffrir la population parisienne. Les documents contemporains témoignent de la dureté des temps et de l'extrême difficulté de la vie matérielle. Le 17 août 1418, le chapitre de Notre-Dame, ayant égard à la pauvreté de l'Hôtel-Dieu, à la perte de ses revenus, à la cherté et au manque de vivres nécessaires à l'entretien des pauvres et des serviteurs de cet établissement, autorisa son maître à recevoir des exécuteurs testamentaires du doyen J. Chanteprime les 400 francs légués à l'Hôtel-Dieu. Quelques jours plus tard, le duc de Bourgogne étant venu à Notre-Dame et ayant laissé un noble d'or pour le clergé inférieur, les malheureux prêtres se disputèrent ce présent avec acharnement, telle était leur pénurie (Arch. nat., LL 215, fol. 206, 207). Voici maintenant les réflexions que suggère au greffier du Parlement l'état misérable de la capitale à la mi-octobre : « Combien que le peuple de Paris fut grandement diminué tant par le fait des guerres comme de l'epidimie, neantmoins estoient les vivres en grant chierté à Paris, et vendoit-on busche, blefs et avoines à plus hault pris que on n'avoit fait longtemps avant. » (Arch. nat., X1a 1480, fol. 151.)

3. Ms. de Paris : et gros oeufs.

des-Fossez[1]. Et là vint la royne, le duc de Bourgongne et plusieurs autres signeurs ; là firent-[ilz] une paix telle quelle, [que] voulsist ou non la royne. Tout fut pardonné aux Arminalz, les maulx qu'ilz avoient faiz, et si estoit tout prouvé[2] contre eulx qu'ilz estoient consentans de la venue du roy d'Engleterre, et qu'ilz en avoient eu grans deniers dudit roy ; item, de empoisonner[3] les deux ainsnez filz du roy de France, et savoit-on bien que ce avoit esté et fait faire, et de l'empoisonnement du duc de Holende, et de bouter hors la royne de France de son royaulme[4]. Et si convint tout mettre ce à nyant, ou se non ilz eussent destruit tout le royaulme de France et livré aux Engloys le daulphin qu'ilz avoient devers eulx. Ainsi fut faicte celle paix, qui que en fust courcé ou joyeulx, et fut criée parmy Paris à quatre trompes et à six menestriers, le lundi xix[e] jour de septembre l'an iiii[c] xviii[5].

230. Item, en cedit moys, au commencement, [fut] depposé de la prevosté de Paris le Beau de Bar[6], et y fut mis ung escuier nommé Jacques Lamben[7].

---

1. Jean VI, duc de Bretagne, mari de Jeanne de France, troisième fille de Charles VI, fut chargé de négocier la paix entre le dauphin et le duc de Bourgogne ; il vint à Corbeil en compagnie des ducs d'Anjou et d'Alençon et se rencontra le 13 septembre, au pont de Charenton, avec Jean Sans-Peur, qui le reçut à dîner en son logis de Conflans-Sainte-Honorine ; mais les négociations ne purent aboutir immédiatement et se continuèrent les jours suivants à Saint-Maur-des-Fossés, où fut délibéré le traité de paix connu sous le nom de traité de Saint-Maur ; ce pacte fut conclu le 16 septembre 1418 au château de Vincennes, en présence des ducs de Bourgogne, de Bretagne et de la reine, qui ne paraît pas, quoi qu'en dise le chroniqueur, avoir soulevé de difficulté (Arch. nat., X[1a] 1480, fol. 147).
2. Ms. de Paris : tout premier.
3. Ms. de Paris : emprisonner.
4. Toutes ces accusations, est-il besoin de le dire, sont mensongères et représentent autant d'imputations calomnieuses inventées par les Bourguignons qui, dès 1417, s'en firent une arme contre le connétable d'Armagnac.
5. Ce même jour, le chancelier Eustache de l'Aître fit publier au Parlement le traité de paix, dont la teneur existe dans le registre des Ordonnances (Arch. nat., X[1a] 8603, fol. 36).
6. Guy de Bar, envoyé vers Rouen en qualité de lieutenant général de Normandie, ne perdit point sa charge de prévôt de Paris, comme le prouvent les lettres rendues le 20 août 1418, qui le maintinrent dans ses fonctions et déclarèrent que Jacques Lamban, bailli de Vermandois, n'était que provisoirement commis à la garde de la prévôté, en l'absence du titulaire (Arch. nat., X[1a] 8603, fol. 32 v°).
7. Jacques Lamban, seigneur de Semeuse, châtelain de Rethel jusqu'en

231. Item, cedit moys de septembre, estoit à Paris et autour la mortalité si tres cruelle[1], que on eust veu puis III^c ans par le dit des anciens ; car nul n'eschapoit qui fust feru de l'espidimie, especialment jeunes gens et enfans. Et tant en mouru vers la fin dudit moys, et si hastivement, qu'il convint faire es cymetieres [de Paris] grans fosses, où on en mettoit XXX ou XL en chascune, et estoient arangés comme lars, et puis [ung pou] pouldrez par dessus de terre ; et touzjours jour et nuyt on n'estoit en rue que on ne rencontrast Nostre Seigneur, que on portoit aux malades, et tretous avoient la plus belle cognoissance de Dieu Nostre Seigneur à la fin, que on vit oncques avoir à chrestiens. Mais au dict des clercs, on ne avoit oncques veu ne ouy parler de mortalité qui fust si desvée, ne plus aspre, ne dont moins eschappast de gens qui feru en fussent ; car en moins de cinq sepmaines trespassa en ville de Paris plus de L mil personnes. Et tant trespassa de gens de l'Eglise que on enterroit IIII, ou VI, ou huit chefs de hostel à une messe à notte, et convenoit marchander aux presbtres pour combien ilz la chanteroient[2], et bien souvent en convenoit paier XVI ou XVIII solz parisis, et d'une messe basse IIII solz parisis.

232. Item, en ce temps, qui estoit environ XII jours en octobre,

---

1404 et signalé en 1413 comme l'un des fauteurs de la conspiration cabochienne (Monstrelet, t. VI, p. 117), se réfugia auprès du duc de Bourgogne, qui utilisa ses services. Ainsi le futur prévôt de Paris figure au nombre des commissaires nommés pour la mise à exécution de l'ordonnance du 7 avril 1415, portant réformation des duché et comté de Bourgogne (Dom Plancher, *Hist. de Bourgogne*, t. IV, p. 433). Lamban revint à Paris le 15 décembre 1415 avec une députation composée du prince d'Orange et de plusieurs autres conseillers et familiers de Jean Sans-Peur (Juvénal des Ursins, p. 526). L'année suivante, le même fit partie d'une autre délégation chargée de conférer avec les députés de Brabant au sujet du droit que prétendait le duc de Bourgogne sur l'administration des biens appartenant aux enfants du duc de Brabant, tué à Azincourt (D. Plancher, t. IV, p. 448). C'est le vendredi 19 août 1418 que Lamban, alors bailli de Vermandois, fut temporairement institué prévôt de Paris, jusqu'au retour de Guy de Bar, c'est-à-dire jusqu'en octobre 1418 (Arch. nat., Y 1, fol. 1).

1. Le mercredi 28 septembre, par suite de la « grant mortalité » régnant à Paris et en plusieurs parties du royaume, le Parlement dut suspendre ses plaidoiries, et l'on voit, le 3 novembre suivant, que l'évêque, « pour doubte de l'epidimie ayant cours à Paris », s'était retiré dans l'abbaye de Saint-Maur (Arch. nat., X^{1a} 1480, fol. 148, 153).

2. Ms. de Paris : pour combien ilz l'achetteroient.

n'estoit pas encore cessée la mortalité aucunement[1], ne les Arminaz pour paix ne pour autre chose ne laissoient à faire comme davant tretous le pis qu'ilz povoient, et venoient souvent jusques emprès de Paris prendre proies et hommes et femmes, et menoient en leurs garnisons, ne nul n'en osoit mot dire, et pour vray il ressembloit que au duc de Bourgongne en fust apoy, et apoisoit le peuple de douces parolles.

233. Item, tout le moys d'octobre et de novembre, fut la mort ainsi cruelle comme davant est dit, et quant on la vit si dervée que on ne savoit mais où les enterrer, on fist grans fosses, aux Sains-Innocens cinq, à la Trinité quatre, aux autres selon leur grandeur, et en chascune on mettoit vi^c personnes ou environ. Et fut vray que les cordouanniers de Paris compterent le jour de leur confrarie Sainct Crespin et Sainct Crespinien[2] les mors de leur mestier, et compterent et trouverent qu'ilz estoient trespassez bien xviii^c, tant maistres que varletz, en ces deux moys en ladicte ville. Et ceulx de l'Ostel-Dieu, ceulx qui faisoient les fosses es cymetieres de Paris, affermoient que entre la Nativité Nostre-Dame et sa Concepcion, avoient enterré de la ville de Paris plus de cent mille personnes[3], et en iiii ou v cens n'en mouroit pas xii anciens, que tous enfens et jeunes gens.

234. Item, les Arminalz tenoient touzjours les villes et forte-

---

1. Une procession solennelle à Saint-Victor eut lieu le 5 octobre, « pour occasion des guerres et grans mortalitez estans en ce royaume », et ce même jour, suivant les injonctions de l'évêque de Paris ou de ses vicaires, la population parisienne s'imposa, ce qui n'était déjà que trop entré dans ses habitudes, une abstinence générale de viande (Arch. nat., X1a 1480, fol. 149 v°).

2. Le 23 mai 1430, Henri VI, roi d'Angleterre, confirma les privilèges de la confrérie des « maîtres et varlets cordouanniers, dite de Saint Crespin et Saint Crespinien », qui comptait déjà plus de cinquante années d'existence, et l'autorisa à se faire représenter en justice par un examinateur du Châtelet (Longnon, Paris pendant la domination anglaise, p. 310). Depuis le règne de Charles V, cette confrérie faisait, chaque année, célébrer un service dans la chapelle de Notre-Dame consacrée aux saints Crépin et Crépinien ; en 1432, les garçons cordonniers, formant une confrérie distincte, admirent dans leur association les maîtres du métier, qui avaient une confrérie à Saint-Barthélemy, et la redevance de 20 sols, annuellement payée à Notre-Dame, fut doublée (Arch. nat., LL 216, fol. 170).

3. L'auteur de la chronique des Cordeliers rend le même témoignage : « Et y fu, dit-il en parlant de l'épidémie parisienne, celle an la mortalité si grande qu'il y moru près de iiiixx mil personnes. » (Monstrelet, t. VI, p. 265.)

resses devant dictes, et tindrent Paris en si grant subgection que ung enffant de xiiii ans mengoit bien pour viii deniers de pain à l'eure, et coustoit la xii⁽ⁿᵉ⁾ vi solz parisis, que on avoit eue pour vii ou viii blans, ung bien petit fromaige x ou xii blans, le quarteron d'œufs v ou vi solz parisis; la char d'un bon mouton, le bœuf xxxviii frans; ainsi petite buche comme de Marne toute verte, xl solz parisis ou iii frans le cent, la buche de molle xii solz le molle [1], meschantes bourrées où il n'avoit que feilles, le cent xxxvi solz parisis [2], ung quarteron de poires d'Engoisses iiii solz parisis, de pommes ii solz ou vi blans, la livre de beurre sallé viii blans, ung petit fromaige venant de la Frisselle [3] xvi deniers parisis, une paire de souliers que on avoit devant pour viii blans [en mil] iiii⁽ᶜ⁾ xviii, coustoient xvi ou xviii blans, et toutes autres choses, quelles qu'elles fussent, estoient ainsi cheres à Paris partout.

235. Item, en ce moys de novembre, fut remis le Beau [4] de Bar, c'est assavoir, messire Guy de Bar, dit le Beau, en la prevosté de Paris, comme devant [5].

---

1. La rareté et le prix exagéré de la « marchandise de busche » nécessitèrent des mesures exceptionnelles; le Parlement décida, dans sa séance du 26 novembre, que les verdiers feraient abattre dans les forêts royales de Bondy, Saint-Germain-en-Laye, Senart et Pommeraye, trois cents arpents de bois de chauffage pour les vendre à marchands solvables à raison de six à huit livres l'arpent; le prix de vente au détail fut ainsi fixé : « le mole de busche » ne pourrait dépasser 6 sols parisis, et le cent de menus cotrets 16 sols parisis; au 22 décembre la valeur du cent de petits cotrets s'éleva à 16 sols, des moyens à 20 sols, et des meilleurs à 24 sols parisis. Bien qu'il y eût un tarif en quelque sorte officiel, les marchands ne se gênaient pas pour vendre à leur fantaisie, et la tâche du commissaire chargé par le Parlement de surveiller le commerce du bois n'était pas exempte de difficultés; le 22 décembre, Guillaume Rose, avocat au Parlement, délégué par la Cour, ayant voulu mettre à prix « certaine busche » arrivée à Paris par bateau, le marchand le menaça de le jeter dans la rivière et fut condamné, pour sa rébellion, à faire amende honorable et à tenir prison (Arch. nat., X1a 1480, fol. 159-164). Aucune décision ne fut prise dans la séance du 26 novembre « ou regard du pain et des autres vivres qui estoient à grant chierté à Paris. »
2. Ms. de Paris : xxv solz.
3. Ms. de Paris : la Foiselle.
4. Ms. de Paris : Le Vesu de Bar.
5. Guy de Bar reprit possession de la prévôté de Paris le lundi 10 octobre et prêta de nouveau devant le Parlement le serment habituel (Arch. nat., X1a 1480, fol. 150). D'après le registre Doux Sire (Ibid., Y 1, fol. 1), la

236. Item, en cedit moys de novembre, orent lesdiz bouchiers congié de refaire la grant boucherie de Paris, de devant le Chastellet[1], et fut commencé à querir les fondemens le mercredy xie jour de novembre.

237. Et environ xii jours après fist crier le roy à trompes qu'il pardonnoit à tout homme, fust Arminac ou autre, quelque chose que on luy eust mesfait[2], ce non à troys, le president de Provence, maistre Robert le Maçon et Remon Raguier[3]; ces troys avoient fait tant de traison contre le roy qu'il ne leur volt pardonner, car par eulx troys se faisoient tous les maulx devant diz à Paris[4].

238. Item, la sepmaine d'après party le roy[5] et monseigneur

rentrée de Guy de Bar serait du 3 octobre, mais la mention inscrite sur les registres du Parlement nous semble plus exacte.

1. En vertu de lettres d'août 1418, portant rétablissement de la grande boucherie et autorisant sa reconstruction sur son ancien emplacement, la corporation des bouchers obtint en même temps l'annulation de toutes les condamnations et proscriptions prononcées par Bernard d'Armagnac, et la restitution de ses anciens privilèges (Arch. nat., JJ 170, n° 263). Ces lettres furent publiées en séance du Parlement le 3 octobre 1418 (Ibid., X1a 1480, fol. 249) et insérées au volume des Ordonnances (Ibid., X1a 8603, fol. 38).

2. L'autorité royale rendit, le 13 novembre 1418, l'ordonnance qui confirmait le traité de Saint-Maur, mais en exceptait nommément les conseillers intimes du dauphin, « infracteurs et perturbateurs » de ladite paix, et, comme tels, déclarés rebelles et ennemis du roi; deux jours après, dans un conseil tenu à Saint-Paul, en présence du recteur de l'Université, du prévôt de Paris, du prévôt des marchands, des échevins et d'une nombreuse assistance, Charles VI fit donner lecture de ces lettres que le Parlement publia et enregistra dans sa séance du jeudi 17 novembre (Arch. nat., X1a 1480, fol. 156; X1a 8603, fol. 40).

3. Raymond Raguier, trésorier général de la reine et des guerres, remplissait, dès 1409, les fonctions de maître de la Chambre aux Deniers (Arch. nat., KK 31-32). En 1412, l'Université le signala, dans ses remontrances au roi, comme coupable de dilapidations; néanmoins, il ne fut pas disgracié et devint, de 1417 à 1418, l'un des généraux commissaires sur le fait des finances (Ibid., X1a 1480, fol. 92). Sa haute situation le désignait au ressentiment des Bourguignons; ne pouvant l'atteindre dans sa personne, ils le frappèrent dans ses biens; le grand hôtel de Raymond Raguier, situé rue Bourtibourg, fut occupé par l'évêque de Thérouanne, chancelier de France, avec les autres maisons que R. Raguier possédait dans cette rue. Jean de Villiers, seigneur de l'Isle-Adam, revendique un autre immeuble, rue de la Heaumerie, comme lui ayant été vendu par ledit Raymond ou donné par le roi (Sauval, p. 291 et 304; Longnon, *Paris pendant la domination anglaise*, p. 315).

4. « A Paris » manque dans le ms. de Rome.

5. Charles VI, après avoir entendu, le 12 novembre, une messe dite en

de Bourgongne pour aller contre les Angloys, et allerent loger à Pontoise, et là furent jusques à trois sepmaines après Noel[1] sans riens faire, se non menger tout le païs d'autour. Et les Angloys estoient devant Rouen[2], et le dalphin ou ses gens gastoient le païs de Touraine[3]; et les autres estoient autour de Paris, et venoient jusques aux portes de Paris piller, tuer, ne oncques le duc de Bourgongne ne les siens ne s'avancerent aucunement de contester aux Engloys ne Arminaz. Et pour ce, enchery tretout de plus en plus à Paris, car riens n'y povoit venir pour ceulx devant diz[4]. En icellui temps coustoit ung petit pourcel vi ou vii frans, et toute char enchery tellement que pouvres gens n'en

---

son honneur à Notre-Dame, partit le 24, accompagné de la reine et du duc de Bourgogne, avec le dessein plus ou moins arrêté de porter secours à la ville de Rouen; le lendemain de son départ, le Parlement se joignit au clergé de la Sainte-Chapelle et se rendit processionnellement à Notre-Dame (Arch. nat., X1a 1480, fol. 153, 155, 158).

1. Jean Sans-Peur séjourna à Pontoise du 24 novembre au 28 décembre (Gachard, *Archives de Dijon*, p. 240).

2. Dans la dernière période du siège de Rouen, alors que la détresse de la vaillante population rouennaise était extrême, le gouvernement de Charles VI fit une suprême tentative pour venir en aide à la cité assiégée; le 7 décembre 1418, il conféra au chancelier de l'Altre, assisté du grand maître de l'hôtel, Thibaud de Neufchâtel, du prévôt Guy de Bar et de quelques autres personnages, le pouvoir d'aliéner jusqu'à dix mille livres de terre du domaine royal (Arch. nat., X1a 8603, fol. 42). Le 10 décembre, le Parlement de Paris, instruit de la situation critique de Rouen par lettres des capitaine, gens d'armes et bourgeois assiégés, « faisant mention de leur estat moult piteable », se cotisa pour offrir mille francs au roi (*Ibid.*, X1a 1480, fol. 161).

3. Après avoir réduit Georges de la Trémoille dans son château de Sully, le dauphin mit le siège devant la ville de Tours, le 26 novembre; au bout de cinq semaines, le capitaine bourguignon, qui commandait à Tours, composa avec le prince Charles et lui rendit la place par traité du 30 décembre (Cf. Vallet de Viriville, *Histoire de Charles VII*, t. I, p. 140).

4. L'arrivage des vivres devenant de jour en jour plus difficile, le Parlement dut aviser au moyen d'assurer l'approvisionnement de la capitale; dans sa séance du 22 octobre, un capitaine bourguignon, nommé Callot d'Ully, à la tête de 200 hommes d'armes et de 200 hommes de trait, fut spécialement chargé d'escorter les vivres destinés à la subsistance de Paris. Par la même occasion, le Parlement s'occupa aussi de régler la « distribucion » et principalement l'« appreciacion » des denrées dont le prix avait atteint des proportions exagérées; à cet effet, il adjoignit au prévôt des marchands et aux échevins deux conseillers, Mes Hugues le Coq et Jacques le Fer, avec un maître des comptes, Gilles de Clamecy (Arch. nat., X1a 1480, fol. 152).

mengeoient point; mais en celle année fut tant de choulx que tout Paris en fut gouverné tout l'yver, car febves et poys estoient oultraigeusement chers.

239. Item, en ce temps valloit une bonne livre de chandelle viii blans, ou vii de mains.

240. Item, on paoit en ce temps, tout homme qui vendoit vin, de chascune queue en gros, huit solz parisis; et cil[1] qui l'achatoit autant, et du poinson iiii solz parisis, et se on la vendoit à detail de vin, à iiii deniers autres viii solz parisis, à vi deniers xii solz parisis. Et fut commencée ceste doloreuse praticque environ la Toussaint iiii^c xviii.

[1419.]

241. Item, le xxe jour de janvier, oudit an iiii^c xviii, entrerent les Engloys dedens Rouen[2], et la gaignerent par leur force, et parce qu'ilz n'avoient de quoy vivre dedens la cité, mais moult la tindrent longuement contre les Angloys, comme environ vi ou vii moys.

242. Item, après ce vindrent devers Paris pour gaigner le remenant de France, et nul ne les contredisoit que ceulx des bonnes villes qui leur tenoient ung pou de pié, mais tantost les convenoit rendre, car nulz des gentilzhommes ou pou s'en mesloient[3] pour la haingne des Bourguignons et Arminalx; et par ce vint si grant cherté à Paris de toutes choses dont on povoit vivre, car tous les plus grans estoient esbahiz. Et valloit ung sextier de blé iiii ou v frans oudit an mil iiii^c xviii; petit pain pour viii solz parisis la xii^ne; une petite piece de char, vi blans; une froissure de mouton, xii deniers; [pour] ung petit frommaige, iiii solz parisis; trois œufs, iii blans; la livre de beurre sallé, iiii solz parisis; ung quarteron de petites pommes, xvi deniers; chascune poire, iiii de-

---

1. Ms. de Paris: qui vouloit vendre.
2. La date du 20 janvier ici indiquée est celle de la réception triomphale du roi d'Angleterre à Rouen. Suivant la chronique Normande de P. Cochon, ce fait se serait passé le 19 janvier; quant au traité qui fit tomber cette ville au pouvoir des Anglais, il fut conclu le 13 janvier 1419 (Rymer, t. IV, 3e partie, p. 82). C'est le mardi 17 janvier que l'on apprit à Paris la capitulation de Rouen « par defaulte de vivres », car, ajoute le greffier du Parlement, « autrement par force d'armes ou par assaulz la ville n'estoit pas prenable » (Arch. nat., X1a 1480, fol. 166).
3. Ms. de Paris: marchoient.

niers; le cent de harens sors, III escuz; le cent de haren cacqué, IIII frans; deux petis oingnons, ung denier; deux chefs d'aulx, IIII deniers; IIII navez, II deniers; ung boessel de bons pois, x ou XI solz parisis, et feves autant; buche chere comme devant est dit; le cent de noys, XVI deniers; la pinte d'uylle d'olive, VI solz parisis; la livre de sain doulx, XII blans; la chopine, XVIII deniers; la livre de fromaige de presse, III solz parisis. Brief, tout [ce de quoy creature humaine povoit vivre] estoit tant cher que chascun denier coustoit quatre [deniers] de toutes choses, se non de mettaulx comme arain ou estain; arain avoit-on pour VI deniers la livre; estain pour x deniers la livre ou pour VIII deniers; la livre de potin IIII deniers parisis; mais argent valloit en ce temps x frans le marc; ung des petiz moutons devant diz de XVI solz valloit XX solz parisis.

243. Item, la premiere sepmaine de fevrier oudit an, fut prinse Mante par les Angloys, et plusieurs forteresses d'autour[1]; et n'estoit homme qui y meist aucun remede, car les signeurs de France estoient si courcez l'ung à l'autre, car le dalphin de France estoit contre son pere à cause du duc de Bourgongne qui estoit avec le roy, et tous les autres signeurs du sang de France estoient prinsonniers au roy d'Angleterre de la bataille d'Agincourt du jour Sainct Crespin, et son frere devant dit.

244. Item, en ce moys de fevrier oudit an, l'an mil IIII^c XVIII, fut depposé le Beau de Bar de la prevosté de Paris, et fut fait prevost de Paris ung nommé Gilles de Clamecy[2], natif de la ville

---

1. D'après Cl. de Fauquembergue : « Jeudi, IXe jour de fevrier, vindrent nouvelles (à Paris) de la reddicion faicte au roy d'Angleterre de la ville de Mante, et que les Anglois estoient à siège devant Pontoyse. » (Arch. nat., X^{1a} 1480, fol. 170.) Vernon se rendit également aux envahisseurs (Chron. des Cordeliers, p. 266), ainsi que nombre de places dont la nomenclature est donnée par Monstrelet (t. III, p. 309).

2. Gilles de Clamecy, licencié ès lois, reçu le 29 juillet 1406 conseiller en la Chambre des enquêtes à la recommandation de son oncle, J. Chanteprime, qui résigna ses fonctions en sa faveur, passa en 1417 à la Chambre des comptes en qualité de maître et fut remplacé le 12 novembre au Parlement par Pierre le Bescot (Arch. nat., X^{1a} 1478, fol. 283; X^{1a} 1480, fol. 110). Les services qu'il rendit dans la crise que traversait la population parisienne le mirent en évidence, et il fut appelé le vendredi 3 février 1419 au poste éminent de prévôt de Paris. Le 5 octobre suivant, Gilles de Clamecy ayant ouï dire « qu'il n'estoit mie bien agreable oudit office à aucuns des habitans de la ville de Paris », remit sa démission entre les mains du comte de Saint-Pol et des membres du grand Conseil royal; mais, au

de Paris ; ce que on n'avoit oncques [mais] veu d'aage de homme qui à celuy temps fust trouvé [en vie], que de la nacion de Paris on eust fait prevost.

245. Item, ou moys de mars ensuivant, valloit le marc d'argent xiiii frans ; le sextier de bon blé, c solz parisis ; la pinte de bonne huylle de noix, vii ou viii solz.

246. Item, ou [1] moys de mars ensuivant, environ xv jours, fut le blé si cher que le sextier valloit viii frans ; et environ viii jours à l'yssue dudit moys, fut crié par les carrefours de Paris que nul ne fust si hardy qu'il vendist blé seigle plus de iii frans le sextier, le meilleur sextier de mestail plus de lx solz parisis, le meilleur froment plus de lxxii solz parisis le sextier, et que nul moulnier ne prenist point de la moulture que argent, c'est assavoir, viii blans pour sextier, et que chascun boulenger feist bon pain blanc, pain bourgois et pain festiz à toute sa fleur, et de certain poix [2] dit ou cry [3]. Quant les marchans qui alloient aux blez et les boullen-

---

scrutin qui eut lieu le 6 octobre, il réunit la majorité des suffrages et fut obligé de conserver sa charge, malgré le refus persistant qu'il opposa (Arch. nat., X1a 1480, fol. 194). Gilles de Clamecy habitait dès 1399 un hôtel sis rue des Poulies, adjacent à celui du trésorier Jean Coignet (*Ibid.*, JJ 172, n° 193 ; Berty, *Topographie historique du vieux Paris*, t. I, p. 93). C'est dans cette demeure que vinrent le trouver, le 2 décembre 1420, les chanoines Nicolas Fraillon et Pierre d'Orgemont, pour solliciter l'autorisation nécessaire à l'effet de réunir leurs collègues absents, en vue de l'élection épiscopale (Arch. nat., LL 215, fol. 649). Le prévôt de Paris accorda l'autorisation demandée ; ce fut l'un de ses derniers actes, car il ne tarda pas à céder la place à Jean du Mesnil. Gilles de Clamecy resta néanmoins en faveur et obtint des Anglais, en compensation des sommes dues pour ses services, le château et la châtellenie de Bazoches, les seigneuries de Vauxceré et de Vieil-Arcy, confisquées sur Guillaume de Champeaux et sa sœur, avec le bel hôtel parisien appartenant au duc d'Alençon, dit l'hôtel d'Autriche (*Ibid.*, JJ 172, n° 257 ; Sauval, III, 313). En 1423, « messire Gilles de Clamessye de Parys, » chevalier, est nommé parmi les conseillers du régent, qui le chargea en 1430 de faire une enquête dans les pays d'Anjou et du Maine sur les abus commis par Thomas Ruault, trésorier de ce pays, et Thomas Owerton (*Ibid.*, X1a 20, fol. 20) ; en 1434, il est porté pour 600 livres de gages sur le tableau des payements effectués par la recette générale de Normandie. (J. Stevenson, *Wars of the English in France*, vol. II, part. II, p. 531.)

1. Ms. de Paris : en ce moys.
2. Ms. de Paris : pris.
3. Ce règlement du mois de mars 1419, relatif à la meunerie et boulangerie parisiennes, ne se trouve point dans les registres du Châtelet, mais d'autres règlements de même nature furent promulgués cette année ; ainsi

giers ouirent le cry, si cesserent de cuire, et les marchans d'aller hors; et aussi ilz n'y alloient point, [et n'allassent] que à une lieue de Paris que ce ne fust sur leur vye, car les Angloys sans cesser [venoient] toutes les sepmaines une foys ou deux jusques au pont de Sainct-Cloud, et les Arminaz jusques aux portes de Paris sans cesser, et nul homme n'osoit yssir.

247. Item, en la darraine sepmaine[1] de mars, l'an mil IIII^c XVIII, la IIIme sepmaine de karesme, qui eust donné es Halles de Paris, ou en la place Maubert, xx solz d'une XII^{ne} de pain, il n'en eust peu finer. Vray est que aucuns boullengiers cuisoient, et n'en povoit avoir chascun que ung ou deux tout[2] au plus, et y avoit tousjours quelque L ou LX personnes à l'uys qui attendoient qu'il fust cuyt, et le prenoient tout venant du four. En ce point estoit la cité de Paris gouvernée, et pour vray en tout le karesme povres gens ne mengeoient que pain aussi noir et mal savouré[3] c'om pouroit faire. Vers la fin de karesme vint des hannons de foys à autres, mais on vendoit le sac XXVI solz parisis c'om avoit veu avoir pour v blans autres fois, et n'en avoit on que bien pou pour v ou VI blans; et vint ung pou de figgues grasses et rudes, et si en vendoit on la livre deux solz; et touzjours ung haren caqué bon VIII deniers parisis; ung sor VI deniers; une petite seiche, III ou IIII blans; et encherirent tant les oingnons que une petite bote de [xx ou] de XXIIII oingnons valloit[4] IIII solz parisis.

248. Item, ung pou devant mars, fut pillée la ville de[5] Soissons[6], et grant occision faicte de hommes, de femmes et d'enfens par les Arminalx.

249. Item, oudit an, en mars, fut faicte grant occision en la cité de Sens, que le seigneur de Guittré[7] y fist, pour ce que ceulx de la cité vouloient mettre les Bourguignons dedens sans son seu, car il en estoit bailly.

---

nous savons que les boulangers se plaignirent d'être grevés par une ordonnance du prévôt de Paris publiée le jeudi 30 août 1419 (Arch. nat., X^{1a} 4792, fol. 161 r°).

1. Le mot « sepmaine » est laissé en blanc dans le ms. de Paris.
2. « Tout » manque dans le ms. de Rome.
3. Ms. de Paris : plus assesonné.
4. « Valloit » manque dans le ms. de Rome.
5. « La ville de » manque dans le même ms.
6. Soissons fut pris par escalade le 8 mars au point du jour. Le Religieux de Saint-Denis (t. VI, p. 317) donne les détails les plus complets sur cet exploit des partisans du Dauphin.
7. Ms. de Paris : seigneur Guiatre.

250. Item, en ce temps furent Pasques le xvi' jour d'avril iiii^c xix. Lors fut la char si chere que ung beuf, qu'on avoit veu donner maintes foys pour viii frans ou pour dix tout au plus, coustoit L frans; ung veau iiii ou v frans; ung mouton xx solz ou iiii frans. Toute char que on povoit menger, fust vollaille ou autre, estoit tant chere, car ung homme eust bien mengé à son repas pour vi blans de bon beuf, ou mouton, ou lart; et n'avoit-on que ii œufs pour ii blans; ung fromaige mol, vi ou viii blans; la livre de beurre sallé xiiii blans; le froys, xviii blans; une froessure de mouton, ii solz ou viii blans; ung pié de mouton, iiii deniers; la teste de mouton, iii ou iiii blans. Et touzjours couroient les Arminaz[1], comme devant est dit, tuoient, pilloient, boutoient feu partout sur femmes, sur hommes [et] sur grains, et faisoient pis que Sarazins, et nul ne les contredisoit; car le duc de Bourgongne estoit touzjours avec le roy à Prouvins, et ne s'en bougeoient, et y furent jusques au xxviiie jour de may iiii^c xix qu'ilz vindrent à Pontoise[2], c'est assavoir le roy, la royne, le duc de Bourgongne, et passerent [par] devant Paris par le bout de Sainct-Laurens sans entrer à Paris, dont on fut moult esbahy [à Paris; de Pontoise allerent à Meurlan et] orent treves aux Arminalx trois moys ensuivans[3]; et là parlementerent aux Engloys aussi par treves de faire aucun mariaige[4]; et fut une dure chose au roy de France, que lui, qui devoit estre le souverain roy des chrestiens, convint qu'il obeist à son anxien ennemy mortel, pour estre contre son enfant et ceulx de la bande qui nonobstant treves pilloient tousjours et roboient comme devant.

---

1. La garnison de Meaux s'enhardit jusqu'à pousser une pointe aux environs de Paris et fit, le 11 mai, une tentative « pour escheller le pont de Charenton et entrer dedens le chastel du Bois de Vincennes. » (Arch. nat., X^{1a} 1480, fol. 177 v°.)

2. A la date du 26 mai 1419, le duc de Bourgogne, accompagné du roi et de la reine, quitta Provins où il avait séjourné plus de quatre mois (du 22 janvier au 25 mai), passa la nuit au château du Bois-de-Vincennes et se dirigea le lendemain sur Pontoise pour se trouver à Meulan le 30 mai et y traiter avec les Anglais.

3. C'est le dimanche 28 mai que fut publiée à Paris la trêve conclue le 14 mai entre les Bourguignons et les gens du dauphin (Arch. nat., X^{1a} 1480, fol. 186 v°).

4. Il s'agit des pourparlers concernant le mariage de Catherine de France avec le roi d'Angleterre; le 23 juin, des commissaires spéciaux nommés par Henri V furent chargés de suivre les négociations relatives à l'union projetée (Champollion-Figeac, *Lettres des rois et reines*, t. II, p. 345).

251. Item, en ce temps estoit la tres grant charté de toute vitaille, comme devant est dit, et valloient quatre chefs d'aulx bien petiz iiii deniers parisis.

252. Item, le viii⁰ et le ix⁰ jour de juing ensuivant, après les triefves devant dictes environ six jours, vint tant de biens à Paris, de lars, de fromaiges de presse, qu'ilz estoient es Halles entassez aussi hault que ung homme, et fut donné pour ii blans ou pour iii frans ce qui coustoit six la sepmaine de devant; et vint tant d'aulx à Paris, que ce qui coustoit xii ou xvi solz la sepmaine de devant estoit donné pour v ou pour vi blans; et vint grant foison de pain de Corbeil, de Meleun et du plat païs d'entour Paris, qu'ilz avoient des biens des bonnes villes, et si en vint d'Amiens et de par delà, mais pou amenda du marché de touzjours, fors qu'il estoit plus blanc.

253. Item, la vigile de la Trinité, vint tant de poisson à Paris que on avoit iiii ou v bonnes solles pour ung gros, et l'autre marée à la vallue; et fut la Trinité le jour Sainct Barnabé, xi⁰ jour de juing l'an mil iiii⁰ xix.

254. Item, la sepmaine ensuivant, fut crié que on prenist les moutons devant diz de xvi solz pour xxiiii solz parisis [1], dont les marchans de loing furent plus eslongnez [2] que devant de venir marchander à Paris, ne nul n'y venoit qui de la monnoye tenist compte ou pris [3] qu'elle couroit en ce temps; car il couroit à Paris blans de Bourgongne de viii deniers parisis piece, que on appel-

---

1. Par lettres du 18 juin 1419 à l'adresse du prévôt de Paris, publiées « es lieux notables et accoutumez » de la ville de Paris, Charles VI ordonna que les deniers d'or, « appellez moutons, lesquelx avoient cours pour xx solz tournois la piece, » seraient pris dorénavant dans toute l'étendue du royaume pour trente sols tournois; cette surélévation du cours des moutons avait pour but de faire cesser l'exportation de l'or, spéculation à laquelle se livraient plusieurs marchands étrangers. (Arch. nat., Z1b 58, fol. 153 v°.) La rareté des espèces d'or donna naissance à de nombreuses contestations: ainsi le chapitre de Notre-Dame avait prêté au roi une certaine somme en petits moutons d'or; on voulut au mois de juillet 1419 la rembourser en monnaie blanche, mais cette monnaie était déjà tellement discréditée que le chapitre refusa, demandant à être payé en monnaie d'or de valeur équivalente; après longue discussion où le duc de Bourgogne allégua que les chanoines n'avaient déboursé que de l'argent blanc, la question en litige fut déférée au Parlement (*Ibid.*, LL 215, fol. 240).

2. Ms. de Paris : estonnez.

3. Ms. de Paris : païs.

loit lubres, qui ne valoient mie trois deniers, et avec ce estoient rouges comme meriaux [1]. Si eussiez veu par tout Paris où marchandise couroit touzjours debat, fust à pain ou à vin, ou à autre chose.

255. Item, en icellui temps fist tant le duc de Bourgongne que paix fust faicte entre le Dalphin et le roy de France, son pere, et tous les Angloys, comme en maniere de traicté, tant que la dicte paix fut faicte entre Meleun et Corbeil, en ung lieu dit le Poncel, à une lieue de Meleun emprès Poully; et là jurerent touz les vassaulx d'une part et d'autre à tenir ladicte paix, sans jamais aller à l'encontre de ce qui fait en estoit; et fut le mardi xie jour de juillet, et en fut faicte tres grant feste à Paris [2]; et fut confermée le xixe jour dudit moys ladicte paix de tous les signeurs qui pour lors estoient en France [3]. Et tous les jours [à Paris] et especialment de nuyt faisoit on tres grant feste pour ladicte paix à menestriers et autrement.

256. Item, le penultime jour dudit moys, fut la feste Sainct Huistace, qui fut faicte moult joieusement, et l'endemain, jour Sainct Germain, tourna en si grant tribulacion que oncques fist feste; car à dix heures, ainsi qu'ilz cuidoient [ordonner] d'aller jouer au Marais, comme coustume estoit, vint à Paris ung grant effroy, car, par la porte Sainct-Denis, quelque xx ou xxx personnes, si effroyez comme gens qui estoient, n'avoit gueres, eschappez de la mort; et bien y paroit, car les aucuns estoient navrez, les autres le cueur leur failloit de paour et de chault et de faing, et sembloient mieulx mors que vifs. Si furent artez à la porte et leur demanda on l'achoison dont grant douleur leur venoit, et ilz prindrent à larmoyer en disant : « Nous sommes de Pontoyse qui

---

1. Ms. de Paris : memoriaux.

2. Dès que l'on reçut à Paris la nouvelle du traité qui venait d'être signé entre le dauphin et le duc de Bourgogne, c'est-à-dire le mercredi 12 juillet, on fit sonner les cloches et chanter le *Te Deum* en signe d'allégresse; le lendemain et le surlendemain des processions solennelles se rendirent aux églises de Sainte-Catherine-du-Val-des-Écoliers et de Sainte-Geneviève (Arch. nat., X1a 1480, fol. 189).

3. Les lettres de Charles VI ratifiant le traité du Ponceau furent enregistrées au Parlement le 20 juillet (Arch. nat., X1a 8603, fol. 50); leur publication faite dans Paris le même jour donna lieu à de nouvelles réjouissances publiques : « Et fuerunt in vespere facti ignes per totam villam cum maximo gaudio et exultacione tocius populi. » (*Ibid.*, LL 215, fol. 240.)

a esté à ceste journée, au matin, prinse des Angloys [pour certain[1]], et puis ont tué, navré tout ce qu'ilz ont trouvé en leur voye, et bien se tient pour bien euré qui peut eschapper de leur main, car oncques Sarazins ne firent pis aux chrestiens qu'ilz font. » Et ainsi qu'ilz disoient et regardoient ceulx qui gardoient la porte devers Sainct-Ladre, et veoient venir grans tourbes[2] de hommes, femmes et enfens, les ungs navrez, les autres despoulliez; l'autre portoit deux enfens entre ses bras ou en hostes, et estoient les femmes, les unes sans chapperon, les autres en ung povre corcet, autres en leur chemise; povres prebstres qui n'avoient que leur chemise ou ung seurpeliz vestu, la teste toute descouverte, et en venant faisoient si grans pleurs, criz et lamentacions, en disant : « Dieu, gardez nous par vostre grace de desespoir, car huy au matin estions en nos maisons aises [et manans], et à medy ensuivant sommes comme gens en exil querans nostre pain. » Et en ce disant, les aucuns se pasmoient, les autres s'asseoient à terre si las et si doloreus que plus ne povoient; car moult avoient perdu aucuns de sang, les autres estoient moult affebliz de porter leurs enfans, car la journée estoit tres chaude et vaine. Et eussiez trouvé entre Paris et le Landit quelque III^c ou IIII^c ainsi assiz, qui recordoient leurs grans douleurs et leurs grans pertes de chevances et d'amys, car pou y avoit personne qu'il n'eust aucun amy ou amye ou enffant demouré à Pontoyse. Si leur croissoit leur douleur tellement, quant il leur souvenoit de leurs amis qui estoient demourez entre ces crueulx tirans Angloys, que le povre cueur ne les povoit soustenir, car foibles estoient moult pour ce que encore n'avoit le plus beu ne mangé, et aucunes femmes grosses acoucherent en la fuite, qui tost après moururent; et n'est nul si dur cueur qui eust veu leur grant desconfort qui se fust tenu de plourer ou larmoier. Et [toute] la sepmaine ensuivant ne finerent que de ainsi venir, [que] de Pon-

---

1. En général, les chroniqueurs s'accordent à dire que les Anglais s'emparèrent de Pontoise par escalade; c'est aussi ce que rapporte Clément de Fauquembergue. Cependant il existe une autre version, celle du greffier du chapitre de Notre-Dame, qui se fait l'écho du bruit public et laisse à entendre que la trahison ne fut pas étrangère à cet événement. Voici en quels termes ce personnage mentionne la prise de Pontoise : « Die lune, de mane, venerunt nova Parisius, vera, proh dolor! quod per prodicionem Anglici ceperant Pontisaram, propter quod plurima negocia manserunt indiscussa. » (Arch. nat., LL 215, fol. 242.)

2. Ms. de Paris : troupes.

toise [que] des villaiges d'entour, et estoient parmy Paris moult esbahiz à grans tropeaulx. Car [toute] vitaille estoit moult chere, especialment pain et vin, [car on n'avoit point de vin] qui riens vaulsist, pour moins de viii deniers la pinte; ung petit pain blanc viii deniers parisis; les autres choses de quoy homme povoit vivre, par cas pareil.

257. Item, le peuple de Paris estoit moult esmerveillé du roy et du duc de Bourgongne, que, quant Pontoise fut prinse, comme dit est, ilz estoient à Sainct-Denis bien acompaignez de gens d'armes [1], et ne firent aucun secours à ceulx de Pontoise, ains vuyderent l'endemain le bagaige et allerent au pont de Charenthon, et de là à Laingny, et passerent au plus pres de Paris sans entrer ens, dont [tout] le peuple [de Paris] fut moult esbahi [2] et se tint pour mal comptent; car il sembloit proprement que tous s'en fouissent devant les Angloys, qu'ilz eussent grant haine à ceulx de Paris et du royaulme; car en ce temps n'avoyt chevalier de renon d'armes à Paris, ne cappitaine nul [3], non plus que le prevost de Paris et cellui des marchans, qui n'avoient pas acoustumé à mener fait de guerre. Et pour ce les Anglois, qui savoient bien que à Paris n'avoit que la commune, car touzjours avoient-ilz des amys à Paris et ailleurs, vindrent la vigille Sainct Laurens [4] ensuivant devant Paris jusques auprès de Paris [5], sans ce que nulz leur contredeist; mais assaillir n'oserent Paris pour la commune, qui tantost se misdrent sur les murs pour deffendre la ville, et fussent voulentiers ladicte commune aux champs yssue, mais les gouverneurs ne voldrent laisser homme yssir. Quant ce virent

---

1. Jean Sans-Peur séjourna à Saint-Denis du 23 au 30 juillet, et à Lagny du 31 juillet au 6 août (Gachard, *Archives de Dijon*, p. 241).

2. « Fut moult esbahi » manque dans le ms. de Rome.

3. La capitainerie de Paris avait été confiée, vers le milieu de janvier 1419, à un enfant, Philippe de Bourgogne, comte de Saint-Pol, que suppléa le duc de Clarence (Fenin, éd. Dupont, p. 119).

4. Mercredi matin, 9 août, arrivèrent sous les murs de Paris les Anglais commandés par le duc de Clarence; après s'être arrêtés devant la porte Saint-Denis près de la maison de Saint-Lazare, vers midi ils regagnèrent Argenteuil. Par suite de cette incursion, le 10 août, jour de saint Laurent, « cessa le marchié et foire acoustumés chascun an ledit jour estre tenu ou forsbourc de Saint-Lorens leiz Paris. » Le 11 août, les Anglais jugèrent à propos de rebrousser chemin et de revenir à Pontoise (Arch. nat., X1a 1480, fol. 191).

5. Les mots « jusques auprès de Paris » manquent dans le ms. de Rome.

les Angloys, ilz s'en allerent pillant, tuant, robant, prenant gens à rançon, et le lendemain, jour Sainct Laurens, revindrent faire une cource jusques devant Paris, et s'en retournerent vers Pontoise.

258. Item, ce jour Sainct Laurens, tonna et esparty le plus terriblement et le plus longuement que on eust veu d'aage de homme, et plut à la value, car celle tempeste dura plus de quatre heures sans cesser. Ainsi estoit le monde en doubte de la guerre Nostre Seigneur et de celle de l'ennemy.

259. Item, [environ] xii jours après, commencerent [les bouchers] derechief à refaire la grant boucherie. En ce temps n'estoit nouvelle fors que du mal que les Angloys faisoient en France, car de jour en jour gangnoient villes et chasteaux, et minoient tout le royaume de France de chevance et gens, et tout envoyoient en Engleterre . . . . [1]

260. . . . . .comment, et[2] les grans[3] signeurs de France prins des Angloys tout par orgueil, faire sacrilege c foys le jour, violer eglises, menger char au vendredi [à cuire], efforcer filles et femmes et dames de religion, rostir hommes et enfans; brief, je croy que les tyrans de Romme, comme Neron, Dio(c)lecian, Dacien et les autres ne firent oncques la tyrannie qu'ilz font et ont fait. Tous ces fais devantdiz de pardurable perdicion que chascun scet, estoient tous mis à nyant, quant à la justice corporelle, de la divine je me teys, quant la deesse de Discorde et son pere Sathan, à qui ilz sont, leur fist la faulce traison doloreuse faire, dont tout le royaulme est à perdicion, se Dieu n'en a pitié [ou] y vueille de sa grace [ouvrer], qu'ilz soient en tel estat qu'ilz le veullent cognoistre et qu'ilz ne puissent nuire à nulli, comme ilz ont fait le temps passé, car par leurs [faiz] oultraigeux devantdiz meurent de fain les gens aux champs et à la ville, et de froit. Car aussitost

---

1. Cette lacune regrettable, qui devait selon toute apparence contenir le récit du drame de Montereau, existe dans le ms. de Rome aussi bien que dans le ms. de Paris. Dans le premier, elle correspond au bas du folio 60 v°. Bien que la main d'un annotateur du xvi° siècle ait constaté à cet endroit l'absence de trois feuillets, aucun indice matériel ne permet de supposer la moindre lacération.

2. Ces deux mots ont été ajoutés au xv° siècle en haut du fol. 61 r° du ms. de Rome et sont d'une écriture analogue à celle du texte ; au lieu de *comment*, le ms. de Paris porte *convient*.

3. « Grans » manque dans le ms. de Rome.

qu'ilz orent fait leur dampnable voulenté du bon duc [1], tous ceulx des garnisons coururent çà et là, pillant, robant, rançonnant, boutant feus, par quoy tout enchery tellement [2] que le blé, qui ne valloit que XL solz [3] parisis, valu tantost après VI ou VII frans; [ung sextier de pois ou de febves X ou XII frans]; frommaige, œufs, beurre, aulx, ongnons, buche, char, bref toutes choses de quoy gens et bestes [et enffans] povoient vivre, encherirent tellement que tres petite buche valloit III frans le cent [4]. Et pour celle

---

1. Plus d'une année après la catastrophe du pont de Montereau, le Parlement de Paris procédait à une enquête sur l'assassinat de Jean Sans-Peur, perpétré par les « gens ou officiers de Charles soi-disant dauphin, » et chargeait, le 23 janvier 1421, l'un de ses conseillers, Jean de Saint-Romain, d'informer à l'encontre de certains prisonniers détenus à la Conciergerie (Arch. nat., X1a 16, fol. 397). Le 13 février suivant, l'instruction était assez avancée pour que le Parlement se réunît à l'effet d'expédier le procès de ceux « que on disoit estre coulpables et consentans de la mort du feu duc de Bourgogne. » Trois séances furent consacrées à l'examen de la cause ; à la séance du mercredi 19 février 1421 assistaient le duc d'Exeter, capitaine de Paris, Lourdin de Saligny, Renier Pot, le sire de Courcelles et autres chevaliers du grand Conseil royal. Comme les registres criminels de cette époque font défaut, le sort des malheureux accusés d'avoir trempé dans le meurtre de Jean Sans-Peur reste inconnu, et nous sommes réduits aux indications sommaires contenues au registre du Conseil, qui ne donne même pas leurs noms (Ibid., X1a 1480, fol. 228, 229).

2. Une lettre de rémission, accordée à une pauvre femme que la misère avait chassée de Paris au mois de novembre 1419, témoigne « de la grant famine et chierté de vivres qui lors estoit à Paris » (Arch. nat., JJ 173, fol. 193 v°).

3. Ms. de Paris : XV solz.

4. A la suite de la prise de Pontoise, qui fermait l'une des voies de ravitaillement de la capitale, quelques marchands ayant voulu « rencherir oultrageusement leur busche », l'échevinage parisien fut obligé de tarifer le bois de chauffage ; des jurés se transportèrent sur le port afin d'examiner les arrivages et pour débattre les prix. « Les aucuns disoient que le cent de ladicte busche valoit bien XXXII solz, les autres disoient XXXVI, et finalement fu mise à XL solz » le cent, chiffre d'ailleurs fixé à un marchand au début de l'année 1419. Malgré cette évaluation basée sur le maximum, un marchand vendit sa büche jusqu'à LX sols le cent (Arch. nat., X1a 4792, fol. 158, 159). Quant aux coupes faites dans le bois de Vincennes, elles avaient été décidées le 9 février 1419 par le Parlement, qui ordonna « de hastivement coper et abatre les bois du roy environ Saint-Cloud et certaine quantité du boys de Vincennes pour faire merrian et bois [de] chauffage » (Ibid., X1a 1480, fol. 170 v°). Malgré toutes les mesures prises pour assurer l'approvisionnement de Paris, la rareté toujours croissante du combustible se fit sentir à un tel point que l'on fut obligé d'en régler la consommation ; ainsi le chapitre, ayant acheté pour 25 francs de

charté fut ordonné le boys de Vicennes à estre coppé, et costoit le molle xvi ou xviii solz parisis, et n'en avoit on que xxxii pour molle ; une somme de charbon, iii frans, que on avoit eue autres foys [aussi bonne] pour v ou pour vi solz.

261. Item, les petis enfens ne mengeoient point de lait, car pinte coustoit x deniers ou xii. Certes, en ycellui temps pouvres gens ne mengeoient ne char ne gresse, car ung petit enffant eust bien mengé pour iii blans de char à son repas. La pinte de bon sain doulx, iiii ou v solz parisis ; ung pié de mouton, iiii deniers ; ung pié de beuf, vii blans, et les trippes à la vallue ; beurre sallé, iiii solz ; ung œuf, viii deniers ; ung petit frommaige, vii solz parisis ; une paire de soulliers à homme, viii solz parisis ; ungs patins, viii blans ; brief et toutes autres choses quelxconques estoient [encheries] pour la mort du bon duc, et se ne gaignoit on denier. Et si ne valloit rien la monnoye blanche[1], car ung blanc de xvi deniers ne valloit pas plus de iii deniers parisis en argent, et ung escu d'or du temps passé valloit xxxviii solz parisis[2] ; [pour] ung marc d'argent, xiiii frans[3]. Et pour ce point, pour la feible monnoye, ne venoit point de marchandise à Paris, et si estoient les Angloys tous les jours jusques aux portes de Paris, s'ilz vouloient, et les Arminaz d'autre costé, qui estoient

---

bois spécialement destiné à chauffer ceux qui veillaient toutes les nuits au cloître de Notre-Dame, fixa à deux grosses bûches et à deux cotrets la quantité de bois qui serait délivrée à chaque chanoine de garde au *terrain* (*Ibid.*, LL 215, fol. 248). Le Parlement n'éprouva pas moins de difficultés pour obtenir du receveur de Paris un peu de bois nécessaire à son chauffage (*Ibid.*, X¹ᵃ 1480, fol. 203).

1. Par ordonnance du 17 janvier 1420, Charles VI prescrivit la fabrication de petits deniers blancs qui devaient avoir cours pour 5 deniers tournois la pièce, et de doubles deniers parisis valant 2 deniers parisis pièce, que M. A. de Barthélemy (*Essai sur la monnaie parisis*) signale comme fort rares (Arch. nat., X¹ᵇ 58, fol. 154).

2. Nous voyons dans un procès plaidé au Parlement (Arch. nat., X¹ᵃ 4792, fol. 190 v°) un individu réclamer le payement d'une créance « en escus en or ou au pris et à la valeur qu'ilz valent de present, c'est assavoir xlii solz pour chascun escu. »

3. Le prix du marc d'argent s'éleva de plus en plus : on le voit fixé le 17 janvier 1420 à 16 livres 10 sols. Une ordonnance du 9 avril suivant accorda aux marchands qui apporteraient de l'argent à la monnaie de Paris une prime de 30 sols tournois, en sus du prix de 16 livres 10 sols tournois alloué pour chaque marc. Le 11 février 1421, alors que le marc d'argent valait 26 livres tournois, la prime fut portée à 40 sols tournois (Arch. nat., Z¹ᵇ 58, fol. 154, 155, 162).

aussi mauvays; et alloit chascun ii ou iii foys la sepmaine au guet, une foys parmy la ville, l'autre foys sur les eschiffiez[1]; et si estoit le fin cuer de l'yver, et touzjours plevoyt et faisoit tres froit[2]. Et furent les vendenges celle année, l'an mil iiii^c xix, les plus ordes [et pluvieuses], les raisins pouris, les plus feibles vins que on eust onques veu d'aage de homme, et si cousta celle année iiii foys plus qu'ilz n'avoient fait d'aage de homme qui fust en vie, et tout par les maulx qu'ilz faisoient partout; car, pour certain qui avoit à v ou vi lieues pres de Paris, la queue lui coustoit v ou vi frans tant seullement à admener, et en convoy de gens d'armes à une lieue pres de Paris, xvi ou xx solz parisis, sans vendenger, labourer, reloyer, autre despence. Et quant tout ot esté vendengé et recuilli, ilz n'orent ne force ne vertu, ne couleur, et n'en estoit gueres ou pou qui sentissent se non le pourry; car le plus n'avoient point esté ordonnez en vendenges à leur droit, pour la paour que on avoit des dessusdiz, et pour la doubte que on avoit tout temps de leur traïson. La nuyt de la saincte feste de Toussaint, onques [on] ne sonna à Paris pour les trespassez, comme coustume est, se non guare-feu; et neantmoins toutes ces pouvretez, miseres et doleurs, onques à pape ne à emperiere, n'à roy, n'à duc, si comme je croy, on ne fist autant de service après leur trespassement, n'aussi solempnel en une cité, comme on a fait pour le bon duc de Bourgongne, à qui Dieu perdoint.

262. Item, à Nostre-Dame de Paris fut fait le jour Sainct Michel le plus piteusement que faire se pot, et y avoit ou moustier iii mil libvres de cire, toutes en cierges et en torches; et là ot ung moult piteux sermon que fist le recteur de l'Université, nommé maistre Jehan l'Archer[3]. Et après ce le firent toutes les parroisses

---

1. Les échiffles étaient des guérites placées de distance en distance sur les remparts, comme on le voit par l'exemple suivant tiré des comptes de la ville de Paris : « cy après s'ensuivent les eschiffles et les bastides estans sur les murs de Paris » (Arch. nat., KK 403, fol. 24).

2. La saison s'annonçait effectivement comme très rigoureuse, si nous en jugeons par une lettre de rémission accordée à un laboureur des environs de Corbeil, qui avait volé des pourceaux à des marchands de passage, attendu que les gens de la campagne « ne gagnoient rien pour les neges et gelées qui lors estoient moult grandes et pour les Armignacs qui souvent les assailloient » (Arch. nat., JJ 171, fol. 50).

3. Jean l'Archer, docteur en théologie, élu recteur le 23 juin 1419, devint procureur de la nation de France le 13 janvier 1422 (Du Boulay,

de Paris (et toutes les confraries de Paris) l'une après l'autre, et partout faisoit-on la presentacion de grans cierges et de grans torches, et estoient les moustiers encourtinez de noyres sarges. Et chantoit on le *Subvenite des Mors* et vigilles à neuf pseaulmes, et par tous les moustiers estoient après mis (les armes[1]) du bon duc trespassé et du sire de Novaille[2] qui fut mort avec luy, dont Dieu vueille avoir les ames et de tous les autres trespassez, et vueille donner grace à nous et à toute ceste gent de le congnoistre, comme nous devons, et nous doint ce que disoit à ses apostres : « Paix soit avec vous! » car par ceste maldicte guerre tant de maulx ont esté fais que je cuide que en telz LX ans passez par devant, il n'avoit pas eu ou royaulme de France, comme il a esté (de mal) puis XII ans en ça. Helas! tout premier Normendie en est toute exillée, et la plus grant partie, qui soulloit faire labourer et estre en son (lieu), lui, sa femme, sa mesnie, et estre sans danger, marchans, marchandises, gens d'eglise, moynes, nonnains, gens de tous estaz, ont esté boutez hors de leurs lieux, estrangers comme ce eussent esté bestes sauvaiges, dont il convient que les uns truandent qui soulloient donner, les autres servent qui soulloient estre serviz, les autres larrons et meurdriers par desespoir, bonnes pucelles, bonnes proudes femmes venir à honte par effors ou autrement, qui par neccessité sont devenues mauvaises; tant de moynes, tant de prebstres, tant de dames de religion et d'autres gentes femmes avoir tout laissé par force et mis corps et ame au desespoir, Dieu scet bien comment. Helas! tant d'enfans mors [nez] par faulte d'ayde, tant de mors sans confession, par tyrannie et en autre maniere, tant de mors sans sepulture en forestz et en

---

Hist. Univ., t. V, p. 341). Dans maintes occasions, l'Université le charges de porter la parole; il fut l'un des orateurs qui requirent, en l'hôtel de Saint-Pol, la punition des meurtriers de Jean Sans-Peur (Monstrelet, t. IV, p. 19). En 1424, il vint au Parlement, toujours au nom de l'Université, demander l'enregistrement des lettres conservatoires de ses priviléges, octroyées par Charles VI, lettres dont on avait différé la publication pour éviter « rumeurs et tumultes de peuple »; Jean l'Archer s'acquitta de cette mission délicate dans les séances des 7 et 15 décembre 1424 (Arch. nat., X1a 1480, fol. 312 v°; X1a 4794, fol. 11 v°).

1. Ces mots, qui ne se trouvent point dans les mss. de Rome et de Paris, ont été suppléés par les éditeurs.

2. Archambaud de Foix, seigneur de Navailles, grièvement blessé en essayant de défendre le duc de Bourgogne, succomba au bout de quelques jours à l'hôpital de Montereau.

autre destour, tant de mariaiges qui ont esté delaissez à faire, tant d'eglises arses et bruies, et chappelles, maisons Dieu, malladeries où on souloit faire le sainct service Nostre Seigneur et les œuvres de misericorde, où il n'a mais que les places, tant d'avoir musss, qui jamais bien ne fera, et de joyaulx d'eglise et de reliques, et d'autres qui jamais bien ne feront, ce n'est d'adventure. Brief, je cuide que homme ne pourroit[1], pour sens qu'il ait, bien dire les grans, miserables, enormes et dampnables pechez qui se sont ensuyviz et faiz puis la tres maleureuse et dampnable venue de Bernart, le conte d'Arminac, connestable de France; car, oncques, puis que le nom vint en France de Bourguignon et d'Arminac, tous les maulx que on pourroit pencer ne dire ont esté tous commis ou royaulme de France, tant que la clamour du sang innocent [espandu] crie devant Dieu vengence. Et cuide en ma conscience que ledit conte d'Arminac estoit ung ennemy en fourme de homme, car je ne voy nul qui ait esté à lui, ou qui de lui se renomme, ou qui porte sa bende, qui tienne point la loy ne foy chrestienne, ains se maintiennent envers tous ceulx dont ilz ont la maistrise, comme gens qui auroient renyé leur createur, comme il appert par tout le royaulme de France. Car j'ose bien dire que le roy d'Angleterre n'eust esté tant hardy de mettre le pié en France [par guerre], ce n'eust esté la discencion qui a esté de ce maleureux nom, et fust encore toute Normendie françoyse, ne le noble sanc de France ainsi espandu, ne les signeurs dudit royaume ainsi menez en exil, ne la bataille perdue, ne tant de bonnes gens mors n'eussent oncques esté en la piteuse journée d'Egincourt, où tant perdit le roy de ses bons et loyaulx amys, ce ne fust l'orgueil de ce maleureux nom Arminac[2]. Hélas! à faire cestes maleureuses œuvres ilz n'en auront de remenant que le pechié, et s'ilz n'en font amendement durant la povre vie du corps ilz en seront en tres cruelle, miserable [et pardurable] dampnacion; car certes on ne peut riens mesconter à Dieu, car il scet

---

1. Ms. de Paris : pourra.

2. Le mot *Armagnac* était plus que jamais une appellation injurieuse, et les commissaires parisiens « sur le fait des crimineulx infracteurs de paix, tenans le dampnable parti d'Armagnac et de celluy qui se dit daulphin, » ne plaisantaient pas sur ce point; ils infligèrent à un individu ayant faussement accusé un autre d'appartenir au parti armagnac, la peine du pilori avec une mitre sur laquelle serait écrit : *faulx accuseur*, et amende honorable (Arch. nat., JJ 171, n° 90).

tout, plain de misericorde, ne s'y fie homme nulz, ne en longue vie n'en autre chose de folle esperance ou de vaine gloire, car en verité il fera à chascun droit selon sa deserte. Helas! je ne cuide mie, que depuis le temps du [1] roy Clovis qui fut le premier roy chrestien, que France fust aussi desollée et divisée comme elle est aujourduy, car le Dalphin ne tand à autre chose jour et nuyt, lui et les siens, que de gaster tout le païs de son pere à feu et à sang; et les Angloys d'autre costé font autant de mal que les Sarrazins. Mais encore vaut-il trop mielx estre prins des Angloys que du Dalphin ou de ses gens[2], qui se dient Arminaz; et le povre roy et la royne depuis la prinse de Pontoise ne se meuvent[3] de Troyes à povre mesnie, comme futils[4] et deschassez hors de leur lieu par leur propre enfant, qui est grant pitié à pancer à toute bonne personne.

263. Item, fist le roy à Troyes la feste de Toussaint en l'an mil iiii^c xix, et ceulx de Paris ne povoient avoir nulle vraie nouvelle de son retour, dont moult estoient courcez les bons.

264. Item, fist le roy à Troyes son Nouel, parce que on ne l'osoit oster de Troyes, pour faute de puissance et de compaignie et pour paour des Angloys et des Arminalz; car chascun d'eulx le taschoit à prendre, et par especial les Arminaz pour avoir leur paix. La IIIe cause, tout estoit si cher à Paris que le plus saige ne s'i savoit vivre[5]; especialment pain et buche y estoit si chere que oncques puis II^c ans avoit esté, et la char, car à Nouel, ung quartier de mouton, quant il estoit bon, coustoit xxiiii solz parisis; pour la char d'un mouton, vi frans; une oue[6] xvi solz parisis,

---

1. Les mots « temps du » manquent dans le ms. de Rome.
2. Ms. de Rome : des gens du dalphin.
3. Ms. de Paris : mouvoient.
4. Ms. de Paris : comme fut ilz dechassez.
5. La cherté excessive des denrées et le manque de travail chassèrent de Paris le pauvre peuple, témoin ce barbier qui, voyant « que vivres estoient lors moult chiers à Paris où il n'avoit pas bien de quoy vivre, » abandonna son ouvroir sis au coin de la rue de la Vieille-Pelleterie, devant Saint-Denis-de-la-Châtre, et s'en alla à Mehun-sur-Yèvre. Pris comme bourguignon par la garnison d'Étampes et relâché, il mena pendant près de deux ans une existence vagabonde, voyageant d'Avignon à Aix et Marseille, de Marseille à Chambéry et Nice; de retour enfin à Paris et emprisonné au Châtelet, ce malheureux obtint lettres de rémission (Arch. nat., JJ 172, n° 190).
6. Ms. de Paris : queue.

et l'autre à la vallue. En ce temps, il n'estoit nouvelles sur mesnaigeres d'œufs ne de fromaiges de Brie, ne de poix ne de febves, car les Arminalz destruisoient tout et prenoient femmes et enfens à rançon, et les Angloys d'autre costé. Et convint prendre treves aux Engloys par force, qui estoient anxiens ennemis du roy, et furent données depuis la moittié de decembre jusques ou moys de mars.

[1420.]

265. Passa decembre, janvier, fevrier que oncques le roy ne la royne ne vindrent à Paris, ains estoient touzjours à Troyes, et touzjours couroient autour de Paris les Arminalz, pillant, robant, boutant feuz, tuant, efforçant femmes et filles, femmes de religion. Et à dix lieues autour de Paris ne demouroit au villaige nulle personne que aux bonnes villes, [et quant ilz s'en fuioient aux bonnes villes] et s'ilz apportoient quelque chose, fust vitaille ou autre chose, tout leur estoit osté des gens d'armes, des ungs ou des autres, fust Bourguignon ou Arminac, chascun faisoit bien son personnaige; et ainsi le plus, fust femmes ou hommes, quant ilz venoient aux bonnes villes, y venoient nudz de tous biens, et convenoit que les bonnes villes fournissent tous les villaiges, par quoy le pain enchery tant. Car en ce temps on n'avoit pas trop bon blé pour x frans le sextier, dont chascun franc valloit xvi solz parisis, et si coustoit le sextier à mouldre viii ou x solz parisis, sans ce que le munier en prenoit à mau prouffit.

266. Item, pour ce fut ordonné que le blé, quant on le bailleroit au moulnier, seroit pesé, et randroit la farine par poix, et avoit on du sextier [pesant] viii deniers, et le moulnier du mouldre iiii solz parisis.

267. Item, en ce temps, on ne faisoit point de pain blanc et si n'en faisoit-on point de mains de viii deniers parisis la pièce, par quoy pouvres gens n'en povoient finer, et le plus de pouvres gens ne mangeoient que pain de noix.

268. Item, en ce temps en karesme, estoit celle charté, car il n'y avoit ny espices, ne figgues, ne raisins, ne admendes, de chascun ce coustoit la livre v solz parisis; l'uylle d'olive, iiii solz parisis.

269. Item, la tainture estoit si chere que une aulne de drap à

taindre en vert ancre coustoit xiiii solz parisis, et autres couleurs [1] à la value.

270. Item, en ce temps de mars, l'an mil iiii^c xix, faillirent les treves des Angloys, et on leur demanda autres treves en attendant le duc de Bourgongne [2], mais le roy angloys ne volt oncques [3] nulles donner, s'il n'avoit le chasteau de Beaumont, et Corbeil et Pont-Saincte-Messance, et pluseurs autres choses, mais on ne lui en accorda nulle. Si commença la guerre comme devant, et tous, ungs et autres n'avoient envie que sur la ville de Paris seullement, [et seullement] pour la richesse qu'ilz cuidoient à eulx usurper, ne à nulle autre chose ne tendoient que à piller tout.

271. Item, en cellui karesme, le jour du grant vendredy qui fut le ve jour d'avril, vindrent les Arminalz comme deables dechaisnez, et coururent autour de Paris, tuant, robant et pillant. Et icellui jour bouterent le feu au fort de Champigny-sur-Marne et ardirent femmes et enfens, hommes, beufs, vaches, brebiz et autre bestail, advoine, blé et autre grain, et quant aucuns des hommes sailloient pour la destresse du feu, ilz mettoient leurs lances à l'androit, et ains qu'ilz fussent à terre, ilz estoient percez de iii ou iiii lances ou de leurs haches ; celle tres cruelle felonnie firent là et ailleurs cedit jour, et l'endemain, vigille de Pasques, firent autant ou pis à ung chastel nommé Croissy [4].

---

1. Ms. de Paris : autres coustoient.
2. Vers la fin de février, une députation, composée de Guillaume le Clerc, conseiller au Parlement, de Jean de Saint-Yon, de Guillaume Rose et de Jean de Betisy, se rendit auprès du roi d'Angleterre pour obtenir une prolongation de la trêve. Dès le retour de ces ambassadeurs, il y eut une séance extraordinaire au Parlement, tenue le 29 février, et en présence du comte de Saint-Pol, des prévôts de Paris et des marchands, des quarteniers et bourgeois, Guillaume le Clerc exposa le résultat des négociations. Henri V consentait à proroger les trêves jusqu'au 12 mars, « pourveu que on lui feroit bailler et delivrer le chastel et forteresse de Beaumont » (sur Oise), déclarant qu'au cas contraire il porterait le siège devant cette place et ferait arrêter les marchandises et vivres chargés en Normandie par des marchands de Paris et destinés à l'approvisionnement de la capitale. Cette considération décida l'assemblée à acquiescer aux conditions posées par le roi d'Angleterre ; aussi fut-il conclu « a majori parte qu'il estoit plus expedient..... de faire bailler et delivrer ladicte forteresse qui estoit mal emparée, mal garnie et mal avitaillée, » que d'attendre sa prise par force d'armes. Le comte de Saint-Pol reçut mission de remettre Beaumont entre les mains du roi d'Angleterre (Arch. nat., X^{1a} 1480, fol. 208).
3. « Oncques » manque dans le ms. de Rome.
4. Croissy-Beaubourg (Seine-et-Marne, arr. de Meaux, cant. de Lagny).

272. Item, la sepmaine de devant, estoient allez les marchans de Paris et d'ailleurs vers Chartres et ou proche, pour faire venir de la vitaille pour la ville de Paris, qui grant mestier en avoit[1], mais aussi tost qu'ilz furent partiz, les Arminalz le sceurent par faulx traistres, de quoy Paris estoit bien garny. Si leur allerent au devant jusques à Gallardon[2] et là les assegerent; pour quoy à Pasques ot si grant charté de char que le plus de gens de Paris ne mengerent ce jour que du lart, qui en povoit avoir; car le quartier d'ung bon mouton coustoit bien xxxii solz parisis, une petite queue de mouton x solz parisis, une teste de veel et la froissure xii solz chascune, vi solz parisis la vache, le porc au prix, car de beuf n'y avoit point à Paris pour le jour. Et pour vray les bouchers de la grant boucherie de Beauvays juroient et affermoient par la foy de leurs corps, qu'ilz avoient veu par maintes années devant passées que en l'ostel d'un tout seul boucher de Paris, à ung tel jour, on avoit tué plus de char que on ne fist en toutes les boucheries de Paris, ne autour.

273. Item, encore fist le roy sa Pasque à Troyes celle année, l'an mil iiii^c xx.

274. Item, celle année estoient les viollettes ou moys de janvier, bleues [et jaunes], plus que l'année d'avant n'avoient esté en mars.

275. Item, à Pasques mil iiii^c et xx, qui furent le viie jour d'avril, estoient ja les roses, et furent toutes passées quinze jours en may, et en l'entrée de may vendoit [on des] serises bonnes, et estoient les blez plus meurs en la fin de may qu'en l'année devant à la Sainct Jehan, et autres biens par cas semblable, qui fut grant bien pour le pouvre peuple, car touzjours estoit le tres cher temps

---

1. Au nord de Paris, les arrivages de vivres se faisaient, non sans difficulté, par Creil, où des marchands avaient été envoyés en vertu des ordres du comte de Saint-Pol; comme l'on entravait leurs opérations, deux frères, Gillet et Jacquotin de Coquerel, se chargèrent, « à la requeste et instance du prevost des marchans, » de porter à Creil des lettres du même comte et furent surpris à leur retour par un parti d'Armagnacs qui les emmena à Meaux (Arch. nat., X^{1a} 4793, fol. 13).

2. Le siège de Gallardon, dirigé par le dauphin en personne, eut lieu à la suite de la bataille de Baugé et se termina le 25 juin 1421 par la prise d'assaut de cette ville, qui fut complètement démantelée de 1442 à 1443. Les opérations militaires dans le pays chartrain gênèrent considérablement les Parisiens, « qui en estoient souvent mis en l'estroicte disette de vivres. » (Chronique de Chastellain, t. I, p. 235.)

[de toutes choses [1]], comme devant est dit, et de vesture encore plus. Drap de xvi solz valloit xl solz parisis, l'aune de bonne toille xii solz, fustayne xvi solz parisis, sarge xvi solz, et chausses et soulliers encore plus que devant.

276. Item, en ce temps estoient les Arminalz plus achenez à cruaulté que oncques mais, et tuoient, pilloient [2], efforçoient, ardoient eglises et les gens dedens, femmes grosses et enffans, brief ilz faisoient tous les maulx en tyrannie et en cruaulté qui pussent estre faiz par deable ne par homme; par quoy il convint que on traictast au roy d'Engleterre, qui estoit l'ancien ennemy de France, maugré que on en eust, pour la cruaulté des Arminalz, et lui fut donnée une des filles de France, nommée Katherine. Et vint gesir dedens l'abbaye de Sainct-Denis le viii[e] jour de may mil iiii[c] et xx, et l'endemain passa par [devant] la porte Sainct-Martin par dehors la ville, et avoit bien en sa compaignie, comme on disoit, vii[m] hommes de traict et tres grant compaignie de gens d'estoffe [3]; et portoit on devant luy ung heaume couronné d'une couronne d'or pour cognoissance, et portoit en sa devise une queue de regnart de broderie. Et alla gesir au pont de Charenton, pour aller à Troyes pour veoir le roy, et là lui fut presenté quatre charretées de moult bon vin de par ceulx de Parys, dont il ne tint pas grant compte par semblant.

277. Item, celle journée, ne laissa-on yssir personne de ceulx du commun de Paris [4].

278. Item, de là alla à Troyes [5] sans contredit des Arminalz

---

1. Une lettre de rémission, octroyée pour vol de blé dans un grenier de l'hôtel de ville, vol commis par « un povre varlet dechargeur du vin et du pain de Corbeil en Greve », atteste « le cher temps qui couroit » à Paris durant l'année 1420, de lamentable memoire (Arch. nat., JJ 171, n° 131).

2. Ms. de Paris: roboient.

3. Ms. de Paris: gens d'Escosse.

4. Toute cette phrase et la fin de la précédente sont omises dans les éditions.

5. Henri V fit son entrée à Troyes, le lundi 20 mai, avec une escorte de 12,000 combattants, accompagné de son frère le duc de Clarence et d'autres grands seigneurs de l'Angleterre; ses fiançailles avec Catherine de France furent célébrées en l'église Saint-Pierre de Troyes par l'archevêque de Sens, Henri de Savoisy (Voyez la lettre adressée le 22 mai 1420 par le roi d'Angleterre au duc de Glocester, son frère; Rymer, t. IV, 3° partie, p. 175; Fenin-Dupont, p. 135; Arch. nat., X1a 1480, fol. 215).

qui s'estoient vantez qu'ilz le combatroient, mais oncques ne s'oserent monstrer.

279. Item, le jour de la Trinité mil iiii^c xx, qui fut le iie jour de juing, espousa à Troyes ledit roy angloys la fille de France [1]; et le lundy ensuivant, quant les chevaliers de France et d'Engleterre voldrent faire une jouxtes pour la solempnité du mariaige de tel prince, comme acoustumé est, le roy d'Angleterre, pour qui on voulloit faire les jouxtes pour lui faire plaisir, dist, oians [2] tous, de son movement : « Je prie à monseigneur le roy, de qui j'ay [espousée la] fille, et à tous ses serviteurs, et à mes serviteurs je commande, que demain au matin nous soyons tous prestz pour aller mettre le siege devant la cité de Sens, où les annemys de monseigneur le roy sont, et là pourra chascun de nous jouxter [et] tournoier, et monstrer sa proesse et son hardement, car [la] plus belle proesse n'est ou monde que de faire justice des mauvays, affin que le pouvre peuple [se] puisse vivre. » Adonc le roy lui octroya, et chascun s'i accorda, et ainsi fut fait; et tant firent que le jour Sainct Barnabé, xie jour dudit moys de juing, fut la cité prinse [3], et de là vindrent assegier Montereau-où-fault-Yonne [4].

---

1. C'est bien le dimanche 2 juin, et non le 3, comme le prétendent Monstrelet et Lefèvre de Saint-Remy, que s'accomplit le mariage du roi Henri V d'Angleterre et de Catherine de France ; le témoignage d'un contemporain, Jean Ofort, qui précise le jour et l'heure de la cérémonie, ne laisse aucun doute à cet égard (Lettre du 6 juin 1420, datée du siège de Sens, Rymer, t. IV, 3e partie, p. 177; Fenin-Dupont, p. 136).

2. Ms. de Paris : avant tous.

3. Sens se rendit aux Anglais après quelques jours de siège, six ou sept au plus, et non pas douze, comme l'affirme Monstrelet (t. III, p. 402); le roi d'Angleterre était dès le mercredi 6 juin sous les murs de cette ville qui capitula le mardi suivant. Après la reddition de Sens, connue à Paris le 12 juin (Arch. nat., X^{1a} 1480, fol. 217), Jean le Hongre en fut institué capitaine (Ibid., X^{1a} 64, fol. 50).

4. Tous les éditeurs du Journal parisien ont inséré en cet endroit le texte du traité de Troyes, qui figure dans les manuscrits de Rome et de Paris sous la rubrique suivante : « Cy ensuit le traicté faict entre les roys de France et d'Angleterre et tout leur conseil. » Comme ce document important a été fidèlement reproduit dans le volume XI des Ordonnances des rois de France (p. 86), d'après le registre 171 du Trésor des chartes, et que nous ne pourrions relever que des variantes insignifiantes, nous croyons pouvoir nous dispenser d'en donner ici une nouvelle édition, laquelle aurait d'ailleurs pour inconvénient de couper le récit du chroniqueur.

280. Item, tant furent devant Monteriau en l'an mil IIII^c xx que ceulx de dedens se rendirent, sauf leur vie, en paiant une somme d'argent[1]. Entre les autres estoit le sire de Guitry[2], l'un des plus plain de cruaulté et de tirannye qui fut ou monde, lequel fut delivré avec les autres, qui depuis fist tant de tirannye ou païs de Gastinoys et ailleurs que fist oncques sarazin.

281. Item, de là vindrent le roy d'Angleterre et les Bourguignons devant Meleun et misdrent le siege.

282. Item, en ce temps estoient plaines vendenges à la myaoust, et touzjours couroient les Arminalz plus que devant; et par eulx enchery tant la chose, especialment à Paris, que une paire de souliers valloit x solz parisis, une paire de chausses pou bonnes II frans ou XL solz; toutes choses de quoy homme se povoit aider, au prix.

283. Item, ung escu d'or de XVIII solz valloit en ce temps IIII frans ou plus; ung [bon] noble d'Engleterre valloit VIII frans[3].

---

1. La reddition du château de Montereau eut lieu le 1er juillet 1420; ce même jour, Charles VI ou plutôt son gendre le roi d'Angleterre accorda aux habitants de la ville qui s'étaient réfugiés dans le château des lettres de rémission portant délivrance pleine et entière de leurs biens (Arch. nat., JJ 171, n° 175). Par d'autres lettres de pareille date, données « en l'ost » devant Montereau, l'un des principaux défenseurs de la place, Charles de Montmor, dit Morelet, chevalier, obtint rémission et abolition pour sa participation à la résistance de la ville et du château (*Ibid.*, n° 196).

2. Guillaume de Chaumont, seigneur de Guitry, nommé bailli d'Évreux le 27 décembre 1415 (Arch. nat., X^{1a} 1480, fol. 40), concourut à la défense d'Harfleur et fut autorisé le 8 avril 1416 à se rendre auprès des Anglais pour traiter de sa rançon, à la condition de laisser un bon lieutenant à la tête de son bailliage (*Ibid.*, X^{1a} 4790, fol. 71 v°). Lors des événements de 1418, il se rangea dans le parti du dauphin, qui le nomma maître enquêteur et général réformateur des eaux et forêts de France et lui donna le comté de Chaumont. Il paraît avoir assisté, sinon pris part, à l'assassinat de Jean Sans-Peur sur le pont de Montereau (Chron. des Cordeliers, p. 281). A la suite de ce tragique événement, un capitaine bourguignon, Guillaume de Bierre, l'ayant accusé de complicité, fut par lui provoqué en champ clos, et, le 15 juillet 1420, le roi d'Angleterre délivra un sauf-conduit au seigneur de Guitry pour lui et pour cinquante hommes d'armes de son escorte (Champollion, *Lettres de rois et reines*, t. II, p. 383). Guillaume de Chaumont fut tué à la bataille de Verneuil.

3. A la date du 26 février 1420, il y eut une nouvelle émission d'écus à la couronne, conformes au type précédemment adopté, dont le cours fut fixé à 40 sols parisis; les moutons d'or valaient à cette époque, officiellement du moins, 26 sols 8 deniers parisis (Arch. nat., Z1b 58, fol. 154 v°).

284. Item, en ce temps avoit si grant faulte de change à Paris que les pouvres gens n'avoient nulles aumosnes ou bien pou ; car en ce temps iiii vielz deniers parisis valloient mieulx que ung gros de xvi deniers qui pour lors couroit[1], et faisoit-on de tres mauvays lubres de viii deniers, qui par devant furent tant refusez, et par justice defenduz les gros dessusdiz. Et pour plus grever le povre commun, fut mis le pain de viii deniers à x[2], et celui de seze à vingt.

285. Item, une livre de bonne chandelle valloit dix blans[3] ; ung œuf iiii deniers ; la livre de fromaige de presse viii blans.

286. Item, à la Sainct Remy, le propre jour, fut crié le pain de v blans à ii solz parisis, celui de x deniers à xii deniers ; ung œuf, vi deniers ; ung harenc caqué, xii deniers ; ung haren pouldré, v blans[4].

---

1. Ces gros ou blancs deniers, de fabrication récente, avaient été frappés en vertu de lettres du 6 mai 1420 à l'adresse des généraux des monnaies (Arch. nat., Z1b 58, fol. 156 r°). Ils tombèrent dans le discrédit le plus complet, à un tel point qu'à la fin du mois de janvier 1421, lors de la distribution d'un gros de seize deniers faite aux chanoines de Notre-Dame, le notaire du Chapitre ne put s'empêcher de remarquer que ces gros étaient de la faible monnaie et que les six deniers autrefois distribués valaient beaucoup plus (Ibid., LL 215, fol. 309).

2. Un règlement, délibéré en séance du Conseil royal et publié le 3 juillet 1420, détermina le prix et le poids du pain ; des peines rigoureuses furent édictées contre ceux qui se rendirent coupables d'infractions. Ainsi le prévôt de Paris condamna un boulanger au pilori avec deux pains pendus à son cou, pour avoir façonné et mis en vente pain blanc du poids de douze onces et pain bis de quinze onces, lesquels devaient peser seize onces ; le prix de vente du pain blanc, qui avant le 3 juillet 1420 était de 10 deniers parisis, avait été réduit à 8 deniers ; celui du pain bis, de 8 deniers à 6 deniers. Toutefois, bien qu'il y eût récidive, la peine infamante infligée par le prévôt de Paris fut commuée par le Parlement et convertie en une amende de 10 livres, avec obligation imposée au boulanger de faire moudre 2 setiers de froment pour être distribués aux pauvres en pains de quatre deniers chaque (Arch. nat., X2a 16, fol. 392).

3. Ms. de Paris : xv blans.

4. Le hareng constituait au xv° siècle la principale alimentation du pauvre, surtout en temps de carême, témoin la distribution de 78 milliers de harengs saurs et caqués faite par ordre du roi, en 1408 et 1409, à plusieurs « hospitaulx, maisons-Dieu et autres povres gens (Arch. nat., KK 32, fol. 52, 92). » Aussi ne faut-il point s'étonner du soin tout particulier avec lequel l'administration s'occupait de « mettre à pris raisonnable » cet important article de consommation ; le 17 février 1420, dans une séance du Parlement tenue en présence du chancelier, du prévôt de Paris

287. Item, en celle saison estoit le vin si cher que une queue de vin du creu d'entour Paris, on la vendoit xxi ou xxii frans ou plus; et en celle année plusieurs qui furent cuilliz ou moys d'aoust devindrent gras ou aigres.

288. Item, en ce temps couroient touzjours devant Paris et venoient jusques aux portes de Paris les Arminalz, et boutoient feuz, prenoient marchans à l'entrée de Paris, et n'estoit homme que on laissast yssir. Et sembloit que aucuns de ceulx qui gouvernoient en ce temps eussent aucune aliance avec eulx, car nul marchant n'alloit de Paris ou ne venoit à Paris tant segretement qu'ilz ne sceussent aucunement l'allée ou la venue; par quoy Paris demoura si nu de tous biens, especialment de pain et de buche, que ung sextier de bonne farine valloit xvi ou xvii frans, la meschante buche de Marne iiii frans, et toutes choses au pris, car l'ost du roy qui touzjours estoit devant Meleun sans riens faire degastoient tant de biens que on s'en sentoit bien xx lieues tout autour.

289. Item, fut là tout octobre, et le xviie jour de novembre, jour Sainct-Germain, à ung dimenche, entrerent noz signeurs dedens Meleun, et se rendirent tous ceulx [de] dedens à la voulenté [du roy] [1]; car tous mouroient de fain, et mengeoient leurs chevaulx ceulx qui en avoient.

290. Item, le jeudy ensuivant, furent admenez à Paris environ de v ou à vi^c prinsonniers de ladicte ville de Meleun, et furent mis en diverses prinsons [2].

---

et des officiers du Châtelet, il fut décidé que le prévôt tiendrait la main a ce que le hareng ne dépassât point le prix de vente déjà fort élevé du vendredi 16 février (*Ibid.*, X^{1a} 1480, fol. 200 v°).

1. Juvénal des Ursins se trompe lorsqu'il nous dit que les défenseurs de Melun purent quitter la ville, « sauves leurs vies et sans estre mis à aucune rançon ou finance. » Cette assertion ferait croire à une générosité qui n'était point dans le caractère du roi anglais; les habitants de la ville payèrent à beaux deniers sonnants la rémission qui leur fut accordée le 21 novembre 1420 (Arch. nat., JJ 171, n° 134); vingt mille francs payables moitié « dedans » Noël, moitié « dedans » Pâques, tel fut le chiffre de la rançon stipulée, charge d'autant plus lourde qu'elle pesa sur les seuls bourgeois; non seulement le clergé mais encore les nobles furent exceptés de cette contribution; les habitants durent en outre « remparer » et mettre en état dans le délai d'une année les portes, murs et fossés ruinés par un siège de plusieurs mois.

2. Les prisonniers de Melun furent amenés par bateaux à Paris et enfermés les uns en la bastille Saint-Antoine, les autres au Châtelet, d'autres

291. Item, depuis que la ville de Meleun fut prinse, furent noz signeurs de France[1], c'est assavoir, [le roy de France], le roy d'Engleterre, les deux roynes, le duc de Bourgongne, le duc Rouge[2] et plusieurs autres signeurs, tant de France que d'ailleurs, demourans à Meleun et à Corbeil jusques au premier jour de decembre, jour Sainct Eloy, qui fut à ung dimenche. Et cedit jour entrerent à Paris à grant noblesse, car toute la grant rue Sainct-Denis par où ilz entrerent, depuis la seconde porte jusques à Nostre-Dame de Paris, estoient encourtinées les rues et parées moult noblement, et la plus grant partie des gens de Paris qui avoient puissance furent vestuz de rouge couleur. Et fut fait en la rue de la Kalende[3] devant le Palais, ung [moult] piteux mistere de la passion Nostre Seigneur au vif, selon que elle est figurée autour du cueur de Nostre-Dame de Paris; et duroient les eschauffaux environ cent pas de long, venant de la rue de la Kalande jusques aux murs du Palais, et n'estoit homme qui veist le mistere à qui le cueur n'apiteast. Ne oncques princes ne furent receuz à plus grant joye qu'ilz furent, car ilz encontroient par toutes les rues processions de prebstres revestuz de chappes et de seurpeliz, [portans saintuaires], chantans *Te Deum laudamus* ou *Benedictus qui venit;* et fut entre v et vi heures après medi, et toute nuyt quant ilz revenoient en leurs eglises; et ce faisoient si liement et de si joyeux cueur[4], et le commun par cas pareil, car

---

encore au Palais et au Temple; ceux du Châtelet périrent pour la plupart de faim et de misère dans les basses fosses où on les avait jetés (Cf. Juvénal des Ursins, p. 561). On n'épargna que ceux qui pouvaient financer, comme Pierre de Vaudetar, ancien valet de chambre du roi, mis en liberté moyennant 2,000 livres, ou Étienne de Commargon, qui avait été incarcéré au Châtelet (Arch. nat., JJ 171, n° 350; JJ 172, n° 246). Le Parlement de Paris vaqua du 22 janvier au 17 mai au procès de ces malheureux : de toutes ces séances, la plus importante fut celle du 12 mars, à laquelle assistèrent le chancelier, Lourdin de Saligny, Renier Pot et nombre de personnages ; les samedis 15 et 29 mars furent écartelés deux des prisonniers condamnés par le Parlement, Tanneguy de Coesmerel et Jean Gault (*Ibid.*, X1a 1480, fol. 227-233).

1. « De France » manque dans le ms. de Rome.
2. Louis III de Bavière, dit le Barbu, frère de la reine Isabeau.
3. La rue de la Calandre en la Cité, conduisant en droite ligne du Palais à Notre-Dame, donnait d'un bout rue de la Barillerie et de l'autre rue du Marché-Palu, vis-à-vis celle de Saint-Christophe.
4. La présence du clergé parisien ne fut pas si spontanée que veut bien le dire l'auteur du Journal : il y eut en quelque sorte dans cette circonstance ce que l'on pourrait appeler un service commandé, car le 29 no-

rien qu'ilz feissent pour complaire ausdiz signeurs ne leur ennuyoit, et si avoit tres grant pouvreté de fain la plus grant partie, especialment le menu peuple; car ung pain, que on avoit ou temps devant pour IIII deniers parisis, coustoit XL deniers parisis, le sextier de farine XXIIII frans, [le sextier] de pois ou de feves bonnes XX frans.

292. Item, le lendemain, IIe jour dudit moys, entra la royne, avecques elle la royne d'Engleterre, la femme du duc de Clarence[1] frere du roy d'Engleterre, dedens Paris, à telle joie comme devant est dit du jour du dimenche, et vindrent lesdictes roynes par la porte Sainct-Anthoine, et furent les rues tandues par où ilz vindrent et leur compaignie, comme devant est dit.

293. Item, avant qu'il fust huit jours passez après leur venue, enchery tant le blé et la farine que le sextier de blé fourment valloit à la mesure de Paris, es Halles dudit Paris, XXX frans de la monnoie qui lors couroit, et la farine bonne valloit XXXII frans, et autre grain au pris[2], selon qu'il estoit; et n'y avoit point de pain à moins de XXIIII deniers parisis pour piece, qui estoit à tout le bran[3], et le plus pesant ne pesoit que vingt onczes ou environ. En icellui temps avoient povres gens et pouvres prebstres mal temps, que on ne leur donnoit que II solz parisis pour leur messe[4]; et pouvres gens[5] ne mengeoient point de pain que choulx et naveaulx, et telz potaiges sans pain ne sel.

---

vembre, sur l'invitation adressée par Charles VI au Parlement et appuyée par ses conseillers, qui insistaient pour que les églises se rendissent processionnellement avec leurs reliques jusqu'à la porte Saint-Denis à la rencontre des rois de France et d'Angleterre, le chapitre de Notre-Dame décida que la procession de l'église cathédrale ne dépasserait pas l'Hôtel-Dieu, mais que les autres églises s'avanceraient aussi loin qu'elles pourraient (Arch. nat., LL 215, fol. 299).

1. Marguerite Holland, veuve de J. de Beaufort, marquis de Somerset, épousa en secondes noces le duc de Clarence; elle accompagnait la reine d'Angleterre qui, ainsi que sa mère, avait établi son séjour à Corbeil durant le siège de Melun (Arch. nat., X1a 1480, fol. 224).

2. Ms. de Rome : au poix.

3. Ms. de Paris : vren.

4. Comme on peut le voir par les délibérations capitulaires de Notre-Dame, les chanoines eux-mêmes n'étaient pas beaucoup mieux partagés; le 22 janvier 1421, il fut décidé « propter maliciam et caristiam temporis » que tout chanoine qui assisterait aux messes ou vêpres bénéficierait de quatre sols parisis, et de douze deniers en plus lorsqu'il serait aux matines (Arch. nat., LL 215, fol. 309).

5. « Gens » manque dans le ms. de Rome.

294. Item, tant enchery le pain avant que Nouel fust, que cil de IIII blans valloient VIII blans, et n'estoit nul qui encore en peust finer, se il n'alloit devant le jour chés boullengers[1] et donner pintes et choppines aux maistres et aux varletz pour en avoir. Et si n'y avoit vin en ce temps qui ne coustast XII deniers la pinte du moins; mais on ne le plaignoit point qui en povoit avoir, car quant ce venoit environ VIII heures, il y avoit si tres grant presse à l'uys des boullengiers que nul ne le croyroit qui ne l'auroit veu. Et les pouvres creatures, qui pour leurs pouvres maris qui estoient aux champs ou pour leurs enfans [qui mouroient de faim en leurs maisons, quant ilz] n'en povoient avoir pour leur argent ou pour la presse, après celle heure, ouyssez parmy Paris piteux plains, [piteux criz], piteuses lamentacions, et petiz enfans crier : « Je meur de faim. » Et sur les fumiers parmy Paris (en) IIII^c XX, peussiez trouver cy dix, cy vingt ou XXX enfans, filz et filles, qui là mouroient de faim et de froit, et n'estoit si dur cueur qui par nuyt les ouïst crier : « Helas! je meur de faim! » qui grant pitié n'en eust; mais les pouvres mesnaigiers ne leur povoient ayder, car on n'avoit ne pain, ne blé, ne buche, ne charbon; et si estoit le pouvre peuple tant oppressé des guetz, qu'il failloit faire de nuyt et de jour, qu'ilz ne savoient eulx aider ne à autruy.

---

1. Si le pain était devenu aussi rare et aussi cher, c'est que les boulangers, se jugeant lésés par certaines ordonnances de la prévôté de Paris publiées vers la fin d'avril ou le commencement de mai 1420, avaient considérablement restreint la panification. Le Parlement s'émut de cet état de choses et, voulant y porter remède, ordonna, dans sa séance du 12 mai, à son premier huissier de faire crier à son de trompe que, sous peine de la hart, les boulangers se missent en devoir de cuire autant de pain que par le passé. De plus, le Parlement, croyant remarquer que les officiers du Châtelet ne procédaient que civilement contre les boulangers, infligea un blâme sévère au prévôt de Paris et à ses lieutenants et leur recommanda de punir avec une extrême rigueur tout délinquant. Malgré ces mesures coercitives, la situation ne s'améliora guère, puisque nous voyons les conseillers s'assembler le 15 juin pour délibérer sur « les faultes, abus ou monopoles que faisoient les boulangers et musniers de Paris. » Le 12 juillet suivant, intervint un arrêt qui défendit à tout boulanger de s'entremettre de meunerie; ce même arrêt condamna un certain nombre de gros meuniers à crier merci et à demander pardon à la Cour, chacun d'eux à porter un cierge allumé d'une livre en l'église Notre-Dame par le Grand-Pont et le pont Notre-Dame, avec distribution d'une quantité déterminée de pains aux principaux établissements hospitaliers de Paris (Arch. nat., X^{1a} 1480, fol. 109, 217, 219 v°).

295. Item, en ce moys de decembre, fut deposé de la prevosté de Paris Clamecy, et fut institué prevost de Paris ung chevalier nommé [mons'] Jehan, signeur du Mesnil¹, xvii° jour de decembre, jour Sainct Ladre.

296. Item, le jour Sainct Estienne ensuivant, fut institué prevost des marchans ung nommé maistre Hugues le Coq².

297. Item, le jour Sainct Jehan-Euvangeliste ensuivant, xxvii° jour de decembre, fut institué evesque de Paris ung nommé maistre Jehan Courtecuisse³, maistre en theologie et proudomme.

---

1. Jean du Mesnil, chevalier, chambellan du roi et maître de son hôtel, fut gratifié le 5 octobre 1418 d'un logement dans les dépendances de l'hôtel de Saint-Pol (Arch. nat., JJ 170, n° 208). Il figure parmi les ambassadeurs du roi qui vinrent au Parlement le 29 avril 1420, avec mission de faire connaître la marche des négociations ouvertes à Troyes (Ibid., X¹ª 1480, fol. 213). Reçu prévôt de Paris le mardi 17 décembre 1420, en vertu de lettres royaux rendues en conseil le jour précédent (Ibid., fol. 225), il établit sa demeure dans une maison sise rue Vieille-du-Temple, provenant de Jean de Vailly qui avait quitté Paris pour siéger au Parlement de Poitiers (Sauval, III, 288). C'est à peine si Jean du Mesnil eut le temps de prendre possession de sa charge; la mort l'enleva dans les premiers jours de mars 1421 (Arch. nat., X¹ª 1480, fol. 230 v°).

2. Hugues le Coq, conseiller au Parlement de Paris, nommé prévôt des marchands le jeudi 26 décembre 1420, après la mort de Noel Marchant (Arch. nat., KK 1009, fol. 3 v°), était déjà initié à la gestion des affaires municipales, ayant été appelé le 19 septembre 1419 à prendre part aux délibérations du Conseil qui s'assemblait quotidiennement à l'hôtel de ville. En récompense de ses services, Hugues le Coq obtint le 26 juin 1423 les biens confisqués sur son frère Pierre le Coq et son neveu Jeannin Anchier (Longnon, *Paris sous la domination anglaise*, p. 102). Lorsqu'en 1429 il quitta la prévôté des marchands, il continua à siéger au Parlement en qualité de conseiller et remplit plusieurs missions de confiance. Au mois d'octobre 1430, la Cour l'envoya à Rouen auprès du roi d'Angleterre, en compagnie de Jacques Branlard, président aux Enquêtes, pour solliciter le payement des gages arriérés; le même conseiller fut commis avec le greffier Jean de l'Epine à dresser l'inventaire des biens de la duchesse de Bedford (Arch. nat., X¹ª 1481, fol. 34, 35, 61). Hugues le Coq redevint prévôt des marchands le 23 juillet 1434. Marié en premières noces à Jeanne de Langres, défunte avant 1427 (Sauval, III, 301), et en secondes à Jacquette Gudin, il possédait, rue des Prouvaires, un immeuble attenant à l'hôtel de Jean de Lommoy, notaire et secrétaire du roi (Arch. nat., Y 5230, fol. 56 v°). Après la réduction de la capitale sous l'autorité de Charles VII, l'ancien prévôt des marchands fut enveloppé dans les mesures de proscription et perdit tous ses biens qui furent dévolus à Henri Lestauf (Arch. nat., PP 118; Mémorial Bourges, I, fol. 2).

3. Jean Courtecuisse, docteur en théologie, aumônier du roi de 1409 à

298. Item, ce jour party la fille de France, nommée Katherine, que le roy d'Engleterre avoit espousée et fut menée en Engleterre[1], et fut une piteuse departie, especialment du roy de France et de sa fille.

299. Item, le roy d'Angleterre laissa pour estre cappitaine de Paris son frere le duc de Clarence, et deux autres contes qui pou de bien firent à Paris[2].

300. Item, en ce temps estoit le blé si cher, que le sextier de bon blé valloit xxxii frans et plus[3]; le sextier d'orge, xxvii frans

---

1421, porta la parole dans maintes circonstances importantes, notamment en 1408 pour combattre la bulle du pape Benoît XIII (Juvénal des Ursins, p. 447); le 15 octobre 1418, il eut charge de remontrer au roi et au duc de Bourgogne l'état précaire de Paris et les difficultés de tout genre qui entravaient le ravitaillement (Arch. nat., X1a 1480, fol. 151). Son élection à l'évêché de Paris rencontra une vive opposition : les rois de France et d'Angleterre ainsi que le duc de Bourgogne, qui désiraient transférer à l'évêché de Paris Philibert de Montjeu, élu d'Amiens, poursuivirent Jean Courtecuisse de leur hostilité. Une véritable pression fut exercée sur le chapitre; la veille même de l'élection, l'un des chanoines, Jean du Moulin, premier chapelain de Charles VI, rapporta une conversation qu'il avait eue le mardi précédent, dans la chapelle royale de Saint-Pol, avec Lourdin de Saligny et Renier Pot; ces deux chevaliers l'avaient sondé sur les intentions du chapitre, ajoutant que la coutume d'Angleterre ne permettait point d'élire une autre personne que celle ayant l'agrément du roi. Le chapitre passa outre, et son choix se porta sur Jean Courtecuisse (Ibid., LL 215, fol. 291-304).

1. Catherine de France quitta Paris après les fêtes de Noël avec le roi d'Angleterre, qu'accompagnaient ses frères, les ducs de Bedford et de Clarence; elle fit le 31 décembre son entrée solennelle à Rouen et reçut de cette ville de magnifiques présents (P. Cochon, Chron. norm., p. 440). La nouvelle reine d'Angleterre débarqua le 1er février sur le sol anglais et fut couronnée le 23 dans l'abbaye de Westminster.

2. Thomas Beaufort, duc d'Exeter, oncle du roi d'Angleterre, fut adjoint au duc de Clarence et, après son départ, lui succéda dans le gouvernement de la capitale (Champollion, *Lettres de rois et reines*, t. II, p. 388). A la même époque, Henri V nomma Jean Holland, comte de Huntingdon, capitaine du Bois de Vincennes, et Gilbert Humphreville, comte de Kent, capitaine de Melun (Monstrelet, t. IV, p. 23 ; G. Chastellain, t. I, p. 203).

3. Il n'y a rien d'excessif dans l'évaluation donnée par l'auteur de notre Journal : le setier de blé atteignit bien le prix de 32 francs et dépassa de beaucoup la taxe officielle imposée par deux commissaires du Parlement, Jean Aguenin et Quentin Massue; c'est au moins ce que prétendirent certains boulangers qui s'en étaient autorisés pour « apeticier » leurs pains; la Cour leur enjoignit de se présenter par devant les commissaires qui leur feraient délivrer « es greniers par les marchans le meilleur blé et au plus

ou xxviii frans; ung pain de xvi onces à toute la paille, viii blans; de feves, de pois, nul pouvre homme n'en mangeoit qui ne les luy donnoit:

301. Item, une pinte de vin moien pour mesnaige coustoit xvi deniers parisis tout le mains, qu'on avoit eu meilleur le temps precedant ou aussi bon pour ii deniers parisis.

[1421.]

302. Item, en ce temps, à la Chandeleur, pour conforter pouvres gens, furent remises sus les enffans de l'ennemy d'enfer, c'est assavoir, imposicions, quatriesmes, et males toutes[1], et en furent gouverneurs gens oyseurs qui ne savoient mais de quoy vivre, qui pinçoient tout[2] de si pres que toutes marchandises laissoient à venir à Paris, tant pour la monnoye, comme pour les subsides. Par quoy si grant charté s'ensuivi[3] que à Pasques

---

hault pris, pour xxvi frans chascun sextier » (Arch. nat., X1a 1480, fol. 233).

1. De toutes ces contributions, celle qui offrait le caractère le plus vexatoire était l'imposition connue sous le nom de *quatrième* [denier], levée sur le vin vendu au détail ; il n'en est pas qui ait suscité autant de procès, comme en font foi les registres de la Cour des aides pendant la domination anglaise. Les commis pouvaient commencer leurs visites « es celiers à vi heures en esté et en yver à vii heures du matin, » et bien qu'il leur fût défendu d'aller « es hostelz des bourgois fere queste, s'il n'y avoit taverne et enseigne, » ils s'arrogeaient cependant ce droit (Arch. nat., Z1a 7, fol. 32, 140); aussi c'était à qui mettrait en œuvre toutes les ruses possibles pour déjouer la perspicacité des collecteurs. Cet impôt s'affermait par quartiers : les Halles, la Cité, la Grève, Oultre-Petit-Pont formaient autant de régions distinctes. Entre autres taxes qui grevaient à Paris les objets de consommation, on peut citer : l'imposition du 12e denier pour livre sur le bétail à pied fourché vendu à Paris (*Ibid.*, Z1a 9, fol. 79); l'imposition de 12 deniers par livre sur le poisson de mer débité aux halles (*Ibid.*, Z1a 7, fol. 171 v°); l'imposition de la busche, droit perçu sur le bois de chauffage vendu à Paris ; l'imposition foraine, droit d'exportation qui se payait non seulement à Paris, mais encore dans tout le royaume, droit auquel étaient assujettis les objets fabriqués, tels que les draps, « les joyaulx » d'orfévrerie; non seulement les bourgeois parisiens qui faisaient sortir des articles de cette nature, mais encore les marchands étrangers, emportant des pièces d'orfévrerie, devaient acquitter cet impôt entre les mains d'un receveur spécial (*Ibid.*, Z1a 7, fol. 79).

2. Ms. de Paris : pignoient tous.
3. Ms. de Paris : s'esmeut.

ung bon beuf coustoit IIᶜ frans ou plus[1]; ung bon veel XII frans; la fliche de lart VIII ou X frans; ung pourcel XVI ou XX frans; ung [petit] frommaige tout blanc VI solz parisis, et toute vyande au prix; ung cent d'œufz coustoit XVI solz parisis. Et toute jour et toute nuyt avoit parmy Paris, pour la charté devant dicte, les longs plains, lamentacions, douleurs, criz piteables, que onques je croy que Jheremie le prophete ne fist plus doloreux, quant la cité de Jherusalem fut toute destruite et que les enffans de Israel furent menez en Babilonie en chetivoison; car jour et nuyt crioient hommes, femmes, petiz enffans : « Helas! je meur de froit, » l'autre de fain. Et en bonne verité il fist le plus long yver que homme eust veu, passé avoit XL ans, car les feries de Pasques il negoit, il geloit et faisoit toute la douleur de froit que on povoit pencer. Et pour la grant pouvreté que aucuns des bons habitans de la bonne ville de Paris veoient souffrir, firent tant qu'ilz acheterent maisons III ou IIII dont ilz firent hospitaulx pour les pouvres enffans qui mouroient de fain parmy Paris, et avoient potaige et bon feu et bien couchez; et en mains de trois moys avoit en chascun hospital bien XL liz ou plus bien fourniz, que les bonnes gens de Paris y avoient donnez; et estoit l'ung en la Heaumerie, ung autre devant le Pallays, et l'autre en la place Maubert. Et en verité, quant ce vint sur le doulx temps, comme en avril, ceulx qui [en yver] avoient fait leurs buvraiges comme despence de pommes ou de prunelles, quant plus n'y en avoit, ilz vuydoient leurs pommes ou leurs prunelles en my la rue, en intencion que les porcs de Sainct-Anthoine[2] les mengeassent. Mais les porcs n'y venoient pas à temps, car aussitost qu'elles y estoient gectées, elles estoient prinses de pouvres gens, de femmes, d'enfans qui les mengeoient par grant saveur, qui estoit une tres grant pitié, chascun pour soy mesmes, car ilz men-

---

1. La spéculation, comme toujours, exagéra les prix et contribua à accroître la cherté, déjà si grande; aussi fut-on obligé de prendre des mesures radicales. A ce moment, « comme y avoit grant faulte de vivres à Paris », des marchands étaient allés chercher en Savoie quatre-vingts bœufs et les avaient mis en vente à trois ou quatre reprises différentes, sans conclure aucune affaire, ne trouvant pas apparemment les offres assez élevées, excellent moyen pour rendre *annonam caristiorem* et pour augmenter la misère publique ; aussi le bétail fut-il saisi et vendu au marché de Paris (Arch. nat., X¹ᵃ 4793, fol. 204 vº).

2. Les pourceaux privilégiés de l'abbaye de Saint-Antoine avaient seuls le droit de vaguer dans les rues.

geoient ce que les pourceaulx ne daignoient menger; ilz mengeoient trougnons de choux sans pain ne sans cuire, les herbetes des champs sans pain et sans sel. Brief, il estoit si cher temps[1] que pou des mesnaigers de Paris mangeoient leur saoul de pain, car de char ne mengeoient-ilz point, ne de feves, ne de pois, que verdure, qui estoit merveilleusement chere.

303. Item, ou moys de mars vers la fin, es foiriers de Pasques, prindrent journée de combatre les Arminalz contre le duc de Clarence, qui estoit cappitaine de Paris, et le duc d'Ostet[2] et frere ainsné du roy angloys; et devoit estre la bataille entre Angers et le Mans sur la riviere du Loir[3]. Si alla veoir la place le duc de Clarence avant que le jour de la bataille fust, laquelle place estoit ou païs des Arminalz, et lui convint passer ladicte riviere par ung pont bien estroit, et fut bien acompaigné de xv^c hommes d'onneur et de v^c archers. Ses annemis, qui touzjours avoient des amis partout, le sceurent et firent deux embuches en ung boys où il lui convenoit passer après la riviere; et devant oultre le boys avoit bien iiii^c hommes armez [au cler] sur une petite montaigne, lesquelx les Angloys povoient bien veoir. Si n'en tindrent compte, car ilz cuidoient que plus n'en y eust que ceulx là, dont ilz furent deceuz; car en la vallée avoit une grosse bataille d'Arminalz, sans les deux embuches devant dictes, qui, aussitost qu'ilz virent que

---

1. Eu égard à la cherté du temps, le maître de l'hôtel-Dieu de Paris fut autorisé le 20 février 1421 à faire placarder sur les portes de l'église Notre-Dame et dans Paris des cédules énumérant les besoins de l'hôtel-Dieu et faisant un appel pressant à la compassion du peuple (Arch. nat., LL 215, fol. 313). La misère, si forte à Paris, n'était pas moindre dans les pays qui touchaient à l'Ile-de-France; des témoignages irrécusables sont fournis par les documents contemporains. Une lettre de rémission parle « de la grant detresse de famine et de fain, qui pour lors estoit grant et excessive ou païs de Beauvoisin » (Ibid., JJ 171, fol. 260). Une autre lettre nous apprend que dans la Brie les vivres « estoient en si grant chierté que le menu peuple y mouroit de fain, et se partoient lors par famine d'icellui païs et s'en aloient à l'avanture en païs où ilz pensoient à gaingnier et avoir vivres à marchié competent (Ibid., n° 503). » Les régions qui n'avaient pas été éprouvées par le fléau de la guerre souffraient elles-mêmes de la disette; le compte de l'hôtel du dauphin pour l'année 1421 mentionne, pour justifier un supplément de dépenses, « la grant chierté des vivres qui lors estoit » (Ibid., KK 50, fol. 3).

2. S'agirait-il de Humphroy, duc de Glocester, frère du roi Henri V? Cependant aucun chroniqueur ne signale sa présence dans le camp du duc de Clarence.

3. Baugé-en-Vallée (Maine-et-Loire), entre Beaufort et la Flèche.

les Angloys furent[1] dedens le boys, yssirent par derriere, et allerent rompre le pont, et puis les vindrent acuillir par derriere et par les costez, et les autres par devant; et ainsi furent tous mis à l'espée[2], senon environ ii^c, comme menestrées et autres qui eschapperent par bien fouir, et refirent le pont le mieulx qu'ilz porent et s'enfouirent à leurs logeys. Et quant ceulx des logeys qui estoient demourez le sceurent, ilz se mirent comme tous enragez es faulsbourgs du Mans, et mirent le feu, et tuerent femmes et enfens, et hommes vieulx et jeunes sans mercy. Et fut la vigille de Pasques, qui fut le xxie jour de mars iiii^c xx[3].

304. Item, en ce moys fut ordonné garde de la justice de la prevosté de Paris sire Jehan de la Baulme, signeur de Waleffin[4].

---

1. Ms. de Paris : estoient.
2. Pour se servir des expressions de P. de Fenin (p. 155, éd. Dupont), « la fleur de la seignourie d'Engleterre » resta sur le champ de bataille. Parmi ceux qui succombèrent aux côtés du duc de Clarence, on peut citer lord Roos, maréchal d'Angleterre, et son frère sir William Roos, Gilbert Humphreville, comte de Kent, sir John Gray, comte de Tancarville. Nombre de personnages de distinction, entre autres Jean Beaufort, comte de Sommerset, et Jean Holland, comte de Huntingdon, tombèrent au pouvoir du dauphin qui leur offrit à Tours un repas somptueux pour lequel on dépensa six cents livres (Arch. nat., KK 50, fol. 3). La nouvelle de la défaite de Baugé parvint à Paris le 4 avril 1421 (Ibid., X^{1a} 1480, fol. 231 v°), et le lundi 14 un service solennel fut célébré à Notre-Dame pour le défunt duc de Clarence (Ibid., LL 215, fol. 319).
3. L'auteur du Journal se trompe d'un jour ; la veille de Pâques tombait cette année le samedi 22 mars.
4. Jean de la Baume-Montrevel, seigneur de Valfin, et non Jean de la Vallée, seigneur de Valestin, comme portent les manuscrits, était l'un des chambellans et conseillers de Charles VI ; il devint le 17 mars 1405 chambellan du duc d'Orléans, qui lui donna l'ordre du Porc-Épic (Arch. nat., K 57, n° 9^{26}), passa ensuite au service du duc de Bourgogne qui en fit son échanson, puis son chambellan. Appelé le vendredi 14 mars 1421 à la prévôté de Paris, vacante par le décès de Jean du Mesnil, il remplaça Gaucher Jayer, procureur général du roi, qui avait été provisoirement chargé des fonctions de prévôt le mardi précédent (Arch. nat., Y 1, fol. 4). Jean de la Baume occupa en ce moment un hôtel de la rue du Temple, près de Sainte-Avoye, confisqué sur Thibaud de Chantemerle (Sauval, t. III, p. 269). Au bout de deux mois, il se retira de la prévôté et eut pour successeur Pierre de Marigny, maître des requêtes de l'hôtel, installé le samedi 3 mai (Arch. nat., X^{1a} 1480, fol. 230 v°, 233 r°). C'est alors que le roi d'Angleterre, par lettres du 8 juillet 1421, lui confia le commandement militaire de la capitale. Au début de l'année 1422, Jean de Baume se fit nommer maréchal de France et fut reçu le 3 février, malgré l'opposition de Claude de Chastellux (Ibid., fol. 246 r°). Il termina,

305. Item, le sabmedy xiie jour d'avril ensuivant, fut criée la monnoye à Rouen, que le gros de xvi deniers parisis ne vauldroit que iiii deniers parisis, et le noble lx solz tournois, et l'escu xxx solz tournois [1].

306. Item, le mardi ensuivant, en fut si grant escry à Paris que chascun cuidoit certainement que on feist ainsi le mercredi ou le sabmedi ensuivant de la monnoie comme on avoit fait à Rouen, dont tous vivres encherirent tant que on n'en povoit finer; car une pinte de huille qui ne valloit que v solz ou xvi blans cousta avant le sabmedi xii solz parisis; la livre de chandelle x solz parisis; la livre de beurre sallé x solz parisis, et toutes autres choses au prix. Et vendoit chascun marchant ainsi qu'il voulloit toutes denrées, car nul n'y metoit aucun remede pour le prouffit publique, mais disoit on que tous ceulx qui y devoient mettre le meilleur remede estoient marchans eulx mesmes; par quoy le povre peuple souffroit tant de pouvreté, de fain, de froit et de toute autre meschance, que nul ne le scet que Dieu de paradis, car quant le tueur des chiens avoit tué des chiens, les pouvres gens le suyvoient aux champs pour avoir la char ou les trippes pour leur menger.

307. Item, le dimenche devant la Penthecoste commencerent les bouchiers à vendre char à la porte de Paris, et laisserent le cymetiere Sainct-Jehan, Petit-Pont, la halle de Beauvays et les autres boucheries qui par devant avoient esté faictes.

308. Item, en cel an fut yver si long et si dyvers qu'il faisoit tres grant froit jusques en la fin de may, et en la fin de juing n'estoient pas les vignes encore fleuries; et si fut si grant année de channilles que le fruict fut tout degasté, et furent en celle année trouvés à Paris en aucuns lieux escorpions que on n'avoit point en ce temps acoustumé à veoir.

309. Item, en ce temps à la porte Sainct-Honoré fut veue dessoubz le pont en l'eaue une source comme de sang ung pou moins rouge, et fut apperceue le jour Sainct Pere et Sainct Paul qui fut au dimenche, et dura jusques au mercredy ensuivant; et en furent les gens qui y alloient moult esbahiz, et tant qu'il convint que

---

paraît-il, sa carrière en 1436; son testament est du 25 janvier 1435 (v. st.). Cf. Anselme, *Hist. généal.*, t. VII, p. 41.

1. Conformément à une ordonnance de Henri V, roi d'Angleterre, donnée à Rouen le 11 avril 1421 (*Lettres de rois et reines*, t. II, p. 389).

la porte fust fermée et le pont levé deux jours[1] pour la grant multitude du peuple qui là alloit, et si ne pot oncques personne savoir la signifiance de la chose.

310. Item, le jeudy ensuivant, vigille Sainct Martin, furent criées les monnoies à Paris, que le gros de xvi deniers ne vauldroit que iiii deniers parisis, le blanc de iiii deniers i denier parisis; une piece de monnoie de ii deniers parisis qui pour lors estoit[2] ne valloit que une maille; qui moult dommaiga pouvres gens et ne fist prouffit que à ceulx qui avoient rentes et revenues[3].

311. Item, le jour sainct Martin, entra le roy d'Engleterre à Paris à belle compaignie[4], et si ne savoit-on rien de sa venue, tant qu'il fut à Sainct-Denis en France.

312. Item, en ce temps estoient les loups si affamez qu'ilz desterroient à leurs pattes les cors des gens que on enterroit aux villaiges et aux champs; car partout où on alloit, on trouvoit des mors et aux champs et aux villes de la grant povreté qu'ilz [du cher temps et de la famine] souffroient, par la maldicte guerre qui touzjours croissoit de jour en jour de mal en pire.

313. Item, en ce temps estoit [tres] grant mortalité, et tous mouroient de chaleur qui ou chief les prenoit et puis la fievre, et mouroient sans rien ou pou empirer de leur char, et toutes femmes ou les plus jeunes gens. En ce temps estoit le vin si cher que chascune pinte de vin moyen coustoit iiii solz parisis; et si n'amendoit point le pain, et si y avoit en ce temps à Paris plus de blé que homme qui fust né en ce temps [y] eust oncques veu

---

1. « Et le pont levé deux jours » manque dans le ms. de Rome.
2. Ms. de Paris : une piece de monnoie qui pour lors estoit de iii deniers.
3. Une ordonnance du 26 juin, applicable dans tout le royaume et publiée le jeudi 3 juillet au Parlement ainsi que dans Paris, régla à la fois le cours des monnaies et le mode de payement des rentes et loyers ; ce fut une mesure désastreuse pour la population parisienne ; ces lettres portaient en effet que « toutes debtes deues, » soit pour loyers de maisons, soit pour rentes et gages quelconques, échus depuis la Saint Jean 1420 jusqu'au jour de la publication, devraient être payées en monnaie comptée à l'ancien prix, et, pour les termes suivants, d'après le nouveau cours fixé comme il suit : l'écu d'or, 30 sols tournois ; le mouton d'or, 20 sols tournois ; le gros de 20 deniers tournois, 5 deniers ; le blanc de 10 deniers tournois, 2 deniers obole, et la monnaie noire, une maille (Arch. nat., Z1b 58, fol. 163, 164).
4. Clément de Fauquembergue dit au contraire que le roi Henri V fit son entrée le 4 juillet « en compagnie de petit nombre d'archiers et gens d'armes. » (Arch. nat., X1a 1480, fol. 236.)

de son aage, car on tesmoignoit qu'il y en avoit pour bien gouverner Paris [pour plus] de deux ans entiers, et si n'estoit point [encore] cuilly l'aoust de nul grain.

314. Item, en ce temps estoit une grosse murmure [à Paris] pour le cry devantdit de la monnoye, car tous les gros (*sic*), ceulx du Pallays, du Chastellet se faisoient poier en forte monnoye[1], et tout le demainne du roy, comme impositeurs, quatriesmes et toutes subsides; et ne prenoient le gros que pour IIII deniers parisis, et le mettoient en toutes choses aux pouvres gens pour XVI deniers parisis. Sy se coursa le commun et firent parlement en la maison de ville; quant les gouverneurs les virent, si orent paour, et firent crier que le terme des maisons premier venant se paieroit en XII gros pour ung franc, et ce pendant on y remedieroit le mieulx que on pouroit, et estoit environ X ou XII jours après la Sainct Jehan, l'an mil CCCCXXI. Et fut dit ou cry que la darraine sepmaine d'aoust chascun qui tenoit maison à titre de louaige, ou qui devoit cens ou rente, allast parler à son hoste, ou censier ou rentier, savoir en quelle monnoye ilz se vouldroient paier après la Sainct Remy, et, ouye leur responce, ilz estoient quictes pour renoncer au louaige[2], ou cens ou rente; dont le peuple se deporta et fut apaisié, pour ce que encore avoient deux moys de terme à prendre ou renoncer, et que le terme de la Sainct Remy venant seroit poié, comme on l'avoit acoustumé devant, XII gros pour ung franc.

---

1. L'obligation d'acquitter tout impôt en forte monnaie excita une indignation générale et indisposa les esprits. A ce sujet, un boucher de Beauvais laissa échapper ces paroles singulièrement significatives : « Il nous vauldroit mieulx, s'écria-t-il, que on nous coppast les testes, que nous faire pour noz cens paier forte monnoie, ou que nous les coppissions aux juges qui nous y vouldroient contraindre ; ilz nous vouldroient faire estre larrons, s'il nous faloit paier noz cens en forte monnoie » (Arch. nat., JJ 171, n° 483).

2. Les locataires des maisons possédées par le chapitre de Notre-Dame s'empressèrent pour la plupart d'user de cette faculté et déclarèrent leur intention de renoncer « au louage » des immeubles qu'ils occupaient, parce que l'ordonnance récemment publiée les mettait dans l'alternative de payer à partir de la Saint Remy en forte monnoie ou de signifier leur congé aux propriétaires. Le chapitre, bien avisé, comprit les difficultés de la situation et consentit à recevoir ses loyers en monnaie courante, non seulement pour le terme qui allait échoir, mais encore pour les termes suivants (Arch. nat., LL 215, fol. 337). Une ordonnance générale, rendue le 15 décembre 1421 et publiée le 17 dans les carrefours, réglementa les payements (*Ibid.*, X1a 8603, fol. 76).

315. Item, en ce temps estoient les loups si affamez qu'ilz entroient de nuyt es bonnes villes et faisoient moult de dyvers dommaiges, et souvent passoient la riviere de Saine et plusieurs autres à neu; et aux cymetieres qui estoient aux champs, aussi tost que on avoit enterré les corps, ilz venoient par nuyt et les desterroient et les mangoient; et les gembes que on pendoit aux portes mengerent ilz en saillant, et les femmes et enfans en plusieurs[1] lieux.

316. Item, la premiere sepmaine du mois d'aoust, l'an mil ccccxxi, fut institué prevost de Paris Pierre dit le Barrat[2].

---

1. « Plusieurs » manque dans le ms. de Rome.
2. Pierre le Verrat, seigneur de Crosne, écuyer d'écurie du roi, institué bailli de Montargis le 27 décembre 1415, résigna ses fonctions le 30 mai 1416 (Arch. nat., X1a 1480, fol. 58). Après l'attentat de Montereau, il fut envoyé en Picardie et en Champagne avec mission de notifier aux habitants des bonnes villes la fin tragique du duc de Bourgogne et resta absent près de trois mois (Ibid., KK 17, fol. 75 v°). Capitaine du château de Vincennes vers le milieu de l'année 1420, il fut nommé prévôt de Paris le 31 juillet 1421 et figure au début de l'année 1423 parmi les officiers du régent qui négocièrent la reddition de Meulan (Monstrelet, t. IV, p. 138). Pierre le Verrat se signala par de nombreux services rendus dans maintes occurrences, notamment à l'occasion de la garde des forteresses de Sens, de Melun, du Bois de Vincennes, et reçut pour ses gages arriérés une portion de la châtellenie de la Queue-en-Brie, confisquée sur Jeanne Gencien, avec la terre de Grandpré, plus une maison dite « la maison de Buye (Arch. nat., JJ 172, n°s 214, 227). » Pendant qu'il était capitaine de Sens, il lui arriva une assez singulière mésaventure; en 1426, cinq otages confiés à sa garde par le comte de Salisbury trompèrent la surveillance du lieutenant de Pierre le Verrat, alors à Paris, et s'échappèrent par les fossés; le comte de Salisbury rendit Le Verrat civilement responsable de l'évasion et l'assigna devant le Parlement de Paris (Ibid., X1a 4795, fol. 5). A la date du 14 novembre 1432, le même personnage, désormais fixé à Paris, fut chargé par le Parlement d'arrêter toutes les dispositions concernant les obsèques et funérailles de la duchesse de Bedford et prit part, le 12 janvier 1436, aux délibérations du Conseil tenu à l'effet d'organiser la défense de la capitale menacée (Ibid., X1a 1481, fol. 63, 112 v°). Après l'expulsion des Anglais, il dut se retirer auprès du duc de Bourgogne, dont il devint l'un des conseillers (La Barre, t. II, p. 185). Ses biens confisqués furent attribués au sieur de Coetivy avec 2,000 saluts d'or provenant du douaire de sa fille. Pierre le Verrat, qui décéda avant septembre 1440, avait épousé Catherine Alory, veuve de Guillaume Barbery; sa fille Denise fut mariée à un marchand lucquois établi à Paris, Jacques Bernardini, qui, en 1436, se réfugia à la Bastille avec les Anglais et se retira à Rouen. Les autres filles de Catherine Alory, nées de son premier mariage, épousèrent Pierre de Landes, Jean Chanteprime et Jean Piédefer (Arch. nat., X1a 4798, fol. 283; X1c 135; X2a 23, fol. 64 PP 118; Memorial Bourges fol. 19).

317. Item, en cellui temps¹, print le roy d'Engleterre Dreux², Bonneval, Espernon³ et autres villes, par traicté que les Arminalx qui dedens estoient s'en allerent sauvement, que puis firent tant de maulx que nul ne le croiroit.

318. Item, en ce temps estoit tout fruict si cher que on n'avoit que IIII pommes pour ung blanc; le cent de noix valloit⁴ IIII solz; deux poires VI blans; deux livres de chandelle pour XVI solz parisis; ung petit fromaige XIII solz parisis; ung œuf III blans; ung boisseau de feves ou pois II frans; la livre de beurre XXVIII blans; la pinte de huylle XVI solz parisis; une paire de souliers de cordouan XXIIII solz; la paire de basanne XVI solz; la pinte de vin IIII solz; la char plus chere que oncques mais.

319. Item, en ce temps, print le roy d'Angleterre deux villes moult nuysans à Paris, que les Arminalz tenoient, assavoir, Baugency⁵ et Villeneufve-le-Roy⁶, et de là s'en vint devant Meaulx, droict à la Sainct-Remy.

320. Item, en ce temps estoit le duc de Bourgongne devant Sainct-Requier en Pontieu, et là tenoit le siege, et comme il volt aller à Boulongne-sur-la-mer en pelerinaige, les Arminalz le seurent et le cuiderent sourprendre, mais la Vierge Marie y fist miracle, car une partie de ses gens le laissa et s'enfuirent comme consentans de la venue des Arminalz; mais malgré eulx, par la grace de Dieu [et de sa glorieuse mere], les Arminalz furent tous⁷

---

1. Ms. de Rome : moys.

2. Dreux, assiégé le 18 juillet, se rendit aux Anglais le 20 août, la garnison, privée de son chef Amaury d'Estissac, n'ayant opposé qu'une faible résistance; à la suite de la capitulation, les habitants obtinrent en septembre 1421 des lettres d'abolition dont le bénéfice fut étendu même aux absents (Arch. nat., JJ 171, nᵒˢ 442 à 449).

3. Avec Bonneval et Épernon, les Anglais réduisirent entre autres places Gallardon, Nogent-le-Roi, Tillières et Croisy.

4. « Valloit » manque dans le ms. de Rome.

5. Les mss., au lieu de « Rangenay », portent « Baugency », où l'on sait que le roi d'Angleterre conduisit ses troupes avant de mettre le siège devant Villeneuve-sur-Yonne (Monstrelet, t. IV, p. 70).

6. Villeneuve-sur-Yonne, dont les partisans du dauphin s'étaient emparés au mois de février 1421, tomba entre les mains du roi Henri V le 27 septembre, après un siège de deux ou trois jours (Arch. nat., X¹ᵃ 1480, fol. 241); en 1429, cette place, toujours au pouvoir des Anglais, avait pour capitaine Pierre Grassart, qui commandait en même temps à la Charité (Ibid., JJ 174, fol. 149 vᵒ).

7. « Tous » manque dans le ms. de Rome.

desconfiz, et en demoura bien xi^c sur la place, sans les cappitaines qui furent prins, et tous les grans qui là estoient, [qui] furent menez en diverses prinsons¹.

321. Item, le iiie jour de novembre ensuivant mil iiii^c xxi, fut derechief la monnoie criée, que les gros de xvi deniers ne seroient mis que pour ii deniers², et firent autre monnoie qui ne valloit que ii deniers tournois³, dont le peuple fut si oppressé et grevé que povres gens ne povoient vivre ; car comme choux, poreaux, ongnons, verjus, etc., on n'avoit à moins de ii blans, car ilz ne valloient que ung denier après le cry. Et qui tenoit à louaige maison ou autre chose, il en convenoit paier viii foys plus que le louaige, c'est assavoir, du franc viii frans, de viii frans, lxiiii frans ; [ainsi] des autres choses, dont le povre peuple ot tant à souffrir de faim et de froit que nul ne le scet que Dieu. Et

---

1. Après avoir levé le siège de Saint-Riquier, Philippe le Bon livra bataille, le samedi 30 août, aux troupes dauphinoises qui venaient au secours de cette place, et, malgré la panique qui faillit compromettre le sort de la journée, remporta un avantage signalé sur ses adversaires. Parmi les capitaines français faits prisonniers se trouvoient Poton de Saintrailles, le bâtard de la Hire, Gilles et Louis de Gamaches, Raoul de Gaucourt. Quant au chiffre des morts donné par l'auteur du Journal parisien, il est fort exagéré ; l'estimation la plus élevée est celle de Lefèvre de Saint-Remy, qui évalue à 6 ou 700 la perte des deux partis ; le chiffre moyen indiqué par Monstrelet et G. Chastellain est de 4 à 500, dont le sixième environ représente celle des Bourguignons. Par convention spéciale conclue au mois de novembre 1421, la reddition de Saint-Riquier aux Bourguignons servit de rançon aux prisonniers français ; les habitants, à l'exception du maire J. de Bersaque et de quelques autres individus, obtinrent, le 28 août 1422, des lettres de rémission (Arch. nat., JJ 172, n° 145).

2. Indépendamment de l'ordonnance spéciale fixant le cours du gros et mentionnant l'émission de nouvelles espèces, ordonnance datée du 12 octobre et publiée le 3 novembre dans les carrefours de Paris, un mandement du 31 octobre à l'adresse du prévôt de Paris, également publié le 3 novembre, interdit non seulement la circulation, mais encore la conservation des anciennes monnaies, dont le dépôt devait être opéré sous peine de confiscation et d'amende arbitraire, et réglementa le prix des denrées et marchandises ainsi que le salaire des ouvriers suivant un tarif uniforme (Arch. nat., X1a 8603, fol. 74 v° ; Z1b 58, fol. 165).

3. Il s'agit de doubles tournois blancs portant une fleur de lys couronnée, à un denier douze grains de loy, et de neuf sols quatre deniers obole au marc de Paris. Ces doubles qui « au commun langaige furent appelez niquets » devaient avoir cours pour deux tournois pièce ; quant aux simples tournois au type d'une fleur de lys sans couronne, ils valaient un tournois.

si geloit aussi fort à la Toussaint qu'il fist oncques à Nouel, et ne fynoit [on] de rien qui n'avoit menue monnoye.

322. Item, en ce temps avoit à Paris le premier president de Parlement, nommé Philippe de Morvillier [1], le plus cruel tirant que homme eust oncques veu à Paris, car pour une parolle contre sa voulenté, ou pour sourfaire aucune denrée, il faisoit percer langues, il faisoit mener bons marchans en tumbereaux parmy Paris, il faisoit gens tourner ou pillory; brief il faisoit jugemens si cruculx et si terribles et si espoventables que homme nul n'osoit parler contre luy ne appeller de luy, et avec ce faisoit paier si grans amendes et si pesantes que tous ceulx qui venoient entre ses mains s'en sentoient toutes leurs vies, ou de villennie ou de chevance, ou de partie de leurs corps.

323. Item, en ce temps il ordonna, de sa maistrise et de son orgueil, que nul orfevre ne nul d'autre mestier ne changeroit

---

1. Philippe de Morvilliers, avocat au Parlement de Paris, plaida dans diverses affaires criminelles de novembre 1412 à février 1414; compromis dans la conspiration de Pâques 1416, il fut banni en même temps que le mercier Colin du Pont (Cousinot, *Geste des nobles*, p. 160). C'est alors qu'il fut chargé de présider le Parlement établi en Picardie par le duc de Bourgogne (Monstrelet, t. III, p. 145, 234). Après l'entrée des Bourguignons à Paris, Philippe de Morvilliers fut appelé, le 12 juillet 1418, au poste de premier président du Parlement, vacant par suite de la révocation de Robert Mauger. D'importantes missions lui furent confiées, la plupart affectant un caractère politique. Il était à Montereau lors de l'assassinat de Jean Sans-Peur, eut grand'peine à s'échapper et revint à Troyes, fut envoyé en Flandre auprès du nouveau duc de Bourgogne, se rendit ensuite en Normandie vers le roi d'Angleterre et revint à Paris à la fin de décembre 1419. Il visita le duc de Bretagne en décembre 1422 (Arch. nat., X1a 1480, fol. 265); on le voit faire de fréquents voyages à Rouen où le mandait le duc de Bedford; l'une de ces absences se prolongea du 3 novembre 1425 au 3 avril 1426 (Stevenson, *Wars of the English in France*, vol. II, 1re partie, p. 57, 65). De nombreuses donations récompensèrent ses services; le premier président du Parlement occupait en 1421 une maison rue de la Bretonnerie, faisant le coin de la rue Pernelle-Saint-Paul, dont le roi l'avait gratifié, indépendamment de plusieurs hôtels sis rue Vieille-du-Temple et rue de la Mortellerie (Arch. nat., JJ 172, n° 185). Si en 1421 Philippe de Morvilliers exerçait au sein de la capitale une autorité despotique qui le rendait aussi impopulaire, c'est que le roi l'avait « commis à la police de sa bonne ville de Paris. » Chassé de Paris par le retour de Charles VII et dépossédé de sa charge de premier président, il mourut le 25 juillet 1438 et fut inhumé avec Jeanne du Drac, sa femme, à Saint-Martin-des-Champs (Cf. Longnon, *Paris pendant la domination anglaise*, p. 29, 41, 229).

pour nul besoing à son amy ne à aultre or pour monnoye, ne monnoye pour or que les changeurs¹ ; et si n'y avoit si hardy changeur qui eust osé prendre d'ung escu d'or pour change que II deniers tournoys², qu'i ne lui eust fait tantost amender [de II ou] de III^c livres de bonne monnoye.

324. Item, en ce temps, estoit uncores le roy d'Angleterre devant Meaulx, qui là perdoit moult de ses gens de fain, de froit ; car environ quinze jours ou troys sepmaines devant Nouel, plut tant fort jour et nuyt, et tant negea au hault païs que Sainne fut si desrivée et si grant que en Greve elle estoit jusques par deça le moustier du Sainct-Esperit³ plus de deux lances, et en la grant court du Pallays tout oultre le moustier de Nostre-Dame, de dessoubz la Saincte-Chappelle et en la place Maubert [emprès] la Croix-Hemon⁴. Et [ne] dura [que] dix jours, et puis commença descroistre le dimenche devant Nouel⁵, et tant qu'elle mist à

---

1. Cette prohibition, au moins en ce qui concerne les orfèvres, remontait au lundi 18 décembre 1419 ; voici le texte même de la décision prise ce jour par les généraux maîtres des monnaies : « Fu dit aux maistres du mestier d'orfevrerie que il estoit venu à la cognoissance du comptoir que plusieurs orfevres faisoient fait de change publiquement, qui estoit contre les ordonnances du fait des monnoies, et pour ce leur fu enjoint et defendu de par le roy que doresnavant ilz ne s'entremeissent de faire fait de change (Arch. nat., Z1b 2). » Un arrêt, rendu par le Parlement le 31 décembre 1421 au profit des maîtres jurés du métier de changeur, interdit aux orfèvres l'achat de toute monnaie d'or en circulation dans le royaume, et pour les besoins de leur profession leur ordonna de se pourvoir auprès des généraux maîtres des monnaies (Ibid., X¹ª 1480, fol. 244).

2. L'un des articles de l'ordonnance du 31 octobre 1421 enjoignait effectivement aux changeurs de délivrer « aux marchans ou populaires qui requerront et vouldront avoir or pour et ou lieu de la nouvelle monnoye » l'écu neuf à raison de dix-huit sols parisis, et le salut à raison de vingt sols parisis de cette même monnaie, « sans pour ce prendre, recevoir ne exiger que deux tournois pour piece d'or et non plus » (Arch. nat., Z1b 58, fol. 165 v°).

3. L'hôpital du Saint-Esprit formait un carré, limité à l'ouest par la place de Grève, à l'est par la rue des Vieilles-Garnisons, au sud par l'Hôtel de ville qui touchait à la chapelle de l'hôpital.

4. La Croix-Hémon était le nom du carrefour auquel aboutissaient les rues Saint-Victor, de la Montagne-Sainte-Geneviève, des Noyers, de Bièvre et la place Maubert.

5. Une procession en l'honneur de sainte Geneviève fut organisée le 20 décembre, afin que cette sainte, par son intercession auprès du Tout-Puissant, daignât faire cesser le déau dévastateur. Fort heureusement, dans la nuit la Seine commença à décroître, ce qui n'empêcha point, dit le

croistre il geloit si fort que tout Paris estoit prins de glace et de gelée, et ne povoit-on mouldre à nul moulin à eaue nulle part que à ceulx au vent, pour les grans eaues.

325. Item, en ce temps, toute maleureuseté estoit à Paris par lui qu'il faisoit paier à tout homme qui n'avoit point de puissance selon sa qualité, argent fin, l'un IIII marcs¹, l'autre III, l'autre II, l'autre III ou IIII onces, et pour faire celle meschante monnoye davant dicte; et qui estoit reffusant, tantost avoit sergens en sa maison et estoit mené en prinsons diverses, et ne povoit on parler à lui, et le convenoit paier, et n'eust eu plus vaillant au monde, puis que ce president l'avoit dit. Et estoient de son conseil deux autres tirans, Jehan Dole² et Pierre d'Orgemont, qui misdrent

---

greffier du chapitre Notre-Dame, la procession d'avoir lieu (Arch. nat., LL 215, fol. 350).

1. Cet emprunt forcé, voté par les gens des Trois États assemblés à Paris, emprunt que Juvénal des Ursins (p. 562) appelle « l'impost des marcs d'argent, » mécontenta vivement la population parisienne qui pour huit francs versés en argent ne recevait que sept francs au monnayage (Chastellain, t. I, p. 313). Si l'auteur du Journal parisien s'élève aussi vivement contre cette contribution, c'est qu'elle frappa indistinctement les bourgeois, marchands et gens d'église. M. Douët d'Arcq (*Recueil de pièces inédites sur le règne de Charles VI*, t. II, p. 417) a donné des extraits du compte de Jean Courtillier, changeur, chargé de recevoir l'impôt des marcs d'argent dans les quartiers de la Cité et de l'Université (Arch. nat., KK 323). Le marc d'argent qui, en 1391, valait 6 livres 2 sols tournois, avait atteint, dans la période comprise entre le 3 février et le 3 novembre 1421, le prix de 28 livres tournois, mais après le 3 novembre il retomba à 6 livres 3 sols tournois; quant au marc d'or fin, il valait alors 70 livres 5 sols tournois.

2. Jean Dole ou Doule, avocat au Trésor dès 1401, plaida également au Parlement jusqu'à 1419; il ne fut jamais, quoi qu'en dise Blanchard (*Généal. des maistres des Requestes de l'hôtel*, p. 122), avocat général; le compte du Trésor de 1420 le qualifie conseiller du roi et avocat en Parlement (Arch. nat., KK 17, fol. 49 v°); à cette époque, il fit un voyage en Normandie auprès du roi d'Angleterre et se rendit également pour les affaires de l'État auprès du duc de Bourgogne. Il fut nommé, avant mars 1421, maitre des Requêtes de l'Hôtel et trésorier de France (Arch. nat., KK 33, fol. 6 v°). P. Cochon (*Chronique normande*, p. 437), l'appelle « l'un des plus avanchiez d'autour le roy d'Angleterre, » qui l'envoya à Troyes, en compagnie des comtes de Kent et de Warwick, pour négocier son mariage avec Catherine, fille de Charles VI (Juvénal des Ursins, p. 557). Dole siégeait avec Pierre d'Orgemont dans la séance extraordinaire tenue par le Parlement le 12 mars 1421 pour le jugement des prisonniers de Melun. Le 9 septembre 1421, il fut, ainsi que l'évêque de Thérouanne, investi du gouvernement des finances (Arch. nat., X1a 1480, fol. 230 v°,

marchandise si au bas, que homme ne vendoit ne n'achetoit que seullement pain et vin, car ung homme estoit tout chargé de dix frans en monnoye, et pour ce n'en portoit on point dehors. Et si estoit chascun si grevé de paier sa maison que plusieurs renoncerent en ce temps à leurs propres heritaiges pour la rente, et s'en alloient par desconfort vendre leurs biens sur les carreaux, et se partoient de Paris comme gens[1] desesperez. Les ungs alloient à Rouen, les autres à Senliz, les autres devenoient brigans de boys[2] ou Arminalz, et faisoient tant de maulx après, comme eussent fait les Sarasins, et tout par le faulx gouvernement des devantdiz loups ravissans, qui faisoient contre la deffence du Vieil Testament et du Nouvel, car ilz mengeoient la char à tout le sang, et si prenoient la brebiz et la laine. Helas! la grant pitié d'aller parmy la ville de Paris, fust à feste ou autre jour, car vrayement on y veoit plus de gens demandans l'aumosne que d'autres, qui maudisoient leurs vies c mille foys le jour, car trop avoient à souffrir. Car en ce temps on leur donnoit tres pou, car chascun avoit tant à faire de soy que pou povoit ayder à aultre nulle personne, ne vous eussiez esté en [quelque] compaignie que vous ne veissiez les ungs lamenter ou plourer à grosses lermes, maudisant leur nativité, les autres fortune, [les autres]

---

240 v°). Après la mort de Henri V, il devint conseiller du régent et, en cette qualité, assista le 24 septembre 1425 à la lecture de la bulle du pape Martin V, interdisant tout duel entre le duc de Bourgogne et le duc de Glocester (Stevenson, *Wars of the English*, vol. II, 2° partie, p. 414).

Pierre d'Orgemont était, de même que Jean Dole, commissaire et gouverneur des finances du royaume (Arch. nat., X¹ª 1480, fol. 230 v°).

1. « Gens » manque dans le ms. de Rome.

2. Les lettres de rémission de cette époque abondent en détails curieux sur le genre de vie et les exploits de ces « brigans de bois, aguetteurs de chemins », qui avaient établi leur repaire dans les forêts de Lyons, de Bray, de Jouy, du pays d'Auge. Ces malheureux, poussés à bout par la misère, contraignaient les habitants des campagnes à leur porter des vivres ou faisaient irruption pendant la nuit dans les villes, disant « qu'ilz mouroient de fain et qu'ilz ne vouloient que souper » (Arch. nat., JJ 172, n° 502). L'un de ces « brigans » ou « Armignaz » (on leur donnait indifféremment l'un ou l'autre de ces noms), songeant au salut de son âme, donna, à cette intention, un assemblage hétéroclite d'objets pillés, savoir, une peau « d'escureux », un bissac de toile « ouquel avoit deux balances, du vif argent, noix de Galles, coupperose, rigolice, et environ dix livres de cire » (*Ibid.*, n° 609). Ces brigands et leurs émissaires étaient impitoyablement traqués et justiciés, témoin ce « messagier » qui fut appréhendé et, pour ses démérites, décapité à Vernon (*Ibid.*, n° 597).

les signeurs, les autres les gouverneurs, en criant à haulte voix bien souvent et asseurement[1] : « Helas! hélas! vray tres doulx Dieu, quant nous cessera ceste pesme douleur et[2] ceste doloreuse vie et de dampnable guerre »; en disant maintes foys: «[Vray Dieu] *vindica [sanguinem] Sanctorum!* Venge le sang des bonnes creatures qui meurent [sans deserte] par ces faulx traistres Arminalx. »

326. Item, en ce moys de decembre, le ve jour d'icelluy, ot la fille de France en Angleterre ung filx nommé Henry[3].

327. Item, le lundy devant Noel, l'andemain Sainct Thomas, furent apportées les nouvelles à Paris, dont on sonna partout moult grandement, et fist on par tout Paris les feux comme à la Sainct Jehan[4].

[1422.]

328. Item, [en ce temps], la vigille de la Thyephaine, vint à Paris le duc de Bourgongne[5], qui admena foison de gens d'armes qui firent moult de mal aux villaiges d'entour Paris, car il ne demoura riens aprés eulx qu'ilz peussent (emporter)[6], s'il n'estoit trop chault ou trop pesant ; et les Arminalx estoient au costé de la porte Sainct-Jacques, de Sainct-Germain, de Bordelles jusques à Orleans, qui faisoient des maulx tant que oncques firent tyrans Sarazins.

---

1. Ms. de Rome : « à sceu » au lieu de « bien souvent et asseurement. »
2. Ms. de Paris : en.
3. Catherine de Valois mit au monde le 6 décembre, au château de Windsor, un fils qui eut pour parrains le duc de Bedford et l'évêque d'Exeter. Le 23 octobre précédent, le chapitre de Notre-Dame, après avoir pris connaissance des lettres adressées par la reine d'Angleterre aux habitants de la ville de Paris en vue d'obtenir une heureuse délivrance, décida à cet effet qu'une messe solennelle de Notre-Dame serait célébrée le lendemain dans la cathédrale et que le prévôt des marchands, destinataire desdites lettres, en serait avisé (Arch. nat., LL 215, fol. 344).
4. Le mercredi suivant (24 décembre), des processions générales à l'église Notre-Dame fêtèrent cet heureux événement (Arch. nat., X1a 1480, fol. 244).
5. Philippe le Bon entra le 5 janvier à Paris avec le comte de Saint-Pol et toute sa chevalerie, et fut « receu des Parisiens tres solennellement » (Monstrelet, t. IV, p. 78). Après avoir visité Charles VI au Bois-de-Vincennes, il partit le vendredi 16 janvier, en compagnie du chancelier de France, des évêques de Thérouanne et de Beauvais, pour rejoindre le roi d'Angleterre occupé au siège de Meaux (Arch. nat., X1a 1480, fol. 245).
6. Lacune d'un mot dans les mss.

329. Item, en ce temps estoit le roy d'Angleterre devant Meaulx, et y fist son Nouel et sa Thyephaine, qui en toute la Brie avoit ses gens qui partout pilloient ; et, pour iceulx et pour les devantdiz, on ne povoit labourer ne semer nulle part. Souvent on s'en plaignoit aux signeurs dessusdiz, mais ilz ne s'en faisoient que mocquer ou rire, et en faisoient leurs gens pis trop que davant, dont le plus des laboureurs cesserent de labourer, et furent comme desesperez, et laisserent femmes et enffans, en disant l'un à l'autre : « Que ferons nous [1] ? Mettons tout en la main du deable, ne nous chault que nous devenons ; autant vault faire du pis qu'on peut comme du mieulx. Mieulx nous vaulsist servir les Sarazins que les Chrestiens, et pour ce faisons du pis que nous pourrons. Aussi bien ne nous peut on que tuer ou que prendre ; car par le faulx gouvernement des trestres gouverneurs, il nous fault renyer femmes et enfans, et fouir au boys comme bestes esgarées ; non pas ung an ne deux, mais il a ja xiiii ou xv ans que ceste dance doloreuse commença, et la plus grant partie des signeurs de France en sont mors à glaive, ou par poison, ou par traïson, ou sans confession, ou de quelque mauvaise mort contre nature. »

330. Item, en ce temps n'avoit point à Paris de evesque, car maistre Jehan Courtecuisse devant dit, esleu par l'Université et par le clergé et par Parlement, ne plaisoit point au roy d'Angleterre, et pour ce ne fut il tout cel an aucunement possesseur de l'evesché, mais demoura tout ce temps à Sainct-Germain-des-Prez, car il n'estoit pas bien asseur en son hostel à Paris, pour ce qu'il n'estoit en la grace du roy d'Angleterre [2].

---

1. « Que ferons nous » manque dans le ms. de Rome.
2. Jean Courtecuisse, comme l'on sait, avait été élu contrairement au vœu exprimé par le roi d'Angleterre, qui avait inutilement usé de tous les moyens pour empêcher cette élection, allant même jusqu'aux menaces, ainsi que le montre le langage tenu le 24 décembre 1420 par le premier chapelain de Charles VI, langage textuellement reproduit par l'un des chanoines de Notre-Dame, Jean Voygnon : « Messeigneurs, dit-il, je viengs de la Court, et m'a chargé mons. le premier chapelain de vous dire ce que je vous diré. Il m'a dit que messire Lourdin de Saligny et messire Regnier Pot, chevaliers, sont venus à lui et li ont dit de par le roy d'Angleterre que il vous deist que vous elisissiez cellui pour qui il vous avoit ou a prié, et se vous faictes aultrement, l'eglise de Paris en pourra bien avoir à souffrir, et cellui que vous eslirez n'ara pas beau demourer en ce royaume. » (Arch. nat., LL 215, fol. 304.) Bien que l'élection de Jean Courtecuisse eût été confirmée par bulle du 16 juin 1421, le nouvel évêque

331. Item, pour la bienvenue du duc de Bourgongne devantdit on fist crier que une petite monnoye nommée noireis, qui ne valloit que une poictevine, vauldroit une maille tournoise[1]; et fut tout le bien qu'il nous fist pour lors à la ville de Paris, qui tant l'amoit et qui tant avoit eu à souffrir et encore avoit et de rechief pour lui et pour son pere, qui tant fut long et negligent en ces choses toutes, que Dieu scet. Et vraiement le filx en tenoit bien les taches, car il eust bien fait en ung quart d'an[2] ce où il mettoit deux ou trois ans, et faisoit bien semblant que de la mort de son pere pou ou nyant lui chausist; car certes il menoit telle vie dampnable et de jour et de nuyt, comme avoit fait le duc d'Orleans et les autres signeurs qui estoient mors moult honteusement, et estoit gouverné par jeunes chevaliers plains de folie et de oultrecuidance, et gouvernoit selon ce qu'ilz se gouvernoient, et eulx selon lui, et en verité de Dieu à nul d'eulx ne challoit [que] d'acomplir sa voulenté.

332. Item, en ce temps fut desposé de la prevosté de Paris cil qui est nommé davant le Warrat, et fut le bailli de Vermandois[3] de Champluisant[4].

---

n'avait point trouvé grâce auprès du roi d'Angleterre, et le 31 août 1421, à la requête de l'Université, le Parlement dut lui donner lettres recommandatoires à l'adresse de Henri V (Ibid., X1a 1480, fol. 239). Le chapitre de Notre-Dame lui-même écrivit en sa faveur le 20 octobre (Ibid., LL 215, fol. 343). Le roi anglais se montra inflexible et, au début de l'année 1422, témoigna tout son déplaisir de la présence à Paris de l'élu, s'en prenant au chapitre qui n'avait pas trouvé moyen de l'éloigner (Ibid., fol. 353). Jean Courtecuisse fut transféré à l'évêché de Genève le 12 juin 1422 et mourut le 4 mars 1423; il n'oublia point, dans ses dispositions testamentaires, le chapitre de Notre-Dame et lui légua 1,200 écus d'or, sans préjudice des donations énumérées dans un acte du 28 juillet 1422 (Ibid., fol. 511). Pour conserver le souvenir de ces libéralités, le chapitre institua un obit solennel chaque année (Ibid., fol. 343).

1. L'ordonnance générale du 15 décembre 1421, publiée le samedi 17 janvier 1422, en vue de fixer définitivement le cours des monnaies d'or et d'argent, telles que saluts, demi-saluts, nobles, demi-nobles, quarts de nobles, blancs deniers et gros, assimile comme valeur le double denier parisis à la maille tournoise (Arch. nat., X1a 8603, fol. 77 v°).

2. « D'an » manque dans le ms. de Rome.

3. Nous restituons « de Vermandois » d'après le même ms.

4. Simon de Champluisant, licencié ès lois, bailli de Vermandois, était originaire de Noyon; reçu prévôt de Paris le mardi 3 février 1422, il prêta serment en présence du Parlement et non entre les mains du chancelier, comme le portaient ses lettres d'institution que la Cour fit rectifier. Lors-

333. Item, le roy d'Angleterre fist son Nouel, sa Thiephaine et sa quarantaine devant Meaulx.

334. Item, le 11e jour de mars IIIIc XXI, le signeur d'Auphemont cuida venir conforter les Arminalx de Meaulx, et vint environ minuyt, acompaigné de cent fers de lance, et savoit bien par où on povoit mieulx entrer en la cité par sur les murs; et là les Arminalx de dedens avoient mises eschelles apuyées aux murs pour monter ledit signeur d'Aulphemont et ses gens, et avoient lesdiz Arminalx couvertes les eschelles de draps de lit pour sembler à ceulx de l'ost, quant ilz tournoient pour faire le guet, que ce fussent les murs qui blans estoient à celluy androit, et aussi le cuidoit le guet en passant par celluy androit. Quant le guet fut passé, ceulx de dedens virent que temps estoit de faire monter ledit signeur, si firent le signe que faire devoient quant temps seroit de monter, et monterent par les eschelles qui moult estoient près à près.

335. Item, la moitié des gens dudit d'Aulphemont alla esmouvoir l'ost, pensant[2], que quant il seroit monté lui et l'autre moitié

---

qu'il quitta la prévôté le 1er décembre suivant, le duc de Bedford récompensa ses services en lui attribuant la charge de quatrième président au Parlement, sans qu'il fût procédé à aucune élection, et il fut installé le 2 décembre. Simon de Champluisant ne resta pas inactif dans le nouveau poste qui lui était confié; on le voit figurer au nombre des commissaires désignés le 18 septembre 1423 pour ouvrir une enquête sur les abus commis au Châtelet; le 24 février 1424, le Parlement lui donna mission de visiter les merciers « et merceries de ceintures et autres joyaux d'or et d'argent. » Le président de Champluisant mourut à la fin de l'année 1426, laissant un fils nommé Charles, que l'on qualifie d'écuyer; ses obsèques, auxquelles assistèrent les présidents et conseillers, eurent lieu le lundi 30 décembre (Arch. nat., X1a 1480, fol. 246, 264, 283, 290, 363).

1. Guy de Nesle, seigneur d'Offemont, l'un des gentilshommes qui prirent fait et cause pour le Dauphin en Picardie, coopéra à la prise de Saint-Riquier, et, à la suite du combat livré le 31 août 1421, rendit cette place au duc de Bourgogne en échange des capitaines français restés entre ses mains (Fenin-Dupont, p. 157, 170). Fait prisonnier par les Anglais et grièvement blessé, le seigneur d'Offemont obtint en juillet 1422 des lettres de rémission et d'abolition sous la caution de son oncle, Raoul de Coucy, évêque de Noyon, d'Aubert, seigneur de Cauny, et de Jean de Flavy (Arch. nat., JJ 172, n° 117). C'est dans la nuit du lundi 9 mars qu'eut lieu la tentative infructueuse de Guy de Nesle; cette date est fournie par la relation insérée au registre du Conseil (Ibid, X1a 1480, fol. 248) et par la Chronique des Cordeliers (p. 309). Le lendemain, à deux heures après midi, les Anglais pénétrèrent par escalade dans la ville de Meaux dont les défenseurs s'étaient retirés dans le Marché.

2. Les mss. donnent : l'ost puissant.

de ses gens, qu'il vendroit compaignie[1] de ceulx de la ville pour secourer les autres, mais il advint autrement. Quar, en la propre eschelle par où ledit signeur montoit, avoit devant lui IIII ou V ribaulx, montans comme lui, dont l'un avoit à son col unes besaces qui [toutes] estoient plaines de harens sors que ledit larron avoit emblées en venant à ung marchant; comme il estoit presque au plus hault de l'eschelle, et sa besace lui eschappe, qui pesoit et estoit fort loyée, et encontre ledit signeur d'Aulphemont sur la teste et le trebuche de si hault comme il estoit dedens les fossez. Quant ses gens l'entendirent, si dirent l'ung à l'autre : « Aidons à monsigneur. Helas ! monsigneur est cheu ! » Çà et là es fossez avoit des Anglois du commun qui faisoient le guet, si cuidoient que ceulx qu'ilz ouoient parler[2] fussent de leurs gens ; mais, quant ilz ouirent dire : « Aide à monsigneur ! », [si] furent esbahiz, car bien savoient que nul homme de nom n'avoient[3] celle nuyt avec eulx au guet, et cuiderent que ceulx de la ville descendissent sur eulx. Si cuiderent eslonger la place pour l'aller dire en l'ost, mais, pour ce qu'il estoit après mynuit, que leurs corps estoient travailliez de veiller, adventure les mena tout droit aux eschelles. Si ouirent que on plaignoit trop le signeur, si dirent : « Monsigneur, de par le deable, pert vous mors tretous[4] ». Et crierent alarme, si furent les Arminalx si effraiez qu'ilz s'enfouirent qui mieulx mielx, et fut ledit signeur prins par ung qui estoit queux de la cuisine du roy angloys, et dix ou XII autres qui furent menez au roy d'Engleterre comme prinsonniers.

336. Item, ceulx qui dedens la ville estoient savoient bien que la minne que le roy d'Angleterre avoit fait faire estoit près de[5] parcée, et sceurent bien le lendemain que le sire d'Auphemont estoit prins et autres assés, et que le plus des habitans estoient contre eulx, s'ilz eussent peu ou osé. Si prindrent conseil ensemble qu'ilz porteroient leurs biens et leurs vivres au Marché, qui moult estoit fort, et bouteroient le feu en la ville, et tueroient tous ceulx qui ne seroient de leur malle intencion dampnable; et ainsi commencerent à porter leurs biens oudit Marché, et tellement et de tel cueur y entendirent, qu'ilz delaisserent et oublic-

---

1. Ms. de Rome : accompagné de ceulx.
2. Ms. de Paris : ceulx qui avoient parlé.
3. Ms. de Paris : n'avoit esté.
4. Ms. de Paris : Par vous morrons trestous.
5. Ms. de Paris : presque.

rent tout entierement la garde des murs de la ville. Ung bon proudomme des habitans de ladicte ville, quant il vit qu'ilz estoient en ce point, si soy pensa, s'il povoit, qu'il garderoit la cité d'ardoir, et monta sur les murs, et fist assavoir aux Angloys leur voulenté, et que hardiement assaillissent, que personne ne leur contrediroit ; si lui baillerent une eschelle, et descendit, et fut mené au roy d'Angleterre[1] et lui dist qu'il voulloit qu'on lui coppast le col, se ainsi n'estoit, comme devant est dit. Si la fist tantost le roy assaillir et la print sans avoir guieres de peine[2]. Quant les habitans de la ville se virent ainsi sourprins, si se bouterent es eglises çà et là où ilz porent et cuiderent mieulx eulx sauver ; et quant le roy angloys apperceut ainsi leur meschief, si fist crier partout que chascun revenist à son propre hostel, et que chascun feist son labour, comme devant faisoient. Et ainsi le firent, et le roy d'Angleterre mist le siege devant le Marché de la dicte ville.

337. Item, en ce temps avoit ou chastel de Oursay[3] xx murdriers ou xxx, qui le vi° jour d'avril prindrent le pont et le chasteau de Meullent[4], et fut avecques eulx le cappitaine de Estampes[5] ; dont tout enchery après merveilleusement en cellui an, l'an mil cccc xxi à Paris, pour ce qu'il ne venoit nulz vivres en ce temps à Paris que de Rouen[6], si convenoit passer par là allant et venant ; dont ceulx de Paris furent moult esbahiz[7]. Mais par la

---

1. « D'Angleterre » manque dans le ms. de Rome.
2. La fin de la phrase, « si la fist, etc., » manque dans l'édition de La Barre.
3. Ms. de Paris : Coursy.
4. Ms. de Paris : Melun.
5. Louis Paviot ou Patiot, capitaine d'Étampes, s'empara le dimanche 5 avril du pont de Meulan, mais, assiégé aussitôt par le comte de Salisbury, il se vit obligé de rendre la place le 15 avril. Lors du second siège que soutint Meulan en 1423, Louis Paviot qui commandait la garnison fut tué d'un coup de canon (Cousinot, *Geste des nobles*, p. 184, 189).
6. Aussitôt que la prise de Meulan fut connue à Paris, c'est-à-dire dès le mardi 7 avril, défenses furent faites au nom du roi de renchérir vivres ou marchandises (Arch. nat., X¹ª 1480, fol. 250). On se plaignait toujours « de la chierté du temps » ; le blé valait dans les premiers mois de 1422 seize sols parisis le setier (*Ibid.*, KK 33, fol. 43) ; à l'entrée du carême, le maître de l'Hôtel-Dieu, eu égard à la cherté et à la pénurie des subsistances, obtint de faire manger aux malades du lait, du beurre et des œufs (*Ibid.*, LL 215, fol. 359).
7. Ms. de Paris : troublez.

grace de Dieu ilz ne s'y tindrent que xiiii jours ou environ qu'ilz ne s'en allassent frans et quictes par traicté, et emporterent tout ce qu'ilz voldrent emporter ; car on ne povoit pour lors mieulx faire, pour ce que le siege estoit touzjours devant Meaulx.

338. Item, en celle année estoit la plus belle apparance es vignes en tout le royaulme de France que on eust oncques veu, mais la nuyt Sainct Marc et la nuyt ensuivant furent toutes gelées [entierement], et sembloit proprement que on eust bouté le feu partout de fait advisé, tant estoient brouyes jusques à la terre.

339. Item, celle année mil ccccxxii fut la grant année de hannetons, de Pasques jusques à la Sainct-Jehan.

340. Item, le premier dimenche de may ensuivant, se rendirent ceulx du Marché de Meaulx à la voulenté du roy d'Engleterre ; et fist on parmy Paris les feuz et tres grant feste[1].

341. Item, le jeudi ensuivant, envoia à Paris le roy d'Angleterre bien cent prinsonniers dudit chastel, et estoient liez iiii et iiii, et furent mis dedens le [chastel du] Louvre ; et le deuxiesme jour après furent remis en bateaux et menez en diverses prinsons en Normendie et en Angleterre[2].

---

1. Aux termes de la capitulation conclue entre le duc d'Exeter, les comtes de Warwick et de Conversan, W. de Hungerford, au nom du roi d'Angleterre, et Philippe Mallet, Perron de Luppé, Jean d'Aunay, Sinador de Girême et plusieurs autres capitaines, pour les assiégés, la garnison du Marché de Meaux se rendit non pas le dimanche 3 mai, mais le 2 mai ; le texte anglais de ce traité se trouve parmi les *Acta publica* de Rymer (t. IV, 4ᵉ vol., p. 64). Monstrelet en donne une analyse (t. IV, p. 93). L'acte de la reddition de Meaux fut lu et publié à Paris le mercredi 5 mai, à l'issue du sermon prêché lors de la procession générale de Notre-Dame à Sainte-Geneviève (Arch. nat., X¹ᵃ 1480, fol. 251). Quant aux habitants de Meaux qui avaient pris part au siège, Henri V leur accorda le 14 mai 1422 des lettres de rémission portant restitution de leurs biens, à la condition de jurer la paix et de réparer avant la Toussaint les remparts et portes de la ville, y compris le pont réunissant la Cité au Marché (Arch. nat., JJ 172, n° 98) ; la même faveur fut étendue au mois d'octobre 1425 à trente-sept habitants du Marché également compromis dans la rébellion (*Ibid.*, JJ 173, fol. 195 v°).

2. Les prisonniers de guerre amenés à Paris furent pour la plupart transportés par bateaux de Paris à Caudebec et de Harfleur à Portsmouth. Le roi Henri V chargea Jean Harpeley, lieutenant du capitaine de Rouen, et Robert Witgreve de conduire en Angleterre ceux des captifs dont on espérait tirer bonne rançon, comme Perron de Luppé, Guichard de Chissay, capitaine de Meaux, et il fit répartir entre divers châteaux, notamment ceux de Flint, Holt, Nottingham et Conway, cent cinquante de ces malheu-

342. Item, le mardy ensuivant, on en admena de rechief bien cent et cinquante, et l'evesque au Louvre comme les autres, et [le vendredi ensuivant, xv° jour de may, furent mis en] bateaux comme les autres devantdiz, mais les premiers ne furent point ferrez, mais ceulx cy le furent deux et deux, chascun par une des jambes, senon l'evesque de Meaulx[1] et ung chevalier qui avecques lui estoit. Ces deux furent entre eulx deux en ung batel petit, et tous les autres comme porcs en tas, et en ce point furent menez comme les autres devantdiz; et n'avoient iii et iiii à l'eure que ung pain bien noir pesant deux livres, et tres pou de pitance, et de l'eaue à boire. Et ce pourquoy ferrez estoient et non les autres, la cause est [pour ce] que natifs du païs estoient et d'environ, et estoient avecques ce tous de renon de chevance, mais les laboureurs du païs en icellui temps n'avoient nulz pires ennemis, car ilz estoient pires à leurs voisins que n'eussent esté [les] Sarazins.

343. Item, le v° jour de may, fut le bastart de Vauru[2] trainé parmy toute la ville de Meaulx, et puis la teste coppée, et son corps pendu à ung arbre, lequel il avoit nommé à son vivant l'Arbre de Vauru, et estoit ung ourme; et dessus lui fut mise sa teste en une lance au plus hault de l'arbre, et son estandart dessus son corps.

344. Item, emprès lui fut pendu ung larron murdrier nommé Denis de Vauru[3], lequel se nommoit son cousin, pour la grant cruaulté dont il estoit plain, car on n'ouy oncques parler de plus cruel chrestien en tirannie, que tout homme de labour qu'il povoit trouver[4] et atrapper, ou faire atrapper, quant il veoit qu'ilz ne povoient de leur rançon finer, il les faisoit mener liez à

---

reux d'abord enfermés à la Tour de Londres (Rymer, *Acta publica*, t. IV, 4° vol., p. 66). L'un des chevaliers qui négocièrent la capitulation, Philippe Mallet, revenait à peine d'Angleterre, où il avait subi une longue captivité comme prisonnier d'Azincourt; repris à Meaux, il fut mis une seconde fois à rançon (Arch. nat., JJ 172, n° 650).

1. Robert de Girême, emmené en Angleterre et remis entre les mains de l'archevêque de Cantorbéry, conformément à un ordre de Henri VI donné le 8 février 1424, fut confié à la garde du capitaine de la Tour de Londres; c'est sans doute dans cette prison que le prélat meldois mourut en 1426 (Rymer, t. IV, 4° vol., p. 105).

2. Ms. de Paris : de Bavon.

3. S'il faut en croire Monstrelet (t. IV, p. 96), Denis de Vauru, cousin du bâtard, aurait été décapité aux Halles de Paris en même temps que Louis Gast et Jean de Rouvres.

4. Ce mot manque dans le ms. de Rome.

queues de chevaulx à son ourme tout batant, et s'il ne trouvoit
bourrel prest, lui mesme les pandoit, ou cellui qui fut pandu
avecques lui, qui se[1] disoit son cousin. Et pour certain tous
ceulx de ladicte garnison ensuivoient la cruaulté des deux tirans
davantdiz.

345. Et bien paru par une dampnable cruaulté que ledit de
Vauru fist que c'estoit le plus cruel que oncques gueres fut
Noiron ne autre; car quant il print ungs jeunes homs en faisant
son labour, il le loia à la queue de son cheval et le mena batant
jusques à Meaulx, et puis le fist gehenner, pour laquelle doulour
le jeune homme lui acorda ce qu'il demandoit pour cuider eschever la grant tyrannie qu'il lui faisoit souffrir, et fut à si grant
finance que telx iii ne l'eussent peu paier. Le jeune homme
manda à sa femme, laquelle il avoit espousée en cel an, et estoit
assés pres de terme d'avoir enffent, la grant somme en quoy il
s'estoit assis pour eschever la mort et le quassement de ses
membres. Sa femme qui moult l'amoit y vint, qui cuida ame-
liorer le cueur du tirant (plus que pour l'omme), mais riens n'y
esploita, ains lui dist, que s'il n'avoit la rançon à certain jour
nommé, qu'il le pandroit à son orme. La jeune femme commanda à son mary à Dieu, moult tendrement plourant, et luy
d'autre part plouroit moult fort pour la pitié qu'il avoit d'elle.
Adong se departi la jeune femme maudisant fortune, et fist le plus
tost qu'elle pot finance, mais ne pot pas au jour qui nommé [luy]
estoit, mais environ huit jours après. Aussi (tost) que le jour que
le tirant avoit dit fut passé, il fist mourir le jeune homme,
comme il avoit fait mourir les autres, à son ourme sans pitié et
sans mercy. La jeune femme vint aussitost qu'elle pot avoir fait
finance, si vint au tirant, et lui demanda son mary en plorant
moult fort, car tant lassée estoit que [plus] ne se povoit soustenir,
[tant pour l'eure du travail qui aprouchoit] que pour le chemin
qu'elle avoit fait, qui moult estoit grant; brief tant de douleur
avoit qu'il la convint pasmer. Quant elle revint, si se leva moult
piteusement quant au secret de nature, et demanda son mary de
rechief, et tantost lui fut respondu que ja ne le verroit tant que sa
rançon fust paiée. Si attendi encore et vit plusieurs laboureurs
admener devant lesdiz tirans, lesquelz aussi tost qu'ilz ne povoient
paier leur rançon, estoient noyez ou panduz sans mercy; si ot

---

1. Ms. de Rome: qui ce. — Ms. de Paris : pour ce se disoit.

tres grant paour de son mary, car son povre cueur lui jugeoit moult mal ; neantmoins [amour] la tint de si pres, qu'elle leur bailla ladicte rançon de son mary. Aussitost qu'ilz orent la pecune, ilz lui dirent qu'elle s'en allast d'illec, et que son mary estoit mort ainsi que les autres villains. Quant elle ouyt leur tres crueulle parolle, si ot tel deul à son cueur que nulle plus, et parla à eulx comme femme desesperée et[1] forcenée qui son sens perdoit pour la grant douleur de son cuer. Quant le faulx et cruel tirant, le bastart de Vauru, vit qu'elle disoit parolles qui pas ne lui plaisoient, si la fist batre de bastons, et mener tout batant à son ourme et lui fist acoller, et la fist lier, et puis lui fist copper [tous] ses dras si tres cours que on la povoit veoir jusques au nombril, qui estoit une des grans inhumanités c'om pourroit pencer. Et dessus luy avoit iiii^{xx} ou cent hommes panduz, les uns bas, les autres hault ; [les bas, aucunes foiz, quant le vent les faisoit brandeler,] touchoient à sa teste, qui tant lui faisoient de freour que elle ne se povoit soustenir sur piez ; si luy coppoient les cordes dont elle estoit liée la char de ses bras ; si crioit la povre lasse moult hault criz et piteux plains. En celle doloreuse douleur où elle estoit, vint la nuyt, si se desconforta sans mesure, comme celle qui trop de martire souffroit, et quant il lui souvenoit de l'orrible lieu où elle estoit, qui tant estoit espoventable à humaine nature, si recommançoit sa douleur si piteusement en disant : « Sire Dieu, quant me cessera ceste pesme douleur que je seuffre. » Si cria tant fort et longuement que de la cité la povoit-on bien ouir, mais il n'y avoit nul qui l'eust osée aller[2] oster dont elle estoit, que n'eust esté mort. En ces douleurs et[3] doloreus criz le mal de son enffant la print, tant pour la douleur de ses criz, comme de la froidure du vent qui par dessoubz l'assailloit de toutes pars, ces ondées la hasterent plus et plus ; si cria tant hault que les loups qui là reperoient pour la charongne, vindrent à son cry droit à elle, et de toutes pars [l'assaillirent], especialment au pouvre ventre qui descouvert estoit, et lui ouvrirent à leurs cruelles dens, et tirerent l'enffent hors par pieces, et le remenant de son corps despecerent tout. Ainsi fina celle pouvre creature et autres assès, et fut ou moys de mars en karesme, l'an mil cccc xx.

---

1. « Desesperée et » manque dans le ms. de Rome.
2. « Aller » manque dans le même ms.
3. « Douleurs et » manque dans le même ms.

346. Item, en ce temps, le sabmedi xxiiie jour de may, firent crier soubdainement les gouverneurs de Paris que nul, de quelque estat qu'il fust, ne prinst gros[1] ne ne feist prendre sur [tres] grosses peines, et que on les portast tous aux changeurs ordonnez pour ce changer, lesquelx estoient quatre, qui avoient chascun une banyere de France à leur change. Et n'avoit on du marc pesant des bons gros que VIII solz parisis, des mauvais aussi comme rien, qui fut une tres esbahissant chose à Paris aux riches et aux pouvres, car le plus n'avoient aultre monnoye; si perdoient moult, car le meilleur qui soulloit valloir XVI deniers parisis ne valloit que I denier ou I tournois. Si y ot grant murmure du peuple, mais à souffrir leur couvint, quelque necessité qu'ilz eussent de pain ou de vin, par deffaulte d'autre monnoye. Car vray est que iceulx gros furent ainsi deffenduz à prendre, pour gros tres mauvais que le Dalphin ou les Arminalx faisoient faire en son nom, qui par eulx estoient envoyez à Paris et es autres bonnes villes non tenant leur partie dampnable, par faulx marchans qui après ce encore gaingnoient par grant decepcion; car quant la monnoye fut criée que plus ne eust de cours, tout le meilleur d'iceulx gros faulx on n'en avoit que une maille tournoise, et pour celle cause fut ainsi deffendue que nul n'en feist aucun tresor.

347. Item, le XXVe jour de may, jour sainct Urban, furent à Paris decapitez deux des cappitaines de la rebellion de Meaulx, c'est assavoir, maistre Jehan de Rouvres, et ung chevalier qui estoit bailli de ladicte ville, nommé messire Loys Gas[2].

---

1. Par un mandement du 22 mai à l'adresse du prévôt de Paris, Charles VI ordonna de faire crier et publier solennellement que les deniers gros ne fussent acceptés à aucun prix, mais fussent portés au marc pour billon en la plus proche des monnaies royales ou chez les changeurs institués *ad hoc*; cette démonétisation subite du gros, succédant à une énorme dépréciation, n'avait d'autre but que d'arrêter l'émission des deniers blancs fabriqués au nom du dauphin, identiques à ceux qui sortaient des ateliers royaux et que l'on voulait discréditer en les déclarant « faulx et mauvais tant en poix comme en loy » (Arch. nat., Z1b 56, fol. 170 v°).

2. Jean de Rouvres et Louis Gast subirent la peine capitale le mardi 26 mai, le jour même où le Parlement prononça son arrêt confirmant la sentence du prévôt de Paris, dont les condamnés avaient interjeté appel. Les biens de Jean de Rouvres, confisqués et donnés à Jean de Rinel, notaire et secrétaire du roi d'Angleterre (Longnon, *Paris sous la dom. angl.*, p. 108), furent réclamés par Simon l'Uillier et Marion l'Uillière, beau-

348. Item, ce jour, vint la royne d'Angleterre au Boys de Vincennes à moult belle compaignie de chevaliers et de dames[1].

349. Item, le xxixe jour dudit moys de may, vint la royne à Paris[2] et portoit on devant sa litiere deux manteaulx d'armines, dont le peuple ne savoit que pencer sur ce, se non que ce estoit signe qu'elle estoit royne de France et d'Angleterre.

350. Item, pour l'amour du roy d'Angleterre et de la royne, et des signeurs dudit païs, firent les [gens de] Paris les festes de la Penthecoste, qui fut le derrain jour de may, le mistere de la passion Sainct George en l'ostel de Nelle[3].

351. Item, l'endemain de la Feste-Dieu, se party le roy d'Angleterre de Paris[4] et enmena à Senlis le roy et la royne de France et sa femme. Et la sepmaine ensuivant, fut prins ung armeurier de la Heaumerie, nommé maistre Jehan ***, lequel estoit ou avoit esté armeurier du roy, et sa femme, et ung boullenger du coing de la Heaumerie, nommé ***, lequel boullenger ot la teste coppée ung pou de temps après; et fut prins ledit armeurier à Couppeaulx

---

frère et belle-sœur de Jean de Rouvres, auxquels on accorda, à titre de compensation, un hôtel à la Ville-Évrard, provenant de Thomas d'Aunoy (*Ibid.*, p. 109). Un autre secrétaire du roi d'Angleterre, Jean Milet, se fit délivrer sur les biens de Louis Gast le domaine de la Bergeresse en Brie (*Ibid.*, p. 100). — Louis Gast eut pour successeur dans sa charge de bailli Jean Choart, clerc de la prévôté de Paris et examinateur au Châtelet, reçu le 23 août (Arch. nat., X1a 1480, fol. 250 v°).

1. Pendant que l'on procédait à Paris à l'exécution des défenseurs de Meaux, la jeune reine d'Angleterre venait rejoindre au château de Vincennes son royal époux (Arch. nat., X1a 1480, fol. 252 v°).

2. L'entrée solennelle de la reine d'Angleterre eut lieu le samedi 30, et non le 29 (Arch. nat., X1a 1480, fol. 253).

3. Cette représentation théâtrale, organisée par « aucuns habitans qui s'entremetoient d'iceulz jeus », dura deux jours consécutifs, les mardi 2 et mercredi 3 juin. La nouveauté du spectacle attira une brillante affluence; l'élite de la noblesse anglo-française, se pressant sur les pas du roi et de la reine d'Angleterre, assista à la fête; ce genre de divertissement, malgré les malheurs des temps, était alors très goûté même dans les petites villes. Nous citerons comme exemple « les jeux ou personnages des Trois Roys » donnés à Chauny, en l'église Notre-Dame, le jour des Rois de l'année 1420 (Arch. nat., JJ 171, fol. 156 v°), et le jeu de la passion de saint Barthélemy représenté à Senlis le 6 janvier 1427 (*Ibid.*, JJ 173, fol. 298).

4. Henri V quitta Paris le vendredi 11 juin et passa la nuit à Saint-Denis; son intention était d'aller prendre possession de Compiègne dont la reddition venait d'être stipulée par traité conclu avec les partisans du Dauphin (Arch. nat., X1a 1480, fol. 253).

lez Saint-Marcel dehors Paris, et sa femme aussi, et furent
emprinsonnez au Pallays. Et disoit on qu'ilz avoient marchandé
aux Arminalx de livrer la ville de Paris le dimenche ensuivant,
qui estoit xxie jour de juing iiii^c xxii, et que pour celle cause les
Arminalz de Compigne s'estoient plus tost rendus[1] en esperance
que en celle journée on pillast Paris. Mais Dieu, qui ordonne et
nous devisons, les en garda, dont ilz se tindrent moult à deceupz,
car ilz estoient assés fors et bien envitaillez pour tenir ung an
entier la place, comme il apparoit quant ilz issirent. Ilz estoient
plus de cent hommes d'armes à cheval, et bien mil de pié, et bien
v^c foles malles femmes, qui tous firent serment aux roys que
jamais ne s'armeroient contre le roy de France ne d'Angleterre;
et ainsi s'en allerent frans et quictes, emportans chascun ce qu'il
pot emporter, sans aucune autre aide de chevaulx ou de charrettes,
et s'en alloient moult joyeusement en celle intencion de piller
Paris.

352. Item, en celle année fist merveilleusement chault en juing
et en juillet, et n'y pleut que une foys, dont les terres se sentissent, pour quoy les potaiges et les marés furent aussi que tous ars
aux champs, et ne rendirent pas la moitié de leur semence; et
convint aracher les advoynes et les orges à la main, racine et tout
sans faulcher ne soyer. Et pour celle grant challeur fut si grant
année d'enfans mallades de la verolle que oncques de vie de
homme on eust veu, et tant en estoient couvers que on ne les
congnoissoit; et plusieurs grans hommes l'avoient, especialment
des Angloys, et disoit on que le roy d'Angleterre en ot sa part.
Et vray est que moult de petis enfans en furent si aggrevez que
les ungs en mouroient, les autres en perdoient la veue corporelle.

353. Item, en celle année mil iiii^c xxii, fut largement fruict
et si bon que on doit ou peut demander, et tres bons blez et largement; et vray est qu'il fut si tres pou de vin que en deux arpens
on ne trouvoit que ung caque de vin, ou ung poinsson tout au plus.

354. [Item, en la darraine sepmaine d'aoust estoient plaines
vendanges.]

355. Item, en cel an, ou moys de juing, deffierent les Arminalx le duc de Bourgongne et toute sa puissance, et devoit estre

---

[1]. D'après Monstrelet (t. IV, p. 103), Guillaume de Gamaches, capitaine
de Compiègne, rendit cette place au duc de Bedford le 18 juin 1422, afin
de racheter la liberté de son frère, Philippe de Gamaches, abbé de Saint-
Faron de Meaux, fait prisonnier par les Anglais.

la journée le iiᵉ mercredy d'aoust, et le xiiᵉ jour dudit moys, et devoit estre la bataille en leurs marches sur la riviere de Loire vers la Charité-sur-Loire[1]. Si fist le duc de Bourgongne une tres belle assemblée, et vint en la place où estoit devisé que la bataille seroit[2], et là fut devant la journée que ce devoit estre et après iii ou iiii jours. Mais les Arminalx, quant ilz sceurent sa puissance, ilz ne se oserent oncques[3] monstrer, et n'orent point de honte de eulx enfouir sans cop frapper, et tant que le duc de Bourgongne les attendoit, qui les avoit bel attendre, car ilz savoient que le plus des [grans] garnisons de Normendie estoient venus en l'aide du duc de Bourgongne; là tournerent ilz et firent occisions grandes[4], bouterent feus, ardirent eglises et tous les maulx que on peut pencer, comme eussent fait Sarazins.

356. Item, en ce moys d'aoust, le darrain jour, à ung dimenche, trespassa le roy d'Angleterre Henry au Boys de Vincennes[5], qui pour lors estoit regent de France, comme davant est dit; et fut audit Boys tout mort, pour l'ordonner comme à tel prince affiert, jusques [au jour de] l'Exaltacion Saincte Croix en septembre. Et ce jour après disner fut porté à Sainct-Denis sans entrer à Paris, et le lendemain, jour des octabes Nostre Dame, fut fait son service à Sainct-Denis en France, et tousjours y avoit cent torches ardans en chemin comme aux eglises.

357. Item, de Sainct-Denis fut porté à Pontoise et de là à Rouen[6].

---

1. L'auteur du Journal relate ici d'une manière assez confuse la campagne dirigée par le duc de Bourgogne contre les troupes dauphinoises, qui, après s'être emparées de la Charité, avaient mis le siège devant Cosne; d'après un arrangement intervenu le 30 juin, la garnison anglo-bourguignonne de cette ville devait capituler le 16 août, si elle n'était secourue avant cette époque. Philippe le Bon se présenta le 15 août sous les murs de la place et y attendit vainement le Dauphin; c'est alors que ce prince fit sans résultat appréciable une pointe sur la Charité, l'attitude résolue des dauphinois ayant déterminé sa retraite.
2. Ms. de Paris : se feroit.
3. « Oncques » manque dans le ms. de Rome.
4. « Grandes » manque dans le même ms.
5. Henri V rendit le dernier soupir au château de Vincennes le lundi 31 août à deux heures du matin, entouré de son frère le duc de Bedford, de son oncle le duc d'Exeter et de quelques autres grands dignitaires; son corps fut transporté le 15 septembre en l'abbaye de Saint-Denis (Arch. nat., X¹ᵃ 1480, fol. 257, 259).
6. Le cortège funéraire, accompagné des princes anglais, entra à Rouen

358. Item, le sabmedi après la Saincte Croix en septembre, vint le roy de France et la royne à Paris[1], qui moult avoit esté grant piece à Senliz; et moult fut le peuple de Paris joyeulx de leur venue et crioient, parmy les rues où ilz passoient, moult haultement « Nouel! » et faisoient bien signe que moult amoient leur souverain signeur loyalment.

359. Item, ilz firent au soir des feuz parmy Paris, et dançoient et monstroient signe de leesce moult grant de la venue dudit signeur.

360. Item, le sabmedy ensuivant après la venue du roy et de la royne, qui fut le xxv° jour de septembre l'an mil IIII° XXII, fut decollé et escartellé es halles de Paris ung nommé messire de Bloquiaulx[2], chevalier et grant terrien et grant signeur, lequel estoit de la maldicte bande ung des souverains; et congnut et confessa que par lui estoit ou avoit esté tué et murdry, de laboureurs et autres, [plus] de VI à VII° hommes, sans ce qu'il avoit bouté feux, pillié eglises, efforcé pucelles et femmes de religion et autres, et si fut le principal de piller la ville de Soissons.

361. Item, le xxi° jour du moys d'octobre, vigille de XI^m Vierges, trespassa de ce siecle le bon roy Charles, qui plus longuement regna que nul roy chrestien dont on eust memoire, car il regna roy de France XLIII ans. Et fut en (son) hostel de Sainct-Pol comme il estoit trespassé dedens son lict en sa chambre, le visaige tretout descouvert deux ou trois jours, la croix aux piez de son lict, et bel luminaire; et là le veoit chascun qui vouloit, pour prier pour luy.

---

le 19 septembre et, après la célébration d'un service dans la cathédrale, s'achemina vers Abbeville, Hesdin, Boulogne et Calais; la dépouille mortelle du roi, confiée à un navire le 5 octobre, arriva à Londres le 12 novembre et fut inhumée dans l'abbaye de Westminster (Voyez dans Rymer, t. IV, 4, p. 81, les ordres donnés les 5 et 15 octobre pour les funérailles de Henri V. — Cf. P. Cochon, p. 445; Chastellain, t. I, p. 333).

1. Charles VI fit son entrée à Paris le samedi 19 septembre et retourna à l'hôtel de Saint-Paul où il devait bientôt s'éteindre dans le plus triste abandon (Arch. nat., X1a 1480, fol. 259 r°).

2. Raoul de Boqueaux, chambellan du roi, institué le 13 novembre 1413 capitaine et garde du château et de la tour du pont de Choisy (-sur-Oise), fut fait prisonnier dans cette forteresse vers le mois de novembre 1422; on lui imputait, entre autres méfaits, la mort de Guy de Harcourt, bailli de Vermandois. C'est en 1418 que le même personnage enleva par surprise la cité de Soissons qui fut alors « desnuée de tous biens. » (Monstrelet, t. III, p. 292; t. IV, p. 131; Arch. nat., X1a 4793, fol. 251 v°).

362. Item, il fut ordonné à Sainct-Paul, comme à tel prince appartenoit, et y mist on, tant pour l'ordonnance comme pour attendre aucun des signeurs du sanc de France pour le compaigner à mettre en terre; car il fut à Sainct-Paul depuis le jour de son trespassement devantdit jusques au xie jour de novembre ensuivant, jour Sainct Martin. Mais oncques n'y ot à le compaigner cellui jour nul du sanc de France quant il fut porté à Nostre-Dame de Paris ne en terre, ne nul signeur que ung duc [d'Engleterre], nommé le duc de Betefort[1], frere de feu le roy Henry d'Angleterre, et son peuple et ses serviteurs, qui moult faisoient grant deul pour leur perte, et especialment le menu commun de Paris crioit quant on le portoit parmy les rues : « A! tres cher prince, jamais n'arons si bon, jamais ne te verrons. Maldicte soit la mort! jamais n'arons que guerre, puisque tu nous as laissé. Tu vas en repos, nous demourons en toute tribulacion et en toute douleur, car nous sommes bien taillez que nous ne soions en la maniere de la chetyvoison des enffans de Israël, quant ilz furent menez en Babilonie. » Ainsi disoit le peuple en faisant grans plains, parfons suspirs et piteux.

363. *Item, la maniere comment il fut porté à Nostre-Dame de Paris.*

Il y avoit que evesques que abbés, dont les iiii avoient la mitre blanche, dont l'ung estoit l'evesque de Paris novel[2], car il avoit chanté premierement à Paris le jour de la Toussains comme evesque, lequel attendit le corps du roy à l'entrée de Sainct-Paul pour lui donner de l'eaue benoiste au partir hors dudit lieu; et tous les autres entrerent dedens ledit lieu, senon lui, c'est assavoir, tous les mendians[3], l'Université en son estat, tous les colleges, tout le Parlement[4], le Chastellet, le commun, et lors fut apporté hors de Sainct-Paul. Quant tout fut assemblé, lors com-

---

1. Jean, duc de Bedford, de retour à Paris depuis le 5 novembre, avait fait visite le jour même de son arrivée à la reine Isabeau en l'hôtel de Saint-Paul, où était exposé le corps du roi.

2. Jean de la Rochetaillée, patriarche de Constantinople, venait de prendre possession du siège épiscopal de Paris, vacant par la translation de Jean Courtecuisse à l'évêché de Genève.

3. Les quatre ordres mendiants : Franciscains, Jacobins, Carmes et Augustins.

4. Les présidents du Parlement appelés à tenir les quatre coins du poêle accompagnèrent le corps du roi depuis l'hôtel de Saint-Paul jusqu'à Saint-Denis.

mencerent les serviteurs tel et si grant deul, comme devant est dit.

364. *La maniere comment il fut porté à Nostre-Dame et à Sainct-Denis et enterré*[1].

Il fut porté tout en la maniere que on porte le corps Nostre Seigneur à la feste Sainct Saulveur, et ung drap d'or sur lui porté (à) quatre proches ou à six; et le portoient les serviteurs sur leurs espaulles, et estoient bien trente ou plus, car il pesoit bien, comme on disoit.

365. Item, il estoit hault comme une toise, largement couché en envers en ung lict, le visaige descouvert ou sa semblance, couronne d'or, tenant en une de ses mains ung sceptre royal, et en l'autre une maniere de main faisant la benediction de deux doyz, et estoient dorez et si longs qu'ilz advenoient à sa couronne.

366. Item, tout devant alloient les mendians, l'Université; après, les eglises de Paris; après, Nostre-Dame de Paris et le Pallais après; et chantoient ceulx la et non autres. Et tout le peuple qui estoit en my les rues et aux fenestres ploroient et crioient, comme se chascun veist mourir la rien que plus amast, et vraiement leurs lamentacions [estoient] assés semblables à ceulx de Geremie le prophete qui crioit au dehors de Jherusalem, quant elle fut destruite : « *Quomodo sedet sola civitas plena populo*[2]. »

367. Item, là avoit vii croces, c'est assavoir, l'evesque de Paris nouvel, celui de Beauvays[3] et celui de Terouenne[4], l'abbé de Sainct-Denis[5], celui de Sainct-Germain-des-Prez[6], celui de Sainct-Magloire[7], celui de Sainct-Crespin et Sainct-Crespinien[8]; et

---

1. Le ms. de Paris donne un intitulé un peu différent : « La maniere comment il fut porté à Saint-Denis en France et premier à Nostre-Dame. »

2. C'est le début même des *Lamentations* de Jérémie; le texte complet est celui-ci : *Quomodo sedet sola civitas plena populo? facta est quasi vidua domina gentium, princeps provinciarum facta est sub tributo.*

3. Pierre Cauchon, prélat dévoué aux Anglais, célèbre par le triste rôle qu'il joua dans le procès de Jeanne d'Arc.

4. Louis de Luxembourg, évêque de Thérouanne, chancelier de France sous la domination anglaise et plus tard archevêque de Rouen.

5. Jean de Bourbon, frère de Gérard, seigneur de la Boulaye, succéda en 1418 à Philippe de Villette et passa en 1430 à l'abbaye de Saint-Wandrille par permutation avec Guillaume le Farrechal.

6. Jean Bourron (1419-1436).

7. Pierre Louvel, abbé de Saint-Magloire de 1417 à 1447.

8. Jean de Servaville, abbé de Saint-Crépin-le-Grand, de Soissons.

estoient les prebstres et clercs tous d'un renc, les signeurs du Pallays, comme le prevost, le chancelier et les autres de l'autre renc; et devant y avoit II^c L torches que les pouvres serviteurs portoient, tous vestuz de noir, qui moult [fort] plouroient, et ung pou devant y avoit dix huit crieurs de corps.

368. Item, il avoit XXIIII croix de religieux, et d'autres sonnans leurs cloches [devant]. Ainsi fut porté, et estoit après le corps tout seul le duc de Bedfort, frere de feu le roy Henry d'Angleterre, qui tout seul faisoit le deul, ne quelque homme du sang de France n'y avoit. Ainsi fut porté ce lundy à Nostre-Dame de Paris, où il avoit II^c L torches qui toutes estoient alumées. Là furent dictes vigilles, et l'endemain bien matin sa messe, et après sa messe fut porté en la maniere devant dicte à Sainct-Denis, et fut après son service enterré emprès son pere et sa mere; et y alla de Paris plus de XVIII mil personnes, tant petiz que grans, et fut faicte une donnée à tous de huit doubles, qui pour lors valloient II deniers tournois la piece, et n'avoit pour lors plus grant monnoye ne plus petite[1], ce n'estoit or[2].

369. Item, on donna à disner à tous venans, et fut le mercredy qu'il fut enterré; et quant il fut enterré et couvert, et que l'evesque de Paris, qui avoit dicte la messe, et son diacre l'abbé de Sainct-Denis et le sou-diacre l'abbé de Sainct-Crespin, qu'ilz orent dit les commandaces des Trespassez, ung herault cria haultement que chascun priast pour son ame, et que Dieu voulsist sauver et garder le duc Henry de Lanclastre, roy de France et d'Angleterre; et, en criant ce cry, tous les serviteurs du roy trespassé tournèrent ce dessus dessoubz leurs maces, leurs verges, leurs espées, comme ceulx qui plus n'estoient officiers.

370. Item, le duc de Bedfort, au revenir, fist porter l'espée du roy de France davant luy, comme regent, dont le peuple murmuroit fort, mais souffrir à celle foys le convint.

371. Item, à tel jour proprement, le jour Sainct-Martin d'yver, et avecques à telle heure comme il entra à Paris au revenir de

---

1. « Ne plus petite » manque dans le ms. de Rome.
2. Depuis le mois de juin 1422, c'est-à-dire à partir de la publication du mandement de Charles VI au prévôt de Paris, le cours de toutes monnaies blanches, quelles qu'elles fussent, avait été interdit, à l'exception du double valant deux deniers tournois et du petit tournois estimé un denier tournois ; les autres espèces d'argent ne devaient être acceptées qu'au marc pour billon (Arch. nat., Z1b 58, fol. 172 r°).

son sacre, au XLIIIe an de son regne, fut il porté enterrer à Sainct-Denis le jour Sainct-Martin d'yver; et disoient aucuns anciens qu'ilz avoient veu son pere venir du sacre, et vint en estat royal, c'est assavoir, tout vestu d'escarlatte vermeille, de housse, de chapperon fourré, comme à estat royal appartient[1]; et en telle maniere fut porté enterrer à Sainct-Denis. Et aussi, comme on disoit, avoit esté cestuy roy à son sacre ainsi ordonné de souliers d'asur semés de fleur de lis d'or, vestu d'un manteau de drap d'or vermeil, fourré d'armines, et comme chascun le pot veoir; mais plus noble compaignie [ot] à son sacre qu'il n'ot à son enterrement. Et son pere ot aussi noble compaignie ou plus à son enterrement que à son sacre, car il fut porté [enterrer] de ducz et de contes, et non d'autre gent, qui tous estoient vestuz [des] armes de France, et y avoit plus de prelaz, de chevaliers et d'escuiers de renommée qu'il n'y avoit à compaigner ce bon roy à ses darrains jours de toutes gens, de quelque estat que ce fust. Et veu ce, les grans lamentacions que le pouvre peuple faisoit de si debonnaire avoir perdu, et le pou d'amis qu'ilz avoient, et la foison d'ennemis, n'est pas merveilles se ilz se doubtoient moult la fureur de leurs ennemis et se ilz disoient la lamentacion Jeremie le prophete: « *Quomodo sedet sola civitas.* » Et car touzjours faisoient iceulx ennemis de pis en pis, et convint en ce temps abatre le chastel de Beaumont, et fut abatu[2].

371. Item, en decembre, les blans de deux blans en la premiere sepmaine furent criez à prendre partout, ung pou devant Nouel.

372. Item, en icellui temps, fut desmis le prevost de Paris devant nommé, qui avoit esté bailly de Vermandoys, et fut esleu ung nommé messire Simon Morhier, chevalier[3].

---

1. Tout le membre de phrase, depuis « c'est assavoir » jusqu'au mot « appartient », manque dans les éditions du Journal.

2. Le château de Beaumont-sur-Oise fut démoli par ordre du duc de Bedford (Monstrelet, t. IV, p. 175).

3. Simon Morhier, maître de l'hôtel de la reine Isabeau, fit partie de la députation envoyée à Troyes en 1419 sous la conduite de Philippe de Morvilliers; institué prévôt de Paris le mardi 1er décembre 1422, il conserva ces fonctions pendant toute la durée de la domination anglaise; d'importantes donations remunérèrent ses services (Cf. Longnon, *Paris pendant la domination anglaise*, p. 147). Après l'expulsion des Anglais, il devint gouverneur de Dreux, puis trésorier de France en Normandie en 1438 et se fixa à Rouen (Voyez la notice consacrée à ce personnage par Vallet de Viriville dans les *Mémoires de la Société des Antiquaires de France*,

[1423.]

373. Item, en icellui temps, le premier jour de l'an, prindrent les Arminalx le pont de Meullent[1], qui tant cousta que Dieu le scet; car il les convint asseger, et ilz se tindrent fort et puissamment, et coururent jusques à Mante souvent piller et rober, ou ailleurs, comme acoustumé l'avoient.

374. Item, le dixiesme jour après qu'ilz orent pris Meullent, à la conjuncion du moys de janvier, xiie jour, fist le plus aspre froit que homme eust veu faire; car il gela si terriblement, que en mains de trois jours, le vin aigre, le verjus[2] geloit dedans les caves et celiers, et pendoient les glaçons es voultes des caves; et fut la riviere de Saine, qui grande estoit, toute prinse, et les puis gelez en mains de iiii jours, et dura celle aspre gelée xviii jours entiers. Et si avoit tant negé avant que celle aspre gelée commençast environ ung jour ou deux devant, comme on avoit veu xxx ans devant; et, pour l'aspreté de celle gellée et de la nege, il faisoit si tres froit que personne ne faisoit quelque labour que souller[3], crocer, jouer à la pelote ou autres jeus pour soy eschauffer; et vray est qu'elle fut si forte qu'elle dura en glaçons, en cours, en rues, pres de fontaines[4], jusques pres de la Nostre Dame en mars. Et vray est que les coqs et gelines avoient les crestes [gelées] jusques à la teste.

375. Item, en icellui moys [de fevrier], furent sarmentez tous ceulx de Paris[5], c'est assavoir, bourgoiz, mesnaigers, charrettiers,

---

t. XXV, à propos du monument funéraire de Blanche de Popincourt, première femme du prévôt parisien, inhumée en 1422 dans l'église du Mesnil-Aubry).

1. Suivant Monstrelet (t. IV, p. 134) la forteresse du pont de Meulan fut enlevée le 14 janvier par Jean de Graville, accompagné de cinq cents combattants. Cousinot (*Geste des nobles*, p. 189) attribue la prise de cette place à un capitaine nommé Yvonnet de Garencières, qui en confia la garde à son lieutenant Louis Paviot. En tout cas, Jean de Graville prit part à la défense de Meulan contre les Anglais.
2. Ms. de Paris : vin.
3. Ms. de Paris : saulter.
4. Ms. de Paris : prez et fontaines.
5. Philippe de Morvilliers et Simon de Champluisant, présidents au Parlement, assistés de Nicolas Fraillon, maître des requêtes de l'hôtel, furent délégués le 21 décembre 1422 en qualité de commissaires dans les établissements religieux de Paris, tels que chapitres, abbayes, couvents

bergers, vachers, porchers des abbayes, et les chamberieres et les moynes mesmes, d'estre bons et loyaux au duc de Bedfort, frere de feu Henry roy d'Angleterre, regent de France, de lui obeïr en tout et par tout, et de nuire de tout leur povoir à Charles qui se disoit roy de France et à tous ses alliez et complices[1]. Les ungs de bon cuer le firent, les autres de tres malvese volenté.

376. Item, en icellui temps, cuiderent les Arminalx faire lever le siege qui devant le pont de Meullent estoit, mais ilz n'oserent, pour ce que trop pou estoient et moult doubtoient les communes qui trop les haoient, et à bonne cause estoit, car tous les pires Sarazins de ce monde ne leur eussent pas fait plus de tirannie qu'ilz faisoient quant ilz les prenoient. Et quant ilz virent la puissance dudit regent, si lui manderent journée de bataille au vendredy, xxvie jour de fevrier. Et la sepmaine devant celui jour, on ne cessoit jour et nuyt de prendre gens à Paris, que on souspeçonnoit estre de leur party, et estoient mis en prinsons[2].

377. Item, en celle sepmaine on fist IIII jours ensuivant pro-

---

des ordres mendiants, avec mission spéciale de faire jurer en leur présence sur les Évangiles l'observation du traité de Troyes, suivant une formule annexée à leurs lettres de nomination. Dès le 4 janvier 1423, les chanoines de Notre-Dame ainsi que le clergé des églises sujettes prêtèrent le serment exigé entre les mains de Simon de Champluisant et de Nicolas Fraillon (Arch. nat., LL 215, fol. 392, 516).

1. Si les Anglais jugèrent à propos de lier par une prestation de serment jusqu'aux gens de la plus infime condition, c'est que « celui qui se disoit roy de France » comptait de nombreux partisans, non seulement à Paris, mais encore dans le nord de la France, témoin le langage séditieux tenu à cette époque par un pauvre savetier de Noyon qui se permit de proclamer : « Que le Daulphin seroit maistre et roy, et que à luy devoit competer le royaume de France et non à autre, et que s'il venoit devant Noyon, on lui ouvreroit les portes de la ville. » (Arch. nat., JJ 172, n° 406.)

2. La découverte, vers Noël 1422, d'un complot tramé contre le gouvernement anglais par quelques bourgeois parisiens, entre autres Michel de Lallier, motiva les mesures de rigueur prises par le duc de Bedford à son retour de Normandie, c'est-à-dire dès le 5 janvier 1423. C'est probablement à cette conjuration que se rattache une affaire mentionnée au registre criminel du Parlement (21 mai 1423). Michelette d'Auxerre, veuve de Guiot le Bossu, accueillit et cacha dans sa demeure un messager du parti français, et se chargea même de faire tenir à divers habitants de Paris les lettres dont cet envoyé était porteur ; arrêtée pour ce fait, elle fut appliquée à la question, condamnée à l'exposition au pilori et au bannissement ; le Parlement commua sa peine en un emprisonnement d'un mois (Arch. nat., X2a 16, fol. 453 v°).

cessions[1], et ne fist homme à Paris quelque labour en ces jours.

378. Item, quant ce vint à la journée que combatre se devoient les Arminalx, vint à IIII lieues pres ou environ ung conte d'Escosse[2] qui estoit bien acompaigné, mais il attendoit le secours de Tanguy du Chastel, qui lui avoit promis qu'il le secoureroit, mais il lui joua de son mestier dont Gannelon joua à son vivant, car il n'y vint ne n'y envoya. Quant ce vit le conte d'Escosse qu'il fut trahy, si se retraict le plus bel qu'il pot pour sauver ses gens et luy vers le païs des Arminalx, et là ot grant tançon entre luy et Tanguy et grosses parolles ; par quoy ledit conte se party de leur compaignie et s'en alla en son païs. Et ceulx de Meullenc qui dedens estoient assegez, ne se sceurent comment conseillier ; car bien apperceurent que Tanguy, en qui ilz se fioient le plus, les avoit trahyz. Si se fierent pou ou demourant des Arminalx, car ilz n'avoient à menger se peu non, et bien savoient que les communes les haoient tres mortellement, comme ceulx qui bien l'avoient desservi [à eulx], comme devant est dit, de leur cruaulté et tyrannie. Si n'oserent attendre plus, ne eulx fier en leur fortune, ains se rendirent bon gré mal gré à la voulenté du duc de Bedfort, regent, lequel les print tous à mercy le premier jour de mars l'an mil IIII[c] XXII[3], pour ce que à grant foison estoient gen-

---

1. Ces processions eurent lieu dans toutes les églises « par l'advis et ordonnance des gens du conseil du roy et de l'evesque de Paris » ; elles commencèrent le samedi 13 février et se poursuivirent le jeudi 18 février et jours suivants ; le Parlement décida le 18 février que chacun de ses membres, pour donner l'exemple, irait dans sa paroisse accompagner la procession. Le jeudi 25 février, la Cour se joignit au cortège de la Sainte-Chapelle ; enfin le vendredi 5 mars, il y eut procession générale à Sainte-Catherine-du-Val-des-Écoliers. Durant cette période, des indulgences spéciales furent accordées par l'évêque de Paris à tous ceux qui prieraient avec persévérance pour les combattants occupés au siège de Meulan (Arch. nat., X1a 1480, fol. 269 v°, 270 r°).

2. Jean Stuart, comte de Bucan, fils de Robert, duc d'Albanie, régent d'Écosse et cousin germain du roi Jacques Ier, était gendre du comte de Douglas ; nommé connétable de France par le dauphin après la victoire de Baugé, il succomba trois ans plus tard à la bataille de Verneuil. La mésintelligence qui éclata entre ce capitaine et Tanneguy du Châtel ne fut point l'unique cause de son départ. Charles VII envoya le comte de Bucan en Écosse avec une flotte « pour charger et amener le comte de Douglas et les gens d'armes et de trait du pays d'Escosse », lesquels en effet ne tardèrent pas à arriver sous la conduite des comtes de Douglas et de Bucan (Stevenson, *Wars of the English in France*, t. II, part. 1, p. 25).

3. V. dans Monstrelet (t. IV, p. 188) les articles de la capitulation accordée

tilz hommes, car ilz estoient bien de c à iiii^{xx} cottes d'armes. Sy soy panssa que moult appetissoit la puissance des autres et que la sienne croistroit, dont il fut deceu, car aussitost qu'ilz porent yssir, ilz ne tindrent oncques ne foy ou serment qu'ilz eussent fait, mais firent pis qu'ilz n'avoient fait devant, dont le peuple fut moult à malle paix, mais à souffrir le convint.

379. Item, en avril ensuivant après Pasques qui furent le iiiie jour d'avril l'an mil iiii^c xxiii, fut fait ung grant conseille [1] en la cité d'Amiens de nos signeurs, et là firent mariaiges et aliances de maintenir la guerre contre les Arminalx [2], et fut donnée la seur du duc de Bourgongne au regent de France [3]. Et après leurs diz mariaiges vindrent à Paris, c'est assavoir, le duc de Bedfort, le conte de Salsebry [4], le conte de Suffort [5] et plusieurs autres signeurs [d'Angleterre; ne n'y vint quelque signeur] de France, se non Angloys, lesquelx menoient le plus grant estat de vesture et de joyaulx que on eust oncques veu d'aage de homme nul, ne nul ne s'entremetoit du gouvernement du royaulme que eulx.

380. Item, en celui an, furent tous les figuiers, rommarins, les trailles des marays et tres grant partie des vignes toutes gelées, et des noyers, de la gelée devant dicte, especialment tout ce qui

---

le 1er mars 1423 à la garnison de Meulan par le comte de Salisbury, Jean Falstaff et autres représentants du duc de Bedford. Le Parlement de Paris fut avisé le 3 mars de la reddition de cette place par lettres closes du même duc de Bedford, publiquement lues « à la fenestre de la sale » du Palais, ainsi que l'appointement passé avec les assiégés (Arch. nat., X1^a 1480, fol. 270 r°).

1. Ms. de Paris : concille.
2. Une copie vidimée du traité d'alliance conclu à Amiens le 17 avril 1423 entre Jean duc de Bedford, Philippe duc de Bourgogne et Jean duc de Bretagne, fut apportée au Parlement le samedi 23 avril par l'évêque de Paris (Arch. nat., X1^a 1480, fol. 273 r°); ce traité stipulait que chacun des contractants serait tenu de mettre 500 hommes d'armes à la disposition de celui d'entre eux qui se trouverait avoir besoin d'aide (Cf. Monstrelet, t. IV, p. 147).
3. Anne de Bourgogne épousa Jean, duc de Bedford, à Troyes le 14 juin 1423, mourut à Paris le 13 novembre 1432 et fut enterrée aux Célestins (Vallet de Viriville, *Hist. de Charles VII*, t. I, p. 366 note). Le mariage d'Arthur de Richemond, frère du duc de Bretagne, avec Marguerite de Bourgogne, veuve du duc de Guyenne, fut célébré le 10 octobre 1423.
4. Thomas de Montagu, comte de Salisbury, tué au siège d'Orléans le 3 novembre 1428.
5. William de la Pole, comte de Suffolk et de Dreux, gouverneur du pays chartrain en 1423, prit part aux batailles de Cravant et de Verneuil.

estoit dehors de la terre, et environ la my-may commencerent à gecter de terre.

381. Item, en cel an IIIIe XXIII, la IIe sepmaine de juing, allerent les Angloys devant Oursay[1] qui tant avoit fait de mal en France, especialment autour de Paris, de toutes pars; car les larrons qui estoient dedens le chastel, estoient pires que Sarazins qui oncques feussent. Et n'est nul qui creust la douleur et la tyrannie qu'ilz faisoient souffrir aux chrestiens qu'ilz prenoient, car, premier, nulz n'eschappoit d'eulx quant ilz le prenoient qu'il ne perdist quant que il avoit, s'ilz povoient; et, après celle cruelle rançon, quant ilz avoient tout ce que les pouvres gens ou les riches povoient finer, les faisoient ilz aucunes foys mourir de fain ou d'autre cruelle mort. Et pour ce, aussitost que on mist le siege devant, ceulx de Paris et des villaiges d'entour y allerent de bon cueur, et fut assegé ledit chastel moult asprement. Moult se deffendirent les larrons qui dedens estoient, car bien avoient de quoy, car grant temps avoit qu'ilz n'avoient fait que gaigner par roberies, mais leur deffence rien ne leur valu, car avant huit jours ensuivant ilz furent si honteusement prins qu'ilz furent admenez à Paris, chascun ung chevestre dedens le col bien estroit fermé, acouplez l'ung à l'autre, comme chiens, venans à pié depuys ledit chastel jusques à Paris, et estoient environ cinquante, sans les femmes et petis paiges.

382. Item, ceulx que on tenoit à gentilz hommes venoient ung pou après les devant diz et n'avoient point de corde au col, mais ilz tenoient chascun en la dextre main une espée toute nue par le millieu de l'alemelle ou environ, la pointe contre la poictrine en signe de gens renduz à la voulenté du prince; et furent admenez le jour Sainct Gervais et Sainct Prothais qui fut celle année au sabmedi[2].

383. Item, tantost après fut faicte une grosse taille et emprunt, qui fist tant de grief aux pouvres gens, que tres grant foison s'en allerent hors de Paris demourer[3].

---

1. Wavrin (édit. Dupont, t. I, p. 215) est le seul chroniqueur qui signale la présence du comte de Salisbury à la prise d'Orsay.

2. Monstrelet ajoute à ces détails que les prisonniers furent conduits à l'hôtel des Tournelles en présence du duc de Bedford et de sa femme, laquelle intercéda en faveur de ces malheureux et obtint leur mise en liberté.

3. Le clergé parisien paya sa part de cet emprunt forcé; le 31 mai 1423 le chapitre de Notre-Dame fut appelé à délibérer sur l'assiette d'une taille

384. Item, la derraine sepmaine du moys de juillet, fut ordonné par l'evesque de Paris que nulle femme ne seroit ou cueur du moustier quant on feroit le divin office, ne nul homme bisgame ou sans couronne ne toucheroit aux reliques, ne à quelque chose qui fust sacrée ou beniste, ne ne serviroit le prebstre à l'austel, mais ce ne dura gueres.

385. Item, en ce temps fut faicte monnoie noire de III tournois la piece, que on n'osa faire oncques courir, pour ce que celle de II tournois estoit blanche et celle de trois tournois noire; le peuple en fut si mal comptent qu'il la convint laisser, et si estoit [toute] assennié[1].

386. Item, en ce temps venoient à Paris les loups toutes les nuys, et en prenoit on souvent III ou IIII à une foys, et estoient portez [par mi Paris] panduz par les piez de derriere, et leur donnoit on de l'argent grant foison.

387. Item, le jour de l'Invencion Sainct Estienne, IIIe jour d'aoust, fut faicte grant feste à Paris au soir, comme de faire grans feus, dancer tout ainsi comme à la Sainct Jehan[2]; mais ce estoit moult piteuse chose à pancer pourquoy la feste se faisoit, car mieulx on deust avoir plouré; car, comme on disoit que III[m] ou plus furent mors des Arminalx par armes[3] et quelque II[m] prins et

---

de huit mille francs demandée pour chasser les ennemis des forteresses voisines de Paris; après de longs débats, la somme fut réduite à deux mille francs, payables moitié en juillet, moitié en août (Arch. nat., LL 215, fol. 404, 406).

1. Afin de donner satisfaction au peuple de Paris « acoustumé à marchander à parisis », ces deniers noirs d'émission récente, dont le cours avait été fixé à trois tournois pièce, furent cotés deux parisis (ordonnance du 6 septembre 1423). Indépendamment de la monnaie noire ci-mentionnée, le gouvernement anglais ordonna par un mandement du 31 mai 1424 la fabrication de petits parisis noirs, évalués un denier parisis pièce (Arch. nat., Z1b 58, fol. 181 r°).

2. Il s'agit de la victoire de Cravant remportée le samedi 31 juillet par les troupes anglo-bourguignonnes sur l'armée du dauphin que commandait le connétable d'Écosse, Jean Stuart de Darnley; la nouvelle de ce brillant fait de guerre parvint à Paris le mardi 3 août, fort avant dans la soirée. Pour célébrer ce succès des armes anglaises, il y eut à Paris processions sur processions, le mercredi 4 août à Notre-Dame, le vendredi 6 août à Saint-Germain-l'Auxerrois, le mercredi 11 à la Sainte-Chapelle, ce dernier jour, en présence du duc et de la duchesse de Bedford (Arch. nat., X1a 1480, fol. 280 r°).

3. Pareil chiffre est donné par Clément de Fauquembergue et Cousinot de Montreuil (*Chron. de la Pucelle*, p. 214).

quelque xvᵉ noiez pour eschever la cruelle mort que ceulx qui les suivoient leur promettoient. Or, veez, quel dommaige et quel pitié par toute chrestienté, car pou d'iceulx qui ainsi sont mors ont petite souvenance de leur Createur à l'eure, et ceulx qui les occient aussi pou, car le plus n'y vont que pour la convoitise, et non point pour l'amour de leurs signeurs dont ilz se renomment, ne pour l'amour de Dieu, ne pour charité aucune, dont ilz sont tous en peril d'estre honteusement mors au siecle, et les ames à perdicion.

388. Item, quans lieux demourez inhabitez, comme villes, chasteaulx, moustiers, abbayes et autres, helas! helas! quans orphelins on peut en terre chrestienne trouver, et quantes pouvres femmes vefves et chetives par telz occisions. Helas! se ung chascun de nous regardoit [bien] se autel douleur nous estoit advenue ou promise, com grant douleur et com grant hayne nous perceroit les cueurs de noz ventres, et com grant voulenté nous aurions de en estre vengez, et tout, pour ce que nous n'avons nul regart au temps qui est à advenir, lequel est moult doubteux tant au regart de cruelle mort par vengence divine, pour la joye que nous avons du mal d'autruy et de la destruction dont on nous peut tous juger homicides, car on dit que bonne voulenté est reputée pour fait. Et si dit Nostre Seigneur par la bouche de l'apostre : « Qui de glaive ferra, de glaive mourra! » Nous faisons semblant, comme fist Calcas, ung devineur de Troyes la grant, lequel alla à son dieu qui estoit nommé Appollo, par le congé du roy Priant, pour demander lesquelx seroient vaincuz ou ceulx de la grant Troye ou les Gregois ; si lui fut respondu que en la fin Troye seroit destruite, pourquoy il laissa sa cité et [ses amys], et s'en alla par devers les Gregoys, et leur dist le respons d'Apollo, par quoy ilz luy firent moult grant joye pour celle foys pour le respons [d'Appollo]. Ouquel Appollo le dyable conversoit, qui dist à Calcas que les Gregoys vaincroient, mais il leur cela la tres grant douleur qui leur en advint, car tous perirent, car tres pou en eschappa, que tous ne fussent occis ou perilliez en mer à leur retour, ne Calcas n'ot oncques puis joye que ung pou, quant il vint avecques les Gregois, ne oncques puis on ne se fia en luy. Or veez quelle douleur il en advint aux deux parties pour vouloir avoir vengence[1], car l'Escripture tesmoigne que là moururent par

---

1. Ms. de Paris : vengement.

glaive ou par feu plus de xxii milliers de hommes, dont tres grant partie d'Orient demoura vefve [et orpheline] de toute chevalerie, car pou ou neant en eschappa qui peust rapporter les nouvelles plaines de douleurs en son pays. Et pour ce pour l'amour de Dieu ayons pitié de nous mesmes, en craignant la main de Nostre Sauveur Jhesu Crist, car nul ne scet que à l'ueil lui pend, car à telle mesure que nous mesurons nous serons mesurez.

389. Item, la derraine sepmaine d'aoust, vint le duc de Bourgongne à Paris [1] à petit preu pour le peuple, car il avoit grant compaignie qui tout degastoient aux villaiges d'entour Paris, et les Englois aussi y estoient. En icelluy temps le vin estoit tres cher plus que long temps n'avoit esté, et si y avoit tres pou raisins es vignes, et encores ce pou degastoient lesdiz Angloys et Bourguignons, comme eussent fait porcs, et n'estoit nul qui en osast parler. Ainsi estoit le peuple gouverné par la malle et convoiteuse voulenté des gros, qui gouvernoient Paris, qui touzjours estoient avec les signeurs, et n'avoient nulle pitié du povre peuple qui tant avoit de pouvreté. Mais firent lesdiz gouverneurs, pour complaire aux signeurs, à ung lundi, vi[e] jour de septembre, après disner, environ trois heures, crier la monnoye, que trois doubles ou niqués ne vauldroient que ung blanc, qui devant valloient vi tournois [2]; dont le peuple se troubla moult [3], et de ce advint

---

1. Philippe le Bon, accompagné du comte de Richemond, fit son entrée à Paris le vendredi 27 août; il trouva près de la Chapelle (Saint-Denis) le duc de Bedford, avec lequel il se rendit chez la reine Isabeau. Le duc de Bourgogne quitta la capitale le mercredi 23 février 1424, se dirigeant vers Amiens (Arch. nat., X1a 1480, fol. 281 v° et 290).

2. Un mandement royal au prévôt de Paris, publié le 6 septembre 1423, fixa de la manière suivante le cours des doubles deniers de deux tournois pièce: désormais six de ces doubles devaient valoir un grand blanc de dix deniers tournois de nouvelle fabrication, et trois doubles un petit blanc de cinq deniers tournois (Arch. nat., Z1b 58, fol. 177 v°). Le gouvernement anglais voulait par ce moyen empêcher la contrefaçon des deniers en question faite sous le couvert du dauphin; à peine les blancs de 10 d. t. furent-ils frappés que l'on vit circuler de faux blancs aux armes de France et d'Angleterre jusques dans Paris (Ibid., Z1b 3, fol. 9 v°). Cette dépréciation soudaine troubla profondément les marchés et transactions: c'est ainsi que le chapitre de Notre-Dame, bénéficiant de la situation, décida de payer les ouvriers de ses moulins à raison de six doubles pour deux blancs, malgré les conventions passées avant l'abaissement de la monnaie, cinq doubles valant alors deux blancs de 8 deniers (Ibid., LL 215, fol. 419).

3. « Dont le peuple se troubla moult » manque dans le ms. de Rome.

que on ne pot, celle journée ne l'endemain, ne pain ne vin à Paris pour son argent finer[1].

390. Item, en ce temps, les Anglois prenoient aucunes foys une forteresse sur les Arminalx au matin, et si ilz en perdoient aucunes foys deux au soir, ainsi duroit la guerre de Dieu mauldite.

391. Item, en ce temps, ou moys de septembre, fist tant l'evesque de Paris, qui estoit patriarche, qu'il fut arcevesque de Rouen par faulte de souffisance[2], et le jour Sainct Denis ensuivant, ix⁰ jour d'octobre, fut fait ung autre evesque de Paris nommé[3] Jehan de Vienne[4].

---

1. Après la publication de l'ordonnance du 6 septembre 1423, les denrées et la main-d'œuvre subirent un renchérissement tellement excessif, que, le vendredi 10 septembre, le Parlement dut intervenir et ordonna au prévôt de Paris de prendre les mesures nécessaires pour faire cesser cet état de choses (Arch. nat., X¹ᵃ 1480, fol. 283 r°).

2. Jean de Rochetaillée, patriarche de Constantinople, administrateur de l'évêché de Paris, transféré en 1423 à l'archevêché de Rouen, refusa tout d'abord d'abandonner le siège épiscopal de Paris, alléguant au mois d'août 1423, dans un procès qu'il soutenait au sujet de la régale, que si le pape, à ce qu'on disait, lui avait donné « licence d'aler à l'archeveschié de Rouen », il l'ignorait et n'en « estoit mie certifié deument. » (Arch. nat., X¹ᵃ 4793, fol. 341 r°.) C'est en pure perte que ce prélat se fit délivrer lettres royales le maintenant en possession de l'évêché, lettres qui furent présentées au chapitre le 12 septembre ; il dut céder et composa avec les chanoines (Ibid., LL 215, fol. 416).

3. Ms. de Paris : qui se nommoit.

4. Jean de Nant, archevêque de Vienne, transféré à l'évêché de Paris par bulle de Martin V du 27 juin 1423, se fit recevoir le 24 septembre suivant ; dès le 6 septembre, se trouvant en l'abbaye de Saint-Victor, il exprima le désir d'établir sa demeure dans la maison de son oncle, Jean de Vienne, amiral de France ; le chapitre, se rendant à ses vœux, lui permit de traverser la Seine de Saint-Victor à Saint-Antoine et de séjourner à Paris à condition de ne point pénétrer dans la Cité. La date du 9 octobre donnée par le Journal est celle de l'entrée solennelle du nouvel évêque, qui, pour célébrer son intronisation, convia les chanoines à un grand dîner (Arch. nat., LL 215, fol. 415-418). Jean de Nant resta en possession de l'évêché de Paris jusqu'à sa mort, survenue le 7 octobre 1426 ; son exécuteur testamentaire, Guillaume de Chauvirey, préchantre de Lyon, chanoine de Besançon, présenta le 28 avril 1427 le testament du prélat pour être enregistré au Parlement (Ibid., X¹ᵃ 9807, fol. 28 r°). La succession de Jean de Nant n'était pas encore liquidée en 1436 ; à cette époque, le chapitre de N.-D. ordonna de dresser l'inventaire de biens déposés dans une chambre de la rue Saint-Pierre-aux-Bœufs et confiés à la garde d'un chanoine, serviteur dudit évêque (Ibid., LL 217, fol. 193).

392. Item, en ce moys de septembre devantdit, orent journée de bataille ensemble les Arminalx et les Angloys, et fut en Normendie environ Avranches ; et furent desconfis bien IIII^m Angloys tous mors en la place[1], dont ce fut pitié et est qu'il fault que chrestienté destruise ainsi l'un l'autre, et certes ce ne fut pas sans grant destruction des autres, car tout le peuple les avoit en trop mortel haine et les ungs et les autres.

393. Item, quant ledit evesque de Vienne fut receu evesque de Paris, il fist faire XL jours tout ensuivant procession, que Dieu par sa grace voulsist mettre la paix en la chrestienté et apaisier le temps qui trop estoit contraire pour les semailles, car il fut bien IIII moys tous entiers ou plus que onques ne cessa de plouvoir de jour ou de nuyt.

394. [Item, en ce temps avoit ou chastel de Yvry-la-Chaussé[2] une grant compaignie de larrons qui se disoient Arminalx ou de la bende, ausquelx rien, s'il n'estoit trop chault ou trop pesant, ne leur eschappoit, et, qui pis est, tuoient, boutoient feux, efforçoient femmes et filles, pendoient hommes, s'ilz ne paioient rançon à leur guise, ne marchandise nulle par là ne povoit eschapper.]

395. Item, en icelui temps, le monde estoit [moult] esbahi pour le temps [pluvieux] qui tant duroit et le doulx temps qu'il faisoit. De la Sainct-Remy jusques environ la Sainct-Thomas l'apostre, faisoit si tres doulx temps, que la violete jaune[3] estoit aussi commune comme elle a esté aucunes foys en mars, ne ne gela point en icelui temps, et disoit chascun que yver estoit tout passé ; mais Dieu qui ordonne, et nous devisons, commença à faire geler à la

---

1. Sans doute, l'auteur du Journal veut parler de la victoire de la Gravelle, au Maine, que remporta le 26 septembre Jean d'Harcourt, comte d'Aumale ; les Anglais, commandés par W. Pole, laissèrent sur le champ de bataille environ quinze cents morts et perdirent plusieurs centaines de prisonniers, dont leur chef ; c'est à la suite de cette affaire que le comte d'Aumale fit une tentative infructueuse pour enlever Avranches de vive force (Cousinot, *Chron. de la Pucelle*, p. 214).

2. Ivry-la-Bataille (Eure, arr. d'Évreux, cant. de Saint-André), anciennement Ivry-la-Chaussée, place forte de Normandie, appartenant au comte Arthur de Richemond, tomba entre les mains de Géraud de la Pallière, gentilhomme gascon au service de Charles VII, qui l'enleva « par eschielle et faulte de guet » ; l'écuyer anglais du nom de Pierre Glé, auquel la garde de ce château avait été confiée, obtint le 20 mars 1424 des lettres de rémission pour sa négligence (Arch. nat., JJ 172, n° 442).

3. Ms. de Paris : jeune.

Sainct Thomas, et gela de plus en plus fort, et dura jusques à la Chandeleur sans cesser. Et en ce temps qu'i geloit si asprement avoit si grant marché de choulx à Paris que on en avoit une charretée pour xii blans, on en avoit assès pour iiii ou pour vi personnes pour ung noiret[1] qui ne valloit que une poitevine ou environ, et avoit on pois, feves pour ii solz parisis le boessel.

396. Item, de fruict à grant habundance et tres bon on avoit à Nouel et après ung quarteron de pommes de roumau ou de capendu pour iiii deniers et pour moins.

397. Item, en ce temps, toutes gens qui avoient maisons y renonçoient, puis qu'elles estoient chargées de rentes, car nulz des censiers ne vouloient rien laisser de leurs rentes et amoient mieulx tout perdre que faire humanité à ceulx qui leur devoient rente, tant estoit la foy petite, et par celle deffaulte de foy on eust trouvé à Paris de maisons vuydes et croisées saines et entieres plus de xxiiii milliers où nulli ne habitoit.

398. Item, en ce temps, bien pou après ou devant Nouel, fut reprinse Compigne par les Arminalx[2], et avecques ce prindrent [tres] grant foison blez que on amenoit à Paris [du païs] de Picardie. Et tantost que les nouvelles furent sceues à Paris, le prevost de Paris y mena grant foison de gens de Paris pour les asseger, mais il n'y fist chose dont on doye parler, que gaster finance et donner peine aux pouvres gens.

399. Item, en ce temps n'avoit en France nul signeur, ne nul chevalier de nom, ne Angloys, ne autre, et pour ce estoient les Arminalx si hardiz et si entreprenans.

---

1. Le noiret était un petit denier noir, de la valeur d'une maille tournoise, comme on le voit par le mandement du 22 juin 1423 fixant le cours de la menue monnaie (Arch. nat., Z1b 58, fol. 179).

2. Trois à quatre cents partisans français, sous la conduite d'Yvon du Puis, de Gautier de Broussart et d'Angelot de Laux, escaladèrent au point du jour la ville de Compiègne ; presque aussitôt après Lionnel de Bournonville et le seigneur de l'Isle-Adam, joints « à ceulx de Paris », dirigèrent contre les occupants une attaque qui échoua complètement ; c'est à cette expédition avortée que fait allusion notre chroniqueur (cf. Monstrelet, t. IV, p. 174, Cousinot, *Geste des nobles*, p. 194). Au début de l'année 1424, le duc de Bedford fit assiéger Compiègne, et s'en rendit maître; la capitulation conclue avec le capitaine français fut suivie de lettres de rémission accordées le 4 avril 1424 aux bourgeois qui, par « leur negligence et faulte de deue garde et deffense », avaient laissé prendre la ville, à l'exception toutefois « des officiers et habitans consentans et coulpables de la prise d'icelle ville (Arch. nat., JJ 172, n° 448).

[1424.]

400. Item, à l'issue de fevrier, oudit an, IIII^c XXIII, ce rendirent ceulx du Crotay[1] et ceulx de Mont-Aguillon[2] aux Angloys leurs vies sauves, et s'en allerent franchement, qui tant de maulx avoient fait, car ilz s'estoient tenus plus d'un an.

401. Item, en ce temps riens ne se faisoit que par l'Angloys, ne nul des signeurs de France ne se mesloit du gouvernement du royaulme. En icellui temps estoit la royne de France demourante à Paris, mais elle estoit si pouvrement gouvernée qu'elle ne avoit tous les jours que VIII sextiers de vin tout au plus pour elle et son tinel ; ne le plus de ceulx de Paris, qui leur eust demandé : « Où est la royne? » ilz n'en eussent sceu parler. Tant en tenoit-on pou de compte, que à paine en challoit il au peuple, pour ce que on disoit qu'elle estoit cause des grans maulx et douleurs qui pour lors estoient sur terre.

402. Item, tout l'yver[3] et tout le karesme jusques après Pasques qui furent le XXIIIe jour d'avril l'an mil CCCC XXIIII, environ le may, on alla assegier Gaillon[4], Sedanne[5], Nangis et

---

1. Les château et ville du Crotoy se rendirent le 3 mars 1424, en vertu de conventions passées au mois d'octobre 1423 entre Raoul le Bouteiller, représentant le duc de Bedford, et Jacques d'Harcourt (Arch. nat., X1a 1480, fol. 291 v°). L'une des principales dispositions de ce traité (Monstrelet, t. IV, p. 166) portait que les habitants pourraient conserver leurs biens en prêtant serment au régent ; un bourgeois de Paris, Jacques de Lailler, qui s'était trouvé au Crotoy, invoqua le bénéfice de cet article, et obtint en conséquence des lettres de rémission qui furent entérinées au Parlement (Arch. nat., X2a 16, fol. 477 v°; voir d'autres lettres du 27 mai 1424, Arch. nat., JJ 172, n° 477).

2. Montaiguillon, château fort, situé entre Provins et Nogent-sur-Seine (commune de Louan), fut assiégé par le comte de Salisbury en personne, qui, après un siège meurtrier, parvint à réduire cette forteresse et en ordonna la démolition (Monstrelet, t. IV, p. 154, Cousinot, Geste des nobles, p. 195).

3. L'hiver de 1424 se prolongea outre mesure, car suivant le témoignage d'un contemporain, le samedi premier avril « il neiga et gela bien fort plus que long temps par avant n'avoit fait » (Arch. nat., X1a 1480, fol. 193 v°).

4. La forteresse archiépiscopale de Gaillon, que les gens du dauphin avaient enlevée le 16 avril 1424, fut réduite par les Anglais le 8 juillet suivant et aussitôt démolie (P. Cochon, Chron. normande, p. 449; Monstrelet, t. IV, p. 186).

5. Sézanne (Marne, arr. d'Épernay), battue en brèche par le comte de

autres forteresses, lesquelles furent toutes prinses des Angloys, et s'en allerent les Arminalx desdiz, leurs vies sauves, senon ceulx de la garnison du chastel de Sedanne, qui furent tous mis à l'espée, et les autres firent pis la moitié qu'ilz n'avoient fait devant.

403. Item, en ce temps, le regent de France fist asseger à l'entrée de juillet ceulx qui estoient dedens Yvry-la-Chaussée qui avoient pou de vivres[1], et estoit leur esperance toute de eulx garnir de vivres des biens qui estoient sur terre en cellui moys, especialment de tous blez et de potaiges pour toute l'année, car de char avoient ilz touzjours assez. Mais on dit bien souvent que ung pansse ly asgne et autre ly asgnier, et Dieu qui mua le propos de Oloferne, tourna leur joie, quant ilz cuiderent estre plus asseurez, en tristour ; car ilz furent de si pres prins qu'ilz n'orent point de povoir de cuillir ne blé, ne vin, ne potaige, pour quoy il convint qu'ilz traictassent au regent. Et fut leur traicté tel : qu'ilz se devoient rendre à la voulenté du prince, s'ilz n'avoient dedens quinze jours secours ou moys d'aoust, lequel leur fut accordé, et de ce baillerent ostaiges bons et suffisans tous gentilz hommes ; car bien estoient oudit chastel iiii^c hommes d'armes, tout de renon, si orent grant esperance au secours que point ne leur fauldroit audit jour. Si sceurent les Arminalx le jour, si firent grant assemblée de toute leur puissance, et eulx mirent au chemin par devers Chartres, tuant, robant, pillant, prenant hommes et femmes, brief, ilz faisoient tout mal. D'autre part, le regent qui estoit devant le chastel d'Yvry-la-Chaussée fist semondre son ost partout, et quant ilz furent venuz, si furent armez à dix milliers tous hommes deffensables, lesquelx il ordonna moult saigement, car il se mist en une plaine moult belle ; et, par derriere lui avoit ung tertre moult hault, par quoy il n'avoit garde par derriere, car nul ne peust bonnement descendre ladicte montaigne par devers eulx sans grant travail. En ce temps,

---

Salisbury depuis le 6 avril, opposa une résistance désespérée et dut être enlevée d'assaut ; ses habitants, traités avec une extrême rigueur, périrent misérablement (Arch. nat., X1a 4796, fol. 77 v°. Cf. A. Longnon, *Les limites de la France et l'étendue de la domination anglaise à l'époque de la mission de Jeanne d'Arc*, p. 48).

1. Géraud de la Pallière, assiégé dès le 15 juin par le comte de Suffolk, capitula le 5 juillet, c'est-à-dire promit de rendre la place le 15 août, s'il n'était secouru à cette date.

Arminalx approucherent plus et plus l'ost du regent ; quant il le sceut, si fist ordonner ses batailles et les pria de bien faire, et là les attendy de pié quoy en moult belle ordonnance. Les Arminalx envoierent coureux montez d'avantaige pour aviser l'ost dudit regent ; quant les coureux virent son ost en si belle ordonnance, si s'en retournerent comme gens effraiez à leurs gens, en leur disant que tres grant folie seroit d'assembler, et que le mieulx seroit de s'en retourner chascun en sa garnison. Si s'aviserent puis après ce d'une traïson, car ilz envoierent à une lieue pres de l'ost du regent environ v^c hommes d'armes bien montez et armez, lesquelx firent semblant de [venir pour] lever le siege, dont ilz n'avoient talent ne hardement ; et ceulx qui estoient dedans le chastel eulx orguillirent et commencerent à crier et braire, en disant parolles moult villeneuses et despiteuses au regent et à ses gens, car ilz cuiderent bien à celle foys estre secouruz et delivrez, quant ilz virent les cinq cens hommes, car leur pencée estoit que ce fust l'avangarde des Arminalx, mais autrement estoit, car ilz n'estoient ainsi venuz que pour ce que bien savoient que le regent les attendroit en la place ; si ne se bougerent du lieu où ilz estoient, dont les deux osts povoient veoir l'un l'autre. Et, ce pendent que là se tenoient, les Arminalx faisoient retourner leur charroy et leur trayn le plus tost qu'ilz povoient pour eulx en fuir sans riens perdre ne sans coup ferir.

404. Quant ceulx qui devant l'ost du regent estoient venus orent tant esté illec, que bien fut l'ost à pié[1] eslongné III ou IIII grosses lieues, si monterent moult tost et s'enfouirent après leurs gens qui tiroient vers le Perche ; et ce jour estoit lundy, vigille de la Nostre-Dame my-aoust mil IIII^c XXIIII. Quant ilz furent pres de Verneil ou Perche, si firent une grant traïson, car ilz prindrent grant foison de leurs soudaiers escossays, qui bien savoient parler le langaige d'Engleterre, et leur lierent les mains, et les mirent aux queues des chevaulx, et les touillerent de sanc en maniere de plaies en mains, en bras et en visaige, et ainsi les menerent devant Verneil, criant et braiant à haulx criz en langaige d'Angloys : « Mal veismes ceste doloreuse journée ! quant nous cessera ceste douleur ? » Quant les Angloys qui dedens la ville estoient virent la douleur contrefaicte, si furent moult esbahiz, et fermerent leurs portes et se mirent en hault pour deffendre leur

---

1. Ms. de Paris : à peu.

ville. Et quant les Arminalx virent cecy, leur monstrerent le sire de Torcy[1] qui s'estoit rendu à eulx, qui estoit lié comme les autres par traïson, qui leur dist que toute la chevalerie d'Angleterre estoit morte en celui jour devant Yvry, et que pour neant se tandroient, que jamais n'auroient secours, et ce tesmoignerent les autres qui bien parloient anglois, et jurerent par leur serement que ainsi estoit. Si ne se sceurent comment conseiller, car ilz tenoient le sire de Torcy l'un des bons et vrais chevaliers qui fust avec le regent, et veoient les autres liez aux queues des chevaulx, qui parloient leur langaige et leur affermoient la chose estre toute vraye, et si avoient pou de vivres; si s'acorderent que ilz se randroient, leurs vies sauves, ainsi leur fut accordé. Mais quant les Arminalx furent dedens la ville, si firent trop grant mal, car ilz mirent tous ceulx qu'ilz porent atraper à mort, et plusieurs femmes et enffans, et se logerent en la ville et tout leur trayn. Ceulx qui porent eschapper s'en fouirent qui mieulx mieulx, les aucuns arriverent en l'ost du regent, qui moult furent esbahiz quant ilz virent ceulx de l'ost qui faisoient bonne chere et liée[2], si conterent leur adventure au regent, et on avoit dit au regent qu'ilz faisoient semblant de fouir, affin qu'il donnast congé à ses gens, et celle pancée avoient ilz de lui courir [sur], s'il leur eust donné congié ; mais aussitost qu'il sceut la chose, si soy departy et parlemanta à ceulx du chastel qu'ilz avoient pancée de faire, que bien sceussent que tous mourroient de malle mort, s'ilz ne se randoient, si se randirent à lui, et en fist ce qu'il volt ; il en fist pandre, il en delivra la plus grant partie, qui depuis firent tant de maulx tant que cest hydeux temps dura[3].

405. Après ce s'esmeut ledit regent, duc de Bedfort, à tout son ost, le plus tost qu'il pot, et suivy les Arminalx jour et nuyt, (tant) que, le jeudi d'après la my-aoust qui fut au mardy, aproucha des

---

1. Jean d'Estouteville, seigneur de Torcy, qui devint plus tard grand maître des arbalétriers de France, n'avait guère que dix-neuf ans au moment de la bataille de Verneuil ; malgré son jeune âge, il représentait alors la famille privée de son chef, car son père, Guillaume d'Estouteville, prisonnier des Anglais depuis l'année 1419, se trouvait encore en leur pouvoir le 9 mai 1427, date du sauf-conduit donné à l'un de ses serviteurs qui se rendait en France pour traiter de sa rançon (Rymer, t. IV, partie IV, p. 127).
2. Ms. de Paris : liesse.
3. Les mss. de Rome et Paris, au lieu de « temps dura », portent « duraançon », leçon inintelligible.

Arminalx tant qu'ilz virent l'un et l'autre. Quant ilz virent le regent, si esmeurent leur gent et virent qu'ilz estoient bien dix huit mil combatans, et firent esmer par leurs heraulx les gens dudit regent, qu'ilz dirent par leur foy qu'ilz n'estoient pas dix mil au plus. Quant ce ouirent les Arminalx, qui de Lombars avoient grant planté moult bien montez, si leur dirent : « Nous ordonnerons en telle maniere, que vous de Lombardie, qui si bien estes montez, quant la bataille sera bien esmeue, vous serez iii^m de vous qui par derriere eulx vendrez, et tuerez tout sans prendre homme à rançon. » A ce s'acorderent les Lombars, le regent d'autre part ordonna sa bataille, et fut en une belle plaine, si n'ot de quoy se fermer. Si fist descendre ses gens à pié, et fist lier tous les chevaulx de son ost derriere l'ost, les testes devers le cul, iii ou iiii d'espés, et tous furent ainsi liez ensemble, que mesmes les chevaulx ne se povoient mouvoir l'un sans l'autre, car moult estoient court liez. Quant orent ainsi ordonné les deux osts leurs batailles, et qu'ilz furent en ordonnance, les Arminalx, qui moult estoient pecheurs, firent demander au regent qu'il avoit en pençée et que il vauldroit mieulx faire ung bon traicté que combatre, car moult se doubtoient pour leurs pechez. Le regent tout asseuré leur manda que tant de foys avoient leur foy mentie, que jamais on ne les devoit croire, et que bien sceussent que à lui jamais n'auroient traicté ne paix, tant qu'il les eust combatus. Adonq il n'y ot plus parlé, les deux osts vindrent l'un contre l'autre, [et commencerent à frapper et mallier l'un sur l'autre] de toutes manieres d'armeures [1] de guerre que on peust pancer, de traict ou d'autre chose. Là eussiez ouy tant doloreux criz et plaintes, tant hommes cheoir à terre, que puis n'en releverent, l'un chacer [2], l'autre fouir, l'un mort sus, l'autre gesir à terre gueulle baiée, tant sanc espandu de chrestiens, qui oncques n'avoient veu en leur vivant l'un l'autre, et si venoient ainsi tuer l'un l'autre pour ung pou de pecune qu'ilz en attendoient à avoir. La bataille fut moult cruelle, que on ne savoit qui en avoit le meilleur. Les Arminalx avoient grant fiance aux Lombars qu'ilz avoient ordonnez [de] venir par derriere rompre la bataille du regent de France, lesquelx n'oserent oncques ce faire quant ilz virent la haye des chevaulx qui par derriere estoit. Si ne leur fut

---

1. Ms. de Paris : armes.
2. Ms. de Paris : cacher.

à gueres qui gaignast ou perdist, mais qu'ilz eussent du pillaige ; si tuerent les pouvres varletz et paiges qui dessus les chevaulx estoient, et orent le cueur failli de aider à leur gent, et prindrent tous les bons chevaulx et tout ce qui dessus estoit troussé, et ainsi s'en fouirent sans plus revenir vers leur païs ; ainsi s'en allerent honteusement comme couars et convoiteus. Quant les Arminalx virent qu'ilz ne venoient point, si furent moult esbahiz ; si leur fut dit par ung herault comment les Lombars s'en estoient fouiz sans cop ferir pour le pillaige, si furent les Arminalx si esbahiz qu'ilz ne sorent quel conseil prendre ; et si estoient entrez en bataille plus de xv^m [1], mais leur pechié leur nuisoit tant qu'ilz ne povoient faire chose où ilz eussent honneur oncques, puis que le duc de Bourgongne fut tué par eulx. Quant les Angloys les virent esbahiz, si se ralient et leur courent sur moult asprement de tout leur povoir, et prennent terre sur eulx plus et plus, si asprement que les Arminalx ne porent plus souffrir l'estour, ains s'en commencerent à fouir moult honteusement pour sauver leurs vies, et les gens du regent les poursuivirent jusques devant Verneuil ou Perche. Là fu grant l'occision et cruelle des Arminalx, car là furent mors par armes par le dit des heraux bien neuf milliers [2]. Et si fut prins le duc d'Alençon [3] et mort le conte d'Aumalle [4] filx du conte de Harecourt, et le conte de Ghayglas [5] escossois [6] mort, et le conte de Boucan mort, et le conte de Ton-

---

1. Ms. de Paris : xviii mil.
2. Le roi d'armes Montjoie fit, paraît-il, le relevé des pertes subies par l'armée franco-écossaise ; c'est du moins ce qui ressort de l'extrait relatif à la bataille de Verneuil que reproduit Stephenson (*Wars of the English*, vol. II, part. II, p. 395).
3. Jean II, duc d'Alençon, retenu prisonnier par les Anglais, se trouvait en 1425 au Crotoy, lorsque le régent lui offrit sa liberté et ses domaines à condition de prêter serment de fidélité au roi d'Angleterre ; le jeune duc refusa énergiquement de souscrire à ces conditions et préféra garder prison ; il fut néanmoins relâché peu après et assista en 1428, à Chinon, à la présentation de Jeanne d'Arc (Monstrelet, t. IV, p. 241, 316).
4. Jean d'Harcourt, comte d'Aumale, remplit en 1417 les fonctions de capitaine général de Normandie et fut nommé le 15 avril de cette même année capitaine de Rouen.
5. Ms. de Rome : le conte de Ghay.
6. Archibald, comte de Douglas, nommé duc de Touraine par Charles VII, l'un des chefs du contingent écossais, était beau-père du comte de Bucan qui fut tué ainsi que lui.

noyre mort[1], et le conte de Vantadour[2] mort, et le viconte de Nerbonne[3], lequel ot la teste coppée depuis qu'il fut mort, et son corps pandu au gibet et sa teste en une lance moult hault.

406. Item, furent trouvez mors de la partie des Arminalx bien II^m III^c LXXV cottes d'armes.

407. Item, de ceulx du regent, furent environ trouvez III^m mors, et tres pou y ot de mors de gens de nom[4].

408. Quant ceulx qui dedens la ville s'estoient mis, virent la grant desconfiture, si ne sceurent comment conseiller fors que de eulx rendre à la mercy du regent[5], et ainsi le firent. Si furent les ungs navrez, les autres bien demy mors, et en ce point furent boutez hors de la ville à leur grant confusion, tous nuds de toutes leurs armeures.

409. Item, les Lombars qui avoient pillié les chevaulx devant-diz ne tindrent pas tous ensemble leur chemin, par quoy l'une partie fut encontrée devers Chartres, et furent tous destroussez et grant foison de tuez et navrez; laquelle bataille dessusdicte fut le jeudi XVIIe jour du moys d'aoust, l'an mil CCCC XXIV. Et le vendredy ensuivant, [dix huitiesme] jour dudit moys, fist on les feus par tout Paris et moult grant feste pour la perte des Arminalx[6],

---

1. Louis de Chalon, comte de Tonnerre, l'un des chevaliers échappés au désastre d'Azincourt (*Chron. des Cord.*, p. 229).

2. Jacques, comte de Ventadour, avait contribué à la victoire de Baugé; fait prisonnier à la bataille de Cravant, où il eut un œil crevé, il succomba à la journée de Verneuil.

3. Guillaume d'Avaugour, vicomte de Narbonne, acquit une triste notoriété par sa participation à l'assassinat de Jean Sans-Peur, ce qui explique la haine des Anglo-Bourguignons s'acharnant sur son cadavre.

4. Les Anglais éprouvèrent des pertes tellement sensibles qu'au dire de Cousinot de Montreuil, le duc de Bedford, annonçant sa victoire, interdit en quelque sorte toutes réjouissances, attendu que « combien qu'ils eussent eu l'honneur, toutesfois ils avoient beaucoup de dommage » (Cousinot, *Chron. de la pucelle*, p. 226).

5. Les lettres de rémission accordées le 11 août 1424 aux habitants de Verneuil, « pour le fait d'avoir baillé entrée de la ville et du chastel » aux ennemis du roi d'Angleterre, mentionnent le traité conclu après la défaite du 17 août pour la reddition de la place qu'occupaient les gens du dauphin, mais ne rappellent qu'une seule clause de ce traité, clause stipulant que les habitants ne seraient point inquiétés (Arch. nat., JJ 172, n° 585).

6. Un *Te Deum*, chanté à Notre-Dame le mercredi 16 août, célébra la réduction du château d'Ivry par le duc de Bedford; après la victoire de Verneuil, il y eut deux jours de processions, les samedi 19 et dimanche 20 août (Arch. nat., LL 215, fol. 455; X1a 1480, fol. 305 v°).

car on disoit qu'ilz s'estoient vantez, que se ilz eussent eu le dessus de noz gens, qu'ilz n'eussent espargné ne femmes, ne enfens, ne heraux, ne menestriers, que tout ne fust mort à l'espée.

410. Item, le jour de la Nativité Nostre-Dame en septembre vint le regent à Paris [1], et fut Paris paré partout où il devoit passer, et les rues parées, nettoyées. Et furent au devant de lui ceulx de Paris vestus de vermeil, et vint environ cinq heures après disner, et allerent une partie des processions de Paris aux champs au devant de lui jusques oultre la Chappelle-[de]-Sainct-Denis, et quant ilz encontrerent, si chanterent haultement : *Te Deum laudamus* et autres louanges à Dieu. Ainsi vint dedens Paris bien aconvoyé de processions et de ceulx de la ville, et partout où il passoit, on crioit haultement : « Nouel! » Quant il vint au coing de la rue aux Lombars, là joua ung homme despartisé le plus habillement que on avoit oncques veu.

411. Item, devant le Chastellet avoit ung moult [bel] mistere du Vieilz Testament et du Nouvel, que les enfens de Paris firent, et fut fait sans parler ne sans signer, comme se ce feussent ymaiges eslevez [2] contre ung mur. Après, quant il ot moult regardé le mistere, il s'en alla à Nostre-Dame, où il fut receu comme se ce feust Dieu, car les processions qui n'avoient pas esté aux champs et les chanoynes de Nostre-Dame le receurent à la plus grant honneur, en chantant hympnes et louanges que ilz peurent, et jouoit on des orgues et de trompes, et sonnoient toutes les cloches. Brief, on ne vit oncques plus d'onneur faire quant les Roumains faisoient leur triumphe que on lui fist à celle journée et à sa femme, qui touzjours alloit après [lui], quelque part qu'il allast.

412. Item, celle année furent les plus belles vendenges que oncques on eust veu d'aage de homme, et tant de vin que la fustaille fut si chiere que on vendoit ii ou iii queues vuides une queue de vin ; ung poinson sans loyer, xvi ou xviii solz parisis,

---

1. Clément de Fauquembergue, autre témoin oculaire, rapporte dans son Journal que le duc de Bedford vint à Paris accompagné du comte de Salisbury et qu'ils descendirent à Notre-Dame pour rendre grâces du succès de leurs armes ; les gens du conseil du roi, avec les principaux officiers et bourgeois de Paris qui attendaient les nobles visiteurs au champ du Landit, se joignirent à leur cortège ; enfin, ajoute le greffier, si les rues furent parées et des feux de joie allumés, ce fut par ordre supérieur, en témoignage de réjouissance (Arch. nat., X1a 1480, fol. 308 r°).

2. Ms. de Rome : enlevez.

et, brief, plusieurs mirent leur vin en cuves qu'ilz firent enfoncer. Et fut le vin à si grant marché [avant la fin de vendenge] que on avoit la pinte pour ung double, dont les trois ne valloient que ung blanc, et pour 1 denier en avoit on la pinte environ la Sainct Remy qui fut au dimenche celle année.

413. Item, au soir que le regent fut entré[1] à Paris, comme devant est dit, on fist par tout Paris feus et tres grant joye, et fut la Nativité Nostre-Dame au vendredy.

414. Item, tout homme de quelque estat, senon les gouverneurs, de tant de queues[2] de vin qu'ilz cuillirent, chascun paia tres grant rançon, car tous ceulx qui avoient vin devers la porte Sainct-Jacques et celle de Bordelles, paioient de chascune queue III solz parisis, forte monnoye, et de poinsons, de caques, de barilz au feur des queues; et si avoient à leurs despens les Angloys par delà la porte Sainct-Jacques, et l'autre porte pour les Arminalx qui touzjours couroient en ce païs là[3].

415. Item, au costé de deça les pons ne paioient que la moytié, pour ce que les faulx mauvays n'y couroient point, et si ne avoient nulles gens d'armes.

416. Item, ou moys de novembre, fut marié le sire de Toulongion[4] en l'ostel du duc de Bourgongne, qui estoit frere au signeur de la Trimouillie, lequel y vint par sauf conduit, et si fut marié le sire d'Esequalle[5], anglois, et firent jouxtes plus de

---

1. Ms. de Paris : arrivé.
2. Ms. de Paris : cuves.
3. Dés l'année 1422, une taille de huit cents livres avait été ordonnée par le roi en son grand conseil sur les possesseurs de terres et héritages sis au-delà de la porte Saint-Jacques, afin de résister aux ennemis qui occupaient Marcoussis, Orsay et autres forteresses (Arch. nat., X¹¹ 4793, fol. 238 v°).
4. Jean de la Trémoille, seigneur de Jonvelle, grand-maître de l'hôtel et chambellan du duc Philippe de Bourgogne, épousa dans les premiers jours de novembre Jacqueline d'Amboise, dame de la reine Isabeau, sœur de Louis d'Amboise et nièce de Pierre II d'Amboise; Georges de la Trémoille, frère aîné de Jean, au service de Charles VII, muni d'un sauf-conduit, assista aux fêtes de ce mariage qui eurent lieu en l'hôtel d'Artois (Voy. Fenin-Dupont, p. 224, et *Chartrier de Thouars*, p. 21, le texte de lettres du 10 septembre 1433 concernant la succession de Jacqueline d'Amboise).
5. Thomas de Scales, capitaine de Verneuil en 1424, de Domfront de 1433 à 1434, de Vire en 1437 et sénéchal de Normandie au moment de la réduction de cette province, périt de mort violente en 1460 à la suite de

xv jours tous les jours sans cesser[1], et puis s'en alla le duc de Bourgongne en son païs. Et quant il s'en fut allé, le regent print l'ostel de Bourbon pour sien[2] la premiere sepmaine de decembre, et là firent [moult] grant feste qui cousta moult ; et pour ce fut assise une tres grosse taille et lourde, et fut xv jours devant Nouel, et quant elle fut assise, tous les grans signeurs s'en allerent à Rouen.

417. Item, en ce temps couroient blans de viii deniers parisis, petiz blans aux armes de France et d'Angleterre, et couroit niquez et noirez, iiii pour ung nicquet, niquez iii pour i blanc ; et si avoit tres grant foison de blans de viii deniers aux armes de Bretaigne, dont plusieurs marchans, bourgois et autres qui en avoient, furent trompez, car soudainement, le ixe jour de decembre, fut publié qu'ilz ne courroient que pour vii deniers parisis. Ainsi perdirent tous ceulx qui en avoient la viiie partie de leur pecune.

418. Item, la royne de France ne se mouvoit de Paris ne tant ne quant, et estoit aussi comme se ce feust une femme d'estrange païs, enfermée tout temps en l'ostel de Sainct-Paul, où le noble roy Charles le vi[e] trespassa de ce siecle, son bon mary que Dieu pardoint, et bien gardoit son lieu, comme femme vefve doit faire.

419. Item, en icellui temps s'en allerent les Anglois en la conté de Haynault, et là furent jusques après la Sainct-Jehan Baptiste, pour ce qu'ilz vouloient avoir la terre de la contesse[3]

---

la reddition par lui faite de la Tour de Londres, laissant comme héritière de son nom une fille unique, Élisabeth, issue de son mariage avec Emma, fille de John Walesborough, laquelle épousa en premières noces Antoine Widwille (Wavrin, édit. Dupont, t. II, p. 230).

1. Ces joutes eurent lieu en décembre 1424 ; le compte de l'Ordinaire pour l'année 1425 (Sauval, t. III, p. 275) mentionne parmi les épaves une bourse boutonnée de perles, qu'une femme avait trouvée à Saint-Paul près de la barrière du champ clos, laquelle bourse contenait sept écus et un franc à cheval.

2. Précédemment le duc de Bedford habitait l'hôtel de Clisson qui lui fut donné par lettres de juin 1424 (Longnon, *Paris pendant la domination anglaise*, p. 135-136).

3. Jacqueline de Bavière, comtesse de Hollande et de Hainaut, veuve en 1417 de Jean, dauphin de France, épousa en secondes noces Jean de Bourgogne, duc de Brabant ; mais, ne pouvant vivre en bonne harmonie avec lui, elle fit casser son mariage par la cour de Rome, et contracta au mois de mars 1423 une nouvelle union avec Humphroi, duc de Glocester, frère du roi Henri V d'Angleterre. C'est à la suite de ce mariage que Humphroi de Glocester éleva du chef de sa femme des prétentions sur le Hainaut,

que ung des freres du regent de France avoit prinse plus par voulenté que par raison, et l'espousa ; et si estoit-elle mariée en France au conte de Haynault, frere du conte de Sainct-Paul. Si encommença une tres doloreuse guerre.

[1425.]

420. Item, après Pasques, l'an mil iiii^c xxv, fut si grant année de hannetons en France, que tous les fruictz furent gastez et grant partie des vignes.

421. Item, en ce temps rendirent ceulx d'Estampes le chastel au duc de Bourgongne et plusieurs forteresses d'entour, et après allerent les Angloys, de par le regent, devant la cité du Mans[1].

422. Item, l'an mil cccc xxiiii, fut faicte la Danse Macabre aux Innocens, et fut commencée environ le moys d'aoust et achevée ou karesme ensuivant[2].

423. Item, après Pasques, ung pou devant la Sainct-Jehan, ceulx de la rue Sainct-Martin et des rues d'entour orent congié de faire ouvrir la porte Sainct-Martin à leurs coustz et despens, et de faire le pont leveys, les barrieres, brief et tout ce qu'à la porte convenoit pour lors, qui moult estoit endommaigée ; car l'arche du pont estoit rompue, et les murs d'entour de toutes pars, et

---

et les soutint à main armée en dirigeant dès le mois de novembre 1424 une expédition contre les domaines du duc Jean (Cf. Fenin-Dupont, p. 227 ; Monstrelet, t. IV, p. 210).

1. C'est au comte de Salisbury que fut confiée la direction des opérations militaires dans le Maine. Le siège de la ville du Mans se prolongea jusqu'au mois d'août 1425 ; suivant le traité conclu entre les habitants et le célèbre capitaine anglais, la place devait se rendre le 10 août, à midi, si elle n'était secourue dans ce délai ; le président Philippe de Morvilliers, à son retour de Rouen, communiqua le 8 août le texte même de cette convention. Pour fêter cet heureux événement, il y eut le lendemain procession générale de Notre-Dame à Sainte-Catherine du Val des Écoliers (Arch. nat., X^{1a} 1480, fol. 330 r°).

2. Il s'agit, comme l'on sait, des fameuses fresques dont furent ornés les charniers des Innocents ; les sujets constituant cette décoration lugubre ont été transmis à la postérité par l'imagerie populaire et se trouvent reproduits en fac-similé dans *Paris et ses historiens*, p. 283 et suiv., d'après les éditions de Guyot Marchant. Il est bon de remarquer que la date fournie par le ms. de Rome placerait l'exécution de ces peintures entre le mois d'août 1424 et le carême de l'année 1425 ; le ms. de Paris indique l'année 1425.

toutes les barrieres pouries, et toutes les serreures enroullies. Brief il sembloit que on ne l'eust point ouverte puys quarante ans, tant estoit tout desmolly et empiré ; mais les habitans de la grant rue Sainct-Martin y firent si grant diligence et si bonne de leur peine et de leur argent, que on povoit bien dire que ilz avoient le cueur à l'euvre, car chascune dizene à son tour y alloit, et portoient pelles, houes, et hottes et penniers, et amplirent et vuyderent ce que y failloit ainsi faire, et tiroient les grans pierres des fossez, pesans une queue de vin ou plus. Et avec eulx se mettoient prebstres et clercs, qui de leur aider faisoient toute leur puissance, et firent par bonne diligence, tant de leurs corps pener que bien paier ouvriers, qu'elle fut plus tost faicte que chascun y povoit passer chevaulx et charrettes, vii sepmaines, que le commun peuple ne la jugoit, car tous ou le plus disoient qu'il seroit avant la Sainct-Remy qu'on y peust passer, et gens et harnoys, comme dit est, y passerent tout à leur aise l'an mil iiii^c xxv, et dist on que, passé avoit xxx ans, on n'y avoit veu passer autant de gens comme ce jour y passa. Et cedit jour la garderent les dizeniers du quartier, et le quartenier et le cinquantenier, et firent bonne chere ce jour de Sainct-Laurens, qui fut au mercredy.

424. Item, le darrenier dimenche du moys d'aoust, fut fait ung esbatement en l'ostel nommé d'Arminac[1], en la rue Sainct-Honoré, que on mist iiii aveugles tous armez en ung [parc], chascun ung baston en sa main, et en ce lieu avoit ung fort pourcel, lequel ilz devoient avoir s'ilz le povoient tuer. Ainsi fut fait, et firent celle bataille si estrange, car ilz se donnerent tant de grans colz de ces bastons, que de pis leur en fut, car quant [le mieulx] cuidoient frapper le pourcel, ilz frappoient l'un sur l'autre, car se ilz n'eussent esté armez pour vray, ilz l'eussent[2] tué l'un l'autre.

425. Item, le sabmedi vigille du dimenche devant dit, furent menez lesdiz aveugles parmi Paris, tous armez, une grant baniere devant, où il avoit ung pourcel pourtraict, et devant eulx ung homme jouant du bedon.

426. Item, le jour Sainct-Leu et Sainct-Gilles, qui fut au sab-

---

1. L'hôtel d'Armagnac, qui servait de demeure au connétable Bernard d'Armagnac, était situé à proximité du collège des Bons-Enfants et de l'église Saint-Honoré.
2. Ms. de Paris : s'eussent tué.

medy premier jour de septembre, proposerent aucuns de la parroisse faire ung esbatement nouvel, et le firent, et fut tel ledit esbatement : ilz prindrent une perche bien longue de six toises ou pres, et la ficherent en terre, et au droit bout de hault mirent ung pannier et dedens une grasse oue et six blans, et oingnirent tres bien la perche, et puis fut crié que qui pouroit aller querre ladicte oue en rampant contremont sans aide, la perche et pannier il auroit, et l'oue et les vi blans ; mais oncques nul, tant sceut il bien gripper, n'y pot avenir. Mais au soir ung jeune varlet, qui avoit grippé le plus hault, ot l'oue, non pas le pennyer, ne les vi blans, ne la perche ; et fut fait ce droit devant Quinquempoit, en la rue aux Oues.

427. Et le mercredy suivant, on coppa la teste à ung chevalier, mauvès brigant, nommé messire Estienne de Favieres, né de Brie, tres mauvès larron et pire que larron, et furent penduz aucuns de ses disciples au gibet de Paris et en autres gibetz.

428. Item, en celui mois, les Arminalx laisserent Rochefort[1] où ilz estoient assegez de noz gens, et si vindrent plus iiii temps que noz gens n'estoient pour lever le siege. Mais quant les Arminalx virent que noz gens estoient de si bonne ordonnance, ilz n'oserent approucher se non de bien loing, et firent une escarmouche bien aspre de leur traict, et les autres contre eulx moult aspremement, especialment ceulx de Paris qui moult les greverent de leur traict, dont plusieurs de delà furent navrez, aussi furent plusieurs de noz gens. Mais quant les Arminalx virent la bonne voulenté que noz gens avoient de eulx deffendre, comme il apparoit à eulx, ilz orent paour et tindrent la chose en estat, et en ce faisant firent vuyder leur bagaige le plus tost qu'ilz peurent. Et quant ilz sceurent que ce fut fait, ilz firent maniere d'entrer dedens Rochefort, mais ilz firent autrement, car ilz firent bouter le feu dedens, et ardirent blez et lars et autres biens qu'ilz ne povoient emporter, à fin telle que les autres n'en amandassent de rien ; et quant ilz virent que le feu montoit hault et que on ne le pouroit destaindre, ilz s'en allerent [ainsi] sans plus faire. Ung pou

---

1. Le château de Rochefort en Yveline (Seine-et-Oise, arr. de Rambouillet, canton de Dourdan), enlevé en 1426 par les Anglais sous la conduite du sire de Scales, fut recouvré en 1427 par Géraud de la Pallière, capitaine gascon au service de Charles VII, mais il retomba l'année suivante au pouvoir du comte de Salisbury (Cf. Chron. de J. Raoulet, c. 17, de Cousinot le Chancelier, p. 202, de Cousinot de Montreuil, p. 256).

après noz gens allerent dedens, ilz n'y trouverent que les paroys, si s'en revint chascun en son lieu.

429. Item, en ce temps fut ouverte la porte de Montmartre ou moys de septembre, et ou moys d'octobre fut fait le pont leveys.

430. Item, en ce temps couroit une monnoie à Paris, nommée placques[1], pour xii deniers parisis, et estoient de par le duc de Bourgongne ; lesquelles placques, quant on vit que chascun en avoit ou pou ou grant, on les cria parmy Paris, le sabmedi xii[e] jour de novembre mil iiii[c] xxv, à viii doubles qui avoient esté prins pour neuf doubles, dont grant murmure fut, mais à souffrir le convint, quoy que le cueur en doulust[2].

[1426.]

431. Item, la premiere sepmaine de janvier mil iiii[c] xxv, vint une grant plainte[3] à Paris de laboureurs pour larrons brigans qui estoient entour à xii, à xvi[4], à xx lieues de Paris environ, et faisoient tant de maulx que nul ne le diroit, et si n'avoient point d'aveu et nul estandart, et estoient pouvres gentilz hommes qui ainsi devenoient larrons de jour et de nuyt. Quant le prevost de Paris ouyt la plainte, si print les compaignons de la

---

1. Sous le nom de « placques », il faut entendre une monnaie flamande, frappée par les ducs de Bourgogne et ayant cours dans les Pays-Bas ; l'atelier monétaire de Tournai, pendant toute la durée de la domination anglaise, en fabriqua d'analogues pour le compte de Charles VII. M. de Saulcy, dans ses *Recherches sur les monnaies du système flamand frappées à Tournai* (t. XXXVII des *Mém. de la Soc. des Antiq. de France*), assimile avec raison aux plaques de Flandres les doubles gros de 14 deniers tournois et aux demi-plaques les petits gros de 7 deniers tournois, d'émission française.

2. Par un mandement à l'adresse du prévôt de Paris, publié le samedi 17 novembre 1425 (Arch. nat., Z1b 60, fol. 4 r°), il fut interdit à tout marchand de prendre les monnaies flamandes, dites placques, pour plus de huit doubles, et les demi-placques connues sous la dénomination de « gros de Flandres » pour plus de quatre doubles ; le prétexte mis en avant pour justifier cette mesure était la nécessité de réagir contre la surélévation de ces espèces, de meilleur titre et par conséquent fort recherchées. Une nouvelle ordonnance du 13 mars 1429 abaissa encore le cours des plaques qui furent mises à 7 doubles pièce, et des demi-plaques ou gros dans la même proportion (*Ibid.*, fol. 17 r°).

3. Ms. de Rome : planté.

4. Ms. de Paris : ou à xv.

LXe de Paris, d'arbalestiers et d'archiers, et les mena hastivement où on lui avoit dit que ces larrons reperoient, et tant fist que en mains de VIII jours il en print plus de IIe et les envoya en diverses prinsons es bonnes villes dont plus pres estoit, et le mercredy, IXe jour du moys de janvier mil IIII^c XXV, en admena à Paris deux charettées des plus gros, et n'estoient que XX ou environ.

432. Item, en ce temps avoit tousjours guerre le frere du regent de France au duc de Bourgongne, et firent plusieurs escarmouches les Flamens et les Anglois de la partie dudit frere du regent[1].

433. Item, en ce temps on crioit les harens froys parmy Paris à la moitié de karesme, environ la Sainct-Benoist, et en vint grant foison à Paris.

434. Item, on avoit aussi bons poys qu'il en fut oncques nulz, le boessel pour III blans ou XIIII deniers; feves pour X deniers ou pour XII deniers.

435. Item, en ce temps commença la guerre entre les Angloys et les Bretons, et [prindrent] les Angloys la ville de Sainct-Jame-de-Beuveron[2], et la garnirent de vivres et la fortifierent moult; et les Bretons les assegerent dedens la ville en mars, l'an mil CCCC XXV, et là furent jusques après Pasques l'an mil IIII^c XXVI, qui traicterent ensemble sans cop ferir; et disoit on communement que aucuns des grans de Bretaigne, evesques[3] ou autres, en orent

---

1. Notre chroniqueur fait probablement allusion aux hostilités qui résultèrent de la fuite précipitée de la duchesse Jacqueline de Bavière, retenue prisonnière à Gand par le duc de Bourgogne. Monstrelet (t. IV, p. 253, 256), après avoir raconté quelques-uns des épisodes de la lutte engagée, notamment la déroute des Anglais envoyés par le duc de Glocester sous le commandement du seigneur de Fitzwalter, se borne à mentionner « plusieurs rencontres et grans escarmuces » dont le pays de Hollande fut le théâtre et qui tournèrent pour la plupart à la confusion des gens de la duchesse Jacqueline de Bavière.

2. Saint-James-de-Beuvron, place normande sur les confins de la Bretagne, occupée par les Anglais que commandait Thomas de Rameston, lieutenant du comte de Suffolk, fut investie par le comte de Richemont, rallié depuis peu à la cause de Charles VII et créé connétable. L'armée bretonne, qui se montait d'après la Chronique de la Pucelle (p. 240) à quinze ou seize mille combattants, donna l'assaut et, après avoir essuyé un sanglant échec, fut obligée de lever le siège et de battre en retraite (cf. Monstrelet, t. IV, p. 286).

3. Cousinot le Chancelier, dans les quelques lignes qu'il consacre au siège de Saint-James-de-Beuvron, parle de la « malice et traïson de l'evesque

de l'argent, dont la commune de Bretaigne en fut trop mal comptent, mais ilz l'endurerent pour celle foys.

436. Item, en ce temps estoit recommancée la guerre entre le duc de Bourgongne et le frere du regent de France, et fut adong levée une grosse taille, qui moult greva le menu peuple.

437. Item ou moys de juing ensuivant, furent les eaues si grandes par toute France que la propre nuyt de la Sainct-Jehan, l'an mil iiii^c xxvi, quant le feu fut bien alumé et que les gens danssoient autour, et que le feu fut abatu, la riviere creut tant qu'elle vint destaindre le feu, et print on ce que on pot avoir du feu hastivement, et le boys qui n'estoit pas encore tout ars, et le porta on vers la croix, et là fut ars le remenant de la buche. Mais avant qu'il fust iiii jours ou six après, elle fut si desmesurée qu'elle passa la croix, et furent les marays de Paris plains d'eaue; et commença à l'antrée de juing, et fut avant x ou xii jours, ou moys de juillet, qui sont bien xl jours, qu'elle fust tant apetissée que d'estre marchande, et furent les gaignages des bas païs [avecques] tous perduz. Pour ce fut faicte une procession generalle la sepmaine d'après la Sainct Jehan, mercredy devant Sainct-Pere et Sainct-Paul, qui fut moult solempnelle et piteuse; et allerent les parroisses à Nostre-Dame, et porterent la chace de la benoiste vierge Marie, c'est assavoir, par le pont qui est derriere l'Ostel Dieu, et puis par la rue premiere d'oultre le Petit Chastellet, et allerent par dessus le Pont-Neuf, et après par le Grant-Pont, et revindrent par le pont Nostre-Dame en la grant eglise; et là chanterent une messe de la Vierge Marie moult devotement, et fist on ung moult piteux sermon, et le fist frere Jaques de Touraine[1], religieux de l'ordre Sainct-Françoys[2].

---

de Nantes » (J. de Malestroit) qui aurait fait échouer l'entreprise (*Geste des nobles*, p. 199).

1. Ms. de Paris : frère Jacques Tourans.

2. Jacques de Touraine, alias *Texier* ou *Textoris*, docteur en théologie de l'Université de Paris, est bien connu par le rôle qu'il joua dans le procès de Jeanne d'Arc ; appelé à siéger parmi ses juges, cet ardent cordelier se signala par sa partialité et revint à Paris avec ses confrères pour soumettre aux Facultés les pièces de la procédure; les Anglais rétribuèrent son zèle par une allocation de cent livres indépendante de la somme de vingt sols tournois par jour qui lui fut payée pendant son séjour à Rouen (cf. Quicherat, *Procès de Jeanne d'Arc*, t. V, p. 197, 203). Deux ans plus tard, nous voyons Jacques de Touraine porter la parole au nom de l'Université dans l'affaire de Me Paul (ou Paoul) Nicolas, bachelier formé en théologie,

438. Item, en ce temps fut le Landit ou lieu acoustumé, qui n'avoit mais sis puis l'an mil IIII[c] XVIII[1].

439. Item, en celle année IIII[c] XXVI, fut tant de serises que maintes foys on en avoit es halles de Paris IX livres pour ung blanc de IIII deniers parisis; mais, tout courant plus de six sepmaines, on en avoit VI livres pour IIII deniers parisis, et durerent jusques à la my aoust, que on avoit la livre touzjours pour deux deniers, ou au plus pour II doubles, qui ne valloient pas IIII tournois.

440. Item, en septembre, le jour Saincte-Croix, qui fut au sabmedy, fut la porte Sainct-Martin, comme davant avoit esté, fermée sans murer, et demoura fermée jusques au VIIe jour de decembre ensuivant, l'endemain de la feste Sainct-Nicolas d'yver; et furent les dizeniers du quartier et plusieurs autres gens d'onneur, à laquelle peticion et requeste ladicte porte avoit esté ouverte. Là fut le prevost des marchans et les eschevins qui à la porte ouvrir dirent : « Entre vous, bourgoys[2] et mesnaigers, ceste porte soit ouverte et gardée à voz perilz. » Et ainsi fut ouverte la porte [Sainct-Martin] au sabmedi VIIe jour de decembre.

441. Item, le dimenche XVIe jour dudit moys, fut faicte procession generalle à Sainct-Magloire [encontre] aucuns hereses[3] qui

---

exclu du corps enseignant pour avoir tenu des propos séditieux et pour avoir fomenté la discorde entre les suppôts de sa nation (Arch. nat., X1a 4797, fol. 44 r°, 46 r°); le même orateur, toujours délégué par l'Université, se présenta le 7 mai 1433 devant le Parlement et démontra « moult plainement et notablement par raisons et escriptures » que l'ordonnance touchant la collation des bénéfices par distribution alternative était « moult convenable et utile » et devait être observée et exécutée (*Ibid.*, fol. 66 v°, 83 v°). Jacques de Touraine n'existait plus en 1450 lors de la révision du procès de Jeanne d'Arc.

1. « Le mercredi 12 juin 1426, dit Clément de Fauquembergue, l'evesque de Chalon (Jean IV de Sarrebruck, 1420-1438) en l'absence de l'evesque de Paris a fait la benediction du Lendit que on n'avoit tenu long temps a pour le peril et empeschement des guerres. » (Arch. nat., X1a 4794, fol. 256 r°.)

2. Ms. de Paris : Entres, bons bourgoys.

3. Sous la rubrique : *De causa tangente fidem,* le registre capitulaire de Notre-Dame pour l'année 1426 donne quelques détails sur la procédure instruite contre divers individus entachés d'hérésie, notamment contre maître Guillaume Vignier, clerc, et ses complices laïques. Suivant l'exposé présenté par l'inquisiteur de la foi dans la séance capitulaire du 9 novembre 1426, l'évêque de Paris, joint à l'inquisiteur, ayant revendiqué, contrairement aux prétentions de l'Université, le droit de juger les hérétiques incarcérés, le souverain pontife délégua en qualité de commissaires

avoient herré contre nostre foy, comme devant est dit, ou moys de may mil iiii^c xxiiii, de leurs invocacions et de ce qui fut fait, c'est assavoir, par maistre Guillaume l'Amy[1], maistre Angle du Temple et plusieurs autres, en la prouchaine rue d'emprès le Temple, du renc du Temple, et est nommé la rue Portefin[2].

442. Item, y fut proposé à ladicte procession que le Sainct-Pere vouloit que l'Université en feist son devoir, et à ce faire leur ordonna iii ou iiii evesques pour estre avecques eulx, c'est assavoir, l'evesque de Terouanne[3], qui pour lors estoit chancellier de France, et l'evesque de Beauvays[4].

[1427.]

443. Item, le viie jour de janvier iiii^c xxvi, fut crié que les doubles [du coing de France, les iiii] ne vauldroient que ung

---

les évêques de Thérouanne et de Noyon, en présence desquels les chanoines de Notre-Dame, le siège épiscopal vacant, durent comparaître; ils déclarèrent à l'inquisiteur qu'après avoir pris connaissance de la sentence rendue par l'évêque de Paris et de l'appellation interjetée par l'Université, ils rendraient réponse. Le sous-inquisiteur, frère Martin, s'opposa le même jour à la mise en liberté d'un certain Radigo, condamné pour fait d'hérésie *ad carceris oblietas*. A la date du 11 novembre, le chapitre désigna quatre fondés de procuration chargés de suivre cette affaire dont les registres capitulaires ne font plus mention (Arch. nat., LL 216, fol. 67, 69).

1. Peut-être s'agit-il de Guillaume l'Amy, clerc en la Chambre des comptes, qui dressa les 12 et 23 juin 1420 l'inventaire des châteaux de Beauté et de Vincennes (*Revue archéolog.*, 1854, p. 456) et que nous voyons figurer en 1431 avec Pierre Verrat et Hugues de Dicy parmi les exécuteurs testamentaires de Marie de Passy, veuve de Robert de Châtillon (Arch. nat., X1a 67, fol. 157 v°). Il mourut avant 1435, laissant une veuve, Antoinette de Maignac, qui soutint plusieurs procès au Parlement au sujet de la succession de son mari (*Ibid.*, X1a 1481, fol. 120; X1a 74, fol. 189 v°).

2. La rue Portefin, aujourd'hui Portefoin, comprise entre la rue du Temple et celle des Enfants-Rouges, s'appelait au xiiie siècle rue des Poulies et tira son nom actuel de l'hôtel qu'y possédait Jean Portefin.

3. Louis de Luxembourg, évêque de Thérouanne, nommé chancelier de France en remplacement de Jean le Clerc, démissionnaire, par lettres du 7 février 1425 (Arch. nat., X1a 8603, fol. 89 v°), fut installé le même jour dans ses fonctions et prêta serment entre les mains du duc de Bedford (*Ibid.*, X1a 1480, fol. 315 v°).

4. Pierre Cauchon occupa le siège épiscopal de Beauvais de 1420 à 1430 et fut appelé à l'évêché de Lisieux par bulle du 29 janvier 1432.

blanc 1 denier la piece, et que ceulx qui [estoient] signés aux armes d'Angleterre ne se changeroient point¹.

444. Item, escus d'or, que on prenoit pour xxIII solz, furent mis à xvIII solz.

445. Item, petis moutons d'or, pour ce qu'ilz estoient aux armes de France [comme les escus], furent mis à xII solz parisis, qui devant en valloient xv solz; et vray est que le lendemain que le cry fut fait, on ne eust eu ne pain ne vin, ne quelque neccessité des doubles françoys, ne les changeurs n'en vouloient donner deniers ne oboles²; et si n'avoit le peuple menu autre monnoye

---

1. L'ordonnance du 20 novembre 1426, publiée « à cry publique par les carrefours de Paris » le 7 janvier 1427, tout en prohibant les doubles aux armes de France, donna cours aux doubles frappés en Normandie, à raison de trois pour un petit blanc, et n'autorisa comme monnaies d'or que les saluts, les nobles, demi-nobles et quarts de nobles; quant aux écus et petits moutons d'or, qui subirent, comme l'on voit, une assez forte dépréciation, l'ordonnance officielle ne réglementa point leur cours. En ce qui concerne les saluts, à la suite des réclamations populaires, les changeurs eurent ordre de les prendre pour 21 sols 4 deniers parisis la pièce (Arch. nat., Z1b 60, fol. 13 r°; X1a 8603, fol. 95 v°). Le nouveau règlement, relatif aux monnaies, est également mentionné dans les registres capitulaires de Notre-Dame. « Martis sequentis moneta cecidit, dit le greffier du chapitre, nam duplices, quorum tres valebant album de cugno Francie, fuerunt omnino prohibiti et tres de cugno Anglie manserunt in suo valore, et omnes monete auri fuerunt prohibite recipi, preterquam salutes de cugno Anglie, de Burgundia, Flandria et Britannia, et sic cecidit omnis que non habuit signum leopardi cum lilio. » (*Ibid.*, LL 216, fol. 77.)

2. Ce n'est pas tout à fait exact : l'autorité prit des mesures pour recevoir les doubles défendus jusqu'à concurrence de 20 sols par personne. Voici, d'après le registre officiel de la Cour des Monnaies (Arch. nat., Z1b 3, fol. 77 v°), le texte même de la délibération relative au change des doubles que l'on jugeait à propos de retirer de la circulation : « Dimenche, v° jour de janvier, l'an mil ccccxxvi, fut deliberé en l'ostel de monsr le premier president où estoient ledit monsr le president, sire Michel de Lalier, conseillier du roy nostre sire en sa Chambre des comptes, et les generaulx maistres des monnoies, que, à cause de ce qu'il estoit ordonné abatre le cours aux doubles faiz aux armes de France et de Bourgongne, il estoit expediant ordonner sur le grant pont de Paris vIII changeurs auxquelx seroit baillé à chascun d'iceulx cent livres tournois en petiz deniers parisis noirs, pour iceulx bailler en change au peuple, et que à chascun d'iceulx seroit mis à leur change une baniere aux armes de France. Et pour ce faire furent ordonnez Jaquet Trotet, Pierre Chauviau, Alixandre des Marés, Gaucher Vivien, Gabriel Closier, Macelet de Genillac, Robin Climent et Jehan Huve. »

« Lundi vi° jour dudit mois de janvier, de relevée, en la monnoie de

que celle, qui rien ne leur valu. Et quant ce virent aucuns que la perte leur estoit grande, si maudisoient fortune en appert et à secret, disans leurs voulentés des gouverneurs. Et vray fut que plusieurs gectoient par dessus les changes en la riviere leur monnoye, pour ce que rien n'en povoient avoir, car de viii ou de x solz parisis on ne eust eu que iiii blans ou v au plus, et en fut gecté, celle sepmaine que la monnoie fut criée, en la riviere plus de cinquante fleurins ou la value en monnoye par droit desespoir.

446. Item, en ce temps, le regent de France estoit touzjours en Angleterre, ne nul signeur n'avoit en France, et se parti ledit regent de Paris le jour Sainct Eloy, premier jour de decembre iiii^c xxv [1].

447. Item, en ce temps, estoit le siege devant Moymer en Champaigne [2], et là estoit le conte de Salcebry, qui moult estoit chevallereux et bon homme d'armes et substil en tous ses faiz.

448. Item, en celle année fut faicte une ordonnance de par le prevost de Paris et de par les signeurs de Parlement, que nul

---

Paris où estoient les generaulx maistres des monnoies, furent mandez les changeurs cy dessus nommez, ausquelx fut dit et exposé qu'il avoit esté ordonné par le conseil du roy nostre sire que, pour obvier *à la clameur du peuple*, à cause de ce que on avoit entencion de abatre le cours aux doubles faiz aux armes de France et de Bourgongne, il leur seroit baillé à chascun cent livres tournois en petiz parisis de l'argent du roy pour iceulx bailler au peuple, chascun denier pour ung bon double, ausquelx changeurs fut enjoint et commandé que ainsi le feissent sur peinne de l'amende. »

1. Avant son départ pour l'Angleterre, le duc de Bedford fit rendre le 26 novembre 1425 des lettres nommant le comte de Warwick son lieutenant dans les pays de France, Vermandois, Champagne, Brie et Gâtinais; le comte de Salisbury au même titre en Normandie, Anjou, Maine, Vendômois, Chartrain, Beauce ; le comte de Suffolk, lieutenant en la basse marche de Normandie. Ces lettres furent publiées au Châtelet le jeudi 13 décembre (Arch. nat., X1a 8603, fol. 90 r°).

2. Moymer ou Montaimé, place forte située non loin de Vertus, était occupée en 1425 par Eustache de Conflans ; le comte de Salisbury en fit le siège et ne s'en rendit maître qu'au prix de lourds sacrifices. Vers le mois d'octobre 1425, le président Jacques Branlard fut chargé de recouvrer une aide destinée au payement des gens de guerre qui assiégeaient cette forteresse (Cf. Stevenson, *Wars of the English*, vol. II, part. I, p. 56). Après la reddition de la place, le capitaine anglais en ordonna le démantèlement et confia le soin de cette opération à Jean Blanchard, fermier de la prévôté d'Épernay, qui y vaqua huit jours et y employa quinze ou seize charpentiers (Arch. nat., JJ 174, fol. 97 r°).

sergent à cheval, ne nul sergent à verge, s'il n'estoit marié ou s'il ne se marioit, n'officeroit plus[1] ; et fut le terme de eulx marier depuis la Toussaint jusques à Quasimodo ou après, sans passer l'Ascencion de Nostre-Seigneur.

449. Et en cel an fut tres grant yver, car le premier jour de l'an commença à geler, et dura xxxvi jours sans cesser, et pour ce fut la verdure toute faillie, car il n'estoit nouvelle de choulx, ne de porée, ne de persil, ne de herbes.

450. Item, en ce temps fut fait evesque de Paris maistre Nicolle Frallon, et fut receu à Nostre-Dame de Paris[2] le [sabmedy] xxviii[e] jour de decembre iiii[c] xxvi[3].

451. Item, il fut avant la fin de mars que verdure yssist de terre et encore n'en avoit on point pour moins de ii deniers; car il gela tres fort à glace presque tout le moys de fevrier, pour ce fut verdure si chere.

452. Item, le v[e] jour d'avril à ung sabmedi, vigille du dimenche [perdu], vint le regent à Paris[4], qui avoit demoré en Angleterre

---

1. L'ordonnance réorganisatrice du Châtelet, rendue en mai 1425 et publiée le 23 octobre suivant, défendait de recevoir à l'office de sergent tout individu n'étant pas « lay ou marié, ou portant tonsure ou continuellement portant habit royé ou party. » (Arch. nat., Y 1, fol. 79 v°.) Le mercredi 11 septembre 1426, le Parlement imposa aux sergents du Châtelet, qui, au temps de la publication de l'ordonnance précitée, « estoient clercs non mariez », l'obligation de se marier dans le délai de la Chandeleur prochaine, sous peine de voir leurs offices déclarés vacants (Ibid., X1a 1480, fol. 357 v°). C'est à cette mesure, dont le prévôt de Paris fut chargé d'assurer la mise à exécution, que doit se référer ce passage de notre chronique.

2. « De Paris » manque dans le ms. de Rome.

3. Nicolas Fraillon, docteur in utroque jure, conseiller au Parlement, devint maître des requêtes de l'hôtel le 26 novembre 1412; reçu chanoine de Notre-Dame le 26 mars 1406 et official le 17 octobre 1426 (Arch. nat., LL 212c, fol. 547, LL 215, fol. 288), il fut élu évêque de Paris le 28 décembre 1426, contrairement au vœu exprimé par le régent et le duc de Bourgogne, qui recommandèrent au choix du chapitre Jacques du Châtelier; mais, malgré son intronisation, Fraillon n'occupa que temporairement le siège épiscopal et fut remplacé le 8 avril 1427 par son rival muni de bulles apostoliques (Ibid., LL 216, fol. 89). Ne pouvant garder l'épiscopat, Fraillon se contenta de l'archidiaconé de Paris, où Jacques Jouvenel des Ursins le remplaça le 13 avril 1441. Il était à cette dernière date en procès avec Guillaume Évrard au sujet de la cure de Saint-Gervais : un arrêt du 11 septembre 1441 le débouta de ses prétentions (Ibid., X1a 1481, fol. 214 v°). Il habitait dans le cloître Notre-Dame une maison donnant sur le cloître Saint-Denis de la Châtre (Ibid., LL 215, fol. 107).

4. Le duc de Bedford rentra en France vers la fin de février 1427;

xvi moys pour cuider traicter paix entre le duc de Bourgongne, frere de sa femme, et son frere le duc de Clocestre, mais il n'y pot mettre paix à celle foys [1].

453. Item, vint le cardinal de Vincestre [2] le derrain jour d'avril ensuivant iiii^c xxvii, lequel estoit oncle au regent de France et avoit plus grant tynel avec lui, quant il vint, que le regent de France, [qui estoit gouverneur de France] et d'Angleterre.

454. Item, le moys d'avril et du moys de may jusques environ iii ou iiii jours en la fin, ne cessa de faire tres grant froit, et ne fut guere sepmaine qu'il ne gelast [ou greslast] tres fort, et touz jours plouvoit. Et le lundi devant l'Ascencion la procession de Nostre-Dame et sa compaignie furent à Montmartre; et ce jour ne cessa de plouvoir depuis environ ix heures au matin jusques à troys heures après disner, non pas qu'ilz se musassent pour la pluye, mais pour certain les chemins furent si tres fort enfondrés entre Montmartre et Paris que nous mismes une heure largement à venir de Montmartre à Sainct-Ladre. Et de là vint la procession par Sainct-Laurens, et, au departir de Sainct-Laurens, il estoit environ une heure ou plus, la pluie s'efforça plus fort que devant. Et à celle heure s'en alloit le regent et sa femme par la porte Sainct-Martin, et encontrerent la procession dont ilz tindrent moult pou de compte, car ilz chevaulchoient moult fort, et ceulx de la procession ne porent reculler, si furent moult touilliez [de la boue que les piez des chevaulx gectoient] par devant et darriere, mais oncques n'y ot [nul] si gentil qui, pour chasse ne pour procession, se daingnast ung pou arrester. Ainsi s'en vint à Paris la procession le plus tost qu'elle pot, et si fut entre ii et iii heures quant ilz vindrent à Sainct-Merry. A cellui jour se parti le regent

---

le jeudi 27 de ce mois, le chancelier et autres du conseil royal partirent de Paris pour aller en Picardie au-devant de ce prince qui revenait d'Angleterre (Arch. nat., X¹ª 1480, fol. 368 r°).

1. Le différend qui divisait les ducs de Bourgogne et de Glocester s'envenima au point qu'un gage de bataille fut échangé; le Parlement de Paris, voyant la querelle se prolonger, jugea à propos d'intervenir et s'avisa, le 13 août 1427, « de rescripre lettres closes exhortatives à fin de paix et concorde. » (Arch. nat., X¹ª 1480, fol. 381 r°.)

2. Henri de Beaufort, évêque de Lincoln, puis de Winchester, promu au cardinalat en 1426 par le pape Martin V, reçut le 27 mars 1427, dans l'église de Notre-Dame de Calais, le chapeau de cardinal des mains de son neveu le duc de Bedford; il mourut le 11 avril 1447.

pour aller devers le duc de Bourgongne [1], comme devant est dit, qui fut le xxvi° jour de may l'an mil cccc xxvii.

455. Item, le premier jour de juing oudit an, fist l'evesque de Paris sa feste, et fut confermé evesque; et ne fut plus parlé de l'election qui davant avoit esté faicte, c'est assavoir, de messire Nicolle Frallon, lequel avoit esté esleu de tout le chappitre de Nostre-Dame, mais nonobstant l'ellection du chappitre ledit Nicollas Frallon en fut débouté, et l'autre dedens bouté, car ainsi le plaisoit aux gouverneurs; et estoit nommé le grant tresorier de Rains et en son propre nom messire Jaques [2].

456. Item, en cel an fut la riviere de Saine si tres grande [3], car à la Penthecoste, qui fut le viii° jour de juing, estoit ladicte riviere à la croix de Greve, et se tint en ce point jusques au bout des festes, et le jeudy elle crut de pres de pié et demy de hault; et fut l'isle Nostre-Dame couverte, et aux Ormetiaux [4] qui sont deça

---

1. Jean de Lancastre se rendit à Lille, où il eut plusieurs entrevues avec le duc de Bourgogne pour apaiser le différend existant entre ce prince et le duc de Glocester (Monstrelet, t. IV, p. 258).

2. Jacques du Châtelier, trésorier de Reims, originaire de Bourgogne, vint le 16 octobre 1426 annoncer au chapitre de Notre-Dame la mort de l'évêque Jean de Nant et se mit sur les rangs pour recueillir sa succession. Le régent et sa femme se joignirent au duc de Bourgogne pour écrire en sa faveur au chapitre et le firent recommander par le chancelier de Thérouanne, l'archevêque de Rouen et l'évêque de Noyon. Le 8 avril 1427, Jacques du Châtelier, représenté par Jacques Branlard, se fit mettre en possession de l'évêché de Paris qu'il s'était fait adjuger par la cour de Rome malgré l'élection de Nicolas Fraillon; après sa consécration en l'église de Sainte-Geneviève, il fut reçu à Notre-Dame le dimanche 1ᵉʳ juin avec le cérémonial accoutumé. Le nouvel évêque, reconnaissant de l'appui que lui avait prêté le Parlement, l'invita à sa première entrée *in pontificalibus*, ainsi qu'au dîner qui eut lieu le même jour en son hôtel épiscopal, et, non content de ce, vint en personne remercier la compagnie (Arch. nat., X¹ª 1480, fol. 375 v°, 376 r°; LL 216, fol. 61, 72, 89, 91, 95).

3. De mémoire d'homme, suivant le témoignage d'un contemporain (Arch. nat., X¹ª 1480, fol. 376 v°), la Seine n'avait atteint une pareille élévation; aussi ce débordement fut-il désastreux. Le chapitre de Notre-Dame eut particulièrement à en souffrir : il fut obligé de réparer les dégâts causés par l'inondation à une grande maison sise au port Saint-Landry et de remettre partie du fermage dû par un boucher près de l'Hôtel-Dieu, lequel amodiait l'herbe de l'île Notre-Dame alors couverte par les eaux (*Ibid.*, LL 216, fol. 98, 99).

4. Il s'agit du quai des Célestins, alors nommé quai des Ormes, — des *Ormeteaux*, — à cause des arbres de cette essence que Charles V et Charles VI y avaient fait planter.

de l'autre costé de la riviere, devers l'eglise de Sainct-Paul, presque toute la terre estoit couverte; et ce n'estoit mie trop grant merveille, car depuis la moittié du moys d'avril jusques au lundy de la Penthecoste, qui fut le ixe jour de juing l'an mil iiii^c xxvii ne fina de plovoir[1], et touzjours jusques à cellui jour faisoit tres grant froid comme à l'entrée de mars. Et en ce temps faisoit on processions moult piteuses et dedens Paris[2] et aux villaiges; car, le mercredi des feriers de la saincte feste de Penthecoste, furent à[3] la beneïsson dix gros villaiges de devers la porte Sainct-Jacques, comme Vanves, Meudon, Clamart, Yssi, etc., et furent jusques à dix parroisses, tant qu'ilz furent bien de v à vi^c personnes ou plus, femmes, enfens, vieilz et jeunes, la plus grant partie nudz piez, à croix et bannieres, chantant hymnes et louanges à Dieu nostre sire, pour la pitié de la grant eaue et pour la pitié de la froidure qu'il faisoit, car à ce jour n'eust on point trouvé une vigne en fleur.

457. Item, en ce point vindrent à Paris, et de là à la beneïsson au Landit, et puis à Sainct-Denis en France, et là firent leurs devocions, et puis s'en revindrent tous jeuns à Paris, et telz y eut jusques en leur lieu, qui sont pres de dix lieues de terre. Et quant ilz passerent parmy Paris au retourner, il avoit bien dur cueur à qui le sang ne muast en pitié jusques aux lermes; car là eussiez veu tant de vieilles gens, tous nudz piez, tant de petiz enffens comme de xii ans ou de xiiii, si travaillez, car cellui jour fist si grant chault que merveilles.

458. Item, le jeudy ensuivant, crut tant l'eaue que l'isle Nostre-Dame fut couverte, et devant l'isle, aux Ormetiaux, estoit tant creue que on y eust bien mené bateaux ou nacelles, et toutes les

---

1. Suivant le greffier du chapitre de Notre-Dame, le temps pluvieux aurait duré jusqu'au milieu du mois de juillet (Arch. nat., LL 216, fol. 99).

2. Pendant le mois de juin, « des oroisons et prieres » furent ordonnées pour conjurer « l'indisposicion du temps et la tres grant inundacion des eaues et rivieres qui avoient fait de tres grans dommages » (Arch. nat., X^{1a} 4795, fol. 109 v°). Le mardi 10 juin, des processions générales se rendirent de Notre-Dame à Saint-Germain-l'Auxerrois; le lendemain, ce fut l'évêque et le chapitre de Paris qui allèrent au Lendit pour y faire la bénédiction; le 16 juin, nouvelle procession avec la châsse de Sainte-Geneviève; le 14 juillet, autre procession aux Jacobins (Ibid., X^{1a} 1480, fol. 376 v°; LL 216, fol. 96, 99).

3. Les mss. portent: fut le jour de.

maisons d'entour qui basses estoient, comme le sellier et le premier estage, estoient plaines; telles y avoit dont le sellier estoit plain du hault de deux hommes, et là estoit pitié, car les vins si estoient par dessus l'eaue. Et en aucuns lieux, en estables qui estoient basses de III ou IIII degrez, l'eaue crut tant là entour que les chevaulx, qui fort liez là estoient, ne porent tous estre rescoux qu'ilz ne fussent noyez, les aucuns pour la grandeur de l'eaue qui sourdit en mains de deux heures de plus du hault de ung homme là endroit et ailleurs; car elle crut tant le vendredi et le sabmedi ensuivant qu'elle s'espandit jusques devant l'ostel de la ville, et fut plus d'un hault pié largement en l'ostel du mareschal qui demeure à l'opposite devant du costé de la Vannerie[1] et jusques au VIe degré de la croix de Greve, droit devant l'ostel de la ville au droit de la croix, et fut avant environ la Sainct-Eloy que on peust aller en la Mortellerie[2]. Et bref elle fut plus grande pres de deux piez de hault qu'elle n'avoit esté en l'année de devant, et par tous les lieux où elle fut, comme en blez, en avoynes, es marés, elle degasta tout et secha tellement que celle année ne firent oncques bien[3], car elle y fut bien V ou VI sepmaines.

459. [Item, en ce temps fut ordonnée une grosse taille et cuillie sans mercy[4].]

460. Item, en ce temps, environ xv jours en juillet, fist mettre

---

1. La rue de la Vannerie partait de la rue Planche-Mibray et aboutissait à la place de Grève; elle a disparu en 1855, lors du percement de l'avenue Victoria.

2. La rue de la Mortellerie, parallèle à la Seine, commençait à la Grève et finissait au carrefour de l'Ave-Maria.

3. Ms. de Paris : ne furent avec bien.

4. Le gouvernement anglais fit effectivement lever une aide pour le recouvrement de Montargis et autres « forteresses voisines estans entre les rivieres de Seine et Loire »; mention en est faite dans un procès soutenu en 1428 à la Cour des Aides par les habitants de Nemours, qui furent taxés à 200 livres, somme excessive, prétendirent-ils, attendu qu'ils ne comptaient pas « de present plus de cinquante feux, et ilz souloient bien estre IIIIc et plus » (Arch. nat., Z1a 7, fol. 128 r°). A Paris, le régent demanda également un subside au clergé pour concourir au même but. Le lundi 11 août, le chapitre de Notre-Dame, convoqué à cet effet, décida de consigner par écrit tout ce que le roi devait à Notre-Dame, « de quo nichil solvit », et de présenter cette note à son conseil; le 1er septembre, c'est-à-dire quatre jours avant la levée du siège de Montargis, les chanoines s'assemblèrent afin de délibérer sur l'aide destinée aux troupes anglaises (Ibid., LL 216, fol. 101, 104).

le regent le siege devant Montargis[1]. Et le vɪ⁰ jour d'aoust ensuivant fut ordonné que on ne feroit plus pain que de ɪɪ deniers parisis et de ɪ denier piece, et ainsi fut fait, et bien avoit vɪɪɪ ou ɪx ans que on n'en avoit point [fait] à Paris, qui mains vaulsist de ɪɪ deniers.

461. Item, celle dicte sepmaine [mesmes], fut crié et publié que les escus d'or ne les moutons d'or n'auroient plus de cours pour nul prix que pour tant d'or[2].

462. Item, celle année, fut moult largement fruict et bon, car on avoit le cent de bonnes prunes pour ɪ denier, et nulles n'estoient verouses, et de tout autre fruict largement, especialment d'amendes avoit tant sur les arbres qu'ilz en rompirent tous ; et fist aussi bel aoust qu'il fist oncques d'aage de homme vivant, quoy que devant eust fait grant froidure et grant pluie, comme dit est, mais en pou de heure Dieu laboure, comme il appert ceste année, car les blez furent bons et largement.

463. Item, le xvɪɪɪ⁰ jour d'aoust ensuivant l'an mil ɪɪɪɪ^c xxvɪɪ, se parti de Paris le regent, qui touzjours enrichissoit son païs d'aucune chose de ce royaulme, et si n'y rapportoit riens que une taille quant il revenoit. Et touz les jours couroient[3] les murtriers et larrons autour de Parys, comme touzjours pillant et robant, prenant, ne nul ne disoit : *Dimitte*.

---

1. Dès la seconde moitié du mois de juin, le prévôt de Paris reçut mandat de fournir l'armée assiégeante de viande et de vivres ; le 24 juin, il réunit à cet effet les bouchers et vendeurs et les mit en demeure d'envoyer soixante « chiefs d'aumaille » (gros bétail), soixante porcs et cent moutons ; sur cette commande forcée, les bouchers de la grande boucherie devaient à eux seuls livrer pour leur part cinq aumailles, vingt porcs et vingt moutons ; ils s'y refusèrent absolument. Alors deux examinateurs du Châtelet, Jacques Cardon et Jean le Coletier, se présentèrent en l'écorcherie de Paris et, s'adressant successivement à divers bouchers, notamment à Thomas Thibert et Robert de Saint-Yon, jurés de la corporation, leur ordonnèrent, sous peine d'emprisonnement, d'expédier du bétail au siège de Montargis (Arch. nat., X1a 4795, fol. 151 r°).

2. Un mandement du 8 août 1427, publié le 9 août, à la seule fin « d'abatre le cours aux escuz et aux doubles faictz aux armes de France », prohiba d'une manière absolue toutes monnaies d'or et d'argent autres que les monnaies en voie de fabrication et ne laissa dans la circulation que les saluts et angelots d'or, nobles et fractions de nobles, grands blancs de dix deniers, petits blancs de cinq deniers, enfin les doubles de Normandie de trois pour un petit blanc (Arch. nat., Z1b 60, fol. 10 r°).

3. Ms. de Paris : arrivoient.

464. Le dimenche d'après la my-aoust, qui fut le xvii° jour d'aoust oudit an mil iiii^c xxvii, vint à Paris xii penanciers, comme ilz disoient, c'est assavoir, ung duc et ung conte, et dix hommes tous à cheval, et lesquelx se disoient tres bons chrestiens, et estoient de la Basse Egipte; et encore disoient qu'ilz avoient esté chrestiens autresfois, et n'avoit pas grant temps que les chrestiens les avoient subjugués et tout leur païs et tous fais christianner ou mourir ceulx qui ne le vouloient estre; ceulx qui furent baptisez furent signeurs du païs comme devant, et promistrent d'estre bons et loyaulx et de garder la loy[1] de Jhesu-Crist jusques à la mort. Et avoient roy et royne en leur païs, qui demouroient en leur signeurie parce qu'ilz furent christiennez.

465. Item, vray est, comme ilz disoient, que, après aucuns temps qu'ilz orent prins la foy chrestienne, les Sarazins les vindrent assaillir, quant ilz se virent comme pou fermes en nostre foy à tres pou d'achoison, sans endurer gueres la guerre et sans faire leur devoir de leur païs deffendre que tres pou, se randirent à leurs ennemys et devindrent Sarazins comme devant, et renoierent[2] Nostre Signeur.

466. Item, il advint après que les chrestiens, comme l'empereur d'Allemaigne, le roy de Poullaine et autres signeurs, quant ilz sorent qu'ilz orent ainsi faulcement et sans grant peine laissée nostre foy et qu'ilz estoient devenus sitost Sarazins et ydolatres, leur coururent sur et les vainquirent tantost, comme s'ilz cuidoient que on laissast en leur païs, comme à l'autre fois, pour devenir chrestiens. Mais l'empereur et les autres signeurs, par grant deliberacion de conseil, dirent que jamais ne tenroient terre en leur païs, se le pappe ne le consentoit, et qu'il convenoit que là allassent au Sainct-Pere à Romme; et là allerent tous, petiz et grans, à moult grant peine pour les enffans. Quant là furent, ilz confesserent en general leurs pechez. Quant le pappe ot ouye leur confession, par grant deliberacion de conseil, leur donna en penance d'aller vii ans ensuivant parmy le monde, sans coucher en lict, et pour avoir aucun confort pour leur despence, ordonna, comme on disoit, que tout evesque et abbé portant crosse leur donroit pour une foys dix livres tournois, et leur bailla lettres faisant mencion de ce aux prelatz d'eglise et leur donna sa beneis-

---

1. Ms. de Rome : foy.
2. Ms. de Paris : renoncerent.

son, puis se departirent. Et furent avant cinq ans par le monde qu'ilz venissent à Paris, et vindrent le xviiᵉ jour d'aoust l'an mil iiiiᶜ xxvii, les doze devant diz, et le jour Sainct Jehan Decolace vint le commun, lequel on ne laissa point entrer dedens Paris; mais par justice furent logez à la Chappelle-Sainct-Denis, et n'estoient point plus en tout, de hommes, de femmes et d'enfens de cent ou six vingt ou environ. Et quant ilz se partirent de leur païs, estoient mil ou xiiᶜ, mais le remenant estoit [mort] en la voye, et leur roy et leur royne, et ceulx qui estoient en vie avoient esperance d'avoir encore des biens mondains, car le Sainct-Pere leur avoit promis qu'il leur donroit païs pour habiter bon et fertille, mais qu'ilz de bon cuer achevacent leur penance.

467. Item, quant ilz furent à la Chappelle, on ne vit oncques plus grant allée de gens à la beneïsson du Landit que là alloit de Paris, de Sainct-Denis et d'entour Paris pour les veoir. Et vray est que les enffans d'icelx estoient tant habilles filx et filles que nulz plus, et le plus et presque tous avoient les deux oreilles percées, et en chascune oreille ung anel d'argent ou deux en chascune, et disoient que ce estoit gentillesse en leur païs.

468. Item, les hommes estoient tres noirs, les cheveulx crespez, les plus laides femmes que on peust veoir et les plus noires; toutes avoient le visage deplaié, chevelx noirs comme la queue d'un cheval, pour toutes robbes une vieille flaussoie tres grosse d'un lien de drap ou de corde liée sur l'espaulle, et dessoubz ung povre roquet ou chemise pour tous paremens. Brief, ce estoient les plus povres creatures que on vit oncques venir en France de aage de homme. Et neantmoins leur povreté, en la compaignie avoit sorcieres qui regardoient es mains des gens et disoient ce que advenu leur estoit ou à advenir, et mirent contans en plusieurs mariaiges, car elles disoient (au mari) : « Ta femme [ta femme t'a fait] coux », ou à la femme : « Ton mary t'a fait coulpe. » Et qui pis estoit, en parlant aux creatures, par art magicque, ou autrement, ou par l'ennemy d'enfer, ou par entregent d'abilité, faisoient vuyder[1] les bources aux gens et le mettoient en leur bource, comme on disoit. Et vrayement, je y fu iii ou iiii foys pour parler à eulx, mais oncques ne m'aperceu d'un denier de perte, ne ne les vy regarder en main, mais ainsi le disoit le peuple partout, tant que la nouvelle en vint à l'evesque de Paris, lequel y alla et mena

---

1. Ms. de Rome : faisoient vuides les bources.

avec lui ung frere meneur, nommé le Petit Jacobin, lequel par le commandement de l'evesque fist là une belle predicacion, en excommuniant tous ceulx et celles qui ce faisoient et qui avoient creu et monstré leurs mains [1]. Et convint qu'ilz s'en allassent, et se partirent le jour de Nostre-Dame en septembre, et s'en allerent vers Pontoise.

469. Item, le vendredy v° jour de septembre l'an mil IIII° XXVII, fut levé le siege par [les gens de] cellui qui se dit dalphin, qui estoit devant Montargis [2]. Et furent les Angloys moult grevez, car trop se fioient en leur force, et furent trouvez desarmez de leurs ennemys, qui bien en tuerent vi° ou plus, que marchans de vivre que hommes d'armes, et leur convint laisser le siege au droit temps que on cueult les biens.

470. Item, en cel an faisoit aussi grant chault à la Sainct Remy ou pres [3] qu'il avoit fait à la Sainct Jehan, car en cel an ne fist pas plus d'ung moys d'esté. Par quoy les vignes apporterent si pou que le plus n'apporterent que ung caque de vin en l'arpent, et encore mains telz y avoit ; moult se tenoit eureux qui en avoit en l'arpent ung muy ou une queue, et tout par le long yver qui tant dura que on vit oncques mais si long ; et vraiement on trouvoit es almandiers après la feste de Toussains des almandes toutes vertes bonnes à peler comme à la my-aoust, et estoient de tres bon goust.

---

1. Ce que l'auteur du Journal raconte des bohémiennes qui lisaient l'avenir dans la main des visiteurs est parfaitement exact ; l'autorité ecclésiastique fut même obligée de réagir contre l'entraînement populaire et fit célébrer, le dimanche 14 septembre, des processions générales aux Jacobins, relativement à ceux qui avaient montré leurs mains aux Égyptiens. Voici en quels termes le fait est rapporté dans les registres capitulaires de Notre-Dame (Arch. nat., LL 216, fol. 205) : « Veneris XII septembris, die dominica proxima, fient processiones generales ad Jacobitas pro facto illorum qui exhibuerunt manus suas illis extraneis de Egipto ad devinandum plura que petebant ab eis. »

2. La levée du siége de Montargis fut, pour employer les expressions de Cousinot de Montreuil (*Chronique de la Pucelle*, p. 247), « une bien vaillante entreprise mise à effet » par La Hire, aidé du bâtard d'Orléans ; les Anglais, placés sous les ordres des comtes de Warwick et de Suffolk, éprouvèrent un sanglant échec qu'un narrateur parisien, Cl. de Fauquembergue, se borne à mentionner en deux lignes : « Ce jour (vendredi 5 septembre), par puissance d'armes les ennemis leverent le siege que tenoit le conte de Sulfok devant Montargis. » (Arch. nat., X1a 1480, fol. 384 r°.)

3. Ms. de Paris : auprès.

471. Item, en ce temps fut le vin tres cher, car on avoit tres petit vin pour viii deniers parisis pinte, et si estoit la monnoye tres bonne.

472. Item, en cel an, ou pou devant, vint à Paris une femme nommée Margot, assez jeune, comme de xxviii à xxx ans, qui estoit du païs de Henault, laquelle jouoit le mieulx à la palme que oncques homme eust veu, et avec ce jouoit devant main derriere main tres puissanment, tres malicieusement, tres abillement, comme povoit faire homme, et pou venoit de hommes à qui elle ne gaignast, se ce n'estoit les plus puissans joueux. Et estoit le jeu de Paris où le mieulx on jouoit en la rue Garnier-Sainct-Ladre, qui estoit nommé le Petit Temple [1].

473. Item, en ce temps, environ quinze jours devant la Sainct Remy, cheut ung mauvais air corrumpu, dont une tres malvaise maladie avint que on appelloit la dando, et n'estoit nul ne nulle qui aucunement ne s'en sentist dedens le temps qu'elle dura. Et la maniere comment elle prenoit : elle commençoit es rains et es espaulles, et n'estoit [nul] quant elle prenoit qui ne cuidast avoir la gravelle, tant faisoit cruelle douleur, et après ce à tous venoient les assées ou fortes [2] frissons, et estoit-on bien viii ou x ou xv jours que on ne povoit ne boire, ne menger, ne dormir, les uns

---

1. L'immeuble où se tenait le jeu de paume de la rue Grenier-Saint-Lazare appartenait, au commencement du xvi° siècle, au couvent des Chartreux de Paris, comme le prouve une sentence des requêtes du Palais rendue le 21 avril 1501 au profit de ces religieux qui réclamaient les loyers dus par les « locateurs de certaines maisons assises en la rue Garnier-Saint-Ladre, où pend pour enseigne Melusine et le jeu de Paulme » (Arch. nat., X¹ª 13, fol. 2 r°). La plupart des jeux de paume, fréquentés par la population parisienne au xv° siècle, furent établis dans des plâtrières, exemple celui qui existait dès 1415 « en la plastrerie » de la rue Bourg-l'Abbé ; un autre jeu non moins connu occupait « l'ostel de G. Soret en la rue de la Plaistriere », près de la porte Saint-Honoré (*Ibid.*, JJ 172, n° 166). C'est probablement le même que Sauval (t. II, p. 125) cite comme annexé à l'hôtel de Calais, au coin de la rue Plâtrière. Une autre rue du même quartier, la rue du Pélican, possédait également un jeu de paume, dont l'emplacement, avec une bâtisse neuve y attenante, fut revendiqué en 1437 par Aimeri Marchand, conseiller au Parlement, Jean de Vaudetar, avocat au Châtelet, et Barthélemy Claustre, au détriment du propriétaire, Colin Drouet, maréchal (Arch. nat., X¹ª 1482, fol. 30 v°). Sur la rive gauche existait un jeu de paume dans l'hôtel dénommé le séjour d'Orléans, sis en la rue Saint-André-des-Arts (Sauval, t. III, p. 332).

2. Ms. de Paris : les avez ou force frissons.

plus, les autres mains; après ce venoit une toux si tres mauvaise
à chascun que quant on estoit au sermon, on ne povoit entendre
ce que le sermonneur disoit, pour la grant noise des tousseurs.

474. Item, elle ot tres forte durée jusques après la Toussains
bien xv jours ou plus. Et ne eussez gueres trouvé homme ne
femme qui ne eust la bouche ou le nes tout eslevé de grosse
rongne pour l'assées, et quant on encontroit l'un l'autre, [on
demandoit: « As tu point eu de la dando ». S'il disoit non, on lui
respondoit tantost: « Or te garde bien, que vraiement tu en gous-
teras [1] ung morcelet ». Et vrayment on ne mantoit pas, que pour
vray, il fut pou, fust petit ou grant, femme ou enfens, qui n'eust
en ce temps ou assées, ou frissons, ou la toux qui trop duroit
longuement.

475. Item, le xve jour de decembre ensuivant, fut prins ung
escuier nommé Sauvage de Fremonville [2] dedens le chastel de
l'Isle-Adam, par force, lui et deux varletz, car plus n'y avoit de
gens quant il fut prins. Assez fut qui le lia, et fut mis sur ung
cheval, les piez liez et les mains, sans chaperon, en ce point
admené à Baignollet où le regent estoit, qui tantost commanda
que sans nul delay on le allast pandre au gibet hastivement, sans
estre ouy en ses deffences, car on avoit grant paour qu'il ne fust
rescoux, car de tres grant lignaige estoit. Ainsi fut amené au
gibet, acompaigné du prevost de Paris et de plusieurs gens, et

---

1. Ms. de Rome : bouteras.
2. Sauvage de Fremainville, hardi chef de partisans, excellait dans les coups de main et entreprises aventureuses. Vers 1419, servant la cause bourguignonne, il avait enlevé de vive force le château de Saint-Germain-en-Laye (Arch. nat., JJ 171, n° 203). Lors du voyage que fit le duc de Bedford, au mois de décembre 1425, d'Amiens à Doullens, Fremainville fut assez mal avisé pour se mettre en embuscade sur le passage du régent qui n'échappa que fortuitement et ne lui pardonna pas ce guet-apens. Par ses ordres, Morelet de Béthencourt, chevalier du guet, réunit une troupe d'archers et d'arbalétriers, lesquels, pour faire plus grande diligence, empruntèrent de gré ou de force des montures aux religieux de Saint-Martin-des-Champs et se transportèrent à l'Ile-Adam. Quoique pris à l'improviste, Fremainville opposa une vive résistance et blessa mortellement l'un des assaillants, un sergent du nom de Colin l'Aignel, dont la veuve intenta un procès à Morelet de Béthencourt, gratifié par le roi de 200 livres de rente sur les biens dudit Fremainville. Par arrêt du 23 décembre 1429, le Parlement réduisit les prétentions de la veuve Colin l'Aignel à une somme de 100 livres une fois payée (Arch. nat., X1a 4795, fol. 192 v°, 193 r°, 231 v°, 241 v°; X1a 67, fol. 27 v°).

avec estoit ung nommé Pierre Baillé [1] qui avoit esté varlet cordouannier à Paris, et puis fut sergent à verge, et puis receveur de Paris, et lors estoit grant tresorier du Meinne. Lequel Pierre Baillé ne voult oncques, quant ledit Sauvaige demanda confession, qu'il vesquist si longuement, mais lui fist tantost monter l'eschelle, et monta après en deux ou trois eschelons en lui disant grosses parolles. Le Sauvaige ne lui respondit pas à sa voulenté, pour quoy ledit Pierre lui donna ung grant cop de baston, et en donna [2] v ou vi au bourrel pour ce qu'il l'interrogoit du sauvement de son ame. Quant le bourrel vit que l'autre avoit si malle voulenté, si ot paour que ledit Baillé ne lui feist pis, si se hasta plustost qu'il ne devoit pour la paour [et le pendit]; mais, pour ce que trop se hasta, la corde rompi ou se desnoua, et cheut ledit jugié sur les rains, et furent tous rompus et une jambe brisée, mais en celle douleur lui convint remonter, et fut pandu et estranglé. Et pour vray dire, on lui pourtoit une tres malle grace, especialment de plusieurs meurdres tres orribles, et disoit on qu'il avoit tué de sa main ou païs de Flandres ou de Haynault ung evesque.

[1428.]

476. Item, en cel an après Pasques, qui furent le iiiie jour d'avril l'an mil cccc xxviii, fut si grant foison de hannetons que on avoit oncques veu, et mengerent tellement [vignes], allemandiers, noyers et autres arbres, que par les contrées où ilz furent n'avoit, especiallement es noiers, nulles feuilles xv jours devant la Sainct Jehan Baptiste.

---

1. Pierre Baillé, personnage de basse extraction et de mince valeur, dut son élévation à un dévouement sans bornes à la cause anglaise; il occupait dès 1425 le poste de receveur et payeur de la ville de Paris (Arch. nat., X¹ª 1480, fol. 337 v°), peut-être même avait-il succédé à Jean Cointaut, qui s'était enfui lors de l'entrée des Bourguignons. Il était en même temps receveur des domaines et confiscations (A. Longnon, *Paris pendant la domination anglaise*, p. 265) et trésorier du duc de Bedford (Arch. nat., Z1b 3, fol. 167 r°). Vers cette époque, il remplaça comme receveur du Maine Richard Ruaut (accord du 6 juillet 1428, *Ibid.*, X¹c 136). Après l'expulsion des Anglais de la capitale, il suivit leur fortune; de nombreuses quittances nous montrent Pierre Baillé remplissant les fonctions de receveur général des finances en Normandie de 1437 à 1446 (Stevenson, *Wars of the English in France*, vol. II, part. II, p. 372 et passim).

2. Ms. de Rome : donnoit.

477. Item, le duc de Bourgongne vint à Paris le xxiie jour de may à ung sabmedi, vigille de la Penthecoste, et vint sur ung petit cheval en guise d'archer, et n'eust point esté congneu du peuple, ce n'eust esté le regent qui le compaignoit et la regente après.

478. Item, il s'en alla le iie jour de juing ensuivant, vueille du Sainct Sacrement, qui fut le iiie jour de juing.

479. Item, en celle année, fut tant de hannetons que les anxiens disoient avoir oncques veu, et durerent jusques après la Sainct Jehan, et gasterent toutes les vignes, et les noiers et les almandiers, et fut avant la Sainct Pere que on s'en peust delivrer ; et si faisoit tres grant froit à la Sainct Jehan, et touzjours pluvoit, tonnoit, espartissoit. Et advint que le xiii[e] jour de juing le tonnoire chut à Paris sur le clocher des Augustins, et fouldroia ledit clochier, toute la couverture qui estoit d'ardoise, et le merrien par dedens, que on estimoit le dommaige qu'il fist à viii[c] ou mil frans.

480. Item, le xxv[e] jour de may, le mardy des festes de la Penthecoste, l'an mil iiii[c] xxviii, prindrent par traïson les Arminalx la cité du Mans, et du prendre furent plusieurs de la ville consentans [1], par ainsi que lesdiz Arminalx promisdrent qu'ilz les garderoient en leur franchise et seroient avec eulx comme amys, mais sitost qu'ilz orent la signeurie de la ville, ilz pillerent, roberent, efforcerent filles et femmes, et firent tous les maulx que on peust faire à ses ennemis à ceulx qui les cuidoient amis.

481. Item, quant ladicte cité fut prinse, le cappitaine qui y estoit de par le regent ordonné estoit allé en ung sien affaire environ vingt lieues loing de la cité [2], quant il sceut la chose comment elle estoit, s'il fut moult courcé nul ne demande. Il fist finance de iii[c] hommes d'armes, et s'en vint le vendredy ensuivant environ mynuit, et fist tant qu'il regaigna la cité avant qu'il fust gueres grant jour ; car quant la commune vit la grant cruaulté des Arminalx, ilz les prindrent en si grant haine qu'ilz laisserent

---

1. Suivant Cousinot le Chancelier (*Geste des nobles*, p. 202), et Cousinot de Montreuil (*Chron. de la Pucelle*, p. 251), les capitaines français chargés de conduire cette entreprise, entre autres les sires d'Orval, de Bueil et La Hire, étaient de connivence avec l'évêque Adam Châtelain, le clergé et un certain nombre de bourgeois qui les introduisirent dans la place.

2. Ce capitaine était Jean Talbot qui se tenait en ce moment à Alençon (*Chron. de la Pucelle*, p. 252).

entrer dedens ledit cappitaine, ou au moins ne se deffendirent ilz que bien pou. Quant ilz furent dedens, ilz commencerent à crier : « Ville gaignée! » et le cry du cappitaine dedens la forteresse[1], où une quantité de ses gens se estoient retraictz, quant la cité fut trahie premier. Quant ilz ouirent le cry de leur cappitaine ou banniere, si se mirent à lancier et gecter et à laisser cheoir grosses pierres sur les Arminalx qui les avoient assegez, et leur cappitaine leur vint par darriere, qui avoit avec lui iii^c hommes, comme devant est dit, de bonne estoffe ; si comprindrent toute la place tellement que les Arminalx ne porent reculler ne entrer ou chastel. Si se combatirent main à main moult longuement, mais en la fin furent desconfiz les Arminalx, car la commune les avoit en si grant haine pour leur mauvestie que, par les fenestres, ilz leur gectoient grosses pierres dont ilz tuoient eulx et leurs chevaulx, et quant aucun des Arminalx eschappoit par bon cheval ou autrement, tantost estoit tué du commun. Et tant firent, c'est assavoir, le cappitaine, nommé messire Talebot[2], et ceulx du chastel et la commune, que xii [cens] Arminalx demourerent en la place, sans ceulx qui furent decollez, qui avoient esté consentans de l'entrée des Arminalx par traïson, et sans les prinsonniers qui furent tres grant nombre ; car il y avoit xxii ou xxiiii cappitaines d'Arminalx qui estoient acompaignez de iii^m hommes d'armes et plus[3], dont il appert [bien] clerement qu'ilz sont bien maleureux quant iii^c hommes les desconfit si laidement, et pour[4] leur peché, car, se ilz se fussent bien portez vers ceulx de la ville, selon qu'ilz avoient juré, ilz eussent fait que saiges.

---

1. Au moment de la surprise de la ville les Anglais s'étaient retirés dans une tour dite la Tour Ribendelle, située près de la porte Saint-Vincent (*Chron. de la Pucelle*, p. 252).

2. Jean Talbot, sire de Furnival, comte de Shrewsbury, maréchal de France, l'un des plus vaillants capitaines anglais, fut mêlé aux principaux faits militaires qui signalèrent cette époque. Le roi d'Angleterre lui confia la garde des places les plus importantes de la Normandie : il fut capitaine de Gisors de 1434 à 1436, de Coutances et du Pont-de-l'Arche en 1435, de Lisieux, Harfleur, Montivilliers en 1440 ; cette même année, lui fut allouée une pension de 300 saluts d'or (V. Stevenson, *Wars of the English*, vol. II, part. I et II, *passim*). Ses services avaient déjà été récompensés le 24 août 1434 par le don du comté de Clermont en Beauvaisis (Arch. nat., JJ 175, fol. 109). Jean Talbot fut tué à la bataille de Chastillon (20 juillet 1453).

3. « Et plus » manque dans le ms. de Rome.

4. Ms. de Paris : par.

482. Item, fut l'année froide si longuement¹ que [tout] le Landit ne à la Sainct Jehan n'avoit encore nulles bonnes serises, ne bien pou encore de feves nouvelles, ne blé, ne vigne en fleur.

483. Item, le jour Sainct Leuffrey, qui fut au lundy xxie jour de juing, fut la plus sumptueuse feste faicte au Palays à Paris que homme qui pour lors vesquist eust oncques veue; car toute personne, de quelque estat qu'il fust, estoit receu à digner selon son estat; car le regent de France et sa femme, et la chevallerie furent servis en lieu et de viande selon leur estat, le clergé premier, comme evesques, prelas, abbés, prieurs; après, docteurs de toutes sciences, le Parlement; après, le prevost de Paris et ceulx du Chastellet; après, le prevost des marchans [et les eschevins et bourgois et marchans] ensemble; [et après le commun de tous estatz]. Et furent bien à cellui digner ² que ungs que autres plus de huit milliers seans à table, car il y ot de pain distribué de environ III deniers la piece, qui pour lors estoit moult grant, car on avoit ung sextier de tres bon fourment pour XII solz parisis, si y en ot bien VII^c douzaines.

484. Item, on y but de vin bien XL muis.

485. Item, y ot bien VIII^c plaz de viande, sans le beuf et le mouton qui fut sans nombre.

---

1. « L'indisposicion du temps, qui estoit moult pluvieux et froit, » pour employer le langage d'un contemporain, détermina une recrudescence de ferveur religieuse; « les povres laboureurs et habitans, femmes et petis enfans de Villejuifve » et de quatre ou cinq villages voisins vinrent le 11 juin à Notre-Dame avec un appareil inaccoutumé, à la fois religieux et militaire; à côté des porteurs de croix et bannières marchaient leurs défenseurs, armés d'arcs, d'arbalètes, de lances et de bâtons pour repousser au besoin les incursions ennemies (Arch. nat., X¹ª 1480, fol. 404 r°; X¹ª 4795, fol. 275 r°). Le dimanche 20 juin, le clergé de Notre-Dame se rendit processionnellement à Sainte-Geneviève; le vendredi 2 juillet, tout Paris prit part aux processions générales où furent portées à Notre-Dame les châsses de saint Marcel et de sainte Geneviève et autres corps saints de la Sainte-Chapelle et de différentes églises, avec messe, sermon solennel et prières au Tout-Puissant pour la conservation des biens de la terre. Enfin, les dimanches 25 juillet et 22 août, eurent lieu de nouvelles processions aux Augustins et en l'église des Carmes (*Ibid.*, LL 216, fol. 135; X¹ª 4795, fol. 282 r°, 288 r°, 321).

2. Ce dîner d'apparat fut donné pour fêter la réception de quatre nouveaux docteurs en décret, deux anglais et deux français : cinq à six mille personnes y assistèrent, au témoignage de Clément de Fauquembergue : « Lundi xxie jour de juing. Ce jour, dit le greffier, les plaidoiries cesserent à IX heures, et se leva la court pour aler es escoles de decret au commen-

486. Item, environ le moys d'aoust, l'an iiii^c xxviii, le conte de Salsebry avec sa compaignie print la ville de Nogent-le-Roy [1], print Ianville [2] en Beausse, print Rochefort et de là alla à Chasteaudun et à Orleans boire (sic) devant la ville. Et fut faicte une grosse taille aussi bien aux villaiges comme es cités ; et si leur convint faire finance de bien ii^c voitures, chascune à iii ou à iiii chevaulx, pour mener vivres et artillerie ou pour mener bien ii^c queues de vin ou plus, qui furent prinses dedens Paris ; et si estoit le vin si cher que nulz ou pou des mesnaigers n'en buvoient, car la pinte de moien vin ou moys de septembre coustoit xii deniers, tres forte monnoie.

487. Item, en ce temps, pour la charté du vin, plusieurs se mirent à brasser servoise, et avant que la Toussains vint [3], en ot bien à Paris trente brasseurs, et si la amenoit on tous les jours à charretées de Sainct-Denis et d'ailleurs, et que on la crioit parmy Paris, comme on a acoustumé à crier le vin, et si n'estoit celle de Paris que à ii doubles, et celle de Sainct-Denis à iii doubles, qui valloient iiii deniers parisis piece.

488. Item, en ce temps, on avoit bons pois pour x deniers le boessel, bonnes feves pour x deniers, le quarteron d'œufs pour xii deniers parisis.

489. Item, en cellui moys de septembre iiii^c xxviii, à la Saincte Croix, n'avoit encore nulz raisins que on eust peu dire : « Veez ci une grappe noire entierement », tant fut l'année froide longuement et tardive.

490. Item, en cellui temps, ou moys d'aoust, fut faicte une ordonnance sur les rentes [4], que chascun qui auroit puissance

---

cement dez quatre nouveaux docteurs, dont les deux estoient anglois et deux françois, et fu es dictes escoles le duc de Bedford regent, et avec lui fu au disner au Palais la duchesse sa femme, seur du duc de Bourgogne, et pluseurs autres de tous estas, jusques au nombre de v^m à vi^m personnes, si comme on disoit. » (Arch. nat., X1a 4795, fol. 283 r°.)

1. Nogent-le-Roi (Eure-et-Loir, arr. de Dreux), que Giraud de la Pallière avait recouvré en 1427, fut la première place conquise par le comte de Salisbury (*Chron. de la Pucelle*, p. 256). — Janville (Eure-et-Loir, arr. de Chartres), vaillamment défendu par Prégent de Coetivy et autres capitaines français, fut enlevé d'assaut le 29 août. — Rochefort se rendit par composition en même temps que Rambouillet, Châteauneuf-en-Thimerais (*Chron. de la Pucelle*, p. 256).

2. Ms. de Rome : Canville ; ms. de Paris : Combeville.

3. « Vint » manque dans le ms. de Rome.

4. L'ordonnance relative au rachat des rentes constituées sur les maisons

povoit avoir la livre pour xv livres tournois, pour tant qu'ilz fussent ou eussent esté grant temps cuillies ; et aussi en furent mis hors de ladicte ordonnance enfans mineurs d'ans, femmes veuves[1], eglises. Et plusieurs autres ordonnances furent faictes sur lesdictes rentes, lesquelles on peut savoir ou Chastellet qui veut[2].

491. Item, ladicte ordonnance fut publiée le darrain jour de juillet l'an mil IIII^c xxviii.

492. Item, le vendredy x^e jour de septembre IIII^c xxviii, fut despandu du gibet de Paris ung nommé Sauvage de Fromonville, à qui Pierre Baillé fist tant de desplaisir quant on le pandoit, car il le frappa en l'eschelle moult cruelment, et si baty le bourrel d'un gros baston qu'il tenoit; et estoit pour lors ledit Pierre receveur de Paris.

493. Item, en celui temps, estoit touzjours le conte de Salcebry sur la riviere de Loire, et prenoit chasteaulx et villes[3] à son vouloir, car moult estoit expert en armes ; si s'en vint devant Orleans et l'assist de toutes pars, mais Fortune, qui n'est à nully seure amye, lui monstra de son mestier dont elle sert ses amez sans deffier[4], car plus cuide estre plus seurement comme à siege, une pierre de canon luy fut presentée qui lui donna le cop de la

---

et héritages de Paris est du 31 juillet 1428; elle fut publiée au Parlement le samedi 14 août et au Châtelet le lundi suivant (Arch. nat., X^{1a} 8605, fol. 8 ; Y¹, fol. 44). Par suite de la faculté de se rédimer, à raison d'un denier pour douze deniers, laissée aux propriétaires, il devint nécessaire de stipuler dans les contrats si la rente était sujette au rachat ; ainsi nous voyons le chapitre de Notre-Dame décider le 20 février 1435 la démolition d'une maison près de l'église Saint-Christophe, s'il ne se présentait personne qui voulût l'accenser pour 60 sols « non rachetables », suivant l'expression française intercalée dans le texte des registres capitulaires (*Ibid.*, LL 217, fol. 135).

1. En ce qui concerne les veuves et les mineurs, un paragraphe spécial de l'ordonnance du 31 juillet portait que « esdiz rachatz ne seront point comprinses les rentes deuement admorties et celles qui appartiennent à femmes vefves et enfans mineurs d'aage, durant leurs viduitez et majoritez. »

2. « Qui veut » manque dans le ms. de Rome.

3. Voir la liste des forteresses réduites par Salisbury, annexée à la lettre que ce capitaine adressa le 5 septembre 1428 à la commune de Londres, avec les restitutions et identifications géographiques dues à la perspicacité de M. A. Longnon (*Les limites de la France et l'étendue de la domination anglaise à l'époque de la mission de Jeanne d'Arc*, 1875).

4. « Sans deffier » manque dans le ms. de Rome.

mort[1] ; dont moult grant dommaige orent les Angloys, especialment le regent de France, car il se reposoit es citez de France à son aise lui et sa femme qui partout où il alloit le suivoit ; et quant l'autre fut mort, il luy convint maintenir la guerre, et party de Paris pour y aller le mercredy, veuillie Sainct Martin d'yver IIIIe xxvIIII[2], et le conte de Salsebry estoit mort la sepmaine devant.

[1429.]

494. Item, en ce temps, estoit le IIIIme de la servoise à Paris à vi^m vi^c frans, et cellui du vin n'estoit mie à la IIIe partie, car le vin nouvel de ladicte année[3] estoit si petit et si feible que on n'en tenoit compte, car tout le meilleur ou la plus grant partie se santoit plus de verjus que de vin, et si estoit si cher que on faisoit le caque, qui estoit ung pou plus fort que despence IIII tournois parisis, et ne eussiez eu nul à moins de IIII frans.

495. En icellui temps convint faire par les bourgois de Paris finance de farine pour mener en l'ost devant Orleans, et en firent finance de plus de III^c chariotz chargez, [lesquelx chariotz et chevaulx et toutes choses] appartenans à charroy ceulx du plat païs d'entour Paris paierent, se non qu'ilz furent, quant ilz vindrent à Paris, assignés de leurs despens jusques à neuf jours ensuivans, et n'y devoient plus demourer, mais ilz y furent, après les neuf jours, autres IX à leurs despens, et leurs chevaulx, qui moult les greva. Et le XIIe jour de fevrier, se partirent à grant compaignie de gens d'armes[4] et allerent jusques à Estampes sans danger.

---

1. Ce fut le dimanche soir 24 octobre 1429 que le comte de Salisbury, se tenant en observation à une fenêtre des Tourelles, eut le visage emporté par un coup de canon qui vint frapper l'angle de la muraille ; transporté à Meung, l'illustre capitaine y expira huit jours après (Quicherat, *Procès de Jeanne d'Arc*, t. IV, p. 100).

2. Le duc de Bedford établit sa résidence à Mantes, où il se trouvait à la date du 13 novembre, ainsi que le prouve le voyage fait par le héraut Maine, porteur de lettres du régent à l'adresse du comte de Suffolk, donné comme successeur à Salisbury. De Mantes le régent se transporta à Chartres (Cf. Vallet de Viriville, *Hist. de Charles VII*, t. II, p. 36).

3. « De la dicte année » manque dans le ms. de Rome.

4. Ce convoi de vivres de carême, expédié de Paris sous la conduite de Falstaff et du prévôt Simon Morhier avec 2,000 Anglais, fut attaqué le 12 février 1429 par 1,500 hommes détachés de la garnison d'Orléans,

Quant ilz furent [ung pou] par delà entre Iainville en Beausse[1] et ung villaige nommé Rouvray-Sainct-Denis[2], il leur vint bien vii[m][3] Arminalx qui les amenerent comme un danel[4] fait ung tas de petis enfans. Quant noz gens virent ce, ilz [se] ordonnerent au mieulx qu'ilz porent et ne se hoberent ; ilz avoient foison grans pieulx, agus à ung bout et ferrés à l'autre, qu'ilz ficherent en terre en panchant devers leurs ennemis, et furent mis les archiers et arbalestiers de Paris à ung costé, ausquelx fut ordonné une elle de noz gens et l'autre elle fut des archiers angloys, et ou millieu fut ce qu'ilz povoient avoir de grosse bataille, car ilz n'estoient en tout pas plus de xv[c] contre vii[m], qui estoient xiii Arminalx contre deux de noz gens[5]. Quant les Arminalx[6] orent bien tournoié de loing autour de noz gens, si s'en revindrent et se mirent en ordonnance en la maniere comme noz gens le manderent qu'ilz voulsissent que, s'ilz prenoient aucuns des nostres qui fust mis à fin, c'est assavoir, à rançon, ausquelz ilz respondirent, [especialment] le sire de Bourbon[7], que jamais Dieu ne lui aidast, se jà

---

auxquels s'était joint le corps commandé par le comte de Clermont ; les Français furent complètement défaits, et cette déroute est restée célèbre dans l'histoire sous le nom de « Journée des Harengs ».

1. Le ms. de Rome et les éditions portent « Canville ». La forme « Iainville » que donne le ms. de Paris est justifiée par ces paroles de Jean Chartier, relatives à la journée du 12 février 1429 : « Et furent iceulx Jean Fastol et autres (chargés d'escorter le convoi de vivres) rencontrés pres d'Yenville en Beauce » (Jean Chartier, *Chronique de Charles VII*, t. I, p. 62).

2. Les mss. de Rome et de Paris portent ici « Toumray » ou « Tommiray » ; mais il s'agit ici de Rouvray-Saint-Denis (Eure-et-Loir, arr. de Chartres, cant. de Janville), dont l'église était fortifiée et qui tomba au pouvoir du comte de Salisbury lors de la campagne d'août 1428. Le capitaine anglais délivra le 27 septembre 1428 des lettres à Jeanne, veuve de Charlot Boitel, écuyer à Baugency, qui mentionnent la reddition au roi « des retraiz, manans et habitans de l'eglise fort de la parroisse de Rouvray-Saint-Denis en Beauce » (Arch. nat., JJ 174, fol. 108 v°).

3. Ms. de Paris : viii[m].

4. Ms. de Rome : une dance.

5. Cette proportion est mal établie : il fallait dire xiii contre iii.

6. Tout le passage, depuis les mots « quant les Arminalx » jusqu'à la phrase qui commence par « Quant les heraulx orent ce dit à nos gens », manque à toutes les éditions ; nous le restituons d'après le ms. de Rome ; le ms. de Paris nous donne une version incomplète et un peu différente : au lieu de : « noz gens le manderent », il porte : « avoient faict adoncques le mandement ».

7. Charles de Bourbon, comte de Clermont, fils aîné du duc de Bourbon,

pié en eschappoit, que tout ne fust mis à l'espée et, que se les heraulx y revenoient plus, qu'ilz fussent mors. Quant les heraulx orent ce dit à noz gens, ilz se hourderent par darriere de leur charroy et se recommanderent à Nostre Seigneur, et prierent l'ung l'autre de bien faire, et puis ordonnerent bonne garde pour le charroy avec les charretiers pour le grant peril [eschever] qui povoit advenir, et comme il advint; car aucuns et grant quantité des Arminalx vindrent par derriere, cuidant pillier les biens de noz gens. Et aucuns des voituriers les virent venir, ilz destellerent leurs chevaulx et s'en voldrent fuir, mais les Arminalx leur furent au devant, qui moult les dommaigerent du corps et aucuns de la vie, et après cuiderent venir au pillaige, mais ilz furent si bien receuz que moult fut joieux qui se pot sauver. En tant que les larrons furent ainsi gardez de pillier, les Arminalx aproucherent noz gens, et furent les Gascons qui estoient bien montez, et la greigneur partie de leur gent, ordonnez encontre les arbalestiers et archiers et compaignons de Paris, et les Escossois contre les Anglois, la grosse bataille contre la grosse bataille. Quant ceulx de Paris virent que ceulx à cheval venoient vers eulx, ilz commencerent à traire de ars et d'arbalestes moult asprement; quant Gascons virent ce, ilz baisserent la chere et tournoierent leurs lances devant eulx pour garder leurs chevaulx du trait, et les poignerent de l'esperon moult fort, comme cilz qui avoient esperance de les mettre tous à mort, mais qu'ilz fussent pres; mais les maleureus, les meschans, les maudiz ne veoient pas le mal qui estoit devant leurs yeulx; car comme ilz aproucherent de noz gens à pointe d'esperon, leurs chevaulx entrerent dedens les pieux fichiez, et les pieux dedens leurs poitrines, et en ventres et en jambes, si ne porent aller[1] en avant, mais churent les aucuns tous mors et les maistres après. Ceulx qui furent aterrez, crioient aux autres : « Viras! viras! » c'est à dire : « Retournez! retournez! » Si s'en cuiderent tantost fuir, mais leurs chevaulx, qui navrez estoient des pieux davantdiz, cheoient tous mors soubz eulx, qui en abatoient deux ou trois et faisoient trebucher leurs gens qui après venoient. Quant les Escossois et les autres virent ce, moult furent esbahiz et eulx prindrent à fuir

---

que les Anglais retenaient captif depuis la bataille d'Azincourt, obtint le duché de Bourbon en 1434 après la mort de son père.

1. « Aller » manque dans le ms. de Rome.

comme bestes que ung loup espart çà et là, et noz gens à les
suyvir de pres, et à occire et abatre ce qu'ilz porent attaindre, et
en demoura en la place de mors iiii^c et plus, et de prins grant
quantité. Et, comme les meschans eulx cuiderent sauver à entrer à
Orleans, ilz furent apperceuz de ceulx du siege, qui leur allerent
au devant et en tuerent autant ou plus qu'on avoit fait en la
bataille devant dicte. Ainsi leur advint pour leur peché qu'ilz
avoient en pancée que tout fust mis à l'espée, mais tout bel leur
fut quant ilz se porent garder que l'espée de leurs ennemis ne les
tuast. Quant noz gens orent menez leurs vivres en l'ost, ilz s'en
revindrent à Paris le xixe jour de fevrier, l'an mil iiii^c xxviii [1], et
fut trouvé que de ceulx de Paris n'estoit mort en la bataille que
iiii hommes et des voituriers qui s'en cuiderent fouir, plus et
moult de navrez. Dont c'est grant pitié et d'une part et d'autre,
que fault que chrestienté tue ainsi l'un l'autre sans savoir cause
pourquoy, car l'un sera de cent lieues loing de l'autre, qui se
vendront entretuer, pour gaigner ung pou d'argent ou le gibet au
corps ou enfer à la pauvre ame.

496. Item, en ce temps furent commencées à Sainct-Jaques
de la Boucherie à dire les heures canoniaux comme à Nostre-
Dame, le xvie jour de janvier l'an mil cccc xxix, jour de dimenche
qui estoit par v.

497. Item, le duc de Bourgongne revint à Paris le iiiie jour
d'avril, jour Sainct Ambroise, à moult belle compaignie de chevaliers et d'escuiers; et après, environ viii jours, vint à Paris ung
cordelier nommé frere Richart [2], homme de tres grant prudence,

---

1. Trois jours après, le mardi 22 février, eut lieu par ordre du régent
une procession générale en l'honneur de la victoire des Harengs, à laquelle
avait contribué un contingent parisien (Arch. nat., LL 216, fol. 156).

2. Frère Richard, prédicateur populaire qui, par l'ascendant de sa parole,
exerça une immense influence, venait de se faire entendre à Troyes pendant l'Avent de 1428 et avait excité l'enthousiasme de ses auditeurs. Il
obtint le même succès à Paris, mais, devenu suspect au gouvernement
anglais, il s'enfuit de la capitale dans la nuit du 30 avril et embrassa avec
ardeur la cause française ; on sait qu'il fut le confesseur de la Pucelle.
Une relation inédite concernant cette héroïne, publiée par M. J. Quicherat (*Revue historique*, 1877, juillet-août), fournit de curieux détails sur
l'entrevue du cordelier Richard et de la Pucelle, qui eut lieu sous les murs
de Troyes en 1429. A la suite de l'entretien qu'il eut avec Jeanne d'Arc,
« le sainct prudhomme prescha moult grandement au peuple, l'admonestant de faire leur devoir envers le roy » ; il est donc certain que ses

scevant à oraison [1], semeur de bonne doctrine pour edifier son proisme. Et tant y labouroit fort que enviz le creroit qui ne l'auroit veu, car tant comme il fut à Paris il ne fut que une journée sans faire predicacion. Et commença [le] sabmedi xvi° jour d'avril IIII° xxix à Saincte-Genevieve, et le dimenche ensuivant, et la sepmaine ensuivant, c'est assavoir, le lundy, le mardy, le mercredy, le jeudy, le vendredy, le sabmedy, le dimenche aux Innocens ; et commençoit son sermon environ cinq [2] heures au matin, et duroit jusques entre dix et unze heures, et y avoit touzjours quelque cinq ou six mil personnes à son sermon. Et estoit monté quant il preschoit sur ung hault eschauffaut qui estoit pres de toise et demie de hault, le dos tourné vers les Charniers encontre la Charonnerie[3], à l'androit de la Dance Macabre[4].

498. Item, le jour de l'Invencion Sainct Denis, s'en retourna le duc de Bourgongne en son pays de Flandres ; et touzjours estoit le siege devant Orleans, dont les vivres encherirent fort à Paris, car par contraincte il y convenoit souvent mener grant foison de farines et d'autres vivres et choses qui sont neccessaires pour guerre au siege ; brief, on en mena tant que le blé enchery à Paris, de sabmedi à autre, de xx solz parisis à xl solz parisis, et toutes choses dont homme povoit vivre par cas pareil. Ainsi, comme devant est dit, se departy le duc de Bourgongne, sans ce que il feist aucun bien au regart de la paix ou du povre peuple, et disoit on qu'il alloit combatre les Liegoys.

499. Item, le cordelier devantdit prescha le jour Sainct Marc ensuivant à Boulongne-la-Petite, et là ot tant de peuple, comme devant est dit. Et pour [vray] celle journée, au revenir dudit sermon, furent les gens de Paris tellement tournez en devocion et esmeuz que en mains de trois heures ou de quatre eussiez veu plus de cent feux, en quoy les hommes ardoient tables et tabliers,

---

éloquentes exhortations ne furent point étrangères à la soumission des habitants de Troyes (Cf. *Bibl. de l'École des chartes*, 1872, p. 95).

1. Ms. de Paris : à raison.
2. Ms. de Paris : six heures.
3. La Charronnerie était la portion de la rue de la Ferronnerie qui s'étendait de la rue Saint-Denis à celle de la Lingerie, le long des charniers des Innocents ; sous le nom de Ferronnerie on désignait alors la partie de la rue Saint-Honoré formant le prolongement de la Charronnerie après la place aux Chaps.
4. Ms. de Paris : encontre la Feronnerie, à l'androit de la Dance Machabée.

dés, quartes, billes, billars, nurelis et toutes choses à quoy on se povoit courcer à maugréer à jeu convoiteux.

500. Item, les femmes, cellui jour et le lendemain, ardoient devant tous les attours de leurs testes, comme bourreaux, truffaux, pieces de cuir ou de balaine qu'ilz mettoient en leurs chapperons pour estre plus roides ou rebras davant ; [les damoiselles laisserent leurs cornes] et leurs queues et grant foison de leurs pompes. Et vraiement dix sermons qu'il fist à Paris et ung à Boulongne tournerent plus le peuple à devocion que tous les sermonneurs qui puis cent ans avoient presché à Paris.

501. Item, il disoit pour vray que depuis ung pou il estoit venu de Cirie, comme de Jherusalem, et là encontra plusieurs tourbes de Juifs qu'il interroga, et ilz lui dirent pour vray que Messias estoit né, lequel Messias leur devoit rendre leur heritaige, c'est assavoir la Terre de Promission, et s'en alloient vers Babiloine à tourbes, et selon la Saincte Escripture celui Messias est Antecrist, lequel doit naistre en la cité de Babiloine, qui jadis fut chef des royaulmes des Persans, et doit estre nourry en Bethsaida et converser en Coronaym en sa jouvente, esquelles Nostre Seigneur dit : « Vhe! vhe! t(ibi) Bethsaida! Vhe! vhe! Coronaym [1]! »

502. Item, ledit frere Richart prescha le darrain sermon à Paris le mardy l'endemain Sainct Marc, xxvi[e] jour d'avril iiii[c] xxix, et dist au departir que l'an qui seroit après, c'est assavoir, l'an xxx[e], que on verroit les plus grandes merveilles que on eust oncques veues, et que son maistre frere Vincent[2] le tesmoingne selon l'Apocalice et l'escriptures mons[r] sainct Paul, et ainsi le tesmoingne frere Bernart, ung des bons prescheurs du monde, si comme on disoit cestuy frere Richart. Et en celuy temps estoit

---

1. La fin de cette phrase, omise dans toutes les éditions, est une citation empruntée aux Évangiles selon saint Mathieu, XI, 21, et selon saint Luc, X, 13. Voici le texte rétabli en son entier : « Vae tibi Corozain, vae tibi Bethsaida, quia si in Tyro et Sidone factae essent virtutes quae factae sunt in vobis, olim in cilicio et cinere poenitentiam egissent. »

2. Saint Vincent Ferrier, prédicateur espagnol de l'ordre des Frères Mineurs, né à Valence le 22 janvier 1357, mort à Vannes le 5 avril 1429, et saint Bernardin de Sienne, moine cordelier, vicaire général de son ordre, mort à Aquila le 20 mai 1444. Ces illuminés parcoururent l'Europe, annonçant au peuple l'avènement de l'Antechrist, et propagèrent cette nouvelle doctrine acceptée par des milliers d'adeptes. (Cf. Vallet de Viriville, *Procès et condamnation de Jeanne d'Arc*, traduit du latin, 1867, introduction.)

cellui frere Bernart en predicacion par delà les Alpes en Ytalie, où il avoit plus converti de peuple à devocion que tous les prescheurs qui depuis IIe ans devant y avoient presché. Et pour vray, le mardy que cestuy frere Richart se party de son sermon, le xe, que plus n'avoit congié d'en faire à Paris, quant il commanda sa bonne recommandacion et qu'il commanda à Dieu le peuple de Paris, et qu'ilz priassent pour luy et il prieroit Dieu pour eulx, les gens grans et petiz plouroient si piteusement et si fondement, comme s'ilz veissent porter en terre leurs meilleurs amis, et lui aussi. Et atant, celui jour ou l'endemain, se cuidoit despartir le proudomme et s'en aller vers les parties de Bourgongne, mais ses freres firent tant par priere que encore demoura il à Paris pour confermer par predicacion le bon edifliement qu'il avoit commancé. Et en ce temps fist ardre plusieurs madagoires que maintes sotes [gens] gardoient en lieux repos, et avoient si grant foy en celle ordure que pour vray ilz creoient fermement que tant comme ilz l'avoient, mais qu'il fust bien nettement en beaux drapeaulx de soie ou de lin enveloppé, que jamais jour de leur vie ne seroient pouvres ; et pour certain telx y avoit qu'ilz les baillerent de leur gré, quant ilz orent ouy comment le proudomme blasmoit tous ceulx qui ainsi follement creoient, ilz jurerent que oncques, puis qu'ilz les garderent, ilz ne se virent ung jour qu'ilz ne deussent touzjours plus que vaillant ilz n'avoient, mais tres grant esperance avoient qu'ilz les eussent faictz [1] moult riches ou temps avenir, par le mauvais conseil d'aucunes vieilles femmes qui trop cuident savoir, quant elles se boutent en telles meschancetés, qui sont droictes sorceries et heresies.

503. Item, en celui temps avoit une Pucelle, comme on disoit, sur la riviere de Loire, qui se disoit prophete, et disoit : « Telle chose advendra pour vray ». Et estoit du tout contraire au regent de France et à ses aidans [2]. Et disoit on que maugré tous ceulx qui tenoient le siege devant Orleans, elle entra en la cité à tout grant foison d'Arminalx et grant quantité de vivres, que oncques ceulx de l'ost ne s'en meurent ; et si les veoient passer à ung traict ou deux d'arc pres de eulx, et si avoient si grant neccessité de vivres que ung homme eust bien mengé pour III blans de pain à son disner. Et plusieurs autres choses de elle racontoient ceulx

---

1. « Faictz » manque dans le ms. de Rome.
2. Ms. de Paris : gens.

qui mieulx amoient les Arminalx que les Bourguignons ne que le regent de France; ilz affermoient, que quant elle estoit bien petite, qu'elle gardoit les brebis, que les oiseaulx des bois et des champs, quant elle les appelloit, ilz venoient menger son pain en son giron comme privez. *In veritate appocrisium est.*

504. Item, en celui temps leverent le siege les Arminalx et firent partir les Angloys par force de devant Orleans, mais ilz allerent devant Vendosme et la prindrent, comme on disoit. Et partout alloit celle Pucelle armée avec les Arminalx et portoit son estandart, où estoit [tant] seullement [en] escript Jhesus, et disoit on qu'elle avoit dit à ung cappitaine angloys[1] qu'il se departist du siege avec sa compaignie, ou mal leur vendroit et honte à tretous, lequel la diffama moult de langaige, comme clamer ribaulde et putain; et elle lui dist que maugré eulx tous ilz partiroient bien bref, mais il ne le verroit jà, et si seroient grant partie de sa gent tuez. Et ainsi en advint il, car il se noia le jour devant que l'occision fut faicte, et depuis fut pesché et [fut] despecé [par quartiers, et boullu et enbosmé, et apporté] à Sainct-Merry, et fut VIII ou X jours en la chapelle devant le cellier, et nuyt et jour ardoient devant son corps IIII sierges ou torches, et après fut emporté en son païs pour enterrer.

505. Item, en ce temps s'en alla frere Richart, et le dimenche devant qu'il s'en devoit aller, fut dit parmy Paris qu'il devoit prescher au lieu ou bien pres où monseigneur sainct Denis avoit esté descollé et maint autre martir. Si y alla plus de VI^m personnes de Paris, et parti la plus grant partie le sabmedi au soir à grans tourbes, pour avoir meilleure place le dimenche au matin, et coucherent aux champs en vieilles masures et où ilz porent mieulx, mais son fait fut empesché, comment ce fu, atant m'en tais, mais il ne prescha point, dont les bonnes gens furent moult troublez, ne plus ne prescha pour celle saison à Paris, et lui convint partir.

506. Item, en celui temps tenoient les Arminalx les champs,

---

1. William Glasdale, lieutenant du comte de Salisbury au pays de Mâconnais en 1424, « moult renommé en fait d'armes », qui fut chargé de la conduite du siège d'Orléans après la mort de Salisbury, se noya avec plusieurs centaines d'Anglais le jour de l'assaut donné à la bastille des Tourelles, au moment de la chute du pont de bois qui réunissait cette bastille au boulevard des Tourelles, pont incendié par les Orléanais (Voy. le Journal du siège, apud Quicherat, *Procès de Jeanne d'Arc*, t. IV, p. 150).

qui tout destruisoient, si y furent commis [1] Angloys environ huit mille. Mais quant ce vint au jour que les Angloys trouverent les Arminalx, ilz n'estoient pas plus de six mil, et les Arminalx estoient x mil. Si coururent sus aux Angloys moult asprement et les Angloys ne les refuserent mie ; là ot grant desconfiture d'un lez et d'autre, mais en la fin ne le porent les Angloys souffrir, car les Arminalx, qui plus estoient de la moitié que n'estoient les Angloys, les encloyrent de toutes pars. Là furent Angloys desconfis, et furent bien, comme on disoit, trouvez mors des Angloys IIII^m ou plus, des autres ne sot on le nombre à Paris [2].

507. Item, le dimenche XIXe jour de juing l'an mil IIII^c XXIX, fut dediée l'eglise de Sainct-Laurens dehors Paris par reverend pere en Dieu, l'evesque de Paris, et autres prelaz.

508. Item, le VIe jour du moys de juing oudit an mil IIII^c XXIX, furent nées à Hobarvilliers deux enfans qui estoient proprement, ainsi comme ceste figure est [3] ; car pour vray je les vy et les tins entre mes mains, et avoient, comme vous voyez, deux testes, quatre bras, deux coulz, quatre jambes, quatre piez, et n'avoient que ung ventre ne que ung nombril, deux testes, deux dos. Et furent christiennés, et furent trois jours sur terre pour veoir la grant merveille au peuple de Paris ; et pour vray, du peuple de Paris y fut les veoir plus de dix mil personnes, que hommes que femmes, et par la grace de Nostre Seigneur la mere en delivra saine et sauve [4]. Ilz furent nées environ VII heures au matin, et furent christiannées en la parroisse Sainct-Cristoufle, et la dextre

---

1. « Commis » manque dans le/ms. de Rome.

2. Notre chroniqueur fait allusion à la victoire de Patay remportée par la Pucelle le 18 juin 1429, où les Anglais perdirent plus de 2,000 des leurs restés sur le champ de bataille, sans compter les prisonniers, au nombre desquels se trouvèrent leurs principaux chefs, tels que Talbot, Scales. Dans ses *Chroniques d'Engleterre*, Wavrin évalue la force numérique de l'armée française à 12 ou 13,000 hommes, mais ce calcul est empreint d'exagération.

3. Ce croquis d'après nature, que l'auteur du Journal avait joint à la description du phénomène, manque au ms. de Rome ; ne pouvant sans doute reproduire le dessin qu'il avait sous les yeux, le copiste s'est contenté de réserver la place nécessaire à cette figure.

4. Le phénomène d'Aubervilliers, qui pendant deux jours défraya la curiosité de la population parisienne, suggéra à Clément de Fauquembergue une notice détaillée insérée dans les registres du Parlement ; son récit est plus complet et diffère en quelques points de celui de notre Journal (Arch. nat., X1a 1481, fol. 13 r°).

fut nommée Agnès, la senestre Jehanne, leur pere Jehan Discret, la mere Gillette, et vesquirent après le baptesme une heure.

509. Item, en celle propre sepmaine, le dimenche ensuivant, fut né en la Chanvarie [1], derriere Sainct-Jehan, ung veel qui avoit deux testes, VIII piez et deux queues ; et la sepmaine ensuivant fut né vers Sainct-Huistace ung pourcellet qui avoit deux testes, mais il n'avoit que quatre piez.

510. Item, le mardy devant la Sainct Jehan, fut grant esmeute que les Arminulx devoient entrer celle nuyt à Paris, mais il n'en fut rien.

511. Item, depuis, sans cesser jour ne nuyt, ceulx de Paris enforcerent le guet et firent fortifier les murs, et y mirent foison cannons et autre artillerie; et changerent le prevost des marchans et les eschevins, [et firent ung nommé Guillaume Sanguin [2] prevost des marchans. Et les eschevins] furent, c'est assavoir, Ymbert des Champs [3], mercier et tapissier, Colin de Neufville, poisson-

---

1. La rue de la Chanvrerie était située non derrière l'église Saint-Jean en Grève, mais à proximité de Saint-Eustache ; elle aboutissait à la rue de Mondetour.

2. Guillaume Sanguin, changeur parisien, maître de l'hôtel des ducs de Bourgogne, anobli le 22 décembre 1400, possédait un somptueux hôtel rue des Bourdonnais. Sa fortune considérable lui permit de rendre d'importants services aux princes et grands seigneurs; en mars 1412, il prêta plus de 7,000 livres tournois au duc de Bourgogne (Arch. nat., X1a 64, fol. 189 v°). Plus tard, le duc de Bedford lui confia des joyaux que Sanguin garda jusqu'à sa mort (*Ibid.*, X1a 1482, fol. 225 v°). Compromis dans la conspiration de 1416 et banni le 6 mai (Monstrelet, t. III, p. 145), il reparaît sur la scène politique après l'occupation de Paris par les Bourguignons, comme le montre sa participation aux pourparlers qui précédèrent la conclusion du traité de Troyes (*Ibid.*, X1a 1480, fol. 173 v°); en 1423, il fut en Angleterre l'un des ambassadeurs des Parisiens. En 1432, il remit à Hugues Rapiout la prévôté des marchands, mais conserva toujours une certaine influence. Au début de 1436, en présence du danger qui menaçait la capitale, il fut décidé qu'on lui écrirait afin qu'il intercédât auprès du duc de Bourgogne en faveur des Parisiens (*Ibid.*, X1a 1481, fol. 113 r°). Sanguin, mort le 14 février 1441, fut inhumé aux Innocents dans la chapelle Saint-Michel. (Cf. *Paris et ses historiens*, p. 340.)

3. Imbert des Champs, notable marchand de « touailles » (Arch. nat., KK 33, fol. 23), l'un des quatre maîtres ou gouverneurs de la confrérie du Saint-Sépulcre (Lebeuf, édit. Cocheris, t. II, p. 246), prêta serment à Jean Sans-Peur le 24 août 1418 et fut appelé le 22 septembre 1419 aux fonctions d'échevin qu'il conserva jusqu'au 26 décembre 1420 (Arch. nat., KK 1009, fol. 3). Il obtint en 1431 le poste d'élu sur le fait des aides à

nier¹, Jehan de Dampierre², mercier, Remon Marc³, drapier, et furent faiz et instituez la premiere sepmaine de juillet⁴.

512. Et le dixiesme jour dudit moys vint le duc de Bourgongne à Paris, à ung jour de dimenche, environ six heures aprés disner, et n'y demoura que cinq jours, esquelx cinq jours y ot moult grant conseil ; et fut faicte procession generale⁵, et fut fait ung

---

Paris (*Ibid.*, Z¹ᵃ 10, fol. 8 v°). Bien qu'il eût pris une part active au gouvernement de Paris sous les Anglais, notamment en assistant au conseil du 14 janvier 1436, il accepta sans trop de répugnance la domination de Charles VII ; on le voit taxé à 48 sols dans le compte de l'aide de janvier 1438 (*Ibid.*, KK 284, fol. 7). Son fils Jean entra dans les ordres et fit solliciter le 23 septembre 1435 un canonicat de l'église du S.-Sépulcre que le chapitre de Notre-Dame ne voulut point accorder (*Ibid.*, LL 217, fol. 172, 173). Imbert mourut le 29 juin 1464 et fut inhumé aux Innocents.

1. Nicolas ou Colin de Neufville, vendeur de poisson de mer aux halles de Paris, banni à la suite de la conspiration cabochienne en même temps que son beau-père, Jean de Troyes, revint à Paris avec les Bourguignons et prêta serment à Jean Sans-Peur le 5 septembre 1418. Échevin en 1429 et en 1436, il exerça en outre de 1433 à 1442 l'emploi de receveur des aides précédemment occupé par Pierre Giraud (Arch. nat., Z¹ᵃ 9, fol. 55 r°; X¹ᵃ 4797, fol. 176 r°; X¹ᵃ 1482, fol. 129 v°). Colin possédait une maison rue Montmartre (*Ibid.*, LL 498, fol. 68). Il fut inhumé aux Innocents (Lebeuf, *Hist. du diocèse de Paris*, t. I, p. 203).

2. Jean de Dampierre et autres merciers du Palais soutinrent en 1427 un procès au sujet de la saisie par Simon de Champluisant de divers objets d'orfévrerie jugés défectueux. Les merciers rejetèrent la faute sur les orfèvres auxquels incombait la fabrication. Jean de Dampierre, à qui l'on avait confisqué trente-une ceintures, allégua pour sa défense qu'il les avait fait faire par un orfèvre déjà puni pour sa fraude « et mené en ung tumbereau » (Arch. nat., X¹ᵃ 4795, fol. 116, 117; X¹ᵃ 1480, fol. 372 v°; X¹ᵃ 1481, fol. 9 v°). Il prêta serment à Jean Sans-Peur le 30 août 1418 et participa aux délibérations du conseil réuni le 12 janvier 1436 pour assurer la défense de la capitale (*Ibid.*, X¹ᵃ 1481, fol. 112 v°).

3. Raymond Marc, changeur et bourgeois de Paris, afferma avec Arnoulet Ram la monnaie de Paris; déclaré adjudicataire le 9 janvier 1427, il se trouva redevable envers son prédécesseur, Pierre de Landes, d'une somme de 400 livres qu'il dut rembourser aux changeurs du Trésor (Arch. nat., Z¹ᵇ 3, fol. 78 r°; X²ᵃ 20, fol. 188; X¹ᵃ 4795, fol. 241 r°, 309 r°). A sa sortie de l'échevinage, il fut commis au gouvernement de l'artillerie de France, en l'absence de Philibert de Molans, et mourut dans ces fonctions le 17 décembre 1432. Raymond ne laissa de sa femme, Marie Dourdin, qu'une fille, Louise Marc, morte en avril 1439 (P. Anselme, *Hist. généal.* t. VIII, p. 131).

4. Ce renouvellement de la municipalité eut lieu le 12 juillet 1429 (Arch. nat., KK 1009, fol. 3 v° et 4).

5. Il y eut procession générale à Saint-Magloire le vendredi 15 juillet

moult bel sermon à Nostre-Dame de Paris. Et au Palays fut publiée la chartre ou lettre comment les Arminalx traicterent jadis la paix en la main du legat du pappe, et en oultre que tout estoit pardonné d'un costé et d'autre, et comment ilz firent les grans sermens, c'est assavoir, le dalphin et le duc de Bourgongne, et comment ilz receurent le precieulx corps Nostre Seigneur ensemble, et le nombre de chevaliers [de nom] d'un lez et d'autre. En ladicte lettre ou chartre mirent tous leurs signés et seaulx, et après comme le duc de Bourgongne voulant et desirant la paix dudit royaume, et voullant acomplir la promesse qu'il avoit faicte, se submist à aller en quelque lieu que le dalphin et son conseil vouldroient ordonner ; si fut ordonné par ledit dalphin ou ses complices la place, en laquelle place le duc de Bourgongne se comparu, lui dixiesme des plus privez chevalliers qu'il eust, lequel duc de Bourgongne, lui estant à genoulx devant le dalphin, fut ainsi traiteusement murdry, comme chascun scet. Après la conclusion de ladicte lettre, grant murmure commença, et telz avoient grant aliance aux Arminalx qui les prindrent en tres grant haine. Après la murmure, le regent de France et duc de Bedfort fist faire silence, et le duc de Bourgongne se plaint de la paix ainsi enfrainte, et en après de la mort de son pere, et adoncques on fist lever les mains au peuple que tous seroient bons et loyaux au regent et au duc de Bourgongne[1]. Et lesdiz signeurs leur promistrent par leurs foys garder la bonne ville de Paris.

513. Et le sabmedi ensuivant le duc de Bourgongne se parti de Paris et emmena sa seur la femme du regent avec luy, [et le regent s'en alla d'autre part à Pontoise, lui] et ses gens[2], et fut ordonné cappitaine de Paris le signeur de l'Isle-Adam. Et les Arminalx entrerent celle sepmaine en la cité d'Ausserre, et puis

---

pour remercier Dieu de l'arrivée du duc de Bourgogne (Arch. nat., LL 216, fol. 169).

1. Le serment d'observer le traité de Troyes, prêté lors de la cérémonie du 14 juillet par nombre d'habitants de Paris, fut aussi exigé des personnages ecclésiastiques dans la séance du Parlement tenue le 26 août ; le lendemain et jours suivants, Philippe de Rully, trésorier de la Sainte-Chapelle, et Marc de Foras, archidiacre de Thiérache, se transportèrent dans les églises et couvents et recueillirent les serments du clergé tant séculier que régulier (Arch. nat., X1a 1481, fol. 18 r°).

2. C'est le 4 août que partit le duc de Bedford, se dirigeant du côté de Corbeil et de Melun ; le vendredi 5, l'évêque de Paris célébra une messe à Notre-Dame en son honneur (Arch. nat., LL 216, fol. 170).

vindrent à Troyes[1], et entrerent dedens, sans ce que on leur deffendist. Et quant ceulx des villaiges de Paris à l'entour sceurent comment ilz conquestoient ainsi païs, ilz laisserent leurs maisons et apporterent leurs biens es bonnes villes, et soierent leurs blez avant qu'ilz fussent meurs et apporterent à la bonne ville de Paris[2]. Après tantost après, entrerent en Compigne[3] et gaignerent les chastelleries d'entour sans nulle deffense, et entour Paris prindrent ilz Lusarches et Dampmartin et plusieurs autres fortes villes. Et ceulx de Paris moult avoient grant paour, car nul signeur n'y avoit, mais le jour Sainct Jaques, en juillet, furent ung pou resconfortez, car ce jour vint à Paris le cardinal de Vicestre[4] et le regent de France, et avoient en leur compaignie foison de gens d'armes et archiers, bien environ IIII mil, et le sire de l'Isle-Adam, qui en avoit de Picars bien environ VII cens, sans la commune de Paris.

514. Item, pour vray, le cordelier qui prescha aux Innocens, qui tant assembloit de peuple à son sermon, comme devant est dit, pour vray chevaulchoit avec eulx, et aussitost que ceulx de Paris furent certains qu'il chevaulchoit ainsi et que par son langaige il faisoit ainsi tourner les cités qui avoient faiz les sremens au regent de France ou à ses commis, ilz le maudisoient de Dieu et de ses sains[5]; et qui pis est, les jeus, comme des tables, des boules, [des] dés[6], brief, tous autres jeus qu'il avoit deffenduz,

---

1. Les troupes françaises ne firent que passer devant Auxerre le 29 juin et prirent possession de Troyes le 11 juillet.

2. « De Paris » manque dans le ms. de Rome.

3. Charles VII passa près de Crépy en Valois et de Dammartin le 14 août et fit son entrée à Compiègne le 18 (*Chron. de la Pucelle*, p. 326).

4. Le cardinal de Winchester, accompagné de son neveu le régent et de cinq mille hommes d'armes et archers, fit son entrée à Paris le lundi 25 juillet et s'en retourna à Rouen le 3 août avec ses seuls familiers, laissant au duc de Bedford le contingent qu'il avait amené d'Angleterre pour combattre les « Boemiens » et autres hérétiques, lequel servit à renforcer l'armée anglaise (Arch. nat., X¹ª 1481, fol. 16, 17).

5. Dans ses lettres du 7 août 1429 au roi Charles VII, le duc de Bedford traite le cordelier Richard de « frere mendiant, appostat et sedicieux » (Monstrelet, t. IV, p. 341).

6. A cette époque, la population parisienne s'adonnait aux jeux de hasard avec une telle passion que le clergé lui-même cédait parfois à l'entraînement général, témoin l'enquête ordonnée le 16 mai 1421 par le chapitre de Notre-Dame au sujet d'un chanoine de Saint-Merry qui ne se contentait pas de jouer publiquement aux dés, mais tenait encore un jeu dans sa propre maison (Arch. nat., LL 215, fol. 525).

recommancerent en despit de luy, et mesmes ung meriau d'estain où estoit empraint le nom de Jhesus, qu'il leur avoit fait prandre, laisserent ilz, et prindrent tretous la croix Sainct Andry.

515. Item, environ la fin, se rendit aux Arminalx la cité de Beauvays et la cité de Senlis[1].

516. Item, le xxve jour d'aoust, fut prinse par eulx la ville de Sainct-Denis, et le lendemain couroient jusques aux portes de Paris, et n'osoit homme yssir pour vendenger vigne ou verjus, ne aller aux marays riens cuillir, dont tout encheryt bientost.

517. Item, la vigile Sainct Laurens, fut fermée la porte Sainct-Martin, et fut crié que nul ne fust si osé d'aller à Sainct-Laurens par devocion[2] ne pour nulle marchandise, sur la hart, aussi ne fist on; et la feste Sainct Laurens fut en la grant court[3] Sainct-Martin, et là fut grant foison de peuple, mais nulle marchandise ne s'i vendoit, se non des fromaiges et œufs, et de fruict de toutes manieres, selon la saison.

518. Item, la premiere sepmaine de septembre l'an mil iiii[c] xxix, les quarteniers, chascun en son endroit, commencerent à fortifier Paris, aux portes de boulevars, es maisons qui estoient sur les murs affuster canons et queues plaines de pierres sur les murs[4], redrecer les fossez dehors la ville [et faire barrieres dehors la ville] et dedens. Et en icellui temps les Arminalx firent escripre lettres scellées du seel du conte d'Alençon, et les lettres disoient : « A vous, prevost de Paris et prevost des marchans et eschevins », et les nommoient par leurs noms, et leur mandoient des salus par bel langaige largement pour cuider esmouvoir le peuple l'un

---

1. Senlis se rendit « au roy par traictié » et en reçut des lettres d'abolition datées du 22 août 1429.

2. La procession qui se faisait traditionnellement à Saint-Laurent le jour de la fête de ce saint eut lieu cette année à l'église du Sépulcre (rue Saint-Denis), à cause des incursions ennemies.

3. Ms. de Paris : rue.

4. Au moment de l'attaque de Paris par la Pucelle, les tailleurs de pierres pour canons furent mandés par l'échevinage afin de « besogner » de leur métier; un certain Hilaire Caillet fit pour sa part onze cent soixante-seize boules de canon qu'il livra aux portes en présence des dizeniers, cinquanteniers et échevins; mais lorsqu'il s'agit du paiement, une contestation s'éleva entre Hilaire Caillet et le prévôt des marchands, représentant l'administration municipale, le tailleur de pierres réclamant quatre livres par centaine de projectiles, l'un dans l'autre, tandis que l'échevinage ne voulait allouer que deux francs (Arch. nat., X1a 4796, fol. 239-241).

contre l'autre et contre eulx, mais on apperçut bien leur malice, et leur fut mandé que plus ne gastassent leur papier pour ce faire, et n'en tint oncques compte.

519. Item, la vigille de la Nativité Nostre-Dame en septembre, vindrent assaillir aux murs de Paris les Arminalx et le cuidoient prendre d'assault, mais pou y conquesterent, se ne fu douleur, honte et meschef, car plusieurs d'eulx furent navrez pour toute leur vie, qui par avant l'assault estoient tous sains, mais fol ne croit jà tant qu'il prent, pour eulx le dy, qui estoient plains de si grant mal eur et de si malle creance que pour le dict d'une creature qui estoit en forme de femme avec eulx, que on nommoit la Pucelle, qui c'estoit, Dieu le scet, le jour de la Saincte Nativité Nostre-Dame firent conjuracion, tous d'un accord, de cellui jour assaillir Paris[1]. Et s'assemblerent bien xII mil ou

---

1. Une relation circonstanciée de l'attaque de Paris par la Pucelle, due à Nicolas Sellier, greffier du chapitre de Notre-Dame, se trouve insérée dans les délibérations capitulaires. Comme elle ne figure point parmi les témoignages des chroniqueurs et historiens recueillis par M. Quicherat (*Procès de Jeanne d'Arc*, t. IV) et qu'elle nous semble inédite, nous pensons qu'il y a quelque intérêt à en reproduire le texte :
Mercurii vii septembris.
Hodie fit processio solemnis ad Sanctam Genovefam in Monte pro malicia temporis et hostilitate inimicorum sedanda et pacificanda, in qua intererunt canonici Palacii cum vera cruce. Et est sciendum quod ipsi inimici dederunt insultum contra villam Parisiensem, credentes eam capere et quotquot personas utriusque sexus repperirent in ea, prout juraverant quemadmodum ipsimet asserebant, interficere, et in vespere cessaverunt et se retraxerunt. In crastinum vero, in die festi Nativitatis beate Marie Virginis, cum eorum Puella, in qua tanquam in Deum suum confidebant, iterum circa unam horam post meridiem suum insultum inceperunt fortissimeque in eodem insultu continuaverunt, fortissime totis viribus dimicantes usque ad mediam noctem, sed obstante resistencia civium Parisiensium cum fiducia Dei et gloriose Virginis cujus festum in eadem villa Parisiensi honorificè celebrabatur, nichil finaliter fecerunt, nonnullos Anglicos et alios vulneraverunt et paucissimos interfecerunt, de suis quamplurimos perdiderunt, quorum non fuit numerus cognitus, quia dictum est quod ipsos combusserunt. Eorum Puella in femore vulnerata fuit, et credo quod propter hoc recesserunt, eciam una videbant socios suos morientes et mortuos, et mortem timentes retrocesserunt, dimiserunt maximum numerum boretarum ex quibus volebant implere fossata ville et aliquas in eis dimiserunt paucas tamen. Puella defferens suum vexillum venit super fossata, in quo loco fuit, ut dicitur, vulnerata, vic LX scalas dimiserunt et bene IIII^{xx} milia gallice *de clayes*, habuerunt ad illa omnia afferendum bene trecentum quadrigas quas ipsimet ad colla trahentes

plus, et vindrent [environ] heure de grant messe, entre xi et xii, leur Pucelle avec eulx et tres grant foison chariots, charettes et chevaulx, tous chargez de grans bourées à trois bars pour emplir les fossez de Paris; et commencerent à assaillir entre la porte Sainct-Honoré et la porte Sainct-Denis, et fut l'assault tres cruel, et en assaillant disoient moult de villeines parolles à ceulx de Paris. Et là estoit leur Pucelle, à tout son estandart sur le condos des fossez, qui disoit à ceulx de Paris : « Rendez-vous, de par Jhesus, à nous tost, car se vous ne vous rendez avant qu'il soit [la] nuyt, nous y entrerons par force, vueillez ou non, et tous serez mis à mort sans mercy. » « Voyre, dist ung, paillarde, ribaulde! » Et traict de son arbaleste droit à elle et lui perce la jambe tout oultre, et elle de s'enfouir, ung autre persa le pié tout oultre à cellui qui portoit son estandart; quant il se senti navré, il leva sa visiere pour veoir à oster le vireton de son pié, et ung autre lui traict, et le saigne entre les ii yeulx et le navre à mort, dont la Pucelle et le duc d'Allençon jurerent depuis que mieulx ilz aymassent avoir perdu xl des meilleurs hommes d'armes de leur compaignie. L'assault fut moult cruel d'une part et d'autre, et dura bien jusques à quatre heures après disner, sans que on sceust qui eut le meilleur. Ung pou après iiii heures ceulx de Paris prindrent cuer en eulx, et tellement les verserent de cannons et d'autre traict qui leur convint par force reculler et laisser leur assault, et eulx en aller; qui mieulx s'en povoit aller estoit le plus eureux, car ceulx de Paris avoient de grans cannons qui gectoient de la porte Sainct-Denis jusques par delà Sainct-Ladre largement, qui leur gectoient au dos, dont moult furent espovantez; ainsi furent mis à la fuite, mais homme n'yssi de Paris pour les suivir, pour paour de leurs embusches. En eulx en allant ilz bouterent le feu

---

adduxerunt oneratas pisside, borretis, scalis et *clayes*, quarum quadrigarum plures reduxerunt ad Sanctum Dyonisium defferentes in eis suos vulneratos, alie Parisius adducte fuerunt in crastinum, et reliquam partem combuxerunt, quia repperte fuerunt rote centum, quare residuum earum presumitur fuisse combustum in ipsa nocte ante recessum eorum, et sic vituperose recesserunt. In crastinum Dalphinus eorum Rex fecit celebrari plures missas in Sancto Dyonisio pro rege Karolo sexto, suo patre. (Arch. nat., LL 216, fol. 173.)

On lit cette note en marge du registre : De insultu inimicorum contra villam Parisiensem malè consultorum : Ista Puella finaliter fuit capta durante obsidione Compendii et in fine Rothomagi condempnata et combusta.

en la granche des Mathurins, emprès les Pocherons, et mirent de leurs gens qui mors estoient à l'assault, qu'ilz avoient troussez sur leurs chevaulx, dedens cellui feu à grant foison, comme faisoient les païens à Romme jadis. Et maudisoient moult leur Pucelle, qui leur avoit promis que sans nulle faulte ilz gaigneroient à cellui assault la ville de Paris par force, et qu'elle y gerroit celle nuyt, et eulx tous, et qu'ilz seroient tous enrichiz des biens de la cité, et que tous seroient mis, qui y mettroient aucune deffence, à l'espée ou ars en sa maison ; mais Dieu qui mua la grant entreprinse d'Olofernes par une femme nommée Judihe ordonna par sa pitié autrement qu'ilz ne pansoient. Car l'endemain[1] y vindrent querir par sauf conduit leurs mors, et le herault qui vint avec eulx fut sarmenté du cappitaine de Paris combien il y avoit eu de navrez de leurs gens, lequel jura qu'ilz estoient bien quinze cens, dont bien v^c ou plus estoient mors ou navrez à mort. Et vray est que en cellui assault n'avoit aussi comme nulz hommes d'armes que environ XL ou L Anglois qui moult y firent bien leur devoir ; car la plus grant partie de leur charroy, en quoy ilz avoient admené leurs bourrées, ceulx de Paris leur osterent, car bien ne leur devoit pas venir de voulloir faire telle occision le jour de la Saincte Nativité Nostre-Dame.

520. Item, environ III ou IIII jours après, vint le regent à Paris[2] et envoya de ses gens à Sainct-Denis, mais les Arminalx s'en estoient partis sans riens paier de leurs despens, car ilz promettoient à ceulx de Sainct-Denis de les paier des biens de Paris, quant ilz seroient entrez dedens, mais ilz faillirent à leur intencion, pour quoy ilz tromperent leurs hostes de Sainct-Denis et d'ailleurs. Et qui pis fut pour eulx, le regent et les prevost de Paris et des marchans et eschevins de Paris les orent en grant indignacion, pour ce que sitost se randirent aux Arminalx sans

---

1. Le lendemain de l'assaut donné à Paris, des reliques égarées on ne sait par quel hasard furent trouvées dans les champs et offertes au chapitre de Notre-Dame par un garçon de la confrérie de S. Crépin et S. Crépinien ; le 9 décembre 1429, par décision des chanoines, ces reliques durent être soumises à l'examen de l'official (Arch. nat., LL 216, fol. 182).

2. La présence du régent à Paris est signalée le dimanche 18 septembre ; ce jour-là il vint faire ses dévotions à Notre-Dame assez tard avant dîner, et déposa sur le grand autel une pièce d'or en témoignage de munificence (Arch. nat., LL 216, fol. 175).

cop ferir, et en furent condampnez en tres grans amendes, comme vous orez cy après declairer pour vray.

521. Item, le vendredy derrain jour de septembre l'an mil IIII^c XXIX, vint à Paris le duc de Bourgongne, à moult belle compaignie[1] et tant grant qu'il convint que on les logeast es maisons des mesnaigiers et en maisons vuydes, dont moult avoit à Paris, et avec porcs et vaches couchoient leurs chevaulx. Et vint par la porte[2] Sainct-Martin et amena avec lui sa seur, femme du duc de Bedfort, regent de France, qui avec lui estoit, et avoit devant lui dix heraux, tous vestus de costes d'armes du signeur à qui chascun estoit, et autant de trompettes; et en celle pompe ou vaine gloire allerent par la rue Maubué à madame Saincte-Avoye[3] faire leurs oblacions, et de là allerent à Sainct-Paul.

522. Environ huit jours [après], vint le cardinal de Vincestre à belle compaignie[4] et puis firent plusieurs conseilz, tant que enfin, à la requeste de l'Université, de Parlement et de la bourgoisie de Paris, fut ordonné que le duc anglois de Bedfort seroit gouverneur de Normendie, et que le duc de Bourgongne seroit regent de France[5]. Ainsi fut fait, mais moult laissoit envis le duc de Bedfort ledit gouvernement, si faisoit sa femme, mais à faire leur

---

1. Jean de Lancastre, accompagné des gens du conseil royal, du prévôt des marchands, des échevins, se porta à la rencontre de son beau-frère, le duc de Bourgogne, et se joignit à son cortège.
2. Ms. de Rome : rue.
3. Sainte-Avoye, communauté de pauvres femmes fondée en 1288 par J. Sequence, chevecier de Saint-Merry, dans la rue Sainte-Avoye à son point d'intersection avec la rue Rambuteau ; ce couvent, auquel étaient annexés une chapelle et un hôpital, a été démoli lors du percement de la rue Rambuteau.
4. C'est le jeudi six octobre que « vint et entra à Paris le cardinal d'Excestre, auquel fu au devant le duc de Bourgongne à grant compaignie » (Arch. nat., X1a 1481, fol. 18 v°).
5. Des lettres données le 13 octobre 1429 à la relation du grand conseil tenu par le régent, assisté du cardinal d'Angleterre, du duc de Bourgogne, du sire de Scales, de Jean Falstaff, confièrent le gouvernement de Paris et des bailliages limitrophes ainsi que la lieutenance à Philippe le Bon qui s'était assuré l'adhésion du duc de Bedford, « occupé, disait-on, au gouvernement du royaume, mesmement du duchié de Normandie ». Les lettres du 13 octobre furent publiées le même jour au Palais, dans la grande salle sur la Seine, au milieu d'un concours empressé de population, en présence du duc de Bourgogne qui fit également promulguer la trêve conclue avec Charles VII (Arch. nat., X1a 8605, fol. 14).

convint[1]. Et quant les Anglois furent partiz, qui partirent à ung sabmedi au soir, et allerent à Sainct-Denis, faisant du mal assez, le duc de Bourgongne se parti après, et print trefves aux Arminalx jusques à Nouel ensuivant, c'est assavoir, pour la ville de Paris et pour les faulxbourgs d'autour tant seullement; et tous les villaiges d'entour Paris estoient apatiz aux Arminalx, ne homme de Paris n'osoit mettre le pié hors des faulxbourgs qui ne fust mort, ou perdu, ou rançonné de plus qu'il n'avoit vaillant, ne si osoit revancher; et si ne venoit rien à Paris pour vie de corps d'homme, qui ne fust rançonné II ou III foys plus qu'elle ne valloit. Le cent de petis costeretz valloit xxIIII solz parisis; le molle, vII[2] solz ou vIII solz; II œufs, IIII deniers parisis; ung petit fromaige tout nouvel fait, IIII blans; le boessel de poys, xIIII ou xv blans; et si couroit tres forte monnoye, ne il n'estoit nouvelle, ne pour Toussains ne pour autre feste en cellui temps, de haren froys, ne de quelque marée à Paris.

523. Item, le duc de Bourgongne, quant il ot esté environ quinze jours à Paris, il se departy la vigille Sainct-Luc et emmena avec lui ses Picquars qu'il avoit amenez, environ vI[m], aussi fors larrons qu'il avoit entré à Paris, puis que la maleureuse guerre estoit commencée, et comme il paru bien en toutes les maisons où ilz furent logez. Et aussitost qu'ilz furent partiz hors des portes de Paris, ilz n'encontroient homme qu'ilz ne desrobassent ou batissent. Quant l'avangarde fut partie, le duc de Bourgongne fist crier, comme une maniere d'apaiser gens simples, que se on veoit que les Arminalx venoient assaillir[3] Paris, que on soy deffendist le mieulx qu'on pouroit, et laissa sans garnison ainsi la ville de Paris. Veez là tout le bien qu'il y fist pour la ville; or n'estoient point les Anglois noz amis, pour ce que on les mist hors du gouvernement.

524. Item, avant que Nouel fust et que les trefves faillissent, firent tant de maulx les Arminalx entour Paris, que onques les tirans de Romme, ne larrons de bois, ne murdriers, ne firent

---

1. Le duc de Bedford et sa femme quittèrent Paris le lundi 17 octobre, en compagnie du duc de Bourgogne qui « les convoya jusques à Saint-Denis où ilz demourerent tous au giste, et le mardi ensuivant parti le duc de Bourgongne pour aler en son païs de Flandres pour attendre et recevoir sa fiancée fille du roy de Portugal » (Arch. nat., X1a 1481, fol. 18 v°).
2. Ms. de Rome : xII.
3. Ms. de Paris : vinssent assieger.

oncques plus grans tyrannies souffrir à chrestiens qu'ilz faisoient, et avec la tyrannie prenoient quanque avoient ceulx qui cheoient en leurs mains, jusques à vendre femme et enfans, qui les eust peu vendre : et personne nulle ne leur contredisoit, car le regent de France, duc de Bedfort, n'avoit cause de s'en mesler, pour ce que on avoit fait le duc de Bourgongne regent, lequel ot en icellui termine grant tribulacion. Car, comme il ot fait tout bien et bel ordonner et appareiller tout quanque puet et doit appartenir à nopces de si grant prince, et comme tout fut apresté, qu'il n'atendoit de jour en jour que la dame qu'il devoit prendre à femme, qui estoit fille du roy de Portugal[1], laquelle s'estoit mise en mer, et quant elle fuyt[2] et sa mesniée pres de l'Escluse, aussi comme à une veue, et que on commançoit ja la feste de sa venue, il vint ung vent qui lui fut si contraire que elle fu eslongnée en pou de heure en ung loingtain païs, qu'il fut plus de XL jours avant que on sceust la certeneté en quel païs elle estoit arivée, et lui convint par force en la terre son pere ariver en Arragon, et après fut elle ramenée au duc de Bourgongne saine et sauve[3]. Et ce estoit la cause pourquoy il entrelaissa ainsi Paris cellui temps.

[1430.]

525. Et par celle faulte [et] que nul gouverneur n'avoit à Paris, ne qui obviast à l'encontre des ennemis, et que rien ne venoit à Paris qui ne fust rançonné deux ou trois foys[4] et qu'il le conve-

---

1. C'est à tort que le ms. de Rome qualifie cette princesse de « fille du roy d'Aragon », le ms. de Paris la désigne comme fille du roi de Portugal.
2. Ms. de Rome : lui.
3. Isabelle, fille de Jean Ier roi de Portugal et de Philippe de Lancastre, que le duc de Bourgogne épousa à Bruges le 10 janvier 1430, était arrivée en vue du port de l'Écluse, lorsqu'une violente tempête jeta le navire qui la portait sur les côtes d'Angleterre, ainsi qu'en fait foi l'ordre de payement délivré le 6 décembre 1429 à Guillaume Aleyn, clerc de l'hôtel du roi d'Angleterre, pour les dépenses de la fille du roi de Portugal récemment débarquée dans le pays et allant en Flandre (Rymer, *Acta publica*, t. IV, p. 151). Isabelle de Portugal n'eut donc pas à retourner dans les états de son père.
4. Ce qui échappait aux coureurs de Charles VII était pillé par les Anglais eux-mêmes qui ne se faisaient aucun scrupule d'arrêter au passage les approvisionnements destinés à la capitale. Dans les premiers mois de l'année 1430, à l'instigation des échevins de Paris, divers marchands,

noit vendre, quant il estoit arivé, si cher que povres gens n'en povoient avoir, si en advint une grant douleur, car grant foison de povres mesnaigiers, dont les aucuns avoient femmes et enfens, les autres non, s'en yssirent grant foison de Paris, comme par maniere d'aler esbatre ou gaigner, et se desespererent pour la grant pouvreté qu'ilz souffroient, et s'acompaignerent avec autres qu'ilz trouverent, et commencerent par l'ennortement de l'ennemi à faire tous les maulx que pevent faire chrestiens, dont il convint par force que on s'assemblast pour les prendre. Et en print on à la premiere fois iiii^{xx} xvii, et ung pou de jours après on en pandit xii au gibet de Paris le iie jour de janvier, et le xe ensuivant on en mena xi es halles de Paris, et leur coppa on les testes à tous dix. Le unziesme estoit ung tres bel jeune filx d'environ xxiiii ans, il fut despoullié et prest pour bander ses yeulx, quant une jeune fille née des Halles le vint hardiement demander et tant fist par son bon pourchas qu'il fut remené ou Chastellet, et depuis furent espousez ensemble [1].

526. Item, en cellui temps fut la Pasque le xviie jour d'avril, et fut si tres cher et tres froit ; valloit le molle de buche ix solz parisis, et le costeret et le charbon ainsi cher ou plus, et toutes choses dont on povoit vivre, se non pommes, dont les pouvres gens [2] avoient tant seullement admendement ; et pour la deffaulte de huylle on mengoit du beurre en cellui karesme, es Halles, comme en charnaige.

---

notamment Alexandre des Marais, changeur de la rue des Arsis, Jean de la Poterne, Guillaume Lorget, Nicolas Scale, Gabriel Fatinant, Benoît Astay et Jean de Goudonvilliers, commandeur de Saint-Jean de Jérusalem, formèrent une association et firent charger à frais communs en Normandie un bateau de blé, de lard, de beurre et d'autres denrées ; le chargement arriva sans encombre jusqu'à Triel le vendredi après Pâques ; là il fut en quelque sorte happé par Jennequin Rippley et plusieurs Anglais de la garnison de Pontoise, qui conduisirent le bateau dans cette ville et s'adjugèrent le contenu. Les marchands lésés n'eurent d'autre ressource que d'intenter un procès aux pillards par-devant le Parlement et n'obtinrent qu'un résultat illusoire, c'est-à-dire l'ouverture d'une enquête ordonnée le 7 septembre 1430 (Arch. nat., X^{2a} 20, fol. 193 v°).

1. Le cas n'est pas sans analogues et l'on pourrait citer plus d'un condamné que sa bonne mine préserva d'une mort ignominieuse, témoin ce malheureux sur le point d'être pendu à Verneuil et sauvé du gibet par une jeune fille de quinze ans qui le demanda pour mari (Arch. nat., JJ 172, n° 406).

2. Ms. de Paris : chrestiens.

527. Item, le xxi° jour de mars, vindrent les Arminalx proier gens et bestail, et firent cellui jour moult de maulx. Si le vint on dire à Paris au sire de Saveuze[1], lequel s'arma lui et sa gent, et avec lui plusieurs de Paris, avecques lesquelx avoit [ung quartenier], ung eschevin de Paris et[2] receveur des aides, nommé Colinet de Neuville, le bastart de Sainct-Paul[3], le bastart de Saveuze, tout fut prins, [lesquelx], aussitost qu'ilz furent aux champs, se desréerent sans eulx tenir ensemble, et tous furent prins en mains d'une heure, dont les Arminalx orent tres grant finance.

528. Item, quant les Arminalx virent que leurs choses de toutes pars leur venoient si bien à point, si s'enhardirent et vindrent le vendredy ensuivant, xxiii° jour de mars, environ mynuit, à tout eschelles devant Sainct-Denis, et l'eschellerent et entrerent dedens, et tuerent les bonnes gens qui faisoient celle nuyt le guet sans mercy; et après allerent parmy la ville tuant et occiant quanque ilz encontroient, et pillerent celle nuyt la ville et tuerent grant foison des Picquars qui y estoient en garnison, et enmenerent presque tous leurs chevaulx, et quant ilz furent bien troussez, ilz laisserent la ville et s'en allerent à tout leur pillaige qui moult grant estoit et trop.

529. Item, en celluy temps furent aucuns des grans de Paris, comme de Parlement et du Chastellet, et des marchans et gens de mestier, qui firent ensemble conjuracion[4] de mettre les Arminalx

---

1. Probablement Philippe de Saveuses, seigneur de Saveuses après la mort de son frère Hector vers 1426. Monstrelet le cite fréquemment parmi les seigneurs du parti anglo-bourguignon.

2. « De Paris et » manque dans le ms. de Rome.

3. Jean de Luxembourg, seigneur de Montmorency, reçut des Anglais en 1429 le commandement de la forteresse de Meaux et fut créé chevalier de la main même du duc de Bedford lors de l'expédition de ce prince sous les murs de Senlis; le bâtard de Saint-Pol était du nombre des personnages qui assistèrent aux noces de Philippe le Bon célébrées à Bruges le 10 janvier 1430; le jeune roi d'Angleterre l'attacha à sa personne comme grand maître de son hôtel; c'est en cette qualité qu'on le voit figurer au festin donné au Palais après le sacre de Henri VI, au mois de décembre 1431 (Monstrelet, t. IV, *passim*). Jean de Luxembourg prit part en 1452 à la campagne contre les Gantois et y arma chevalier le comte d'Étampes (G. Chastellain, t. II, p. 235).

4. Les détails les plus précis sur la conspiration d'avril 1430 et sur les stratagèmes que devaient employer les conjurés pour introduire les Français sont fournis par les lettres de rémission accordées à Jean de Calais, révélateur du complot. Quelques années auparavant, nous rencontrons un

dedens Paris, à quelque dommaige que ce fust, et devoient estre signez de certains signes quant les Arminalx entreroient à Paris, et qui n'auroit ce signe estoit en peril de mort. Et y avoit ung carme nommé frere Pierre d'Allée, qui estoit porteur et rapporteur des lettres de ung lès et d'autre, mais Dieu ne voult pas souffrir que si grant homicide fust faicte en la bonne cité¹ de Paris, car le carme fut prins, qui moult en encusa par gehenne que on lui fist. Et vray fut que la sepmaine de la Passion, entre Pasque fleurie et le dimenche devant, on en print plus de CL, et la vigille de Pasques flouries, on en coppa à VI la teste es Halles²; on en noya, aucuns moururent par force de gehenne, aucuns finerent par chevance, aucuns s'enfouirent sans revenir. Quant

---

personnage du même nom impliqué dans une affaire de coups et blessures envers un chanoine du Saint-Sépulcre, écolier de l'Université. Ce Jean de Calais avait su dégager sa responsabilité, tandis que Guillaume Doucet, son complice, était condamné à faire amende honorable à l'Université, dans l'église des Mathurins (Arch. nat., X¹ª 64, fol. 235 v°). Ce qui est hors de doute, c'est que Jean de Calais était né à Paris et qu'il y rentra après la réduction de la capitale par Charles VII; il fut même appelé aux fonctions d'échevin le 23 juillet 1440 (Ibid., KK 1009, fol. 6). Voir la note consacrée à Jean de Calais par M. Longnon (*Paris pendant la domination anglaise*, p. 303).

1. Ms. de Paris : ville.

2. Le 8 avril, on exécuta aux Halles les conjurés dont Fauquembergue donne les noms : JEAN DE LA CHAPELLE, clerc des comptes, l'âme de la conspiration, fut décapité et écartelé; grands et petits se disputèrent ses dépouilles; Jean Bourdin, geôlier des prisons du Châtelet, revendiqua la robe longue de viollet fourrée que portait Jean de la Chapelle lorsqu'il fut amené au Châtelet (Arch. nat., Y 5230, fol. 23 r°). Jean de Villiers, sire de l'Isle-Adam, se fit adjuger ses biens confisqués (*Ibid.*, JJ 174, n° 354) et soutint un procès au Parlement contre la veuve et les enfants mineurs du condamné, lesquels réclamaient 60 livres de rente (*Ibid.*, X¹ª 4796, fol. 224 v°; X¹ª 1481, fol. 32 r°). RENAUD SAVIN et PIERRE MORANT, procureurs au Châtelet, furent décapités; GUILLAUME PERDRIAU et JEAN LE FRANÇOIS, dit Baudrain, décapités, le second écartelé; JEAN LE RIGUEUX, boulanger, décapité. Un autre adhérent, dont ne parle point le greffier du Parlement, mais cité dans la rémission de Jean de Calais, est ce Jacquet Guillaume demeurant à l'Ours, à la Porte Baudoyer, déjà connu par les lettres de rémission qu'il obtint en janvier 1424 (Longnon, *Paris pendant la domination anglaise*, p. 118); il subit également la peine capitale, sa femme Jeannette fut bannie du royaume et ses biens confisqués (Arch. nat., Y 5230, fol. 36 v°). Quant à JACQUET PERDRIEL, qui parvint à s'échapper, ses biens saisis, entre autres un hôtel sis rue de la Verrerie, furent donnés à Jean Stanlawe, trésorier de l'hôtel du duc de Bedford (*Ibid.*, JJ 174, fol. 137 v°). Cf. Longnon, *Paris pendant la domination anglaise*, p. 303.

les Arminalx virent qu'ilz orent failli à leur entreprinse, ilz furent tous desesperez, et n'esparnoient ne femme ne enfent qu'ilz ne prinssent, [et] venoient jusques aux portes de Paris sans contredit de nully, mais on attendoit de jour en jour le duc de Bourgongne, qui n'alla ne vint, passa janvier, fevrier, mars et avril.

530. Le xxi° jour d'avril, allerent bien iii^c Angloys ou environ pour cuider prendre ung chastel nommé la Chasse[1], mais [par] leur convoitise ilz se transporterent à Chele[-Saincte-Baudour[2]] et pillerent la ville et puis l'abbaye, et s'en vindrent devant ledit chastel ainsi troussez des biens de l'eglise et des laboureurs, dont il leur meschut tres griefment ; car ce pendent qu'ilz pillerent ladicte abbaye, les Arminalx eulx assemblerent des garnisons d'entour et les encloyrent entre le chastel et eulx. Si ne sorent oncques les entendre, car ceulx de dedens les greverent moult de trait, et ceulx de derriere les assaillirent si asprement que en bien pou de heure furent tous mors ou prins ; et ainsi donq les Arminalx furent moult enrichiz, car ilz orent tous leurs chevaulx et tout ce qu'ilz avoient pillié à Chelle, et les rançons des vivans et la despoulle des mors.

531. Item, le xxv° jour dudit moys, l'endemain de Sainct-Marc, firent tant les Arminalx, par leur force ou par traison, qu'ilz gaignerent l'abbaye de Sainct-Mor-des-Fossez ; et partout leur venoit bien, ne oncques puis que le conte de Salcebry fut tué devant Orleans, ne furent les Angloys en place dont il ne leur convint partir à tres grant damage ou à tres grant honte pour eulx.

532. Item, celle année, avoit foison roses blanches au jour de Pasques flouries, qui furent le viii° jour d'avril l'an mil iiii^c xxix, tant estoit l'année hastive[3].

533. Item, le xxvi° jour dudit moys, l'an mil iiii^c xxx, firent faire les gouverneurs de Paris[4] [grans] feus, comme on fait à la Sainct-Jehan d'esté, pour ce que le peuple s'esbahissoit de ce que les Arminalx avoient partout le meilleur où ilz venoient, et firent

---

1. La forteresse de la Chasse, en la forêt de Montmorency, fut réduite par le comte de Norfolk en même temps que celles de Dammartin-en-Goelle et Montjay (Monstrelet, t. IV, p. 495). Ce lieu fortifié avait pour capitaine en juin 1437 un écuyer du nom de Jacquet de Sèvres (Arch. nat, Z1a 10, fol. 48 r°).

2. Chelles (Seine-et-Marne, arr. de Meaux, cant. de Lagny).

3. « Tant estoit l'année hastive » manque dans le ms. de Rome.

4. « De Paris » manque dans le même ms.

entendre au peuple que c'estoit pour le jeune roy Henry qui se tenoit roy de France et d'Angleterre, qui estoit arivé à Boullongne, lui et grant foison de souldoiers, pour combatre les Arminalx, dont il n'estoit rien, ne du duc de Bourgongne nouvelle nulle n'estoit. Si estoit le monde aussi comme au desespoir de ce que on ne gaingnoit rien, et que les gouverneurs leur faisoient ainsi entendant que brief ilz auroient secours, dont quelque signeur ne faisoit nul semblant de secours, ne d'aucun traicté, pour quoy [moult] des mesnaigers de Paris se departoient, de quoy Paris affeblioit moult.

534. Item, la sepmaine de may, avoit à la porte Sainct-Antoine prinsonniers, dont l'un avoit paié sa rançon, et estoit eslargy et alloit avec les gens du chastel à son plaisir. Si trouva un jour que cellui qui gardoit les prinsons s'endormy après disner sur ung banc, comme on fait en esté, si lui osta les clefs ainsi comme il dormoit et ouvry la prinson, et en deslia trois avec lui, et vindrent où cil dormoit encore, et autres l'un ça, l'autre là, et frapperent sur eulx pour les tuer, et en navrerent à mort deux ou trois, avant que les gens qui estoient du chastel en peussent rien ouyr. Quant ilz sorent comment lesdiz prinsonniers avoient ouvré, si acoururent à l'aide de leurs compaignons hastivement, et le signeur de l'Isle-Adam qui leans estoit, qui en estoit cappitaine et de la ville de Paris, vint tost où cilz estoient. Si les escrie, et fiert d'une hache qu'il tenoit le premier qu'il trouve, si l'abat mort; les autres ne porent fuir, si furent tretous prins, et recongnurent qu'ilz avoient en pencée de tuer tous ceulx qui estoient dedens le chastel et de livrer le chastel aux Arminalx pour prendre Paris par traïson ou autrement. Et tantost qu'ilz orent ce dit, si les fist le cappitaine tous tuer et trayner en la riviere.

535. Item, en celle année, le XIIe et [le] XIIIe jour de may, gellerent avecques toutes les vignes, qui estoient les plus belles par apparance de foison de grappes [et grosses] que homme les eust veues puis XXX ans devant. Ainsi plut à Dieu qu'il advenist, pour nous donner exemple que en ce monde n'a rien seur, comme il appert de jour en jour.

---

1. Le jeudi 28 avril 1430, vint la nouvelle à Paris que le jeune roi d'Angleterre venait de débarquer à Calais. Pour célébrer son heureuse arrivée, le chancelier fit chanter un *Te Deum* à Notre-Dame et allumer des feux de joie dans les rues de Paris; le lendemain il y eut processions générales de Notre-Dame à Sainte-Geneviève (Arch. nat., X^{1a} 1481, fol. 26 r°; X^{1a} 4796, fol. 204 r°).

536. Item, le xxiii° jour de may, fut prinse devant Compigne dame Jehanne, la Pucelle aux Arminalx, par messire Jehan de Luxembourc et ses gens[1], et bien mil Anglois qu'ilz venoient à Paris, et furent bien iiii° des hommes à la Pucelle que tuez que noyez. Après ce, le dimenche ensuivant, vindrent les mil Angloys à Paris et allerent asseger les Arminalx qui estoient dedens l'abbaïe de Sainct-Mor-[des-Fossez], si ne se tindrent point et rendirent ladicte abbaïe, sauve leur vie, sans rien emporter que ung baston en leur poing, et estoient bien c; et fut le ii° jour de juing mil iiii° xxx.

537. Item, en celui temps, la livre de beurre sallé valloit iii solz parisis de tres forte monnoye, et la pinte de huylle de noix, vi solz parisis. Et pour certain, aussitost que les Arminalx furent departiz, les Anglois, bon gré ou mal gré de leurs cappitaines, pillerent toute l'abbaïe et la ville si au net que ilz n'y laisserent pas les culliers au pot qu'ilz n'emportassent[2], et ceulx de davant à leur entrée avoient bien pillié, et les derrains encore rien n'y laisserent; quelle pitié !

538. Item, en cellui moys de juing, n'estoit encore aucune nouvelle du roy Henry d'Angleterre, qu'il fut point passé la mer, et les gouverneurs de Paris firent entendant au peuple des le jour Sainct-George, qu'il avoit passé la mer par decza, dont ilz firent faire les feus parmy Paris; dont le menu peuple n'estoit pas bien comptent pour la buche qui tant estoit chere, et que bien savoient les aucuns qu'il n'estoit point passé deça la mer[3].

539. Item, du duc de Bourgongne n'estoit nulle nouvelle qu'il deust venir, et si n'estoit il sepmaine qu'on ne l'atandist depuis janvier, et c'estoit pres de la Sainct-Jehan, mais aussi le donnoient à entendre les gouverneurs au peuple pour les appaisier, mais ilz disoient, quant on parloit de son venir, les aucuns et le

---

1. C'est le mercredi 24 mai 1430, veille de l'Ascension, que Jeanne d'Arc fut prise sous les murs de Compiègne.
2. Ms. de Paris : apportassent.
3. L'incrédulité que manifeste l'auteur du journal au sujet de l'arrivée en France de Henri VI d'Angleterre est inexplicable, car l'on voit à la date du 13 juin que le jeune roi était attendu à Paris, ainsi que l'atteste la délibération du Parlement ayant pour objet de déterminer « en quel estat et en quelz habis » les membres de la compagnie iraient au-devant du roi; il fut décidé que les conseillers clercs du Parlement, vêtus de robes longues en drap *pers* avec chaperons fourrés, et les lays de simple drap, montés tous sur des chevaux, se porteraient hors des murs à la rencontre du souverain (Arch. nat., X1a 1481, fol. 28 r°).

plus : *Patrem sequitur sua proles;* « vraiement les enfens ensuivent voulentiers leur pere », et plus n'en disoient. Et vraiement encore passa juillet que de lui n'estoit nouvelle, fors qu'il avoit grant foison Picquars, qui des le moys d'avril avoient mis le siege devant Compigne, mais encore n'y avoient rien fait ou moys d'aoust. Et vraiement IIII^c Anglois faisoient [plus] en armes que V^c Picquars, et si n'estoit nulz plus fors larrons et mocqueurs de gens ; et les Anglois gangnerent bien XII forteresses entour Paris en ung moys, et après allerent à Corbeil la IIe sepmaine de juillet.

540. Item, le XVIIe jour de juillet, à ung lundi, vigille Sainct-Arnoul, fut la cloche de Nostre-Dame fondue et nommée Jaqueline[1], et fut faicte par ung fondeur nommé Guillaume Sifflet[2], et pesoit quinze mil ou environ.

541. Item, le sire de Roz, ung chevalier angloys, vint à Paris le mercredi XVIe jour d'aoust l'an mil IIII^c XXX, le plus pompeusement que on vit oncques chevalier, s'il n'estoit roy ou duc, ou conte ; car il avoit devant lui IIII menesterelz jouans trompes, clerons, tous jouans de leurs instrumens ; mais le vendredy ensui-

---

1. *Jacqueline*, l'une des deux grosses cloches de Notre-Dame, avait été offerte par Jean de Montaigu, grand maître de l'hôtel de Charles VI, et devait son nom à Jacqueline de la Grange, femme de ce personnage ; l'entretien de ce bourdon était ruineux et le chapitre cherchait à s'en décharger sur l'évêque, comme le montre un procès plaidé au Parlement en 1426 (Arch. nat., X1a 4794, fol. 287 r°; X1a 65, fol. 187 v°). Cette cloche se brisa le jour de l'élection de Nicolas Fraillon et sa refonte fut décidée ; le 7 novembre 1429, on avisa le chapitre de N.-D. qu'un individu s'offrait pour ce travail, qui fut entrepris ; c'est bien le lundi 17 juillet que la nouvelle cloche fut fondue par maître Guillaume Sifflet qui y employa 17,842 livres de matière, savoir : 11,542 livres provenant de l'ancienne cloche hors d'usage, 3,200 livres représentant le poids d'une autre cloche brisée trouvée dans le vieux beffroi, plus 3,100 livres de métal neuf acheté ; l'opération réussit à merveille, et la cloche fondue sans le moindre défaut pesait 16,192 livres. Le mercredi 2 août, le chapitre décida qu'avant de remettre à G. Sifflet son obligation, la cloche Jaqueline serait visitée en présence des chanoines par des ouvriers experts (Arch. nat., LL 216, fol. 78, 179, 209, 210). Quatre années s'étaient à peine écoulées que Jacqueline nécessitait de nouvelles réparations ; le 11 août 1434, Berthelot de Louvain, serrurier de N.-D., refit un battant de cette cloche, et les chanoines ne la laissèrent sonner à Noël qu'après s'être assurés qu'il n'y avait aucun risque à courir (*Ibid.*, LL 217, fol. 106, 124).

2. Antérieurement à l'année 1430, Guillaume Sifflet et sa femme occupaient un hôtel sis en la rue des Étuves, à l'enseigne de la Pomme de Pin (Arch. nat., Y 5231, fol. 11 v°).

vant, fortune lui fut trop contraire, car les Arminalx vindrent prendre la proie devers la porte Sainct-Anthoine, et prindrent beufs, vaches, brebis et autre bestail, et s'en tournerent atout. Quant le sire de Roz le sceut, il alla à toutes ses gens après et poursuivy fort, et ung autre chevalier anglois qui estoit cappitaine du Boys de Vicennes[1], qui le suyvi de pres, et autres, et virent les Arminalx qui passoient Marne par dela Sainct-Mor; si les suyvirent, et aucuns se mirent en la riviere, qui bien virent le gué par où les Arminalx passerent, et allerent oultre. Le sire de Roz failly à trouver le gué et soy bouta en la riviere trop hardiement, et le cappitaine du Bois de Vicennes qui aussi faillyt, et ung autre chevalier nommé monseigneur de Moucy[2], et plusieurs autres qui tous furent noyez, et grant foison d'Arminalx aussi le furent; mais ceulx qui passerent besongnerent si bien qu'ilz rescouirent[3] tous les prinsonniers et la proie, et avec ce prindrent

---

1. Jean de Honneford, chevalier anglais, était capitaine du Bois de Vincennes de 1425 à 1426, mais exerçait-il encore ce commandement en 1430? Il est permis d'en douter, avec d'autant plus de raison que, d'après Monstrelet, le duc de Bourgogne, après le départ de Jean de Bedford en 1429, renouvela complètement le personnel chargé de garder les points fortifiés voisins de la capitale, ce qui s'accorde avec un document cité par le P. Anselme dans son *Hist. généal.* (t. VI, p. 668), où le seigneur de Mouchy, dont est question plus loin, figure à la date du 29 mars 1429 en qualité de capitaine du Bois de Vincennes. Voici les noms des officiers qui se succédèrent au château du Bois de 1418 à 1426: en 1418, Ch. Boistel; ensuite, Andry de Salins jusqu'au mois de juin 1420; puis, Pierre le Verrat, remplacé à la fin de décembre de la même année par un chevalier anglais, le comte de Huntington; en 1423, Huguenin de Saubertier; en 1425, J. de Honneford (Arch. nat., X1a 4792, fol. 41 r°; X1a 4793, fol. 253 r°; X1a 4794, fol. 45 r°, 179 r°; P 1189. *Revue archéologique*, année 1854, p. 456).

2. Pierre de Trie, dit Patrouillart, seigneur de Mouchy le Chatel et de Grigny, soutint en 1427 un procès au Parlement avec Emmeline de Nostemberch, au sujet d'un fief de 200 livres de rente (Arch. nat., X1a 4795, fol. 85 r°). Suivant le P. Beurrier, célestin, que cite le P. Anselme (*Hist. gén.* t. VI, p. 668), il serait mort en 1433; mais le récit de notre chroniqueur est conforme à la vérité, car, le 23 septembre 1430, Guillaume l'Étendard, écuyer, seigneur de Beauchesne, héritier sous bénéfice d'inventaire de Pierre de Trie, après avoir prêté au Châtelet serment de féauté et juré l'observation du traité de Troyes, obtint un répit pour bailler son aveu et dénombrement; en outre, comme plusieurs des biens qui devaient lui revenir se trouvaient entre les mains des Français, il déclara faire toutes oppositions de droit (Arch. nat., Y 5230, fol. 75 r°).

3. Ms. de Paris: recouvrerent.

le cappitaine de Langny messire Jehan Foucault[1], et plusieurs autres tuerent, et plusieurs d'eulx furent tuez. Et n'estoit gueres quinze jours qu'il ne venist à Paris ii ou iii ou plus ou mains d'Anglois, mais aussitost qu'ils alloient sur les Arminalx, toujours pendoient aussitost qu'ils frappoient ensemble, et les Arminalx les mettoient tous à mort; et disoit que c'estoit pour ce, que puis le siege fut mis devant Orleans, quelc conte de Salcebry pilla et fist piller l'eglise Nostre-Dame-de-Clery[2], lequel mourut tantost après par cas de meschief d'une piece de cannon qui rompit.

542. Item, après fut levé le siege qui tant avoit cousté, et tant de leurs gens prins et mors.

543. Item, depuis que ce qu'il fist à Lusarches en l'eglise de Sainct-Cosme et puis à Chelc Saincte-Baudour, et tantost après furent presque tous prins et tuez; et puis que ont ils fait à Sainct-Mor-des-Fossez en l'eglise, et partout où ils pevent avoir le dessus? Les eglises sont pillées, qui n'y demoure ne livres, ne la bouette ou couppe où le corps de Nostre-Seigneur repose, ne reliques, pour tant qu'il y ait or ou argent, ou aucun mettal, qu'ils ne gettent soit le corps Nostre-Seigneur, soient reliques. Tout ne leur chault, ou des corporaulx, n'y laissent ils nulz qui puissent, et n'y a aucun qui soit maintenant aux armes, de quel costé qu'il soit, François ou Anglois, Arminac ou Bourgoignon ou Picquart, à qui il eschappe rien qu'ils puissent, s'il n'est trop chault ou trop pesant, dont c'est grant pitié et dommaige que les signeurs ne sont d'accord. Mais, se Dieu n'en a pitié, toutte France est en grant danger d'estre perdue, car de toutes pars on y gaste les biens, on y tue les hommes, on y boute feus, et n'est estrange ne privé qui point en die : *Dimitte*, mais tousjours va de mal en pis, comme il appert.

544. Vray est que le jour Sainct-Augustin, en aoust mil iiii

---

1. Jean Foucaut, « vaillant chevalier de Limosin » (Cousinot de Montreuil, *Chron. de la Pucelle*, p. 335), conduisait les archers dans l'armée de Charles VII. Il fut chargé de la défense de Lagny au mois de septembre 1429 en compagnie d'Ambroise de Loré. Après la réduction de Paris en 1436, messire Jean Foucaut, avec un écuyer du nom de Pierre Jaillet, commandait les gens d'armes et de trait en garnison à Saint-Denis (Arch. nat., KK 284, fol. 16).

2. C'est au mois de septembre 1428 que le comte de Salisbury envoya des Anglais « en tres grant nombre en l'eglise de Clery qui la pillerent et y firent des maux innumerables » (*Chron. de la Pucelle*, p. 257).

xxx, l. ou lx voyturiers ou environ, que de Paris que d'entour, allerent querre des blez qui pres du Bourget estoient nouveaux soiez, et estoient aux bourgois de Paris. Les Arminalx le sceurent par leurs espies dont ilz avoient assez à Paris, si vindrent sur eulx à grant puissance; si se combatirent le mieulx qu'ilz porent noz gens de Paris. Mais rien ne leur valu, car tantost les Arminalx les desconfirent [et en tuerent moult], et tout le remenant qu'ilz ne tuerent mirent en leurs prinsons, et par leur grant mauvaistié mirent le feu dedens les blez qui es chariotz et charrettes estoient, et tout ardoient que rien n'en fut rescous que les ferreures; et quant ilz veoient aucun de ceulx qui estoit à la terre navré à mort ou mains que mort, qui remuoit, ilz le prenoient et le gettoient dedens le feu qui moult grant estoit, car tout le blé et tout le charroy estoit en feu et en flambe.

545. Item, sans ceulx qui furent mors, ilz en prindrent bien vi^{xx} ou plus et tous les chevaulx, et les rançonnerent. Et à celle heure de maleur ariva le connestable de France à Paris, nommé le signeur de Stanfort, atout une tres grant compaignie d'Angloys, et passa à une lieue ou environ pres de la place où ilz se combatoient, et si n'en sot rien, dont ce fut grant pitié et grant domage; car la plus grant partie de ceulx qui furent prins estoient tous mesnaigers aians femmes et enfens, qui furent auques tous à pouvreté par les rançons qu'il leur convint paier, ou estre mors sans mercy.

546. Item, le iiie jour de septembre, à ung dimenche, furent preschées au parvis Nostre-Dame[1] deux femmes, qui environ demy an devant avoient esté prinses à Corbeil et admenées à Paris, dont la plus aisnée Pieronne[2] et estoit de Bretaigne bretonnant; elle disoit et vray propos avoit que dame Jehanne, qui se armoit avec les Arminalx, estoit bonne, et ce qu'elle faisoit estoit bien fait et selon Dieu.

---

1. Bien que le manuscrit de Rome porte « puis Nostre-Dame, » la leçon « parvis » que nous donne le ms. de Paris, leçon adoptée par M. Vallet de Viriville (*Procès de condamnation de Jeanne d'Arc*, traduit du latin, 1867, p. LXIV), nous semble préférable.

2. Pieronne la Bretonne ou Perinaïk, ainsi que la nomme M. de la Villemarqué, était l'une des pénitentes du frère Richard; elle suivit Jeanne d'Arc à sa sortie de Sully, fut prise à Corbeil par les Anglo-Bourguignons, jugée à Paris en cour d'église, et périt comme la Pucelle sur le bûcher (Vallet de Viriville, *Procès de condamnation de Jeanne d'Arc*, p. LXIV).

547. Item, elle recognut avoir deux foys receu le precieux corps Nostre-Seigneur en ung jour.

548. Item, elle affermoit et juroit que Dieu s'apparoit souvant à elle en humanité, et parloit à elle comme amy fait à autre, et que la darraine foys qu'elle l'avoit veu, il estoit long vestu de robe blanche, et avoit une hucque vermeille par dessoubz, qui est aussi comme blaspheme. Si ne s'en volt oncques revocquer de l'afermer en son propos qu'elle veoit Dieu souvent [vestu] ainsi, par quoy cedit jour elle fut jugée à estre arce, et le fut, et mourut en ce propos cedit jour de dimenche, et l'autre fut delivrée pour celle heure.

549. Item, le lendemain jour de lundy, IIIIe jour de septembre mil IIII^c xxx, venoit par la riviere xxiii fonces chargées de vivres et d'autre marchandise; si ot grosses parolles entre les gens d'armes et les mariniers, et à celle heure ariverent les Arminalx moult cruellement sur eulx, et pour le descort qui entre eulx estoit, et especialment en xiii de leurs fonces ilz orent trop pou de deffence en eulx; et furent prins bien vi^{xx} personnes [1] et plus sans les mors, et les dix qui n'avoient point de descort le firent si bien qu'ilz passerent eulx et leurs dix fonces et vindrent à port sauvement, et pour ce descort entre gens en doubte est trop grant peril, comme il appert à ce royaulme de France.

550. Item, l'endemain que le sire de Stanfort [2] fut arivé à Paris [3], il fist aller asseger la ville de Brie-Conte-Robert et la print d'assault au IIe jour, mais il n'ot pas si tost le chastel, mais tost après se rendirent ceulx de dedens. Quant est de monseigneur de Bourgongne, n'estoit nulle nouvelle grant piece après la Sainct Remy ne de personne qui bien voulsist [4] à la bonne ville de Paris, et bien y apparoit, car il n'y avoit que ung pou de ne scay quelx larrons à Langny, mais nul ne y mettoit remede que toutes les sepmaines ne prinssent à quelque porte de Paris ou bien pres

---

1. « Personnes » manque dans le ms. de Rome.
2. Ms. de Rome: le seigneur d'Estanfort.
3. Selon Fauquembergue, Humphrey, comte de Stafford, connétable de France pour le roi d'Angleterre, quitta Paris le vendredi 1er septembre et y revint le lundi 9 octobre, après la « recouvrance et demolicion de la forteresse de la Queue en Brie » et de diverses autres places, telles que Brie-Comte-Robert enlevée à Jacques de Milly, et Jean de la Haye, Grand-Puits, Rampillon (Monstrelet, t. IV, p. 405; Arch. nat., X1a 1481, fol. 32 r°, 34 v°).
4. Ms. de Paris: bien vouast.

hommes, femmes, enfens, bestail sans nombre dont ilz avoient grant finance et touzjours or ou argent, et ceulx qui ne povoient paier leurs rançons estoient acoupplez à cordes et gectez en la riviere de Marne, ou panduz par les gorges, ou en vieilles caves liez sans jamais leur donner que menger. Et si n'estoit rien qui de quelque bien pour corps humain, qui peust ariver à Paris sans estre en leur danger, tant gardoient bien tous les pascaiges par terre et par eaue, et tellement à la Sainct Remy IIII^c xxx la buche estoit si chere que le cent de petis costeretz de Bondy ou de Boulongne-la-Petite coustoit xxIIII solz parisis forte monnoie, que on soulloit avoir pour VI ou pour VII solz, et le molle de buche x solz parisis, que on soulloit avoir pour VIII ou pour IX blans.

551. Item, en cellui an fut tres bel aost et tres belles vendenges, et furent les vertjus hastifs, car aussitost qu'ilz estoient entonnez, ils commençoient à boullir ou à gieter pour mieulx dire; et furent les vins tres bons, et en avoit on assez bon compte, car on avoit une pinte de bon vin pour tout homme d'onneur pour VI deniers parisis la pinte, aussi c'om l'avoit à Rouen pour VI blans, ce[1] tesmoignoient ceulx qui en bevoient[2] que tres bien cognoissoient que estoit bon vin.

[1431.]

552. Item, passa septembre, octobre, novembre, [decembre,] janvier jusques au penultime jour, qui estoit la feste Saincte Bauldour, que le duc de Bedfort, lequel on disoit le regent de France, vint à tres belle compaignie[3], car il amena avec lui bien cinquante six bateaux, et XII fonsses, tous chargez de biens de quoy corps de homme doit vivre, et ne les volt oncques laisser qu'il ne les veist touzjours, ou feist veoir, tant qu'ilz fussent à Paris. Et disoit tout le peuple que passé a IIII^c ans, ne vint si

---

1. Ms. de Rome : et.
2. Ms. de Paris : venoient.
3. Le duc de Bedford, venant de Rouen, rentra à Paris le mardi 30 janvier à quatre heures après midi, avec toute une cargaison de vivres et provisions destinés aux habitants de Paris, impatiemment attendue, si l'on en juge par la procession qui eut lieu à Notre-Dame le 12 janvier pour la préservation des biens arrivant par la Seine (Arch. nat., LL 216, fol. 231). Cette flottille, grâce à l'escorte du régent, arriva à bon port et fut amarrée entre Saint-Denis et Paris (*Ibid.*, X1a 1481, fol. 39 r°).

grant foison de biens pour une foys, et disoit on par maniere d'esbatement : « Le duc de Bedfort a amené par le plus fort temps pour estre en riviere qu'on vit oncques gueres faire. » Car le vent fut sans cesser bien trois sepmaines si tres cruel qu'on le vit oncques, et touzjours il plouvoit, et les eaues si tres parfaictement grandes, et les Arminalx qui de toutes pars mettoient grans embusches pour le destruire et sa compaignie, mais oncques ne l'oserent assaillir ; et si fu tesmoigné par les heraux qu'ilz estoient bien IIII contre ung, et disoit on pour ce que en ce fort temps et contremont l'eaue, que le duc de Bourgongne en feroit venir aval eaue du païs d'amont dans [1] telz temps, car il est regent de France, et verra on bien comment il besongnera bien, mais il sera avant après Pasques l'an mil CCCC XXXI, car à present il est trop embesongné pour sa femme qui a geu nouvellement d'un beau filx qui fut christianné le jour Sainct-Anthoine en janvier, mais il fut né le . . . . . jour du moys de . . . . .[2] ; et on dit communement que la premiere année du mariaige on doit complaire à l'espousée, et que ce sont tretoutes nopces, et pour celle cause n'a peu assez vacquer devant Compigne tant qu'il l'eust prinse. Ainsi disoit on du duc de Bourgongne, et pis assez, car ceulx de Paris especialment l'amoient tant comme on povoit amer prince ; et en verité il n'en tenoit compte s'ilz avoient faing ou soif, car tout se perdoit par sa negligence, aussi bien en son païs de Bourgongne comme entour Paris ; et pour ce disoient ilz ainsi, comme gens moult troublez pour ce que on ne gaignoit rien, car marchandise ne couroit point ; par ce mouroient les pouvres gens de faim et de pouvreté, dont ilz le maudisoient souvent et menu, moult doloreusement et à secret et en appert, comme desesperez et non creans qu'il tiengne jamais nulle chose qu'il promette.

553. Item, après la venue du regent, bien pou [de temps], encheri tant le blé à Paris que le sextier [de blé], qui ne valloit devant sa venue que XL solz parisis, ou XLII ou environ, valu ou

---

1. Ms. de Rome : deux.
2. Les dates sont restées en blanc dans les mss. de Rome et de Paris ; ce fils d'Isabelle de Portugal, qui reçut le nom d'Antoine, vit le jour à Bruxelles le 30 septembre 1430, mais il ne vécut qu'une année. Sa mort causa un vif chagrin au duc de Bourgogne, qui s'écria, rapporte Monstrelet (t. IV, p. 430) : « Pleust à Dieu que je fusse mort aussi josne, je me tenrois bien heurés. »

moys ensuivant LXXII solz ou v frans, tout mesalé, dont le pain appetissa tant [1] que le pain d'un blanc tres noir et tres mesalé ne pesoit gueres plus de XII onces, et en mangoit bien ungs laboureurs III ou quatre par jour; car pouvres gens n'avoient ne vin ne pitance, se non ung pou de noix et du pain et de l'eaue, car pois ne feves ne mangoient point, car ilz coustoient trop en achapt et plus en cuire, et pour ce s'apetissoit moult Paris de gens.

554. Item, en cellui mars, le regent fist faire aux pouvres gens de Paris certains gens d'armes dont trop furent grevez, mais à faire leur convint. Après on alla à Gournay [2] et fut prins, et après alla on à la tour de Montgay [3] et fut prinse par composicion le dix huitiesme jour de mars, et puis allerent devant Langny, et là firent par plusieurs foys grans assaulx, [mais] en la fin n'y orent point de honneur, car ceste malle œuvre se faisoit la sepmaine peneuse; mais ceulx de dedens eulx deffendirent si bien que pour certain fut gecté en la ville IIII^c et XII pierres de cannon en ung jour, qui ne firent oncques mal à personne que à ung seul coq qui en fut tué, dont fut grant merveille, que bel fut à ceulx du regent et de Paris de laisser leur siege et de s'en venir [4], et s'en vindrent la veuillie de Pasques qui furent cellui an le premier jour d'avril l'an mil CCCC XXXI; et disoit on par mocquerie qu'ilz estoient ainsi

---

1. L'autorité s'émut de ce renchérissement et prit les mesures nécessaires pour y porter remède; le prévôt de Paris ordonna aux officiers du Châtelet de se transporter chez les boulangers de Paris, tandis que le Parlement chargeait de son côté un boulanger de la rue Saint-Antoine, au four Saint-Éloy, de faire la « visitacion » du pain dans les boutiques des boulangers forains (Arch. nat., X^{1a} 1481, fol. 41 v°, 42 r°).

2. Dès l'année 1431, la garde de Gournay fut confiée à Thomas Kyriel, chevalier anglais, qui était encore pourvu de ce commandement en 1433 et 1434; lors de la campagne de 1449, qui se termina par l'expulsion des Anglais, Gournay avait pour capitaine Guillaume Carwan, lequel traita de la reddition de cette place (Arch. nat., JJ 175, fol. 41. — Listes de places fortes tenues par les Anglais dans Stevenson, *Wars of the English*, vol. II, part. II, pag. 544, 622).

3. La tour de Montjay était située au nord-ouest de Lagny, sur le territoire de Villevaudé (Seine-et-Marne). En 1419, un écuyer, du nom de Girard Rolin, qui commandait à Lagny, était en même temps capitaine de cette petite forteresse; c'est dans la grosse tour de Montjay que furent alors enfermés des gens de la garnison de Meaux faits prisonniers et mis à grosse rançon par le même Girard Rolin (Arch. nat., X^{1a} 63, fol. 409 r°).

4. « De laisser leur siege et de s'en venir » manque dans le ms. de Rome.

revenus pour eulx confesser et ordonner à Pasques en leurs parroisses.

555. Item, environ la my avril, pour la grant charté de tous vivres et pour les mauvaises gaignes qui pour lors à Paris estoient, à ung sabmedi, xiiiie jour dudit moys d'avril, la vigille de *Misericordia Domini*, fut nombré que par eaue que par terre se parti de Paris bien xii^c personnes sans les enfans, parce qu'ilz n'avoient de quoy vivre et qu'ilz perissoient de faim.

556. Item, le lundy ensuivant, se parti environ c hommes d'armes de Paris et allerent vers Chevreuse[1] à une [vieille] forte maison nommée Damiette[2], où avoit bien xl larrons dedens qui faisoient tous les maulx qui pevent estre fais; et furent prins et admenez à Paris le jeudy ensuivant, et furent par nombre tous acouppléz ensemble, xxix, tous jeunes hommes qui le plus vieil n'avoit point plus de xxxvi ans.

557. Item, le sabmedi ensuivant, furent pandus xiii au gibet de Paris, et deux quant on les print devant leur forteresse, et neuf qui eschapperent comme saiges.

558. Item, le xxiie jour d'avril l'an mil cccc xxxi, allerent les gens du regent, qui avoient esté à Damiette, à la Motte, et prindrent cent murdriers qui là estoient, dont en pandit vi audit lieu, et en admena à Paris tous, comme davant est dit, tous acouppléz et liez de cordes, le xxvie jour dudit moys, le nombre de iiii^{xx} [xiiii].

559. Item, le lundy ensuivant, derrain jour d'avril, on pandit au gibet de Paris des larrons qui estoient de la prinse de la Motte, xxxii.

560. Item, le vendredy ensuivant, [iiiie jour de may], des larrons qui à la Motte avoient esté prins on pandit au gibet de Paris xxx; ainsi furent panduz en ce lundy et vendredy lxii de ces larrons.

561. Item, le xxve jour de may, vendredy ensuivant, fut faicte une procession generalle à Nostre-Dame de Paris, et de là on alla aux Augustins. Là fut faicte une predicacion, en laquelle predicacion fut monstré et declaré le tres hault bien espirituel que pappe Martin, V^e de ce nom, avoit donné et octroié à la feste du Sainct Sacrement à tous loyaux chrestiens qui seroient en estat

---

1. A cette époque Chevreuse et Marcoussis avaient un capitaine commun, Gauvain le Roy, cité dans des lettres de rémission du 8 février 1432 (Arch. nat., JJ 175, fol. 28).

2. Damiette (Seine-et-Oise), commune de Saint-Remy-lez-Chevreuse.

d'avoir celui bien[1], c'est assavoir, vray confées et repentant ; vray fut que celui xxve jour fut le vendredy davant la Feste Dieu. Ce jour prescha ung maistre en theologie et devisa au peuple comment pappe Urbain, quart de ce nom, ordonna premierement à celebrer ladicte solempnité tout temps le jeudy premier après les octabes de Penthecoste, et les pardons qu'il y donna, c'est assavoir, aux premieres vespres, à matines, à la procession, à la grant messe, aux vespres du jour, pour chascune de ces quatre, c jours de leurs penitences enjoinctes.

562. Item, à ceulx qui seroient à prime, tierce, sexte, none, complie ledit jour, pour chascune heure xl jours, et pour ceulx qui seront aux dictes heures durans les octaves, pour chascun jour c jours de pardon.

563. Item, ladicte feste fut premierement [establie[2]] par Gilles l'Augustin[3] mil iiii^c xviii[4], en celui an, l'ordonna ledit pappe Urbain, iiiie de ce nom, et le jour Sainct Urbain fut faicte la predicacion.

564. Item, vray est que pappe Martin, le cinquiesme de ce nom, lequel trespassa l'an mil iiii^c xxx, donna et octroia à tous ceulx qui en estat de grace juneroient la vigile du Sainct Sacrement ou feroient autre penitance par le conseil de leur confesseur, pour ce que en icellui temps il fait chault et greve[5] moult à jeuner à aucunes gens, il donne — à chascun qui bonnement fera celui jour ladicte penitance — c jours de pardon ; et qui sera aux premieres vespres, à matines, à la messe, aux secondes vespres, à chascune heure ii^c jours de pardon ; et qui sera à toutes les autres heures du jour, pour chascune heure iiii^{xx} jours de pardon ; pour chascune heure des octabes, c'est assavoir, matines, messe et vespres, cent jours de pardon, et pour les autres heures, pour chascune quarante jours.

---

1. Ces indulgences pour la fête du Saint-Sacrement furent accordées par Martin V en vertu de bulles du 26 mai 1428.
2. Ce mot indispensable au sens n'est donné par aucun manuscrit.
3. Vraisemblablement Egidio Colonna, connu en France sous le nom de Gilles de Rome, général de l'ordre des Augustins et théologien éminent, auteur du *De regimine principum ;* ce personnage mourut en 1316.
4. Ms. de Paris : mil iiic xviii. — Cette date n'est pas plus exacte que celle de 1418 donnée par le ms. de Rome ; la fête du Saint-Sacrement fut instituée par le pape Urbain IV en 1264, dans la dernière année de son pontificat.
5. Ms. de Paris : gehenne.

565. Item, à tous prelatz qui ont dignité, qui seroient aucunement empeschez pour le bien de l'Eglise ou pour le bien commun, ou pour la foy, qui ne pevent estre au sainct service celui jour, ou les octabes, il leur octroie autel pardon, comme se ilz y estoient presens, car bonne voulenté est reputée pour le fait.

566. Item, à tous ceulx qui devottement et à jeun sans fabler, ne sans bouter l'un l'autre cent jours de pardon, [et pour tous ceulx qui ce jour recevront Nostre Seigneur cent jours de pardon.

567. Item, à tous prebstres, qui devottement celui jour et chascun jour des octabes celebreront en la reverence de la feste, pour chascun jour cent jours de vray pardon].

568. Item, se aucunes eglises sont entredictes par cas de hastif meschef, comme aucunes fois avient en aucunes terres, il octroie que celui jour et les octabes on puist celebrer es dictes terres ou eglises, à portes toutes ouvertes, sains sonnans, c'est assavoir, tous excommeniez et tous ceulx par qui l'entredict seroit seroient hors boutez de l'eglise et du service.

569. Item, à tous ceulx qui devottement envoieront ou porteront lumiere à convoier le precieux Sainct Sacrement le jour, ou quant on le porte à aucun malade par la ville, ou qui le convoiront allant et venant en devocion et reverance, pour chascune foys cent jours, et pour tous ceulx qui le feroient voulentiers et ne pevent, L jours de pardon.

570. Item, il ordonne que tous prelatz ou curez, de quelque estat qu'ilz soient, tous les ans d'ores en avant, le dimenche des octabes de la Penthecoste, ilz prononcent ou facent prononcer le dessusdit pardon aux bons chrestiens, à ce que par negligence ne les perdent.

571. Ainsi furent les dessusdiz pardons publiez, premierement en l'eglise de Sainct-Augustin, à Paris, le jour Sainct Urban pappe et martir, xxv° jour de juing mil IIII^c xxxi.

572. Item, la vigille du Sainct Sacrement en cellui an, qui fut le xxx° jour de may oudit an xxxi, dame Jehanne qui avoit esté prinse devant Compigne, que on nommoit la Pucelle, icellui jour fut fait ung preschement à Rouen, elle estant en ung eschauffaut que chascun la povoit veoir bien clerement, vestue en habit de homme, et là lui fut demonstré les grans maulx doloreux qui par elle estoient advenus en Chrestienté, especialment ou royaulme de France, comme chascun scet, et comment le jour de la Saincte

Nativité Nostre-Dame elle estoit venue assaillir la ville de Paris à feu et à sang, et plusieurs grans pechez enormes qu'elle avoit fait et fait faire, et comment à Senliz et ailleurs elle avoit fait ydolatrer le simple peuple, car par sa faulce ypocrisie ilz la suyvoient comme saincte pucelle, car elle leur donnoit à entendre que le glorieux archange saint Michel, saincte Katherine et saincte Marguerite et plusieurs autres sains et sainctes se apparoient à lui souvent et parloient [à lui], comme amy fait à l'autre, et non pas comme Dieu a fait aucunes fois à ses amis par revelacions, mais corporelment et bouche à bouche ou amy à autre.

573. Item, vray est qu'elle disoit estre aagée environ de xvii ans[1], sans avoir honte que maugré pere et mere et parens et amis, que souvent alloit à une belle fontaine ou païs de Louraine, laquelle elle nommoit Bonne Fontaine aux Fées Nostre-Seigneur, et en cellui lieu tous ceulx du païs, quant ilz avoient fievres, ilz alloient pour recouvrer garison. Et là alloit souvent ladicte Jehanne la Pucelle soubz ung grant arbre qui la fontaine ombreoit, et s'apparurent à lui saincte Katherine et saincte Marguerite, qui lui dirent qu'elle allast à ung cappitaine que ilz lui nommerent[2], laquelle y alla sans prendre congié à pere ne à mere; lequel cappitaine la vesti en guise de homme, et l'arma et lui sainct l'espée, et lui bailla ung escuier et iiii varletz, et en ce point fut montée sur ung bon cheval. Et en ce point vint au roy de France et lui dist que du commendement de Dieu[3] estoit venue à lui, et qu'elle le feroit estre le plus grant signeur du monde, et qu'il fust ordonné que tretous ceulx qui lui desobeiroient fussent occis sans mercy, et que sainct Michel et plusieurs anges lui avoient baillé une coronne moult riche pour lui, et si avoit une espée en terre aussi pour lui, mais elle ne lui baudroit tant que sa guerre fust faillie[4]. Et tous les jours chevaulchoit avec le roy, à grant foison de gens d'armes, sans aucune femme, vestue, atachée et armée en guise de homme, ung gros baston en sa main, et quant aucun de ses

---

1. M. Quicherat conjecturait, non sans raison, que l'âge de 27 ans assigné à la Pucelle par les éditeurs de notre chronique ne pouvait provenir que d'une erreur de transcription; les mss. de Rome et de Paris nous permettent de rétablir la vraie leçon, xvii ans, la seule qui soit conforme aux données historiques.
2. Robert de Baudricourt, capitaine de Vaucouleurs.
3. Ms. de Rome : de lui.
4. Ms. de Paris : Mais elle ne lui vaudroit tant qu'elle fust faillie.

gens mesprenoit, elle frappoit dessus de son baston grans coulz, en maniere de femme tres cruelle.

574. Item, dist que elle est certaine de estre (en) paradis en la fin de ses jours.

575. Item, dist que elle est toute certaine que ce est sainct Michel et saincte Katherine et saincte Marguerite qui à lui parlent souvent, et quant elle veult, et que bien souvent les a veuz avec couronnes d'or en leurs testes, et que tout ce qu'elle fait est du commandement de Dieu, et, plus fort, dit qu'elle scet grant partie des choses à advenir.

576. Item, plusieurs foys a prins le precieux sacrement de l'autel toute armée, vestue en guise de homme, les cheveulx rondiz, chapperon deschicqueté, gippon, chausses vermeilles atachées à foison aguillettes, dont aucuns grans signeurs et dames lui disoient en la reprenant de la derision de sa vesture, que ce estoit pou priser Nostre Seigneur de le recevoir en tel habit, femme qu'elle estoit, laquelle leur respondit promptement, car pour rien n'en feroit autrement et que mieulx aimeroit mourir que laisser l'abit de homme pour nulle defense, et que, se elle vouloit, elle feroit tonner et autres merveilles, et que une foys on (volt) lui faire [de son corps] desplaisir, mais elle sailly d'une haulte tour en bas sans soy blecier aucunement[1].

577. Item, en plusieurs lieux elle fist tuer hommes et femmes tant en bataille comme de vengence voluntaire, car qui n'obeissoit aux lettres qu'elle faisoit elle faisoit tantost mourir sans pitié quant elle en avoit povoir, et disoit et affermoit que elle ne faisoit nulle rien que par le commandement que Dieu lui mandoit tres souvent par l'archange sainct Michel, saincte Katherine et saincte Marguerite, lesquelx lui faisoient ce faire, et non pas comme Nostre Seigneur faisoit à Moyse au mont de Synaï, maîs proprement lui disoient des choses secretes à advenir, et qu'ilz lui avoient ordonné et ordonnoient toutes les choses qu'elle faisoit, fust en son habit ou autrement.

578. Telles faulces erreurs et pires avoit assez[2] dame Jehanne,

---

1. Allusion à la chute que fit Jeanne d'Arc en essayant de s'échapper du château de Beaurevoir en Cambresis, où elle avait été enfermée par Jean de Luxembourg; mais cette tentative d'évasion ne se rattache nullement aux obsessions dont l'héroïne aurait été l'objet durant sa captivité de la part d'un écuyer de Jean de Luxembourg, Aymon de Macy.

2. Ms. de Paris : celle dame.

et lesquelles lui furent toutes declairées devant [tout] le peuple, dont ilz orent moult grant orreur quant ilz ouirent raconter les grans erreurs qu'elle avoit eues contre nostre foy et avoit encore, car pour chose que on lui demonstrast ses grans maleficés et erreurs, elle ne s'en effroioyt ne esbahissoit, ains respondoit hardiement aux articles que on lui proposoit devant elle, comme celle qui estoit toute plaine de l'ennemy d'enfer; et bien y paru, car elle veoit les clercs de l'Université de Paris[1] qui si humblement la prioient qu'elle se repentist et revocast de celle malle erreur, et que tout luy seroit pardonné par penitance, ou, se non, elle seroit devant tout le peuple arse et son ame dampnée ou fons d'enfer, et lui fut monstré l'ordonnance et la place où le feu devoit estre fait pour l'ardoir bientost, se elle ne se revocquoit. Quant elle vit que c'estoit à certes, elle cria mercy et soy revocqua de bouche, et fut sa robe ostée et vestue en habit de femme, mais aussitost qu'elle se vit en tel estat, elle recommença son erreur comme devant, demandant son habit de homme. Et tantost elle fut de tous jugée à mourir, et fut liée à une estache qui estoit sur l'eschaffaut qui estoit fait de plastre, et le feu sus lui, et là fut bientost estainte et sa robbe toute arse, et puis fut le feu tiré ariere, et fut veue de tout le peuple toute nue et tous les secrez qui pevent estre ou doyvent [estre] en femme, pour oster les doubtes du peuple. Et quant ilz orent assez et à leur gré veue toute morte liée à l'estache, le bourel remist le feu grant sur sa pouvre charongne qui tantost fut toute comburée, et os et char mise en cendre. Assez avoit là et ailleurs qui disoient [qu'elle estoit martire et pour son droit signeur, autres disoient] que non et que mal avoit fait qui l'avoit tant gardée. Ainsi disoit le peuple[2],

---

1. Les clercs de l'Université de Paris dont veut parler l'auteur du Journal sont vraisemblablement Gérard Feuillet, Jacques de Touraine, Nicolas Midy, Maurice du Quesnoy et Guillaume le Boucher, tous docteurs et professeurs en la faculté de théologie de Paris, qui dans la séance du 18 avril adjurèrent Jeanne d'Arc de renoncer à ses erreurs et de se soumettre à l'Église (Quicherat, *Procès de Jeanne d'Arc*, t. I, p. 375).

2. Tout ce qui est de nature à nous éclairer sur les manifestations de l'opinion publique au moment où Jeanne d'Arc remplissait sa sublime mission mérite de fixer l'attention des érudits; aussi lira-t-on avec intérêt, croyons-nous, les propos tenus à Abbeville sur la Pucelle l'année même de sa mort, tels que nous les trouvons rapportés dans des lettres de rémission du 6 juillet 1432, lettres dont personne à notre connaissance n'a tiré parti. « Après que nos ennemis et adversaires, estant en leur compai-

mais quelle mauvestie ou bonté qu'elle eust faicte, elle fut arse celui jour.

579. Et celle sepmaine fut prins le plus mauvais et le plus tirant et le mains piteux de tous les cappitaines qui fussent de tous les Arminalx, et estoit nommé pour sa mauvestie La Hire; et fut prins par povres compaignons et fut mis ou chastel de Dourdan [1].

580. Item, le jour Sainct Martin le Boullant fut faicte une procession generalle à Sainct-Martin-des-Champs, et fist on une predicacion, et la fist ung frere de l'ordre sainct Dominique [2] qui estoit inquisiteur de la foy, maistre en theologie, et prononça de rechief tous les fais de Jehanne la Pucelle. Et disoit qu'elle avoit dit qu'elle estoit fille de tres pouvres gens, et que environ l'aage de XIIII ans elle s'estoit ainsi maintenue en guise de homme, et que son pere et sa mere l'eussent voulentiers faicte des lors mourir, s'ilz eussent peu sans blecer conscience, et pour ce se departy de eulx acompaignée de l'ennemy d'enfer, et depuis vesqui homicide de chrestienté, plaine de feu et de sanc, jusques à tant qu'elle fut

---

gnie la femme vulgaument nommée la Pucelle, furent venüs en nostre ville de Paris, un certain jour, lesd. supplians (deux habitants d'Abbeville) estans en la compaignie d'un nommé Colin Broyart devant et assez pres de l'ostel d'un mareschal nommé Guillaume du Pont en nostre ville d'Abbeville, entendirent que aucuns parloient des faiz et abusions de ladicte nommée vulgaument la Pucelle, et par especial un herault, auquel herault ledit Petit eust dit : *Bran ! bran ! et que chose que dist ne fist icele femme n'estoit que abusion*, et pareillement le dirent ledit Colin et autres dessusdiz, *et que à icele femme l'en ne devoit adjouster foy, et que ceulx qui en icele avoient creance estoient folz et sentoient la persinée*, ou paroles semblables en substance. » (Arch. nat., JJ 175, n° 125.)

1. Étienne de Vignolles, dit La Hire, en ce moment chargé de la défense de Louviers, fut fait prisonnier par les Bourguignons au sortir de cette place, mais sa captivité ne fut pas de longue durée, car il assista à la bataille dite du Berger livrée près de Beauvais vers le 12 août.

2. Jean Graverent, dominicain, docteur et professeur en théologie, succéda dans l'office de grand inquisiteur de France à Jacques Suzay, que cite du Boulay à l'année 1422 (*Hist. Univ.* t. V, p. 323); il s'abstint de prendre part au procès de Jeanne d'Arc et délégua ses pouvoirs à Jean Lemaître (Quicherat, *Procès de Jeanne d'Arc*, t. I, p. 2). Ce Jean Graverent était l'un des partisans déclarés de la cause anglaise à Paris, comme en témoigne la prestation de serment qu'il fit devant le Parlement le vendredi 26 août 1429, en qualité de prieur des Jacobins; il ne doit pas être confondu avec son homonyme, Jean Graverent, qui remplit les fonctions curiales dans l'église Saint-Christophe de la Cité, de 1437 à 1453, lequel n'était lors de son installation que maître ès-arts et bachelier en théologie (Arch. nat., LL 217, fol. 322; LL 220, fol. 427).

arse; et disoit qu'elle se fust revocquée, et que on lui ot baillé penitance, c'est assavoir, IIII ans en prinson à pain et à eaue, dont elle ne fist oncques jour, mais se faisoit servir en la prinson comme une dame, et l'ennemy s'apparu à lui lui IIIe, c'est assavoir, sainct Michel, saincte Katherine et saincte Marguerite, comme elle disoit, qui moult avoit [grant] paour qui ne la perdist, c'est assavoir, iceulx ennemy ou ennemiz en la fourme de ces III sains, et lui dist : « Meschante creature, qui pour paour de la mort[1] as laissé ton habit, n'aies paour, nous te garderons moult bien de tous. » Par quoy sans attendre se despouilla et se revestit de toutes ses robbes qu'elle vestoit quant elle chevauchoit, que boutées avoit ou feurre de son lict, et se fia en l'ennemy tellement qu'elle dist qu'elle se repantoit de ce que oncques avoit laissé son habit. Quant l'Université ou ceulx de par elle virent ce et qu'elle estoit ainsi obstinée, si fut livrée à la justice laie pour mourir. Quant elle se vit en ce point, elle appella les ennemys qui se apparoient à lui en guise de sains, mais oncques, puis qu'elle fut jugée, nul ne s'apparut à elle pour invocacion qu'elle sceust faire, adong s'avisa, mais ce fut trop tart. Encore dist il en son sermon qu'ilz estoient IIII, dont les III avoient esté prinses, c'est assavoir, ceste Pucelle, et Peronne et sa compaigne, et une qui est a'ec les Arminalx, nommée Katherine de la Rochelle[2], laquelle dit, que quant on sacre le precieulx corps Nostre Seigneur, que elle veoit merveilles du hault secret de Nostre Seigneur Dieu; et disoit que toutes ces quatre pouvres femmes frere Richart le cordelier, qui après lui avoit si grant suyte quant il prescha à Paris aux Innocens et ailleurs, les avoit toutes ainsi gouvernées, car il estoit leur beau pere, et que le jour de Noel en la ville de Jarguiau il bailla à ceste dame Jehanne la Pucelle trois foys le corps Nostre Seigneur, dont il estoit moult à reprandre, et l'avoit baillé à Peronne

---

1. « De la mort » manque dans le ms. de Rome.
2. Catherine de la Rochelle s'était rencontrée avec Jeanne d'Arc à Jargeau et à Montfaucon en Berry vers le mois de décembre 1429; après la prise de l'illustre héroïne, cette aventurière vint à Paris, y fut arrêtée et traduite devant l'official qui lui fit subir un interrogatoire; elle déposa contre Jeanne d'Arc, donnant à entendre qu'elle sortirait de prison par le secours du diable, si l'on ne faisait bonne garde. L'autorité ecclésiastique relâcha sa prisonnière, car au mois de juillet 1431 Catherine de la Rochelle se trouvait de nouveau dans les rangs des Armagnacs (Quicherat, *Procès de Jeanne d'Arc*, t. I, p. 100, 295; t. V, p. 473; Vallet de Viriville, *Procès de condamnation de Jeanne d'Arc*, préface, p. LXI-LXV).

celui jour deux foys, par le tesmoing de leur confession et d'aucuns qui presens furent aux heures qu'il leur bailla le precieux sacrement.

581. Item, cel année fut la Sainct Dominique au dimenche, et ce jour revint le regent à Paris, lequel avoit esté espié des Arminalx. Quant il cuida passer Mante, ilz le cuiderent prendre, mais comme bien advisé repassa la riviere et vint jour et nuyt, tant qu'il fut à Paris, et vint par la porte Sainct-Jacques le jour Sainct Dominique, et ses gens tindrent pié à leurs ennemis tant que de toutes pars en demoura plus que mestier ne fust. La nouvelle de ce courut jusques à ceulx de l'ost qui estoient devant Loviers, si laisserent II ou III cappitaines le siege à toutes leurs gens, qui cuidoient que le regent fust prins ; quant ilz sorent que non estoit, si se enhardirent et allerent jusques devant Beauvays et s'embuscherent, si fut dit à ceulx de la cité, si se hasterent d'yssir qui mieulx mieulx. Les gens du regent sorent leur maniere par leurs espies, si en yssi une partie qui se mirent entre la ville et les Arminalx, et les autres vindrent par devant et les assaillirent moult asprement[1], et eulx se deffendirent moult bien, mais quant ilz virent venir par darriere les autres, si cuiderent que plus fussent trop qu'ilz n'estoient. Si se desconfirent de eulx mesmes, et furent prins les plus gros cappitaines ou tuez, et entre les autres avoit ung meschant nommé Guillaume le Berger[2] qui faisoit les gens ydolatres en luy, et chevaulchoit de costé, et monstroit de foys en autres ses mains et ses piez et son costé, et estoient tachez de sanc comme sainct Françoys. Et fut prins ung cappitaine nommé Poton de Sainct-Traille, de moult grant renommée, et autres assez, et furent [menez] à Rouen.

---

1. Cette rencontre entre les Anglais commandés par les comtes de Warwick, d'Arondel, de Salisbury, de Suffolk, et les Français sous les ordres du maréchal de Boussac, de Poton de Saintrailles, de Louis de Waucourt et de La Hire eut lieu vers le 12 août entre Beauvais et Savignies; elle est connue dans l'histoire sous le nom de bataille du Berger (v. *Lefèvre de Saint-Remy*, édit. Buchon, c. CCXXII).

2. Guillaume de Mende, dit le Petit Berger, visionnaire idiot substitué à la Pucelle par Renaud de Chartres, archevêque de Reims, eut une piteuse odyssée : tombé au pouvoir des Anglais, conduit d'abord à Rouen, puis ramené à Paris pour être donné en spectacle lors de l'entrée du roi d'Angleterre, il finit par disparaître sans laisser de traces. Suivant un chroniqueur bourguignon, Lefèvre de Saint-Remy (édit. Buchon, p. 526), « le pauvre bregier fut gecté en la riviere de Seine » et noyé sans autre forme de procès.

582. Item, le jour de la my aoust mil iiii^c xxxi, cuisy ung boulenger en la rue Sainct-Honoré du pain bien largement de tres belle farine, et quant il fut cuit bien et bel, il fut de couleur de cendre, dont il fu si grant parler à Paris que le plus disoient que c'estoit signifiance de tres grant mal advenir, les autres disoient que c'estoit miracle, pour ce que cuit avoit esté le jour de l'Assumpcion Nostre Dame; brief, Paris estoit tout esbahi de ceste merveille, et n'y avoit celui qui n'en jugeast en aucune maniere. Et fut le boullenger prins et sa farine pareillement, et en fist le prevost de Paris cuire, et quant il fut cuit et ordonné le mieulx que faire se povoit, il fu trouvé autel que l'autre ou plus lait; si se conseilla la justice, et du blé veoir voldrent et ne virent point ou blé nulle deffaulte, si en firent mouldre et cuire de rechief, mais il fut autel comme devant est dit. Là avoit aucuns marchans qui blé congnoissoient, qui dirent que en aucun païs où ilz avoient esté avoient mengé de tel pain plusieurs foys, especialment en aucunes contrées de Bourgongne, et est tres bon et savoureux à menger, et advient par une herbe qui croist avec le blé souvent, que on nomme la roivolle, et vray estoit; mais le peuple de Paris ne s'en povoit appaisier, et n'estoit pas filx de bonne mere qui n'avoit ung morsel de ce pain pour monstrer l'un à l'autre pour la coulleur.

583. Item, en octobre ensuivant, le xxve jour, se partirent de la ville de Louviers, qui bien l'avoient tenue cinq moys ou environ contre les Anglois[1]; et fu par composicion qu'ilz emporterent tout ce qu'ilz porent emporter, et si orent grant finance avec, et encore estoit en la composicion que les Angloys ne devoient à tous les habitans de la ville reproucher ne faire aucun grief par pillaige ou autrement; mais de ce se parjurerent, car aussitost que la garnison fut yssue, ilz firent tout le contraire de ce qu'ilz avoient promis, et si firent abatre les murs de tout entour; quant ilz orent fait leur voulenté, qui ne fu gueres à leur honneur, ilz allerent à Rouen, c'est assavoir, les plus grans pour eulx aisier. Et disoit on qu'il vendroit tant de buche, mais que la ville de

---

1. Le recouvrement de Louviers tenait tellement à cœur aux Anglais qu'ils n'épargnèrent aucun sacrifice pour se rendre maîtres de cette place; trois jours après la mort de Jeanne d'Arc, c'est-à-dire le 3 juin 1431, le roi d'Angleterre, par un mandement à l'adresse de Thomas Blount, ordonnait la dépense d'engins de guerre destinés au siège de Louviers (Arch. nat., K 63, n° 13 15).

Louviers fut delivrée, que chascun en vauldroit mieulx; mais tantost après, environ huit jours, elle enchery de [tournois] à Paris, ou plus. Et disoient les gouverneurs et faisoient dire de jour en jour que le duc de Bourgongne venoit à Paris, et que pour vray il admenoit avec lui ung legat du pappe, et que eulx deux devoient mettre bonne paix entre Charles qui se disoit roy de France [et Henry qui se disoit roy de France] et d'Angleterre, mais cela n'estoit que pour appaisier le peuple qui moult estoit en grant oppression; car, en verité, le duc de Bourgongne ne tenoit compte de tous ceulx de Paris ne du royaume en rien qui soit, et pour ce vint Henry à Paris bien acompaigné, et y fut sacré et couronné.

584. Item, le jour Sainct André, darrain jour de novembre, vint gesir Henry, aagé de ix ans ou environ, en l'abbaïe de Sainct-Denis en France, à ung vendredy, lequel se nommoit roy de France et d'Angleterre.

585. Item, le dimenche ensuivant, premier jour des Advens, vint ledit roy à Paris par la porte Sainct-Denis, laquelle porte devers les champs avoit les armes de la ville, c'est assavoir, ung escu si grant qu'il couvroit toute la maçonnerie de la porte, et estoit à moitié de rouge et le dessus d'azur semé de fleurs de lis, et au travers de l'escu avoit une neuf d'argent, grande comme pour trois hommes.

586. Item, à l'entrée de la ville par dedens estoit le prevost des marchans et les eschevins, tous rangés et vestuz[1] de vermeil, chascun ung chappel en sa teste, et aussi tost que le roy entra dedens la ville ilz lui mirent ung grant ciel d'azur sur la teste, semé de fleurs de lis d'or, et le porterent sur lui les iiii eschevins[2] tout en la fourme et maniere c'om fait à Nostre Seigneur à la Feste-Dieu, et plus, car chascun crioit: Nouel! par où il passoit.

587. Item, devant lui avoit les ix preux et les ix preues dames, et après foison chevaliers et escuiers, et entre les autres estoit Guillaume qui se disoit le Berger, qui avoit monstré ses plaies comme sainct Françoys, dont devant est parlé, mais il ne povoit

---

1. Ms. de Rome : tous rouges et tous vestuz.
2. Les quatre échevins en exercice au mois de décembre 1431 étaient Marcel Testart et Guillaume de Troyes nommés le 30 juillet 1430 au lieu et place d'Imbert des Champs et de Nicolas de Neufville, Robert Climent, changeur, et Henri Aufray qui avaient succédé le 1ᵉʳ septembre 1431 à Jean de Dampierre et à Raymond Marc (Arch. nat., KK 1009, fol. 3, 4).

avoir joie, car il estoit fort lié de bonnes cordes comme ung larron.

588. Item, après devant le roy avoit quatre evesques, celui de Paris [1], le chancelier [2], celui de Noyon [3] et ung d'Angleterre [4], et après estoit le cardinal de Vincestre.

589. Item, encore devant le roy y avoit xxv heraux et xxv trompettes, et en ce point vint à Paris et regarda moult les serainnes du Ponceau Sainct-Denis, car là avoit trois serainnes moult bien ordonnées, et ou milieu avoit ung lis qui par ses fleurs et boutons gectoit vin et lait, et là buvoit qui vouloit ou qui povoit, et dessus avoit ung petit bois où il avoit hommes sauvages qui faisoient esbatemens en plusieurs manieres, et jouoient des escus moult joieusement que chascun veoit tres voulentiers. Après s'en vint devant la Trinité [5] où il avoit sus eschaffaut le mistere depuis la Concepcion Nostre Dame jusques que Joseph la mena en Egipte pour le roy Herode qui fist decoller ou tuer vii^{xx} iiii milliers d'enfans masles; tout cela estoit ou mistere, et duroient les eschauffaux depuis ung pou par delà Sainct-Sauveur [6] jusques au bout de la rue Dernetal [7] où il a une fontaine que on dit la Fontaine de la Royne.

590. Item, de là vint à la porte Sainct-Denis où on fist la

---

1. Jacques du Châtelier, évêque de Paris depuis 1427.

2. Louis de Luxembourg, évêque de Thérouanne, chancelier de France pour les Anglais.

3. Jean de Mailly, évêque de Noyon, doyen de Saint-Germain-l'Auxerrois, qui assista au procès et au supplice de Jeanne d'Arc, remplit successivement les charges de conseiller au Parlement (1411), de maître des requêtes de l'hôtel (1418) et de président en la Chambre des comptes (1424).

4. Probablement l'évêque de Norwick, alors Guillaume Alnewick (1426-1436). Parmi les personnages de distinction que nomme Monstrelet dans sa relation de l'entrée du jeune roi anglais figure l'évêque de Nyorc; il nous paraît difficile d'admettre un autre nom que celui de l'évêque de Norwich, constamment attaché à la personne du roi, comme en font foi les lettres concernant la régence du duc de Bedford, données à Rouen le 12 octobre 1431 « à la relacion du grant conseil, ouquel estoient mons^r le cardinal d'Angleterre, les evesques de Beauvais, de Noyon et de Norwich » (Arch. nat., X^{1a} 8605, fol. 20 v°, 21).

5. La Trinité, hôpital situé rue Sainct-Denis, en face de Saint-Sauveur.

6. L'église de Saint-Sauveur, au coin de la rue de ce nom et de la rue Saint-Denis.

7. C'est dans la rue Darnetal, aujourd'hui Gréneta, conduisant de la rue Saint-Denis à la rue Saint-Martin, que se trouvait l'entrée principale de l'hôpital de la Trinité.

decolacion du glorieux martir mons' sainct Denis, et à l'entrée de la porte les eschevins laisserent le ciel qu'ilz portoient, et le prindrent les drappiers et le porterent jusques aux Innocens; et là fut fait une chace d'un cerf tout vif, qui fut moult plaisant à veoir.

591. Item, là laisserent les drappiers le ciel et le prindrent les espiciers jusques devant le Chastellet, où avoit moult bel mistere, car là avoit droit encontre le Chastellet à venir de front le lit de justice. Là avoit ung enfant du grant [du] roy et de son aage, vestu en estat royal, housse vermeille et chapperon fourré, deux couronnes pendans, qui estoient tres riches à veoir à ung chascun, sur sa teste, à son costé dextre estoit tout le sanc de France, c'est assavoir, tous les grans signeurs de France, comme Anjou, Berry, Bourgongne, etc., et ung pou loing de eulx estoient les clercs et après les bourgoys, et à senestre estoient tous les grans signeurs d'Angleterre, qui tous faisoient maniere de donner conseil au jeune roy, bon et loyal, et chascun avoit vestu sa cotte de ses armes, et estoient iceulx de bonnes gens qui ce faisoient. Et là laisserent les espiciers le ciel, et le prindrent les changeurs et le porterent jusques au palays royal, et là baisa les sainctes reliques, et puis se parti; et là prindrent le ciel les orfevres et le porterent parmy la rue de Kalende et parmy la Vieille Jurie[1] jusques davant Sainct-Denis de la Chartre, et n'ala point à Nostre-Dame celle journée. Quant ce vint devant Sainct-Denis de la Chartre, les orfevres laisserent le ciel, et le prindrent les merciers qui le porterent jusques à l'ostel d'Anjou, et là le prindrent les peletiers qui le porterent jusques devant Sainct-Anthoine le Petit[2], et après le prindrent les bouchers qui le porterent jusques à l'ostel des Tournelles. Quant ilz furent devant l'ostel de Sainct-Paul, la royne de France, Ysabel, femme de feu le roy Charles VI° de ce nom, estoit aux fenestres, avec elle dames et damoiselles; quant elle vit le jeune roy Henry, filx de sa fille, à l'endroit d'elle, il osta tantost son chapperon et la salua, et tantost elle s'enclina vers luy moult humblement et se tourna d'autre part plorant. Et là prindrent les sergens d'armes le ciel, car c'est leur droit, et fut baillé au prieur de Saincte-Katherine dont ilz sont fondeurs.

---

1. La rue de la Juiverie constituait la partie centrale de la rue de la Cité; elle continuait la rue du Marché-Palu et aboutissait à la rue de la Lanterne où se voyait l'église Saint-Denis de la Chartre.

2. L'hôpital de Saint-Antoine le Petit était situé entre la rue Saint-Antoine et celle du Roi-de-Sicile.

592. Item, le xvi° jour de decembre[1], à ung dimenche, vint ledit roy Henry du pallays royal à Nostre-Dame de Paris[2], c'est assavoir, à pié bien matin, acompaigné des processions de la bonne ville de Paris qui tous moult chantoient melodieusement. Et en ladicte eglise avoit ung eschaffaut qui avoit bien de long et de large (sic), et montoit sus à bien grans degrez larges que dix hommes et plus y povoient monter de front, et quant on estoit dessus, on povoit aller par dessoubz le cruxifi autant dedens le cueur comme on avoit fait par dehors, et estoit tout paint et couvert d'azur les degrés, et tout semé de fleurs de lis; et par là monta lui et sa compaignie et descendit dedens le cueur, et là fut sacré de la main du cardinal de Vincestre.

593. Item, après son sacre vint au Palais disner lui et sa compaignie[3] et digna en la grant salle à la grant table de marbre, et tout le remenant parmy la salle çà et là, car il n'y avoit nulle ordonnance, car le commun de Paris y estoit entré dès le matin, les ungs pour veoir, les autres pour gourmander, les autres pour piller ou pour desrober viandes ou autre chose; car icellui jour à icelle assemblée furent emblez en la presse plus de xl chapperons, et coppés[4] mordans de saintures grant nombre; car si grant presse y ot pour le sacre du roy, que l'Université, ne le Parlement, ne le prevost des marchans, ne eschevins n'osoient entreprendre de monter à mont pour le peuple, dont il y avoit tres grant nombre. Et vray est que ilz cuiderent monter devant ii ou iii foys à mont, mais le commun les reboutoit arriere si fierement, que par plu-

---

1. Le ms. de Rome porte « octobre », mais le mot « decembre » a été restitué en marge.
2. Le chapitre de Notre-Dame n'eut pas trop à se louer des procédés de l'entourage du roi d'Angleterre; non seulement les officiers royaux s'adjugèrent, au dire de Monstrelet (t. V, p. 5), le pot d'argent doré qui avait contenu le vin de la messe, mais ils réclamèrent encore l'étoffe suspendue au-dessus du trône. Ils poussèrent si loin leurs exigences qu'une députation de chanoines dut se rendre au Palais, où se tenait le conseil, et représenter au cardinal d'Angleterre et au chancelier tout le tort que l'on causait à l'église. En fin de compte, le plus clair bénéfice que le chapitre retira de cette dispendieuse cérémonie fut l'offrande d'un noble d'or faite aux reliques de Notre-Dame par le jeune roi (Arch. nat., LL 216, fol. 269).
3. Entre autres personnages présents à ce diner de gala, Monstrelet (t. V, p. 5) mentionne le cardinal de Winchester, le fameux Pierre Cauchon, Jean de Mailly, évêque de Noyon, les comtes de Stafford, de Mortain et de Salisbury.
4. Ms. de Paris : chapperons et cappes.

sieurs foys leur convenoit trebucher l'un sur l'autre, voire iiii^{xx} ou cent à une foys, et là besongnoient les larrons. Quant tout fut escoulé le commun, ilz monterent après, et quant ilz furent en la salle, tout estoit si plain, que à peine trouverent ilz où ilz se peussent asseoir; neantmoins s'assirent ilz aux tables qui pour eulx ordonnées estoient, mais ce fu avec saveticrs, moustardiers, lieux ou vendeurs de vin de buffet, aides à maçons, que on cuida faire lever, mais quant on en faisoit lever ung ou deux, il s'en asseoit vi ou viii d'autre costé.

594. Item, ilz furent si mal servis que personne nulle ne s'en louoit, car le plus de la viande, especialment pour le commun, estoit cuide des le jeudi de devant, qui moult sembloit estrange chose aux Françoys, car les Anglois estoient chefz de la besongne, et ne leur challoit quelle honneur il y eust, mais qu'ilz en fussent delivrez; et vraiement oncques personne ne s'en loua, mesmement les malades de l'Ostel Dieu disoient que oncques si pouvre ne si nu relief de tout bien ilz ne virent à Paris.

595. Item, le jour Sainct Thomas l'Apostre ensuivant, à ung vendredy, fut dicte une messe solempnelle en la grant salle du Palays, le roy estant en estat royal, tout le Parlement en estat, c'est assavoir, à chapperons fourez et manteaulx, et après la messe lui firent plusieurs demandes raisonnables, lesquelles il leur octroia, et aussi firent certains seremens qui leur furent demandés, qui sont selon Dieu et verité, car autrement ne voldrent ilz[1].

---

[1]. Dans le compte-rendu de la séance tenue le vendredi 21 décembre, Clément de Fauquembergue ne dit mot de la requête adressée au roi d'Angleterre par le Parlement, mais on devine sans peine que ces demandes durent porter sur l'éternelle question des gages de la Cour, « dont estoient deubz arrerages de deux ans et demi » et au sujet desquels Richard Chaucey et Jacques Branlart, envoyés à Rouen au mois de juillet 1431, n'avaient pu obtenir qu'une réponse évasive. Quant au serment dont parle l'auteur du Journal, il fut exigé de tous les assistants, « conseillers, officiers, subgiez et habitans de Paris » dans les termes suivants (Arch. nat., X^{1a} 4796, fol. 294 v°; X^{1a} 1481, fol. 48 r°) : « Vous jurez et promettez que à nostre souverain segneur, Henry, par la grace de Dieu roy de France et d'Angleterre, cy present, vous obeirez diligemment et loyalment, et serez ses loiaulz officiers et vrais subgiez de ses hoirs perpetuelment, comme vray roy de France, et que jamais à nul autre pour roy de France ne obeirez ou favoriserez; item, que vous ne serez en aide, conseil ou consentement que nostredit souverain segneur ne ses hoirs de France et d'Angleterre perdent la vie ou membre, ou soient pris de mauvaise prise, ou qu'ilz seuffrent dommage ou diminucion en leurs personnes de leurs estas, segnouries ou

596. Item, vray est que ledit roy ne fut à Paris que jusques à l'endemain de Noel. Ilz firent unes petites joustes l'endemain de son sacre[1]; mais, pour certain, maintes foys on a veu à Paris enfans de bourgoys, que quant ilz se marioient, tous mestiers, comme orfebvres, orbateurs, brief gens de tous joieux mestiers en amendoient plus que ilz n'ont fait du sacre du roy et de ses joustes et de tous ses Angloys, mais espoir c'est pour ce que on ne les entend point [parler et que ilz ne nous entendent point]; je m'en rapporte à ce qui en est, car pour ce qu'il faisoit trop grant froit en celui temps et que les jours estoient cours, ilz firent ainsi pou de largesse.

597. Item, vray est que l'endemain de Noel, jour Sainct Estienne, le roy se departy de Paris sans faire aucuns biens à quoy on s'atendoit, comme delivrer prinsonniers, de faire cheoir malles toutes, comme imposicions, gabelles, quatriesmes et telles mauvaises coustumes qui sont contre loy et droit, mais oncques personnes, ne à secret ne en appert, on n'en ouy louer. Et si ne fist on oncques à Paris autant de honneur à roy, comme on lui fist à sa venue et à son sacre, voire veu le pou de peuple, les males gaignes, le cueur d'yver, la grant charté de vivres, especialment de boys; car ung meschant fagot de bois tout vert valloit touzjours IIII deniers ou VI tournois; et vray est qu'il faisoit si fort yver qu'il n'estoit sepmaine qu'il ne gelast tres fort deux ou trois jours, ou il negeoit jour et nuyt, et avecques touzjours il plouvoit, et si commença dès la Toussains.

---

biens quelconques, mais se vous savez ou congnoissiez aucune chose estre faicte, pourpensée ou machinée, qui leur puist porter dommage ou prejudice, ou à leurs adversaires prouffit, aide ou confort ou faveur, comment que ce soit, vous l'empescherez en tant que vous pourrez et saurez, et pour vous mesmes par messages ou lettres le ferez savoir ausdiz rois ou à leurs principaulx officiers ou autres leurs gens et bien vueillans, ausquelz pourrez avoir accès, tout le plustost qu'il vous sera possible, sans dissimulacion aucune, et entenderez et vous emploierez de tous voz povoirs à la garde, tuicion et defense de sa bonne ville de Paris. » Après la publication de ce serment le roi dit en anglais et fit répondre par le comte de Warwick qu'il « garderoit et maintendroit » le Parlement.

1. Les vainqueurs de ce tournoi, qui eut lieu en l'hôtel de Saint-Paul, furent du côté des Anglais le comte d'Arondel et du côté des Français le bâtard de Saint-Pol (Monstrelet, t. V, p. 6).

[1432.]

598. Et le xiiie jour de janvier, après l'allée du roy proprement, gela si asprement xvii jours ensuivans que [Saine], qui estoit tres grande, comme jusques dedans la Mortelerie, fut toute prinse de la gelée jusques à Corbeil, et si print en une maniere de admiracion, car le lundy dont elle print, le mardy tout le jour il pleut et toute nuyt, et cessa ung pou devant le jour et faisoit chault, et au point du jour celuy mardy, aussitost que la pluie fut cessée, celle tres mauvaise [et forte] gellée commença qui dura, comme davant est dit, xvii jours. Et, après celle gelée que la riviere estoit ainsi prinse, le jour Sainct Paul il commença à degeler tant doulcement et de nuit et de jour, que la riviere fut toute degelée par pieces, sans faire quelque mal à pons ne à moulins, avant qu'il fust vi jours après. Et si disoient les mariniers qu'elle avoit plus de deux piez de espais, et bien y apparoit, car on alloit par dessus, on y charpantoit piex pour mettre au devant des moulins pour rompre la glace au degel, on y levoit engins pour frapper les piex, mais oncques ne s'en desmantoit. Et pour vray, par la grace de Nostre Seigneur, elle fut ainsi doulcement desgellée, comme dit est, mais moult grant dommaige fist, car il avoit grant foison vins, blez, lars, œufs, fromaiges qui estoient arivez à Mante pour venir à Paris, mais tout ou bien pres fut perdu pour les marchans, car moult avoit pleu devant, qui tout empira pour la longueur du temps, et si leur coustoit tant en garde que autres frais qu'ilz perdirent presque tout.

599. Item, en cellui temps, costoit bien ung meschant cousteret de vieulx chevrons v deniers ou vi, car autre boys n'y avoit, et pour ce le regent abandonna le boys des bruyeres aux bonnes gens, qui secouru ung pou Paris.

600. Item, le xxe jour de fevrier l'an mil cccc xxxi, ariva le cardinal de Saincte-Croix de Jherusalem[1], legat du pape, pour

---

1. Nicolas Albergati, prieur des Chartreux à Florence, devint évêque de Bologne en 1417, légat du saint siège en 1422, cardinal du titre de Sainte-Croix en 1426; il remplit plusieurs missions importantes et joua un rôle considérable dans les négociations du traité d'Arras. Le jour même de son arrivée à Paris, mercredi 20 février, il se rendit à Notre-Dame, et, après cette visite obligée, il vint loger en l'hôtel d'un drapier bien connu, Martin de Neauville, sis rue Saint-Antoine, pendant que ses gens et chevaux prenaient leur gîte dans les hôtelleries voisines (Arch. nat., X1a 1481, fol. 50 v°).

faire paix entre les deux roys, dont l'un estoit nommé Charles de Valoys et se disoit par droicte ligne estre roy de France, et l'autre estoit nommé Henry, lequel se disoit roy d'Angleterre par succession de ligne, et de France par le conquest de son feu pere; lequel legat en fist tres grandement son devoir, que tous deux luy promistrent qu'ilz s'en soubmettroient du tout sur ce qui ordonné en seroit au grant concille qui devoit estre celle année à Balle en Allemaigne[1]; après qu'il ot ouy leurs responces, il s'en parti de Paris[2] et alla aux autres signeurs chrestiens partout.

601. Item, le moys de[3] mars ensuivant, furent les eaues si grandes, car en Greve à Paris elles estoient devant l'Ostel de la Ville, en la place Maubert jusques à la moictié du marché au pain, et tous les marays depuis la porte Sainct-Martin jusques à my voye de la porte Sainct-Anthoine tous plains jusques à VIII jours du moys d'avril; ne depuis Noel jusques après Pasques de l'an XXXII, qui furent le XX° jour d'avril, on ne menga point de verdure, car pour faire une escuelle[4] coustoit ung blanc sans l'apareil; et bohnes feves coustoient XII blans le boessel; pois XIIII ou XV.

602. Item, la premiere sepmaine de mars, vindrent les Arminalx cuider prendre Rouen[5] et furent bien VII ou VIII^XX qui firent tant, par l'aide que on leur fist, que par eschelles ilz gaingnerent la plus grosse tour du chastel; mais ceulx de la ville le sceurent tantost, si garderent tres bien le remenant du chastel qu'il n'y en pot plus entrer, ne ilz n'en porent yssir. Si furent si esbahiz qu'il

---

1. Le concile général pour l'extinction du schisme et la réformation de l'Église s'ouvrit à Bâle le 15 décembre 1431 et tint ses séances jusqu'au 16 mai 1443.

2. Le cardinal de Sainte-Croix ne fit pas long séjour à Paris, car le 26 mars le duc de Bedford, accompagné du chancelier et de plusieurs membres du Parlement, vint trouver le cardinal à Corbeil pour y tenir une conférence au sujet des conditions de la paix projetée (Arch. nat., XI^a 1481, fol. 53 v°).

3. « Moys de » manque dans le ms. de Rome.

4. Ms. de Paris : « une escuellée, » avec un mot laissé en blanc.

5. La surprise du château de Rouen dirigée par Guillaume de Ricarville, de connivence avec un « écheleur » béarnais, Pierre de Biou, eut lieu le 3 février 1432. Malgré un heureux début, le défaut d'entente fit échouer cet audacieux coup de main; les Anglais joints aux habitants de Rouen, après un siège en règle qui dura douze jours, recouvrèrent la grosse tour du château restée au pouvoir des assaillants (Cf. Monstrelet, t. V, p. 12; Vallet de Viriville, *Histoire de Charles VII*, t. II, p. 289-290).

convint qu'ilz se rendissent à la voulenté de ceulx de la ville, et le xvi⁰ et xvii⁰ jour dudit moys de mars on en fit mourir c et xiiii, sans ceulx qui furent à rançon ou noiez.

603. Item, touzjours geloit ou gresloit, ou il faisoit trop grant froit oultre mesure, car le sabmedi v⁰ jour d'avril l'an mil cccc xxxi gresla et nega toute jour. Et le dimenche ensuivant, que on dit le dimenche perdu, gela si fort et si asprement que entre mynuit et le point du jour que tous les bourgons et fleurs d'arbres qui estoient dehors yssues, et tous les noyers, tout fut ars et bruy de la gelée.

604. Item, le sabmedi ensuivant, vigille de Pasques flouries, fut prinse la ville de Chartres par grant traïson[1], car il y repparoit ung homme d'Orleans qui moult sembloit estre bon marchant, et pour ce avoit il sauf conduit d'aller et venir à Chartres, et ja estoit congneu par toute la ville comme le meilleur bourgoys qui y feust. En celui temps avoit en la cité grant faulte de sel, si leur dist qu'il leur en ameneroit x ou xii charrettées à ung jour qu'il leur dist, si s'y acorderent; si vint la vigille de Pasques fleuries, à toutes les charrettes, en chascune deux grans queues, en chascune avoit deux hommes bien armez, et à chascune deux hommes d'armes comme charretiers vestus de roques, guietres en leurs jambes, ung fouait chascun en leur main, et si avoient celle nuyt fait bien iii^m hommes d'armes embuschez es villaiges d'entour, et gardoient les chemins que nul ne le peust faire savoir à ceulx de la cité. Quant ilz furent ainsi ordonnez, si se mirent au chemin lesdiz charretiers et vindrent à la porte[2], le traictour appella les portiers qu'ilz lui ouvrissent tantost la porte, car il leur amenoit, comme il leur dist, grant foison sel et des alloses. Si ilz convoicterent la vitaille et l'allerent dire au cappitaine[3], lequel vint tost et vit le traistre; si ne s'en deffia point, pour ce

---

1. C'est par l'entremise de deux marchands de Chartres, nommés l'un Jean Ansel ou G. le Sueur, l'autre Guillaume Bouffineau ou le Petit Guillemin, et grâce au stratagème imaginé par eux que les Français enlevèrent cette place au parti anglo-bourguignon. (Cf. Vallet de Viriville, *Histoire de Charles VII*, t. II, p. 292). Lorsque Chartres fut tombé au pouvoir de Charles VII, Thibaud de Charmes, issu de la maison d'Armagnac, qui, paraît-il, avait « esté cause principal de la reduire », en fut nommé bailli et capitaine et conserva la garde de cette ville (Arch. nat., Z1a 12, fol. 19 v°).

2. Il s'agit de la porte Saint-Michel, dans la direction de Blois.

3. Suivant Monstrelet (t. V, p. 24), le capitaine de la garnison de Chartres était alors un certain Guillaume de Villeneuve qui réussit à s'échapper.

que souvent repairoit avec eulx, et lui fist ouvrir la porte, et lui donna ung pannier d'allouses le traistre pour [plus] l'abuser. Quant ilz orent mis deux ou iii de leurs charrettes dedans, ilz en arresterent une sus le pont [leveys, et tuerent le limonnier, et fut le pont] arresté, lors yssirent ceulx qui estoient dedans les queues à toutes grosses haches, et tuerent les portiers; et tantost l'embusche vint, acourant qui mieulx mieulx, et entrerent en la ville à force, et gaignerent les portes et la ville, car si matin estoit que les gens estoient encores en leurs lictz. L'evesque[1] s'arma quant il ouy dire la chose, et vint contre eulx atout ung pou de gent, mais ce ne luy valu rien, car il fut tué, et de ses gens et la plus grant partie des bourgoys prins et mis en diverses prinsons; ainsi les trahy le faulx traistre, et disoit on qu'il en devoit avoir iiii mil salus d'or. Pour celle prinse de Chartres enchéry moult le pain[2] à Paris, car moult de bien[3] en venoit avant la prinse.

605. Item, avec ce faisoit si grant froit tous les jours et ung vent si grant que tant pou de fruict qui estoit demouré sur les arbres fut [tout] abatu par le vent qui tant estoit fort et froit; et avec ce geloit tous les matins tres fort, et dura celle tres grant froidure jusques après la Translacion de Sainct Nicolas en may. Et vrayement on n'eust pas trouvé en cent almandiers L almandes, ne prunes, ne quelque fruict, que tout ne fust tout rompu du vent ou gasté, ne des noiers n'eust on trouvé une toute seulle noix de la grant froidure qu'il faisoit tous les matins. Ne en cellui temps n'estoit encore aussi comme point de verdure, et ce qui en estoit, si n'estoit ce que vieille porée qui avoit regecté, et vraiement ii ou iii personnes en eussent bien mangé pour ung blanc, ou de choulx; et si estoient frommaiges tant chers que ung bien petit qui estoit tout pissant coustoit iii ou iiii blans, et n'avoit on que v œufs pour ii blans.

606. Item, le premier jour de may iiiic xxxii, fut fait le signeur de l'Isle-Adam mareschal de France[4], et celle sepmaine on alla

---

1. Jean de Fetigny, bourguignon de cœur et d'origine, évêque de Chartres depuis 1419, périt de la main du bâtard d'Orléans.
2. Ms. de Rome : de bien.
3. Ms. de Rome : moult de bon.
4. Jean de Villiers, seigneur de l'Isle-Adam, tombé en disgrâce et dépossédé de sa charge de maréchal de France le 12 janvier 1421, y fut réintégré par le duc de Bedford le 2 mai 1432; le samedi 3 mai, il présenta au Parlement ses nouvelles lettres de provision et prêta le serment accou-

assegier Langny; et pour ce que prevost de Paris estoit et saiges homs, il fu ordonné à garder vers Chartres, et la cuida reprendre par l'aide de aucuns qui dedens estoient, mais on advisa leurs voulentez, dont ilz furent mors honteusement, et failly le prevost à son intencion par celle cause.

607. Item, la premiere sepmaine de juing ensuivant, fut fait Gilles de Clamecy, chevalier, garde ou commis de la prevosté de Paris, tant que l'autre fust revenu.

608. Item, celle sepmaine mesmes, cuiderent livrer aux Arminalx aucuns de Pontoise et aucuns Anglois avec eulx aliez la ville de Pontoise, mais ilz furent apperceuz et prins, et recongnurent que leur voulenté estoit de tout tuer, hommes et femmes et enfens, pour quoy ilz furent mors honteusement, et leur lignaige [à hontaige], et femmes et enfans mis à pouvreté. En celui temps n'estoit nouvelle du duc de Bourgongne.

609. Item, en celui an, le jour Sainct Jehan Baptiste, fist une fortune de temps si grande de tonnoirre et de fouldre, laquelle fist moult de maulx en plusieurs lieux, et par especial à Victry, car le clocher qui estoit de pierre fut abatu et fouldroié, et au cheoir rompit la couverture et puis les voultes, qui cheurent dedens le moustier, et affollerent moult de creatures et en tuerent cinq tous mors, qui estoient venus pour ouyr les vespres du jour. Et le jour Sainct Pere et Sainct Paul ensuivant, gresla si terriblement qu'il fut trouvé gresle qui avoit xvi poulces de tour, l'autre comme billes à biller, de plus menue et de plus grosse, et fut vers Langny et Meaulx.

610. Item, le xxiiie jour de juillet, fut mis hors de la prevosté des marchans Guillaume Sanguin, et y fut ordonné ung signeur de Parlement nommé maistre Hugues Rappiot, et ung pou devant on avoit changé des eschevins deux[1].

---

turné, ces mêmes lettres furent publiées le surlendemain à l'heure des plaidoiries (Arch. nat., X^{1a} 1481, fol. 55 v°).

1. Hugues Rapiout exerça la charge de lieutenant civil de la prévôté de Paris durant cette période critique qui suivit l'entrée des Bourguignons. Témoin des excès populaires qu'il ne put empêcher, il fut mandé le 22 août 1418 au Parlement où le président Philippe de Morvilliers lui adressa une verte semonce au sujet « des inconveniens et esclandes avenuz » les jours précédents, avec injonction d'avoir à prendre les mesures nécessaires pour éviter le retour de semblables désordres. Rapiout échangea bientôt ses fonctions de lieutenant en la prévôté contre celles d'avocat du roi au Châtelet, c'est le titre qu'il prend le 30 juillet 1421; moins d'un

611. Item, le dimenche jour Sainct Laurens, cuiderent prendre les Anglois Langny et gaignerent le boullevart, et fut mise la baniere du regent dessus, mais gueres n'y demoura, car ceulx de dedens yssirent, qui estoient reposez[1], et vindrent sur eulx par devant, et ceulx qui venus estoient à l'aide de ceulx de Langny vindrent hastivement par derriere[2]. Si orent les Angloys trop à faire, et avec ce leva une si grant challour cellui jour à l'eure qu'ilz (s'entre encontrerent), qu'on avoit — grant temps avoit — ne veue ne sentie, dont les Angloys orent pis que de leurs ennemis,

---

an après, le 15 juin 1422, il fut reçu président des requêtes du Palais, au lieu et place de Robert Piédefer; les premiers temps de la domination anglaise lui valurent aussi l'office de commissaire sur le fait des confiscations et forfaitures. De 1422 à 1423 il remplit plusieurs missions de confiance; après avoir accompagné Philippe de Morvilliers dans son voyage à Mantes auprès du régent, il se rendit en ambassade, avec Roland de Dunkerque, auprès des ducs de Savoie et de Lorraine. Nommé peu après maître des requêtes de l'Hôtel, il conserva cette charge jusqu'en 1436; au 15 mars de cette dernière année, c'est-à-dire à la veille de la réduction de Paris par Charles VII, on le voit au nombre des fidèles qui renouvelèrent leur serment entre les mains du chancelier. Il était également à cette époque conseiller du roi au Trésor; il occupa la prévôté des marchands deux années durant, savoir, de 1432 à 1434 (Arch. nat., X1a 1480, fol. 143 v°, 238 r°, 253 v°, 285 r°; X1a 1481, fol. 114 v°, 118 r°. Blanchard, *Généalogies des maîtres des requestes de l'hostel du Roy*, p. 128). Hugues Rapiout possédait la châtellenie de Livry en Launoy et Corberon, avec le fief de Torcy en Brie, pour lesquels il rendit hommage les 17 mai 1425 et 18 décembre 1431; c'est comme seigneur de Livry qu'il soutint un procès en 1429 avec le grand prieur de l'ordre de Saint-Jean de Jérusalem au sujet du droit exclusif de vendre le vin à Livry (Arch. nat., P 1, n°° 110 et 113; X1a 67, fol. 82 r°). Il mourut avant la fin de 1441, laissant une veuve (*Ibid.*, Z 5192, fol. 60 v°).

Le jour même où Hugues Rapiout fut appelé à la prévôté des marchands, c'est-à-dire le mercredi 23 juillet 1432, deux nouveaux échevins, Louis Gobert et Jacques de Raye, remplacèrent Marcel Testart et Guillaume de Troyes; c'est vraisemblablement à cette mutation que fait allusion l'auteur du Journal, et non à celle du 1er septembre de l'année précédente (Arch. nat., KK 1009, fol. 4).

1. Ms. de Paris : dispersés.

2. Raoul de Gaucourt, le bâtard d'Orléans et Rodrigue de Villandrando commandaient l'armée de secours expédiée par le gouvernement de Charles VII; tout l'honneur de la victoire, remportée le 10 août 1432, revient au fameux capitaine de routiers, qui par la rapidité de ses mouvements et son habile stratégie décida du succès. Le récit complet de cette brillante action se trouve dans la biographie de ce personnage. (J. Quicherat, *Rodrigue de Villandrando*, p. 73-77.)

et leur convint reculler par force; et là furent bien mors, tant par leurs ennemis que par la challeur du temps, iii^c Angloys ou plus, et ce ne fut mie grant merveille, car les Arminalx estoient bien, si comme on tesmoignoit, v contre ii, qui est grant chose à telle besongne¹. Et convint qu'ilz meissent leurs tantes où premier s'estoient logez quant ilz mirent le siege devant Langny, et de maleur comme Fortune, quant elle commence à nuire, elle fait de mal en pis, car elle leur fu contraire en plusieurs manieres, car entre le lundy et le mardy ensuivant, de nuyt, la riviere de Marne si desriva par telle maniere qu'elle crut celle nuyt de iiii piez de hault. Et vray fut que le moys de juillet fut si pluieux qu'il plut bien xxiiii jours tout de reng, et puis si vint ou moys d'aoust une challeur trop merveilleuse plus que acoustumance, car elle ardoit toutes les vignes en verjus, et pour ce et pour le vin que on menoit en l'ost, enchery tant le vin à Paris que cellui que on donnoit pour vi deniers en juillet, à la my aoust il coustoit iii blans, et encore n'en povoit on finer pour son argent, car chascun cloit sa taverne à cop.

612. Item, le mercredy des octaves de l'Assumpcion Nostre Dame, jour Sainct Bernard, laissa le duc de Bedfort, regent, lui et sa compaignie, le siege de Langny², et furent si pres prins qu'ilz laisserent leurs cannons et leurs viandes toutes prestes à menger, et grant foison de queues de vin, dont on avoit si grant disete à Paris, et de pain par cas pareil, dont le blé enchery à Paris tellement, car le sextier monta le sabmedy ensuivant de xvi solz parisis³. Veez là comment tout en alloit : quant toute la Brie fut destruite des ungs, les autres gastoient Beausse et Gastinoys, et tout le païs, de quelque part qu'ilz tournassent, estoit

---

1. Cette assertion n'est pas exacte, le duc de Bedford disposait de forces à peu près égales à celles de son adversaire, dix à onze mille combattants étaient en ligne de part et d'autre (V. Vallet de Viriville, *Hist. de Charles VII*, t. II, p. 295).

2. Fauquembergue glisse, à dessein, sur la déconfiture du régent et l'annonce en ces termes discrets et mesurés : « Mardi xixe jour d'aoust, le duc de Bedford, regent, qui avoit tenu siege de gens d'armes devant la ville de Laigny par l'espace de trois mois ou environ, leva sondit siege et retourna à Paris » (Arch. nat., X¹ª 1481, fol. 60 r°).

3. Grande était la détresse de la population parisienne, si l'on en juge par la délibération du chapitre de Notre-Dame, du 22 août 1432, ordonnant des processions, « tant que durera la misere du temps present » (Arch. nat., LL 216, fol. 305).

pis que les Sarazins, qui contre la loy de Dieu sont, ilz fussent entrez, car il n'estoit rien qui tant leur pleust que tiranner les pouvres laboureurs de droicte tirannie. Et pour ce que le siege fut levé si honteusement, ceulx que on disoit Arminalx furent hardiz à mal faire, que on n'osoit yssir de Paris, et si estoit commencement de faire les vendenges, qui trop grant dommaige estoit à Paris après le siege de Langny, qui tant l'avoit dommaigé de tous biens dont on eust peu vivre, et de toutes manieres de cannons et d'artillerie dont on peut grever ses ennemis; car vraiement gens à ce recongnoissans juroient et affermoient que bien avoit cousté plus de cent et cinquante mil salus d'or, dont la piece valloit xxii solz parisis, bonne monnoie.

613. Item, il y avoit en ce temps une piece d'or qui n'estoit pas de fin or, et les nommoit on dourderès, et valloient xvi solz parisis; tantost après furent criées à xiiii solz parisis[1] [et moult en y avoit], par quoy on perdy moult.

614. Item, en la fin d'aoust, fut mise en prinson l'abbesse de Sainct-Anthoine[2] et aucunes de ses nonnains, que on disoit qu'ilz

---

1. Le nom de « dourderès » ou « dourdrets » servait à désigner une monnaie d'or de frappe bourguignonne, en circulation à Paris, mais dont le cours, paraît-il, était facultatif; un mandement du roi d'Angleterre au prévôt de Paris, en date du 30 août 1432, interdit de prendre les « durdrecs faictz aux armes du duc de Bourgoigne » pour une somme supérieure à quatorze sols parisis et les placques flamandes pour plus de sept doubles pièce, personne n'étant d'ailleurs obligé de les accepter; ce mandement fut rendu exécutoire par la publication qui en fut faite au Châtelet de Paris, le samedi 6 septembre 1432, en présence des avocats et procureur du roi » (Arch. nat., Z1b 60, fol. 22 r°). Une autre dénomination, celle de « cliquars », était encore appliquée à cette monnaie (Arch. nat., X1a 1480, fol. 382 r°).

2. Emerance de Calonne, abbesse de Saint-Antoine-des-Champs depuis 1419, fut arrachée de son couvent avec quelques-unes de ses religieuses et emmenée au Châtelet de Paris, le mercredi 3 septembre, sous la conduite du prévôt Simon Morhier et de son lieutenant criminel, Jean l'Archer. Les seuls renseignements que l'on possède sur cette conspiration d'août 1432 se réduisent à la mention fort brève insérée au Conseil par Fauquembergue qui renvoie au registre criminel de Jean de l'Épine, malheureusement perdu (Arch. nat., X1a 1481, fol. 61 r°). Emerance de Calonne ne tarda guère à être remise en liberté et reprit la direction de son abbaye, mais elle s'acquitta si mal de sa tâche, que l'année même qui précéda sa mort, en 1439, l'abbé de Cîteaux fut obligé d'intervenir et d'ordonner une enquête. On accusait, non sans raison, l'abbesse d'avoir dilapidé les biens de son couvent; comme le montrent les débats engagés au Parlement le 30 octobre 1439, elle avait vendu « des joyaulx de l'eglise bien de xvi à xviii^m escus

avoient esté consentans de vouloir, à la faveur du nepveu de ladicte abbesse qui se faisoit moult amy de la cité de Paris, trahir ladicte ville de Paris par la porte Sainct-Anthoine; et devoient premier tuer les portiers, et après tout tuer sans rien espargner, comme il estoit après la prinse d'eulx commune renommée.

615. Item, le xie jour de septembre, prindrent les Angloys en une forte maison nommée Maurepas[1] le signeur de Macy[2], le plus cruel tirant de sang humain qui fust en France, et bien cent larrons avec luy, entre lesquelx en avoit ung nommé Mainguet, qui recongnut que dedens ung vieulx puiz avoit gecté en ung jour vii hommes l'ung après l'autre, et après les tuer de grosses pierres, sans plusieurs autres murdres qu'il recongnut.

616. Item, en cellui an, faillirent les blez, et fut si grant charté que ung sextier de bon blé valloit vii frans[3], forte monnoie, et l'orge valloit iiii frans; et estoit à la Toussains.

617. Item, en celluy temps, estoit tres grant mortalité sur jeunes gens et sur petis enffans, et tout d'espidimie.

618. Item, le iie jour d'octobre ensuivant, fut prinse la ville de Provins et le chastel par les Angloys[4] et fut pillée et robbée, et

---

et entre les autres une vraye croix dont elle a eu xvi^c escus »; aussi l'abbaye, autrefois si florissante et dans laquelle « anciennement aucuns des bourgois de Paris avoient acoustumé de mettre leurs filles », se trouvat-elle dans une situation des plus précaires, ne comptant plus que six religieuses « là où en souloit avoir xxiiii, et si meurent de faim et vivent d'ausmone » (Arch. nat., X^{1a} 4798, fol. 119 v°).

1. Maurepas (Seine-et-Oise, arr. de Rambouillet, cant. de Chevreuse) possédait un château du xie siècle, aujourd'hui ruiné, dont il ne subsiste qu'une portion de donjon; cette forteresse servait de repaire à des partisans français qui faisaient de fréquentes incursions dans les environs de Paris; on les voit, au mois de juillet 1432, pousser une pointe jusqu'à Notre-Dame des Champs, où ils enlevèrent 177 moutons dans l'hôtel de Gilles de Moulins, notaire du roi et audiencier de la chancellerie; les Chartreux de Vauvert perdirent par la même occasion 300 bêtes à laine qu'ils recouvrèrent en partie (Arch. nat., X^{1a} 4797, fol. 49 v°; Accord du 7 mai 1433, X^{1c} 145).

2. Probablement Aymon de Mouchy, seigneur de Massy, personnage bien connu par le rôle peu honorable qu'il joua dans la captivité de Jeanne d'Arc, âgé de 56 ans lors du procès de réhabilitation, lequel se permit certaines privautés à l'égard de l'illustre héroïne enfermée dans le château de Beaurevoir, et qui vint plus tard la visiter dans sa prison de Rouen, en compagnie des comtes de Warwick et de Stafford (V. Quicherat, *Procès de Jeanne d'Arc*, t. III, p. 121).

3. Ms. de Paris, « vii livres parisis »; un peu plus loin, « iiii livres. »

4. Dans la nuit du jeudi 2 au vendredi 3 octobre 1432, quatre cents

tué gens, comme coustume est à telz gens de faire, et dient que c'est droicte usance de guerre.

619. Item, en cellui temps, fut fait à Ausserre ung concille pour traicter de la paix des deux roys, et plusieurs signeurs de toutes les deux parties y furent, et de par le duc de Bourgongne plusieurs¹.

620. Item, en cellui temps estoit touzjours la mortalité à Paris, laquelle asailli la duchesse de Bedfort, femme du regent de France, seur du duc de Bourgongne, nommée Anne, la plus plaisant de toutes dames qui adong furent en France, car elle estoit bonne et belle, et de bel aage, car elle n'avoit que xxvIII ans quant elle trespassa; et certes, elle estoit bien amée du peuple de Paris². Et vray est qu'elle trespassa en l'ostel de Bourbon, emprès le Louvre, le xIII° jour de novembre, deux heures après minuyt entre le jeudy et le vendredy³, dont ceulx de Paris pardirent moult de leur esperance, mais à souffrir leur convint.

Anglais détachés des garnisons de Meaux, Corbeil, Brie-Comte-Robert, sous les ordres de Jean Raillart, de Maudon de Lussac, de Richard Husson et de Thomas Guérard, capitaine de Montereau, escaladèrent les remparts, et après un combat acharné, où l'un de leurs meilleurs chevaliers, Henri de Hungerford, perdit la vie, pénétrèrent dans la ville par la porte au Pain, au-dessus de la poterne Farneron; les assaillants mirent tout au pillage, arrachant les reliques de leurs châsses, massacrant même d'inoffensifs bourgeois réfugiés au pied des autels dans l'église Saint-Ayoul (Bourquelot, *Histoire de Provins*, t. II, p. 85, 86).

1. Les conférences d'Auxerre devaient s'ouvrir le 8 juillet, mais divers incidents, tels que la mort du maréchal de Bourgogne, les retardèrent jusqu'à la fin de novembre. D'après les instructions en date du 8 mai (Dom Plancher, *Histoire de Bourgogne*, t. IV, p. 159, et preuves cxxIII), les ambassadeurs bourguignons étaient Charles de Poitiers, évêque de Langres, l'évêque de Nevers, Jean de Blaisy, abbé de Saint-Seine, le chancelier Nicolas Rolin, le prince d'Orange; Antoine de Toulongeon, maréchal de Bourgogne; Jean de la Trémoille, sire de Jonvelle; Antoine de Vergy, seigneur de Champlitte, et quelques autres dont la personnalité est plus effacée.

2. Pendant son séjour à Paris, Anne de Bourgogne fit preuve d'une véritable sollicitude pour la classe populaire et ne craignit point de visiter elle-même les pauvres malades de l'Hôtel-Dieu, auxquels elle laissa de nombreux témoignages de sa libéralité.

3. Rien ne put conjurer ce fatal événement, ni l'assistance dévouée de Raoul Palouyn, médecin confesseur attaché à la personne de la duchesse de Bedford, ni l'intervention du clergé de Notre-Dame qui, à la prière de la régente, alla chercher processionnellement la châsse de S¹ᵉ Geneviève le lundi 10 novembre, comme dans les calamités publiques, et célébra une

621. Item, le sabmedy ensuivant, elle fut enterrée [aux Celestins et son cueur fut enterré] aux Augustins[1], et au porter le corps en terre avoient tous ceulx de Sainct-Germain, et les prebstres de la Confrarie des Bourgoys, chascun une estolle noire et ung sierge ardant en leur main, et ilz chantoient en allant, en portant le corps en terre seullement, les Angloys en la guise du païs moult piteusement[2].

622. Item, s'en alla la sepmaine d'après le regent à Mante et y demoura environ trois sepmaines, et puis revint à Paris. Et en celle sepmaine, ceulx qui estoient allez (à) Ausserre pour traicter de la paix revindrent, et ne firent rien que despendre bien largement et gaster le temps[3]; et quant ilz furent revenus, on fist entendent au peuple que tres bien besongné avoient, mais le contraire estoit. Et quant le peuple le sceut au vray, si commencerent à murmurer moult fort contre ceulx qui y avoient esté, dont plusieurs furent mis en prinson, dissimulant que c'estoit à fin celle que le peuple ne s'esmeust, et quant ilz avoient paié leurs despens largement, on les mettoit hors.

623. Item, quant les larrons qui estoient sur les champs sceurent de vray qu'ilz n'orent rien fait et de la mort de la regente, ilz devindrent si esragez que oncques les païens, ne loups erragez, ne

---

messe solennelle à l'intention de l'illustre malade (Arch. nat., LL 215, fol. 318).

1. Son tombeau en marbre noir, placé dans le sanctuaire des Célestins, à peu de distance du maître-autel, était surmonté d'une statue en marbre blanc, aujourd'hui conservée dans le musée du Louvre. M. de Guilhermy dans ses *Inscriptions de la France*, anc. diocèse de Paris, t. I, p. 438, reproduit le texte de l'inscription funéraire que porte une plaque de plomb retrouvée en 1847 lors de la destruction des Célestins et déposée au musée de Cluny.

2. Les obsèques et funérailles de la duchesse de Bedford furent réglées par Regnault Doriac, conseiller en la Chambre des comptes, et Pierre le Verrat, écuyer, investis de ce soin par le Parlement qui délégua, le 15 janvier 1433, Guillaume Cotin et Philippe de Nanterre, pour ouïr le compte de ces commissaires; l'inventaire des biens de la régente fut dressé par Hugues le Coq, conseiller, et Jean de l'Épine, greffier criminel du Parlement (Arch. nat., X1a 1481, fol. 63 r°; X1a 68, fol. 3 r°).

3. Cette assemblée pour la conclusion de la paix générale ne produisit aucun résultat, les négociateurs français ayant élevé des prétentions inadmissibles au sujet du retour en France des princes du sang prisonniers en Angleterre (Voir à ce sujet la lettre adressée, le 15 décembre 1432, au duc de Bourgogne par le cardinal de Sainte-Croix, Dom Plancher, *Hist. de Bourgogne*, t. IV, preuves).

firent pire à chrestiens qu'ilz faisoien aux bonnes gens de labour et aux bons marchans. Et pour certain il n'estoit sepmaine qu'ilz ne venissent ii ou iii foys jusques aux portes de Paris, et faisoient si grant cruaulté qu'ilz prenoient moynes, nonnains, prebstres, femmes, petis enffans, hommes vielx de lx ou iiii^{xx} ans, et nul n'eschappoit de leurs mains sans paier grant rançon ou mourir; et si n'estoit nul signeur, quel qu'il fust, qui y meist tant soit pou de contredit.

[1433.]

624. Item, le jeudi viiie jour de janvier, fist le regent l'obseque de sa femme aux Celestins, et fist faire une donnée à chascun de ii blans, et y furent bien xiiii milliers à la donnée, et y ot bien iiii^c livres de cire[1].

625. Item, en cellui temps gella si fort que Saine qui moult grande estoit, car elle passoit la Mortellerie en Greve, et pour certain y gella si fort que en deux jours et en une nuit, elle fut si fermement gellée qu'elle dura jusques après la Sainct Vincent. Et pour ce encherirent tous vivres[2], especialment tout grain dont on povoit faire farine, car le froument coustoit viii frans; petites feves de deux ans ou de trois, que on soulloit donner aux pourceaulx, coustoient v frans le sextier; orge, v ou vi frans; vesse, nelle, tout se vandoit ainsi cher à la value; ne on ne mangoit à Paris que pain que on soulloit faire pour les chiens, et estoit si petit de iiii deniers parisis qu'il passoit bien par dessobz la main d'un homme.

---

1. Le Parlement convié par le duc de Bedford assista le mercredi 7 janvier aux vigiles célébrées à deux heures après midi dans l'église des Augustins, et se rendit le lendemain en chaperons fourrés à la messe des funérailles qui eut lieu à neuf heures du matin, puis au dîner offert en l'hôtel des Tournelles (Arch. nat., X^{1a} 1481, fol. 64 r°).

2. A l'entrée du carême de l'année 1433, l'évêque de Paris, ayant égard à la cherté de l'huile et des autres vivres, permit au clergé d'user de beurre et de lait (Arch. nat., LL 216, fol. 330). Le compte de l'Hôtel-Dieu de Paris pour l'exercice 1432-1433 témoigne de la misère qui régnait à Paris; on voit un notable, Imbert des Champs, élu de Paris, demander et obtenir la réduction d'une rente, dont était chargée sa maison sous les piliers des Halles, alléguant que cette maison, « pour la malice du temps de present et depopulacion de la ville de Paris, luy estoit comme de nul proffit. » (Archives de l'assistance publique.)

626. Item, le iiii*e* jour de fevrier, se party le regent[1] et alla en Normendie cuillir une grosse taille de ii*c* mil frans que on lui avoit octroiée, quant il fut à Mante, comme dit est par davant[2].

627. Item, en celle sepmaine fut deppointé de toutes offices royalles le president, c'est assavoir, Phelippe de Morvillier[3], et fut ordonné en son lieu comme commis, maistre Robert Pié-de-Fer[4], demourant pour lors empres la porte Sainct-Martin.

---

1. C'est le jeudi 5 février que le régent quitta Paris, se rendant à Rouen et de là à Calais (Arch. nat., X1a 1481, fol. 64 v°).

2. Les gens des trois « estaz du duchié de Normandie, » convoqués à Mantes au mois de novembre 1432, votèrent une aide de deux cent mille livres tournois, payable par tiers et destinée à l'entretien des garnisons se trouvant dans les villes et forteresses du duché (Arch. nat., K 63, n° 24⁴).

3. Le motif de cette disgrâce ne nous est pas connu; tout ce que l'on sait par les registres du Parlement, c'est qu'il y eut une action intentée à Philippe de Morvilliers par le procureur du roi, action qui fut déférée à une commission spéciale, composée de membres du Parlement et du grand conseil, dont les séances se tinrent en l'hôtel du chancelier, pendant tout le mois de février; mais dès le 5 février un « appointement défavorable » au président fut prononcé par le chancelier en présence du régent, ce qui suggéra au greffier cette réflexion : « Dieu lui doint bon advis et pacience. » Le lundi 9 février, Robert Piédefer, nommé président en vertu de lettres royales, était installé dans ses fonctions par Louis de Luxembourg et prêtait entre ses mains le serment d'usage; quant à Philippe de Morvilliers, il resta à l'écart jusqu'à la fin de la domination anglaise, et ne reprit son rang que le lundi 16 avril 1436 (Arch. nat., X1a 1481, fol. 65 r°, 120 v°).

4. Robert Piédefer, avocat puis conseiller au Châtelet, entra au Parlement le 14 août 1410 comme conseiller en la Chambre des enquêtes; les événements dont Paris fut le théâtre en 1413 le mirent en lumière, il est en effet nommé par le Religieux de S.-Denis (t. V, p. 33) au nombre des commissaires chargés d'instruire le procès des prisonniers de la sédition cabochienne. Lors de la réorganisation du Parlement après l'entrée des Bourguignons à Paris, Robert Piédefer succéda à Jean de Quatremares, en qualité de président des Requêtes du Palais, et, s'étant fait recevoir maître des requêtes de l'hôtel vers le 15 juin 1422, il céda momentanément son office à Hugues Rapiout; mais il ne tarda point à reprendre son poste qu'il conserva jusqu'à l'année 1433, et en juillet 1429 il coopérait avec l'échevinage aux mesures nécessitées par la situation critique de la ville de Paris. Le 9 février 1433, en suite de la retraite forcée de Philippe de Morvilliers, il fut créé président et installé par le chancelier Louis de Luxembourg qui reçut son serment; il siégea jusqu'à la fin de la domination anglaise, ce qui ne l'empêcha point, lorsque Paris ouvrit ses portes à Charles VII, d'être maintenu dans sa charge. La mort le frappa dans l'exercice de ses fonctions le jeudi 17 juillet 1438, et tout le Parlement tint à honneur d'assister à ses obsèques qui furent célébrées le lendemain aux Innocents,

628. Item, la darraine sepmaine de mars, fut fait ung concille à Corbeil[1], et là furent en celui temps tout le remenant du karesme et plus. A ce concille estoit [le cardinal] de la Croix et l'evesque de Paris, et plusieurs autres evesques et grans signeurs, et grans clercs d'une part et d'autre; et fut envoié à Paris par le concille ung evesque qui estoit venu avec le cardinal à Corbeil, lequel fist le divin office la sepmaine peneuse, comme d'assoultes, comme du cresme, prebstres, dyacres, soubz-dyacres, acolites couronnés, mais il les fist si matin que tres grant partie de toutes ordres à ce jour faillirent; après s'en alla à Corbeil celui jour mesmes.

629. Item, en celle année, l'an mil cccc xxxii, fist si grant froit que jusques bien pres de Pasques xxxii, geloit tous les jours, mesmes le jour Sainct Marc fist il si grant froit que on le portoit à grant peine, car après disner nega et gresla moult terriblement.

630. Item, faisoit tres grant froit à la Penthecoste, qui fut cel an le derrain jour de may mil iiii^c xxxiii.

631. Item, en ce temps, se maria nostre regent de France, le duc de Bedfort, le xxe jour d'avril, l'endemain de Quasimodo, et

---

où Robert Piédefer fut inhumé ainsi que Jeanne d'Ally, sa femme; au xviie siècle, son épitaphe se voyait encore sur une lame de cuivre placée contre le mur de la chapelle d'Orgemont. Il était seigneur de Saint-Just-en-Chaussée (Oise). (Arch. nat., X^{1a} 1479, fol. 126 v°, 140 r°; X^{1a} 1480, fol. 139 v°, 253 v°; X^{1a} 1481, fol. 65 r°; X^{1a} 1482, fol. 85 v°; KK 33, fol. 70; Lebeuf, *Histoire du diocèse de Paris*, édition Cocheris, t. I, p. 199; Blanchard, *Les présidents à mortier du Parlement de Paris*, p. 71, *Généalogies des maistres des requestes de l'hostel*, p. 124.) Piédefer possédait trois maisons rue Saint-Martin en dehors de l'enceinte, l'une de ces maisons à l'enseigne de la Coupe; il était également propriétaire de plusieurs masures dans la rue de la Fausse-Poterne-Nicolas-Ydron, près de la rue Grenier-Saint-Lazare (Arch. nat., S 1384 A).

1. Ce congrès se réunit non à Corbeil, mais dans un village ignoré sis entre Corbeil et Melun; ce point ressort d'une lettre du prieur de S.-Innocent du 10 avril 1433, à l'adresse de N. Rolin, chancelier de Bourgogne (Dom Plancher, *Histoire de Bourgogne*, t. IV, preuves, p. cxxix), ainsi que de la réponse faite en juillet 1433 par le roi d'Angleterre et son conseil aux articles remis par Hue de Lannoy et le trésorier du Boulenois (Stevenson, *Wars of the English*, vol. II, part. 1, p. 253). Il ne sortit rien de ces nouvelles conférences, les députés de Charles VII persistant à réclamer, avant d'entrer en négociations, le retour des princes du sang prisonniers en Normandie; le cardinal de Sainte-Croix voyant l'insuccès des pourparlers annonça son intention de se rendre en personne auprès du roi de France.

print par mariaige la fille au conte de Sainct-Paul, niepce du chancelier de France[1].

632. Item, le vr.[e] jour de may, vindrent les Arminalx à mynuit en la ville de Sainct-Marcel lez Paris, et firent moult de maulx, car ilz prindrent hommes, femmes et enfans, dont ilz orent moult grant finance, et ainsi eulx en allerent, tuant, occiant, boutans feus en mostiers, et à celle foys cuillirent moult grant proye qui moult greva Paris; car pour celle prinse enchery tout plus que devant, et ainsi s'en allerent [à Chartres. Tantost après allerent] devant Crespi en Valloys, laquelle ville les Angloys avoient prinse ung pou devant, mais elle fut par traïson rendue aux Arminalx, qui fut douleur sur douleur aux bons mesnaigers de la ville[2].

633. Item, en juing ensuivant, fut fait de rechief ung conseil à Corbeil, lequel devoit estre pour faire treves ou paix ou abstinance de guerre entre les deux roys; mais l'evesque de Terouanne, chancelier de par le roy Henry en France, en cel espace de temps qui fut entre le premier conseil et cestuy dernier, alla cestuy evesque et assembla les garnisons de Normendie, et les admena à Paris la premiere sepmaine de juillet, et après alla au conseil à Corbeil. Et quant on cuida qu'il deust seeler ledit traicté qui devant avoit esté accordé par le cardinal et par le chancelier du roy Charles, evesque de Rains[3], et par les autres signeurs, il n'en voulut rien faire; dont chascun se departi comme par mal talant, et s'en alla le cardinal au grant concille à Balle, pour rapporter comme ledit conseil s'estoit departi, et l'arcevesque de Rains se departi moult dolent, et monstroit son volt et sa maniere qu'il fust moult courcé de ce que la chose ainsi alloit, mais autre chose

---

1. Jean de Lancastre épousa, à Thérouanne, Jacqueline de Luxembourg, âgée de dix-sept ans, « frisque, belle et gracieuse, » suivant l'expression de Monstrelet (t. V, p. 56). La nouvelle duchesse de Bedford était la fille ainée de Pierre de Luxembourg, comte de S.-Paul, et la nièce du chancelier Louis de Luxembourg; les noces se firent avec grande pompe en l'hôtel épiscopal de Thérouanne.

2. D'après Monstrelet (t. V, p. 68), les gens du roi Charles prirent « par eschiellement, à ung point du jour » Crespy en Valois, et comme de coutume livrèrent la ville au pillage; la garnison commandée par le bâtard de Thian fut faite prisonnière, ainsi que son capitaine.

3. Renaud de Chartres, archevêque de Reims, chancelier de Charles VII, dont la néfaste influence mit tout en œuvre pour ruiner les projets de Jeanne d'Arc et entraîner la perte de l'illustre héroïne.

n'en pot faire. Cestuy chancelier de par le roy Henry, après le departement, mena ou envoia ces gens qu'il avoit admenés droit à Milly en Gastinoys[1], et gaignerent moustier et ville, et ardirent tout et firent pis que Sarazins, ne que paiens aux Sarazins.

634. Item, en ce temps de l'an mil IIII^c XXXIII, coustoit le blé seigle IIII livres parisis ou plus, et l'autre au cas pareil; la darraine sepmaine de juing, ariva de Normendie tant grant foison blé que le premier sabmedi de juillet on cria parmy Paris bon blé mectail à XXIIII solz parisis, ce que on n'avoit oncques mais veu crier le blé comme charbon; et le mercredy[2] ensuivant fut le pain de VIII deniers mis à IIII deniers, car il fut cedit an tres bon blé et grant foison; et si fist moult bel aoust, mais tres grant mortalité estoit en celui temps, especialment sur petis enfens, de boce ou de verolle plate. Et [encore] en cellui temps, n'estoit oncques puys venu le duc de Bourgongne à Paris que vous avez devant ouy, ne le regent depuis qu'il fut marié n'estoit retourné à Paris, et laissoit du tout regenter le devant dit evesque de Terouanne[3] lui et ses aliez.

635. Item, en cel an, fist le plus bel aoust que on eust oncques veu d'aage de homme, et furent les blés et les potaigés tres bons, mais si grant mortalité [estoit de boce et d'espidimie que puis la grant mortalité] qui fut l'an mil III^c XLVIII[4], ne fut veue si grande [ne si dervée]; car pour seignée ne pour cristoire, ne pour bonne garde, nul ne nulle qui fut frappé de la boce qui pour lors couroit n'en povoit point eschapper, senon par la mort; et commença des le moys de mars l'an mil IIII^c XXXIII et dura ainsi cruellement jusques à bien pres de l'an mil IIII^c XXXIIII, [car touzjours jeunes gens mouroient[5]].

---

1. Milly (Seine-et-Oise, arr. d'Étampes, ch.-l. de canton) avait déjà soutenu un siège contre le comte de Salisbury dans les premiers mois de l'année 1425 (Arch. nat., JJ 173, fol. 95).

2. Ms. de Paris : sabmedi.

3. Dès le départ du duc de Bedford, l'évêque de Thérouanne avait été autorisé, par ordonnance du 5 février 1433, à réunir les gens du grand conseil toutes les fois qu'il le jugerait à propos; d'autres lettres, rendues à Calais le 29 mai 1433, commirent le chancelier au gouvernement du royaume pour le temps que durerait l'absence du régent (Arch. nat., X1a 8605, fol. 23 r° et v°).

4. Le fait est exact, l'année 1348 est marquée au nombre des années les plus calamiteuses dont les historiens nous aient gardé le souvenir.

5. Conformément aux instructions du conseil royal, l'autorité ecclésias-

636. Item, en cellui temps, en la darraine sepmaine de septembre, firent aucuns de Paris, gens qui avoient bonne chevance[1], une conjuracion ensemble bien maudite, car ilz avoient ordonné qu'ilz feroient entrer à Paris grant foison d'Escossois qui auroient la croix rouge, et seroient II^c ou plus, et admeneroient cent des plus fors et hardiz de leurs gens qui auroient la croix blanche et auroient les mains liées bien simplement et armez à couvert; et devoient venir par la porte Sainct-Denis et par la porte Sainct-Anthoine, et devoient embucher entour Paris bien pres III ou IIII^m Arminalx en querieres et ailleurs en destours, dont assez et trop avoit entour Paris; et puis devoient admener leurs prinsonniers environ medy, que les portiers disnent, et devoient tous les portiers tuer [et] tous ceulx qu'ilz eussent trouvez allans ou venans, fust aux champs ou à la ville, et devoient gaigner les deux bastides devant dictes, et envoier tantost querir leurs embusches, et mettre tout à l'espée. Mais Dieu qui ot pitié de la cité, donna congnoissance de leur dampnable conseil et leur tourna leur fait, comme dit le Psalmiste[2] : *Lacum apperuit et fodit, et incidit in foveam quam fecit*, car les uns furent decollez[3], les autres banniz et

---

tique, représentée par le chapitre de Notre-Dame, organisa une procession générale qui dut se rendre le dimanche 23 août à la Montagne Sainte-Geneviève, dans le but d'adresser à la fois des prières à Dieu pour l'apaisement de l'épidémie régnante et des actions de grâce pour l'abondance des biens de la terre; le vendredi 4 septembre on se rendit processionnellement à Sainte-Geneviève et l'on descendit la châsse de la sainte (Arch. nat., LL. 217, fol. 59, 61).

1. Les principaux conjurés étaient Jean Trotet, boulanger; Vincent, dit le Beaubourgeois; Jean Simon, dit d'Arras, cordonnier; Gossouin du Luet, orfèvre; et Michel Garcye, saulcier; mais le promoteur et l'organisateur du complot paraît avoir été Jean Trotet. La conspiration devait éclater le 9 octobre et c'est par la porte Saint-Denis que les adhérents devaient introduire les Écossais de Charles VII (Cf. Longnon, *Paris pendant la domination anglaise*, passim).

2. Voici le texte exact de cette citation empruntée au Psaume VII, v. 16: *Lacum aperuit et effodit eum, et incidit in foveam quam fecit.*

3. JEAN TROTET, VINCENT, dit LE BEAUBOURGEOIS, et cinq ou six de leurs complices, dont les noms sont restés inconnus, furent exécutés. JEAN SIMON, dit D'ARRAS, réussit à s'échapper de Paris au moyen d'un bateau, mais revint de Lagny au mois d'avril 1434, et s'étant engagé à faire des révélations obtint sa grâce. JEAN DU BOIS, dit BOUQUET, cordonnier, ayant prêté son concours à l'évasion de Jean Simon, fut impliqué dans l'affaire et gracié le même jour que Jean Simon. GOSSOUIN DU LUET, orfèvre à Paris, qui trempa également dans le complot, en fut quitte pour une détention

perdirent leur chevance, et mirent leurs femmes et enfans en mandicité, et en reprouche eulx et leurs hoirs, et furent en haine de toutes les deux parties.

637. Item, celle sepmaine mesmes, avoit autres qui avoient vendue ladicte ville pour paiement d'argent qu'ilz en devoient avoir, et devoient venir la vigille Sainct Denis atout nacelles, et entrer par les fossez d'entre la porte Sainct-Denis et la porte Sainct-Honoré, pour ce que il ne demoure personne là endroit, et devoient tout tuer, comme devant est dit; et, pour vray, ilz ne savoient rien l'un de l'autre, selon leur confession et selon le cry que on fist es Halles quant on les decolla. Et iceulx de ces nacelles devoient entrer le jour Sainct Denis, et avoient pancée moult cruelle et plaine de sang et aux champs et à la ville, et à femmes et enfens, mais le glorieux martir mons' sainct Denis ne volt pas souffrir qu'ilz feissent telle cruaulté en la bonne cité de Paris, qu'il a autres foys gardée par sa saincte priere de tel peril et de plusieurs autres plus grans.

[1434.]

638. Item, le vendredy, xxix° jour de janvier mil IIII° xxxIII, venoit à Paris grant foison de bestail, comme bien II mil pors, grant foison [bestes à cornes et grant foison] brebiz; les Arminalx, qui avoient leurs espies, leur vindrent au devant ung pou par delà Sainct-Denis, dont cappitaine estoit ung nommé la Hire, plus deux foys que ceulx qui convoioient le bestail, si furent tost desconfis; et tuerent la plus grant partie, et prindrent la proie et les marchans, et les mirent à tres grant rançon, et quant ilz orent tout tué, ilz firent sercher le champ et les prinsonniers, et tous ceulx qu'ilz trouverent mors ou vifs qui portoient ou par saing d'Anglois[1] ou parloient angloys, ilz leur copperent les gorges et aux mors et aux vifs, qui estoit grant inhumanité de retourner ou champ et copper la gorge aux chrestiens qu'ilz avoient tuez.

---

au Châtelet, où il subit la question, et obtint des lettres de rémission, le 10 février 1435. MICHEL GARGYE, saulcier à Paris, qui avait dans l'église S.-Jacques-de-la-Boucherie appris la venue d'un messager de Lagny, fut emprisonné au Châtelet pour n'avoir point dévoilé la conspiration; des lettres de rémission lui furent octroyées le 10 février 1435 « en contemplacion du cardinal de S. Ange, legat au S. Concille à Balle, qui en avoit prié le duc de Bedfort. » (Cf. Longnon, *Paris pendant la domination anglaise*.)

1. Ms. de Paris : Qui estoit ou de sang anglois.

639. Item, la sepmaine d'après, vindrent à Victry par nuyt et pillerent et ardirent tout, si furent l'endemain suyviz ung pou de ceulx de Paris; si y ot XIII povres laboureux qui allerent après ceulx de Paris, et laisserent ung pou la compaignie pour cuider gangner et rescouvrer aucune chose du leur, si les adviserent les Arminalx et vindrent à eulx, et tantost les prindrent et leur copperent les gorges.

640. En cellui temps ilz gangnerent la ville et chastel de Beaumont, et le XXVIIe jour de fevrier, fut faicte prinse de chevaulx et de gens dedens Paris, le plus que on pot, et quant ilz furent là, tout bel leur fut¹ de eulx en rafouir bientost, et eulx qui s'en rafuioient ne se faingnirent pas de piller en revenant vaches, beufs et tout ce qu'ilz porent, non pas ce qu'ilz voldrent, comme il appert clerement que le meilleur ne vault rien.

641. Item, en cellui temps, il n'estoit nulle nouvelle du regent, ne homme ne gouvernoit que l'evesque de Terouanne, chancelier de France, lequel estoit moult hay du peuple, car on disoit à secret et bien souvent en appert qu'il ne tenoit que à luy que la paix ne fust en France, dont il estoit tant maudit et tous ses complices que [fut] oncques l'empereur Noiron, mais je ne scay s'il avoit deservi ou non, mais Dieu le scet bien.

642. Item, en cel an mil IIII^c XXXIIII, furent Pasques le XXVIIe jour de mars [l'an mil IIII^c XXXIIII], et fu tres fort yver et aspre en gellée, car il commença à geller [environ] VIII ou XV jours devant Nouel, et dura bien XXX jours sans cesser jour qu'il ne gelast fort. Et aucuns des clercs de Paris qui estoient enflez de science affermerent que pour certain celle grant froidure dureroit jusques à la my may ou plus, mais Dieu qui tout scet fist autrement, [que pour vray] oncques homme n'avoit veu à son vivant tel mars, car oncques ne plut tout le moys de mars, et si fist si tres chault que par maintes foys on n'avoit veu faire plus chault à la Sainct Jehan d'esté qu'il fist tout ledit moys. Et le karesme fut si plantureux de harens sors et blans que à la my karesme on avoit la caque de bon haren blanc pour XXIIII solz ou pour XXVI solz parisis; on avoit le quarteron de bon haren sor pour dix deniers ou pour II blans, et du blanc pareillement; bons pois pour VI blans ou pour VII blans; feves pour IIII blans; huylle pour VII blans la pinte, toute la meilleure que on peust trouver à Paris.

---

1. Ms. de Paris : tout bel heure fust.

643. Item, tout le moys d'avril ne plut point, mais la darraine sepmaine dudit moys, le xxviiie jour, le jour Sainct Vital, gella tant fort que toutes les vignes furent celle nuyt gelées et tous les mareys, et si y avoit adong la plus belle apparance de foison vin que on eust veu x ans devant, mais bien apparu que pou sont les choses de ce monde seures, car avec la gelée vint tant de hannetons et de channilles que tout le fruict fut tout degasté d'icelle vermine, et estoient les pommiers et les pruniers sans fueille comme à Nouel.

644. Et en celui temps croissoit plus et plus fort la guerre, car ceulx qui se disoient Françoys, comme de Langny et des autres forteresses d'entour Paris, couroient tous les jours jusques aux portes de Paris[1], pilloient, tuoient hommes, pour ce que à nul des signeurs ne challoit de mettre la guerre à fin, pour ce que leurs souldoiers point ne paioient et qu'ilz n'avoient autre chose que ce qu'ilz embloient en tuant, en prenant hommes de tous estatz, femmes, enfans.

645. Item, à l'entrée de may, l'an mil iiii^c xxxiv, vint le conte d'Arondel et ung chevalier d'Angleterre nommé Tallebot, et reprindrent par force Beaumont[2], et furent pandus aucuns des larrons qui dedens furent prins; et après allerent devant le chastel de Crauil en Beauvoisin[3], et puis s'en revindrent sans plus rien faire.

---

1. Dès le commencement de l'année 1434, les environs immédiats de Paris offraient si peu de sécurité que l'on n'osait même plus se hasarder en dehors de l'enceinte; c'est ainsi que le 26 février le chapitre de Notre-Dame se rendait en procession à Saint-Étienne-des-Grés, au lieu d'aller à Notre-Dame-des-Champs, et ce « à cause des guerres », les mercredi 3 et vendredi 5 mars, pour les mêmes motifs, la procession de Notre-Dame, qui devait se transporter à Saint-Victor et à Saint-Marcel, dirigea ses pas vers la chapelle du Cardinal Lemoine et vers S.-Hilaire au Mont Sainte-Geneviève (Arch. nat., LL 217, fol. 85, 86).

2. Beaumont-sur-Oise, dont le château avait été rétabli par Amado de Vignolles, frère de La Hire, fut occupé sans résistance par Jean Talbot, joint au maréchal de L'Isle-Adam, à l'évêque de Thérouanne et au Gallois d'Aunay; la prise de possession de cette ville fut suivie de lettres de rémission accordées le 28 juin 1434 aux habitants absents de leurs demeures, à condition de rentrer dans le délai de quinze jours et de prêter serment de fidélité, excepté seulement le prieur de la ville et « tous autres qui ont esté cause et occasion de faire venir les ennemis et faire remparer ledit chastel. » (Arch. nat., JJ 175, fol. 107; Monstrelet, t. V, p. 91.)

3. Creil, où Amado de Vignolles s'était réfugié après l'abandon du châ-

646. Item, en ce moys de juillet, fut desposé de la prevosté des marchans maistre Hugues Rappiot, et changez deux des eschevins[1].

647. Item, en cellui temps, n'estoit nulle nouvelle du regent ne du duc de Bourgongne, ne que si fussent mors, et donnoit on tous les jours entendre au peuple qu'ilz devoient venir bien bref, puis l'un, puis l'autre, et les ennemis venoient tous les jours au plus pres de Paris prendre les proies, car nulz n'y remedioit, ne Angloys, ne Françoys, ne quelque chevalier ou signeur; et si estoit tousjours le conseil à Balle en Allemaigne, dont on n'ouoit aussi nulles nouvelles.

648. Item, en ce temps, à la Sainct Remy, on avoit bon blé fourment pour xxiiii solz parisis.

649. Item, ou moys d'aoust, le ii[e] jour, se troublerent en la Normendie les Angloys à aucunes communes de Normans[2], et en mirent bien à l'espée xii[c], et fut emprés Sainct-Sauveur-sur-Dyve[3].

650. Item, le vii[e] jour d'octobre, qui fut au jeudy, commença

---

teau de Beaumont, soutint un siège de six semaines, durant lequel le frère de La Hire fut mortellement blessé; un traité pour la reddition de cette place fut passé le 13 juin 1434 entre Talbot et Georges, bâtard de Senneterre, capitaine du château et de la ville de Creil, agissant au nom des habitants. Ce traité stipulait que les assiégés ouvriraient leurs portes le 20 juin au soleil levant et que jusqu'à ce moment toutes opérations militaires seraient suspendues (Arch. nat., JJ 175, fol. 107; Monstrelet, t. V, p. 92).

1. « Le vendredi xxiiie jour de juillet l'an mil cccc xxxiiii, honnorable homme et saige, maistre Hugues le Coq, conseiller du roy nostre sire en sa court de Parlement, fut esleu prevost des marchans ou lieu de maistre Hugues Rapiout qui avoit fait son temps, et pour nouveaulx eschevins furent esleuz maistre Loys Galet, examinateur ou Chastellet de Paris, et sire Luques du Pleis, ou lieu de sires Jaques de Roye et Loys Gobert qui avoient fait leur temps, tous iceulx prevost et eschevins natifz de la ville de Paris. » (Arch. nat., KK 1009, fol. 4.)

2. Cette déroute des communes normandes poursuivies et taillées en pièces près de Saint-Pierre-sur-Dive est bien antérieure au mois d'août 1434, car l'on sait que Richard Venables et son lieutenant Waterhoo, qui avaient sous leurs ordres quelques centaines de pillards anglais avec lesquels ils organisèrent ce guet-apens, furent décapités à Rouen le 22 juin; quant au chiffre de douze cents morts, il concorde bien avec celui que donne Monstrelet (t. V, p. 104). (Cf. Vallet de Viriville, *Histoire de Charles VII*, t. II, p. 335.)

3. « Sur » manque dans le ms. de Rome.

le plus terrible vent de quoy en eust point veu puis L ans devant[1], et estoit environ deux heures après disner, et dura jusques entre dix et unze de nuit; et en ce pou de temps fist cheoir à Paris maisons et cheminées sans nombre, et aux champs abatyt noyers, pommiers sans nombre. Et pour certain il fist cheoir une vieille salle pres de ma maison, où il avoit de grosses pierres de taille, mais le vent en gicta trois pesanz comme ung caque d'eaue ou de vin plus de XIIII piez loing en ung autre jardin. Et vraiement il leva une poultre toute en l'air de ladicte salle, et fut assise sur les murs du jardin, chascun bout portant sur l'un des murs, sans aucunement grever les murs, comme se XX hommes l'eussent assise le plus doulcement que faire se peust, et si avoit bien IIII toises de longueur, et si fut bien portée du vent, comme dit est, V ou VI toises loing de là où elle fut levée du vent, et je vous jure que ce vy ge à mes yeulx aussi bien qu'oncques je vy rien de ce monde, ne je n'en creusse [homme], se veu ne l'eusse.

651. Item, dedens le boys de Vicennes y fist si grant tempeste que, en mains de V heures, abaty ledit vent plus de IIIᶜ LX des plus gros arbres qui y fussent, les racines contre mont, sans les petiz arbres dont on ne parle point; brieff, il fist tant de maulx en bien pou de heure que c'est une grant admiracion.

652. Item, le vin fut si cher que on ne buvoit point à moins de III blans vin qui valust rien; mais on avoit à la Sainct Andry le meilleur fourment pour XXII solz parisis et autre grain à bon marché au cas pareil.

653. Item, le regent revint de Normendie à Paris, et admena sa femme le sabmedy XVIIIᵉ jour de decembre, l'an mil IIIIᶜ XXXIV,

---

1. L'ouragan du 7 octobre 1433, dont ce Journal décrit les ravages, paraît avoir vivement frappé l'imagination des Parisiens; notre chroniqueur n'est pas le seul qui ait noté ses impressions. Fauquembergue, témoin oculaire de cette lutte des éléments déchaînés, a inséré dans l'un de ses registres une relation succincte de ce trouble atmosphérique, agrémentée de citations classiques : « Septima die mensis octobris, ruinose domus excelse, vento valido exagitate fuerunt cum eversione tectorum et caminorum, et nusquam visus fuit tantus ventorum impetus apud Parisienses, quos Omnipotens tueatur, qui luctantes ventos tempestatesque sonoras imperio premit, vinclisque ac carcere firmat, Virgilio testante » (Arch. nat., X¹ᵃ 4797, fol. 208 rᵒ). En marge du manuscrit de Rome, la main de l'un des annotateurs a tracé la note suivante, dont l'écriture appartient aux dernières années du XVIᵉ siècle : « Vent pareil à celuy qui fut l'an 1567, le lundi, mardi et mercredi 14, 15 et 16 de juillet et le dimanche 7 septembre. »

environ entre une et deux heures après disner, et fist on aller au devant de lui aux champs les processions des mandiens et des parroisses, revestus et portans croix et encenssiers, comme on feroit à Dieu; et à la bastide Sainct-Denis estoient les enffens de cuer de Nostre-Dame qui moult chantoient melodieusement, quant il entra à la porte Sainct-Denis avec sa femme, et crioit le peuple abusé à haulte voix : Nouel! Brief, on lui faisoit telle honneur comme on doit faire à Dieu[1].

654. Item, des dictes communes qui furent tuées emprès Sainct-Sauveur-sur-Dyve des Anglois, n'estoit plus parlé, fors que quant on parloit à Paris que c'estoit pitié, aucuns disoient que bien l'avoient deservy, aucuns Anglois disoient, quant on en parloit, que c'avoit esté à bonne cause et que les villains voulloient destourber aux gentilz hommes à faire leur voulenté, et que ce avoit esté à bon droit.

655. Item, en cellui temps, n'estoit nouvelle du conseil de Balle ne en sermon ne autre part à Paris, ne que s'ilz fussent touz en Jherusalem.

[1435.]

656. Item, en cellui an, fist moult doulx temps jusques à la Sainct Andry, et cellui jour commença à geller si fort que merveilles, et dura ung quart d'an — ix jours mains — sans point desgeller; et si nega bien xl jours sans cesser ou de jour ou de nuyt. Et fut abandonnée la place de Greve pour la porter à tumbereaux, car il fut commandé de par le roy que on l'ostast hors des rues, mais on n'en savoit tant oster que l'endemain n'en eust comme devant, et la convint mettre aval les rues en grans tas [comme mules de foing, tout] parmy Paris, car oncques tant comme il gela et nega si fort, ne plut ne ne desgela. Et pour vray la glace, avant qu'elle

---

1. Cet enthousiasme populaire était factice : tous les détails de la réception du régent furent réglés à l'avance par le grand conseil, qui décida le 15 décembre que chaque « college et corps, acompagnié de ses suppostz habilliez le plus honnestement que possible, » se porteroit à la rencontre du prince anglais et que le Parlement iroit jusqu'à Saint-Ladre, programme qui fut exécuté en tous points; le samedi 18 décembre, les présidents et conseillers, en chaperons fourrés, partirent du Palais à neuf heures du matin et reçurent le duc de Bedford avec sa jeune épouse, qui descendirent en l'hôtel du chancelier Louis de Luxembourg, oncle de la duchesse (Arch. nat., X1a 1481, fol. 94 v°, 95 r°).

fust toute fondue, il fut l'Annunciacion Nostre Dame en mars, qui est vii jours à l'yssue.

657. Item, le regent se party de Paris, luy et sa femme, le x° jour de fevrier.

658. Item, le duc de Bourgongne ne vint, ne alla à Paris, depuis que devant est dit.

659. Item, le vin fut si cher celle année que du plus petit on n'avoit point la pinte à mains de iii blans, et si ne povoit on finer point de servoise qui vaulsist pour les mauldites subsides qui furent dessus mises, ne vendoit servoise qui ne paiast vii blans pour chascune sepmaine, et sans le iiii° et l'imposicion[1].

660. Item, le fruict fut tant cher que on vendoit ung cent de bonnes pommes de Cappendu ung pou grosses xvi solz parisis.

661. Item, il recommença à geller en la fin de mars, et ne fut jour qu'il ne gelast jusques après Pasques, qui furent le xvii° jour d'avril, et furent les vignes qui estoient en vallées et les marès touz gelez, et tous les bourdelays qui es trailles des jardins estoient, et tous les figuiers mors, et tous les loriers grans et petiz, et le bel pin de Sainct-Victor qui estoit le plus bel que on sceust en France, et la plus grant partie des serisiers aussi moururent celle année pour la grant froidure qui dura sans pluvoir ne sans desgeler que trop pou plus d'un quart d'an.

662. Item, en celle année, eust on trouvé en cours umbragez dessobz fyens de grans glaçons, et en verité je en vy le jour Sainct Yves, et furent trouvez en ung arbre creux en cel an, par compte fait, vii^xx oiseaux mors de froit et plus.

---

1. La cherté excessive du vin durant les années 1434 et 1435 accrut dans de fortes proportions la consommation des bières et cervoises qui constituèrent l'unique boisson des Parisiens; en effet, un procès intenté en 1435 à un « cervoisier », Jean de Vitry, sergent d'armes du roi, par Jean Bouchacier et ses compagnons, fermiers des cervoises de Paris pour l'année commencée le 1er octobre 1434, nous apprend que, « pour la faulte du vin ceste année, il fut vendu grant quantité de cervoise en gros à plusieurs bourgois et gens notables. » Malgré les prétentions des fabricants de cervoises qui se refusaient à payer le quatrième denier sur leurs ventes en gros et invoquaient entre autres immunités celles dont jouissaient les arbalétriers de la soixantaine, la Cour des aides donna raison aux fermiers et condamna deux « cervoisiers » à payer le quatrième denier de la vente de 24 « brassins de servoise et biere froide » d'une part et de 18 d'autre, à raison de 16 caques par brassin et de 24 sous parisis par caque, en n'exceptant que la quantité strictement nécessaire à leur consommation personnelle (Arch. nat., Z¹ᵃ 9, fol. 183-184; Z¹ᵃ 10, fol. 101 r°).

663. Item, en celle année, les almandiers ne flourirent point que pou, ou neant pour vray.

664. Item, le jeudy absolu que on vent le lart, qui fut le xiiiᵉ [jour] du moys d'avril, vint à Paris le duc de Bourgongne[1], à moult noble compaignie de signeurs et de dames, et admena avec lui sa femme la duchesse et ung bel filx qu'elle avoit eue de lui en mariaige[2], et avec ce amena trois jeunes jouvenceaux qui moult beaulx estoient, qui n'estoient pas de mariaige[3], et une belle pucelle, et le plus vieulx n'avoit pas plus de dix ans ou environ. Et avoit en sa compaignie trois chariotz tous couvers de draps d'or, et une litiere pour son filx de mariaige, car les autres chevaulchoient tres bien; et pour sa gouvernance de lui et ses gens avoit bien cent chariotz et quelque vingt charrettes, qui sont xɪ^{xx}, tous chargez d'armeures, d'artillerie, de char sallée, de poisson sallé, de frommaiges, de vins de Bourgongne. Brief, il avoit toute pourveance que on peut ou doit avoir en temps de guerre ou de paix, car aussi il avoit foison pavillons pour loger aux champs, se mestier eust esté, et chascun chariot avoit tous les jours xl solz parisis, et les charrettes ii frans.

665. Item, il fist sa Pasque à Paris et tint court planiere à tous venans, et l'endemain l'Université proposa devant lui sur le fait de la paix. Et le mardy ensuivant, il fist faire ung moult bel obseque aux Celestins pour feue la duchesse de Bedfort, sa seur, qui là estoit enterrée[4], et là fist moult riche offrande d'argent et de

---

1. Le duc de Bourgogne et sa suite logèrent en l'hôtel d'Artois; le dimanche suivant, jour de Pâques, ils entendirent à Notre-Dame la grand'messe célébrée par l'évêque de Paris, qui les reçut solennellement à la grande porte de l'église, avec les chanoines et tout le clergé, et leur présenta la sainte croix et l'eau bénite (Arch. nat., LL 217, fol. 142, 143).

2. C'est le comte de Charolais, qui fut plus tard Charles le Téméraire; il était né le 10 novembre 1433.

3. Philippe le Bon eut, comme l'on sait, une nombreuse progéniture illégitime, huit bâtards et sept bâtardes; l'une d'elles, Marie, épousa, le 30 septembre 1448, Pierre de Bauffremont.

4. La sépulture de la duchesse de Bedford qui se trouvait dans l'église des Célestins, près de la chapelle d'Orléans, a été retrouvée lors des fouilles faites aux Célestins en 1847; à la suite de cette découverte les restes mortels d'Anne de Bourgogne ont été transportés à Dijon. Sur sa tombe se lisait cette épitaphe : « Cy gist madame Anne de Bourgongne, espouse de tres noble prince monseigneur Jehan, duc de Bedfort et regent de France, et fille de tres noble prince monseigneur Jehan, duc de Bourgongne, laquelle trespassa à Paris le xiiiiᵉ jour de novembre l'an mcccc et xxxii. »

luminaire, et tous prebstres, qui là voldrent aller, orent messe¹.

666. Item, le mercredy ensuivant, les damoiselles et les bourgoises de Paris allerent prier moult piteusement à la duchesse qu'elle eust la paix du royaulme pour recommandée, laquelle leur fist responce moult doulce et moult benigne en disant : « Mes bonnes amies, c'est une des choses de ce monde² dont j'ay plus grant desir, et dont je prie plus mon seigneur et jour et nuyt, pour le tres grant besoing que je voy qu'il en est, et pour certain je scay bien que mon seigneur en a tres grande³ voulenté de y exposer corps et chevance. » Si la mercierent moult, et prindrent congé et se departirent.

667. Item, le jeudy ensuivant, xxi° jour d'avril, se departy de Paris le duc et sa femme pour estre le premier jour de juillet à Arras, au conseil.

668. Et la premiere sepmaine de may, fut desconfit et prins le conte d'Arondel⁴, et ses gens mors de par les Arminalx, et fust navré⁵, et fut devant Gerberoy.

669. Item, de nuyt, entre le darrain jour de may et le premier

---

Près du corps de la duchesse de Bedford fut déposé le cœur de son frère Philippe le Bon (Le P. Louys Beurrier, *Histoire du monastère et couvent des Pères Célestins*, p. 370; de Guilhermy, *Inscriptions de la France*, t. I, p. 438).

1. Ms. de Paris : Ouirent messe.
2. « De ce monde » manque dans le ms. de Rome.
3. Ms. de Paris : tres bonne.
4. Jean Fitz-Allan, comte d'Arundel, seigneur de Mautravers, lieutenant général du roi sur le fait de la guerre « es pais d'entre les rivieres de Seine, Loire et la mer, du 1ᵉʳ juin 1433 au 1ᵉʳ mai ensuivant, » devait aux termes de « l'endenture » faite le 11 juin 1433 avec Jean Stanlaw, trésorier général des finances en Normandie, tenir la campagne avec 200 lances et 600 archers. Il eut mission de recouvrer Bonsmoulins, Laigle et autres places normandes occupées par les partisans de Charles VII (Arch. nat., K 63, n° 24⁵, n° 24⁶). Le duc de Bedford le récompensa, le 8 septembre 1434, par le don du duché de Touraine et de deux mille livres tournois de revenu en terres dans la Normandie (*Ibid.*, JJ 175, fol. 131, 132). Au commencement de mai 1435 le comte d'Arundel, ayant appris que Xaintrailles et La Hire mettaient en état de défense la vieille forteresse de Gerberoy, marcha rapidement contre eux, espérant les surprendre; mais il fut complètement défait sous les murs de Gerberoy et blessé au pied d'un coup de couleuvrine; transporté à Beauvais, il y mourut peu après des suites de sa blessure (Monstrelet, t. V, p. 118; Guillaume Gruel, p. 379; J. Chartier, t. I, p. 169).
5. « Et fust navré » manque dans le ms. de Rome.

jour de juing après mynuit, fut prinse la ville de Sainct-Denis par les Arminalx[1], dont tant de mal s'ensuivy que la ville de Paris fut si assegée que de nulle part n'y povoit venir nulz biens par riviere ne par autre part. Et venoient tous les jours jusques aux portes de Paris[2], et à tous ceulx qu'ilz trouvoient en allant ou en venant qui estoient de Paris, ilz les tuoient, et femmes et filles prenoient à force, et faisoient sayer les blez auprés de Paris, ne nul n'y mettoit contredit, et après s'acoustumerent que tous ceulx qu'ilz prenoient ilz leur coppoient les gorges, fucent laboureux ou autres, et les mettoient en my les chemins, et à femmes aussi bien.

670. Après, vers la fin d'aoust, vint grant foison d'Angloys, c'est assavoir, le sire de Huillebit[3], le sire d'Escalle, le sire de Staufort, et son nepveu le bastart de Sainct-Paul[4], et plusieurs

---

1. Cet audacieux coup de main, qui donnait aux Français toute latitude pour intercepter les arrivages de vivres à Paris, déjà si difficiles, fut dirigé par les capitaines de Melun et de Lagny; ce dernier, Jean Foucaut, chevalier d'une bravoure éprouvée, à la tête de trois à quatre cents combattants suivant Fauquembergue (Arch. nat., XIa 1481, fol. 101 r°), de douze cents d'après Monstrelet (t. V, p. 125).

2. Une surveillance attentive fut organisée à Paris, le long de la Seine, pour empêcher toute surprise; dès le 3 juin, Jean Haussecul, boucher de la grande boucherie, vint trouver les chanoines de Notre-Dame de la part du prévôt des marchands et leur exposa la nécessité pressante de faire guet sur le « Terrain, » à cause de la présence des ennemis à Saint-Denis; cette requête fut accueillie le 14 juin; une nouvelle démarche fut faite auprès du chapitre en vue de se procurer les fonds nécessaires pour solder les gens de guerre que l'on devait envoyer au siège de S.-Denis. Dans la seconde quinzaine de mars 1436, l'imminence du danger fit redoubler de précautions; à la date du 20, le chancelier signifia aux chanoines domiciliés dans le cloître « qu'ils eussent à faire murer, en raison du danger des guerres, les portes de leurs maisons donnant sur la riviere » (Arch. nat., LL 217, fol. 150, 152, 203).

3. Robert de Willougby, illustre capitaine anglais, que la libéralité du régent gratifia successivement du comté de Vendôme confisqué sur Louis de Bourbon (20 septembre 1424) et du comté de Beaumont-sur-Oise (12 septembre 1431), était gouverneur de Pontoise lorsqu'il fut appelé au commandement des forces militaires chargées de garder la capitale; mais ses efforts ne purent empêcher la révolution de 1436.

4. Jean de Luxembourg, bâtard de S.-Paul, seigneur de Haubourdin, figure effectivement au nombre des capitaines tenant le parti d'Angleterre qui vinrent mettre le siège devant S.-Denis et fut « l'un des principaulz à faire certain traictié et convenance avecques ceulx qui estoient en garnison en icelle ville de S. Denis » pour la rendre aux Anglais; ces faits

autres signeurs d'Angleterre. Et la derraine sepmaine d'aoust, assegerent ceulx qui dedens Sainct-Denis estoient et leur osterent la riviere qu'on nomme Crout, et à faire leurs logeys despecerent les maisons de Sainct-Ouin, de Haubervilliers, de la Chappelle, brief de tous les villaiges d'entour, qu'il n'y demoura ne huys ne fenestres, ne traillis de fer, ne quelque chose que on peust emporter; ne n'y demoura aux champs, despuis qu'ilz furent logez, feves ne pois, ne quelque autre chose, et si y avoit encore des biens sur terre, mais quelque chose n'y demoura, et coppoient les vignes atout le grain et en couvroient leurs logeys, et quant ilz estoient ung pou à sejour, ilz alloient piller tous les villaiges d'entour Sainct-Denis. Quant ceulx qui dedens Sainct-Denis estoient se virent ainsi encloz, si yssoient souvent sur eulx et en tuoient tres grant foison, et quant dedens estoient ilz les tuoient par cannons grans et petis, et especialment par petis longs cannons qu'ilz appeloient couleuvres, et qui en estoit frappé à peine povoit il eschaper sans mort.

671. Item, l'endemain de la Nativité Nostre-Dame, leverent ung assault à ceulx de Sainct-Denis, mais tant bien se deffendirent qu'ilz tuerent grant foison d'Anglois et de bien gros chevaliers et autres; et fut tué le nepveu au sire de Facetost[1], et après fut despecé par pieces et cuit en une chaudiere ou cymetiere de Sainct-Nicolas tant et largement que les os laisserent la char, et puis furent tres bien nettoiez, ilz furent mis en ung coffre pour porter en Angleterre, et les trippes et la char et l'eaue furent enfouys en une grant fosse oudit cymetiere de Sainct-Nicolas.

672. Item, celle année, fist le plus bel aoust, et bon blé et foison.

673. Item, celle année, les moriers ne porterent nulles mores, mais il fut tant de pesches que on n'en vit oncques mais tant, car on avoit le cent de tres belles pour II deniers parisis ou II tournoys, ou pour mains.

674. Item, il ne fut nulles almendes.

675. Item, encore estoit le conseil à Arras, et on n'en ouoit aucunes nouvelles à Paris en celui temps.

676. Item, le duc de Bedfort qui avoit esté regent de France

---

sont rappelés dans les lettres de rémission qu'il obtint de Charles VII en février 1446 (Arch. nat., JJ 177, fol. 104).

1. C'était sans doute un neveu du fameux Jean Falstalf.

depuis la mort du roy de Angleterre Henry, et estoit trespassé à Rouen le xiiii[e] jour de septembre, jour Saincte Croix [1].

677. Item, les Arminalx de Sainct-Denis prindrent le dimenche xxiiii[e] jour de septembre l'an mil iiii[c] xxxv treves, et celle propre nuyt, ceulx de leur party prindrent le pont de Meurlan [2], dont ceulx qui estoient dedens Sainct-Denis, quant on cuida traicter avec eulx, ilz furent pires que devant; et convint à eulx traicter, par ainsi qu'ilz s'en yroient à tout ce qu'ilz vouldroient ou pourroient emporter sans quelque contredit de nully, et aussi leur fut acordé par les signeurs qui tenoient le siege. Et se partirent le jour Saincte Aure, iiii[e] jour d'octobre, tout mocquant des Anglois, en disant : « Recommandez nous aux roys qui sont enterrez en l'abbaïe de Sainct-Denis et à tous noz compaignons, cappitaines et autres qui là dedens sont enterrez. » Et estoient bien de xiii à xv[c], tres bien montez et abillez, et aux escarmouches et assaulx en mourut bien environ iiii[c], et ce n'eust esté qu'ilz avoient tres grant faulte d'eaue doulce et de vin et de sel, et si n'avoient admené nulz mires avec eulx, par quoy plusieurs navrez moururent par deffaulte d'appareil, et si leur avoit on osté leur riviere, se n'eust esté ce, on n'eust pas eu si bon marché de leur departie.

678. Item, deux jours après vindrent devant Paris, pillant, robant, prenant hommes, femmes et enfans, car il n'estoit personne qui aux champs osast yssir, et les Anglois estoient dedens Sainct-Denis qui pilloient la ville sans rien y laisser à leur povoir;

---

1. Jean de Lancastre, duc de Bedford, dévoré par le chagrin que lui causait l'écroulement de la domination anglaise, ne put supporter la ruine de toutes ses espérances après la conclusion du traité d'Arras et mourut au château de Rouen le 14 septembre 1435. Son corps, embaumé et mis dans un cercueil de plomb, fut inhumé le 30 septembre dans le chœur de la cathédrale de Rouen, du côté gauche, aux pieds de Henri Courtmantel; ses exécuteurs testamentaires lui firent élever un magnifique tombeau de marbre noir, achevé dès l'année 1446 (*celebre monumentum ac speciosa sepultura artificiosissime composita*). Ce tombeau fut mutilé par les Calvinistes en 1562 et complètement détruit en 1734 (Cf. *Bibl. de l'École des chartes*, t. XXXIV, p. 348; l'abbé Cochet, *Répertoire archéologique de la Seine-Inférieure*, p. 436).

2. Le pont de Meulan fut « prins d'eschielle » sur les Anglais par le sire de Rambouillet et un écuyer français du nom de Pierre Jaillet, lequel se fit instituer capitaine de cette forteresse, comme le montrent les lettres de rémission délivrées en sa faveur au mois de mars 1446 pour levée abusive de péages (Arch. nat., JJ 177, fol. 131). Au moment de la surprise de septembre 1435, le capitaine anglais était Richard Merbury qui dut évacuer la place (Arch. nat., K 63, n° 10³⁰; J. Chartier, t. I, p. 181).

ainsi fut la ville de Sainct-Denis destruicte, et quant ilz orent tout pillié [à leur povoir], si firent abatre les portes et les murs, et en firent ville champestre; et tant comme le siege dura, il n'estoit sepmaine que l'evesque de Terouanne, qui estoit chancellier, ne couchast en l'ost une foys ou deux, et fist faire en l'isle de Sainct-Denis une petite forteresse toute environnée de grans fossez tres parfons.

679. Item, la royne de France, Ysabel, femme de feu Charles le VIme, trespassa en l'ostel de Sainct-Paul le sabmedi xxiiii[e] jour de septembre l'an mil iiii[c] xxxv [1], et fut trois jours que chascun la veoit qui vouloit; et après fut ordonnée comme il appartenoit à telle dame, et fut gardée jusques au xiii[e] jour [jeudy] d'octobre qu'elle fut apportée à Nostre-Dame, à iiii heures après disner; et y avoit xiiii [2] sonneurs devant le corps et cent torches, et n'y avoit compaignie de femmes d'estat que la dame de Baviere, et ne scay quantes damoiselles après le corps, qui estoit en hault levé sur les espaulles de xvi hommes vestuz de noir; et estoit sa representacion moult bien faicte, car elle estoit couchée si proprement qu'il sembloit qu'elle dormist, et tenoit ung ceptre royal en sa main dextre. Celle journée, furent dictes ses vigilles moult sollempnellement, et fut prelat l'abbé de Saincte-Geneveve [3] et là furent toutes les processions de Paris.

---

1. Isabeau de Bavière rendit le dernier soupir le jeudi 29 septembre un peu avant minuit; ses serviteurs et familiers transportèrent son corps à Notre-Dame le jeudi 13 octobre sur une litière, précédée par les huissiers du Parlement qui faisaient faire place aux membres de la Cour, les présidents tenant les quatre coins du poêle dont la litière était recouverte. Bien que la reine déchue n'eût laissé qu'une bien maigre somme (80 livres tournois) à la fabrique de Notre-Dame, le clergé de la cathédrale se rendit processionnellement à Saint-Paul, et n'épargna rien pour que le service fût digne d'une souveraine, prêtant même un sceptre, une couronne et autres ornements royaux pour la décoration du chœur; la cérémonie funèbre se fit en présence de Louis de Luxembourg, chancelier de France, de Jacques du Châtelier, évêque de Paris, des seigneurs de Scales et de Willoughby et de quelques autres personnages (Arch. nat., X1a 1481, fol. 107 r°; LL 217, fol. 175-178). Après la célébration de la messe, la dépouille d'Isabeau de Bavière, pieusement accompagnée par les présidents du Parlement jusqu'au port S.-Landry, fut confiée à un bateau où se trouvaient seulement ses exécuteurs testamentaires, notamment son confesseur et son chancelier, et conduite dans cet appareil à S.-Denis, où elle reçut la sépulture à côté de son mari (J. Chartier, t. I, p. 211).

2. Ms. de Paris « xxiiii ».

3. Pierre Caillou, élu abbé de Sainte-Geneviève en 1433, reçut ses bulles

680. Item, le lendemain, fut mise en la riviere de Saine après sa messe en ung batel, et fut portée enterrer à Sainct-Denis en France, car on ne l'osa porter par terre pour les Arminalx dont les champs estoient touzjours plains, et tous les villaiges d'entour Paris.

681. Item, aussitost que le pont de Meulen fut prins, tout enchery à Paris [1], se non le vin, mais le blé que on avoit pour xx solz parisis monta tantost après à ii frans; fromaige, beurre, huille, pain, tout enchery ainsi de pres de la moitié ou du tiers; et la char, et sain doulx iiii blans la choppine.

682. Item, en cellui temps, n'estoit nulle nouvelle du conseil d'Arras, ne que s'ilz fucent à iiɪᶜ lieux de Paris.

683. Item, en cellui conseil ne firent rien qui prouffitast à Paris, car chascun vouloit tenir le parti [2] dont le prouffit lui venoit.

684. Item, quant les Françoys ou Arminalx virent qu'ilz ne porent trouver autre accort, ilz se misdrent sus plus fort que devant, et se mirent en Normendie à puissance, et en pou de temps gaignerent des meilleurs pors de mer qui y soient, comme Montyvillier [3], Dieppe, Harefleu et autres bonnes villes et chas-

---

en 1435 et remplit les fonctions abbatiales jusqu'au 27 août 1466, date de sa mort.

1. Dans la séance du Parlement, tenue le 12 octobre, Jean Chouart, procureur du roi au Châtelet, demanda que la Cour voulût bien adjoindre quelques conseillers au prévôt des marchands, aux échevins et aux conseillers du Châtelet, à l'effet « de pourveoir au fait de la policie de ceste ville, pour ce que toutes denrées, obstant la prinse du pont de Mellant par les adversaires, encherissent tres fort de jour en jour »; le Parlement désigna le président Piédefer et quatre autres membres de la compagnie, afin de prendre les mesures nécessaires (Arch. nat., Xᵢᵃ 1481, fol. 107 r°). Les registres capitulaires de N.-D. témoignent aussi de la cherté excessive et de la difficulté que l'on éprouvait pour se procurer les objets de première nécessité; le 30 août 1435, les cheveciers de Saint-Merry vinrent se plaindre au chapitre de la maigreur de leurs revenus. « Par suite des guerres et de la misere des temps, helas! trop notoire », disaient-ils, ces revenus étaient tellement diminués qu'ils ne pouvaient plus suffire aux charges d'un seul des cheveciers ainsi qu'à son modeste entretien (Arch. nat., LL 217, fol. 265).

2. Ms. de Paris : la partie.

3. A Montivilliers commandait pour les Anglais Clément Overton; à Dieppe Jean Salvayn, chevalier, bailli de Rouen; à Harfleur Guillaume Myners (Arch. nat., K 63, n° 34⁶; Stevenson, *Wars of the English*, t. II, part. 2, p. 541).

tellenies assez, et après vindrent plus pres de Paris, et gaignerent Corbeil[1], le Bois de Vicenne[2], Beauté, Pontoise, Sainct-Germain-en-Laie[3], et autres villes et chasteaux assis[4] autour de Paris, par quoy nul bien ne povoit venir en la ville de Paris de Normendie ne d'ailleurs, ne pour monter ne pour avaller aucuns biens[5]. Et pour ce, tous biens furent tres chiers en karesme, et especialment harens caqué, car pour certain le caqué coustoit xiiii frans, et le sor aussi cher à la value, et n'amanda de rien tout le karesme ; et environ Pasques tant enchery le blé qu'il valloit iiii frans, qui ne valloit à la Chandelleur que xx solz parisis le meilleur.

685. Item, en ce temps que chascun avoit aprins à gaigner, estoient les gaignes si mauvaises que les bonnes femmes qui

---

1. Corbeil avait alors pour capitaine un certain Ferrières qui livra la place moyennant finance payée par le duc de Bourbon (Berry, édit. Godefroy, p. 392) ; ses gens firent une pointe audacieuse et réussirent à s'emparer du pont de Charenton. Ce fâcheux incident fut annoncé au Parlement le mercredi 11 janvier 1436, en présence de l'évêque de Paris, du sire de Willougby, de Simon Morhier, du prévôt des marchands et des échevins (Arch. nat., X1a 1481, fol. 112 v°).

2. Le château du Bois de Vincennes tomba au pouvoir des Français le 19 février 1436. Un Écossais de la garnison, de garde au donjon et gagné à prix d'or, donna accès à dix partisans déterminés conduits par Guillaume de la Barre, lesquels escaladèrent la forteresse et s'en rendirent maîtres presque sans coup férir (Cf. Vallet de Viriville, *Histoire de Charles VII*, t. II, p. 349).

3. Saint-Germain-en-Laye était défendu par une garnison peu importante, composée de trois lances à cheval, de sept à pied et de trente archers sous les ordres d'un chevalier gascon nommé Louis d'Espoy, qui y commandait dès 1431 ; on voit déjà à cette époque l'un des archers de la garnison emprisonné pour avoir voulu livrer la place ; l'époque de sa réduction ne nous est pas connue (Arch. nat., K 63, n° 10¹⁴ ; Stevenson, *Wars of the English*, t. II, 2e partie, p. 543).

4. Ms. de Paris : assés autour de Paris.

5. Un seul exemple donnera une idée de la difficulté des communications entre Paris et le nord-ouest de la France. Au mois d'octobre 1435, Pierre Cauchon, Guillaume Érard, docteur en théologie, et Jean de Rinel, ambassadeurs du roi d'Angleterre au congrès d'Arras, suivirent pour leur retour l'itinéraire suivant : après avoir gagné par la Flandre Calais et Boulogne, ils s'embarquèrent à Boulogne pour le Tréport, du Tréport se rendirent à Dieppe, de Dieppe à Caudebec, et arrivèrent ainsi à Rouen. Jean de Rinel, dont le voyage ne devait se terminer qu'à Paris, dut faire le trajet de Rouen à Mantes par eau et de Mantes à Paris par terre (Arch. nat., K 64, n° 1¹⁹).

avoient aprins à gaigner v ou vi blans pour jour se donnoient voulentiers pour ii blans et se vivoient dessus.

686. Item, le vendredy de la iiie sepmaine de karesme, furent envoiez les Anglois en tous les villaiges d'entour Pontoise pour bouter le feu partout, et en blez et en advoynes, et en poys et en feves qui dedens les maisons estoient, et en après pillerent tout ce qu'ilz porent trouver, et qui pis est, tretous ceulx à qui les biens estoient admenerent prinsonniers, dont ilz orent moult grant finance. Et pour vray fut dit en la ville de Paris par gens dignes de foy tous ordonnez pour mouldre, de bons blez avoient ars pour vivre vi^m personnes demy an, et ceulx de Paris en avoient tres grant neccessité, comme devant est dit. Et toute ceste mallefice et dyabolicque guerre soustenoient et maintenoient trois evesques; c'est assavoir : le chancellier, homme tres cruel, qui estoit evesque de Terouanne; l'evesque qui fut de Beauvays, qui pour lors estoit evesque de Lisieux, et l'evesque de Paris. Et, pour certain, par leur fureur, sans pitié on faisoit à secret et en appert moult [mourir] de peuple, ou par noyer ou autrement, sans ceulx qui mouroient par bataille.

[1436.]

687. Item, la sepmaine devant Pasques flouries, l'an mil iiii^c xxxv, on fist aller commissaires par tout Paris pour savoir combien de blé ou de farine chascun avoit, ou d'avoyne, ou de feves, ou de poys.

688. Item, les devantdiz gouverneurs firent faire en celuy karesme à tous ceulx de Paris le serment[1], sur peine de dampnacion de l'ame, sans espargnier prebstre ne religieux, qu'ilz seroient bons et loyaux au roy Henry d'Angleterre, et qui ne

---

1. Cette nouvelle prestation de serment eut lieu le jeudi 15 mars 1436 en séance solennelle du Parlement tenue sous la présidence du chancelier, évêque de Thérouanne. Au nombre des prélats et autres personnages considérables qui vinrent jurer sur les saints Évangiles d'être bons et loyaux envers le roi d'Angleterre, nous signalerons les évêques de Lisieux, de Paris, de Meaux, les abbés de Saint-Denis, de Saint-Germain-des-Prés, de Saint-Victor, de Saint-Maur-des-Fossés, de Sainte-Geneviève, le prieur de Saint-Martin-des-Champs, Jean Le Clerc, Jean de Courcelles, Simon Morhier, Gilles de Clamecy, Hugues le Coq, prévôt des marchands, avec quantité de bourgeois et notables Parisiens, dont le registre du Parlement donne une longue énumération (Arch. nat., X1a 1481, fol. 118 r°).

vouloit faire, il perdoit ses biens et estoit banny, ou il avoit pis, et n'estoit nul homme qui parler en osast ne faire semblant ; et si faillirent les harens quinze jours devant Pasques et les oingnons, car vi[1] oingnons ung pou gros coustoient IIII deniers parisis, et tout estoit tant cher[2], pour ce que nul n'osoit rien apporter à Paris qui ne fust en peril d'estre tué.

689. Item, il convint par la force des devantdiz gouverneurs que chascun portast la croix rouge, sur peine de la vie et de perdre le sien[3]; et tous les gouverneurs portoient une grant bande blanche toute plaine de croisettes rouges.

690. Item, le mercredy de la sepmaine peneuse, se departirent de Paris environ IIII^c Anglois, pour ce que on ne les paoit point de leurs gaiges, et le jeudi absolu ensuivant estoient encore à Nostre-Dame des Champs, et là firent du pis qu'ilz porent, et mengerent celui jour tous les œufs et fromaiges qu'ilz porent [trouver] là et ailleurs par où ilz tindrent le chemin, et roberent et pillerent les eglises de croix, de calices et de nappes, et toutes les maisons des bonnes gens; brief, après culx, ne demouroit rien en plus que après feu, mais environ III ou IIII jours après ilz furent rencontrés tellement qu'ilz furent presque tous mis à mort.

691. Item, le mardy des festes de Pasques, les gouverneurs de Paris firent partir de Paris, environ minuyt, bien VI ou VIII^c Anglois pour aller bouter le feu en tous les petiz villaiges et grans qui sont entre Paris et Pontoise sur la riviere de Saine, et quant ilz furent à Sainct-Denis, ilz pillerent l'abbaie. Et vray est que en l'abbaie aucuns prenoient les reliques pour l'argent avoir qui autour estoit, et de fait l'un regarda le prebstre qui chantoit la messe, et pour ce qu'elle lui sembloit trop longue, quant le prebstre ot dit *Agnus Dei* et qu'il usoit le precieux sacrement, aussi tost qu'il ot prins le precieux sang, ung grant ribaut saut

---

1. D'après le ms. de Paris, un seul oignon aurait coûté 4 deniers parisis.

2. Eu égard à la cherté des vivres (*propter caristiam victualium*), l'évêque de Paris et le chapitre de Notre-Dame permirent à leurs ouailles d'user pendant le temps du carême de beurre et d'œufs (Arch. nat., LL 217, fol. 199).

3. L'ordonnance rendue le 16 mars 1436 au nom du roi d'Angleterre et publiée au Parlement le 17 contenait défenses aux habitants de Paris de porter autre enseigne que la croix rouge et imposait ce signe de ralliement à tous les gens de guerre et à « tous autres qui d'ores en avant iront et seront ordonnez aler aux guetz et aux gardes des portes et murs d'icelle ville, soit de jour, soit de nuit. » (Arch. nat., X1a 8605, fol. 33 r°.)

avant, et tantost print calice et les corporaulx, et s'en va ; les autres prindrent les nappes de tous les autelz et tout ce qu'ilz porent trouver en l'eglise de Sainct-Denis, et s'en alloient atout faire les douleurs que noz evesques et les gouverneurs leur avoient ordonné à faire. Mais le signeur de l'Isle-Adam, qui estoit yssu de Pontoise et estoit sur les champs, vint contre eulx et les mist presque tous à mort, et les chassa tuant et occiant depuis par delà Espinel[1] jusques aux portes de Paris, c'est assavoir, la bastide Sainct-Denis, mais cellui jour, environ ii^c s'estoient espartis es villaiges, quant ilz sorent la chose comment elle alloit, ilz se mirent dedens Sainct-Denis en une tour c'on nomme la tour du Velin[2]. Quant le sire de l'Isle-Adam vit qu'ilz furent là, si dist qu'il n'en partiroit point tant qu'il les eust mors ou vis ; si laissa de ses gens, et firent tant qu'ilz les prindrent, et tantost furent tous mis à mort sans rançon ; et fut le vendredy des festes de Pasques, l'an mil CCCC XXXVI, et furent cel an Pasques le VIIIe jour d'avril, et fut celle année bissextre, dimenche courant par G.

692. Item, en cellui vendredy d'après Pasques, vindrent devant Paris les signeurs de la bande devantdicte, c'est assavoir, le conte de Richemont qui estoit connestable de France de par le roy Charles, le bastart d'Orleans, le signeur de l'Isle-Adam et plusieurs autres signeurs droict à la porte Sainct-Jaque, et parlerent aux portiers, disant : « Laissez nous entrer dedens Paris paisiblement, ou vous serez tous mors par famine, par cher temps ou autrement. » Les gardes de la porte regarderent par dessus les murs et virent tant de peuple armé qu'ilz ne cuidoient mie que toute la puissance du roy Charles peust finer de la moitié d'autant de gens d'armes comme ilz povoient veoir. Si orent peour, et doubterent moult la fureur, si se consentirent à les bouter dedens la ville.

L'antrée des Francoys à Paris en l'an mil IIII^c XXXVI.

693. Et entra le premier le signeur de l'Isle-Adam par une

---

1. Épinay-sur-Seine (Seine, arr. et cant. de Saint-Denis).
2. La tour de Velin ou du Venin, attenante à l'abbaye de Saint-Denis et plus connue sous le nom de tour du Salut, servit de refuge au seigneur de Brichenteau, neveu de Morhier, qui s'y tint jusqu'au jour de l'entrée du connétable de Richemont à Paris ; jugeant alors la situation désespérée, il abandonna ce dernier rempart des Anglais et fut massacré dans la plaine (Cf. Vallet de Viriville, *Histoire de Charles VII*, t. II, p. 362).

grant eschelle que on lui avalla, et mist la baniere de France dessus la porte, criant : « Ville gaignée! » Le peuple en sceut parmy Paris la nouvelle, si prindrent tantost la croix blanche droicte, ou la croix Sainct Andry. L'evesque de Terouanne, chancellier de France, quant il vit la besongne ainsi tournée, si manda le prevost et le signeur de Huillebit et tous les Anglois, et furent tous armez au mieulx qu'ilz porent. D'autre part, ceulx de Paris prindrent cuer par ung bon bourgois nommé Michel de Lalier [1] et autres plusieurs qui estoient cause de la dicte entrée [2]; si firent armer le peuple et allerent droit à la porte Sainct-Denis, et furent tantost [quelque] iii ou iiii^m hommes, que de Paris que des villaiges, qui tant avoient grant haine aux Anglois et aux gouverneurs, que autre chose ne desiroient que les destruire. Comme ilz estoient à garder ladicte porte, et les gouverneurs davantdiz orent assemblé leurs Anglois, si firent trois batailles, en l'une le sire de Huillebit, en l'autre le chancellier et le prevost, et en l'autre Jehan l'Archer [3], ung des plus crueulx chrestiens du

---

1. Michel de Laillier, maître des comptes sous Charles VI, servit en cette qualité le gouvernement anglais et prêta même le serment du 15 mars 1436; il n'en est pas moins vrai qu'il joua le principal rôle dans la reddition de Paris (Cf. Vallet de Viriville, *Histoire de Charles VII*, t. II, p. 354).

2. Après Michel de Laillier, on peut citer, au nombre des partisans les plus dévoués de la cause française, les bourgeois qui constituèrent le nouvel échevinage, notamment Jean de Belloy qui, est-il dit dans un procès plaidé à la Cour des aides, « a servy mons' de Bourgongne et a beaucoup labouré par l'ordonnance dudit seigneur à remettre Paris en l'obeissance du roy » (Arch. nat., Z1a 10, fol. 9 v°).

3. Jean l'Archer, lieutenant criminel de la prévôté de Paris pendant l'occupation anglaise, était examinateur au Châtelet dès le début du xve siècle. En 1402, il fut chargé de débarrasser les abords de la grande boucherie des étaux et paniers empiétant sur la voie publique (Arch. nat., Y², fol. 204 r°). Nommé lieutenant criminel du prévôt de Paris à la suite de la réaction bourguignonne de 1418, il occupait ce poste le 31 mars 1425; à cette date, le chanoine Pierre d'Orgemont fut chargé de lui présenter, au nom du chapitre et des paroissiens des églises Saint-Christophe, de Saint-Pierre-aux-Bœufs et de Sainte-Marine de la Cité, une pétition tendant à l'expulsion des femmes de mauvaise vie qui avaient élu domicile autour de l'hôtel de l'Ours et du Lion (*Ibid.*, LL. 217, fol. 140). Le 28 février 1432, le chapitre de Notre-Dame nomma Jean l'Archer franc-sergent de l'église de Paris. Le lieutenant criminel du prévôt de Paris, objet de l'exécration universelle, suivit les Anglais dans leur retraite le 17 avril 1436; trois jours après, les chanoines déclarèrent l'office de franc-sergent vacant, attendu que ledit l'Archer était allé « soy rendre ennemy du roy nostre sire et demourer en l'obeissance du roy d'Angleterre », et

monde, et estoit lieutenent du prevost ung gros villain comme ung cagoux[1]. Et pour ce que ilz craignoient moult le quartier des Halles, y fut envoié le prevost atoute son armée, et en allant trouva ung sien compere, ung tres bon marchant nommé[2] Le Vavasseur[3], qui lui dist : « Monsieur mon compere, aiez pitié de vous, car je vous prometz qu'il convient à ceste foys faire la paix, ou nous sommes tous destruictz. — Comment, dist il, traistre! es tu tourné, » et sans plus dire, le fiert de son espée par le travers du visaige, dont il chut, et après le fist tuer par ses gens. Le chancellier et ses gens alloit par la grant rue Sainct-Denis, Jehan l'Archer alloit par la rue Sainct-Martin, lui et sa compaignie, et n'avoit celui qui n'eust bien en sa compaignie II ou IIIᶜ hommes tous armez ou archers, et crioient le plus orriblement que oncques on vyt crier gens : « Sainct George! sainct George! traistres Francoys, vous serés[4] tous mors! » Et ce traistre L'Archer crioit que on tuast tout, mais ilz ne trouverent homme parmy les rues, ce ne fu en la rue Sainct-Martin qu'ilz trouverent devant Sainct-Merry ung nommé Jehan le Prebstre et ung autre nommé Jehan des Croustez, lesquelx estoient tres bons mesnai-

---

ils le remplacèrent par Jean de Hacqueville, drapier. Le successeur de L'Archer comme lieutenant-criminel fut Jean Truquan ; ses biens furent attribués en 1437 à Ambroise de Loré (Arch. nat., PP 118, Mémorial Bourges, fol. 11). En 1401, Jean l'Archer possédait à la porte Baudoyer une maison à l'enseigne du Chaudron (Ibid., Z 5184, fol. 68 v°).

1. Ms. de Paris : cacque ou cacqué.
2. Avant « le Vavasseur » il y a un blanc dans le ms. de Paris.
3. Guillaume le Vavasseur, gros boulanger-meunier, s'enrichit par des spéculations sur les grains et farines, spéculations qui prirent parfois le caractère d'abus et d'exactions et tombèrent sous le coup d'une répression sévère. Le 17 juillet 1420, année signalée par une cherté excessive du pain, dix meuniers de Paris, Guillaume le Vavasseur en tête, furent condamnés par le Parlement à crier merci et demander pardon au procureur général du roi, à se rendre par le Grand-Pont et le pont Notre-Dame jusqu'en l'église Notre-Dame, tenant en leur main un cierge ardent d'une livre qu'ils devaient déposer devant l'image de Notre-Dame, enfin à tenir prison en la Conciergerie jusqu'à ce qu'ils eussent fait cuire et distribuer aux établissements hospitaliers de la capitale une certaine quantité de pains, dans la proportion d'un muid de blé pour Le Vavasseur et Rappan et d'un demi-muid pour les autres meuniers. Le Parlement défendit en outre à tout boulanger, sous peine de cent livres d'amende et d'exposition au pilori, de s'entremettre de meunerie, mais il déclara en même temps que la condamnation infligée aux meuniers n'aurait rien d'infamant (Arch. nat., X1a 1480, fol. 219 v°).
4. « Serés » manque dans le ms. de Rome.

gers et hommes de honneur, qu'ilz tuerent plus de dix foys. En
après allerent criant, comme davant est dit, et tirant aux fenestres,
especialment aux boutz des rues, de leurs fleches, mais les chesnes
qui estoient tendues parmy Paris leur firent perdre toute leur
force. Ainsi allerent à la porte Sainct-Denis où ilz furent bien
receuz, car quant virent tant de peuple et qu'ilz virent qu'on leur
gecta IIII ou V canons, si furent moult esbahiz, et au plus tost
qu'ilz porent s'en fouirent tous vers la porte Sainct-Anthoine et
se bouterent tous dedens la forteresse. Tantost après vindrent
parmy Paris le connestable devantdit et les autres signeurs, aussi
doulcement comme se toute leur vie ne se feussent point meuz
hors de Parys, qui estoit ung bien grant miracle, car deux heures
devant qu'ilz entrassent, leur intencion estoit et à ceulx de leur
compaignie de piller Paris et de mettre tous ceulx qui les contrediroient à mort ; et, par le recort d'eulx, bien cent charretiers[1] et
plus qui venoient après l'ost admenerent blez et autres vitailles,
disant : « On pillera Paris, et quant nous aurons vendu nostre
vitaille à ces villains de Paris, nous chargerons noz charrettes du
pillaige de Paris et remporterons or et argent et mesnaige, dont
nous serons tous riches toutes noz vies. » Mais les gens de Paris,
aucuns bons chrestiens et chrestiennes, se mirent dedens les eglises
et appelloient la glorieuse Vierge Marie et monsieur sainct Denis,
qui apporta la foy en France, qu'ilz voulsissent deprier à Nostre
Seigneur qu'il ostast toute la fureur des princes devant nommez,
et de leur compaignie. Et vraiement bien fut apparant que
mons' sainct Denis avoit esté advocat [de la cité par devers la glorieuse Vierge Marie, et] la glorieuse Vierge Marie par devers
Nostre Seigneur Jhesu-Crist, car quant ilz furent entrez dedens
et qu'ilz virent que on avoit rompue à force la porte Sainct-
Jaque pour leur donner entrée, ilz furent si meuz de pitié et de
joye qu'ilz ne se porent [oncques] tenir de larmoier. Et disoit le
connestable, aussitost qu'il se vit dedens la ville, aux bons habitans de Paris : « Mes [bons] amys, le bon roy Charles vous
remercie c mil foys, et moy de par luy, de ce que si doulcement
vous lui avez rendue sa mestresse cité de son royaulme, et s'aucun, de quelque estat qu'il soit, a mesprins par devers monsigneur
le roy, soit absent ou autrement, il lui est tout pardonné[2]. » Et

---

1. Ms. de Rome : charrettes.
2. Les lettres d'abolition accordées aux habitants de Paris par Charles VII

tantost sans descendre fist crier à son de trompe que nul ne fust si hardi, sur peine d'estre pandu par la gorge, de soy loger en hostel de bourgois ou de mesnaiger oultre sa voulenté, ne de reproucher, ne de faire quelque desplaisir, ou piller personne de quelque estat, non s'il n'estoit natif d'Angleterre et souldoier; dont le peuple de Paris les print en si grant amour que, avant qu'il fust l'endemain, n'y avoit celui qui n'eust mis son corps et sa chevance pour destruire les Angloys. Après ce cry furent cerchées les hostelleries pour trouver les Angloys, et tous ceulx qui furent trouvez furent mis à rançon et pillez, et plusieurs mesnaigers et bourgois qui s'enfouirent avec le chancelier dedens la porte Sainct-Anthoine, ceulx là furent pillez, mais oncques personne, de quelque estat qu'il fust ne de quelque langue, ne tant eust mal fait contre le roy, n'en fut tué.

694. Item, l'endemain de l'antrée, jour de sabmedi, vint tant de biens à Paris qu'on avoit le blé pour xx solz parisis, [qui le mercredy devant coustoit xlviii ou l solz]; et fut le vieulx marché de devant la Magdeleine ouvert, et y vendist on le blé, qui plus de xviii ou xx ans avoit esté fermé, et on ot celui jour vii œufs pour i blanc, et le jour de devant on n'en avoit que v pour ii blans, et autres vitailles au cas pareil.

695. Item, ceulx qui se bouterent en la porte Sainct-Anthoine eulx trouverent moult esbahiz quant ilz se virent enfermez là dedens, car ilz estoient tant que tout estoit plain, et eussent esté tantost affamez. Si parlerent au connestable et finerent avec luy par grant[1] finance qu'ilz s'en iroient sains et saulx par saufconduit; et ainsi vuiderent la place le mardy xvii° jour d'avril l'an mil iiiic xxxvi[2]; et pour certain oncques gens ne furent autant

---

furent solennellement publiées à Notre-Dame et en l'hôtel de ville le samedi 14 avril, en présence de « tres noble et puissant prince monsʳ le conte de Richemont, connestable de France, monseigneur le bastart d'Orleans, le seigneur de l'Isle-Adam, le sire de Ternant et autres seigneurs, nobles, gens d'eglise, bourgois et habitans de la ville de Paris en moult grant nombre. » On les fit publier le même jour dans les carrefours de Paris; le texte de ces lettres données à Poitiers le 28 février, avec mention officielle des publications, est inséré au Livre vert vieil second (Arch. nat., Y⁴, fol. 1).

1. « Luy » et « grant » manquent dans le ms. de Rome.
2. La capitulation fut conclue le dimanche 15 avril, ainsi qu'en témoigne la note suivante due à Fauquembergue : « Dimenche, xv° jour dudit moys, fu fait traictié de la reddicion dudit chastel de la Bastille par monsʳ le

mocquez ne huyez [1] comme ilz furent, especialment le chancelier, le lieutenent du prevost, le maistre des bouchers [2] et tous ceulx qui avoient esté coupables de l'oppression que on faisoit au pouvre commun, car en verité oncques les Juifs qui furent menez en Caldée en chetivoison [3] ne furent pis menez que estoit le pouvre peuple de Paris ; car nulle personne n'osoit yssir hors de Paris sans congé, ne rien porter sans passe porte, tant fust pou de chose, et disoit on : « Vous allez en tel lieu, revenez à telle heure ou ne revenez plus. »

---

connestable avec l'evesque de Therouanne. » (Arch. nat., X1a 1481, fol. 120 v°.)

1. Suivant Monstrelet (t. V, p. 221) et J. Chartier (t. I, p. 228), les Parisiens accompagnèrent les Anglais de leurs huées et leur crièrent en guise d'adieu : « A la keuwe et au regnard ! » par allusion à l'emblème du roi Henri V, qui était, comme l'on sait, une queue de renard.

2. Jean de Saint-Yon, maistre des bouchers de la grande boucherie et grenetier de Paris sous la domination anglaise, fut emprisonné en 1408 à la Conciergerie à la suite de scènes tumultueuses qui s'étaient passées près du Châtelet, où éclata la violence de son caractère. « Villain puant, s'était-il écrié en s'adressant à son adversaire, je vous creverai l'œil. » Se prétendant au service du duc de Bourgogne, il parvint à se soustraire à la juridiction peu clémente du prévôt de Paris et fit porter ou pour mieux dire enterrer l'affaire au Parlement (Arch. nat., X1a 4788, fol. 188 r°). Compromis dans la révolution cabochienne, il fut banni le 23 mai 1413 (Douët d'Arcq, *Pièces inédites relatives au règne de Charles VI*, t. I, p. 368). En 1417, il joua un rôle assez actif dans la prise de Beaumont par les bannis, après laquelle il vint à Paris, où il fut arrêté et mis au Châtelet à la requête de Milet de Bragelonne qui se plaignait d'avoir été victime d'une trahison ; nonobstant sa profession de boucher, il se fit réclamer comme clerc par l'évêque de Paris et allégua pour sa défense qu'il était « de bon lignage à Paris, et fu avec les enfans de la ville en l'ostel de Sens par l'ordonnance de feu monsr de Guienne, et fu à siege devant Arras, a esté dizinier au temps qui est de present » (Ibid., X1a 4792, fol. 7 v°). Chargé en 1419 d'une mission secrète auprès du duc de Bourgogne, il fut encore, en février 1420, du nombre des ambassadeurs envoyés auprès du roi d'Angleterre pour la prolongation de la trêve (Ibid., X1a 1480, fol. 207 v°; cf. Longnon, *Paris pendant la domination anglaise*, passim). Il remplit même en 1421 les fonctions de maire à Bordeaux (Rymer, t. IV, 3e partie, p. 197). Dès lors, il fut comblé de biens et d'honneurs : en 1423, il était trésorier et gouverneur général des finances du roi d'Angleterre et fit partie du conseil du régent (Stevenson, *Wars of the English*, vol. II, 2e partie, p. 536). La réduction de Paris sous l'autorité de Charles VII et l'expulsion des Anglais amenèrent l'effondrement de sa fortune ; ses biens confisqués écheurent en partage à Olivier du Val (Arch. nat., PP 118, Mémorial Bourges, fol. 1).

3. Ms. de Paris : chetifves prisons.

696. Item, nulz n'osoit aller sur les murs sur peine de la hart [1] et si ne gaignoit le peuple, de quelque labour qu'il fust, denier; car, pour vray, les Angloys furent moult long temps gouverneurs de Paris, mais je cuide en ma conscience que oncques nulz ne fist semer ne blé ne advoyne, ne faire une cheminée en hostel qui y fust, ce ne fut le regent duc de Bedfort, lequel faisoit touzjours maçonner, en quelque païs qu'il fust, et estoit sa nature toute contraire aux Angloys, car il ne vouloit avoir guerre à quelque personne, et les Angloys, de leur droicte nature, veullent touzjours guerreer leurs voisins sans cause, par quoy ilz meurent tous mauvaisement, car adong en estoit mort en France plus de LX mil.

697. Item, le vendredy ensuivant, pour la grace que Dieu avoit faicte à la ville de Paris, fut faicte la plus solempnelle procession qui fust faicte, passé avoit c ans, car toute l'Université, petis et grans, furent à Saincte-Katherine-du-Val-des-Escolliers, chascun ung cierge ardant en sa main, et estoient plus de III mil, sans autres personnes que prebstres ou escolliers; et pour certain oncques on ne vit cierge qui destaingnist depuis les lieux dont ilz partirent jusques à ladicte eglise, que on tenoit à droict miracle, car il faisoit ung temps pluieux et venteux. Et celles choses doivent bien donner à tout bon chrestien voulenté et devocion de remercier nostre Createur, et especialment de l'antrée qui fut si benignement et si doulcement faicte, comme vous avez ouy devant, et en deveroit on faire tous les ans louange à Nostre Seigneur, car, comme ce fut droicte prophecie, l'offertoire de la saincte messe de celui jour en parle assez de ce faire, car il dit: *Erit vobis hic dies memorialis, et diem festum celebrabitis solempnem Domino in progenies vestras legitimum sempiternum. Alleluya, Alleluya, Alleluya* [2]!

698. Item, le dimenche ensuivant, fut faicte procession generalle [3] tres sollempneement, et ce jour plut tant fort que la pluie

---

1. L'un des articles de l'ordonnance du 16 mars 1436 exprimait cette défense dans les termes suivants : « Que personne ne voise sur les murs et portes, exceptez ceulz qui seront ordonnez y aler pour la garde d'iceulz par les capitaines des gens de guerre au regard de leurs gens et par les prevost des marchans, eschevins et quarteniers au regard des habitans d'icelle ville » (Arch. nat., X1a 8605, fol. 33 r°).

2. L'offertoire du vendredi de Pâques contient effectivement ces paroles extraites de l'Exode, XII.

3. La procession générale du 22 avril, où l'on porta solennellement la

ne cessa tant que la procession dura, qui dura bien IIII heures que aller que venir; et furent les signeurs de Saincte-Genevieve moult agrevez de la pluie, car ilz estoient tous nudz piez, mais especialment ceulx qui portoient le precieux corps de madame saincte Genevieve et sainct Marcel orent moult de paine, car à grant paine se soustenoient sur les carreaux, et vrayment ilz estoient si trempez de la pluye comme s'ilz eussent esté gectez dedans Sainne; et pour certain ilz suoient si fort qu'ilz desgoutoient tous par le visaige de sueur, tant estoient vains et travaillez; et pour certain oncques nulz de tous ceulx n'en fut oncques maumis, ne mallade, ne decouragé, qui me semble droit miracle de madame saincte Genevieve qui peut bien faire par ses merites par devers Nostre Seigneur, et plus que tant, comme il appert par devers Nostre Seigneur, en sa saincte legende, comment par plusieurs foys elle a sauvé la bonne ville de Paris, l'une foys de cher temps, l'autre foys des grans eaues et de plusieurs autres perilz.

699. Après ce, fist on ung prevost des marchans du devantdit Michel de Lalier [1], après fist on eschevins nouveaulx, dont l'un fut Colinet de Neufville, Jehan de Grantrue [2], Jehan de Belloy [3],

---

châsse de sainte Geneviève, fut organisée par les soins du chapitre de Notre-Dame qui prit l'initiative de cette cérémonie dans sa séance du mercredi 18 avril, « afin de rendre grâces à Dieu de l'heureuse entrée à Paris du connétable de Richemont et des autres seigneurs de France au nom du roi et du duc de Bourgogne. » (Arch. nat., LL 217, fol. 207.)

1. Dès le 14 avril, Michel de Laillier fut institué prévôt des marchands par le connétable de Richemont qui désigna également les échevins (Arch. nat., X1a 1481, fol. 120 v°). Mais le nouveau corps municipal n'entra régulièrement en fonctions que le lundi 23 juillet 1436, jour de sa prestation de serment entre les mains de Jean Tudert, doyen de Paris (Ibid., KK 1009, fol. 5 v°). Les échevins en exercice au moment de l'expulsion des Anglais étaient Louis Galet, Luquin du Pleis, Jean de Dampierre et Thomas Orlant (Ibid., X1a 1481, fol. 112 v°, 118 v°; KK 495³, fol. 55).

2. En juin 1433, Jean de Grandrue, bourgeois de Paris, soutint avec sa femme Marguerite Augière un procès au Parlement contre Philippot Auger qui se refusait à payer une rente sur un immeuble démoli par les gens « qui ont été à Saint-Denis » et demandait une réduction basée sur « la sterilité du temps et la mutacion des monnoies » (Arch. nat., X1a 4797, fol. 76 v°; Y 5232, fol. 47 v°). Reçu clerc des comptes en 1436 au lieu d'André du Buc, il acquit en 1455 une maison place Maubert, à l'enseigne du Cheval-Rouge, dans la censive de l'abbaye de Sainte-Geneviève (Ibid., S 1648, fol. 157 r°).

3. Jean de Beloy, écuyer, fils de l'échevin Robert de Beloy exécuté en

Pierre de Langres[4], tous quatre natifs de la bonne ville de Paris;
et fut fait prevost de Paris ung chevalier nommé messire Phe-

---

1416, trouva un refuge auprès de Jean Sans-Peur, qui l'attacha à sa maison
en qualité de panetier; le 27 juillet 1418, Jean de Beloy obtint 200 livres
de rente sur les biens confisqués de Perrin Pilot, marchand et bourgeois
de Paris, mis à mort comme partisan de Bernard d'Armagnac. Quatre
ans après, pour le dédommager des pertes qu'il avait subies au siège de
Montlhéry, on renouvela en sa faveur le don fait en 1418 (Arch. nat.,
JJ 170, n° 285; JJ 172, n° 42). Il entra dans l'échevinage parisien le
12 décembre 1422; l'année suivante, le régent le gratifia d'un prisonnier,
le vicomte du Tremblay, dont il tira une rançon de 1,200 écus (Ibid.,
X1a 4793, fol. 326 r°). Après la réduction de la capitale, le nouveau
gouvernement le nomma grènetier de Paris, fonctions qu'il remplit du
26 avril 1436 au 27 novembre 1437; ce poste lui fut vivement disputé par
Colinet Gaudillon, valet de chambre et premier barbier du roi. Le
20 août 1437, Charles VII fit délivrer des lettres d'État à Jean de Beloy,
« lequel, par l'ordonnance de nostre chancellier et autres gens de nostre
grant conseil estans à Paris, se part presentement de nostre ville de Paris
pour aler par devers nostre tres cher et tres amé frere et cousin le duc de
Bourgoigne, pour poursuir et faire diligence d'avoir delivrance et paiement
de la somme de xii^m frans à nous promise et ordonnée pour asseoir et
entretenir le siege que nous entendons à l'aide de Dieu briefment fere,
asseoir et mettre devant Monstereau » (Ibid., Z1a 10, fol. 59 v°). Il mourut
peu après, laissant une veuve, Ysabelle Morel, et un fils en bas âge,
Garnot, placé sous la tutelle de Nicolle Chapelle, avocat au Châtelet, et
de Jean Tillart, examinateur. La sœur de Jean de Beloy, Gille, épousa
Thomas Thibert; sa mère, Jeanne, possédait une maison rue de la
Ferronnerie, attenante à la place aux Pourceaux (Ibid., Z1a 12, fol. 134 r°;
X1a 69, fol. 39 v°).

1. Pierre de Landes, changeur, recueillit de la succession de ses parents
« bonne chevance », ce qui lui permit en 1420 d'affermer, avec Philippot
de Brabant et autres associés, l'exploitation des monnaies du nord de la
France et de prêter au roi une somme de mille écus d'or garantie par
l'évêque de Beauvais (Arch. nat., X1a 4794, fol. 291 r°; X1a 4796, fol.
304 r°; X1a 4797, fol. 158 v°). Pierre de Landes succéda en juillet 1421 à
Renaud Thumery comme maître particulier de la monnaie de Paris, sous
la caution de deux de ses confrères, Philippot de Brabant et Germain
Vivien. Resté à la tête de l'atelier monétaire de Paris jusqu'au 7 janvier
1427, il le transmit à Remon Marc (Ibid., KK 323, fol. 46 r°; Z1b 362; K 20,
fol. 188 r°). Charles VII n'oublia point les services rendus à sa cause par
P. de Landes et, dès le mois de juin 1436, le créa général maître des
monnaies; mais il ne fut reçu que le 22 février 1437, sur l'ordre exprès
du roi (Ibid., Z1b 3, fol. 186 v°). En 1441, le roi le nomma, avec Gaucher
Vivien, « général réformateur » des monnaies dans tout le royaume, et
renouvela ses pouvoirs les 5 novembre 1442 et 11 avril 1444, après la
réduction du nombre des généraux maîtres (Ibid., Z1b 60, fol. 38 r°,
42 v°, 53 v°). Il remplaça Michel de Laillier comme prévôt des marchands

lippe de Ternant [1], chevalier, signeur de Ternant, de Toisy et de la Mote, conseillier du roy nostre sire et garde de la prevosté de Paris.

700. Item, la darraine sepmaine de may, furent prins les os du conte d'Arminac et du chancelier de France, sire Henry de Marle, et de son filx l'evesque de Coustances, et ung nommé maistre Jehan Paris, et ung autre nommé Remonnet de la Guerre, qui estoient enterrez en la grant cour de darriere Sainct-Martin-des-Champs, en ung grant fumier qui là est ; et furent enterrez leurs os en l'eglise de Sainct-Martin des Champs, c'est assavoir, le conte d'Arminac dedens le cueur, à dextre du grant autel.

701. Item, quant les François furent affermez avec le Parlement et les grans bourgoys et le conseil, ilz se plaignirent que le roy estoit tres pouvre, et toute sa gent, et qu'il convenoit avoir de l'argent, où qu'il fust prins. Si leur fut dit : « Il faut faire ung emprunt [2]. » Et ainsi fut fait, especialment tres grief sur ceulx que on cuidoit qu'ilz aimassent mieulx les Angloys que les Françoys. Et fut l'emprunt tres grant, et se monta à tres grosse somme d'argent et d'or, car ilz furent pou à Paris de mesnaigiers qui n'en poiassent pou ou grant. Quant ilz orent celle grant somme d'argent, ilz s'appointerent pour aller devant Crail [3], et y furent

---

le 23 juillet 1438 ; à l'expiration de sa magistrature, le 23 juillet 1440, il fut maintenu « pour ce que à ce temps il estoit absent pour les affaires de la ville ; » de même, le 30 juillet 1442, cette fois « à la prière et par lettres missibles du roy. » Il céda la prévôté en 1444 à Jean Baillet (*Ibid.*, KK 1009, fol. 6). Pierre de Landes laissa de son mariage avec Colette Barbière, fille de Guillaume Barbier, écuyer, un fils, Denis, mineur en 1447 ; sa fille, Pernelle, mariée à Jean de Vaudetar, fut inhumée à Saint-Merry.

1. Philippe de Ternant, seigneur de la Motte de Thoisy, chevalier, chambellan du duc de Bourgogne, n'occupa que temporairement le poste de prévôt de Paris ; institué le 14 avril 1436, il eut pour successeur Ambroise de Loré, chargé de la prévôté de Paris le 23 février 1437 et installé définitivement le 12 mars suivant (Arch. nat., Y 1, fol. 4 v°).

2. Le connétable de Richemont tint conseil le 25 avril au sujet des subsides qu'il comptait demander au clergé et aux habitants de Paris ; les chanoines de Notre-Dame, tout en protestant de leur pauvreté, se saignèrent d'une somme de cent francs qui fut remise au connétable le 26 avril. La bourgeoisie parisienne, de son côté, pour se dégrever quelque peu, voulut à son tour imposer le clergé ; c'est alors qu'une députation du chapitre se joignit le 30 août au recteur de l'Université pour faire entendre ses protestations au connétable (Arch. nat., LL 217, fol. 208).

3. Guillaume Gruel, historiographe d'Artus de Richemont, nous apprend qu' « environ le premier jour de may fut advisé de mettre le siege devant

environ trois sepmaines ou ung moys que à aller, que à venir, que à mener vitaille et artillerie, et quant tout fut prest et que on y ot moult despendu sans cop frapper, se bien pou non, ilz leverent le siege et s'en revindrent tretous sans savoir cause pourquoy, comme on disoit, se non que on leur fist entendant que grant foison d'Angloys venoient pour lever le siege. Ainsi fut là despendu mauvaisement grant partie de l'emprunt.

702. Quant ilz furent revenus à Paris, si leur convint faire nouvelle finance. Si leur fut donné en conseil qu'il convenoit faire cheoir la monnoie[1], mais pour ce qu'ilz n'avoient point assez de monnoye forgée au coing du roy Charles, ilz firent crier le mercredy xxvi [jour] de may l'an mil cccc xxxvi les blans de viii deniers qui estoient au coing de Henry, qui se disoit roy d'Angleterre et de France, ilz les mistrent à vii deniers[2], si valloient mieulx plus de vi blans pour franc que ceulx qu'ilz forgerent au coing du roy Charles, si comme en disoient ceulx à ce recongnoissans.

703. Item, le jeudy xii jour de juillet ensuivant, firent de tous poins cheoir les blans que devant avoient mis à vii deniers, et les

---

Creil »; le connétable y vint en personne, mais se retira aussitôt, laissant la conduite de l'entreprise au bâtard d'Orléans, son lieutenant, qui perdit quelques semaines en vains efforts sous les murs de la place et dut lever le siège (Gruel, coll. Michaud, t. III, p. 209).

1. Toutes ces mesures relatives au cours des monnaies furent concertées par les généraux maîtres des monnaies réunis en assemblée extraordinaire au Palais le vendredi 21 juin 1436; dans ce conseil, auquel assistèrent le doyen Jean Tudert, le prévôt des marchands et le bailli de Senlis, « fut appoinctié que pour certaines causes le mercredi prouchain ensuivant seroit publié le mandement du roy nostre sire pour mettre les blans aux armes de France et d'Angleterre à vii deniers parisis la piece, et oultre que le vii jour de juillet ensuivant seroient publiées les monnoies que le roy fait faire, et oster le cours aux monnoyes d'Angleterre. » (Arch. nat., Z1b 3, fol. 181 v°.)

2. La date de 1437, donnée par le ms. de Rome et par toutes les éditions, est inexacte; le mandement de Charles VII interdisant de prendre les grands blancs aux armes de France et d'Angleterre pour plus de sept deniers est du 26 juin 1436; il fut publié au Châtelet de Paris le mercredi 27 juin et à son de trompe « es lieus et places acoustumées » par Laurent Goris, crieur du roi. Le matin du même jour, une visite générale des changes sur le Grand-Pont se fit par les soins des maîtres des monnaies, qui saisirent chez Guillaume le Breton et Jean le Riche des dourdrets, moutons d'or et florins du Rhin, qu'on leur rendit cisaillés le 6 juillet (Arch. nat., Z1b 3, fol. 181 v°, 182 r°; Z1b 60, fol. 27 r°).

salus d'or, qui pour le temps qu'ilz mirent les blans à vii deniers valloient xxiiii solz parisis, [ilz les mirent à xx solz parisis[1]]. Et la sepmaine de devant s'estoient les Anglois raliez et couroient à une lieue pres de Paris, et boutoient feus, et tuoient femmes et enffans, et destruioient quanque ilz encontroient.

704. Item, en celui temps, en la fin de juing, ung caymant[2] ferit l'enffant d'une caymende dedens l'eglise des Innocens, celle leva sa quenoille et le cuida frapper sur la teste. Si recula, elle l'assena ung bien pou ou visaige, si lui fist une tres petite esgratigneure, dont ung bien pou de sang yssit, mais pour certain ilz en furent xxii jours en prinson; et en ces xxii jours oncques l'evesque de Paris ne volt reconcilier l'eglise, s'il n'avoit[3]....., et les deux pouvres gens n'avoient pas tant vaillant en toutes choses comme la somme qu'il demandoit. Et pour ce que ledit evesque ne le volt faire, s'il n'estoit paié à sa guise, en tous les xxii jours oncques messe, matines, ne vespres, ne corps en terre ou cymetiere ne fut, ne le sainct service fait de nulle heure, ne l'eaue benoiste, et les confraries qui avoient en ladicte eglise leurs jour-

---

1. Par mandement du 12 juillet 1436 publié le même jour, Charles VII ordonna la fabrication de deniers d'or fin, dits écus à la couronne, d'une valeur de vingt-cinq sols tournois, régla le cours des grands blancs à l'écu de France à dix sols tournois et des petits blancs à cinq sols, enfin retira complètement de la circulation les nobles, demi-nobles et quarts de nobles, saluts, angelots, ainsi que les blancs « derrenierement appreciez à sept deniers parisis, lesquels ne devoient estre pris qu'au marc pour billon » (Arch. nat., Y 4, fol. 9 r°; Zib 60, fol. 27 v°). Malgré le mandement royal, il y eut force tentatives pour écouler les monnaies prohibées; aussi fut-on obligé « par cry fait le mercredi 1er août 1436 d'interdire de rechief et d'abondant à tous » de faire circuler les monnaies d'or et d'argent défendues, sous peine de perdre sa monnaie et d'amende arbitraire (Ibid., Y 4, fol. 9 v°).

2. L'intrusion des mendiants dans les églises, notamment à Notre-Dame, donna naissance à de tels abus que l'autorité ecclésiastique dut prendre des mesures de rigueur. Une délibération capitulaire du 5 janvier 1428 décida que les quemandeurs d'aumônes ne seraient plus autorisés à vaguer dans l'intérieur de Notre-Dame ni à s'asseoir autour du chœur, mais qu'ils se tiendraient près des portes, en raison du bruit qu'ils faisaient au point d'empêcher la célébration des offices dans le chœur et les chapellenies, et à cause des ordures dont leurs enfants souillaient l'église. Bientôt l'audace des mendiants ne connut plus de bornes, et le chapitre, tout en usant de certains ménagements, ordonna qu'ils seraient expulsés du pourtour du chœur et confinés dans la nef (Arch. nat., LL 216, fol. 116, 185).

3. Ce passage est resté en blanc dans les mss. qui nous sont parvenus.

nées assignées, ilz alloient faire leur service à Sainct-Josse [1] en la rue Aubry-le-Boucher.

705. Item, en celle année fut tant de cerises que on avoit la livre pour I denier tournois, voire telle fois fut VI livres pour ung blanc de IIII deniers parisis, et durerent jusques à la Nostre-Dame my aoust.

706. Item, celle année fut la Sainct Laurens au vendredy, et fist on la foire comme autresfoiz de toutes marchandises acoustumées à ladicte journée.

707. Item, ou moys de septembre ensuivant, on commença à vendenger, mais oncques mais les vendenges ne cousterent autant comme ilz firent celle année, et si ne furent oncques [mais] vendengeurs ne vendengeresses à si grant marché, car on avoit au commencement IIII femmes tout jour pour II blans, et, [tel jour fut, on en avoit V pour II blans], et hotteurs pour II blans ou pour III, et si avoit on tres grant marché de vivres, et si ne furent aussi cheres, passé à cinquante ans; car en toutes les portes de Paris avoit II ou III sergens de par les gouverneurs de Paris, qui sans loy et sans droit et par force faisoient paier à chascun hotteur II doubles, à chascune charrette qui amenoit cuves où il eust vendenge VIII blans, XVI de II, VIII solz parisis de III; et ceulx des garnisons d'entour Paris, comme le Bois de Vincennes [2], comme Sainct-Cloud [3], le Pont-de-Charenton, avoient de chascun villaige VIII ou X queues de vin de rançon, et autant ou plus qu'ilz en pilloient de nuyt et de jour, sans les grans patiz qu'ilz avoient; et tesmoignoient les gens dignes de foy que au Boys de Vicennes

---

1. La chapelle Saint-Josse dépendant de la cure de Saint-Laurent se trouvait à l'angle formé par les rues Quincampoix et Aubry-le-Boucher; édifiée au XI° siècle, elle fut reconstruite en 1679 et démolie en 1791.

2. Des lettres de rémission furent accordées le 28 mai 1438 à Girard de Semur, lieutenant de Jacques de Chabannes à Corbeil, à Regnaut le Pelé, Jean de Castelnau, Pierre de Cidrac et autres compagnons de guerre faisant partie des garnisons de Corbeil et du Bois de Vincennes, pour leurs courses et dévastations au détriment « des villaiges et platz pays environ lesdictes places ; » l'autorité royale voulut bien excuser ces excès, eu égard « aus grans faultes et longs delaiz ou paiement de leurs gaiges et soldées », raison malheureusement trop fondée (Arch. nat., Y 4, fol. 35 v°).

3. Le capitaine du pont de Saint-Cloud au mois de décembre 1437 était Adenet de Trœchelles qui imposa aux habitants de Sèvres l'obligation de faire le guet tant que Pontoise et Chevreuse seraient occupés par les Anglais (Arch. nat., X1a 1482, fol. 43 v°); au mois de mars 1439, Michel Quentin commandait ce point fortifié.

tant seullement en ot bien celle année III° queues, et les autres ainsi ce qu'ilz porent, non pas tant qu'i voldrent.

708. Et en celuy temps n'estoit nouvelle du roy nullement, ne que se il fust à Romme ou en Jherusalem. Et pour certain, oncques puis l'entrée de Paris nulz des cappitaines francoys ne fist quelque bien dont on doye aucunement parler, senon rober et pillier par nuyt et par jour; et les Angloys menoient guerre en Flandres, en Normendie, devant Paris, ne nul ne les contredisoit, et si gaignoient touzjours quelque forte place; et le jour Sainct Cosme et Sainct Damyen vindrent ilz jusques à Sainct-Germain-des-Prez, ne oncques nulz des gens d'armes de Paris ne s'en voldrent mouvoir, et disoient que on ne les paioit point [1]. Et en verité quanque pouvres gens de bonne ville en leur obeyssance povoient gaigner estoit pour eulx, et de ceulx des villaiges ce qu'ilz avoient gaigné ou à gaigner leur ostoient ilz, ne nulle chose ne leur demouroit ne que après feu, et pour certain ilz disoient qu'ilz avoient aussi cher, ou mieulx, cheoir es mains des Angloys comme es mains des Francoys.

709. Item, en ce temps, les bouchers de Sainct-Germain-des-Prez firent une boucherie au bout du pont Sainct-Michel, comme on tourne à aller aux Augustins [2], et commencerent à vendre la vigille de Toussains, jour Sainct-Quentin.

710. Item, le jour Sainct-Clement ensuivant, vint le connestable à Paris et admena sa femme, seur du duc de Bourgongne [3],

---

1. Le fait est exact, au moins en ce qui concerne les garnisons des forteresses situées dans le rayon immédiat de Paris; les gens de guerre se trouvant à Saint-Denis, au Bois de Vincennes et à Lagny, ayant manifesté l'intention d'évacuer ces places « par faulte de payement de leurs gaiges », le connétable de Richemont se fit délivrer une somme de 637 livres, déposée entre les mains du changeur Renaud Thumery, pour être appliquée au payement de la solde arriérée (Arch. nat., X¹ª 1482, fol. 20 r°).

2. Une décision des « commissaires sur le fait de la justice souveraine » autorisa provisoirement les bouchers de la boucherie de Saint-Germain-des-Prés « à tenir leurs estaulx et à vendre leurs chars sur la riviere de Seine, au long des murs, devant l'ostel où souloit pendre la Coronne, pres du pont Saint-Michel; » le Parlement pro.ogea successivement jusqu'au Carême Prenant et jusqu'à la Saint-Jean-Baptiste de l'année 1437 le délai de Noël 1436 primitivement assigné aux bouchers pour l'exploitation de leur privilège (Arch. nat., X¹ª 1482, fol. 3 r°, 11 v°).

3. Marguerite de Bourgogne, fille de Jean Sans-Peur, veuve du duc de Guyenne depuis 1415, épousa en secondes noces Artus de Bretagne, comte de Richemont; le mariage conclu à Amiens en l'année 1422 fut célébré

et avoit esté femme au duc de Guienne, filz du roy de France, et vint avecques lui l'arcevesque de Rains, chancellier de France, et le Parlement du roy, et entrerent par la porte de Bordelles qui nouvellement avoit esté desmurée.

711. Item, le jeudy ensuivant, vigille Sainct Andry, fut crié à son de trompe que le Parlement du roy [Charles], qui depuis sa despartie de Paris avoit esté tenu à Poityers, et sa Chambre des comptes à Bourges en Berry, se tiendroit desormais au Palays Royal à Paris, en la fourme et maniere que ses predecesseurs roys de France l'avoient accoustumé à faire, et commencerent le jour Sainct Eloy, premier jour de decembre l'an mil cccc xxxvi[1]. Et ainsi fut fait, et furent rappallés aucuns bourgoys par doulceur, qu'on avoit mis hors aprés la departie des Angloys, pour ce que moult estoient favoureux aux Engloys pour leurs offices ou autres causes, et leur fut tout pardonné tres doulcement, sans reprouche ne sans malmettre eulx ne leurs biens[2].

712. Item, celle année, fut tant de navez que on avoit celle année le boessel pour 11 doubles, et tant de poreaux que on avoit

---

peu aprés à Dijon en grande pompe. Madame de Guyenne, comme l'appelle toujours Cruel, mourut le jour de la Chandeleur 1448 (édit. Michaud, p. 190, 218). « Le tres grant deuil » ressenti par le connétable ne l'empêcha point d'épouser, cette même année, Catherine de Luxembourg.

1. Tous les manuscrits portent 1437, il faut lire 1436; c'est le samedi 1er décembre 1436 que le Parlement de Paris fut réorganisé; la séance d'ouverture fut présidée par l'archevêque de Reims, chancelier de France, assisté des archevêques de Toulouse, évêque de Paris, abbé de Saint-Denis, du bâtard d'Orléans, du maréchal de Rieux, du sire de Gaucourt, d'Adam de Cambrai, de Jean de Tudert (Arch. nat., X1a 1482, fol. 2 r°). Ce même jour, furent également installés les nouveaux généraux sur le fait des aides, au nombre de trois (Ibid., Z1a 10, fol. 1).

2. La mise à exécution de ces mesures d'apaisement fut confiée au Parlement de Paris, qui s'acquitta de cette tâche délicate avec toute la discrétion désirable; par délibération du lundi 10 janvier 1437, il décida de faire venir le lendemain, en présence du prévôt des marchands et des échevins, tous ceux qui avaient été frappés d'exil; lesquels « doulcement seront admonnestez de eulx gouverner et maintenir doulcement en la ville, sans y faire aucune monoples, et feront serement d'estre bons et loyaulx au roy. » Deux jours plus tard, le Parlement prit de nouvelles conclusions et déclara que le serment des bourgeois rentrés en grâce serait reçu à huis clos, qu'aucune caution ne serait exigée d'eux, et qu'il n'y aurait point obligation de garder leur domicile. La prestation de serment eut lieu le samedi 15 décembre en présence de l'échevinage (Arch. nat., X1a 1482, fol. 4 r° et v°).

une grosse bote pour ung denier, qui l'année devant coustoit iiii doubles et davantage[1].

713. Item, poys, feves furent à si grant marché que on avoit feves pour dix deniers le boesseel belles et grosses, et pour xiiii deniers bons pois; et tres bon vin partout Paris pour ii doubles, blanc et vermeil.

714. Item, en la fin de novembre, la vigille Sainct Andry, commença à geler si fort qu'elle dura jusques à Karesme-prenant, qui fut le xii° jour de fevrier, et en cellui temps ne plut point, mais moult nega fort.

[1437.]

715. Item, celle nuyt de Karesme-prenant, à heure de mynuyt ou environ, prindrent les Angloys la ville de Pontoise[2] par la grant negligence du cappitaine qui estoit signeur de l'Isle-Adam, qui n'estoit pas si saige comme mestier eust esté, car il estoit tres convoiteux, et bien y paru; car on disoit que au jour que la ville fut prinse qu'il y avoit de blé plus qu'il n'en failloit pour deux ans tous entiers pour fournir ladicte ville, et il en avoit tres pou à Paris; mays oncques, pour priere que ceulx de Paris peussent faire, il n'en volt oncques laisser venir grain à la ville de Paris, et lui voulloient donner les marchans de Pontoise de chascun sextier iiii solz parisis. Or perdit tout, premierement honneur, car il s'enfouyt honteusement sans deffendre ne luy ne la ville; ainsi par lui furent les bonnes gens tuez et leurs biens perduz, et ceulx qui ne furent tuez furent mis en divers lieux en prinsons, et mis à si grant finance qu'ilz ne porent paier, pourquoy plusieurs moururent dedens les prinsons. Ainsi fut tout ce mal par luy, et enforça les ennemis, et greva tant par sa mauvese garde Paris et le païs d'entour que à peine le pourroit on raconter, car aussitost que la ville fut prinse, iii ou iiii jours après le blé enchery à Paris à la moitié, et tout potaige de grain; car nul n'osoit venir à Paris pour les Angloys qui partout couroient autour de Paris. Et fut la voeille du premier dimenche de karesme, vindrent à xii heures de nuyt ou environ assaillir Paris,

---

1. « Et davantage » manque dans le ms. de Rome.
2. Pontoise fut enlevé par escalade le 12 février 1437 (voir le récit de J. Chartier, t. I, p. 234).

pour ce que les fossez estoient gelez, mais ilz furent si bien reboutez par cannons ou autrement qu'ilz y gaignerent pou et que tout bel leur fut de leur esloingner.

716. Item, la premiere sepmaine de karesme, fut crié à son de trompe que nul boulenger ne feist plus de pain blanc ne gasteaux, n'eschaudez, affin que les bourgois qui avoient du blé cuisissent.

717. Item, la gellée avoit tellement fait mourir toute la verdure que à la fin de mars on n'en trouvoit quelque pou, se non ung pou de poreaux, qui coustoient une petite bote IIII deniers que on avoit eue en janvier pour ung denier; et oignons tres chers, et pommes tres cheres, car le quarteron de Cappandu [ung] pou grosses coustoit VII blans. Et si ne vint nulles figgues, mais il fut le meilleur miel que on eust veu grant temps avoit, et à bon marché, car la pinte ne coustoit que deux blans; et si avoit on le molle de buche en Greve pour dix blans.

718. Item, le pain fut moult cher, car le sextier de tres petit seigle coustoit XLIIII solz ou III frans, et le froument IIII frans.

719. Item, la sepmaine peneuse, le mercredy XXVI° jour de mars [de] l'an mil IIII° XXXVII, furent decolez III hommes, l'un advocat en parlement, nommé maistre Jaques [de] Luvay[1], et ung autre de la Chambre des comptes, nommé maistre Jaques Rousseau[2], et ung varlet boucher, qui estoit devenu poursuivant, qui portoit

---

1. Aucun personnage de ce nom n'est inscrit sur la liste des avocats du Parlement qui prêtèrent serment aux Anglais le 15 mars 1436; mais il y avait alors au nombre des notaires de la chancellerie un Jacques de Louvain, souvent nommé dans le dernier registre de Henri VI. C'est peut-être de celui-ci qu'a voulu parler notre auteur.

2. Jacques Roussel, clerc du roi en la Chambre des comptes dès l'année 1421, figure parmi ceux qui prêtèrent serment entre les mains du chancelier, le jeudi 15 mars 1436; il comptait au rang des plus chauds partisans de la domination étrangère. Vers 1424, la vieille porte Saint-Martin lui avait été donnée, à vie, par le roi d'Angleterre, moyennant une redevance annuelle de 70 sols parisis, mais il renonça presque aussitôt à cette concession (Arch. nat., KK 403, fol. 21 v°). Les registres du Parlement le mentionnent plusieurs fois : le 13 septembre 1421, il est donné comme curateur à Jeannin des Champs, fils de Gilles des Champs, bailli de Meaux, pour les biens existant à Paris (Ibid., X1a 4793, fol. 105 r°); en 1424 et 1425, ce même clerc des comptes soutint un procès contre Luquin du Pleis (Ibid., X1a 64, fol. 163 r°; X1a 4794, fol. 130 r°). Après la fin tragique de Jacques Roussel, sa veuve et ses enfants furent assez heureux pour se faire délivrer les biens du condamné, biens dont le fisc devait bénéficier suivant l'usage (Ibid., PP 118, Mémorial Bourges, fol. 5).

aux ennemis anciens de France tous les secretz que on faisoit à Paris, et lui envoioient les deux devantdiz, et ung autre nommé maistre Jehan le Clerc[1], lequel fut mené en ung tumberel à boue la journée que les deux dessusdiz furent decollez, et après condampné perpetuelment en oubliette, pour ce que clerc estoit, et les deux estoient bisgames; lesquelx recongnurent, especialment maistre Jaques Rousseau, que quant aucunes bonnes villes que les Angloys tenoient se vouloient mettre en l'obeissance du roy de France, et que les bourgoys le mandoient au connestable et au chancelier qu'on feust prest de ce faire à tel jour, les faulx traistres devant diz le mandoient aux Englois qui tantost faisoient grans garnisons de gens d'armes, et faisoient copper testes à desroy, et bannissoient gens, et prenoient le leur sans mercy, et tuoient et boutoient feus es villaiges d'entour et menoient tous les biens en leurs garnisons.

720. Item, la sepmaine de Pasques l'an mil IIII^c xxxvii, fut prins à Beauvoys en Brie[2] ung nommé maistre Mille de Saulx[3], lequel estoit procureur de parlement, qui avoit autresfoys esté prins et avoit promis d'estre loyal et avoit baillée sa foy, et mis sa femme et deux filx qu'il avoit en hostaige; mais de tout ce ne tint compte, ne de foy[4], ne de femme, ne d'enfens, mais devint le plus fort larron, bouteux de feus et de tout autre maletice qui fust en France ny en Normendie; et si estoit du mauldit conseil des trois

---

1. Ce Jean le Clerc, qualifié de « notables homs, bon clerc et expert et bien recommendé de souffisance », eut un procés en août 1426 au Parlement avec Laurent le Berruyer, au sujet de la prébende de Bayeux, possédée jadis par Jean Courtecuisse. Il était avocat au Parlement au moment de l'expulsion des Anglais (Arch. nat., X1a 1480, fol. 360 r°; X1a 1481, fol. 118 v°; X1a 4794, fol. 233 v°).
2. Beauvoir, Seine-et-Marne, cant. de Mormant, à vingt-cinq kilomètres de Melun, possède encore un château entouré de fossés.
3. Miles de Saulx ne nous est connu que par la mention d'un accord qu'il conclut le 20 février 1421 avec le chapitre de Notre-Dame, au sujet des biens délaissés par Jean Favre, chevecier de Notre-Dame, biens dont il s'était rendu acquéreur (Arch. nat., LL 215, fol. 313). Quant à l'expédition dirigée contre Beauvoir, elle est racontée tout au long par Gruel; d'après ce chroniqueur, ce château soutint un assaut qui dura un jour entier et se rendit le lendemain à discrétion; les assiégés obtinrent la vie sauve, moyennant une rançon d'un marc d'argent par tête, mais durent livrer Miles de Saulx qui fut amené à Paris et décapité par ordre du connétable (Gruel, édit. Buchon, p. 384).
4. « Ne de foy » manque dans le ms. de Rome.

devantdiz, et pour ce ot il la teste coppée, et son varlet, le x* jour d'avril l'an mil cccc xxxvm; et cestui Mille enseigna plusieurs grans caves et anciennes, touchans à quarrieres, desquelles on ne savoit riens, parmy lesquelles on devoit bouter les Angloys dedens Paris, mais Dieu qui tout scet ne le volt consentir. Ung pou après, [en cellui moys], prindrent les Angloys le chastel nommé Ourville[1], qui estoit au Galloys d'Aunoy[2], lequel chastel il perdit par sa mauvestie, car les souldoiers qui le devoient garder, il ne voulloit paier de leurs gaiges, par quoy ilz furent cause de la prinse du chastel; et fut sa femme prinse et fut admenée à Meaulx qui estoit en celui temps en l'obeissance des Angloys, comment elle fut demenée des Angloys, on s'en taist[3].

721. Item, il perdit toute sa chevance, et si fist la prinse de cestuy chastel tant de mal à Paris que homme ne le pouroit nombrer, car il estoit sur les chemins de Flandres et de Picardie et de Brie, et brief sur tous les chemins dont il povoit venir biens à Paris. Brief, il fist tant de mal à Paris, car il fut prins à l'entrée de juillet que on devoit cuillir les blez, si convint mettre grant garnison à Sainct-Denis[4] pour garder les laboureurs; mais pour

---

1. Le château-d'Orville, près de Louvres-en-Parisis (Seine-et-Oise, arr. de Pontoise, cant. de Luzarches). D'après J. Chartier (t. I, p. 235), il fut « prins d'eschielle »; suivant Gruel, il aurait été livré par les gens du sire d'Orville à Guill. Chambrelan, de la garnison de Meaux, puis démoli.

2. Suivant la notice consacrée par M. Fagniez à la famille des Gallois d'Aulnay (*Mém. de la Société de l'hist. de Paris*, t. II, p. 299), le personnage ci-indiqué ne serait pas différent d'un bâtard d'Aulnay, sans prénom connu, partisan de la cause anglaise, souvent cité par Monstrelet (t. V, p. 27-31); nous pensons qu'il s'agit plutôt de Jean d'Aulnay dit Galois, chevalier, seigneur d'Orville, que nous voyons mentionné avec Isabelle d'Aulnay, sa femme, dans un procès plaidé au Parlement en juillet 1429 (Arch. nat., X1a 4796, fol. 127 v°) et en février 1439 dans une autre affaire avec Colin du Bois (*Ibid.*, X1a 4798, fol. 11 v°); le même seigneur emmena à Orville un prisonnier du nom de Jean de Ploisy, qui, mis aux fers dans une basse fosse, se fit réclamer par le duc de Bedford (*Ibid.*, X2a 22, fol. 9 r°).

3. Gruel rapporte que Chambrelan emmena la dame d'Orville prisonnière avec trois ou quatre de ses femmes, l'une desquelles fut « forcée »; la même dame ne recouvra la liberté qu'après payement d'une rançon de quatorze cents écus.

4. L'entretien de cette garnison retomba entièrement à la charge des habitants de Paris; le 30 janvier 1438, Charles VII commit Pierre de Brabant, conseiller sur le fait de la justice des aides, Jean de la Porte, lieutenant criminel du prévôt de Paris, Simon du Martroy, échevin, et

certain, on ne savoit duquel on avoit le meilleur marché, ou des Angloys ou des Francoys; car les Francoys prenoient patiz et tailles de III mois en III mois, et se les pouvres laboureurs n'avoient de quoy paier, les gouverneurs les habandonnoient aux gens d'armes, les Angloys les delivroient quant ilz les povoient prendre par rançon.

722. En cellui temps fut mis le siege devant Montereau, le jour Sainct Berthelemy en aoust, dont il convint que ceulx de Paris paiassent une trop grosse taille[1] qui moult les greva; car il n'estoit nul qui gaignast, se non ceulx qui avoient blé ou orge à vendre, et si estoit le blé tant cher ou droit cuer d'aoust, à l'entrée de septembre, que le plus petit blé valloit IIII frans, le fourment VI frans, l'orge XL solz parisis, et si ne mangoit on point de pain blanc.

723. Item, le jour de la my-aoust, chanta on en la chappelle Sainct-François aux Pelletiers en l'eglise des Innocens la premiere messe de la glorieuse Assumpcion de la glorieuse Vierge Marie Nostre Dame.

724. Item, en cellui moys de septembre IIII^c XXXVII, on fist de rechief à Paris la plus estrange taille qui oncques mais eust esté faicte, car nul en tout Paris n'en fut excepté, de quelque estat qu'il fust, ne evesque, abbé, prieur[2], moyne, nonnains, chanoyne, prebstre, beneffcié (ou sans benefice), ne sergens, menestriers, ne les clercs des parroisses, ne aucune personne de quelque estat

---

Thomas Pigache, bourgeois de Paris, à la levée d'une aide de mille livres tournois, spécialement affectée au payement de la garnison de Saint-Denis; on voit par le compte de Simon du Martroy (Arch. nat., KK 284, fol. 19 r°) que la perception de cet emprunt forcé ne put se faire que partiellement « pour la grant povreté du peuple et la grant cherté de vivres qui lors estoit. »

1. Trente-six mille livres tournois, tel est le chiffre énorme de l'aide imposée aux habitants de Paris pour subvenir aux dépenses du siège de Montereau. Comme il était difficile de réunir une somme pareille en argent monnayé, les Parisiens eurent la faculté de se libérer en sacrifiant leur vaisselle d'or et d'argent; par un mandement du 1er septembre 1437 à l'adresse des généraux maîtres des monnaies, Renaud Thumery, changeur commis à la monnaie de Paris, reçut ordre de payer pour chaque marc d'or fin 70 écus d'or, et pour chaque marc d'argent en vaisselle nouvellement poinçonnée 7 livres 10 sols tournois, afin de convertir ces matières en espèces (Arch. nat., Z1b 60, fol. 28 v°).

2. Les mots : « Ne evesque, abbé, prieur » manquent dans le ms. de Rome.

qu'il fust. Et fut premierement faicte une grosse taille sur les gens[1] de l'eglise, et après sur les gros marchans et marchandes, et paioient l'un iiii^m frans, l'autre iii^m ou ii^m frans, viii^c, vi^c, chascun selon son estat; après aux autres mains riches, à l'un c ou lx, l ou xl, tretout le maindre paia xx frans ou au dessus, les autres plus petiz au dessobz de xx frans et au dessus de x frans, nul ne passoit xx frans et nul ne paoit mains de x frans, uns et autres plus petiz nul ne passoit c solz, ne mains de xl solz parisis. Après celle doloreuse taille firent une autre tres deshonneste, car les gouverneurs prindrent es esglises les joyaulx d'argent[2], comme encenciers, plaz, burettes, chandelliers, paix, brief de tous vesseaux d'eglise qui d'argent estoient ilz prenoient sans demander, et en après ilz prindrent la grigneur partie de tout l'argent monnoyé qui estoit ou tresor des confraries. Brief, ilz prindrent tant de finance à Paris que à peine en seroit homme creu, et tout soubz l'ombre de prendre le chastel de Montereau et la ville. Et furent devant sans rien faire depuis la my aoust jusques au jeudy xie jour d'octobre ensuivant, l'endemain de Sainct Denis, qu'ilz prindrent la ville par assault[3], et les gens d'armes se mirent dedens le chastel à garant; après, pluseurs foys parlementerent ensemble, mais ilz ne porent accorder, si assaillirent le chastel par pluseurs foys et gecterent de leurs cannons et d'autre traict tant et si souvent que grandement greverent le chastel et ceulx de dedens. Et aussi traioient ceulx de dedens à ceulx de dehors, mais pou leur vallu, car ilz virent bien que longuement ne le povoient

---

1. Ms. de Paris : grans.

2. Si les conseillers de Charles VII mirent ainsi à contribution le trésor des églises, c'est que les finances royales étaient tellement épuisées que l'on ne pouvait attendre la réalisation même partielle de l'emprunt de 36,000 livres sur les habitants de Paris; dès le 22 septembre 1437, le chancelier de France, le comte de Vendôme et autres membres du conseil royal exposèrent aux chanoines de Notre-Dame la nécessité de se procurer immédiatement une somme de douze mille francs en vue du recouvrement de Montereau, et lui demandèrent l'avance d'un certain nombre de marcs d'argent. Le chapitre accéda à cette demande et fit peser par Jean Fournier, orfèvre, et Renaud Thumery, deux plats d'argent blanc et quatre candélabres d'argent du grand autel, du poids total de vingt-sept marcs (Arch. nat., LL 217, fol. 334).

3. Montereau fut emporté « de bel assault » le jeudi 10 octobre 1437 par Charles VII, qui paya bravement de sa personne en tête de son armée (Voir la relation de ce brillant fait d'armes insérée au registre du conseil du Parlement; Arch. nat., X1a 1482, fol. 37 v°).

tenir le chastel qu'ilz ne fussent destruiz, si parlementerent au roy, et ad ce s'accorderent que les Angloys s'en iroient sauves leurs vies, comme estrangiers concquerans terre, car ilz n'estoient pas venus en France de leur auctorité, et tous ceulx qui avec eulx estoient de la langue de France se rendirent à la voulenté du roy; et ainsi fut fait, dont la plus grant partie d'iceulx Francoys renyez furent panduz par les gorges, et aucuns autres allerent en longs pellerinaiges, une corde au col. Cest appointement (fut) fait le sabmedi xixe jour d'octobre l'an mil iiii^c xxxvii; et le mardi en-suivant randirent le chastel[1] et s'en allerent. Et ceulx de Paris s'en tindrent bien mal comptents, et ne firent pour la prinse du chastel ne joie, ne feuz allumerent, ne n'en tindrent compte, comme ilz firent pour la prinse de la ville, car on sonna par tous les mostiers de Paris, et fist on par tout joye et liesse toute nuyt et feuz et dances, et tout ce fut delaissé, parce que on avoit ainsi delivré les Angloys et qui estoient iii^c, tous murdriers et larrons. La plus grant partie d'eulx se mist à la riviere pour plus emporter de leurs bagaiges, et quant ilz passerent par devant Paris, il fut crié, sur peine de la hart, que nul ne nulle ne fust si hosé ne si hardy de leur dire pis de leur nom, dont le peuple de Paris fut moult mal comptent, mais à souffrir le convint pour celle foys, car de nulle rien ilz n'osoient parler qui touchast le bien publicque, car ilz avoient tant d'oppressions, tant des tailles devant dictes, tant de malles gaignes, tant de grant charté de pain et de tous autres vivres que oncques[2] on eust veu puis c ans. Mais l'espe-rance de la venue du roy les confortoit, laquelle fut bien en vain, car quant il vint à Paris, lequel y vint l'endemain de la feste Sainct Martin d'yver l'an mil iiii^c xxxvii, dont on fist aussi grant feste comme on pouroit faire à Dieu, car à l'entrée de la bastide Sainct-Denis par où il entra, tout armé au cler, et le dalphin, jeune d'environ dix ans[3], tout armé comme son pere le roy; et à l'entrée les bourgoys luy mirent un ciel[4] sur sa teste comme on a à la

---

1. Après la prise de la ville, Thomas Guérard, capitaine de la place pour le roi d'Angleterre, s'était retiré dans le château; il le rendit le mardi 22 octobre (Arch. nat., X1a 1482, fol. 37 v°; J. Chartier, t. I, p. 237).
2. « Oncques » manque dans le ms. de Rome.
3. Le dauphin avait alors quatorze ans accomplis.
4. Ce ciel en drap d'or vermeil porté par le prévôt des marchands et les échevins fut déposé par les sergents d'armes au prieuré de Sainte-Catherine-de-la-Culture (Journal parisien de Jean Maupoint, p. 24).

Sainct Sauveur à porter Nostre Seigneur, ainsi le porterent jusques à la porte aux Paintres dedens la ville[1]. Et entre la dicte porte et la bastide avoit pluseurs beaux misteres, comme à la porte des Champs avoit angles chantans, à la fontaine du Ponceau-Sainct-Denis moult de belles choses qui moult longues seroient à raconter, devant la Trinité la maniere de la Passion, comme on fist pour le petit roy Henry, quant il fut sacré à Paris, comme davant est dit.

725. Item, à la porte aux Paintres aussi, et devant Chastellet et devant le Pallays, senon que depuis ladicte porte aux Paintres tout fut tandu à ciel jusques à Nostre-Dame de Paris, senon le Grant Pont. Et quant il fut devant l'Ostel Dieu ou environ, on ferma les portes de ladicte eglise de Nostre-Dame, et vint l'evesque de Paris, lequel apporta ung livre sur lequel le roy jura, comme roy, qu'il tendroit loyalment et bonnement tout ce que bon roy faire devoit[2]. Après furent les portes ouvertes, et entra dedens l'eglise et se vint loger au Palays pour celle nuyt; [et fist on moult grant joie celle nuyt] comme de bassiner, de faire feus en my les rues, dancer, menger, et boyre et de sonner pluseurs instrumens. Ainsi vint le roy à Paris comme devant est dit.

726. Item, le jour Saincte Katherine ensuivant, fut fait ung moult solempnel service à Sainct-Martin des Champs pour feu le conte d'Arminac qui fut tué, comme devant est dit, environ dix-

---

1. La porte aux Peintres qui, dans le principe, faisait partie de l'enceinte de Philippe-Auguste, s'élevait près de l'impasse du même nom, à l'intersection des rues actuelles de Turbigo et aux Ours prolongée; devenue fausse porte après la construction de l'enceinte de Charles V, elle fut dégarnie de ses tours, puis démolie vers 1535.

2. Charles VII arriva devant Notre-Dame à quatre heures après midi, il fut reçu par l'évêque Jacques du Châtelier, qui lui adressa l'allocution suivante : « Tres chrestien roy, nostre souverain et droicturier seigneur, les sainctz et tres chrestiens roys de France, vos predecesseurs, qui tant ont honouré et amé Dieu et l'eglise, si ont acoustumé que, après leur unccion et sacre en leur premier joyeux advenement en ceste vostre cité, ilz viennent premier à l'eglise, et devant qu'ilz entrent en ladicte eglise, ilz doivent faire premier le serement à l'eglise, et ainsi le devez faire en ensuivant les sainctes voyes et bons propos de vos predecesseurs, et est le serement tel. » Après cette exhortation le roi, étendant la main sur les saints Évangiles, s'exprima en ces termes : « Ainsi comme mes predecesseurs l'ont juré, je le jure. » Ce cérémonial accompli, Charles VII fit son entrée solennelle dans la cathédrale et vint baiser les sainctes reliques (Arch. nat., LL 217, fol. 357-359).

neuf ans devant dedens le Pallays; et y ot bien ce jour xvii^c cierges alumez et de torches à la value, et tous prebstres qui voldrent dire messe furent paiez; mais on n'y fist point de donnée, dont on s'esbahyt moult, car telz iiii^m personnes y allerent, qui n'y fussent ja entrez, s'ilz n'eussent cuidé que on y eust fait donnée, et le maudirent qui avant prierent pour luy. Et tout ce service fist faire le conte de Pardriel ou de la Marche[1], le mainné filx du conte d'Arminac devant dit, et y fut le roy et chevaliers d'Anjou et tous ceulx de Nostre-Dame et des collieges de Paris, tous revestuz.

727. Item, après dit le service, furent portez les os dudit conte à Nostre-Dame des Champs, acompaigné de grant luminaire et de gens vestus tous de noir, et là fut laissé jusques au mercredy suivant; et ce jour disna le roy à Sainct-Martin des Champs, et le mercredy furent emportez les os dudit conte en son païs d'Arminalx.

728. Et en ce temps avoit à Paris foison gens d'armes, et environ XL ou L larrons qui s'estoient boutez dedens Chevreuse[2] couroient tous les jours jusques aux portes de Paris et prenoient hommes, bestes, voitures; et devers la porte Sainct-Denis ne sçay quelx larrons qui estoient à Ourville venoient prendre les hommes et les proyes jusques emprés les portes de Paris, et par ce point venoient toutes les sepmaines, et quant ilz estoient III ou IIII lieus loing, les gens d'armes qui à Paris estoient s'armoient tout à loisir et se partoient sans conroy, et tantost s'en revenoient puis qu'ilz avoient fait maniere. Et pour ce enchery tout grain, car blé valloit v frans et demy, qui n'estoit que mesteil, orge LX solz, feves menues v solz parisis le boessel, poys au pris, huylle v solz parisis la pinte, la livre de beurre [sallé] VI blans, et tout à forte monnoye[3]. Et depuis que le roy estoit entré à Paris, tout enchery

---

1. Bernard d'Armagnac, comte de Pardiac et de la Marche, vicomte de Carlat et de Murat, second fils de Bernard d'Armagnac et de Bonne de Berry, institué, en 1422, lieutenant et capitaine général au bailliage de Mâcon et sénéchaussée de Lyon, mourut vers 1462, laissant de son mariage avec Éléonore de Bourbon un fils, Jacques d'Armagnac, duc de Nemours.

2. Chevreuse, tombé par surprise au pouvoir des Anglais en 1437, redevint français peu après, ensuite du rachat qu'on en fit de Guillaume du Brouillart, chevalier (Cf. J. Chartier, t. I, p. 235).

3. Malgré le peu de sécurité des communications et la difficulté extrême des transports, il se trouvait encore des marchands qui ne craignaient pas d'exposer aux dangers des grands chemins les produits destinés à l'appro-

comme dit est, pour ces larrons qui touzjours estoient en embusche emprès Paris, ne roy, ne duc, ne conte, ne prevost, ne cappitaine n'en tenoit compte, ne que s'ilz fussent à cent lieues loing de Paris.

729. Item, il fu cel an grant année de choulx à Paris[1] et de navez, car le boessel ne coustoit que vi deniers parisis, par quoy les gens appaisoient leur fain et à leurs enfens.

730. Item, le fruit failly partout, se non de nefles et de pommes de boys, et si ne fut nulles noys ne nulles almandes.

731. Item, le roy se desparti de Paris le iiie jour de decembre l'an mil iiii^c xxxvii, sans ce que nul bien y feist à la ville de Paris pour lors, et sembloit qu'il ne fust venu seullement que pour veoir la ville, et vraiement sa prinse de Montereau et sa venue cousta plus de lx^m frans à la ville de Paris, où qu'ilz fussent prins.

[1438.]

732. Item, le jour de la Thiphaine, les larrons de Chevreuse, environ xx ou xxx, vindrent à la porte Sainct-Jaques et entrerent dedens Paris, et tuerent ung sergent à verge nommé ***, qui estoit assis à ung huys, et s'en rallerent franchement, et prindrent trois des portiers gardans la porte et pluseurs autres pouvres gens, sans la proye qui ne fut pas petite, et si n'estoit que xii heures de jour ou environ, et disoient : « Où est vostre roy! Hé[2] est il mucé? » Et pour les cources que lesdiz larrons faisoient, enchery tant pain et vin que pou de gens mengeoient de pain leur saoul, ne pouvres gens ne buvoient point de vin[3], ne mengeoient point de char

---

visionnement de la capitale, témoin ce Jean des Bonnes qui, en l'an 1437, « fist amener à Paris lxxviii quaques de haren blanc, deux pipes de haren sor et cinq ambours de salmons salez » (Arch. nat., X^{1a} 22, 21 mars 1443).

1. « A Paris » manque dans le ms. de Rome.
2. « Hé » manque dans le ms. de Rome.
3. L'examen de notre journal, en ce qui concerne les événements de l'année 1438, nous avait permis de constater d'une part le peu d'étendue des matières comprises sous cette année et d'autre part le défaut de suite du texte; à ce dernier point de vue, il est aisé de remarquer que le passage « Item ceux de Montargis firent semblablement et rendirent ces iii places. » ne pouvait se rattacher à aucun des faits précédemment rapportés, ce qui laissait entrevoir l'existence d'une lacune. Cette lacune considérable, qui se retrouve même dans le ms. de Rome, est comblée

qui ne leur donnoit, ilz ne mengeoient que navez ou trongnons de choulx mis à la braise sans pain, et toute nuict et tout jour crioient petis enfans et femmes et hommes : « Je meur! Helas! las doux Dieu! je meur de faim et de froid! » et toutes fois qu'il venoit à Paris gens d'armes pour acconvoyer aucuns biens qu'on y amenoit, ilz amenoient avec eux II^c ou III^c mesnaigers, pour ce qu'ilz mouroient de faim à Paris.

733. Item, la vigille Sainct Marc, en avril, qui fust à un jeudi fist un si grant vent qu'il arracha les plus gros ormes de ceulx qui estoient devant l'Isle-Nostre-Dame, et le sabmedi de devant cheut devant la chambre Me Hugues un mur devant soudainement emmi la rue, lequel tua III hommes qui par là passoient et en blessa IIII qui moururent, et ainsi furent VII hommes mors par ledit mur. En celluy temps faillist le pain à Paris, car le bled valloit VII frans; febves, pois, VI blans le septier; et pour certain le pain de II blans ne pesoit que XI onces.

734. Item, en celle année IIII^c XXXVIII, fust si grant foison de chenilles qu'ilz degasterent tous les arbres et les fruictz, et le vent devant dict qui fust la vigille Sainct Marc abatit tant de fruict comme de cerises, de noix; brief, il fist moult de dommaige par tous lieux, et abatit plusieurs maisons, cheminées sans nombre, et tant d'arbres portant fruict, que ce fust une tres grande merveille, et esbahissement du grant dommaige qu'il fist en plusieurs lieux et presque partout, et si ne dura que VI heures ou environ.

735. Item, il fust tant grant charté de verdure celle année que à l'entrée de may on vendoit — pour faute de porée — choulx, des mauves, des sauves, de la pareille, des orties, et les cuisoient les pouvres gens sans gresse, senon sel et eau, et mengeoient sans pain, et dura jusques après la Sainct Jehan; mais par force de pluye dont grande abondance fut en celluy temps, vint la verdure environ VIII jours devant la Sainct Jehan à marché, mais tout grain enchery tousjours, que bon bled valloit VIII frans le

---

dans notre édition à l'aide du manuscrit de Paris, auquel nous empruntons la fin du paragraphe : *Item, le jour de la Tiphaine* à partir des mots *ne mengeoient point de char*, et tout ce qui suit jusque inclusivement au paragraphe qui commence ainsi : *Item, en ce temps, le capitaine de Dreux*. Un autre manuscrit du Journal parisien, celui de la bibliothèque d'Aix, dont l'existence nous a été révélée pendant l'impression de notre chronique, renferme également dans son entier le passage inédit dont nous donnons le texte.

sextier, forte monnoye, et petites febves noires que on souloit donner aux porcs dix solz pour le boissel.

736. Item, Seine fust si grande à la Sainct Jehan qu'elle passoit assés la Croix de Greve.

737. Item, il faisoit si grant froid à la Sainct Jehan comme il debvroit faire en febvrier ou en mars.

738. Item, la premiere sepmaine de may audit an mil iiii^c xxxviii, (à) chascune des iiii portes de Paris, deux à la porte et une dessus les barrieres encontre le mur, on attacha iii pieces de toile tres bien peintes de tres laides histoires; car en chascune avoit painct ung chevalier des grans signeurs d'Angleterre, icelluy chevallier estoit pendu par les piez à un gibet, les esperons chaussés; tout armé senon la teste, et à chascun costé un diable qui l'enchaînoit, et ii corbeaux laidz et hideux qui estoient en bas en son visage, qui luy arrachoient les yeux de la teste par semblant.

739. Item, il y avoit escript au premier : GUILHAUME DE LA POULLE, CHEVALLIER ANGLOIS, COMTE DE SUFFORD ET GRANT MAISTRE D'HOSTEL DU ROY D'ANGLETERRE, CHEVALIER DE LA JARTIERE, FAULX PARJURE DE LA FOY MENTIE, DEUX FOIS, ET DE SON SEELLE A NOBLE CHEVALLIER, TANGUY DU CHASTEL, CHEVALLIER FRANÇOIS.

740. Item, l'autre estoit : ROBERT, COMTE DE HUILLEBIT, PARJURE UNE FOIS DE SA FOY MENTIE ET DE SON SEEL AUDIT TANGUY DU CHASTEL, CHEVALLIER DEVANT DICT.

741. Item, l'autre estoit nommé THOMAS BLOND, CHEVALLIER, non pas comte, ne chevallier de la Jartiere, comme les deux autres, mais PARJURE DE SA FOY MENTIE ET DE SON SEEL A TRÈS NOBLE CHEVALLIER FRANÇOIS, MONSIEUR TANGUY DU CHASTEL. Ainsi estoit celle tres laide (histoire) encontre à l'entrée de chascune porte de la ville de Paris.

742. Item, la nuict de la Sainct Jehan, fust faict ung grant feu devant la maison de la ville, et ne fust point allumé le droict feu qui estoit en la place accostumée, pour ce que l'eaue y estoit trop grande, car elle passoit la Croix, comme devant est dit.

743. Item, la fille du roy nommée Marie, qui estoit religieuse à Poissy, alluma le feu d'un costé et le connestable de l'autre, lequel on disoit estre favorable aux Anglois plus qu'au roy ne que aux François, et disoient les Anglois qu'ilz n'avoient point paour de guerre, ne de perdre, tant comme il seroit connestable de France; qu'il en estoit, je n'en scay rien, mais Dieu le scet

bien. Et pour vray, il se monstroit tres mauvais ou tres couart en toutes ses besongnes, car il alla la sepmaine d'après la Sainct Jehan devant Ponthoise et, tantost, les menues gens qui avec luy estoient gaignerent l'une des plus fortes tours qui fust en la ville, et quant il vit que l'on besongnoit si asprement, il fist tout laisser, et s'en refouit à Paris, et dict qu'il ne vouloit pas faire tuer ne les bonnes gens; et pour certain le peuple qui avec luy estoit juroit, que s'il ne les eust point laissez, que à tres pou de temps ilz eussent gaigné la ville et chastel. Helas! l'emprise fust si mal laissée, car il estoit l'entrée d'aoust, et on les laissa en ce poinct, par quoy ilz firent si grant dommaige des blez qui estoient entour Paris et entour Sainct-Denis que nul n'osoit aller cuillir ses grains aux champs; et si ordonna ce noble connestable que chascun arpent, de quelque gaignage que ce fust, ou bled ou potagé, ou de quelque semence que ce fust, luy payast IIII solz parisis, sans les patis, sans les courses.

744. Item, de chascune queue de vin, IIII solz parisis; de chascun muy, VIII blans.

745. Item, parce qu'il s'en revint ainsi, plusieurs de la ville orent moult à souffrir des Anglois, car les uns furent decapitez, les autres boutez hors, les autres s'enfouirent et perdirent tous leurs biens.

746. Item, le mardy XIXe jour d'aoust, trespassa madame Marie de Poissy au Pallais, et mourust d'espidimie, dont elle fust moult merveilleusement esprise, comme il apparust, car les mires qui son corps ouvrirent pour l'ordonner, comme à telle dame appartenoit, furent tantost frapez de ladicte espidimie, et tous en moururent bien tost après.

747. Item, elle fust portée en l'abbaye de Poissy, et là fust elle enterrée tres honnorablement, comme à telle dame appartenoit.

748. Item, ceste dame estoit une moult grant dame, car elle estoit fille de roy, seur de roy, bel'ante de roy, dame des relligieuses de Poissy.

749. Item, le roy, ne nul des signeurs ne venoit à Paris, ne entour, ne que s'ilz fussent en Hierusalem, et pour ce y avoit si grant charté à Paris[1], car on n'y povoit rien apporter qui ne

---

1. En 1438, la récolte manqua complètement, suivant des témoignages contemporains; « pour la sterilité du temps, le blé fut tres chier à Chartres » et la misère fut si grande que « plusieurs mesnaigiers furent astrains à eulx en aler vivre ailleurs » (Arch. nat., Z1a 12, fol. 20).

fust rançonné ou tout robé des larrons qui estoient es garnisons d'entour Paris; car environ la Sainct Martin d'yver que on a semé, bon bled valloit vii frans et demy et plus, orge vi frans le sextier, pois et febves vi frans, ung petit cacque de petit vin vermeil iiii ou v frans, la livre de beurre sallé iiii solz parisis, huyle de noix xvi blans, celle de chenevis autant; ne il n'estoit nulz pourceaux à la Sainct Clement, par defaulte du roy qui ne tenoit compte du pays de France, et se tenoit tousjours en Berri par les mauvais conseils qu'il avoit.

750. Item, cel an, fust moult de noix, si vendoit on le sextier iiii blans, parce que les marchans de Paris mettoient toutes choses qui garder se povoient en leurs greniers.

751. Item, en ce temps, le capitaine de Dreux, de Chevreuse[1] et aucuns de leurs gens vindrent faire le serment au connestable à Paris, et ceulx qui ne le voldrent faire s'en allerent à Rouen.

752. Item, ceulx de Montargis firent semblablement[2], et rendirent ces iii places.

753. Item, Montargis s'estoit autresfoys rendu par ainsi que on devoit donner grant finance, laquelle ung grant signeur qui la devoit porter la joua aux dez. Ainsi estoit tout gouverné, et se randirent la darraine sepmaine, l'an mil iiii^c xxxviii, du moys d'octobre.

754. Item, la mortalité fut si grande, especialment à Paris, car il mouru bien à l'Ostel Dieu en celle année cinq mil personnes, [et parmy la cité plus de xlv mil], que hommes, que femmes, que enfans; car quant la mort se boutoit en une maison, elle en emportoit la plus grant partie des gens, et especialment des plus fors et des plus jeunes[3].

---

1. La reddition de ces deux places fut ménagée par Thibaud de Charmes, capitaine de Chartres, qui, ayant été surpris par les Anglais en 1436 ou 1437, fut emmené prisonnier à Dreux et consacra les loisirs de sa captivité « à bastir la reduccion de Dreux et de Chevreuse »; à cet effet, il fit maints voyages auprès de Charles VII (Arch. nat., Z^{1a} 12, fol. 19 v°). D'après Jean Chartier (t. I, p. 237), G. Brouillart aurait reçu pour la remise des ville et château de Dreux une somme de 60,000 à 80,000 écus.

2. Montargis que les Anglais avaient enlevé par escalade fut rendu ou pour mieux dire vendu aux gens de Charles VII par un fameux capitaine de routiers, François de Surrienne, dit l'Arragonnois (J. Chartier, t. I, p. 235).

3. La maladie épidémique qui détermina une mortalité aussi effrayante à Paris paraît avoir été ce que l'on appelait la *bosse*, c'est-à-dire la petite

755. Item, de celle mort trespassa l'evesque de Paris, nommé sire Jaques[1], ung homme tres pompeux, convoicteux, plus mondain que son estat ne requeroit, et trespassa le II*e* jour du moys de novembre, l'an mil IIII*c* XXXVIII.

756. Item, en ce temps venoient les loups dedens Paris par la riviere et prenoient les chiens, et si mengerent ung enffant de nuyt en la place aux Chatz derriere les Innocens[2].

757. Item, le jour Saincte Geneveve et l'endemain, et le III*e* jour ensuivant, tonna, esparti, gresla aussi fort comme on vit oncques faire en esté temps au matin et après disner; et estoit [tout] ainsi cher comme devant est dit.

[1439.]

758. Item, ou moys de janvier, fut prins par les Angloys le

---

vérole (Arch. nat., X*sa* 22, août 1441). Jean Chartier (t. I, p. 245) évalue le nombre des victimes à cinquante mille personnes et, détail lamentable qui témoigne d'une misère excessive, il ajoute qu'il mourut à l'Hôtel-Dieu autant de pauvres gens de faim que par la maladie. Suivant le Journal de Maupoint (p. 25), le nombre des morts fut si grand que toute sonnerie dans les églises fut interdite. Vers la fin d'octobre 1438, le mal, bien qu'ayant perdu de son intensité, continuait à décimer la population parisienne, comme le montre la délibération suivante prise par le Parlement de Paris, réduit à treize conseillers, tous les autres étant morts ou absents : « Jeudi XXVI*e* octobre 1438, cedit jour, deliberé a esté, consideré la pestilence de mortalité qui a couru, laquelle encores du tout n'est cessée, l'absence des conseillers de la court et que pluseurs en sont trespassez, que le commancement de Parlement à venir sera continué jusques au premier jour de decembre prochainement venant » (Arch. nat., X*1a* 1482, fol. 92 v*o*).

1. Jacques du Châtelier, enlevé par la contagion, fut inhumé à Notre-Dame dans le chœur, devant la stalle du pénitencier. Son épitaphe le fait mourir le 2 novembre, et cette date est généralement admise ; elle ne paraît cependant pas entièrement certaine ; en effet, l'exposé de son exécution testamentaire présenté au Parlement par Adam de Cambray parle du commencement de décembre. Le règlement de la succession de l'évêque ne laissa pas que d'offrir quelques difficultés, en raison des réclamations formées par ses créanciers ; Jean Bureau, receveur du domaine de Paris, jugea même à propos d'installer dans l'hôtel épiscopal, pour la garde des biens, des sergents qui durent vider les lieux devant un ordre du Parlement intimé le 10 décembre 1438 (Arch. nat., X*1a* 1482, fol. 92 v*o*, 99 r*o*).

2. La place aux Chats ou aux Chaps, suivant l'orthographe adoptée par M. Biollay, se trouvait au point de jonction des rues des Déchargeurs, de la Lingerie, de la Charronnerie et de la Ferronnerie; elle servait anciennement de marché aux fripiers ambulants (Biollay, *Les anciennes halles de Paris*, Mém. de la Société de l'hist. de Paris, t. III, p. 323).

chastel de Sainct-Germain-en-Laie[1], et fut par ung faulx religieux de Saincte-Geneveve, nommé Carbonnet, lequel estoit prieur de Nanterre, et se fist privé du cappitaine dudit chastel, et tant fist qu'il y entroit a quelque heure qu'il voulloit, et savoit touzjours où les clefs estoient, que on ne se deffioit point de lui; et le mauvais homme alla à Rouen et promist au conte de Varvic[2], que se il lui voulloit donner III^c salus d'or, qu'il luy randroit le chastel, et on les lui bailla, et le faulx traistre leur livra le chastel au jour qu'il avoit promis. Et environ XII ou XV jours après fut prins et recongnut toute la traïson, et fut jugé à prinson perpetuelle, chargé de gros fers, jambes et bras, et ne menger jamais que pain et eaue, et tres pou.

759. Item, fut la ville de Paris sans evesque jusques au XXIe jour de fevrier ensuivant, la vigille de la Chaire Sainct Pierre, que en fist evesque de Paris l'arcevesque de Tholouze[3]. Pour ce qu'il estoit du conseil du roy, il ot l'un et l'autre, et aussitost qu'il fut confermé, il se transporta à son arcevesché et laissa Paris, que à Pasques et aux Quatre Temps de la premiere sepmaine de karesme, il convint prendre et prier autre prelat pour faire les ordres et autel divin service appartenent à soy de faire.

760. Et en celui temps il n'avoit ne roy ne evesque qui tenist compte de la cité de Paris, et se tenoit le roy tousjours en Berry, ne il ne tenoit compte de l'Isle de France, ne de la guerre, ne de son peuple, ne que s'il fust prinsonnier aux Sarazins. Et dit on par commun langaige : Selon signeur, mesnie duicte. Car en verité les Angloys couroient toutes les sepmaines deux ou III foiz

---

1. Le château de Saint-Germain-en-Laye avait été recouvré en 1436 par le connétable de Richemont qui avait gagné à prix d'argent le capitaine anglais de cette forteresse (J. Chartier, t. I, p. 229).

2. Le comte de Warwick avait succédé le 16 juillet 1437 au duc d'York qui avait remplacé lui-même le duc de Bedford en qualité de lieutenant du roi d'Angleterre en France.

3. Denis du Moulin, originaire de Meaux, docteur en droit, successivement chanoine de Vienne, de Chartres, de Reims, de Tours et d'Embrun, fut appelé à l'archevêché de Toulouse le 21 avril 1423, remplit de 1423 à 1439 plusieurs missions importantes que lui confia Charles VII; nommé évêque de Paris au commencement de l'année 1439, il eut pour successeur à Toulouse son frère Pierre du Moulin, mais ne prit possession de son diocèse que vers le mois d'août ou de septembre, le chapitre de Notre-Dame conserva de mars à juillet « l'administracion de l'eveschié de Paris, *sede vacante* » (Arch. nat., X^{1a} 1482, fol. 101 v°).

[autour de Paris], et pilloient, tuoient et rançonnoient, et pour certain le connestable, ne les cappitaines ne s'en avanssoient de leur deffendre aucunement, ne que s'ilz fussent de leur party.

761. Item, en celui temps, avoit si cher temps à Rouen que le sextier de bien povre blé coustoit x frans, et tous vivres au prix; et trouvoit on tous les jours en my les rues les petiz enffans mors que les chiens mengoient ou les porcs, et tout par la cruaulté de l'arcevesque[1], qui estoit homme plain de sang, et avec lui le prevost qui avoit esté de Paris, messire Symon Morhier[2], qui eslevé leur a tant de malles [toutes], que nul ne povoit vivre en la cité de Rouen, s'il n'estoit à eulx, ou se il n'estoit moult riche par avant; ainsi estoit tout gouverné.

762. Item, en cellui an, l'an mil cccc xxxviii, fut si largement verdure, comme poirée, choulx, poreaulx, navez, persin, cerfeuil, et toute autre verdure appartenant à corps de homme nourir; car ou moys de janvier jusques à la Sainct Jehan, on avoit plus de verdure pour ung tournois à la Chandeleur et devant et après, que on avoit eu l'année de devant en avril ne en may pour deux blans ou iii.

763. Item, environ huit jours après la Sainct Pere, fut le persil et le cerfeuil tant cher que on n'en povoit finer; pour vray, or vendoit iiii doubles ou vi deniers autant de persil ou de cerfeul que on avoit eu quinze jours devant pour ung neret.

764. Item, à la Sainct Jehan ou environ, enchery tant le blé que pour vray ung sextier de bon mesteil valloit viii frans, et ung sextier de seigle valloit vi frans; et la mesure de suif vi solz parisis; la pinte d'uylle de noix, vi solz; la livre de chandelle, iiii blans.

765. Item, en cellui temps, vint le connestable à Paris et amena avec lui ung grant tas de larrons, et fist entendant qu'il estoit

---

1. Louis de Luxembourg, chancelier de France pour les Anglais, évêque de Thérouanne, se fit transférer au siège archiépiscopal de Rouen le 24 octobre 1436, et fit son entrée solennelle dans son église le 9 août de l'année suivante; il mourut en Angleterre le 18 septembre 1443 et fut inhumé dans l'église d'Ely qu'il avait désignée comme lieu de sa sépulture dans son testament fait à Rouen, le 15 septembre 1438 (*Gallia christiana*, t. XI, preuves, p. 56).

2. Simon Morhier occupait à cette époque le poste de trésorier et général gouverneur des finances du roi d'Angleterre en Normandie; il dut recevoir de nombreuses malédictions pour les *maletoltes* et autres impositions levées sur les habitants de Rouen (Arch. nat., K 65, 1; K 65, 131).

venu pour prendre Pontoise, et les mena environ la ville, et la regarda tant seullement de loing, et dist qu'elle estoit moult forte à prendre, et qu'il n'avoit pas assez gens, et s'en retourna sans autre chose faire, lui et ses larrons, tout gastant les blés, les gangnaiges et les eritaiges des bonnes gens, avant qu'ilz fussent bons, especialment les serises qui commançoient à rougir, et ce qu'ilz ne povoient menger, comme feves nouvelles et pois, apportoient ilz à grans sachées.

766. Item, la darraine sepmaine de juing, vint ung autre aussi mauvais ou pire, nommé le conte de Perdriel, qui fut filz du conte d'Arminal qui fut tué pour ses demerites, et admena une autre grant compaignie de larrons et de meurdriers qui pour leur mauvaise vie et detestable gouvernement furent nommez les Escorcheurs; et pour vray ilz n'estoient pas mal nommez, car aussitost qu'ilz venoient en quelque ville ou villaige, il convenoit soy rançonner à eulx à grant finance, ou ilz degastoient tous les blez qui y estoient, qui encore estoient tous vers. Et firent entendant qu'ilz devoient prendre Meaulx d'assault, ou par gens qui leur devoient livrer, ou par composicion ou autrement, et firent charger cannons et prendre tout le pain que on trouvoit, et orent de l'argent largement, car on cuidoit qu'ilz deussent trop bien faire la besongne, mais ilz ne passerent guere par delà le chastel de Dampmartin, et là pilloient, tuoient, rançonnoient les blés et tous autres gaignaiges, sans autre bien faire. Ainsi besongnoit le noble connestable de France, nommé Artus, conte de Richemont. Et pour vray les prinsonniers des Anglois disoient à Paris et ailleurs, quant ilz avoient paiée leur rançon et qu'ilz estoient en leurs lieux, que les Anglois disoient [plainement] : « Par Sainct George! vous povez bien crier et braire à vostre connestable [qu'il vous secoure, car par Sainct Edouart! tant qu'il sera connestable], nous n'avons point paour que nous soions combatuz qu'il puisse, car quant il veult faire une armée pour faire le bon varletz et pour avoir de vostre argent, nous le savons de par lui ou de par autre touzjours iii ou iiii jours davant, car par Sainct George! lui bon Anglois, et à secret et en appert. » Mais aucuns tenoient qu'ilz le disoient pour le mettre en hayne du roy et du commun, mais la plus saine partie le tenoit pour tres mauvays homme et tres couart. Brief, il ne lui challoit [ne de roy], ne de prince, ne du commun, ne de ville ne de chastel que les Angloys preissent,

mais qu'il eust de l'argent, ne lui challoit] du demourant ne de quel part. Brief, il n'estoit à rien bon au regart de la guerre, et laissoit et souffroit aux gros qui avoient les grans greniers plains de blez et d'autres grains, vendre aux povres gens tout comme ilz voulloient, mais qu'il en eust aucun emolument ou prouffit, il ne lui challoit comment ilz le vendissent; et tant les laissa faire à leur guise, que la premiere sepmaine de juillet, qui voulloit avoir ung sextier de bon blé, il coustoit IX frans tres bonne monnoye; et les feves pour faire mouldre, VI frans. Et pour ce que le peuple ne se povoit taire, il fist le bon varlet, et fist mettre le siege devant la cité de Meaulx, mais ce fu quant ilz orent tous cuilliz leurs saigles et leurs potaiges. Et ne faisoit mie en deux moys ce qu'il deust avoir fait en VIII jours, car il commença des le moys de may à dire à ses gens qu'il se convenoit ordonner pour y aller, et si fut avant le XIX^{e1} jour de juillet qu'il ne ses gens y meissent le siege; lesquelles gens estoient les plus mauvaises gens que on eust oncques veu ou royaulme de France, et se faisoient appeller les Escorcheurs, car telx les devoit on appeller et[2] tenir partout où ilz passoient, car après eulx ne demouroit rien ne qu'après feu.

767. Item, ilz assaillirent la ville le XIIe jour d'aoust ensuivant[3], et la prindrent par force, et y ot aucuns prins à qui on coppa les testes[4].

768. Item, le Marché ne pot estre prins, et se mirent bien VI^c Angloys dedens, qui le tindrent moult bien, jusques à ce que le roy vint à Paris la IIe foys puis l'entrée des Françoys, et y entra par la porte Sainct-Anthoine, le IXe jour de septembre, l'endemain

---

1. Ms. de Paris « XIII ».
2. « Appeller et » manque dans le ms. de Rome.
3. Pendant la première quinzaine d'août, la vie publique à Paris fut en quelque sorte suspendue, les mardi 4, mercredi 5 et jeudi 6 furent consacrés à des processions générales « faictes pour la prosperité de l'ost et siege qui est devant Meaulx contre les Anglois »; du 10 au 15 août le Parlement suspendit ses plaidoiries. « Per hanc ebdomadam, dit le greffier, non fuit litigatum, ut quilibet melius intelligeret custodie ville, propter aciem Anglicorum contra sedem gencium nostrarum in villa Meldis existentem, accedentem » (Arch. nat., X1a 4798, fol. 104 r°).
4. Entre autres le bâtard de Thian, « à qui le connétable fit tout le premier couper la teste (Berry, éd. Godefroy, p. 402), et ung gentilhomme nommé Carbonnel de Chaule » (Monstrelet, t. V, p. 388).

de la Nativité Nostre Dame; et le jeudy ensuivant alla à Sainct-Denis faire chanter pour sa seur dame Marie de Poyssi[1].

769. Item, le dimenche ensuivant, rendirent les Angloys le Marché de Meaulx, leurs vies sauves et leurs biens, et furent admenez par eaue à Paris, et y furent deux jours sur la riviere, es bateaux.

770. Item, le darrain jour de septembre, se parti le roy de Paris et alla à Orleans, et l'endemain, entre le jeudy et le vendredy, vindrent les Angloys environ minuyt en la ville de Nostre-Dame-des-Champs, et bouterent feux, et prindrent hommes et biens ce qu'i porent.

771. Item, le xxiiii[e] jour d'aoust, l'an mil iiii[c] xxxix, fut prins en la riviere de Saine, devant les Bernardins[2] ou environ, ung poisson qui avoit entre queue et teste vii[3] piez et demy au pié du roy [de Chastellet] largement.

772. Item, en celui temps, especialment tant comme roy fut à Paris, furent les loups si esragez de menger cher de homme, de femme ou d'enfens, que en la darraine sepmaine de septembre estranglerent et mangerent xiiii personnes, que grans que petiz, entre Montmartre et la porte Sainct-Anthoine, que dedens les vignes que dedens les marès; et s'ilz trouvoient ung tropeau de bestes, ilz assailloient le berger et laissoient les bestes. La vigille Sainct Martin fut tant chassé ung loup terrible et orrible que on disoit que lui tout seul avoit fait plus des douleurs devant dictes que tous les autres; celui jour fut prins et n'avoit point de queue, et pour ce fut nommé Courtaut, et parloit autant de lui comme [on fait] d'un larron de bois ou d'un cruel cappitaine, et disoit on aux gens qui alloient aux champs : « Gardez vous de Courtaut ». Icellui jour fut mis en une brouette, la gueule ouverte, et mené parmy Paris, et laissoient les gens toutes choses à faire, fust boire, fust

---

1. Marie de France, deuxième enfant de Charles VI et d'Isabeau de Bavière, vouée dès sa naissance (24 août 1393) à la vie monastique, fit sa profession au couvent de Poissy, le dimanche de la Trinité (10 juin) de l'année 1408; toute sa vie s'écoula dans le silence du cloître; elle mourut de la peste à Paris au Palais, le 19 août 1438, et fut enterrée dans l'église de Poissy.

2. Le couvent des Bernardins, situé entre la rue de ce nom et la Bièvre, occupait une grande partie du clos du Chardonnet et possédait d'immenses jardins qui devaient aboutir à la Seine, à la hauteur du quai actuel de la Tournelle.

3. Ms. de Paris : viii.

menger, ou autre chose neccessaire que [que] ce fust, pour aller veoir Courtaut, et pour vray, il leur vallu plus de x frans la cuillette[1].

773. Item, en celle année fut tant de gland de chesne que on le vendoit à la halle au blé emprès l'avoyne, à aussi grans sachées comme blé.

774. Item, le xvi° jour de decembre, vindrent les loups soubdainement et estranglerent iiii femmes mesnaigeres, et le vendredy ensuyvant ilz en affollerent xvii entour Paris, dont il en mouru les unze de leur morsure.

775. Et fesoient en ce temps ceulx qui gouvernoient de par le roy nouvelles subcides, car ilz ordonnerent que quelque beste à corne, comme beufs ou vaches, qui seroit vendu au marché paieroit iiii solz parisis; le pourcel viii blans; le mouton ou brebis iiii blans. Et avec ce firent une tres grosse taille et tres grevable, car qui n'avoit poié devant que xl solz, il paioit vi livres, car elle doubla deux foys; et aussitost comme ilz venoient [pour estre] paiez et on ne les paioit, on avoit tantost après sergens en garnison qui moult grevoient le povre commun, car quant ilz estoient dedens les maisons, ilz les convenoit gouverner de grans despens, car c'estoient les varletz au deable, ilz faisoient du mal trop plus que on ne leur commandoit[2].

---

1. Jean Chartier (t. I, p. 245) consacre tout un paragraphe de sa chronique aux loups qui infestaient les environs de Paris; il nous apprend que la Chambre des comptes allouait pour chaque loup capturé une prime de 20 sols parisis, payée par les soins de Michel de Laillier, « outre ce qu'on en pouvoit recevoir parmy la ville de Paris, où on les portoit exposez en veue ». Suivant le même chroniqueur, ces carnassiers étranglèrent dans le plat pays de soixante à quatre-vingts personnes.

2. Un procès plaidé à la Cour des aides en janvier 1441 montre avec quelle rigueur procédaient les sergents royaux contre ceux qui apportaient le moindre retard au payement de leurs taxes. Lors de l'aide établie en 1439 sur la ville de Paris pour le recouvrement de Meaux, aide dont Guillaume Colombel était receveur, Pierre Enfrie, imposé à 60 sols parisis, ayant obtenu un dégrèvement de 20 sols, fit alors un premier payement de vingt-deux sols; vers la fin de septembre 1440 les sergents lui firent commandement de payer le reste de sa contribution, il se transporta aussitôt avec eux chez le receveur, offrit un écu à la mère dudit receveur qui ne put lui rendre la monnaie et le pria de revenir. Le 27 octobre, il rencontra, sur le pont des Changeurs, les sergents qui lui renouvelèrent leur commandement et qui malgré son offre de payer séance tenante « le prindrent bien impetueusement par les bras, et mirent la main à lui et le menerent es prisons de la Conciergerie du Palais, et en le menant y avoit

[1440.]

776. Item, en cellui an, en janvier et fevrier, vint moult grant foison porcs, mais les faulx gouverneurs, quant ilz virent la grant habundance, ilz firent tant encherir le sel que le boesseau de sel coustoit xxii solz parisis, et encore on n'en povoit finer pour son argent; et furent à Paris perduz tres grant foison porcs c'on avoit tuez, par deffaulte de sel, car les gouverneurs ne vouloient que on l'amenast que par chevallées, pour vendre plus à leur voulenté; et disoit on tout pour vray que tout ce faulx gouvernement ne procedoit que du faulx malice de l'abbé de Sainct-Mor des Fossez[1].

777. Item, en celle année fut tant de tauppes que tous les jardins en estoient gastez.

778. Item, en celle année furent les Escorcheurs en Bourgongne, et en une grant court du païs myrent toutes les bestes à corne, comme vaches [et] beufz qui labouroient aux champs qu'ilz porent trouver, sans les bestes à laines et pourceaulx et autre bestail, et tous firent mourir de fain, parce qu'ilz furent trop sans menger là dedens; et fut pour ce que les gens du païs ne porent paier si grant rançon qu'ilz demandoient.

779. Item, en celle année furent les Escorcheurs devant Avranches et y mirent le siege, et en estoit chef le connestable le

---

une concavité de terre plaine d'eau, où le firent marchié dedans. » Nicolas de Neufville fit relâcher le plaignant qui s'acquitta immédiatement envers le receveur et dut payer en outre le salaire des deux sergents qui l'avaient mis en état d'arrestation (Arch. nat., Z1a 12, fol. 126 v°, 127 r°).

1. Jean le Maunier, abbé de Saint-Maur-des-Fossés, fut l'un des trois généraux sur le fait de la justice des aides nommés par Charles VII à la suite de la réduction de Paris et installés le 1er décembre 1436 par le doyen Jean Tudert, après leur prestation de serment entre les mains du chancelier; Jean le Maunier siégeait encore en la Chambre des aides le 24 mai 1441, comme le prouve la réception de M° Jean Colas, conseiller au Parlement en qualité de général des aides, faite « sans prejudice des offices, gaiges, prouffiz et prerogatives de mess. l'abbé de S. Mor, maistres Thibaud de Victry, Jehan de Croissy et Pierre de Breban, generaulx sur ledit fait; » c'est à ce titre de justicier en matière d'aides qu'il est pris à partie par l'auteur de notre journal exaspéré, comme devaient l'être ses contemporains, par l'accumulation des tailles, subsides et contributions de toute nature levées sur les Parisiens (Arch. nat., Z1a 10, fol. 1 r°, 124 r°; Z1a 12, fol. 185 v°).

conte de Richemont ; et estoient bien XL mil contre VIII^m Anglois, et firent lever le siege à grant deshonneur, voulsissent ou non[1].

780. Item, en cellui temps, le roy et son filx furent à descort par le conseil d'aucuns des signeurs de France, comme le duc d'Anjou, le connestable, lesquelx furent avec le roy, et le duc de Bourbon[2] avec le dalphin, et ung grant nombre que on nommoit les plus larrons qui fussent ou remenant du monde, et estoient nommez les Escorcheurs ; et faisoient guerre au povre peuple, si forte que on n'osoit yssir hors des bonnes villes, et quelque personne qu'ilz encontrassent, ilz luy demandoient : « Qui vive ! » S'il estoit de leur party, il n'estoit seullement que desrobbé de quanqu'il avoit, et s'il estoit d'autre party, il estoit tué et desrobbé, ou mené en prinson, dont jamais il n'yssoit, tant estoit tyré, gehainé et mis à grant rançon, que jamais ne la povoit paier, et par celle cause mouroit en leurs prinsons.

781. Item, ilz mengeoient char en karesme, fromaige, lait et œufs comme en autre temps. En celui temps se bouterent dedens Corbeil, et dedens le Boys de Vicennes et à Beauté[3].

782. Item, le premier dimenche de may, l'an mil IIII^c XL, environ une douzaine de ces Escorcheurs vindrent à Paris, et après disner allerent jouer en l'isle Nostre-Dame avec autres gens, et regarderent les toylles des bourgoys de Paris que on blanchissoit, et tres bien les adviserent, et quant ce vint sur le soir ilz firent semblant s'en venir, et se mucerent en lieu qu'ilz avoient espié, et à mynuit ou pres[4] vindrent en ladicte ysle et prindrent toutes les toilles de lin sans prendre une toute seulle de chanvre, et navrerent les gardes de plusieurs playes, et dit on qu'ilz valloient bien IIII^c livres parisis, et s'en allerent droit à Corbeil ; et ung vieil chevalier nommé messire Jehan Foucault,

---

1. Avranches fut investi vers Noël de l'année 1439 ; le connétable de Richemont chargé des opérations du siège n'avait avec lui qu'un corps de six mille hommes, composé en grande partie de routiers recrutés de côté et d'autre, dépourvus d'artillerie et sans argent (Cf. G. Gruel, édit. Michaud, t. III, p. 214).

2. Charles, duc de Bourbon, dont le père, le duc Jean, était mort en captivité chez les Anglais. Prince vaniteux et médiocre, il fut l'un des chefs de la Praguerie.

3. D'après le journal de Maupoint (p. 26), pendant que Jean Foucaut occupait Corbeil au nom du duc de Bourbon, « Mr de Mouy » s'emparait de Vincennes.

4. Ms. de Paris : Plus.

et le cappitaine du Boys de Vincennes[1] qui les deussent avoir rescoussés, s'en allerent partir à butin à Corbeil[2].

783. Item, celle année mil iiii^c xl, fut tant de hannettons et si largement[3] que on ne les avoit oncques mais veu venir à si grant habundance, mais il fist si tres grant froit la premiere sepmaine de juing et si grant vent et pluye qu'ilz n'orent point de longue durée.

784. Item, il fut tant de tauppes partout que on n'avoit oncques mais v j, car pour vray ilz gastoient toutes les semences que on mettoit en terre; et si avoit tant de lors qu'il ne demouroit rien en arbre qui fruict portast, ne cosses de pois ou de feves.

785. Item, en ce temps, avoit moult cruelle guerre entre le roy et son filx, et estoit le duc de Bourbon à l'aide du filx contre le pere, et se tenoit en fortes villes ou païs de Bourbonnays, acompaigné de foison gens d'armes qui tout destruioient son païs. Et d'autre part le roy estoit ou païs de Berry, car pour certain on alloit bien x ou xii lieues que on n'eust trouvé que boire ne que menger, ne fruict, ne autre chose, et si estoit ou droit cuer d'aoust; et tuoient et coppoient les gorges les uns aux autres, fut prebstre, ou clerc, ou moynne, nonnain, menesterel ou herault, femmes ou enfens; brief il n'estoit homme ne femme qui s'osast mettre en chemin pour chose qu'il eust à faire, et prenoient les villes les uns aux autres. Corbeil fut prins au nom du duc de Bourbon; Beauté et le Boys et les autres estoient de par le roy. Et ceulx de Corbeil allerent faire une cource pour piller sur les champs, et aussitost qu'ilz furent ung pou esloingnez de Corbeil, ceulx de la ville leur fermerent les portes, et leur cappitaine que on nommoit messire Jehan Foucault, chevalier, se bouta dedens le chastel et lui et ceulx qui estoient demourez pour garder la ville. Et tantost ceulx de la ville, quant ilz virent qu'il s'enfferma ou chastel, l'assegerent; et quant ilz se virent ainsi assegez, si jouerent atout, car ilz avoient assez cannons et artillerie, dont ilz dommaigerent moult ceulx de la ville, [que homme de la ville] n'estoit tant hardy d'approucher vers eulx. En ce temps le roy et son filx

---

1. « De Vincennes » manque dans le ms. de Rome.
2. Une seule chronique, celle de Maupoint, entre dans quelques détails sur l'heureux coup de main de ces routiers qui, au cœur de Paris, enlevèrent 61 pièces de toiles fines, tuèrent deux hommes et emmenèrent deux femmes, au grand émoi des Parisiens stupéfiés de tant d'audace.
3. « Et si largement » manque dans le ms. de Rome.

furent accordez, et par ainsi que toutes les places que le duc de Bourbon avoit prinses la guerre durant furent rendues au roy par le traicté fait entre eulx signeurs; et par ce point fut le chastel delivré de Foucault et d'un grant tas de larrons qui avec lui estoient. Et fut ladicte paix criée parmy Paris du roy et de son filz le jour madame Saincte Anne, xxviiie jour de juillet, et fist on les feux parmy Paris[1].

786. Et celle année mil iiii^c xl. fut tres fructueuse de tous biens, tres bons et à bon marché, car on avoit aussi bon blé pour xvi solz parisis [comme l'année de devant pour v frans; aussi bonnes feves pour iiii blans, comme l'année devant pour vii ou pour viii solz parisis]; tres bons pois pour vi blans, et si grant marché de tout fruict, comme on voulloit demander; car on avoit le cent de grosses pesches pour ii deniers parisis, poires d'Angoisse ou de Calliau-pepin tres grosses pour iiii deniers le quar-

---

1. Voici, d'après le Livre vert vieil second du Châtelet (Arch. nat., Y 4, fol. 45 r°), le texte du mandement adressé au prévôt de Paris pour la publication de la paix, dont Monstrelet (t. V, p. 415) ne donne que la substance :
Lettres de la paix faicte entre le Roy nostre sire et ceulx de son sang.
« Charles, par la grace de Dieu roy de France, au prevost de Paris ou à son lieutenant, salut. Savoir vous faisons que nostre tres cher et tres amé filz, le daulphin de Viennois, et nostre tres cher et tres amé cousin, le duc de Bourbon, sont venus devers nous en toute humilité et obeissance, et les avons mis et receuz en nostre bonne grace et tout pardonné, pour quoy voulons et ordonnons que toute guerre et voye de fait à cause de la division d'entre nous et nosdiz filz et cousin cessent, et que d'ores en avant ne soient pris nulz prisonniers, laboureurs ne autres quelzconques, ne bestial, que l'en ne face nulles courses, ne praigne places ou forteresses, et ne rançonnent blez, et ne soient abatues nulles forteresses es pays de nostredit cousin de Bourbon, et que d'ores en avant toutes gens, de quelque estat qu'ilz soient, puissent aler et venir seurement, faisans leurs besongnes, sans ce que on leur mefface aucunement. Sy vous mandons et commandons expressement que ceste nostre presente voulenté et ordonnance vous faictes crier et publier solemnelement et à son de trompe en nostre ville de Paris, et par tous les lieux de vostre prevosté acoustumez à faire criz et publicacions, en maniere que aucun n'en puisse pretendre ygnorance, et icelles faictes garder et tenir sans enfraindre. Donné à Cucy, le xviie jour de juillet, l'an de grace mil quatre cens quarante et de nostre regne le xviiie, soubz nostre seel ordonné en l'absence du grant. Ainsi signé : Par le Roy, en son grant conseil, J. de Dijon. *Au dos desquelles lettres estoit escript ce qui s'ensuit :* Publiées en jugement ou Chestellet de Paris, mons^r le prevost tenant le siege, le jeudi xxviiie jour de juillet l'an mil cccc quarante, publiées aussi ce mesmes jour à son de trompe par les carrefours et lieux acoustumez à faire criz en la ville de Paris. »

teron, le cent de prunes de Damas pour vii deniers, le cent de [tres] bonnes nois pour iiii tournois.

787. Item, en ce temps, la ville de Harefleu estoit assegée des Angloys, pour quoy le roy fist une grant assemblée de gens d'armes pour qui il convint faire une grosse taille et lever subsides plus grans que autresfoys; car une queue de vin paioit aux portes de Paris xx blans, qui ne paioit l'année devant que viii blans.

788. Item, quant l'assemblée des gens d'armes fut faicte, ilz prindrent leur chemin à venir parmy Paris pour querir leurs neccessitez, et y furent bien iiii ou v jours; et estoient espartiz es villaiges d'entour Paris, et tout à leur povoir gasterent, car il estoit le droit cueur de vendenge.

789. Item, en ce temps estoit tres grant nouvelle de la Pucelle, dont devant a esté faicte mencion, laquelle fut arce à Rouen par ses demerites; et y avoit adong maintes personnes qui estoient moult abusez d'elle, qui croient fermement que par sa saincteté elle se fust eschapée du feu et que on eust arce une autre, cuidant que ce fust elle; mais elle fut bien veritablement arce et toute la cendre de son corps fut pour vray gectée en la riviere pour les sorceries qui s'en fussent peu ensuivre.

790. Item, en cellui temps, en admenerent les gens d'armes une [1], laquelle fut à Orleans tres honnorablement receue, et quant elle fut pres de Paris, la grant erreur recommença de croire fermement que c'estoit la Pucelle; et pour celle cause l'Université et le Parlement la firent venir à Paris bon gré mal gré, et fut monstrée au peuple au Pallays sur la pierre de marbre en la grant court, et là fut preschée et traictée [2] sa vie et tout son estat,

---

1. Il s'agit de la fausse pucelle Claude, qui se faisait appeler Jeanne du Lys; cette aventurière, mariée en novembre 1436 à un chevalier lorrain du nom de Robert des Armoises, dont elle eut deux fils, mena une existence pleine de péripéties de tout genre. Au début de sa carrière, Claude des Armoises eut, comme l'on sait, maille à partir avec l'Inquisition de Cologne, et ne parvint à s'échapper que grâce à la protection du comte Ulrich de Wurtemberg. Rentrée en France, la fausse pucelle fut mêlée aux événements militaires dont le Poitou était le théâtre en 1439, et vint à Orléans vers les mois de juillet et septembre de la même année. Après l'examen judiciaire dont cette intrigante fut l'objet à Paris au mois d'août 1440, elle disparaît complètement de la scène historique (Cf. Vallet de Viriville, *Procès de condamnation de Jeanne d'Arc*, p. lxix à lxx); *Histoire de Charles VII*, t. II, p. 366-369).

2. Ms. de Rome : et toute sa vie.

et dit qu'elle n'estoit pas pucelle, et qu'elle avoit esté mariée à ung chevalier dont elle avoit eu deux filx. Et avecque ce disoit qu'elle avoit fait aucune chose, dont il convint qu'elle allast au Sainct Pere, comme de main mise sur pere [ou] mere, prebstre ou clerc, violentement, et que pour garder son honneur; car, comme elle disoit, elle avoit frappée sa mere par mesaventure, comme elle cuidoit ferir une autre, et pour ce qu'elle eust bien eschevée sa mere, se n'eust esté la grant ire où elle estoit, car sa mere la tenoit pour ce qu'elle voulloit batre une sienne commere. Et pour celle cause lui convenoit aller à Romme; et pour ce elle y alla vestue comme ung homme, et fu comme souldoier en la guerre du Sainct Pere Eugene, et [fist] homicide en ladicte guerre par deux foys, et quant elle fut à Paris, encore retourna en la guerre, et fut en garnison et puis s'en alla.

791. Item, le ix° jour d'octobre, fut receu à Nostre-Dame de Paris, c'est assavoir, le jour de mons' Sainct Denis, l'evesque de Paris, lequel estoit arcevesque de Thoulouze, ainsi fut il arcevesque et evesque de Paris, et fut nommé Denis de Moulins.

792. Item, en cellui moys, fut faicte une grosse taille[1] pour aller rescourre Harefleu que les Angloys avoient assegé, et fut cuillie, et puis n'en firent autre chose Françoys; et ceulx de Harefleu par force de famine se randirent aux Angloys, et si estoient bien les Françoys vingt mil, comme on disoit, ou plus, et les Angloys n'estoient pas [plus de] vm^m qui touzjours gaignoient païs. Et vrayement il sembloit que les signeurs de France fouissent touzjours devant [eulx], especialment le roy, qui avoit avec lui tant de larrons; car les roys estrangers disoient aux marchans du païs de France, quant ilz alloient en leur païs, que le roy de France estoit le droit ourme aux larrons de chrestienté. Et pour certain ilz ne mentoient mie, car tant en y avoit en l'Isle-de-France qu'elle estoit toute peuplée de gens pires que ne furent oncques Sarazins, comme il apparoit par les grans enormes pechez

---

1. L'aide levée par ordre du roi en la ville et vicomté de Paris « pour la recouvrance de Harfleu » reçut dès l'origine une autre destination; c'est ainsi que dès le 4 octobre 1440 le Parlement de Paris, saisissant avec empressement l'occasion qui s'offrait de rentrer dans ses gages arriérés, défendit à M° Adam Houdon, receveur de l'aide en question, « de vuider ses mains des deniers de sa recepte, telement que la court ne soit paiée de mil frans, dont elle a esté assignée sur ledit aide, sur peine de le recovrer sur lui. » (Arch. nat., X¹ª 1482, fol. 151 v°; Z¹ª 12, fol. 148 v°.)

et tyrannie qu'ilz faisoient au pouvre peuple de tout le païs où le roy les menoit, comme des enffans nouveaulx, mais la plus grant tyrannie que on eust oncques [bien] veue, car ilz les ostoient aussitost qu'ilz estoient nez de leur mere et les eussent plustost laissez mourir sans baptesme que jamais pere ne mere les eussent euz sans grant rançon.

793. Item, ilz prenoient les petiz enffans qu'ilz trouvoient parmy les chemins aux villaiges ou ailleurs, et les enfermoient en huches, et là mouroient de fain et d'autre mesaise, qui ne les rançonnoit de grant rançon.

794. Item, quant ung proudhomme avoit une jeune femme et ilz le povoient prendre, et il ne povoit paier la rançon que on lui demandoit, ilz le tourmentoient et tyrannoient moult grevement; et les aucuns mettoient en grans huches, et puis prenoient leurs femmes et les mettoient par force sur le couvercle de la huche où le bon homme estoit, et crioient : « Villain, en despit de toy, ta femme sera chevauchée cy endroit. » Et ainsi le faisoient, et quant ilz avoient fait leur malle ouvre, ilz laissoient le povre homme[1] perir là dedens, s'il ne paioit la rançon qu'ilz lui demandoient. Et si n'estoit roy ne nul prince qui pour ce s'avansssast de faire aucune aide au pouvre peuple, mais disoient à ceulx qui s'en plaignoient : « Il fault qu'ilz vivent, se ce fussent les Angloys, vous n'en parlassiez pas, vous avez trop de bien. »

[1441.]

795. Item, le sabmedi, XIIIIe jour de janvier l'an mil IIII^c XL, entra le duc d'Orleans à Paris, qui avoit esté prinsonnier aux Angloys ou païs d'Angleterre par l'espace de xxv ans et plus[2].

---

1. « Homme » manque dans le ms. de Rome.
2. Charles d'Orléans, prisonnier des Anglais depuis la bataille d'Azincourt, ne recouvra la liberté qu'en 1440, moyennant une rançon de 400 mille écus, suivant le témoignage de Jean Chartier; on sait que dès le 2 avril 1437, Charles d'Orléans donna pouvoir d'engager ses villes et châtellenies d'Orléans et de Blois jusqu'à concurrence de 42,000 écus ou saluts d'or (Arch. nat., K 64, n° 3714). Il fit son entrée à Paris, le 14 janvier 1441, à cinq heures de l'après-midi, et avant de descendre en l'hôtel des Tournelles, vint à l'improviste visiter Notre-Dame; il y retourna le mardi suivant (17 janvier) en compagnie du bâtard d'Orléans et de l'archevêque de Narbonne, et fut reçu solennellement par l'évêque, assisté des chanoines, au milieu des acclamations populaires (Arch. nat., LL 218, fol. 27).

Quant il ot esté environ huit jours à Paris, il se departy de Paris, lui et sa femme[1] qu'il avoit admenée avec lui, et se party de Paris le jeudy ensuivant qu'il fut venu à Paris, et alla veoir son païs d'Orleanoys. Et ceulx de Paris luy donnerent de beaux dons à sa departie, et il les print tres voulentiers, et encore convint il faire une taille pour luy aider, dont le clergé paia la moitié[2], pour ce qu'il promist par la foy de son corps de faire paix entre le roy de France et d'Angleterre; pour ce le clergé fut plus incliné[3] à luy aider à ladicte taille, car tout se perdoit par la maudite guerre. Il est vray que on pandit ung larron, lequel estoit coustumier quant il veoit ung petit enffant, en maillot ou autrement, il l'ostoit à la mere et tantost le gectoit ou feu sans pitié, qui tantost ne le rançonnoit, et en fist mourir aucuns par sa cruaulté comme Herodes.

796. Item, en cellui an mil IIII^c XL, fut le cymetiere des Innocens par l'espace de quatre moys que on n'y enterra oncques personne, petit ne grant, ne on n'y fist procession ne recommandacion pour quelque personne, et tout par l'evesque qui pour lors estoit, qui en voulloit avoir trop grant somme d'argent, et l'eglise estoit trop povre. Et fut nommé cellui evesque maistre Denis des Moulins, lequel estoit arcevesque de Thoulouze, patriarche d'Antioche, evesque de Paris, et du grant conseil du roy Charles le VIe *(sic)* de ce nom; et si disoit on qu'il n'en estoit pas comptent, et si estoit homme ancien et tres pou piteux à quelque personne, s'il ne recevoit argent ou aucun don qui le vaulsist, et pour vray on disoit qu'il avoit plus de cinquante procès en Parlement[4], car de lui n'avoit on rien sans procès.

---

1. Marie de Clèves, fille d'Adolphe, duc de Clèves, et de Marie de Bourgogne, était la nièce de Philippe le Bon; son mariage avec Charles d'Orléans, négocié par le duc de Bourgogne, fut célébré à Saint-Omer, le samedi 26 novembre 1440 (Monstrelet, t. V, p. 438). La nouvelle duchesse obéissant aux mêmes sentiments de dévotion que son mari, se rendit à son tour à Notre-Dame, le mercredi 18 janvier, entre midi et une heure, et y entendit une messe (Arch. nat., LL 218, fol. 29).

2. Conformément à la requête présentée en l'hôtel de ville de Paris, le 19 janvier 1441, les chanoines de Notre-Dame, convoqués le lendemain, décidèrent qu'il serait offert au duc d'Orléans, à titre de don gratuit et au nom du clergé de la ville et du diocèse, une somme de 500 francs, pour aider au payement de sa rançon et surtout en considération de la paix dont le duc faisait espérer la conclusion prochaine (*Ibid.*, fol. 30).

3. Ms. de Paris : enclin.

4. L'esprit singulièrement processif de l'évêque Denis du Moulin appa-

797. Item, [il ou] ses tres desloyaux complices trouverent une praticque bien estrange, car ilz alloient parmy Paris, et quant ilz veoient huys fermez, ilz demandoient aux voisins d'entour : « Pourquoy sont ces huy fermez? Ha! sire, respondoient ilz, les gens en sont trespassez. Et n'ont ilz nulz hoirs qui y fussent demourez? Ha! sire, ilz demeurent ailleurs. » Et tant faisoient qu'ilz par leurs decevans parolles savoient où ilz [se] demouroient, et tantost les faisoient citer pour rendre compte de leurs testamens, et se par aucune adventure pour long temps, posé qu'ilz eussent bien acomply leur testament et qu'ilz le se provassent bien[1], si ne peussent ilz chevir, s'ilz tantost ne apportassent leur testament, et y eust x ou xii ans, et s'ilz l'apportassent, si leur costoit il argent par leur subtille cautelle.

798. Item, celle année fut moult bonne, car on avoit le sextier de bon fourment pour xvi solz parisis; le sextier de noix pour xxiiii solz parisis, et le crioit on parmy Paris, comme on fait le charbon à iii blans le boesseau, la pinte d'uylle v blans, bonnes pommes de may pour ii blans le boesseau, la pinte de vin ii deniers, feves pour x deniers, pois pour iiii blans, navez pour iiii deniers le boesseau. Mais les Angloys couroient souvent jusques aux portes de Paris, et si n'y avoit que ung seul cappi-

---

raît dans maintes circonstances. M. Auguste Longnon, dans ses *Conjectures sur l'auteur du Journal parisien*, a fait connaître son différend avec le curé de Saint-Nicolas-des-Champs, Jean Beaurigout, mais ce n'est pas la seule affaire où l'on voit l'évêque intervenir comme partie; le dépouillement sommaire des registres du Parlement et de la Cour des aides pour les années 1440 à 1442 nous fait connaître les causes suivantes : 1° Contre Adam Houdon, receveur de l'aide pour le recouvrement d'Harfleur, 24 mars 1441 (Arch. nat., X1a 12, fol. 160 v°). — 2° Contre les religieux de Saint-Eloi, juin 1442 (*Ibid.*, X1a 4799, fol. 97 r°). — 3° Contre le chapitre de Notre-Dame au sujet du drap d'or dû pour l'entrée de l'évêque en l'église de Paris, 23 juillet 1442 (*Ibid.*, X1c 163). — 4° Contre Jean Clerc, garde de la monnaie de Paris, au sujet de la léproserie de Corbeil, 22 septembre 1442 (*Ibid.*, X1a 71, fol. 397 r°). — 5° Contre Nicaise Joye et Étienne Petit, chapelains de Notre-Dame, 1er février 1443 (*Ibid.*, LL 218, fol. 394). — 6° Contre les clercs des matines (*Ibid.*, X1a 73, fol. 117 r°). — 7° Contre le chapitre de Notre-Dame relativement aux revenus de l'archidiaconé de Brie, 3 septembre 1444 (*Ibid.* X1a 73, fol. 147 v°). Denis du Moulin eut pour principal adversaire le chapitre de Notre-Dame, c'est ce qui semble ressortir de la délibération capitulaire du 21 juin 1443, ainsi conçue : « Prosequantur diligenter omnes processus inchoati et inchoandi contra dominum episcopum Parisiensem...... » (*Ibid.*, LL 218, fol. 446.)

1. « Bien » manque dans le ms. de Rome.

taine d'Angleterre, nommé Tallebot[1], qui faisoit visaige et tenoit pié encontre le roy et sa puissance, et pour vray il sembloit au semblant qu'ilz monstroient que moult le doubtassent, car touzjours eulx eslongnoient de lui xx ou xxx lieues, et il chevauchoit parmy France plus hardiement qu'ilz ne faisoient. Et si tailloit tous les ans le roy deux foys son peuple du mains pour aller combatre Tallebot, et si n'en faisoit on rien; par quoy le peuple du villaige fut tant grevé comme au pain querir, especialment laboureurs, car le blé, qui leur avoit cousté en semence IIII frans [le sextier, ne leur valloit que xvi solz parisis ou xx solz au plus, et l'avoyne, qui avoit cousté III frans], ne leur rendoit que XIII solz parisis, et pareillement de tous grains; et, après, les patis, les tailles et les cources sans pitié; et qui pis est, les cappitaines firent une ordonnance aux chasteaux d'entour Paris, où il y avoit pons à passer, comme Charenton, le pont de Sainct-Cloud et autres pons, que quelque personne qui y passeroit paieroit passaige, fust à pié ou à cheval; au pont de Sainct-Cloud toute personne qui y entroit ou issoit, et y entrast cent fois le jour, tant de doubles lui convenoit paier sans mercy, une charrette vuyde ou plaine VI doubles, ung chariot XII doubles.

799. Item, le XIXe jour de may, jour Sainct Yves, fist mettre le roy le siege devant Creel[2] par le connestable, et y vint et son filx avec lui.

800. Item, le [mardy] XXIIIe jour de may, vigille de l'Ascencion Nostre Seigneur, on fist crier le pain de II doubles à II parisis, pesant le blanc XXIIII onces; et le pain faitiz à toute sa fleur, de II deniers parisis, pesant XXXII onces tout cuit.

801. Item, le jour de l'Ascencion Nostre Seigneur, furent prins parmy Paris plus de III[c] povres hommes laboureurs par le commandement d'un droit cruel tirant, qui pour lors estoit president, nommé maistre ***, pour mener en l'ost devant Creel; et les espioient les sergens à l'yssue des eglises et mettoient moult rudement la main à eulx, et faisoient[3] trop pis que on ne leur

---

1. Jean Talbot commandait alors la place de Creil; l'auteur de notre Journal n'est pas seul à exalter ses mérites; Jean Maupoint, dans son Journal (p. 25), rend également hommage à sa vaillance et ajoute même « qu'il estoit aimé des François, pour ce que il faisoit honnorablement sa guerre. »

2. Suivant la montre passée le 22 septembre 1439, la garnison anglaise de Creil comprenait trente lances à cheval, dix à pied et cent vingt archers (Arch. nat., K 65, 13²).

3. Ms. de Paris : frapoient.

commandoit, mais qui pis, qui en parloit tant fust pou, il estoit mis en prinson villainement, et lui coustoit moult. Mais, comme ilz estoient entre les mains de ces ennemis sergens, et qui devoient ou cuidoient partir, Nostre Seigneur les conforta grandement, car environ deux heures après disner, vint ung herault de par le roy et de par le connestable, tout batant, qui aporta lettres au prevost de Paris et des marchans et à la ville, lesquelles faisoient mencion que la ville de Creel et le chastel estoient rendus[1], par ainsi que les souldoiers qui dedens estoient[2] s'en estoient allez atout leurs bagues franchement, lesquelx, si comme on disoit, estoient bien $v^{c\,3}$ d'ommes de fait. Quant les povres laboureurs devant diz ouyrent les nouvelles, si furent moult resconfortez, et ceulx de Paris moult resjouys, et firent moult grant joye; et sonna on par toutes les eglises de Paris moult haultement, et après soupper on fist grans feus comme à la Sainct Jehan ou plus, et dansoit on parmy Paris, et les enfens crioient « Nouel! » moult haultement.

802. Item, le jeudy ensuivant, vint le Dalphin à Paris et fut logé en l'ostel des Tournelles, emprès la porte Sainct-Anthoine, et n'y demoura que une nuyt, ne ne se monstra point à Paris, ne son pere le roy n'y vint point[4], pour ce que on leva la plus grant taille à Paris, selon la grant povreté d'argent et de gaingne qui pour lors estoit, que on eust veue puis cinquante ans; car on faisoit premier tres grans empruns à tous ceulx de Parlement, de Chastellet et de toutes les cours de praticques, sur paine de tous perdre leurs biens, et les convenoit paier ou estre mis en prinson, et avoir sergens en son hostel en garnison, qui tout gastoient aussitost que ilz y estoient, car ilz faisoient tres oultraigeuse despence et autres mauvaises besongnes plus que on ne leur commandoit.

---

1. Creil se rendit le 24 mai et non le 24 juin, comme le dit Vallet de Viriville (*Histoire de Charles VII*, t. II, p. 426); le vendredi 26 mai des processions solennelles célébrèrent ce fait de guerre : « Facte fuerunt, écrit le greffier du Parlement, processiones generales pro pace et victoria domini nostri regis, *de la prise* castri et ville Credolii » (Arch. nat., X¹ᵃ 4798, fol. 358 r°).
2. « S'en iroient ou » manque dans le ms. de Rome.
3. Ms. de Paris : vɪᴇ.
4. Les mots « ne son pere le roy n'y vint point » manquent dans le ms. de Rome.

803. Item, après celui prest furent assis autres[1] grosses tailles, et cuidoit le peuple que on ne leur demandast rien, mais après commença la grant douleur au peuple d'icelle taille, car nulz ne nulle n'en eschapa, et tres grevement furent assis; car qui n'avoit poié devant que xx solz, il paioit iiii livres; celui de xl solz à x frans; celui de x frans à xl frans; et si n'y avoit point de mercy, car, qui estoit refusant, ses biens estoient venduz en my la rue et son corps en prinson.

804. Item, fut mis le siege davant Pontoise le mardy des festes de Penthecoste qui fut le iiii[e] jour de juing, l'an mil iiii[c] xli, et le sabmedi ensuivant, vint le roy à Paris comme ung homme estrange, et son filx, et se loga pres du chastel de Sainct-Anthoine, lui et son filx, comme s'ilz eussent paour que on leur feist aucun grief, dont on n'avoit talent ne voulenté. Et le jour de la Trinité manda l'Université environ cinq heures après disner, et leur demanda ayde d'argent pour paier ses gens; après parla aux bourgoys qu'il avoit si tres grevement taillez, n'avoit encore pas ung moys, et leur demanda, que comment que ce fust, à force ou autrement, qu'ilz luy feissent bientost finance de xx mil escus d'or[2].

805. Item, depuis que le roy fut devant Pontoise, ne fut jour que on ne feist à Paris procession, l'Université, les religieux ou les parroisses[3].

---

1. Ms. de Rome : à tres.
2. C'est en vue du siège de Pontoise que Charles VII demanda aux habitants de Paris de nouveaux sacrifices pécuniaires, plus lourds encore que les précédents; le clergé, qui, cette fois, avait à payer pour sa quote-part une somme de 3,000 francs, ne pouvant à bref délai se procurer des ressources suffisantes, recourut à son expédient habituel, l'aliénation temporaire de ses joyaux; le 23 juin, le chapitre de Notre-Dame remit à titre de prêt une quantité de 30 marcs d'argent représentée par un chef de S. Denis (alias S. Nicaise), avec diadème orné de perles et un pied d'argent aux armes d'Isabeau de Bavière. Ces joyaux furent dégagés six mois plus tard (Arch. nat., LL 218, fol. 112, 116, 207).
3. Pendant les mois de juin et de juillet, des processions solennelles organisées par les soins du clergé de Notre-Dame eurent lieu dans l'ordre suivant : le mardi 6 juin à Saint-Honoré, le mercredi 7 à Sainte-Geneviève, le mercredi 21 aux Cordeliers, le jeudi 22 aux Carmélites, le vendredi 23 à Sainte-Geneviève pour la descente de la châsse, le mardi 27 à Saint-Jean-en-Grève, le mardi 4 juillet à Saint-Martin-des-Champs, le mardi 25 à Saint-Jacques-de-l'Hôpital, le mercredi 26 à Notre-Dame (Arch. nat., LL 218, fol. 107, 114, 115, 126, 136, 141). Le Parlement assista aux pro-

806. Item, la darraine sepmaine de juillet, vint le roy à Sainct-Denis, et fut là trois sepmaines entieres, lui [et la plus grant partie de] sa gent[1]; et là faisoit conseilz tous les jours et conspiracions, l'une foys de laisser le siege, l'autre foys de prendre tout l'argent que les confraries de Paris avoient, et disoient les faulx conseilliers que trop y avoit confraries à Paris de la moitié, et tant firent par leur grant mauvaistie que la plus grant partie des confraries furent apeticées de la moitié ou plus; car à la plus grant partie où on disoit III ou IIII messes, deux à note et deux basses, on ne chanta que une basse, et où il y avoit xx ou xxx cierges, que III ou IIII pointes, sans torches ne sans honneur à Dieu. Et de toutes pars où le roy et tous les grans en general qui estoient avec lui savoient les Angloys, ilz s'en fuyoient d'autre part, puis à Poissy, puis à Maubuisson, [puis à l'Isle-Adam, puis à Conflans], puis s'en rafuioient à Sainct-Denis[2]; et touzjours avoit en leur compaignie III Françoys contre ung Angloys, lesquelx Françoys ne faisoient tous les jours que piller et rober, gaster toutes les vignes, tous les fruicts, copper les arbres tout chargez de fruict, qui ne les rançonnoit, et abattre[3] les maisons couvertes de tuylles; brief, tout estoit rançonné aux champs et à la ville. Et si le savoient bien les signeurs, mais ilz estoient tretous sans pitié, que quant on s'en plaignoit, ilz disoient: « Se ce feussent les Angloys, vous n'en parlassiez [pas] tant, il convient[4] qu'ilz vivent où que [ce] soit. » Ainsi estoit ce roy Charles le VIIme gouverné, voire pis que je ne dy, car ilz le tenoient comme on fait ung enfent en tutelle.

807. Item, touzjours estoient devant Pontoise, si advint ung jour de jeudy en septembre, le jour Saincte Croix, que les aucuns des Françoys allerent devant la cité d'Evreulx, et fut rendue sans sang espandre que pou, car d'un costé et d'autre n'y ot mort que v hommes[5].

---

cessions des 22 et 23 juin, comme le constate cette note du greffier : « His diebus, facte fuerunt processiones solemnes, in quibus fuerunt domini de curia, ut Deus juvet dominum nostrum Regem, dominumque Dalphinum et dominos ac gentes eorum obsidionis quam tenent ante villam Pontisare » (Arch. nat., X^{1a} 4798, fol. 374 r°).

1. Ms. de Paris : lui et ses gens.
2. Au sujet de ces allées et venues pendant le siège de Pontoise, voir la Chronique de Gruel (éd. Michaud, p. 217).
3. Ms. de Rome : bastre.
4. Ms. de Rome : ilz, comment qu'ilz vivent.
5. Un hardi coup de main dirigé, le 15 septembre 1441, par Robert de

808. Item, le xixe jour de septembre ensuivant, fut prinse par force d'assault Pontoise, et furent tuez à l'assault iiii^c Angloys ou environ, et des Françoys environ x ou xi[1].

809. Item, plusieurs Angloys furent mis à mort en celiers et en caves et autres lieux où ilz furent trouvez mussez, et si en ot à l'Ostel Dieu de trouvez qui orent malle estraine[2].

810. Item, le xxve jour dudit moys de septembre, emmenerent les gens d'armes les prinsonniers qu'ilz avoient admenez à Paris après la prinse de Pontoise en leurs forteresses, moult piteusement, car ilz les menoient au pain de douleur, ii et ii acouplez de tres fors chevestres, tout ainsi comme on mene chiens à la chace, eulx montez sur grans chevaulx qui moult tost alloient; et les prinsonniers estoient sans chapperon, touz nudz teste, chascun ung povre haillon vestu, tous sans chausses ne souliers la plus grant partie; brief on leur avoit tout osté jusques aux brayes. Et en emmenerent liii de l'ostellerie [du Coq] et du Paon[3] de la grant rue Sainct-Martin; et tous qui ne se povoient rançonner, ilz les menoient en Greve vers le Port-au-Foin, et les lioient piez et mains sans mercy mains que de chiens, et là les nyoient, voyant tout le peuple; et moult en y ot de noyez et de enmenez en forteresses, comme devant est dit, car plus de gens d'armes avoit delà les pons sans comparaison qu'il ne avoit deçà les pons[4], et toutes voyes gueres hostellerie n'ot deçà ne delà où il n'eust [par] foison prinsonniers, especialment où estoient les gens d'armes.

Floques, capitaine de Conches, fit tomber Évreux au pouvoir des Français. S'il faut ajouter foi au témoignage de Jean Chartier, les assaillants se seraient introduits subrepticement ₁ar un trou pratiqué dans la muraille; d'après le héraut Berry (Godefroy, p. 417), ils seraient entrés grâce aux intelligences nouées avec deux pêcheurs de la ville.

1. Certains chroniqueurs, notamment Jean Chartier et Monstrelet, s'accordent à évaluer la perte des Anglais à cinq cents morts; d'autres, tels que Gruel et Maupoint, indiquent un chiffre plus élevé, celui de huit cents hommes hors de combat; mais, de l'aveu général, les Français ne perdirent que quelques combattants, quarante en prenant le maximum; quant aux prisonniers, leur nombre peut être fixé à environ quatre cents.

2. Ms. de Paris : estraincte.

3. Le prieuré de Saint-Martin-des-Champs possédait dans la rue Saint-Martin une grande maison avec cours, étables et de nombreuses dépendances, connue dès le xive siècle sous le nom d'hôtel du Paon; cette maison, attenante à l'hôtel du Coq et aboutissant par derrière à la rue des Ménestrels, fut louée en 1426 à Jean Garet, sergent à verge au Châtelet, et passa le 16 septembre 1440 entre les mains de Richard Petit, procureur du roi au Châtelet (Arch. nat., S 1370).

4. « Deçà les pons » manque dans le ms. de Rome.

811. Item, ce xxv⁰ jour, vint le roy à Paris environ les iiii heures après digner¹, et ne vint point le Dalphin ce jour.

812. Item, le roy s'en alla derechief en son païs de Berry à celle fin que on ne lui demandast quelque relasche de malles tostes, dont tant y avoit en France, et aussi pour une grosse taille que les gouverneurs voulloient cuillir, laquelle ilz cuillirent, fust tort ou droit.

813. Item, quant le roy se fut party de Paris, ung pou après, le xv⁰ jour d'octobre, l'an mil iiii^c xli, vint le duc d'Orleans à Paris prendre une beschée sur la povre ville de Paris, et puis s'en retourna en son païs le xx⁰ jour dudit moys, sans nul bien fayre pour la paix ne pour autre chose quelconque.

814. Item, en ce sainct temps de l'Advenement de Nostre Seigneur, on troubla tellement l'Université que oncques n'y ot predicacion faicte ne à Noel ne es octabes, ne jusques au jour des Brandons².

[1442.]

815. Item, après ce cessa le Parlement, et fut avant le viii⁰ jour de karesme que ceulx de Parlement plaidoiassent aucune cause, qui fut [celle] année le xxi⁰³ jour de fevrier⁴.

816. Item, le penultime jour de janvier, trespassa la femme du conte de Richemont, connestable de France, qui fut premier espousée au duc Louis⁵ de Guienne, filx du roy de France

---

1. Dès son retour à Paris, dans l'après-midi du lundi 25 septembre, Charles VII s'empressa de venir à Notre-Dame pour y faire ses dévotions, et fut reçu avec le cérémonial accoutumé par l'évêque et les chanoines revêtus de leurs chapes de soie (Arch. nat., LL 218, fol. 166).

2. L'Université, prenant la défense de ses suppôts menacés dans leurs libertés et franchises, suspendit ses leçons et prédications depuis le 30 novembre 1441 jusqu'au 18 février 1442 ; rétablie dans ses privilèges par l'autorité royale, elle se rendit processionnellement à Saint-Magloire le 16 février, et fit prêcher un sermon solennel par un théologien de grand renom, Thomas de Courcelles (Journal de Maupoint, p. 28).

3. Ms. de Paris : xx⁰.

4. Le Parlement, privé de ses gages et ne pouvant, malgré ses réclamations réitérées, obtenir satisfaction à ce sujet, prit la résolution extrême d'interrompre le cours de la justice; les plaidoiries cessèrent le vendredi avant Noël et ne reprirent que le 19 février (Journal de Maupoint, p. 28).

5. « Louis » manque dans le ms. de Rome.

Charles le VI˚ de ce nom, et fut fille de Jehan[1], duc de Bourgongne, conte de Flandres et de plusieurs autres contés et duchez; et trespassa en la rue de Jouy[2], et fut enterrée le v˚ jour de fevrier en l'eglise de Nostre-Dame-du-Carme à Paris, et fut porté son cueur à Nostre-Dame de Liesse ou de Lianssse[3], lequel qu'on veult.

817. Item, en celle année fut si grant année d'oignons que environ Pasques fleuries, qui furent celle année le jour de l'Anunciacion Nostre Dame, ne valloit le grant boessel de Bourgongne que vi deniers parisis; et en icellui temps vint tant de figgues à Paris que la livre de la meilleure ne coustoit que IIII deniers parisis, et raisins tres bons IIII deniers parisis, feves les plus belles à XII deniers parisis, poys tres bons à IIII blans.

818. Item, ou moys d'avril après Pasques mil IIII˚ XLII, furent les eaues si grandes[4] qu'ilz estoient le jour de Pasques, qui furent le premier jour d'avril celle année IIII˚ XLII, qu'ilz venoient jusques devant l'ostel de la ville, en la place de Greve et plus, et puis fut elle marchande, et tantost après, à l'entrée de may, vint derechief aussi grande comme devant, qui moult fist de mal aux gangnaiges des bas païs sur riviere.

819. Item, entre le sabmedi et le dimenche devant l'Ascencion, qui fut le vi˚ jour de may, que on a acoustumé d'aller à Sainct-Spire de Corbeil en pellerinaige, environ neuf heures de nuyt commença la plus grant pluye que oncques mais d'aage de homme, tant fust vieulx, eust esté veue, car depuys celle heure

---

1. Ms. de Rome : Phelippe. Le nom de « Jehan » a été rétabli en interligne par une main moderne; le ms. de Paris porte « Jehan ».

2. Au rapport digne de foi de deux chroniqueurs, Jean Chartier et Gruel, ce serait le 2 février 1442, jour de la Chandeleur, que Marguerite de Bourgogne, comtesse de Richemont, mourut, à la suite d'une longue maladie, dans l'hôtel du Porc-Épic, situé rue de Jouy, près de la rue Saint-Antoine. « Son corps fut convoyé de belle notable seigneurie et des quatre ordres de mandiens et autres gens d'eglise jucques à Nostre-Dame des Carmes, où elle fut sepulturée. » (Chartier, t. II, p. 34 ; Gruel, édit. Michaud, t. III, p. 218.) Plus de trois années après, le 3 septembre 1445, le connétable de Richemont fit remettre au chapitre de Notre-Dame six nobles d'Angleterre, pour être distribués aux prêtres qui avaient fait le service de sa femme, « dum fuit inhumata in ecclesia Carmelitarum. » (Arch. nat., LI. 219, fol. 66.)

3. Notre-Dame-de-Liesse (Aisne, arr. de Laon, cant. de Sissonne).

4. Suivant le Journal de Maupoint (p. 29), le débordement de la Seine eut une durée d'un mois, de la mi-mars à la mi-avril.

jusques au jour elle ne cessa et chut si tres habundamment que es plus larges places des grans rues de Paris elle alloit es moustiers, dedens les celiers, par dessus le seuil des huys haulx, et levoit les queues de vin jusques aux planchers; et avec ce tonnoit et espartissoit si terriblement que tout Paris en fut espovanté, et ceulx qui estoient allez à Sainct-Spire nous dirent qu'ilz n'en ouyrent rien ne de la pluye ne du tonnoirre.

820. Item, celle sepmaine, le IIIIe jour, le vendredy devant le sabmedi que celle terrible pluye chut, furent veues entre Villejuive et Paris[1] plus de IIII^c corbeaulx qui s'entrebastirent de becs, d'ongles et d'elles si tres fort que firent oncques gens en bataille mortelle, et en ladicte place ilz espandirent foison de leur sang, et faisoient si orribles criz que tres grant paour et freour en avoient ceulx qui les [virent et] oïrent.

821. Item, le IIIe jour de juing, l'an mil IIII^c XLII, fut dediée l'eglise de Sainct-Anthoine le Petit par reverend pere en Dieu maistre Denis de Moulins, lors evesque de Paris, archevesque de Tholouze, patriarche d'Antioche et conseiller du roy nostre sire.

822. Item, celle année, fut le plus bel aoust et les plus belles vendenges que on eust veu puis L ans devant, et tant de vin que on avoit pour II deniers parisis ou pour II deniers tournois la pinte, sain et net; pommes grosses de Cappendu, de Romieau pour ung double le quarteron; grosses poires d'Angoisse pour II doubles.

823. Item, le XIe jour d'octobre, au jeudy, fut la recluse, nommée Jehanne la Voiriere[2], mise par maistre Denis des Mou-

---

1. La leçon « Pareil », fournie par le ms. de Rome, pourrait se rapporter à Paray, localité située au-delà de Villejuif, mais la variante du ms. de Paris nous semble plus rationnelle.

2. Jeanne la Verrière est la première recluse des Innocents dont on ait fait mention spéciale; mais le compte des offrandes et aumônes royales pour les années 1408 et 1422 prouve qu'il était d'usage de donner à la « recluse de Saint-Innocent » huit livres parisis par année, réparties en huit termes. Jeanne la Verrière fut remplacée par Alix la Bougrotte, morte le 29 juin 1466. Ces deux recluses paraissent s'être cloîtrées volontairement; il n'en est pas de même de Renée de Vendômois, qui fut condamnée le 20 mars 1486, pour adultère et assassinat de son mari, à la réclusion perpétuelle en une logette construite à ses frais dans le cimetière des Innocents : le fait a déjà été signalé par l'abbé Lebeuf dans son *Histoire du diocèse de Paris* (édit. Cocheris, t. I, p. 109). Quant au procès-verbal de la mise en cellule dressé par le greffier du Parlement à la date du 19 septembre 1486, il n'est pas connu et mérite d'être reproduit (Arch. nat., X2a 51) : « Du mardi dix neufvieme jour de septembre mil quatre

lins, lors evesque de Paris, en une mesonnete toute neufve dedens le cymetiere des Innocens, et fist on ung bel sermon devant elle et devant moult grant foison de peuple, qui là estoit pour le jour.

[1443.]

824. Item, en cel an fut le plus long yver que oncques homme vivant eust veu, car il commença proprement la vigille Sainct Nicolas en decembre à geler, et ne cessa jusques environ le quinziesme jour d'avril qui fut le lundy de la sepmaine peneuse, et puis recommença à l'entrée de may, l'an mil CCCC XLIII, et gela les quinze premiers jours tres fort, qui moult empira les vignes et les hannetons aussi.

825. Item, en cel an furent pois et feves tres mauvais à cuire et tous plains de cossons et tres chers, car ung boessel de bons poys coustoit VI solz parisis et feves IIII solz parisis ou plus[1]; et advint parce que l'esté fut tres chault et sans pluie. Mais touz fruis furent à tres grant marché, car en la fin du moys d'aoust on avoit tres belles pommes de Cappendu le quarteron pour II doubles; le cent de noix pour II deniers parisis et autres fruis à la value; le molle de bonne buche, VIII blans; le cent de costeretz pour

---

cens quatre vingt six, au Conseil. Les presidens de Parlement, icelui vacant, ont ordonné et ordonnent que Renée de Vendosmoys, prisonniere ou Petit Chastellet, sera menée publicquement ou cymetiere des Sains Innocens à Paris par les greffier criminel de ladicte court et huissiers d'icelle, avecques aucuns sergens à verge du Chastellet, pour illec estre recluse et enmurée, selon l'arrest donné par ladicte court le xxije jour de mars derrainement passé, et sera l'une des clefz de la maison de ladicte Renée baillée aux marregliers de ladicte eglise des Sains Ignoscens, et l'autre aportée par devers le greffe criminel de ladicte court. En ensuivant laquelle ordonnance, le lendemain ensuivant, ladicte Renée fut menée à unze heures dudit jour audit lieu des Ignoscens, devant l'eglise duquel lieu fut leu publicquement ledit arrest; et ce fait fut mise selon le contenu d'icelui en la chambre basse faicte propice pour icelle Regnée, fermant à deux clez et à deux serrures, l'une desquelles clez fut baillée à Jaques le Moyne et Dominique de Moyencourt, marregliers desdits Sains Ignoscens, presens Jehan Dousse et Drouet Danchel, et l'autre clef apportée au greffe criminel de ladicte court, lesquelz marregliers ont promis rendre ladicte clef toutes et quantes fois que par lesdis presidens ou ladicte court de Parlement, icelle seant, sera ordonné. »

1. « Ou plus » manque dans le ms. de Rome.

xx solz parisis; mais ongnons furent tres chers, car six ongnons gros coustoient IIII deniers parisis.

826. Item, celle année mil CCCC XLIII, fut bien IIII moys et plus sans plouvoir point en yver ne en esté, par quoy les vins furent de tres mauvaise garde, et tost tiroient à egreur et devenoient roux et de malle saveur, et pour ce furent ilz celle année à bon marché.

827. Item, le jour Saincte Marguerite, XXe jour de juillet mil IIII^c XLIII, vint le Dalphin à Paris, et pour sa venue fist on une grosse taille[1].

828. Item, la IIe sepmaine d'aoust, ledit Dalphin fut devant Dieppe et par force il leva le siege que les Angloys avoient tenu devant ladicte ville par l'espace de grant temps, et là furent mors grant foison d'Angloys et de bons marchans[2].

829. Item, que on ne doit de rien jurer qui soit à advenir, car le premier jour de septembre ensuivant, ung prinsonnier de la prinse de Pontoise, qui avoit esté par pluseurs foys condampné à noier ou d'autre pire mort, et touzjours avoit esté enferré es prinsons de Sainct-Martin des Champs, vendu et revendu de rançon à plus grant rançon, le premier jour de septembre fut marié à une [belle] jeune femme bien née, et y ot tres belle feste; et de bonne foy ilz n'atendoient tous les jours que la mort, lui et son compaignon, qui fut delivré celui jour sur sa foy. Ainsi ouvra Fortune en ces deux hommes, et pour ce nul ne se doit deffier de Nostre Seigneur, ne soy desesperer pour nulle paine.

---

1. Le passage du Dauphin à Paris fut marqué par un acte d'autorité qui indisposa fortement contre lui le Parlement. Dans l'après-dînée du mardi 23 juillet, le jeune prince fit venir les présidents de la Cour au sujet de l'enregistrement des lettres portant don en faveur de Charles d'Anjou, comte du Maine, des seigneuries de Gien et de Saint-Maixent, et exigea la suppression de la formule *de expresso mandato domini regis per dominum Dalphinum*; de plus, avec la ténacité qui le caractérisait, il signifia au Parlement « que jusques à ce que ainsi feust fait, il ne partiroit de Paris, combien que lui feust necessité de partir d'icelle ville hastivement pour acomplir la charge que le roy luy avoit baillée qui le touchoit moult grandement », et ajouta même que, « se son voiage estoit aucunement retardé, le roy n'en seroit content, et y pourroit avoir trop grant dommaige » (Arch. nat., X^{1a} 1482, fol. 249 r°).

2. C'est le 15 août 1443 que fut emportée d'assaut, sous les yeux du dauphin, la bastille édifiée au sommet de la falaise du Polet. Trois cents Anglais succombèrent dans cette journée. (Cf. Vallet de Viriville, *Histoire de Charles VII*, t. II, p. 449.)

830. Item, en la fin d'aoust vint le Dalphin à Paris et y fut environ III jours, et après alla à Meaulx, et là fut aucuns jours que oncques n'alla à l'eglise que tous les jours aller chacer et faire telles vanités ou pis, et avec lui avoit quelque [mil] larrons qui toute destruisirent l'Isle-de-France; et leur donna cestuy Dalphin sur chascune vache qu'ilz prendroient demy escu, et sur chascun cheval ung escu, et qui voulloit vendenger, il convenoit qu'il rançonnast sa vigne à grant rançon. Et toute ceste doloreuse tempeste que ainsi se souffroit de par [1] le Dalphin et des gouverneurs faulx et traistres au roy, ne se faisoit que pour ce que le pouvre peuple ne povoit pas paier les grans tailles [2] et autres subsides à quoy on le mettoit de jour en jour, et faisoient entendant que on faisoit ces aides pour aller devant le Mans, les autres disoient devant Rouen, les autres [disoient] devant Mante. Et faisoient ainsi entendant les faulx gouverneurs au peuple, et tant tindrent ces faulces parolles que le peuple estoit tout apaisié de leurs domaiges, pour esperance que on avoit qu'ilz feissent aucune chose de bien, mais leur esperance fut toute vaine, car ilz tindrent tant le povre peuple en celle esperance que l'yver commença; lors fut dit par les faulx gouverneurs que on ne pourroit tenir siege jusques au temps nouvel, et que le roy avoit moult à faire où il estoit tres grant besoing, et que son filx allast par devers luy et sa compaignie hastivement. Ainsi se party le Dalphin le XIII[e] jour d'octobre l'an mil IIII[c] XLIII, quant il ot sa part de la taille, sans faire aucun bien que ..... [3] tout le païs [et] destruire.

831. Item, en ce temps furent deffendues toutes predicacions dès devant la my-aoust jusques à la Concepcion Nostre Dame en decembre.

[1444.]

832. En icellui temps n'estoit nouvelle de roy, ne de reyne [4], ne

---

1. Lacune d'un ou deux mots grattés dans le ms. de Rome.
2. Les tailles se succédaient pour ainsi dire d'année en année, et l'on a peine à comprendre comment la population parisienne pouvait suffire à des exigences toujours croissantes et sans cesse renouvelées. A peine venait-on de lever les contributions nécessitées par les sièges de Harfleur et de Pontoise, qu'au mois de juin 1442 « fut mis sus en la ville et vicomté de Paris par le Roy ung ayde » dont Henry des Danès fut receveur, et dont l'assiette fut faite par les quarteniers et dizeniers (Arch. nat., Z1a 13, fol. 120 v°).
3. Lacune d'un mot par suite du grattage signalé plus haut.
4. « Ne de reyne » manque dans le ms. de Rome.

de quelque signeur de France à Paris, ne que se ilz fussent à
II^c lieues, mais que les gouverneurs soubz leurs umbres faisoient
tailles sans cesser, disant que le roy et ses subgectz, mais qu'ilz
eussent l'argent, qu'ilz yroient concquester toute Normendie,
mais quant la taille estoit cuillie et qu'ilz l'avoient par devers
eulx, plus ne leur en challoit que de jouer au dez, ou chacer au
boys, ou dancer, ne ne faisoient mais, comme on soulloit faire, ne
joutes, ne tournois, ne nulz faiz d'armes pour paour des horions;
brief, tous les signeurs de France estoient tous devenus comme
femmes, car ilz n'estoient hardiz que sur les pouvres laboureurs
et sur les pouvres marchans, qui estoient sans nulles armes. Et
quant ilz virent que le povre peuple n'avoit plus de quoy paier la
taille, ilz firent crier que nulz ne prinst plus quelque monnoye
que ce fust, ne de Bourgongne, ne d'Angleterre, ne de Flandres,
ne de quelque autre païs, que celle qui auroit ung chappellet autour de la croix ou de la pille[1]. Helas! le pouvre peuple n'avoit
pour cellui temps que celle monnoye qui fut deffendue à prendre,
dont il fut tant grevé que c'est grant pitié à panser, car ce fu
une des grans tailles qui eust esté faicte, passé avoit grant temps,
car il convenoit la nouvelle monnoie à leur volenté achater, ne
nul n'en osoit parler. Et fut fait ce cry et ceste ordonnance le jour
de la Chere Sainct Pierre, qui fut au sabmedy, dont le peuple qui
vint au pardon à Sainct-Denis furent mallement grevez et fort
dommaigez[2], car pou y avoit de gens qui vindrent devers Nor-

---

1. Par ordonnance royale rendue à Saumur le 19 novembre 1443, publiée à Paris le 21 janvier 1444, fut défendu le cours de toutes monnaies d'or et d'argent autres que les suivantes : « deniers d'or appellez escuz, fabriquez presentement », deniers grands blans ayant cours pour dix deniers tournois piece, petits blans de cinq deniers tournois, doubles petits deniers tournois et parisis noirs (Arch. nat., Y 4, fol. 70 v°; Z1b 60, fol. 51 v°).

2. Un conflit assez grave s'éleva lors du pardon de Saint-Denis entre l'autorité ecclésiastique et le pouvoir royal. A la suite des prohibitions récemment édictées et afin d'en atténuer jusqu'à un certain point les effets désastreux, ordre fut donné aux changeurs du Grand Pont de tenir boutique ouverte le jour de la Chaire saint Pierre, ainsi que les dimanche et mardi suivants; sur ce, l'évêque de Paris fit citer devant sa juridiction les changeurs coupables d'avoir exercé leur industrie pendant les jours fériés. Comme il s'agissait d'une mesure d'ordre public, à la date du 9 mai 1444 Charles VII donna commission au Parlement et au prévôt de Paris pour annuler toutes citations, monitions et condamnations prononcées en cour d'Église contre les changeurs. Ce mandement, pouvant en quelque sorte

mendie, dont il vint grant peuple à celle foys, qui eussent autre monnoye que Englesche, ou de Bourgongne, Flandres ou de Bretaigne; par quoy ilz furent moult grevez pour le changement de la monnoye qu'il failloit qu'ilz feissent partout où ilz furent.

833. Item, en cellui temps avoit touzjours en Saincte Eglise deux pappes, l'un nommé Eugene et l'autre Felix; cestuy Eugene tenoit toute la partie de France, et l'autre tenoit la partie de Savoye et d'aucunes contrées environ son païs[1].

834. Item, celle année, fut tant d'ongnons que on avoit le boessel pour II doubles ou pour II deniers, aussi bons que on eust oncques veu; et de poreaux la plus belle bote des Halles pour I denier ou pour I tournois, ne oncques n'encherirent en tout le karesme; bons pois pour III blans, feves pour III blans; bon vin II deniers.

835. Item, à la my karesme, que on chante en Saincte Eglise *Letare Jherusalem*, à la messe, tonna tant fort que on eust oncques ouy puis L ans, et fut entre III et V heures sans cesser, et chut sur l'eglise de Sainct-Martin des Champs, et abaty la croix et le cochet[2] et une pomme de pierre qui pesoit bien une queue

---

être considéré comme la contre-partie des plaintes dont l'auteur de notre Journal se fait l'écho, il est intéressant de mettre en regard de son récit la version officielle, telle que nous la donne ce mandement. « Et soit ainsi que de nouvel, c'est assavoir, le samedi jour de la Chiere Sainct Pierre, les monnoies estranges et anciennes, tant d'or comme blanches et noires, autres que les escuz blancs et tournois de nostre coing derrenierement ordonné, ayent esté deffendues de par nous sur les peines en tel cas introduictes, et pour subvenir à la grant necessité qui estoit de recouvrer monnoie de nostredit coing pour occasion de ladicte deffense des autres monnoyes que de celles de nostre coing ayent cours à present, et pour servir et fournir nos subgectz et le peuple qui habondoit de toutes pars à Paris pour le pardon de Sainct-Denis, qui a esté le mardi ensuivant, ait esté ordonné de par les gens de nostre conseil, generaulx maistres de noz monnoies, que ledit samedi, dymanche et mardi ensuivant, nonobstant que se fussent jours de festes, tous les changeurs qui ont acoustumé excercer office de change sur le Grant Pont à Paris, vendroient garniz de nostre monnoie, telle que dit est, pour fournir et servir nosditz subgectz de Paris et forains. » (Arch. nat., Z1b 60, fol. 55 r°.)

1. Quoique l'Université de Paris eût reconnu l'antipape Félix V, créé par le concile de Bâle, Charles VII déclara par lettres du 21 novembre 1440, publiées à Paris le 2 janvier 1441, son intention de rester sous l'obédience du pape Eugène IV (Arch. nat., Y 4, fol. 49 v°).

2. Ms. de Rome « clocher ».

de vin, et rompy le moustier en plusieurs lieux, tant que on disoit qu'il ne seroit pas bien reparé pour iii^c escuz d'or.

836. Item, en celui temps, le chancellier alla à Tours où le roy estoit pour traicter de la paix de France et d'Angleterre, mais il cuida parler au roy, soubdainement ung mal le print, dont il mouru hastivement, qui fut grant dommaige, car bon proudomme estoit pour le royaulme[1].

837. Item, fut faicte une des piteuses et la plus devote[2] procession que on eust oncques veue à Paris, car l'evesque de Paris et celui de Beauvays, et deux abbez[3] porterent le corps Nostre Seigneur de Sainct-Jehan en Greve sur leurs espaules, et de là allerent aux Billettes querre à grant reverence le quanivet de quoy le faulx Juif avoit depicqué la char Nostre Seigneur, et de là furent portez avec la saincte croix et autres reliques sans nombre[4] à Saincte-Katherine du Val-des-Escolliers ; et y avoit devant plus de v^c torches allumées, et de peuple bien ix ou x mil personnes, sans ceulx de l'eglise ; et avoit après ces sainctes reliques tout le mistere du Juif qui estoit en une charrette lié, où il avoit espines, comme se on le menast ardoir, et après venoit la justice, et sa femme et ses enfens ; et parmy [les rues avoit deux eschaffaux de tres piteux misteres, et furent] les rues parées comme à la Sainct Sauveur. Et fut faicte celle procession, pour ce que on avoit bonne esperance d'avoir paix entre le roy de France et d'Angle-

---

1. Renaud de Chartres, archevêque de Reims, chancelier de France depuis le 28 mars 1424, mourut subitement à Tours le 4 avril 1444, et fut enterré aux Cordeliers de cette ville. Le Parlement de Paris fit chanter le mercredi 22 avril une messe solennelle pour le repos de son âme: « Jeudi, xvie jour d'avril. Qua die non fuit litigatum, sed deliberatum quod, nonobstante decessu defuncti domini cancellarii, magistri requestarum sigillabunt litteras justicie, sigillo eis tradito, prout antea faciebant, et quod ad anime remedi :m ipsius domini defuncti cancellarii cantabitur de requiem cras una magna missa in capella aule Palacii, solemniter, qua die, que fuit mercurii, fuit celebrata missa. » (Arch. nat., X^{1a} 4800, fol. 100 r°.)

2. Ms. de Rome « douce ».

3. Au nombre des prélats qui prirent part à la procession solennelle du 15 mai 1444 figurent l'évêque Denis du Moulin, évêque de Limoges, l'évêque de Beauvais, qui célébra l'office à Sainte-Catherine-du-Val-des-Écoliers, les abbés de Saint-Maur, de Saint-Magloire, de Lagny, de Saint-Germain des Prés, suivis d'une foule que le prieur Jean Maupoint évalue à quarante mille personnes.

4. Voir dans le Journal de Maupoint (p. 31) l'énumération des reliques qui furent portées processionnellement le 15 mai 1444.

terre, et fut le xve jour de may, au vendredy, l'an mil cccc xliiii.

838. Item, le iiie jour de juing ensuivant, fut la iiie feste de la Penthecoste. Le mercredy des Quatre Temps, furent criées les treves de paix entre le roy de France et d'Angleterre, commençans le premier jour de juing mil iiiic xliiii, et sur la mer le xxvie jour dudit moys, et furent publiées cedit moys parmy la France, et [en] Normendie, et en Bretaigne et par tout le royaulme de France[1].

839. Item, en cel an fut le Landit, qui n'avoit esté puis l'an mil cccc xxvi, et fut fait dedens la ville [de] Sainct-Denis[2]; et fut grant debat[3] entre l'evesque de Paris pour la beneïsson et l'abbé de Sainct-Denis, car l'abbé disoit la ville estre à soy de son droit et que à lui appartenoit la beneïsson; l'evesque disoit que passé iiic ans l'avoient faicte ses devanciers evesques de Paris, et la feroit. Quant l'abbé vit cecy, lui fist faire deffence sur grosse peine de faire ladicte beneïsson, et l'evesque de Paris alla à ung autre costé du marché, et fist faire la beneïsson par ung maistre

---

1. Les trêves conclues à Tours le 28 mai 1444 devaient commencer pour la Guyenne et la Gascogne le 15 juin suivant, pour toutes les autres parties du royaume le 1er juin, « et au regard de la mer le premier jour de juillet ensuivant, à heure de soleil levant. » A la suite des lettres dont le texte est inséré au registre vert vieil second (Arch. nat., Y 4, fol. 81 v°), on lit la mention de leur publication à Paris, faite le mercredi 3 juin, en présence du prévôt de Paris, de Jean de Longueil, son lieutenant civil, de Jean Bezon, son lieutenant criminel, des prévôt des marchands et échevins, de Jean Tillart, Hugues Boucher, Nicolas Rosnel et Girard Colletier, examinateurs au Châtelet. Le 4 août de l'année suivante, on présenta au Parlement les lettres du roi d'Angleterre confirmatives de la trêve de Tours.

2. Charles VII rétablit la foire du Landit par lettres du 15 avril 1444, publiées à son de trompe le mardi 12 mai, et ordonna que la foire se tiendroit « au dedens de la ville de Saint-Denis, pour ce que ledit lieu ou place où elle souloit estre tenue n'est encores seur à l'occasion des guerres ..... et que les loges qui y souloient estre pour logier et retraire les marchans qui y aloyent et leurs denrées sont abatues et du tout en ruyne. » (Arch. nat., Y 4, fol. 80 v°.)

3. Ce débat entre l'évêque de Paris, le chapitre de Notre-Dame, d'une part, et l'abbé de Sainct-Denis, d'autre part, fut porté au Parlement; après les plaidoiries des 24 et 25 mai, intervint un arrêt, à la date du 2 juin, qui décida que les parties commettraient un évêque pour procéder à la bénédiction, auquel évêque devaient se joindre les processions parisiennes (Arch. nat., X1a 74, fol. 115 r°; X1a 4800, fol. 302 r°, 304 r°).

en theologie nommé maistre Jehan de l'Olive, né de la ville de Paris[1].

840. Item, le xiie jour de juillet, fut faicte procession generalle[2], et fut celui jour reporté le precieux corps de mons^r sainct Cloud en la ville du sainct, dont il avoit esté apporté pour les guerres, bien avoit xvi ans ou environ, et avoit esté à Sainct-Syphorien derriere Sainct-Denis de la Chartre celui temps en garde en une châsse, et le vindrent querre les bonnes gens des villes d'entour Sainct-Cloud à procession, en chantant à Dieu louanges.

841. Item, le xiie jour de juillet, l'an mil iiii^c xliiii, fut ouverte la porte de Sainct-Martin, qui n'avoit esté mais ouverte, puis le moys d'aoust mil iiii^c xxix que la Pucelle vint devant Paris, le jour de la Nostre-Dame en septembre ensuivant, que on fist premier la feste de sainct Laurens en la grant court Sainct-Martin.

842. Item, à l'entrée de juillet vint une grant compaignie de larrons et de murdriers qui se logerent es villaiges qui sont autour de Paris, et tellement, jusques à vi ou environ viii lieues de Paris, homme n'osoit aller aux champs [ne venir à Paris, ne on n'osoit cuillir aux champs] quelque chose que ce fust, car nulle voiture n'estoit d'eulx prinse que ne fust rançonnée à viii ou à x frans; ne nulle beste prinse, fust asne, vache ou pourcel, qui ne fust plus rançonné qui ne valloit; ne homme, de quelque estat qu'il fust, fust moyne, prebstre, ne religieux de quelque ordre, fust nonnain, [fust] menesterel, fust herault, fust femme ou enffent de quelque aage, que s'il yssoit dehors Paris, qui ne fust en grant peril de sa vie; mays se on ne lui ostoit sa vie, il estoit despouillé tout nu, tous sans ung seul excepter, de quelque estat qu'il fust; et quant on s'en plaignoit aux gouverneurs de Paris, ilz respondoient : « Il fault qu'ilz vivent, le roy y mettra bien bref remede. » Et de ceste compaignie estoient principalx Pierre

---

1. La bénédiction du Landit, avec procession solennelle, eut lieu sous les auspices du chapitre de Notre-Dame le mercredi 10 juin. Jean de l'Olive, maître en théologie, délégué par l'autorité royale, prononça le sermon obligé et donna la bénédiction (Arch. nat., LL 218, fol. 587).

2. Suivant les dispositions arrêtées par les chanoines de Notre-Dame le 10 juillet, la procession du dimanche 12 juillet, en l'honneur de la châsse de saint Cloud déposée en l'église de Saint-Symphorien, devait se rendre de Notre-Dame en l'église Saint-Honoré où serait célébrée une messe et prêché un sermon pour la paix générale et l'union de l'Église (*Ibid.*, fol. 605).

Regnault, Floquart, Lextrac[1] et plusieurs autres, tous menbres d'Antecrist, car tous estoient larrons et murdriers, boutefeux, efforceux de toutes femmes, et leur compaignie.

843. Item, en cellui an alla le roy en Lorrenne, et le Dalphin son filx en Allemaigne, guerrier [ceulx qui rien ne leur demandoient, et mena avec [lui ces malles gens devant dictes, qui tant faisoient de maulx que [le roy contraint et tous ses gouverneurs tellement mangerent le [peuple que nul bien ne lui povoit venir, où que il fust ; car il laissoit son royaulme qui estoit tout meslé d'Angloys qui fournissoient et enforçoient leurs chasteaulx, et ilz alloient lui et son filx en estranges terres où ilz n'avoient rien à despendre, et gaster ses gens et la finance de son royaulme[2], et en bonne foy ilz ne faisoient en x ou en xii ans, ne pour eulx ne pour autre, quelque chose que ce fust pour le bien du royaulme qu'ilz ne deussent avoir fait en iii ou en iiii moys.

844. Item, le iiiie jour de septembre, cesserent les sermons jusques au xiiie jour de mars, qui fut dimenche devant *Ramis Palmarum*, et fut fait à Sainct-Magloire; la cause fut pour ce que on fist une grosse taille où on voulloit asservir tous les suspos de l'Université de Paris. Si alla le recteur, pour deffendre et garder les libertés et franchises de ladicte Université, parler aus esleuz[3];

---

1. Pierre Renault, Robert de Floques, dit Floquet, Arnaud de la Lande, dit Lestrac, chef de routiers, qui acquirent une sanglante renommée par leurs exploits dans la période comprise entre les années 1438 et 1445 (Cf. Tuetey, *les Écorcheurs sous Charles VII*, t. I, *passim*).

2. Tout ce passage n'est composé que de fragments rattachés les uns aux autres; ces lacunes existant dans le ms. de Rome proviennent du grattage minutieux de trois lignes, que l'un des possesseurs du volume, vraisemblablement le président Fauchet, a pris soin de rétablir en marge; ces restitutions nous paraissent acceptables, seulement l'examen attentif de la première ligne grattée nous permet de proposer avec certitude l'addition des mots « et mena avec lui », qui complètent bien le sens de la phrase. Quant au ms. de Paris, il laisse en blanc tout ce que nous avons mis entre crochets.

3. Il s'agit des élus sur le fait des aides institués à Paris, élus dont le nombre avait été réduit à quatre par arrêt de la Chambre des aides du 20 octobre 1443 (Arch. nat., Z1a 13, fol. 166 v°). A la date du 5 avril 1445, c'est-à-dire quelques mois après les incidents rapportés par l'auteur du Journal, ces élus étaient Jean le Carnier, Enguerran de Thumery, Martin Ponchier et Lubin Raguier, ce dernier au lieu et place d'Alain Dionis, décédé (Arch. nat., Z1a 15, fol. 13 v°). Deux de ces personnages peuvent se reconnaître dans un passage des Instructions données par l'Université, en décembre 1445, à ses députés auprès de Charles VII.

si y ot aucuns desdiz esleuz qui mirent la main au recteur[1], par quoy sermons cesserent.

845. En celui temps fut apporté le circoncis de Nostre Seigneur[2] à Paris, et ceulx qui l'aporterent disoient que le roy et le Dalphin et Charles d'Anjou avoient impetré lettres à nostre Sainct Pere le pape Eugene, que tous ceulx qui prendroient une lettre qu'ilz bailleroient, qu'ilz seroient absoulz de peine et de coulpe à l'eure de la mort, mays qu'ilz fussent vrays confées et repentans; et tres chier coustoit [une] ceste lettre, car les riches en paioient XL solz parisis, et les moyens XXXII ou XX solz parisis et les povres à la value, et tauxoient ces lettres à journées d'un ouvrier, II solz pour jour, le riche à XX ou XXX journées, le mains riche à mains; et disoient que l'evesque de Paris leur avoit octroié à ce faire en sa dyocese. Par quoy le peuple print par devocion plus de v^c de ces lettres, et aussi pour la reparacion de Nostre-Dame de Coulombes[3], qui avoit esté destruite par les guerres. Et quant ilz orent emporté la saincte relique, l'evesque de Paris fist commandement par toutes les parroisses de Paris que tous ceulx qui avoient prins

---

L'Université y déclare qu'elle n'a nullement l'intention de porter plainte contre les officiers royaux, mais qu'elle s'élève uniquement contre les auteurs des excès scandaleux commis au grand détriment du recteur, son chef, et de ses suppôts « scilicet Grandinum de Tu. et Petrum de Carnay » (lisez Enguerran de Thumery et Jean le Carnier). — Cf. Du Boulay, *Hist. Univ.*, t. V, p. 537.

1. Le recteur ainsi malmené devait être Martin Chaboz, en possession du rectorat depuis le mois de décembre. Dans l'assemblée générale tenue le 12 décembre par le corps universitaire, toutes les facultés et nations prirent fait et cause pour leur recteur, à raison du traitement injurieux dont il avait été victime. C'est du moins le témoignage que rend le procureur de la nation de France (V. Du Boulay, *Hist. Univ.*, t. V, p. 534).

2. Cette relique célèbre, connue au moyen âge sous le nom de « joyau d'argent » et conservée dans l'abbaye bénédictine de Coulombs, au diocèse de Chartres, était en grande vénération auprès des fidèles, notamment auprès des femmes qui allaient devenir mères. Elle fut envoyée en Angleterre en 1421, lors des couches de Catherine de France, mariée au roi Henri V; après la naissance de son fils, le précieux joyau fut déposé en la Sainte-Chapelle, et passa, en 1427, entre les mains de l'abbé de Saint-Magloire (Lettre de Henri VI, roi d'Angleterre, 24 mai 1427, *Gallia christiana*, t. VIII, preuves, p. 389).

3. L'abbaye de Notre-Dame de Coulombs, au diocèse de Chartres, eut beaucoup à souffrir des guerres avec les Anglais; ravagée par l'incendie, détruite même au ras du sol dans quelques-unes de ses parties, elle ne possédait plus à cette époque que douze religieux (*Gallia christiana*, t. VIII, preuves, p. 398).

ces dictes lettres les lui portassent sur peine d'excommenie, et plusieurs de ceulx qui les avoient prinses, pour paour d'encourir en celle sentence, les lui porterent pour paour d'estre en indignacion du prelat et aussi de maleïsson pour beneïsson[1]; et quant ilz les portoient, on les pandoit à ung crochet en son estude; et n'en fist on plus pour celle eure jusques à une autre foys que on les devoit visiter plus à loisir, et ceulx qui les avoient portées ne les porent avoir pour celle foys, dont moult furent troublez.

846. Item, après fut aportée la chace de sainct Sebastien, et fu par les parroisses comme celle de davant, et tous ceulx qui se mirent en la confrarie dudit sainct paoient chascun VIII deniers.

[1445.]

847. Item, le jour de l'Ascencion, qui fut le jour Sainct Jehan en may, et le lendemain, gela à glace, par laquelle gelée les vignes furent gellées; par quoy le vin enchery si fort que le vin, que on donnoit par devant à II deniers, fut tantost mis à VI deniers parisis.

848. Item, en celle sepmaine, fut apportée à Paris la chace sainct Quentin, et fut portée par les eglises de Paris, et ceulx qui le conduisoient faisoient pandre ung grant fleau, comme il est au poydz du roy, et là se fesoient peser hommes et femmes, et culx estans en la balence, on les tiroit tant qu'ilz perdoient terre, et en ce faisant, on nommoit sur eulx plusieurs sains ou sainctes, et après ilz se rachetoient de blé ou d'argent ou de ce qu'ilz voulloient, et moult firent grant cuillette d'argent à Paris iceulx questeurs de pardons en celluy temps.

849. Item, le mercredy de la feste de la Penthecoste, chut le tonnoirre en l'eglise de Nostre-Dame-de-Liesse, environ VI heures au matin, et tua dedens l'eglise de Nostre-Dame IIII hommes, et affola bien XXVIII ou XXX personnes de leurs menbres et aucuns de leur sens, et leva du pavement les quareaulx [et barreaux] de fer.

850. Item, le II₀ jour d'aoust, fut faicte une procession generalle de toutes les parroisses de Paris à Nostre-Dame, et de Nostre-Dame allerent à Nostre-Dame des Champs par grant devocion, car vray est que grant temps avoit que ung moyne de Sainct-Denis en

---

1. Ms. de Rome : benediction.

France, pour le temps que les Angloys gouvernoient le royaulme, print le clou et la couronne à Sainct-Denis, et à celle fin que les Angloys ne l'otassent de ladicte abbaïe et l'emportassent en leur païs, ledit moyne print ces deux precieux joyaulx, et les porta honnorablement à Bourges en Berry, où estoit adong le roy de France Charles VIIe de ce nom. Et le premier jour d'aoust furent apportées par le vouloir du roy et des signeurs du sang royal, et par le pourchas de l'abbé de Sainct-Denis en France, nommé Gamaches par seurnom [1], à Nostre-Dame des Champs, et le lundy IIe jour d'aoust IIII^c XLIII (sic), furent apportées à Sainct-Magloire par tres honorables processions, à grant luminaire, et là furent celle journée jusques à l'endemain qui fut le jour de l'Invencion Sainct Estienne, IIIe jour dudit moys. Et ce jour vindrent à Paris l'abbé de Sainct-Denis et tout le couvent, tous revestus de chappes de drap d'or ou de soye, et avecques eulx toutes les parroisses à banieres et à croys, et à tres grant foison peuple, et à tres grant foison torches alumées vindrent à Sainct-Magloire celui jour; et là fut dit une messe [tres] solempnelle, et après congé à l'abbé et à tout son couvent, lequel les convoya jusques hors de Paris, vestu et tout aourné comme evesque, et tout son couvent revestu de chappes, et avec ces sainctes reliques alla tant de peuple de Paris que à paine seroit creu qui ne l'auroit point veu.

851. Item, le lundi XVIe jour d'aoust, trespassa en la ville de Chaalons la femme du Dalphin de France, nommée Marguerite, fille du roy d'Escosse [2]; et en celui temps fut fait chancelier de

---

1. Philippe de Gamaches, d'une famille noble du Vexin, entra de bonne heure dans les ordres. Après avoir fait profession religieuse en l'abbaye de Saint-Denis, il quitta ce monastère pour échapper à la domination anglo-bourguignonne, et se retira à Saint-Faron de Meaux, où il fut élevé à la dignité d'abbé vers le mois de novembre 1420. On connaît la part active qu'il prit à la défense de Meaux contre le roi Henri V. Fait prisonnier en même temps que l'évêque, il obtint la vie sauve, grâce à la reddition de Compiègne, effectuée par son frère Guillaume, capitaine de cette place au nom du dauphin. Philippe de Gamaches entra dans les conseils de Charles VII et devint abbé de Saint-Denis en mars 1442 ou 1443; il mourut le 28 janvier 1464. (Rel. de Saint-Denis, t. VI, p. 453; Vallet de Viriville, *Histoire de Charles VII*, t. I, p. 381.)

2. Marguerite d'Écosse tomba malade le 7 août 1445, à la suite d'un pèlerinage qu'elle fit du château de Sarry, près Châlons, à Notre-Dame de l'Épine, et mourut à Châlons le 16 août, à l'âge de 21 ans; son corps, inhumé dans la cathédrale, à gauche du grand autel, fut transporté le 1er novembre 1479, par ordre de Louis XI, dans la chapelle du Saint-

France le frere à l'archediacre de Paris et archevesque de Rains, tous deux enfans de [feu] maistre Jaques Jouvenel[1].

852. Item, la iie sepmaine d'octobre, la vigille des octabes Sainct Denis, fut ouverte la porte de Montmartre, à ung vendredy.

853. Item, le roy ne nulz des signeurs de France n'alloient ne venoient à Paris, et tout temps faisoit on grosses tailles[2], sans ce que on feist aucun bien pour le commun; et touzjours s'enforçoient les Angloys et avitalloient leurs forteresses, et ne faisoient ne treves ne paix, et ne challoit au roy comment tout en allast, que de chevaulcher de païs en autre, touzjours bien acompaigné de xx mil ou plus de larrons qui tout son païs[3] mettoient à destruction.

854. Item, en cel an fut la plus terrible maladie de la verolle depuis la my aoust jusques après la Sainct Andry, que on eust oncques veue, especialment sur petiz enfans, car en la ville de Paris on eust veu durant celui temps plus de vi milliers; et moult en mourut de celle malladie, et mouroient depuis qu'ilz estoient gueriz de celle verolle maudicte, et moult en furent malades plusieurs hommes et femmes de toutes aages, especialment à Paris.

855. Item, en cellui temps, vint ung jeune cordelier à Paris de la nacion de Troyes en Champaigne, ou d'environ, petit homme, tres doulx regart, et avoit ung nommé Jehan Creté[4], aagé de xxi ans

---

Sépulcre, érigée aux frais de cette princesse, en l'abbaye de Saint-Laon de Thouars (Cf. Mathieu d'Escouchy, éd. Beaucourt, t. III, p. 143-145). Lorsque la mort de la dauphine fut connue à Paris, les chanoines de Notre-Dame, réunis capitulairement le mercredi 25 août, décidèrent qu'un service solennel aurait lieu dans le chœur de la cathédrale, et fixèrent au lundi 30 août la célébration de cette messe funèbre (Arch. nat., LL 219, fol. 63).

1. Guillaume Jouvenel des Ursins fut institué chancelier de France par lettres données à Sarry-lez-Châlons le 16 juin 1445; il exerça cette charge jusqu'à sa mort, survenue le 23 juin 1472; son frère, Jacques Jouvenel des Ursins, archidiacre de Paris, remplaça Renaud de Chartres comme archevêque de Reims. Tous deux étaient fils de Jean Jouvenel des Ursins et de Michelle de Vitry.

2. Notre chroniqueur veut probablement faire allusion à l'aide extraordinaire que le roi venait « de mettre sus pour le fait de la provision des gens d'armes. » Cette taille nouvelle, qui pesait lourdement « sur les subgectz », se montait à la somme de 300,000 francs (Arch. nat., Z1a 15, fol. 116 r°).

3. Ce mot est laissé en blanc dans le ms. de Paris.

4. Jean Creté était effectivement un prédicateur populaire fort en renom à cette époque. Un article du compte de Jean de Visen mentionne, à la

ou environ, lequel fu tenu à ung des meilleurs prescheurs qui oncques eust esté à Paris depuis cent ans ; et vraiement on ne vit oncques homme lire plustost qu'il disoit son sermon, et sembloit proprement qu'il sceust tout le Vieil Testament et le Nouvel, et toute la Legende Dorée et tous les anciens livres de toutes nacions du monde, et oncques on ne le vit faillir de revenir à son propos, et partout où il preschoit, le moustier estoit tout plain de monde.

856. Item, il se departi de Paris environ viii jours devant Nouel et alla prescher ou royaulme d'Angleterre.

[1446.]

857. Item, le xxiiiie jour de fevrier, l'an mil iiii^c xlv[1] fut desdiée l'eglise des Innocens par reverend pere en Dieu l'evesque de Paris, nommé messire Denis des Moulins.

858. Item, le premier lundi de mars ensuivant, furent renouvellées les treves du premier jour d'avril jusques au premier jour d'avril de l'année ensuivant, et fut crié par les carrefours de Paris[2].

859. Item, à ung mardi, xiie jour d'avril, l'an mil iiii^c xlv, en la sepmaine peneuse, entre la minuyt et prime du jour, gela si tres fort[3] que toutes les vignes furent toutes perdues et tous les noiers cuiz de la gelée; et après vint tant de hannetons et de channilles et d'autre orde vermine que toute celle année n'y ot ne vin, ne verjus, ne fruit [par toute la France; et fut le xviie jour de la lune de mars, et furent Pasques] le xviie jour d'avril en cel an mil iiii^c xlvi.

---

date du 27 juin 1452, le payement de 110 sols à Jean Creté, frère mineur, docteur en théologie, pour ses frais de séjour à Auxerre pendant quinze jours, « durant lequel tems il a chascun jour preschié et sermoné pour toujours induire le peuple à bien faire. » (Lettre de l'abbé Lebeuf, *Mercure de France*, 1730, t. I, p. 2616.)

1. Le ms. de Rome donne par erreur xliiii.

2. Les trêves entre la France et l'Angleterre furent successivement prorogées à Londres les 13 août et 19 décembre 1445, et, à cette dernière date, jusqu'au 1er avril 1447 (Voir dans Mathieu d'Escouchy, édit. Beaucourt, t. III, p. 145, le tableau sommaire des négociations depuis le traité de Tours jusqu'à la rupture).

3. Cette gelée désastreuse du mardi 12 avril 1446, qui ruina totalement les vignes et arbres fruitiers autour de Paris dans un rayon de cinquante lieues, est également mentionnée dans le Journal de Maupoint (p. 36).

860. Item, en celluy an vint ung jeune homme [1] qui n'avoit que xx ans ou environ, qui savoit tous les vii ars liberaux, par le tesmoing de tous les clercs de l'Université de Paris, et si savoit jouer de tous instrumens, chanter et deschanter mieulx que nul autre, paindre et enluminer mieulx que oncques on sceust à Paris ne ailleurs.

861. Item, en fait de guerre, nul plus appert, et jouoit d'une espée à deux mains si merveilleusement que nul ne s'i comparast, car quant il veoit son ennemy, il ne failloit point à saillir sur luy xx ou xxiiii pas à ung sault.

862. Item, il est maistre en ars, maistre en medecine, docteur en loix, docteur en decret, docteur en theologie, et vraiement il a disputé à nous au colliege de Navarre, qui estions plus de cinquante des plus parfaiz clercs de l'Université de Paris et plus de iii mil autres clercs, et a si haultement bien respondu à toutes les questions que on lui a faictes que c'est une droicte merveille à croire qui ne l'auroit veu.

863. [Item, il parle latin trop subtil, grec, ebreu, caldicque, arabicque et tous autres langaiges.]

864. Item, il est chevalier en armes, et vraiement, se ung homme povoit vivre c ans sans boire, sans menger et sans dormir, il ne auroit pas les sciences qu'il scet tout par cueur aprinses; et pour certain il nous fist tres grant freour, car il scet plus que ne puet savoir nature humaine, car il reprent tous les iiii docteurs de Saincte Eglise; bref, c'est de sa sapience la non pareille chose du monde. Et nous avons en Escripture que Ante-Crist sera engendré en advoutire [2] de pere chrestian et de mere juive qui se faindra chrestianne, et chascun cuidera qu'elle le soit, il sera né de par le deable en temps de toutes guerres, et que toutes jeunes

---

1. S'il faut ajouter foi aux sources indiquées par M. Vallet de Viriville dans son *Histoire de Charles VII*, t. III, p. 96, l'époque de l'arrivée à Paris du jeune clerc espagnol, connu sous le nom de Fernand de Cordoue, coinciderait avec les Avents de l'année 1445. Fernand de Cordoue paraît s'être en quelque sorte esquivé de Paris afin d'éluder certaines questions embarrassantes. Il se rendit d'abord à Gand auprès du duc de Bourgogne avec l'intention de passer en Angleterre; mais n'ayant pu mettre son projet à exécution, il dirigea sa course du côté de l'Allemagne. Suivant la version la plus accréditée, il serait mort à Rome, en 1486, sous-diacre du pape, à l'âge de 65 ans (V. Mathieu d'Escouchy, l. I, c. 8. De la venue à Paris d'un josne clerc natif des Espaingnes).

2. Ms. de Paris « adventure ».

gens seront deguisés d'abit, tant femmes que hommes, tant par orgueil comme par luxure, et sera grant hayne contre les grans signeurs pour ce qu'ilz seront tres cruelx au menu peuple.

865. Item, toute sa science sera de par le dyable, et il cuidera qu'elle soit de par nature, il sera chrestien jusques à xxviii ans de son aage, et visitera en celui temps les grans signeurs du monde pour monstrer sa grant sapience et pour avoir grant renommée d'iceulx, au xxviiie an vendra de Jherusalem. Et quant les Juifs incredules verront sa grant sapience, ilz creront en luy et diront que c'est Messias qui promis leur estoit, et l'aoureront comme Dieu. Adong envoyera ses disciples par le monde, et God et Magod le suyveront, et regnera par iii ans et demy, à xxxii ans les dyables l'emporteront. Et adong les Juifs qui auront esté deceupz, ilz se convertiront à la foy chrestienne, et après vendront Enoch et Helye, et après sera tout chrestien, et sera l'Euvangille de Sainct (Jehan) qui dit : *Et fiet unum ovile et unus pastor* [1], adong approuvé, et le sang de ceulx qu'il aura fait tormenter, pour ce qu'ilz ne vouldrent adourer, criera à Dieu vengence, et adong vendra sainct Michel, qui le trebuchera, lui et touz ses ministres, ou parfons puis d'enfer. Ainsi comme davant est dit, le raconterent les devantdiz docteurs de celluy homme devant dit, lequel est venu d'Espaigne en France, et pour vray selon Danyel et l'Apocalipce, Antecrist doit nestre en Babiloine en Caldée.

866. Item, en celuy an mil cccc xlvi, fut le moys de may le plus froit et le plus pluvieux que on eust oncques veu d'aage de homme vivant, car oncques jour ne fut qu'il ne gelast ou qu'il ne pleust, et fut avant la feste de la Trinité, qui fu le xiie jour de juing, que le temps se eschauffast.

867. Item, la sepmaine devant l'Ascencion, fut crié parmy Paris que les ribauldes ne porteroient plus de sainctures d'argent, ne coletz renversez, ne pennes de gris en leurs robbes ne de menu ver, et qu'ilz allassent demourer es bordeaux ordonnez, comme ilz estoient ou temps passé [2].

---

1. Cette citation est extraite de l'Évangile de saint Jean, c. X, v. 16.
2. Toutes ces défenses existaient de longue date et l'on ne fit que remettre en vigueur des prescriptions tombées en désuétude. Ainsi, en 1422, il était interdit aux « femmes amoureuses » de porter « habit fourré de gris à colet rabatu » (Arch. nat., X1a 4793, fol. 97 v°), et le compte de l'ordinaire de Paris pour 1426 (Sauval, t. III, p. 270) mentionne la vente d'une houppelande de drap pers, fourrée par le collet de penne de gris,

868. Item, la vigille de l'Ascencion, fut enterré le prevost de Paris, nommé Ambroys Loré[1], baron de Juillé[2], mains amant le bien commun que nul prevost qui devant luy eust esté puis XL ans. Car il avoit une des femmes que on peust veoir en tout Paris, la plus belle et honneste, et fille de nobles gentilz gens de grant ancienneté[3]; et [si estoit] si luxurieux que on disoit pour vray qu'il avoit III ou IIII concubignes qui estoient droictes communes, et supportoit partout les femmes folieuses[4], dont trop avoit à Paris par sa lascheté, et acquist une tres mauvese renommée de tout le peuple, car à paine povoit on avoir droit des folles femmes de Paris, tant les supportoit, et leurs macquerelles.

869. Item, après son trespassement, le VII[e] jour d'aoust, on ordonna pour estre prevost de Paris Jehan d'Estouteville[5], chevalier, conseiller et chambellan du roy nostre sire, mil IIII[c] XLVI, ou jour devantdit, courant le dimenche par B.

870. Item, le III[e] jour de septembre ensuivant, fut crié à trompes parmy Paris que on portast à Pontoise tous vivres pour la solempnité de la feste de la Nativité de la Vierge Marie, qui fut

---

confisquée sur une femme de mœurs dissolues, ainsi qu'une ceinture sur tissu de soie noire avec garniture d'argent.

1. Ambroise de Loré, baron d'Ivry, l'une des plus belles figures militaires du XVe siècle, fit une guerre acharnée aux Anglais et joua un rôle important dans les événements qui signalèrent le règne de Charles VII. En récompense de ses services, Charles VII le gratifia de divers biens confisqués sur les partisans des Anglais, notamment d'une maison dans l'enclos du Palais, provenant de Pierre Rousseau; il lui confia la garde de la prévôté de Paris le 11 mars 1437, et afin de rendre plus efficace son autorité, par lettres du 5 avril 1438, il l'institua commissaire spécial et « general refformateur » sur les malfaiteurs dans toute l'étendue du royaume (Arch. nat., Z 5195, fol. 22 r°; Y 4, fol. 29 r°). Ambroise de Loré mourut à Paris du 23 au 24 mai 1446, à l'âge de 50 ans.

2. Tous les mss. portent baron de « Juille maint ». Il y a évidemment une erreur des copistes.

3. Catherine de Marcilly, baronne d'Ivry, laissa un fils, Ambroise de Loré, écuyer, et une fille, également nommée Ambroise de Loré, qui fut mariée à Robert d'Estouteville, prévôt de Paris en 1447, laquelle vécut jusqu'en 1466.

4. Ms. de Paris « soulieuses ».

5. Jean d'Estouteville, grand-maître des arbalétriers de France, fut institué prévôt de Paris, le 24 juillet 1446, au lieu et place d'Ambroise de Loré (Arch. nat., PP 118, Mémorial K, fol. 49), mais il n'occupa que temporairement la prévôté et se démit de sa charge en faveur de son frère, Robert d'Estouteville, qui lui succéda le 28 mars 1447 (Ibid., Y 1, fol. 4 v°).

le jeudy ensuyvant, pour cause de certains pardons et indulgences que nostre sire le roy, et monseigneur le Dalphin, et monseigneur de Bourgongne [1] avoient impetrez par devant nostre Sainct Pere le pape Eugene, c'est assavoir, pour l'eglise Nostre Dame de Pontoise, qui moult estoit empirée par les guerres et par les longs sieges qui devant avoient esté par plusieurs foys, tant d'Anglois comme de Françoys.

871. Item, ledit pardon commença à doze heures de nuyt, la vigille de la Nativité Nostre-Dame, et dura jusques à mynuyt de la journée d'icelle feste, qui sont xxiiii heures; et fut ledit plain pardon comme il est à Romme, [mais celuy de Romme] dure plus longuement, et fault estre vray confees et repentant.

872. Item, celle année mil iiii^c xlvi, fut le vin si cher que on ne avoit point de vin qui vaulsist rien, qui ne coutast x ou xii deniers parisis la pinte; et fut si pou de vins [2] que on avoit point le sextier qui ne coutast du moins xvi blans, et si pou de noiz que le cent en coustoit iiii blans, que on avoit l'année precedente pour ii deniers parisis ou pour ii tournoys.

873. Item, celle année, vint à Paris par eaue ou à charroy, que on avoit le quarteron pour vi deniers parisis, les plus grosses poires d'Angoisse, ou pour ii blans au plus, et si estoient de si bonne garde qu'elles ne empirerent point jusques à la my mars. Et de vray les tas en estoient es Halles de Paris, comme je vy oncques de charbon à la Croix de Greve, non pas ung tant seullement, mais vi ou vii tas, sans garde, et des pommes autant ou plus qui furent apportées du païs de Languedoq, de Normendie et de plusieurs autres païs.

[1447.]

874. Item, celle année, fut né ung filx de la royne de France, le jour des Innocens, après Noel, qui furent celle année le mercredy; et fut né à ung chastel nommé le Motiz en Touraine, et fut nommé Charles, duc de Berry [3].

---

1. Ms. de Paris : Mons. de Bourbon.
2. Ms. de Paris : verjus.
3. Charles de France, qui devint plus tard duc de Guyenne et de Normandie, fut le dernier né de Marie d'Anjou; il vit le jour le 28 décembre 1446 au château de Montils-lès-Tours. Un *Te Deum* chanté dans toutes les églises de Paris le 1er janvier 1447 célébra cet heureux événement.

875. Item, celuy an, fut le grant pardon au Mont Sainct-Michel par deux foys, c'est assavoir, en may, l'an mil IIII^c XLVI, le ... et ... septembre ensuivant oudit an.

876. Item, en may, l'an mil IIII^c XLVII, le dimenche XVIIIe jour, l'endemain de la Sainct Jehan Porte-Latine.

877. Item, le dimenche ensuivant, qui fut le XIIIIe jour de may mil IIII^c XLVII, fut faicte procession de nostre mere l'Université à Nostre-Dame de Paris, que on priast pour feu pape Eugene [1], qui trespassa le IIIe jour de fevrier, le jour Sainct Blaise.

878. Item, fut institué après lui pape Nicolas, V^e de ce nom [2], et touzjours estoit pappe Felix, duc des Savoysiens [3], en sa voulenté premiere, c'est assavoir, de vouloir estre pappe, sans vouloir aucunement soy condescendre que à sa voulenté, et disoit que le sainct concille de Balle l'avoit ordonné, sans nulle priere qu'il en fist aucunement, et pour pape se tenoit.

879. Item, en celluy temps, estoit le vin à Paris si cher, et ne buvoit le povre peuple que servoise, ou bochet, ou biere, ou cidre, ou peré, ou telx manieres de buvraiges; et en ce temps, environ la my may, ariva tant de vins en la ville de Sainct-Denis en France, pour le Landit qui devoit estre le moys ensuivant, qui furent prisiez à XI mil queues et environ VII^c muys, que de Bourgongne que de France. Et après le Landit, en fut tant ramené à Paris que on avoit aussi bon vin pour IIII doubles ou pour VI deniers que on avoit devant pour XII doubles, et bientost après ot on tres bon vin pour IIII deniers pinte.

880. Item, ou moys de septembre, l'an mil IIII^c XLVII, trespassa de ce siecle reverend pere en Dieu, monseigneur l'evesque de Paris, le XVe jour de septembre, nommé messire Denis de Moulins, patriarche d'Antioche, arcevesque de Thouloze, et fut enterré à Nostre-Dame de Paris [4].

---

1. Eugène IV, qui occupait le trône pontifical depuis 1431, mourut à Rome le 23 février 1447.

2. Thomas de Sarzane, cardinal-évêque de Bologne, élu pape le 6 mars 1447, prit le nom de Nicolas V. « On le tenoit pour tres sage, prudent et homme de honneste vie. » (Mathieu d'Escouchy, t. I, p. 113.)

3. Amédée VIII, duc de Savoie, anti-pape connu sous le nom de Félix V, élu à Bâle le 5 novembre 1437, et couronné le 24 juillet 1440, ne parvint à faire reconnaître son autorité que par quelques états de l'Allemagne. Le 7 avril 1449, il consentit à se retirer, et reçut de Nicolas V le titre de légat du Saint-Siège.

4. Denis du Moulin décéda le vendredi 25 septembre 1447, laissant un

881. Item, le jour Sainct Nicolas en decembre, fut fait par ellection evesque de Paris messire Guillaume Charetier, homme de tres bonne renommée, et estoit chanoyne de Nostre-Dame de Paris[1].

882. Item, en cellui temps, fut decollé maistre Pierre Mariette, pour le contans qu'il avoit mis entre le Dalphin et le duc de Bourgongne, pour sa grant mauvestie et desloyaute traïson[2].

[1448.]

883. Item, le xiie jour d'avril, l'an mil cccc xlviii, fut confermé abbé de Sainct-Magloire frere Jehan Jamelin[3], lequel avoit esté tout nourry en ladicte abbaye, né de la cité de Paris, et le sacra et beney l'evesque de Meaulx[4], lequel avoit esté moyne de Sainct-

---

fils, Jean du Moulin, et un frère, Pierre du Moulin, archevêque de Toulouse, qui soumirent ses dernières dispositions au Parlement de Paris le 11 septembre 1448 (Arch. nat., X1a 9807, fol. 33-34). Ses exécuteurs testamentaires furent Jean de Penchard, archidiacre de Brie, Mathurin le Texier, chanoine de Meaux, et Jacques de Marchères. Une tombe en cuivre jaune lui fut érigée à Notre-Dame, au bas du grand autel, à droite; elle était ornée d'une longue épitaphe, qui se trouve reproduite dans l'Épitaphier de Notre-Dame (Arch. nat., LL 488 bis), avec la représentation de la crosse pastorale et de l'anneau du prélat.

1. Guillaume Chartier, chanoine de Notre-Dame depuis le 9 janvier 1431, fut appelé à l'évêché de Paris le 4 décembre 1447. (Voir à cette date, dans les reg. cap. de N.-D., le procès-verbal de son élection.)

2. Guillaume Mariette, secrétaire du roi, abusa de ses fonctions pour contrefaire le sceau du roi et celui du dauphin, et pour fabriquer de fausses lettres de créances; mais le principal grief à lui imputé fut l'échange d'une correspondance chiffrée avec le duc de Bourgogne et son chancelier. Arrêté au mois d'octobre 1447 et conduit prisonnier au château de Loches, puis écroué le 5 février suivant dans les prisons royales de Lyon, il parvint à s'évader; mais il fut repris. Une commission, dont faisaient partie le chancelier Yves de Scepeaulx, Louis de Laval, seigneur de Châtillon, gouverneur du Dauphiné, Me Regnier de Bouligny, Me Guy Pape, Guillaume Becay, instruisit son procès, et Mariette, sacrifié d'avance, fut condamné à la peine capitale, décapité et écartelé publiquement à Tours au mois d'avril 1448 (Cf. Mathieu d'Escouchy, t. III, p. 265-341 ; Vallet de Viriville, *Histoire de Charles VII*, t. III, p. 113, 114).

3. Jean Jamelin, ou plutôt Hamelin, succéda comme abbé de Saint-Magloire à Pierre Louvel, décédé le 10 février 1447. Son élection se fit au mois de mars 1448, comme le montre la lettre du chapitre de Notre-Dame aux religieux de Saint-Magloire, leur donnant licence de procéder à l'élection de leur abbé (Arch. nat., LL 219, fol. 421).

4. Jean le Maunier, abbé de Saint-Maur-des-Fossés, dut succéder dans le

Magloire, et estoit avec ce abbé de Sainct-Mor et prieur de Sainct-Eloy de devant le Pallays; et fut à sa beneïsson l'abbé de Sainct-Denis, l'abbé de Sainct-Germain-des-Prez [1], l'abbé de Sainct-Victour [2], l'abbé de Saincte-Geneveve [3].

884. Item, la darraine sepmaine d'avril, vint à Paris une damoiselle, laquelle on disoit estre amie publiquement au roy de France, sans foy et sans loy et sans verité à la bonne royne qu'il avoit espousée, et bien y apparoit qu'elle menoit aussi grant estat comme une contesse ou duchesse, et alloit et venoit bien souvent avecques la bonne royne de France, sans ce qu'elle eust point honte de son peché, dont la royne avoit moult de douleur à son cueur, mais à souffrir luy convenoit pour lors. Et le roy pour plus monstrer et magnifester son grant pechié et sa grant honte, et d'elle aussi, luy donna le chastel de Beauté [4], le plus

---

prieuré de Saint-Éloy à Guillaume de Corbigny, que l'on voit cité comme prieur en 1424 (Arch. nat., LL 167, fol. 5o r°). Il était en possession du siège épiscopal de Meaux depuis le mois de janvier 1447. A cette date, une partie des chanoines de Meaux l'avaient nommé évêque, tandis que les autres désignaient Jean Haguenin, grand doyen de l'église de Meaux, mais l'élection de Jean le Maunier fut ratifiée, et le nouvel évêque prêta serment au roi le 11 juillet 1447. Il mourut le 22 juin 1458.

1. Hervé Morillon, abbé de Saint-Germain des Prés de 1439 au 25 février 1460.

2. André Barré, de Villiers-le-Bel, élu abbé de Saint-Victor le 21 mai 1423, mourut le 25 octobre 1448.

3. Pierre Caillou, abbé de Sainte-Geneviève, officia aux obsèques de la reine Isabeau; la consécration de l'abbé de Saint-Magloire et la réception de l'évêque de Paris furent probablement les dernières cérémonies auxquelles il prit part. Peu de temps après il se fit suppléer, et mourut dans un âge avancé le 27 août 1466.

4. Le château de Beauté, construit par Charles V, était une maison de plaisance située à l'extrémité du bois de Vincennes, à la droite de Nogent, dans une situation charmante dominant la vallée de la Marne. Ce manoir comprenait une tour à trois étages, avec plate-forme (chaque étage se composant d'une chambre), plus un corps de bâtiment où se trouvait une grande chambre, dite *sur la fontaine*, avec deux galeries (*Revue archéologique*, année 1854, p. 456). Charles V mourut au château de Beauté, qui servit également de résidence (en 1389) à son second fils, le duc d'Orléans (Arch. nat., KK 30, fol. 62). En 1439, le château de Beauté, alors au pouvoir du duc de Bourbon et de ses écorcheurs, fut repris par les gens du connétable de Richemont. Agnès Sorel, que Charles VII gratifia de cette maison, en reçut le nom de Mlle de Beauté. Dès 1444, elle avait cette qualification. (Vallet de Viriville, *Recherches historiques sur Agnès Sorel*, dans la Bibl. de l'École des chartes, 3e série, t. I, p. 313.)

bel chastel et jolis et le mieulx assis qui fust en toute l'Isle de France. Et se nommoit et se faisoit nommer la belle Agnès, et pour ce que le peuple de Paris ne lui fist telle reverence comme son grant orgueil demandoit, que elle ne pot celler, elle dist au departir que ce n'estoient que villains, et que se elle eust cuidé que on ne luy eust fait plus grant honneur que on ne lui fist, elle n'y eust jà entré ne mis le pié, qui eust esté domaige, mais il eust esté petit. Ainsi s'en alla la belle Agnès le dixiesme jour de may ensuivant à son peché comme devant. Helas! quelle pitié, quant le chef du royaulme donne si malle exemple à son peuple, car s'ilz font ainsi ou pis, il n'en oseroit parler, car on dit en ung proverbe: « Selon signeur, mesnie duyte », comme nous avons d'une dame royne de Babiloine, nommée Semiramis, qui fut une des neuf preuses, qui fist de son propre filx son amy ou son ribault, et quant elle vit que son peuple en murmuroit, elle fist crier publicquement par tout son royaulme, que qui vouldroit prendre sa mere, sa fille ou sa seur, par mariaige ou par folle amour ou autrement, qu'elle en donnoit à tout son peuple, quel qu'il fust, licence et povoir de ce faire, et le commandoit. Dont il vint moult de maulx oudit royaulme de Caldée, car les hommes efforçoient les femmes, les filles, les nonnains, dont maint homicide fut fait depuis celle loy que Semiramis fist pour couvrir sa grant luxure; car quant ung grant signeur ou dame fait publicquement grans pechez, ses chevaliers et son peuple en est plus hardy à pecher.

884. Item, en celui an, fut si bon marché de pain et de vin que ung homme laboureur avoit assez de pain pour II tournois à vivre pour ung jour; tres bon vin pour tout homme pour II deniers parisis la pinte, blanc et vermeil; à la Sainct Jehan, le quarteron d'œufs pour VIII deniers parisis; ung tres grant fromaige pour VI deniers; la livre de bon beurre pour VIII deniers parisis.

885. Item, à ung dimenche courant par F, celui an, le jour de la Magdeleine, fut sacré et beney l'evesque de Paris en l'abbaïe de Sainct-Victor lez Paris, et celui jour fut faicte une procession à Sainct-Germain l'Aucerroys, et là fut ordonné que on iroit rachater des chrestiens qui estoient es mains du soldant, auxquelx on faisoit souffrir moult de martires; et le IIe ou IIIe jour après ce partirent de Paris aucuns des freres de Sainct-Mathurin et autres pour aller oudit voyage piteux.

886. Item, le dimenche ensuivant, IIIIe jour d'aoust, fut receu ledit evesque à Nostre-Dame de Paris, et partyt de Sainct-Victor

sur ung cheval blanc, et vint à Saincte-Geneveve, et de là fut porté à Nostre-Dame de Paris à tres grant honneur [1].

887. Item, celle année, fut la riviere de Saine si petite que à la Toussains on venoit de la place Maubert tout droit à Nostre-Dame de Paris, à l'aide de quatre petites pierres, et hommes et femmes [et petis enfans] sans moullier leurs piez, et devant les Augustins, jusques au pont Sainct-Michel, en quatre ou cinq lieux, en telle maniere, pour venir au Palays du roy par la porte de derriere.

888. Item, celui an, furent commandées à fester les testes de madame Saincte Genevieve, comme le jour du dimenche, par l'evesque de Paris devant nommé, et la feste de madame Saincte Katherine, lesquelles on festoit devant aus us et coustumes.

889. Item, monseigneur de Paris dessusdit fist une belle predicacion aux Innocens le jeudi absolu, et donna absolucion à tous les trespassez qui par faulte d'amis ou de pecune ou par mauvais procureurs, avoient esté [ou estoient] nommez es eglises, excommeniez par negligence ou autrement après leur trespassement jusques à xxx jours. Et en cellui temps le bon proudomme visita les registres et y mist tres bonne ordonnance contre ceulx de la court de l'Eglise qui ainsi tost faisoient excommenier une personne, fust tort ou droit; et le dimenche que on dit *Misericordia Domini* fist dire vigiles et les commendassions l'endemain, et messe tres solempnelle par toutes les parroisses de Paris, et aux Innocens deux foys la procession.

890. Item, en ce temps furent prins caymens, larrons et meurtriers, lesquelx par jehaine ou autrement confesserent avoir emblé enfens, à l'un avoir crevé les yeulx, à autres avoir coppé les jambes, aux autres les piez et autres maulx assez et trop. Et estoient femmes avec ces murtriers pour mieulx decevoir les peres et les meres et les enfens, et demouroient comme logez es hostelz III ou IIII jours, et quant ilz veoient leur point, en plein marché, païs ou ailleurs ilz embloient ainsi les enfens et les martiroient, comme devant est dit.

---

1. Guillaume Chartier, sacré à Saint-Victor le 28 juillet par l'évêque de Laon, assisté des évêques de Noyon et d'Alby, fit son entrée solennelle à Notre-Dame le dimanche 4 août, en présence des évêques de Noyon et de Senlis, de l'abbé de Sainte-Geneviève, du sire de Montmorency, de Hugues Bureau, etc. Voir le récit détaillé de cette cérémonie dans les registres capitulaires de Notre-Dame (Arch. nat., LL 219, fol. 482).

[1449.]

891. En ce temps, en la fin de mars mil IIII^c XLVIII, furent aucuns prins, qui encuserent tous les autres. Et de ces caymens furent panduz ung homme et une femme le mercredy XXIIIe jour d'avril, emprès le molin au vent ou chemin de Sainct-Denis en France, mil IIII^c XLIX[1].

892. Item, aucuns desdiz caymens qui estoient de la compaignie d'iceulx devantdiz furent mis en prinson, car on disoit qu'ilz avoient fait ung roy et une royne par leur derision, et fut prouvé contre eulx que ilz avoient à petiz enfens — qu'ilz avoient emblez es villaiges ou ailleurs — coppé les jambes, crevé les yeulx, et assez et trop de telz murdres faiz où ilz reperoient, et estoient tres grans compaignies de telz larrons à Paris et ailleurs.

893. Item, le XIIIIe jour d'avril IIII^c XLIX, furent à ung mercredy publiées lettres que le pape Nicollas estoit paisiblement demouré en la papalité, du bon gré de Felix, duc de Savoye, et ledit Felix — estoit par l'ordonnance du conseil — fust ordonné cardinal et legat.

894. Item, le jeudy ensuivant, V^e jour dudit moys, fut faicte grant joye à Paris pour lesdictes nouvelles, et fist on les feus parmy les rues, comme on fait à la Sainct Jehan.

895. Item, le vendredy ensuivant, fist on procession generalle à Sainct-Victour lez Paris, et furent bien X mil personnes, et ne fist on rien à Paris, ne que au dimenche.

896. Item, en celuy temps, estoit si grant marché d'œufs qu'on avoit à l'Ascencion ung quarteron pour VI deniers parisis; ung frommaige pour IIII ou V deniers; et bon vin pour deux doubles; et ung pain pour vivre ung homme pour ung bon double, dont les III valloient III deniers parisis; mais de poires ne de pommes ne furent nulles celle année; et si furent les hannetons à grant puissance, qui moult firent de maulx.

897. Item, en cellui moys de may, fut gaigné sur les Angloys le Pont-de-l'Arche[2], et le mardy XXVIIe jour de may furent faictes

---

1. Ici, les mss. de Rome et de Paris répètent, en le tronquant, le passage relatif à la consécration de l'évêque Guillaume Chartier. « Item, à ung dimanche courant par F. » Il est à noter que dans les deux mss. cette reproduction partielle s'arrête identiquement au même point : « et là fut ordonné que on iroit. »

2. Jean de Brézé, capitaine de Louviers, assisté d'un marchand de cette

processions generalles au Pallays du roy en la Saincte-Chappelle [1], et là furent monstrez la precieuse couronne de quoy Nostre Seigneur Dieu fut couronné, et le fer de la lance, et ung des cloux dont il fut percé, et autres dignes reliques largement qui n'avoient esté monstrées au peuple puis la prinse de Pontoise, qui fut l'an mil IIII[c] [2].

898. Item, le xxx[e] jour de may, fist ung terrible tonnoirre, environ IIII heures après digner, qui descouvry tout le clochier des Augustins d'un costé et d'autre, et rompy gros chevrons, et rompyt le bras à ung cruxefis sur l'autel, et abaty de la couverture du moustier grant partie.

899. Item, en cellui temps, on avoit bon blé froment pour VIII solz et pour mains, et bon blé seigle pour xv ou xvi blans, mais on gaignoyt pou.

900. Item, en celuy an, environ la Sainct Jehan, fut prins le Pont-de-l'Arche, et environ la my-aoust fut prins Mante [3], Vernon [4] et plusieurs villes et chasteaulx que les Angloys tenoient en Normendie.

901. En cel an fut le grant pardon general en la cité d'Evreux, et y vint le roy de France, sans venir ne luy ne la royne en la bonne cité de Paris.

---

ville, nommé Guillaume Houel, se rendit maître par surprise de la ville et du château de Pont-de-l'Arche, le matin du 15 mai 1449 (Mathieu d'Escouchy, t. I, p. 164).

1. Jean Juvénal des Ursins, archevêque de Reims, vint la veille de ce jour trouver le chapitre de Notre-Dame et lui demanda, au nom des chanoines de la Sainte-Chapelle, de vouloir bien rehausser l'éclat de la cérémonie en assistant au service solennel qui serait célébré à la Sainte-Chapelle, ainsi qu'à l'exposition des saintes reliques; séance tenante, le chapitre prit une décision conforme au vœu qui lui était exprimé (Arch. nat., LL 219, fol. 684).

2. Les mss. portent : mil IIII[c] I.

3. L'appointement et accord pour la reddition de Mantes est du 28 août 1449; le texte de ce traité conclu à Saint-Lazare, près Mantes, et portant entre autres signatures celles de Pierre de Brézé et de Guillaume Cousinot, est inséré dans la chronique de Jean Chartier (t. II, p. 97). Le capitaine de Mantes, Thomas de Sainte-Barbe, lieutenant de Thomas de Hos, était alors absent de la ville.

4. Vernon, qui avait pour capitaine Jean d'Ormond, écuyer, fils du comte d'Ormond, ouvrit ses portes à Dunois vers la même époque, le 27 août suivant les uns, le 5 septembre suivant les autres (Voir dans Jean Chartier, t. II, p. 203, le récit des pourparlers qui précédèrent la remise de cette place entre les mains du lieutenant de Charles VII).

902. Item, en cel an, fut faicte une procession bien piteuse[1], le xiii° jour d'octobre, des enffans, de iiii ordres mendians et de toutes les escolles de Paris, de valetons et de pucelles, et furent nombrez à xii mil v° enfens et plus, et tous vindrent aux Innocens en la grant rue Sainct-Denis. Et là fut chanté une messe, et là fut moult bien honorablement prins l'un des Sains Innocens et porté par deux devotes personnes à Nostre-Dame de Paris, et les enfans pres, tous portans cierge ou chandelle de cire en sa main; et fut faicte une moult belle predicacion par ung maistre en theologie, et au revenir pres de leurs eglises commençoient *Inviolata* jusques dedens l'eglise, et disoient une anthaine du sainct ou saincte de l'eglise et une oroison.

903. Item, le dimenche xix° jour d'octobre mil iiii° xlix, entra le roy en la ville de Rouen[2] par la voulenté du commun et malgré les Anglois, et le lundy ensuivant on sonna par tous les moustiers de Paris. Et l'endemain fist on des feus pour la joye de l'antrée de ladicte ville qui fut faicte sans sanc espandre; et se bouterent les Anglois dedens le pallays qu'ilz avoient fait faire, que mestier leur fut, car le commun de la ville moult pou les avoit cher, pour ce que [trop] de mal leur avoient fait ou temps qu'ilz seigneurisoient.

904. Item, le jour Sainct Simon et Sainct Jude, fut [faicte] la plus belle procession à Sainct-Martin des Champs, que on eust veue puis cent ans devant, car ceulx de Nostre-Dame acompaignez de toute l'Université et de toutes les parroisses de Paris allerent querre le precieulx corps Nostre Seigneur à Sainct-Jehan-en-

---

1. La procession enfantine du lundi 13 octobre, organisée par les soins de l'évêque de Paris et du chapitre, partit des Innocents pour se rendre à Notre-Dame, où Jean de l'Olive, alors sous-chantre, célébra une messe solennelle devant l'image de Notre-Dame, au son des orgues et des grosses cloches, Jacqueline et Marie. Au sortir de la cathédrale, le cortège dirigea ses pas du côté de Sainte-Geneviève. Dans la relation de cette imposante cérémonie (Arch. nat., LL 219, fol. 668), le nombre des milliers d'enfants qui y participèrent est resté en blanc.

2. Charles VII prit possession de Sainte-Catherine de Rouen et d'une portion de la ville le 19 octobre 1449. Trois jours après, il fit mettre le siège devant le pont et le château de Rouen, que les Anglais évacuèrent en vertu d'un appointement ratifié le 29 octobre par le duc de Sommerset (Arch. nat., Y 4, fol. 108 v°). L'occupation complète de la ville par les troupes françaises ne s'effectua que le 26 octobre; quant à l'entrée de Charles VII, elle n'eut lieu que le 10 novembre suivant.

Greve, acompaignez de bien L mil personnes, tant de Parlement que d'autres, et parmy les rues où ilz passerent, les firent encourtinez comme le jour du Sainct Sacrement. Et fut fait en la grant rue Sainct-Martin, devant la Fontaine Maubué[1] ou pres, ung moult bel eschaffaut où on fist une tres belle histoire de paix et de guerre qui longue chose seroit à racompter, que pour ce on delaissa[2].

---

1. La maison de la fontaine Maubuée, donnant sur la rue Saint-Martin et formant le coin de la dite fontaine, appartenait en 1428 à Jeanne de Ruilly, veuve de Jean de la Marche, maître des requêtes de l'hôtel, qui la bailla à cens le 7 septembre de cette année à Jean Vyaut, maçon, bourgeois de Paris (Arch. nat., KK 495³, fol. 88 r°).

2. A la fin de l'exemplaire de notre Journal, conservé au Vatican, se trouve la mention suivante, déjà reproduite par M. Paul Lacroix dans la notice qu'il a consacrée à ce manuscrit :

Amen,
Prince puissant, si belliqueux.
(Signé :) Maciot.

INDEX ALPHABÉTIQUE.

A.

Accaparement de grains et denrées, 342, 347 ; — du sel, 350.
Agnès Sorel, dame de Beauté, 387, 388.
Ail, son prix, 121, 125, 130.
Airain, métal ; prix de la livre, 121.
Aistre (Eustache de l'), chancelier de France, 42.
Albret (Charles d'), connétable de France, 16, 54.
Alençon (comté d'), 18; — (duché d'), 58.
— (Catherine d'), duchesse en Bavière, 28, 30.
— (Jean I", comte, puis duc d'), 6, 16, 18, 47, 58, 64.
— (Jean II, duc d'), 198, 243, 245.
Allée (Pierre d'), religieux carme, 252.
Allemagne, 219, 300, 375.
Alliances entre les ducs de Bedford et de Bourgogne, 185.
Alpes (les), 236.
Amandes, prix de la livre, 136 ; leur abondance, 218 ; durent jusqu'après la Toussaint, 221 ; leur rareté, 283 ; leur absence, 307, 338.
Amandiers rongés par les hannetons, 224, 225 ; dévastés par le vent, 283 ; sans fleurs, 304.
Amiens (Somme), 125, 185.
Amy (Guillaume l'), clerc des comptes, 210.

Angers (Maine-et-Loire), 151.
Anges chantans à la porte St-Denis lors de l'entrée de Charles VII, 336.
Anglais, 14, 15, 59-392 passim.
Angleterre, 14, 65, 69, 97, 110, 114, 129, 134, 140, 148, 169, 185, 195, 196, 212, 213, 214, 276, 307, 318, 340, 356, 357, 370, 372, 380.
Anjou, 276, 337.
— (Charles d'), 376.
— (Louis II, roi de Sicile, duc d'), 48, 50.
— (Louis d'), comte de Guise, 48.
— (René, duc d'), 351.
Antechrist (l'), 235, 375, 381, 382.
Antioche (Denis du Moulin, patriarche d'), 357, 366, 385.
Apocalypse (l'), 235, 382.
Apollon, 188.
Approvisionnement de Paris, 8, 125, 138, 143, 149, 168, 192, 248, 249, 260, 261, 280, 283, 295, 297, 306, 311, 318, 329, 332, 341, 342, 384, 385.
Aragon, 249.
Arbres fruitiers coupés par les gens de guerre, 362.
Archer (Jean l'), lieutenant criminel de la prévôté de Paris, 315, 316, 319.
— (Jean l'), recteur de l'Université de Paris, 132.
Archers et arbalétriers de Paris, 72, 231, 232.
Argent, valeur du marc, 121, 122, 131.

Armagnac (pays d'), 337.
— (Bernard VII, comte d'), connétable de France, 7, 10, 16, 47, 48, 58, 68, 69, 85, 86, 87, 92, 97, 98, 134, 323, 336, 337, 346.
— (Bernard d'), comte de Pardiac et de la Marche, 337, 346.
Armagnacs (les), 10, 11, 12, 14, 15, 16, 24, 25, 26, 92-310 *passim*.
Arménie (fils du roi d'), 65.
Armes enlevées aux bouchers de Paris, 72; — portées à la Bastille, 73.
Arras (Pas-de-Calais), 55, 56, 305, 307, 310.
Artillerie parisienne, 239, 243.
— de Corbeil, 352.
Arundel (Jean Fitz-Allan, comte d'), 299, 305.
Atours des femmes brûlés publiquement, 235.
Aubervilliers (Seine), 238, 307.
Aumale (Jean de Harcourt, comte d'), 198.
Auxerre (Yonne), 19, 25, 241, 289, 290.
— (Guillaume d'), drapier et échevin de Paris, 63, 100, 101.
Avoines, leur prix, 359; arrachées à la main, 175; laissées sur pied dans les champs, 111; rentrées dans Paris, 81; gâtées par les inondations, 217.
Avranches (Manche), 191, 350.
Azincourt (Pas-de-Calais), 64, 69, 121, 134.

B.

Babylone, 150, 178, 235, 382, 388.
Bagneux (Seine), 80.
Bagnolet (Seine), 223.
Baignades interdites à Paris, 73.
Baillé (Pierre), receveur de Paris, 224, 229.
Baillet (Oudard), conseiller au Parlement de Paris, 93.
Bâle (Suisse), 281, 294, 300, 302, 385.
Bande blanche avec croisettes rouges, insigne des chefs du parti anglais, 313.
Bannière de France arborée par les changeurs, 173; placée en 1436 sur la porte Saint-Jacques, 315.
Bannissement de femmes parisiennes à Orléans, 58.
— des Bourguignons en 1417, 78.
— des conjurés de 1433, 296.
— de partisans des Anglais en 1436, 328.
Bar (Édouard III, duc de), 28, 36, 39, 42, 64.
— (Guy de), prévôt de Paris, 88, 91, 97, 99, 102, 114, 117, 121.

— (Louis, cardinal de), 9.
Barbazan (Arnaud-Guilhem, seigneur de), 67.
Bataille de Baugé, 151; — du Berger, 272; — de Cravant, 187; — de la Gravelle, 191; — des Harengs, 231-233; — de Patay, 238; — de Verneuil, 195.
Baume (Jean de la), prévôt de Paris, 152.
Bavière (dame de), 309.
— (Isabeau de). Voy. *Isabeau*.
— (Louis le Barbu, duc en), 27, 28, 29, 30, 36, 39, 42, 48, 144.
Beauce, 26, 228, 231, 286.
Beaugency (Loiret), 157.
Beaumont-sur-Oise (Seine-et-Oise), 79, 137, 181, 298, 299.
Beauté-sur-Marne (Seine), 311, 351, 352, 387.
Beauvais (Oise), 243, 272.
— (Guillaume IV de Hollande, évêque de), 372.
— (Pierre Cauchon, évêque de), 179, 210, 312.
Beauvoir (Seine-et-Marne), 331.
Bedford (Jean, duc de), régent de France, 178-307 *passim*, 320.
Belloy (Jean de), échevin de Paris, 321.
— (Robert de), échevin de Paris, 71.
Berger (Guillaume de Mende, dit le Petit), visionnaire, 272, 274.
Bernard (frère) ou saint Bernardin de Sienne, cordelier, 235, 236.
Berry, 276, 342, 344, 352, 364.
— (Charles, duc de), 384.
— (Jean, duc de), 1, 6, 7, 8, 9, 16, 19, 31, 34, 35, 38, 43, 47, 56, 57, 58, 67.
Bertrand (Jean), capitaine de Saint-Denis, 104.
Bétail enlevé par les gens de guerre, 83, 297, 350; rançonné par les gens du dauphin, 369, 374.
Béthencourt (Morelet de), chevalier du guet, 8.
Bethsaïda, 235.
Beurre, son prix, 87, 106, 130, 157, 388; — frais; son prix, 124; — salé; son prix, 80, 83, 86, 113, 117, 120, 124, 131, 153, 255, 337, 342; — consommé pendant le carême de 1430, 250.
Bière, boisson du pauvre en 1447, 385.
Blanc-Mesnil (Seine-et-Oise), pèlerinage à la chapelle, 24.
Blancs, leur cours, 131, 154, 181, 201, 202, 324, 325; — aux armes de France et d'Angleterre, 202; — aux armes de Bretagne, 202.
— de Bourgogne, dits *lubres*, 125.

INDEX ALPHABÉTIQUE.

Blé (prix du), 11, 120, 130, 136, 148, 234, 262, 286, 288, 310, 311, 318, 339, 342, 345, 353, 359; — froment (prix du), 122, 145, 227, 291, 300, 301, 330, 333, 358; — méteil (prix du), 122, 295, 337, 345; — son abondance, 11, 154, 175, 218, 227, 295, 300, 301, 307, 318, 353, 358, 359; sa cherté, 120, 122, 136, 145, 148, 262, 288, 291, 310, 311, 329, 333, 337, 339, 342, 345, 347; soumis à la taxe, 122; crié dans les rues comme le charbon, 295; perdu lors de la prise de Pontoise, 329; amené à Paris de Picardie, 192; de Normandie, 295.

Blés nouveaux brûlés près de Paris, 102, 259; à Rochefort-en-Yveline, 265; autour de Pontoise, 312; — ravagés par les gens de guerre, 341, 346; — coupés verts, 242, 306; — laissés sur pied dans les champs, 111; — gelés en 1427 par les inondations, 217; — mûrs en 1420 à la fin de mai, 138.

Blount (Thomas), chevalier anglais, 340.

Boce ou petite vérole, maladie épidémique, 111, 295, 342.

Bochet, boisson du pauvre en 1447, 385.

Bohémiens, leur venue à Paris, 219-221.

Bois (Mansart du), chevalier, 18.
— (Simonnet du), capitaine de la porte du Temple, 80.

Bois de chauffage, son prix, 60, 83, 86, 106, 113, 117, 130, 131, 248, 250, 261, 330, 367; — sa rareté, 143, 146, 255, 261, 274, 279.

Bois de Vincennes, coupé en 1419, 131.

Boissay (Robert de), chambellan du roi, 36, 39.

Boisseau de Bourgogne, mesure, 365.

Bonne aventure dite par les Bohémiens, 220.

Bonneval (Eure-et-Loir), 157.

Bonpuits (Étienne de), pelletier et échevin de Paris, 63, 79.

Boqueaux (Raoul de), chevalier, 177.

Bosredon (Louis de), 18, 47, 78.

Bouchers de Paris, 37, 43, 72, 74, 75, 81, 82, 118, 129, 153, 276.
— de la Grande Boucherie de Paris, 73, 118, 129; — de Beauvais, 138.

Boucicaut (Jean le Meingre, dit), maréchal de France, 65.

Boudaut (Pierre), sergent à cheval au Châtelet de Paris, 99.

Boulangers de Paris obligés de cuire pain « blanc, bourgeois et festiz », 122; ne suffisent à la consommation, 123, 146; — ne doivent faire gâteaux ni échaudés, 330.

Boulogne (Seine), 22, 234, 235; — église de Notre Dame, 23.

Boulogne-sur-Mer (Pas-de-Calais), 157, 254.

Bourbon (Charles de), comte de Clermont, 231, 351, 352, 353.
— (Hector, bâtard de), 51.
— (Jean, duc de), 1, 6, 16, 27, 65.

Bourbonnais, 352.

Bourges (Cher), 19, 24, 328, 378.

Bourget (le) (Seine), 259.

Bourgogne, 236, 262, 273, 276, 350, 385; — (boisseau de), 365; — (monnaies de), 75, 125, 206, 370, 371; — (vins de), 304, 385.
— (Anne de), duchesse de Bedford, 185, 214, 225, 227, 230, 241, 247, 289, 291, 304.
— (Antoine de), duc de Brabant, 34, 58, 60, 64.
— (Catherine de), fille de Jean Sans-Peur, 48.
— (Isabelle de Portugal, duchesse de), 249, 262, 304, 305.
— (Jean Sans-Peur, duc de), 1-133 *passim*, 165, 198, 244, 365.
— (Marguerite de), comtesse de Richemont, 327, 328.
— (Philippe de), comte de Nevers, 64.
— (Philippe le Bon, duc de), 137, 144, 157, 163, 165, 175, 176, 189, 202, 203, 207, 208, 214, 215, 225, 233, 234, 240, 241, 247, 248, 249, 253, 254, 255, 260, 262, 274, 284, 289, 295, 300, 303, 304, 305, 384, 386.

Bourguignons, 79, 80, 82, 83, 87, 88-90, 100, 101, 103, 120, 123, 134, 136, 141, 189, 237, 258.

Bournonville (Enguerrand de), écuyer, 13, 16, 51, 52.

Bourreau de Paris, 18, 33, 34, 110, 224, 329.

Bourreaux, garniture de chaperon, 235.

Bourrées, leur prix, 60, 117.

Brabant (souliers de), 101.

Braquemont (Guillaume et Robert de), capitaines du Pont-de-l'Arche, 105.

Brasseurs de cervoise, 228, 303.

Breban (Philippot de), changeur et prévôt des marchands, 62, 79.
— (Pierre de), dit Clignet, amiral de France, 68.

Bretagne, 207, 208, 259, 373; — (blancs aux armes de), 202; — (monnaies de), 75, 371.
— (Jean VI, duc de), 48, 113.

Bretons, 7, 207.
Brie, 164, 205, 286, 332.
— (Tolin de), écuyer, 32.
Brie-comte-Robert (Seine-et-Marne), 260.
Brigands de bois, paysans révoltés, 12, 162, 248; — gentilshommes devenus brigands autour de Paris, 206.
Bruges (Belgique), 54.
Bucan (Jean Stuart, comte de), 184, 198.
Bûche de Bondy, 83, 106; — de Grève, 106; — de Marne, 117, 143; — de molle, 83, 106, 113, 117, 131, 261.

C.

Caboche (Simonnet le Coutellier, dit), écorcheur de la Grande Boucherie, 38, 40.
Cabochienne (révolution), 38, 39, 40.
Caen (Calvados), 84; — (bailli de), 66.
Calchas, 188.
Candia (Pierre de), pape sous le nom d'Alexandre V, 5.
Canons mis sur les remparts de Paris, 239, 243, 245; — employés par la garnison de Corbeil, 352; — petits canons longs dits « couleuvres », 307.
Capeluche, bourreau, 18, 110.
Capitaines de la Bastille, 254; — du Bois de Vincennes, 257; — de la ville de Paris, 1, 14, 33, 42, 43, 103, 128, 148, 151, 241, 246, 254.
Carbonnet, prieur de Nanterre, 344.
Carrières de Notre-Dame-des-Champs, 26; — servent d'embuscade pour les Armagnacs, 296; — les caves y attenantes doivent servir à l'introduction des Anglais dans Paris, 332.
Catherine de France, reine d'Angleterre, 139, 140, 144, 145, 148, 163, 174.
— de la Rochelle, aventurière, 271.
Ceintures d'argent interdites aux ribaudes, 382.
Célestins de Marcoussis, 27.
Cerfeuil, son prix, 345.
Cerises, leur abondance et leur prix, 200, 326; — mûres en mai 1420, 138; — retardées en 1428, 227; — abattues par le vent en 1438, 339; — enlevées avant leur maturité par les gens de guerre, 346.
Cerisiers gelés en 1434, 303.
Cervoise fabriquée en 1428, 228; — soumise aux mêmes droits que le vin, 230, 303; — boisson du pauvre en 1447, 385.

Chaînes de fer de la ville de Paris, 3, 72, 101, 317.
Chaldée (royaume de), 319, 382, 388.
Chaleurs excessives à Paris, 25, 43, 111, 175, 285, 286, 298, 367.
Châlon (Jean de), 13.
Châlons (Marne), 378.
Chambre des comptes, sa rentrée à Paris en 1436, 328.
Champagne, 212, 379.
Champ-clos (combat en), 56, 59, 60.
Champigny (Seine), 137.
Champluisant (Simon de), prévôt de Paris, 165, 181.
Champs (Imbert des), mercier et échevin de Paris, 239.
Chandelles, leur prix, 120, 142, 153, 157, 345.
Change des monnaies, 160, 173, 211, 212, 371.
Changeurs de Paris, 276; — soumis à un tarif, 160; — arborent la bannière de France, 173; — refusent les doubles français, 211; — obligés de tenir boutique ouverte pendant le pardon de St-Denis, 371.
Chanson populaire sur le duc de Bourgogne, 46; — satyrique répétée par les enfants, 49, 50.
Chapeau de roses vermeilles porté par les membres de la confrérie de Saint-André, 95.
Chaperons blancs, 31; — de drap pers, 12.
Charbon, son prix, 60, 106, 113, 131; — sa pénurie, 146, 250.
Charenton (Seine), 32, 38, 42, 128, 139, 326, 359.
Charité (la) (Nièvre), 176.
Charles VI, roi de France, 4-144 passim, 174, 177, 179, 202, 365.
Charles VII, roi de France, 121, 126, 135, 173, 183, 221, 241, 267, 274, 281, 294, 314-392 passim.
Charles de France, duc de Berry, fils de Charles VII, 384.
Charolais (Philippe de Bourgogne, comte de), 64.
Chartier (Guillaume), évêque de Paris, 386, 388, 389.
Chartres (Eure-et-Loir), 4, 82, 138, 194, 199, 282, 283, 284, 294.
— (évêque de) : Jean de Fétigny, 283.
— (Hector de), maître de l'hôtel de Charles VI, 109.
Chasse d'un cerf représentée aux Innocents en 1431, 276.
Chasse (la) (Seine-et-Oise), 253.
Châsses de saint Sébastien et de saint Quentin apportées à Paris, 377.
Châteaudun (Eure-et-Loir), 228.
Châtel (Tanneguy du), prévôt de Paris, 41, 57, 59, 76, 84, 89, 184, 340.

Châtelier (Jacques du), évêque de Paris, 115, 220, 238, 275, 293, 312, 325, 336, 343.
Châtillon-sous-Bagneux (Seine), 80.
Chaudronniers de Paris, 3, 81.
Chaumont (Denisot de), écorcheur de la Grande Boucherie, 38.
Chausses, leur prix, 141.
Chelles (Seine-et-Marne), 253, 258.
Chenilles, 153, 299, 339, 380.
Cherbourg (Manche). Pierre des Essarts, capitaine de cette ville, 33.
Cherté excessive à Paris, 7, 83, 87, 106, 113, 117, 119, 120, 121, 124, 125, 128, 130, 131, 135, 136, 138, 139, 141, 145, 146, 149, 150, 151, 153, 154, 168, 234, 264, 279, 291, 294, 311, 313, 335, 337, 338, 339, 341, 343; — à Rouen, 345.
Chevaliers du guet à Paris, 67, 105, 106.
Chevaux mangés au siège de Melun, 143.
Chevreuse (Seine-et-Oise), 84, 264, 337, 338, 342.
Chiens mangés par les pauvres, 153; — par les loups dans Paris, 343; — dévorant les enfants morts dans les rues de Rouen, 345.
Choisy-au-Bac (Oise), 50.
Choux, leur abondance, 120, 192, 338; leur rareté, 283; — leur prix, 158; — seule nourriture du pauvre, 145, 339.
Cidre, boisson du pauvre en 1447, 385.
Cirasse (Guillaume), charpentier et échevin de Paris, 41, 61, 79, 99.
Clamart (Seine), 80, 216.
Clamecy (Gilles de), prévôt de Paris, 121, 128, 147, 284.
Clarence (Thomas de Lancastre, duc de), capitaine de Paris, 148, 151.
Claude des Armoises, fausse pucelle, 354, 355.
Clerc (Jean le), avocat au Parlement de Paris, 331.
Clermont (Martin Gouge, évêque de), 89, 94.
Cloche de Notre-Dame refondue en 1430, 256.
Clovis, 135.
Communes normandes, leur déroute en 1434, 300, 302.
Compiègne (Oise), 50, 51, 76, 107, 175, 192, 242, 255, 256, 262, 266.
Concile de Bâle, 281, 294, 300, 302, 385.
Conférences d'Amiens, 185; — d'Arras, 305, 307, 310; d'Auxerre, 289, 290; — de Corbeil, 293, 294.
Conflans (Seine-et-Oise), 362.
Confrérie aux bourgeois (Grande), 290.
— de Saint-André en la paroisse Saint-Eustache, 95; — de Saint-Crépin et de Saint-Crépinien à Notre-Dame, 116; — de Saint-Laurent en l'église des Blancs-Manteaux, 55; — de Saint-Sébastien, 377.
Confréries parisiennes, 133, 362; — leur trésor, 333, 362.
— de l'église des Innocents, 325.
Conspiration de 1416, 70; — de 1422, 175; — de 1430, 251; — de 1432, 288; — de 1433, 296, 297; — de 1437, 330-331.
Coq (Hugues le), prévôt des marchands, 147.
Corbeaux (bataille de), 366.
Corbeil (Seine-et-Oise), 82, 113, 125, 126, 137, 144, 256, 259, 280, 293, 294, 311, 351, 352; — église Saint-Spire, 365, 366.
Corbie (Arnaud de), chancelier de France, 43.
Cordonniers de Paris, 116.
Coronaym, 235.
Cotrets, leur prix, 60, 83, 85, 248, 250, 261, 280, 367; — de Bondy, 261; — de Boulogne, 261.
Coulœuvrines employées à Saint-Denis, 307.
Courtaud, loup fameux tué à Paris, 348, 349.
Courtecuisse (Jean), évêque de Paris, 147, 164.
Coutances (Manche) (Jean de Marle, évêque de), 98.
Craon (Antoine de), 18.
Crécy-en-Brie (Seine-et-Marne), 107.
Creil (Oise), 299, 323, 359, 360.
Crépy-en-Valois (Oise), 294.
Creté (Jean), moine cordelier, 379, 380.
Croissy-Beaubourg (Seine-et-Marne), 137.
Croix de saint André ou blanche, insigne du parti bourguignon, 12, 90, 243, 315; — rouge, insigne du parti anglais, 296, 313.
Crotoy (le) (Somme), 193.
Crould (le), rivière, 307, 308.
Croûtes (Jean des), mesnager de Paris, 316.
Cruauté des gens de guerre, 11, 82, 83, 86, 87, 107, 112, 123, 124, 127, 129, 136, 137, 139, 170, 171, 172, 225, 288, 291, 297, 298, 306, 325, 351, 352, 356, 357.

D.

Dacien, 129.
Damiette (Seine-et-Oise), 264.
Dammartin (Seine-et-Oise), 242, 346.

— (Charles de la Rivière, comte de), 65.
Dampierre (Jean de), mercier et échevin de Paris, 240.
Dando (la), maladie épidémique, 222, 223.
Daniel, 382.
Danse Macabre peinte au charnier des Innocents, 203, 234.
Débâcle de la Seine en 1432, 280.
Décollation de saint Denis figurée à la porte Saint-Denis, 276.
Dégel de 1432, 280.
Deniers parisis, leur cours, 142, 154; — noirs, leur cours, 187.
Denrées, leur abondance, 55, 62, 125, 318, 353, 358; — leur cherté, 67, 80, 83, 87, 106, 113, 117, 120, 121, 123, 124, 125, 128, 130, 131, 135, 136, 142, 143, 153, 168, 250, 264, 341, 342; — peines infligées à ceux qui les surfaisaient, 159.
Dépopulation de Paris, 162, 192, 250, 263, 264, 339.
Désastres causés par le débordement de la Seine en 1427, 217.
Dieppe (Seine-Inférieure), 84, 310, 368.
Dîner d'apparat donné en 1428 au Palais, 227; — en 1431 à la Table de marbre, 277.
Dioclétien, 107, 129.
Discret (Jean), habitant d'Aubervilliers, 239.
Dole (Jean), gouverneur des finances, 161.
Doubles, leur cours, 180, 189, 201, 210, 228, 290; — au coin de France dépréciés, 210, 211; — aux armes d'Angleterre, 211.
Douglas (Archibald, comte de), 198.
Dourdan (Seine-et-Oise), 270.
Dourdrets, monnaie d'or, leur cours, 287.
Drap, prix de l'aune à teindre en vert ancre, 136; — sa valeur, 139.
Drapiers de Paris, 276.
Dreux (Eure-et-Loir), 26, 157, 342.

E.

Écartèlement (supplice de l'), 17, 177.
Échaudés, défenses aux boulangers d'en cuire, 330.
Échevins de Paris, 29, 41, 61, 62, 64, 209, 227, 239, 246, 274, 276, 277, 284, 300.
Écluse (l') (Flandre), 249.
Écoles de Paris, 21, 392.
Écorcheurs (les), routiers ainsi nommés, 346, 347, 350, 351, 375.
Écossais, 232, 296; — Jean Stuart, comte écossais, 184.

Écu noir à croix rouge, insigne des Armagnacs, 87, 97.
Écus d'or, leur cours, 131, 141, 153, 211, 218; — leur change, 160.
Égypte, 275; — (Basse), 219.
Embaumement du corps de W. Glasdale, 237; — de Marie de France, sœur de Charles VII, 341.
Émotion populaire à Paris, 3, 6, 29, 30, 38-40, 90-91, 96, 106, 107, 108, 110, 155, 239, 290.
Empereur (Jacques l'), garde de l'épargne, 80.
Enfant phénoménal d'Aubervilliers, 238.
Enfants pauvres recueillis dans des hôpitaux créés *ad hoc*, 150; — morts dans les rues de Rouen, mangés par les porcs, 345; — morts de faim sur des fumiers, 146; dans des huches, 356; — jetés au feu, 87, 129, 357; — volés et martyrisés par les mendiants, 389, 390; — se rendent en procession aux Innocents, 392.
Énoch, 382.
Entrée de Catherine de France, reine d'Angleterre, à Paris, 145, 174; — de Charles VI, 5, 27, 57, 144, 177; — de Charles VII, 347, 361, 364; — de Charles d'Orléans, 308, 356, 364; — du connétable de Richemont, 327; — de Henri V, roi d'Angleterre, 144, 154; — de Henri VI, 274; — de Henri Beaufort, cardinal de Winchester, 247; — d'Isabeau de Bavière, 5, 104, 145, 177; — de Jean de Bavière, évêque de Liège, 2; — de Jean, duc de Bedford, 200, 246, 301; — de Jean Sans-Peur, duc de Bourgogne, 4, 14, 27, 104; — de Philippe le Bon, duc de Bourgogne, 144, 163, 225, 233, 240, 247, 304; — de Sigismond, empereur d'Allemagne, 69; — du sire de Roos, 256.
— des Bourguignons à Paris, 88-90; — des Français en 1436, 314-317.
Épernon (Eure-et-Loir), 157.
— (André d'), prévôt des marchands, 28, 42, 45, 61.
Épices, prix de la livre, 136.
Épiciers de Paris, 276.
Épidémies parisiennes, 49, 50, 111, 115, 116, 154, 175, 222, 223, 288, 295, 341, 342, 379; — au siège d'Arras, 56.
Épinay-sur-Seine (Seine), 314.
Esclat (Pierre de l'), maître des requêtes de l'hôtel, 94, 98.
Espagne, 382.
Espagnols, 59.

INDEX ALPHABÉTIQUE.

Espions des Armagnacs à Paris, 259; — des Anglais à Paris, 331.
Essarts (Antoine des), garde de l'épargne, 36, 39.
— (Pierre des), prévôt de Paris, 6, 8, 9, 11, 12, 16, 27, 28, 29, 30, 32, 33, 34, 35, 44.
Estouteville (Jean d'), prévôt de Paris, 383.
Etain, métal, prix d'une livre, 121.
Etampes (Seine-et-Oise), 17, 47, 78, 203, 230.
— (Louis Paviot, capitaine d'), 168.
Etendard figurant un dragon vomissant des flammes, 110; — du bâtard de Vavru, 170; — de la Pucelle, 237, 245.
Eu (Charles d'Artois, comte d'), 65, 67.
Eugène IV, pape, 355, 371, 376, 384, 385.
Evreux (Eure), 362, 391.
Excommunication lancée contre les Armagnacs, 16; — contre les Bohémiens, 221.
Exécutions capitales à Paris, 6, 17, 18, 32, 53, 71, 99, 100, 101, 110, 170, 173, 174, 177, 205, 252, 296, 297, 330, 331, 332, 386.

F.

Fagots de bois vert, leur prix, 279.
Falaise (Calvados), 84.
Falstaff (le sire de), 307.
Famine au siège d'Arras, 55; — à Melun, 143; — à Paris, 10, 129, 145, 146, 150, 151, 153, 154, 262, 263, 264, 338, 339.
Farine, son prix, 7, 143, 145; — rendue par les meuniers d'après le poids du blé, 136; — conduite au siège d'Orléans, 230, 234.
Favières (Etienne de), chevalier, 205.
Félix V, antipape, 371, 385, 390.
Fernand de Cordoue, clerc espagnol, 381.
Fête donnée en 1424 en l'hôtel de Bourbon, 202; — de Saint-Eustache, 126; — de Sainte-Geneviève et de Sainte-Catherine, 389.
Fêtes populaires à Paris, 5, 27, 57, 104, 126, 144, 145, 169, 174, 177, 187, 199, 200, 201, 227, 275, 335, 336, 360, 390.
Feux allumés dans les rues, 8, 90, 95, 106, 107, 234.
— de joie à Paris, 26, 54, 57, 60, 163, 169, 177, 187, 199, 201, 253, 255, 336, 353, 360, 390, 392.
— de la Saint-Jean, 208, 253, 340.
Fèves, leur prix, 130, 145, 157, 192, 207, 228, 281, 291, 298, 329, 337,
339, 342, 347, 353, 358, 365, 367, 371; leur cherté, 120, 121, 130, 136, 149, 263; — noires, consommées par les porcs, leur prix, 340; — nouvelles, vilipendées par les gens de guerre, 346; — détestables en 1443, 367.
Figues, leur prix, 123, 136, 365; — leur rareté, 330.
Figuiers gelés en 1423 et 1435, 185, 303.
Flamands, 207.
Flandre, 7, 14, 18, 21, 44, 224, 234, 327, 332, 365; — (hareng saur de), 87; — (monnaies de), 370, 371.
Floquart (Robert de Floques ou), chef de routiers, 375.
Florins, monnaie, 212.
Foire du Landit, 101, 127, 209, 373; — Saint-Laurent, 243, 326, 374.
Fontaine aux Fées (la) de Jeanne d'Arc, 267.
Fontenay-aux-Roses (Seine), 80.
Fortifications de Paris, 239, 243.
Foucaut (Jean), capitaine de Lagny, 258, 351, 352, 353.
Foudre (accidents causés par la), 5, 6, 225, 284, 371, 377, 391.
Fraillon (Nicolas), évêque de Paris, 213, 215.
Franc (le) de Bruges, 54.
Français, 64, 83, 299, 310, 314, 316, 323, 327, 333, 335, 340, 347, 355, 362, 363, 384.
France, *passim*.
Froids rigoureux à Paris, 10, 132, 146, 150, 153, 182, 213, 214, 225, 279, 280, 282, 283, 291, 293, 298, 302, 303, 340, 352, 392.
Fromages, leur prix, 67, 86, 87, 113, 117, 120, 124, 125, 130, 131, 150, 157, 248, 283, 388, 390.
— de presse, 121, 125, 142; — de Brie, 136; — de la Frisselle, 117.
Fruits, leur abondance, 175, 192, 218, 367; leur cherté, 157; — leur rareté, 338, 353; — gâtés par les hannetons, 203; par les chenilles, 339, 380; — abattus par le vent, 283, 339.
Funérailles d'Anne de Bourgogne, duchesse de Bedford, 290; — de Charles VI, roi de France, 178-180; — de Henri V, roi d'Angleterre, 176; — d'Isabeau de Bavière, 309; — de Marguerite de Bourgogne, comtesse de Richemont, 365.
Futaine, prix de l'aune, 139.

G.

Gaillon (Seine-et-Oise), 193.
Gallardon (Eure-et-Loir), 138.
Gallois d'Aulnay (Le), seigneur d'Orville, 332.
Gand (Belgique), 54.
Ganelon, 184.
Gascons, 55, 232.
Gast (Louis), bailli de Meaux, 173.
Gâtinais, 141, 286.
Gaucourt (Raoul de), 19, 24.
Gaude (Jean), maître de l'artillerie, 92.
Gaule (sire de), 47.
Gayant (Pierre le), clerc criminel de la prévôté de Paris, 94, 98.
Gelées à Paris, 150, 159, 161, 182, 185, 192, 213, 214, 254, 279, 280, 282, 291, 293, 298, 299, 302, 303, 329, 330, 367, 377, 380, 382.
Gens de guerre, leur affluence à Paris, 1, 7, 46, 66, 67, 82, 163, 189, 337, 354, 363 ; — leurs incursions et leurs excès, 7, 11, 34, 53, 66, 80, 82, 83, 85, 86, 102, 105, 107, 111, 113, 116, 119, 123, 124, 127, 129, 130, 136, 137, 143, 163, 164, 176, 182, 186, 189, 191, 194, 196, 218, 225, 248-249, 251, 261, 291, 294, 297, 298, 299, 300, 306, 307, 308, 312, 325, 327, 338, 344, 346, 347, 348, 351, 356, 362, 374.
Gentien (Pierre), prévôt des marchands de Paris, 45.
Gerberoy (Oise), 305.
Gibet de Paris, 6, 17, 34, 44, 101, 102, 205, 223, 224, 250, 264.
Gilles l'Augustin, 265.
Glaces à Paris, 161, 182, 213, 214, 302, 303 ; — de deux pieds d'épaisseur en 1432, 280.
Glands vendus par sacs à la halle au blé, 349.
Glasdale (William), capitaine anglais, 237.
Glocester (Humphroi, duc de), 203, 207, 208, 214.
Gog, 382.
Gois (le), 37, 40. — Jean le Gois, boucher de la boucherie Sainte-Geneviève, 37.
Gonesse (Seine-et-Oise), 23.
Gournay-sur-Marne (Seine-et-Oise), 263.
Grand (Jacques le), moine augustin, 16.
Grandrue (Jean de), échevin de Paris, 321.
— (Pierre de), épicier et échevin de Paris, 61.
Grecs, 188.
Grêle désastreuse à Paris, 282, 284, 293, 343.
Grignols (François de), chevalier, 59.
Gros, leur cours, 142, 153, 154, 155, 158, 173 ; — contrefaits, en circulation à Paris, 173.
Guerre (Raymonnet de la), capitaine gascon, 67, 93, 98, 323.
Guet à Paris, 6, 8, 90, 106, 107, 132, 146, 239.
Guieffroy (maître), bourreau de Paris, 18.
Guitry (Guillaume de Chaumont, seigneur de), 123, 141.
Guyenne (Louis, duc de), 17, 19, 25, 29, 31, 38, 39, 40, 46, 50, 61, 64, 66, 67, 364.
— (Marguerite de Bourgogne, duchesse de), 327, 364, 365.

H.

Hainaut (comté de), 202, 222, 224.
— (Jacqueline de Bavière, comtesse de), 202.
Hannetons, leur abondance et leurs dégâts, 169, 203, 224, 225, 299, 352, 380, 390 ; — détruits par la gelée, 367.
Hannons, poisson de carême, prix du sac, 123.
Hareng, son prix, 80, 82, 87, 121, 123, 142, 298, 311 ; — fait défaut en 1436, 313 ; — caqué, 142 ; — poudré, 142, 167, 298, 311 ; — saur de Flandre, 87 ; — frais, 207, 248 ; — blanc, 298.
Harfleur (Seine-Inférieure), 61, 62, 84, 310, 354, 355.
Heilly (Jacques, seigneur d'), 65.
Helye, 382.
Henri V, roi d'Angleterre, 61, 87, 90, 137 à 183 passim.
Henri VI, roi de France et d'Angleterre, 180, 254, 255, 274, 275, 276, 277, 278, 279, 281, 312, 336.
Hérétiques, procession à leur sujet, 209.
Hérode, 275, 357.
Heuse (le Borgne de la), prévôt de Paris, 40, 41, 43, 45.
Hivers calamiteux à Paris, 150, 153, 158, 159, 182, 213, 214, 279, 280, 282, 291, 298, 302, 303, 338, 339, 367.
Hollande (Guillaume IV de Bavière, comte de), 114.
— Marguerite de Bourgogne, dame de), 54.
Holopherne, 100, 194, 246.
Hongrie (roi de), 69.
Hôpitaux créés pour recevoir les enfants pauvres, 150.

Horion (le), maladie épidémique, 49.
Hugues (maître), 339.
Huile d'olive, son prix, 121, 136, 153, 157, 298, 337, 358; — de noix, son prix, 122, 255, 342, 345; — de chenevis, son prix, 342; — fait défaut dans le carême de 1430, 250.
Huques (casaques) de drap violet avec devise brodée, 44.

I.

Ile-de-France, 344, 355, 369, 388.
Indulgences pour la fête du Saint-Sacrement, 265.
Inondations à Lagny, 286; — à Paris, 60, 61, 160, 161, 208, 215-217, 262, 280, 281, 291, 340, 365.
Interdit sur l'église des Innocents, 325; — sur le cimetière des Innocents, 357.
Isabeau de Bavière, reine de France, 5, 78, 104, 105, 114, 124, 135, 136, 144, 145, 174, 177, 193, 202, 276, 309.
Isle-Adam (l') (Seine-et-Oise), 79, 223, 362.
— (Jean de Villiers, seigneur de l'), 88, 97, 241, 242, 254, 283, 314, 329.
Issy (Seine), 80, 216.
Ivry-la-Bataille (Eure), 191, 194, 196.

J.

Jacobin (le petit), frère mineur, 221.
Jacqueline, grosse cloche de Notre-Dame, 256.
Jamelin (Jean), abbé de St-Magloire, 386.
Janville (Eure-et-Loir), 228, 231.
Jargeau (Loiret), 271.
Jean *** (maître), armurier du roi, 174.
Jeanne d'Arc, héroïne française, 236, 237, 244, 245, 246, 255, 259, 266-271, 354, 374.
Jeanne la Verrière, recluse des Innocents, 366.
Jérémie, 150, 179, 181.
Jérusalem, 150, 179, 235, 302, 327, 341, 382.
Jeux au Marais, 126; — organisés pendant l'hiver de 1423, 182; — en août et septembre 1425, 204, 205; — de paume, 222; — de tables et de billes brûlés publiquement, 234; remis en honneur, 243.
Joutes à Paris, 58; — projetées pour le mariage d'Henri V, 140; — pour le mariage des seigneurs anglo-bourguignons, 201; — faites à l'occasion du sacre d'Henri VI, 279; — à Saint-Ouen, 56, 60.
Jouvenel des Ursins (Guillaume), chancelier de France, 379.
— (Jacques), archidiacre de Paris, archevêque de Reims, 379.
Joyau d'argent, relique, 376.
Judith, 246.
Juifs, 235, 319, 382.

L.

Laboureurs ruinés par les exactions, 359; — emmenés de force au siège de Creil, 359.
Lagny (Seine-et-Marne), 68, 103, 128, 258, 260, 263, 284, 285, 286, 287, 299.
La Hire (Etienne de Vignolles, dit), capitaine français, 270, 297.
Lait, son prix, 131.
Lallier (Michel de), prévôt des marchands, 315, 321.
Lamban (Jacques), garde de la prévôté de Paris, 114.
Landes (Pierre de), changeur et échevin de Paris, 322.
Landit (foire du), 101, 127, 209, 373, 385; — (bénédiction du), 216, 220, 373.
Languedoc, 384.
Lanternes allumées dans les rues, 3, 6, 42, 107.
Laon (Aisne), 53.
Lard, son prix, 150.
Lauriers gelés, 303.
Légende Dorée, livre, 380.
Légende de sainte Geneviève, 321.
Lestrac (Arnaud de la Lande, dit), chef de routiers, 375.
Liège (Jean de Bavière, évêque de), 2.
Liégeois, 234.
Lisieux (Pierre Cauchon, évêque de), 312.
Lit de justice figuré devant le Châtelet en 1431, 276.
Loir (le), rivière, 151.
Loire (la), fleuve, 176, 229, 236.
Loirs, leurs dégâts, 352.
Lombardie, 197.
Lombards, 197, 198, 199.
Loré (Ambroise de), prévôt de Paris, 383.
Lormoy (Vincent), procureur du roi au Châtelet à Paris, 99.
Lorraine, 267, 375.
Louis, dauphin de France, 351, 352, 353, 359, 360, 361, 364, 368, 369, 375, 376, 378, 384, 386.
Loups affamés déterrant les morts, 154, 156; — tués dans Paris, 187; — traversant la Seine, 343; — dé-

vorant femmes et enfants, 348, 349.
Louvet (Jean), président des aides et comptes de Provence, 89, 118.
Louviers (Eure), 272, 273, 274.
— (Jean de), échevin de Paris, 61.
Loyers des maisons, leur payement, 155, 158, 162.
Lubres, monnaie bourguignonne, leur cours, 126, 142.
Lusarches (Seine-et-Oise), 242 ; — église de Saint-Côme, 258.
Luvay (Jacques de), avocat au Parlement de Paris, 330.
Luxembourg (Jacqueline de), duchesse de Bedford, 294, 301, 303.
— (Jean de), 255.

M.

Mâcon (bailli de), 66.
Maçon (Robert le), chancelier du dauphin, 89, 118.
Magog, 382.
Mailles, menue monnaie, 154, 165, 173.
Maillet (maître Renaud), 71.
Maine (Pierre Baillé, grand trésorier du), 224.
Mainguet, larron, 288.
Maisons inhabitées à Paris, 192.
— démolies par les gens de guerre, 362.
Maladies épidémiques, 288 ; nommées le *tac* ou le *horion*, 49, 50 ; — la *boce*, 111, 295, 342 ; — la vérole, 175, 379 ; — la *dando*, 222, 223.
Mans (le) (Sarthe), 151, 152, 203, 225, 226, 369.
Mantes (Seine-et-Oise), 121, 182, 272, 280, 290, 292, 369, 391.
Marais de Paris inondés, 208, 217, 281 ; — infestés par les loups, 348.
Marc (Raymond), échevin de Paris, 240.
Marc d'argent, son prix en 1419, 121, 122, 131 ; — impôt des marcs d'argent en 1421, 161.
Marcel (Jean), drapier et échevin de Paris, 61.
Marchand (André), prévôt de Paris, 45, 57, 59.
— (Noël), prévôt des marchands, 99.
Marche (Bernard d'Armagnac, comte de la), 337.
Marcognet (Enguerrand de), chambellan de Charles VI, 108.
Marcoussis (Seine-et-Oise), Célestins, 27.
Margot, joueuse de paume, 222.
Marguerite d'Écosse, dauphine, 378.
Marie d'Anjou, reine de France, 384, 387, 391.

Marie de France, fille de Charles VI, religieuse à Poissy, 340, 341, 348.
Mariette (Guillaume), secrétaire du roi, 386.
Marle (Henri de), chancelier de France, 42, 92, 97, 98, 323.
— (Jean de), évêque de Coutances, 98, 323.
— (Robert de Bar, comte de), 65.
Marne, rivière, 257, 261 ; — débordée en 1432, 286.
Martin V, pape, 85, 86, 264, 265.
Massacres de 1418, 91, 96-98, 106, 107, 108, 110, 111.
Massy (Aymon de Mouchy, seigneur de), 288.
Mât de cocagne à Paris, 205.
Mathurins (Renaud de la Marche, ministre des), 9.
Maubuisson (Seine-et-Oise), 362.
Maurepas (Seine-et-Oise), 288.
Maurigon de Songnacq, écuyer gascon, 59.
Mauves cuites et mangées par les pauvres, 339.
Maximien, 107.
Meaux (Seine-et-Marne), 23, 102, 107, 157, 160, 164, 166-169, 170, 171, 173, 284, 332, 346, 347, 369.
— (bailli de), 66, 173.
— (évêques de) : Jean le Maunier, 386 ; — Robert de Girême, 170.
— (Marché de), 167, 168, 169, 347, 348.
Médecins victimes de la contagion, 341.
Melun (Seine-et-Marne), 89, 107, 125, 126, 141, 143, 144.
Mendiants, causent du scandale dans l'église des Innocents, 325 ; — volent et martyrisent des enfants, 389, 390 ; — sont pris et pendus, 390.
Ménétriers jouant devant le chevalier du guet, 106 ; — devant le sire de Roos, 256 ; — publiant le traité de Saint-Maur-des-Fossés, 114 ; — fêtant la paix du Ponceau, 126.
Merciers de Paris, 276.
Méreau d'étain avec le nom de Jésus, 243.
Mesnil (Jean du), prévôt de Paris, 147.
— (Simon du), dit le Jeune, écuyer, 31, 32, 36.
Messe célébrée au Palais en 1431, 278.
Messes marchandées aux prêtres, 115 ; — dites par les confréries, 362.
Messias, 235, 382.
Meudon (Seine-et-Oise), 216.
Meulan (Seine-et-Oise), 124, 168, 182, 183, 184, 308, 310.

Meuniers, prix du setier de mouture, 122, 136.
Miel, sa qualité et son prix, 330.
Milly (Seine-et-Oise), 295.
Misère extrême à Paris, 146, 150, 151, 154, 158, 162, 250, 262, 263, 264, 279, 291, 338, 339.
Moïse, 268.
Monmelian, sergent d'armes, 101.
Monnaie (forte), 155, 201, 228, 248, 255, 337, 340; — noire, 187; — jetée dans la Seine par le peuple, 212; — de plomb fabriquée en 1418 par les Armagnacs, 103.
Monnaies, leur cours, 75, 77, 121, 125, 131, 141, 142, 153, 154, 155, 157, 165, 173, 180, 181, 187, 189, 202, 206, 210, 211, 218, 287, 324, 370; — d'Angleterre, 370, 371; — de Bretagne, 75, 202, 371; — de Bourgogne, 75, 125, 206, 370, 371; — de Flandre, 370, 371.
Montaigu (Jean de), archevêque de Sens, 16.
— (Jean de), grand maître de l'hôtel du roi, 6, 16, 27, 34.
Montaiguillon (Seine-et-Marne), 193.
Montargis (Loiret), 218, 221, 342.
— (capitaine de), 33.
Montdidier (Somme), 11.
Montereau-faut-Yonne (Seine-et-Marne), 140, 141, 333, 334, 338.
Montgeron (Seine-et-Oise), 22.
Montilz-lès-Tours (Indre-et-Loire), 384.
Montivilliers (Seine-Infér.), 84, 310.
Montjay (Seine-et-Marne), 263.
Montlhéry (Seine-et-Oise), 84, 107, 111.
Montrouge (Seine), 80.
Mont-Saint-Michel (le) (Manche), 385.
Moret (Seine-et-Marne), 105, 107.
Morhier (Simon), prévôt de Paris, 181, 192, 206, 212, 223, 227, 243, 246, 273, 284, 315, 316, 345, 360.
Mortain (Pierre de Navarre, comte de), 28.
Mortalité exceptionnelle au siège d'Arras, 56; — à Paris, 111, 115, 116, 154, 288, 289, 295, 342, 379.
Morvilliers (Philippe de), premier président du Parlement de Paris, 159, 161, 292.
Motte (la) (Seine-et-Oise), 264.
Mouchy (Pierre de Trie, seigneur de), 257.
Moulin (Denis du), évêque de Paris, 344, 355, 357, 366, 367, 372, 373, 376, 377, 380, 385.
Moulin à vent sur la route de Saint-Denis, 390.
Moutons d'or, leur cours, 77, 121, 125, 211, 218.

Mouy (J. ou Ch. de Soyecourt, seigneur de), 65.
Moymer ou Montaimé (Marne), 212.
Mûriers sans fruits, 307.
Mystère de la Passion représenté à Paris en 1420, 144; en 1437, 336; — de la Passion saint Georges représenté en 1422 à l'hôtel de Nesle, 174; — du Vieux et du Nouveau Testament représenté en 1424 devant le Châtelet, 200; — de la Vierge représenté en 1431 devant la Trinité, 275; — représentés à l'entrée de Charles VII entre la bastille Saint-Denis et la porte aux Peintres, 336; — du Juif profanateur d'une hostie, 372.

N.

Nangis (Seine-et-Marne), 193.
Nanterre (Carbonnet, prieur de), 344.
Narbonne (Guillaume d'Avaugour, vicomte de), 199.
Navailles (Archambaud de Foix, seigneur de), 133.
Navarre (Charles III, roi de), 4.
Navets, leur abondance et leur prix, 121, 328, 338, 358; seule nourriture du pauvre, 145, 339.
Nèfles, seul fruit en 1437, 338.
Négociations politiques, 34, 35, 54, 58, 59, 114, 124, 126, 185, 289, 290, 293, 294, 310.
Neiges, leur abondance à Paris, 86, 150, 160, 182, 279, 282, 293, 302, 329.
Néron, 92, 129, 171, 298.
Neuville (Colin de), poissonnier et échevin de Paris, 239, 251, 321.
Neveu (Jeannin et Colin), chaudronniers, 81.
Nicolas V, pape, 385, 390.
Niquets, monnaie, leur cours, 189, 202.
Nobles d'Angleterre, leur cours, 141, 153.
Nogent-le-Roi (Eure-et-Loir), 228.
Noirets, deniers noirs, leur cours, 165, 192, 202.
Noix, leur abondance et leur prix, 121, 157, 342, 354, 358, 367; — leur rareté, 338, 384; — seule nourriture du pauvre en 1431, 263; — abattues par le vent, 283, 339; — criées dans les rues comme le charbon, 358.
— (pain de), 136.
Normandie, 61, 64, 79, 83, 84, 133, 134, 169, 176, 191, 247, 292, 294, 295, 300, 301, 310, 311, 327, 331, 370, 371, 373, 384, 391.
Notre-Dame de Cléry (Loiret), 258.

Notre-Dame de Coulombs (Eure-et-Loir), abbaye, 376.
Notre-Dame de Liesse (Aisne), 365, 377.
Notre-Dame du Mesche (Seine), chapelle, 24.
Noyers gelés, 185, 282, 283, 380; — rongés par les hannetons, 224, 225.
Noyon (Jean de Mailly, évêque de), 275.

O.

Octroi sur les cuves de vendange, 326; — sur le vin, 354.
Oeufs, leur prix, 67, 80, 86, 87, 106, 113, 117, 120, 131, 142, 150, 157, 228, 248, 283, 318, 388, 390.
Offemont (Guy de Nesle, seigneur d'), 166, 167.
Oger (Pierre), changeur et échevin de Paris, 41, 61.
Oies, leur prix, 135.
Oignons, leur prix, 113, 121, 123, 130, 158, 313, 330, 365, 368, 371.
Oiseaux morts de froid en 1435, 303.
Olive (Jean de l'), maître en théologie, 374.
Orages avec tonnerre et grêle, 11, 129, 225, 343, 366.
Ordonnances sur le cours des monnaies, 75, 77, 125, 153, 154, 165, 173, 181, 187, 189, 202, 206, 210, 211, 218, 287, 324, 370; — sur le rachat des rentes, 228, 229; — sur les ribaudes, 382; — relatives aux sergents du Châtelet, 213.
Orfèvres de Paris, 276; — défense d'exercer le change, 159, 160.
Orge, son prix, 148, 288, 291, 333, 337, 342.
Orges arrachées à la main, 175.
Orgemont (Nicolas d'), chanoine de Notre-Dame de Paris, 70, 71.
— (Pierre d'), père de Nicolas d'Orgemont, 70.
— (Pierre d'), gouverneur des finances, 161.
Orient, 189.
Orléanais, 357.
Orléans (Loiret), 58, 163, 228, 229, 230, 233, 234, 236, 237, 253, 258, 282, 348, 354.
— (Charles, duc d'), 47, 57, 58, 65, 356, 357, 364.
— (Jean, bâtard d'), comte de Dunois, 314.
— (Louis, duc d'), 3, 41, 165.
— (Marie de Clèves, duchesse d'), 357.
Ormes déracinés par le vent, 339.
Orsay (Seine-et-Oise), 168, 186.

Orties cuites et mangées par les pauvres, 339.
Orville (Seine-et-Oise), 332, 337.
Ostet (duc d'), frère du roi Henri V, 151.
Ouragan de 1434, 301; — de 1438, 339.
Ours (Jean de la Roche, possesseur de l'hôtel de l'), 71, 101.

P.

Pain, sa cherté et son prix, 25, 67, 72, 117, 120, 123, 128, 135, 136, 142, 146, 149, 218, 263, 283, 286, 291, 295, 330, 335, 338, 359, 388, 390; — son poids, 339; — blanc, 136, 330, 333; — bourgeois, 122; — de couleur cendrée, 273; — festif, 122, 359; — noir, 123; — noir et mesalé, 263; — de noix, 136; — bon pour les chiens consommé par la population, 291.
— amené de Saint-Brice-sous-Forêt pour l'approvisionnement de Paris, 9, 48; de Corbeil, de Melun et d'Amiens, 125.
Paix d'Arras, 60; — d'Auxerre, 25; — de Cusset, 353; — du Ponceau, 126; — de Saint-Maur-des-Fossés, 114.
Pantin (Seine), 11.
Pardiac (Bernard d'Armagnac, comte de), 337, 346.
Pardon d'Evreux, 391; — du Mont-Saint-Michel, 385; — de Pontoise, 384; — de Rome, 384; — de Saint-Denis, 370.
Paris (Guillaume, alias Jean), clerc criminel de la prévôté de Paris, 98, 323.
Paris (Seine). Abbaye de Saint-Antoine-des-Champs; abbesse : Emerance de Calonne, 287, 288; — de Sainte-Geneviève, 21, 234, 389; abbé : Pierre Caillou, 309, 387; clergé : 321; — de Saint-Germain-des-Prés; abbés : Jean Bourron, 179; Hervé Morillon, 387; — de Saint-Magloire, 209, 375, 378; abbés : Pierre Louvel, 179; Jean Jamelin, 386; religieux : Jean le Maunier, 386; — de Saint-Victor, 6, 388, 390; abbé : André Barré, 387.
— Bastille Saint-Antoine, 29, 32, 42, 58, 61, 71, 73, 90, 95, 108, 254, 317, 318, 361; — Saint-Denis, 302, 314, 335, 336.
— Bois de Boulogne, 86.
— Boucherie du Petit-Pont, 153; — — du pont Saint-Michel, 327; — — de Saint-Leufroy, 74.

INDEX ALPHABÉTIQUE.

— Bouchers de la Grande-Boucherie, 73, 74, 118, 129; — de la grande boucherie de Beauvais, 138, 153; — du cimetière Saint-Jean, 75, 153; — de Sainte-Geneviève, 72; — de St-Germain-des-Prés, 72, 82, 327; — de Saint-Marcel, 72.
— Carrières de Notre-Dame-des-Champs, 26.
— Chapelle de Sainte-Avoye, 247; — de Saint-Josse, 326.
— Chapitre de Notre-Dame, 215.
— Château du Louvre, 29, 30, 36, 39, 42, 46, 67, 69, 97, 104, 169, 170, 289.
— Châtelet, 23, 94, 97, 103, 107, 108, 110, 118, 155, 178, 200, 227, 250, 251, 276, 336, 360; — Grand-Châtelet, 95, 97, 108; — Petit-Châtelet, 6, 36, 95, 97, 108, 208; — pied de roi du Châtelet, mesure, 348.
— Cimetières, 115, 116; — des Innocents, 116, 203, 234, 242, 271, 357, 367; charniers, 234; recluses, 366, 367; — de Saint-Nicolas-des-Champs, 307; — de la Trinité, 116.
— Cinquanteniers, 204.
— Collège de Navarre, 381.
— Cour Saint-Martin-des-Champs, 243, 323, 374.
— Couvent des Augustins, 389; — des Bernardins, 348; — des Cordeliers, 82; — des Filles-Dieu, 101; — des Mathurins, 21, 44, 388.
— Croix de Grève, 215, 217, 340, 384.
— Croix-Hémon (la), 160.
— Dizainiers, 204, 209.
— Écorcherie des Tuileries, 78.
— Eglise des Augustins, 225, 264, 266, 290, 327, 391; — des Billettes, 372; — des Célestins, 290, 291, 304; — de Notre-Dame, 23, 67, 102, 132, 144, 160, 178, 179, 180, 200, 208, 213, 214, 233, 241, 264, 276, 277, 309, 336, 337, 355, 377, 385, 386, 388, 389, 392; Jacqueline, cloche, 256; — de Notre-Dame-des-Carmes, 365; — de Notre-Dame-des-Champs, 337, 377, 378; — de Saint-Antoine-des-Champs, 23; — de Saint-Antoine-le-Petit, 276, 366; — de Saint-Denis-de-la-Châtre, 276, 374; — de Saint-Eustache, 56, 95, 239; — de Saint-Germain-l'Auxerrois, 290, 388; — de Saint-Germain-des-Prés, 22; — des Saints-Innocents, 325, 343, 380, 389, 392; chapelle de Saint-François-aux-Pelletiers, 333; — de Saint-Jacques-de-la-Boucherie, 233; — de Saint-Jean-en-Grève, 21, 102, 239, 372, 392; — de Saint-Laurent, 39, 55, 86, 124, 214, 238; — de Saint-Lazare, 5; — de Saint-Martin-des-Champs, 22, 102, 270, 323, 336, 371, 392; — de Saint-Merry, 102, 214, 237, 316; — de Saint-Nicolas-des-Champs, 39; — de Saint-Paul, 216, 247; — de St-Sauveur, 275; — de Saint-Symphorien, 374.
— Enfants de chœur de Notre-Dame, 302.
— Evêques : Denis du Moulin, 344, 355, 357, 366, 367, 372, 373, 376, 377, 380, 385; Guillaume Chartier, 386, 388, 389; Jacques du Châtelier, 215, 220, 238, 275, 293, 312, 325, 336, 343; Jean Courtecuisse, 147, 164; Jean de la Rochetaillée, 178, 179, 187, 190; Jean de Nant, 190, 191; Nicolas Fraillon, 213, 215.
— Fontaine Maubuée, 393; — du Ponceau-Saint-Denis, 336; — de la Reine, 275.
— Grange des Mathurins, 246.
— Halles, 6, 17, 18, 32, 46, 71, 74, 96, 123, 125, 145, 177, 209, 250, 252, 297, 371, 384; — Halle de Beauvais, 74, 153; — Halle au blé, 349.
— Heaumerie (la), 150; — (armurier de la), 174.
— Hôpital du Saint-Esprit, 160; — de la Trinité, 98, 275.
— Hôpitaux pour les enfants pauvres, 150.
— Hôtel d'Anjou, 38, 276; — d'Armagnac, 204; — d'Artois, 47, 201; — de Bohême ou de Nesle, 47, 174; — de Bourbon, 69, 109, 202, 289; — du Coq et du Paon, 363; — de l'Ours, 71; — de Saint-Paul, 30, 35, 39, 40, 89, 177, 178, 202, 276, 309; — des Tournelles, 276, 360; — de la Trémoille, 2.
— Hôtel-Dieu, 116, 208, 278, 336, 342.
— Hôtel-de-Ville, 38, 155, 217, 281, 340, 365.
— Ile Notre-Dame, 215, 216, 339, 351.
— Jeux de paume, 222.
— Marais inondés, 208, 217; infestés par les loups, 348.
— Marché au pain de la place Maubert, 281; — de la Madeleine dans la Cité, 318.
— Palais, 20, 21, 30, 32, 36, 39, 81, 94, 96, 97, 98, 144, 150, 155, 160, 175, 179, 180, 227, 241, 276, 277,

278, 328, 336, 337, 341, 354, 387, 389, 391.
— Paroisse de Saint-Christophe, 238; — de Saint-Eustache, 21, 23, 95; — de Saint-Laurent, 23; — de Saint-Leu et Saint-Gilles, 205; — de Saint-Martin-des-Champs, 22; — de Saint-Nicolas-des-Champs, 23; — de Saint-Paul, 23; — de Saint-Sauveur, 23.
— Parvis de Notre-Dame, 71, 259.
— Place aux Chaps, 343; — de Grève, 38, 85, 86, 94, 95, 160, 281, 291, 302, 363, 365; — Maubert, 96, 123, 150, 160, 281, 389.
— Planche de Mibray (la), 30.
— Ponceau Saint-Denis (le), 275.
— Ponts : pont Alais, 56; — Grand-Pont, 208, 336; — Petit-Pont, 74, 153; — Pont-Neuf (ou pont Saint-Michel), 208, 327, 389; — pont Notre-Dame, 30, 73, 74, 208.
— Port au foin, 363.
— Porte Baudoyer, 71, 72, 74, 101; — de Bordelles (ou Saint-Marcel), 8, 96, 163, 201, 328; — de Montmartre, 2, 206, 379; — aux Peintres, 336; — Saint-Antoine, 2, 3, 47, 60, 72, 78, 90, 91, 95, 101, 103, 104, 145, 254, 257, 281, 288, 296, 317, 318, 347, 348, 360; — Saint-Denis, 2, 47, 79, 101, 126, 245, 274, 275, 296, 297, 302, 315, 317, 337; — Saint-Germain, 82, 88, 96, 101, 163; — Saint-Honoré, 2, 153, 245, 297; — Saint-Jacques, 2, 3, 15, 47, 69, 80, 163, 201, 216, 272, 314, 315, 317, 338; — Saint-Martin, 2, 43, 45, 47, 60, 80, 139, 203, 209, 214, 243, 247, 281, 292, 374; — Saint-Michel, 8; — du Temple, 2, 43, 47, 80.
— Prieuré de Sainte-Catherine-du-Val-des-Ecoliers, 21, 22, 58, 276, 320, 372; — de Saint-Eloi; prieur : Jean le Maunier, 387; — de Saint-Martin-des-Champs, 47, 66, 98, 337; couture du prieuré, 98, 323.
— Prison du For-l'Evêque, 97; — du Palais, 96, 97; — de St-Eloi, 97; — de Saint-Magloire, 66, 97; — de Saint-Martin-des-Champs, 66, 95, 97, 98; — du Temple, 66, 95, 97; — de Tiron, 66, 91, 95.
— Quai des Ormeteaux, 215, 216.
— Quarteniers, 204, 243.
— Quartier de Clignancourt, 11; — de Coupeau-lez-St-Marcel, 174; — de Grenelle, 88; — des Halles, 100, 316; — du Marais, 126; — de Montmartre, 11, 13, 23, 86, 214, 348; — de Notre-Dame-des-Champs,

111, 313, 348; — des Porcherons, 246; — des Quinze-Vingts, 73; — de Saint-Germain-des-Prés, 111, 164, 327; — de Saint-Laurent, 243; — de Saint-Marcel, 111, 294; — de la Ville-l'Evêque, 86.
— Quinze-Vingts, 73.
— Rue Aubry-le-Boucher, 326; — de la Calandre, 144, 276; — de la Chanvrerie, 239; — de la Charronnerie, 234; — Darnetal, 275; — Grenier-Saint-Lazare, 222; — de la Heaumerie, 32; — de Jouy, 365; — des Lombards, 200; — Maubuée, 247; — de la Mortellerie, 217, 280, 291; — aux Oues, 205; — Portefoin, 210; — Quinquempoix, 28, 205; — Saint-Antoine, 58, 90; — Saint-Denis, 99, 101, 144, 316, 392; — Saint-Honoré, 204, 273; — Saint-Martin, 203, 204, 316, 363, 393; — de la Vannerie, 217; — de la Vieille-Juiverie, 276.
— Sainte-Chapelle, 160, 391.
Parlement de Paris, 20, 98, 164, 178, 212, 227, 247, 251, 277, 278, 323, 328, 354, 357, 360, 364.
Partisans de Charles VII emprisonnés à Paris, 183; — de la domination anglaise, reçus en grâce, 328.
Pâtis, contributions de guerre, 326, 333, 341, 359.
Paume (Jeu de), 222.
Péages levés à Paris en 1441, 359.
Pêches, leur abondance et leur prix, 307, 353.
Peintures sur toile insultantes pour les Anglais, 340.
Pèlerinages à la chapelle du Blanc-Mesnil, 24; — à la chapelle de Notre-Dame-du-Mesche, 24; — à Boulogne-sur-Mer, 157; — à Saint-Spire de Corbeil, 365.
Pelletiers de Paris, 276.
Perche, 195.
Péronne (Somme), 54.
Perquin (Jean), épinglier, 72.
Persans, 235.
Persil, son prix, 345.
Phénomène d'Aubervilliers, 238.
Picardie, 40, 64, 192, 332.
Picards, 105, 242, 248, 251, 256, 258.
Piédefer (Robert), président au Parlement de Paris, 292.
Pierronne la Bretonne, fausse pucelle, 259, 260, 271.
Pillage de Chelles, 253; — du quartier de Notre-Dame-des-Champs à Paris, 313; — projeté de Paris en 1436, 317; — de Provins, 288; — de l'abbaye de Saint-Denis, 251, 313; — de l'abbaye de Saint-Maur-

INDEX ALPHABÉTIQUE. 409

des-Fossés, 255; — de Soissons, 53.
Pin de Saint-Victor gelé en 1435, 303.
Pis-d'Oue (Renaud), changeur et échevin de Paris, 63.
Placques, monnaie flamande, leur cours, 206.
Plaidoiries du Parlement suspendues en 1442, 364.
Pluvieux (temps), 23, 57, 61, 132, 160, 191, 214, 216, 262, 279, 280, 286, 320, 321, 339, 352, 365, 366, 382.
Poiré, boisson du pauvre en 1447, 385.
Poireaux, leur prix, 158, 329, 330, 371.
Foires, leur prix, 113, 120, 157; — leur absence, 390; — d'Angoisse, 117, 353, 366, 384; — de Calliau-pépin, 353.
Pois, leur prix, 120, 121, 130, 145, 148, 157, 192, 207, 228, 248, 263, 281, 298, 329, 339, 342, 353, 358, 365, 367, 371.
Poisson de sept pieds et demi pêché dans la Seine, 348; — de mer, son prix, 123, 125.
Poissy (Seine-et-Oise), 362; —abbaye, 340, 341.
Poitevine, menue monnaie, son cours, 165, 192.
Poitiers (Vienne), 328.
Pole (William), comte de Suffolk, 340.
Pologne (roi de), 219.
Pommes, leur prix, 113, 117, 120, 157; — leur abondance, 384; — leur absence, 390; — nourriture des pauvres en 1430, 250; — de Romiau, 192, 366; — de Capendu, 192, 303, 330, 366, 367; — de bois, 338; — de mai, 358.
Pommiers ravagés par les chenilles et hannetons, 299.
Pont (marquis du), 65.
Pont-de-l'Arche (Eure), 105, 390, 391.
Pontoise (Seine-et-Oise), 23, 34, 88, 119, 124-129, 135, 176, 221, 241, 284, 311-314, 329, 341, 346, 361-363, 368, 383, 391; — église de Notre-Dame, 384; — hôtel-Dieu, 363.
Pont-Sainte-Maxence (Oise), 79, 137.
Porc à deux têtes, 239.
Portes de Paris, 1, 3, 8, 13, 14, 97, 248, 314, 337; — fermées et murées, 2, 43, 47, 66, 67, 73, 79, 101, 209, 243, 253; — rouvertes, 45, 104, 203, 206, 209, 328, 374, 379; — membres de supplicié y attachés, 17; détachés, 44; — peintures sur toile insultantes pour les Anglais y fixées, 340.

Portugais, 59, 60.
Portugal (Isabelle, fille de Jean Iᵉʳ, roi de), duchesse de Bourgogne, 249, 262.
Potin, métal, prix de la livre, 121.
Pouilly-le-Fort (Seine-et-Marne), 126.
Poupart (Charles), argentier de Charles VI, 109.
Pourceaux de l'abbaye Saint-Antoine, 150; — destinés à l'approvisionnement de Paris, 297; font défaut en 1438, 342; — dévorant les enfants morts dans les rues de Rouen, 345.
Pré (Jean du), épicier et échevin de Paris, 63.
Prédications de l'Université suspendues, 364, 369, 375, 376.
Prêtre (Jean le), mesnager de Paris, 316.
Prévôts de Paris. Voir aux mots : *Bar (de), Baume (de la), Champluisant (de), Châtel (du), Clamecy (de), Essarts (des), Estouteville (d'), Heuse (de la), Lamban, Loré (de), Marchand, Mesnil (du), Morhier, Ternant (de)* et *Verrat (le)*.
Prévôts des marchands de la ville de Paris. Voir aux mots : *Breban (de), Cirasse, Coq (le), Cul-d'Oe, Epernon (d'), Gentien, Laillier (de), Landes, Marchand, Rapiout* et *Sanguin*.
Priam, roi des Troyens, 188.
Prisons de Paris, 66, 91, 95, 96, 97, 143, 183.
Processions parisiennes, 16, 20-24, 79, 102, 144, 184, 191, 200, 208, 209, 214, 216, 240, 264, 270, 277, 302, 309, 320, 321, 361, 372, 374, 377, 385-392.
Provins (Seine-et-Marne), 124, 288.
Prunes, leur prix, 218; — leur absence, 283; — de Damas, leur prix, 354.
Pruniers ravagés par les chenilles et hannetons, 299.
Publications à son de trompe à Paris, 3, 6 à 383, *passim*.
Pucelles fausses. — Voir *Catherine de la Rochelle, Claude des Armoises, Pierronne*.
Puiseux (Colinet de), 12, 15, 17, 44.

Q.

Quatrième, imposition sur le vin vendu au détail, 149, 155; — sur la cervoise, 230, 303.

R.

Raguier (Raymond), trésorier général des guerres, 118.

Raillart (Gaucher), chevalier du guet à Paris, 105.
Raisins, leur prix, 136, 365; — pourris sur pied, 132; — détruits par les gens de guerre, 189; — encore verts en septembre 1428, 228; — de treille, dits *bordelais*, gelés, 303.
Rapiout (Hugues), prévôt des marchands, 284, 300.
Recluses des Innocents, 366, 367.
Regnault (Pierre), chef de routiers, 375.
Reims (Jacques du Châtelier, trésorier de), 215.
— (Jacques Jouvenel des Ursins, archevêque de), 379.
— (Renaud de Chartres, archevêque de), chancelier de France, 294, 328, 331, 372.
Reliquaires enlevés par les gens de guerre, 313.
Reliques, portées en procession, 20, 21, 22, 102, 144, 208, 372, 374, 376-378, 392; — montrées au peuple, 391.
Rentes constituées (ordonnance sur le rachat des), 228, 229.
Ribaudes de Paris, 382, 383.
Richard (frère), cordelier, prédicateur populaire, 233-237, 242, 243, 271.
Richemont (Artus de Bretagne, comte de), connétable de France, 65, 314-364, *passim*.
— (Marguerite de Bourgogne, comtesse de), 327, 364, 365.
Rivière (Jacques de la), chevalier, 28, 31, 32, 35, 44.
Robes fourrées de menu vair et de gris interdites aux ribaudes, 382.
Rochefort-en-Yveline (Seine-et-Oise), 205, 228.
Rochelle (la) (Charente-Inférieure) (gouverneur de), 68.
Rochetaillée (Jean de), évêque de Paris, 178, 179, 180, 190.
Rocque (La), chevalier français, 59, 60.
Romains, 200.
Romarins gelés en 1423, 185.
Rome, 94, 107, 129, 219, 246, 248, 327, 355, 384.
Roos ou Ross (sire de), chevalier anglais, 256, 257.
Roses fleuries en avril 1420, 138; — blanches fleuries en avril 1430, 253.
Roucy (Jean VI, comte de), 65.
Rouen (Seine-Inférieure), 25, 64, 84, 95, 112, 119, 120, 153, 162, 168, 176, 202, 261, 266, 272, 273, 281, 308, 342-345, 354, 369, 392.
— abbaye de Sainte-Catherine-au-Mont, 112.

— archevêques: Jean de Rochetaillée, 190; — Louis de Luxembourg, 345.
— château, 281, 392.
Rousseauville (Pas-de-Calais), 64.
Roussel (Jacques), clerc en la chambre des comptes, 330, 331.
Rouvray-Saint-Denis (Eure-et-Loir), 231.
Rouvres (Jean de), l'un des capitaines de Meaux, 173.
Rues de Paris tendues pour l'entrée des reines de France et d'Angleterre, 145; — de Charles VII, 336; — pour la procession de 1449, 392.

S.

Sacre de Henri VI, roi d'Angleterre, 274, 277, 279, 336.
Sacrilège dans l'église de Saint-Eustache, 56.
Saindoux, son prix, 121, 131, 310.
Saint-Brice-sous-Forêt (Seine-et-Oise), 9, 48.
Saint-Cloud (Seine-et-Oise), 12, 13, 15, 38, 42, 44, 79, 123, 326, 359, 374.
Sainte-Croix (Nicolas Albergati, cardinal de), 280, 281, 293, 294.
Saint-Denis (Seine), 11, 13 à 385, *passim*.
— (abbaye de), 139, 179, 180, 274, 308, 313, 314, 377, 378.
— (abbés de): Jean de Bourbon, 179, 180; Philippe de Gamaches, 373, 378, 387; Philippe de Villette, 93.
— (île de), 309.
— (moulin à vent sur le chemin de), 390.
— (tour du Velin), 314.
Saint-Germain-en-Laye (Seine-et-Oise), 311; — (château de), 344.
Saint-James-de-Beuvron (Manche), 207.
Saint-Maur-des-Fossés (Seine), 23, 113, 253, 255, 257, 258; — (Jean le Meunier, abbé de), 350, 387.
Saint-Ouen (Seine), 11, 56, 60, 307.
Saint-Paul (Jean de Luxembourg, bâtard de), 251, 306.
— (Waleran de Luxembourg, comte de), connétable de France, 14, 18.
Saintrailles (Poton de), chevalier français, 272.
Saint-Riquier (Somme), 157.
Saint-Sauveur-sur-Dive (Manche), 300, 302.
Saint-Yon (famille), bouchers de la Grande Boucherie, 40.
— (Jean de), maître des bouchers, 310.
Salisbury (Thomas de Montagu,

comte de), 185, 212, 228, 229, 230, 233, 258.
Salm (Jean V, comte de), 65.
Saluts d'or, monnaie, leur valeur, 287, 325.
Sancerre (Cher), 25.
Sanguin (Guillaume), prévôt des marchands, 239, 284.
Sarrasins (gens de guerre comparés aux), 6, 11 à 355, *passim*.
Sauges cuites et mangées par les pauvres, 330.
Saulx (Miles de), procureur au Parlement de Paris, 331, 332.
Sauvage de Fremainville, écuyer, 223, 224, 229.
Saveuse (Philippe, seigneur de), 251. — (le bâtard de), 251.
Savoie, 371, 385.
Savoisy (Charles, seigneur de), 65.
Scales (Thomas de), capitaine anglais, 201, 306.
Scorpions à Paris, 153.
Sèche, poisson, son prix, 123.
Seigle, son prix, 295, 330, 345, 391.
Seine (la), fleuve, 310, 313, 321, 348; — très basse, 10, 389; — débordée, 60, 61, 160, 161, 208, 215-217, 280, 340, 365; — très haute et gelée, 182, 280, 291; — traversée par les loups, 156.
Sel, son prix, 81; son renchérissement, 350.
Semailles retardées ou empêchées par les gens de guerre, 8, 164; — par les pluies, 191.
Sémiramis, reine de Babylone, 388.
Senlis (Oise), 79, 84, 85, 86, 162, 174, 177, 243, 267.
— (bailli de), 66.
Sens (Yonne), 107, 123, 140.
— (bailli de), 66.
Serge, son prix, 139.
Sergents d'armes, 276.
Sergents à cheval du Châtelet, 5, 71, 99, 213; — à verge du Châtelet, 5, 213, 224, 338; — de la douzaine au Châtelet, 5; — du guet, 5; — de la marchandise, 5; — aux repas de noces, 72; — envoyés comme garnisaires, 81, 161, 349, 360; — placés aux portes de Paris pour la perception de l'octroi sur la vendange, 326.
Serment exigé des habitants de Paris, 182, 312; — prêté aux portes de Notre-Dame par Charles VII, 336.
Sermons prêchés par le ministre des Mathurins, 9; — par Jean l'Archer, recteur de l'Université, 132; — par Jacques de Touraine, religieux cordelier, 208; — par le petit Jacobin contre les Bohémiens, 231; — par

frère Richard à Paris et à Boulogne, 234, 235; — à Notre-Dame en 1429, 241; — aux Augustins en 1431 par un maître en théologie, 264-265; — à Saint-Martin-des-Champs par Jean Graverent, 270; — par le cordelier Jean Creté, 389; — aux Innocents par Guillaume Chartier, 389; — par un maître en théologie, 392; — devant la recluse des Innocents, 367; — fait à la pucelle à Rouen, 266; — interrompus par la toux des assistants, 223.
Sézanne (Marne), 193, 194.
Sièges d'Arras, 55-56; — d'Avranches, 350; — de Bourges, 19, 24, 25; — de Brie-comte-Robert, 260; — de Creil, 324, 359; — de Dieppe, 368; — d'Harfleur, 61, 62, 354; — d'Ivry-la-Chaussée, 194, 195; — de Lagny, 263, 284, 285, 286, 287; — de Louviers, 272; — de Meaux, 157, 160, 164, 166-169, 347, 369; — de Melun, 141, 143; — de Meulan, 182, 183, 184; — de Montargis, 218, 221; — de Montereau, 140, 333, 334; — de Montlhéry, 111, 112; — de Moymer, 212; — d'Orléans, 229, 230, 233, 234, 236, 237; d'Orsay, 186; — de Pontoise, 361; — de Rochefort, 205; — de Rouen, 112, 119, 120; — de Saint-James-de-Beuvron, 207; — de St-Denis, 307-309; — de St-Riquier, 157; — de Senlis, 84, 85, 86; — de Soissons, 51-53.
Sifflet (Guillaume), fondeur, 256.
Sigismond, empereur d'Allemagne, 69.
Sinaï, 268.
Soissons (Aisne), 51, 52, 53, 84, 103, 123, 177.
— (abbaye de St-Crépin-le-Grand): Jean de Servaville, abbé, 179, 180.
Soles, poisson, leur prix, 123.
Sonneries dans les églises, 5, 56; — interdites en 1419 la nuit de la Toussaint, 132; — pour la naissance de Henri VI, roi d'Angleterre, 163; — à l'entrée du duc de Bedford en 1424, 200; — pour la prise de Montereau, 335; de Creil, 360; de Rouen, 392.
Souliers, leur prix, 117, 131, 139, 141; — de basane, 157; — de Brabant, 101; — de cordouan, 157.
Stafford (Humphrey, comte de), connétable de France, 259, 260, 306.
Statue en pierre de Notre-Dame à Saint-Lazare, 5.
Suffolk (William de la Pole, comte de), 185, 340.

Suif, prix de la mesure, 345.
Surprise de Chartres, 282; — du Mans, 225; — de Pontoise, 329; — de Provins, 288; — de Rouen, 281; — de Saint-Denis, 251, 306.
Symptômes de maladies épidémiques, 49, 50, 154, 222, 223.
Syrie, 235.

T.

Tableaux peints sur toile attachés aux portes de Paris, 340.
Tac (le), maladie épidémique, 49.
Taille du sel levée en 1417, 81; — levée par le comte de Salisbury, 228; — levée en Normandie par le duc de Bedford, 292.
Tailles levées à Paris, 50, 62, 186, 202, 208, 217, 323, 369, 370, 379; — pour les sièges de Montereau, 329, 334; de Meaux, 349; de Pontoise, 360, 361, 364; — pour la délivrance d'Harfleur, 354, 355; — pour la rançon du duc d'Orléans, 357; — contre Talbot, 359; — pour la venue du Dauphin, 368; sur l'Université, 375.
Talbot (Jean), capitaine anglais, 225, 226, 229, 359.
Taranne (Jean), changeur, 109.
— (Simon), échevin de Paris, 100.
Taupes, leurs dégâts, 350, 352.
Taxe sur le vin vendu en gros et en détail, 120, 341; — sur le vin récolté en 1434, 201; — sur les denrées, 149, 341; — sur le bétail vendu au marché, 349.
— pour le nettoyage de Paris, 77.
Teinture en vert, son prix, 137.
Temple (M° Angle du), hérétique, 210.
Ternant (Philippe de), seigneur de la Motte de Toisy, prévôt de Paris, 323.
Thérouanne (Louis de Luxembourg, évêque de), chancelier de France, 179, 210, 275, 294, 295, 298, 309, 312, 315, 316, 318, 319, 345.
Toile, prix de l'aune, 139.
Toiles réquisitionnées par les Armagnacs, 87; — de lin volées par les écorcheurs, 351.
Tonnerre (Louis de Chalon, comte de), 108.
Torcy (Jean d'Estouteville, seigneur de), 65, 196.
Toulongeon (Jean de la Trémoille, seigneur de), 201.
Toulouse (Denis du Moulin, archevêque de), 344, 355, 357, 366, 385.
Touraine, 119, 384.
— (Jacques de), religieux cordelier, 208.
— (Jean, duc de), 76.

Tours (Indre-et-Loire), 4, 5, 372.
Traités d'Amiens, 185; — du Ponceau, 126; — de Troyes, 140.
Treilles des marais gelées, 185, 299, 303.
Trémoille (Georges de la), 31.
— (Jean de la), seigneur de Toulongeon, 201.
Trésor des confréries parisiennes, 334.
Trèves de 1419, 124; — de 1429, 248; — de Corbeil, 294; — de Londres, 380; — de Tours, 373.
Troie, 188.
Troyes (Aube), 135, 136, 138, 139, 140, 243, 379.
— (Jean de), chirurgien juré du roi, 36, 39, 40.
Truffaux, garniture de chaperon, 235.
Tuiles, leur prix, 60.
Tuillières (Robert de), lieutenant criminel au Châtelet de Paris, 16, 93.

U.

Université de Paris, 9, 21, 28, 35, 85, 102, 132, 164, 178, 179, 210, 247, 269, 271, 277, 304, 320, 354, 361, 364, 375, 381, 385, 392.
Urbain IV, pape, 265, 266.

V.

Valfin (Jean de la Baume, seigneur de), prévôt de Paris, 152.
Vanves (Seine), 80, 216.
Vases d'argent des églises, 334.
Vaudémont (Ferry de Lorraine, comte de), 65.
Vauru (Denis de), 170, 171.
— (le bâtard de), 170, 171, 172.
— (l'arbre de), 170, 171, 172.
Vavasseur (Guillaume le), boulanger-meunier à Paris, 316.
Veau à deux têtes, 239.
Vendanges, 11, 79; — entravées et rançonnées par les gens de guerre, 8, 80, 243, 326, 369; — détestables en 1419, 132; — faites à la mi-août en 1420, 141; — en août 1422, 175; — très belles en 1434, 200; en 1430, 261; en 1432, 287; en 1442, 366; — très chères en 1436, 326.
Vendangeurs, prix de leur journée en 1436, 326.
Vendôme (Loir-et-Cher), 237.
— (Louis de Bourbon, comte de), 65.
Ventadour (Jacques, comte de), 199.
Vent persistant en 1431, 263; — glacial en 1432, 283; — très violent en 1434, 301; en 1438, 339; en 1440, 352.

INDEX ALPHABÉTIQUE.   413

Verdure, son abondance, 345; — sa cherté, 213, 281, 283, 330, 339.
Vermandois (Pierre de Beauvoir, bailli de), 66.
— (Simon de Champluisant, bailli de), 165, 181.
Verneuil (Eure), 195, 198, 199.
Vernon (Eure), 64, 391.
Vérole (épidémies de petite), 175, 295, 329.
Verrat (Pierre le), prévôt de Paris, 156, 165.
Vert (prix de la teinture en), 137.
Vertus (Philippe d'Orléans, comte de), 27.
Viande de boucherie, son prix, 83, 86, 117, 120, 124, 131, 135, 138, 150; — sa cherté, 119, 124, 130, 131, 135, 138, 150, 157, 338; — consommée au dîner du Palais en 1428, 227.
Vienne (Jean de Nant, archevêque de), transféré à l'évêché de Paris, 190, 191.
Vignes, 8; — leur floraison retardée, 153, 216, 227, 228; — gelées, 169, 185, 254, 299, 303, 367, 377, 380; — infestées par les loups, 348; — ravagées par les gens de guerre, 189, 307, 362; — par les hannetons, 203, 224, 225; — rôties par le soleil, 286; — donnent un produit médiocre, 132, 221.
Villejuif (Seine), 366.
Villeneuve-St-George (Seine-et-Oise), 22.
Villeneuve-sur-Yonne (Yonne), 157.
Villette (Philippe de), abbé de Saint-Denis, 93.
Villette-Saint-Lazare (la), près Paris, 6, 102.
Vin, son prix, 67, 76, 86, 106, 113, 128, 201, 261, 286, 329, 358, 377, 380, 384, 385; — son abondance, 55, 200, 201, 366, 388, 390; — sa cherté, 143, 146, 149, 154, 157, 175, 189, 222, 228, 230, 286, 301, 303, 329, 338, 342, 371; — vendu en gros et en détail frappé d'une taxe, 120, 341; — récolté en 1424 frappé d'une taxe, 201; — de bonne qualité récolté à Paris, 261; — de mauvaise qualité, 132, 230, 368; — offert au roi d'Angleterre, 139; — de Bourgogne, 385; — amené pour le Landy, 385.
Vinaigre gelé dans les caves, 182.
Vincennes (Seine), 27.
— (Bois de), 131, 301.
— (château du Bois de), 174, 176, 257, 311, 326, 351, 352.
Vincent (frère), ou saint Vincent Ferrier, prédicateur espagnol, 235.
Violettes fleuries en janvier 1420, 138; — jaunes pendant l'hiver de 1423, 191.
Viry (Amé de), chevalier, 13.
Vitry (Seine), 284, 298.
Voirie parisienne, 77.
Voitures réquisitionnées en 1428 à Paris, 228; — pour le transport de farines au siège d'Orléans, 230.
Vols commis au Palais pendant le dîner du sacre de Henri VI, 277.
Vry (Durand de), teinturier, 72.

W.

Warwick (Richard de Beauchamp, comte de), 344.
Willougby (Robert de), capitaine anglais, 306, 315, 340.
Winchester (Henri de Beaufort, cardinal de), 214, 242, 247, 275, 277.

www.ingramcontent.com/pod-product-compliance
Lightning Source LLC
Chambersburg PA
CBHW070218240426
43671CB00007B/696